솔루션 아키텍트 핸드북 2/e

솔루션 아키텍트 핸드북 2/e

김상필·김상현·최용호·김주영 옮김

사우랍 쉬리바스타바
닐란잘리 스리바스타브 지음

에이콘

에이콘출판의 기틀을 마련하신 故 정완재 선생님 (1935-2004)

우리의 삶을 행복과 기쁨으로 채워주는 사랑하는 딸 산비[Sanvi]에게

- 사우랍과 닐란잘리

| 추천의 글 |

솔루션즈 아키텍트는 기술의 폭과 깊이를 갖춘 고유한 기술과 해당 기술을 다시 비즈니스에 연결하고 수익을 창출할 수 있는 능력이 필요하다. 클라우드 도입이 가속화됨에 따라 기업은 클라우드를 전략의 핵심으로 유지하면서 디지털 여정을 지원할 솔루션즈 아키텍트를 찾고 있다. 클라우드는 온프레미스 시스템과 매우 다른 가치를 갖고 있으며 값비싼 타사 라이선스 소프트웨어를 대체하는 여러 도구와 서비스를 제공한다. 클라우드에서 원하는 안정성과 확장성을 몇 분 안에 달성해 높은 성장과 계절적 변동을 포착할 수 있다. 클라우드 네이티브 서비스를 사용해 비용을 낮게 유지하면서 고성능 애플리케이션을 구축할 수도 있다. 복잡하고 확장성이 뛰어난 애플리케이션을 구축하는 IT 업계에서 25년 이상 재직하면서 올바른 아키텍처를 선택하면 고객이 클라우드 전략을 최대한 활용할 수 있다고 굳게 믿는다.

이 책은 클라우드 아키텍처의 관점에서 아키텍처 모범 사례를 제공해 기술 격차를 해소한다. 솔루션즈 아키텍트의 역할과 책임을 정의하는 것부터 시작해 아키텍처의 설계 원칙을 살펴봄으로써 탄탄한 기반을 구축하는 데 도움이 된다. 또한 클라우드 전략을 핵심으로 유지하면서 클라우드로의 마이그레이션부터 클라우드 네이티브 솔루션 아키텍처 설계에 이르기까지 광범위한 주제를 다룬다. 이 책은 30개 이상의 핵심 애플리케이션 개발 아키텍처 설계 패턴을 참고 아키텍처로 제시해 시각화하는 작업을 훌륭하게 수행했다. 솔루션즈 아키텍트는 애플리케이션 설계의 모든 측면을 살펴봐야 하며 이 책에서는 보안, 안정성, 성능, 비용, 운영 우수성 측면에서 아키텍처를 최적화하고자 각 주제를 자세히 다뤘다.

이 책의 2판에서 가장 좋아하는 부분은 새로운 아키텍처 패턴과 최신 기술 트렌드의 추가다. 데이터 레이크, 레이크 하우스, 데이터 메시와 같은 빅데이터 설계 패턴을 자세히 설명하고 참조 아키텍처와 모범 사례를 다룬다. 이 책은 더 빠른 비즈니스 통찰력을 얻을 수 있는 다양한 스트리밍 기술과 앞으로의 업계 동향을 자세히 설명한다. 또한 머신러닝 아키텍처와 머신러닝 모델을 프로덕션에 적용하기 위한 MLOps, 양자 컴퓨팅, 산업용 IoT에 대한 세부 정보를 제공한다.

종종 기술을 업그레이드하거나 솔루션즈 아키텍트가 되고자 진로를 변경하려는 사람들을 보곤 한다. 저자들은 수년간의 경험을 이 책에 담아 현재의 역할에서 기술을 향상시키려는 사람, 향후 기술을 탐색하는 사람이 쉽게 읽을 수 있도록 썼다. 솔루션즈 아키텍트의 기능과 역할 소개부터 시작해 기술과 트렌드를 다루기 전에 설계 패턴이나 마이그레이션 전략도 설명한다. 클라우드 시대에 자신의 기술을 갈고 닦고자 하는 신규 또는 기존 솔루션즈 아키텍트를 위한 모든 핵심 영역을 다룬 책이다.

– 라제시 세스 Rajesh Sheth

AWS 메시징 및 스트리밍 제너럴 매니저

지난 2년 동안 COVID-19의 유행은 디지털 혁신과 클라우드 기술의 채택을 가속화했다. 솔루션즈 아키텍트는 이러한 압축된 기간 동안 클라우드로 이동하는 것뿐만 아니라 마이크로서비스 기반 클라우드 네이티브 아키텍처를 구축하는 것에도 적응해야 했다. 솔루션즈 아키텍트는 확장, 운영 탄력성, 재해 복구, 비즈니스 연속성과 관련된 고유한 과제를 제시하고 이러한 변화를 충족하기 위한 통찰력과 자동화 메커니즘을 구축했다. 우리는 분산 애플리케이션을 구축하고 클라우드 네이티브 기술을 빠르게 채택하는 사고방식의 변화를 목격하고 있다. 이 책은 이러한 새로운 설계 패턴과 일부 안티패턴을 다룬다.

이 책에서 다루는 광범위한 기술 분야는 정말 놀랍다. 클라우드 마이그레이션 및 현대화에서의 사물인터넷/에지, 머신러닝에 이르기까지 다양한 아키텍처와 설계 패턴은 이 책을 진정으로 흥미롭게 만든다. 메인프레임을 포함한 레거시 현대화부터 양자 컴퓨팅과 같은 새로운 기술에 이르기까지의 광범위한 주제는 솔루션즈 아키텍트로서의 역할을 하는 모든 사람에게 트렌드와 모범 사례에 대한 훌륭한 통찰력을 제공한다.

확장성, 재사용성, 가용성, 접근성, 비용, 보안 등에 대한 아키텍처를 포함해 클라우드 컴퓨팅 시대의 다양한 기능을 이해하기 위한 가이드다. 모범 사례와 패턴을 공유하는 데 이보다 더 총체적인 접근 방식을 본 적이 없다. 저자들은 경험한 것으로 이 책을 저술했으며 경험이 풍부한 아키텍트뿐만 아니라 장차 아키텍트가 되려는 사람들도 참고할 필요가 있다.

– 로한 카마카 Rohan Karmarkar

AWS 솔루션 아키텍처 디렉터

기술은 항상 빠르게 변화해 왔으며 커리어를 계속 쌓고자 하는 IT 전문가들은 시간이 지남에 따라 계속해서 새로운 기술을 습득해야 했다. 특히 지난 10년 동안 이러한 추세는 클라우드 컴퓨팅이 '뉴 노멀'이 되면서 지배적이 됐다. 이제 거의 매일 클라우드 제공업체에서 새로운 발표, 기능 및 서비스 업데이트가 이뤄지기 때문에 모든 사람을 위한 지속적인 학습 문화에 초점을 둬야 한다. 이와 함께 개발자, 데이터베이스 관리자, 보안 전문가, 빌드/릴리스 엔지니어 등의 일반적인 역할 사이의 경계가 모호해지기 시작했고 큰 그림과 최종 목표에 중점을 둔 새로운 역할이 만들어지게 됐다. 이러한 역할 중 하나가 '애플리케이션 아키텍트', 'IT 아키텍트'와 같은 업계의 기존 역할에서 발전하기 시작해 이제는 주류가 된 '솔루션즈 아키텍트'의 역할이다. 이 역할의 종류도 다양하지만 가장 일반적으로는 '클라우드 솔루션즈 아키텍트'라는 그 자체로 매우 역동적인 역할이다.

종종 IT 전문가들은 역할을 전환하기 원하지만 그러한 과정에서 어떻게 성공할 수 있을지에 대한 방향성이 부족하다. 이 책은 기존 IT 역할에서 솔루션즈 아키텍트 역할로의 효과적인 전환이라는 측면에 초점을 맞추고 있다. 이 책은 해당 여정을 시작하는 단계들을 매우 논리적인 방식으로 설명한다. 이 역할이 수반하는 내용과 다른 유사한 유형의 프로필과 어떻게 다른지 간단하고 관련성이 높은 설명부터 시작한다. 다음으로 성공적인 솔루션즈 아키텍트가 되는 데 필요한 기술과 지식을 설명한다. 이는 기본 설계 요소와 아키텍처 원칙(고가용성, 안정성, 성능, 보안, 비용 최적화 등)으로 시작해 각각을 자세히 설명한다. 이 책은 또한 현대 아키텍처의 초석이 되는 클라우드 네이티브 아키텍처, 데브옵스DevOps, 데이터 엔지니어링, 머신러닝 영역들과 관련된 몇 가지 핵심 개념을 다룬다. 이 책의 최신 개정판에서 저자들은 머신러닝, MLOps, 사물인터넷IoT 아키텍처, 데이터 아키텍처 모범 사례, 양자 컴퓨팅에 대한 매우 통찰력 있는 세부 사항도 담고 있다. 이러한 모든 영역은 엔터프라이즈 IT 환경에서 점차 중추적인 역할을 하고 있으므로 솔루션즈 아키텍트는 빠르게 앞서가는 것이 필수적이다.

나는 개인적으로 개발 팀 리더에서 솔루션즈 아키텍트가 되는 이 여정을 겪었고 이는 저자들도 마찬가지였다. 우리는 항상 도움이 될 수 있는 핸드북이 있기를 원했다. 이에 업계의 큰 격차를 메우고자 저자들은 개인적인 경험과 학습을 바탕으로 다양한 배경을 가진, 모든 사람이 읽을 수 있는 매우 상세한 책을 만들었다. 성공적인 솔루션즈 아키텍트가 되고 무한한 가능성이 있는 새로운 세상을 여는 데 도움이 되는 매우 중요한 지식을 발견할 수 있기 때문에 이 책을 읽고 항상 유용한 참고 자료로 간직할 것을 강력히 추천한다.

– 카말 아로라 Kamal Arora

AWS 시니어 솔루션즈 아키텍트

https://www.amazon.com/Kamal-Arora/e/B07HLTSNRJ/

| 옮긴이 소개 |

김상필(sangpill@amazon.com)

AWS Korea에서 프로페셔널 서비스 부서의 프랙티스 매니저로 재직 중이다. 지난 8년 이상 솔루션즈 아키텍트 및 솔루션즈 아키텍트 매니저로 퍼클릭 클라우드를 도입하는 엔터프라이즈 기업들의 도입 여정을 지켜보면서 기술적인 조언을 하는 역할을 해왔다.

김상현(sanghyun@amazon.com)

AWS Korea에서 솔루션즈 아키텍트 역할을 수행하고 있다. 다양한 산업군에서 사용 중인 시스템을 AWS의 서비스를 활용해 클라우드로 전환할 수 있도록 지원하고 있다.

최용호(yonghoch@amazon.com)

AWS Korea에서 솔루션즈 아키텍트 역할을 수행하고 있다. 개발과 인프라 운영 경험으로 고객이 효과적인 아키텍처를 구성하는 데 도움을 주고 있다.

김주영(joozero@amazon.com)

AWS Korea에서 솔루션즈 아키텍트 역할을 수행하고 있다. 컨테이너 워크로드 관리 및 웹 애플리케이션 개발 경험을 바탕으로 클라우드 환경 구축, 아키텍처를 설계하는 것을 돕고 있다.

| 옮긴이의 말 |

솔루션즈 아키텍트는 프로페셔널 서비스 팀 등과 함께 주요한 기술 팀 가운데 한 팀입니다. 클라우드의 시대가 되면서 솔루션즈 아키텍트 및 다양한 기술 팀에 대한 역할의 정의와 이해가 중요해지면서 이 책을 읽는 독자들을 위해 한국 AWS 솔루션즈 아키텍트 팀에서 여러 해 동안 일한 사람들이 직접 이 책을 번역하게 됐습니다. AWS 솔루션즈 아키텍트뿐만 아니라 일반적인 솔루션즈 아키텍트 역할에 대한 이해가 더 깊어지기를 바라며 솔루션즈 아키텍트 역할이 아니더라도 다양한 기술 엔지니어 역할을 하고 있는 사람들에게 도움이 될 수 있기를 바랍니다.

Amazon에서는 항상 리더십 원칙에 따라서 일을 하게 되는데, 2021년 6월에는 16번째 리더십 원칙으로서 'Success and Scale Bring Broad Responsibility'라고 하는 리더십 원칙이 추가됐습니다. 사회적 공헌을 위해 이 책을 번역한 번역자들은 번역료를 기부할 계획을 갖고 있어 책을 구매하신 분들께는 사회적 공헌에 동참하실 수 있는 기회가 될 것입니다.

이 책에 관심을 가져주신 독자 여러분께 감사드립니다. 그리고 이 책을 번역할 수 있는 기회를 주신 에이콘 출판사 분들께 감사드립니다.

– 옮긴이 일동

| 지은이 소개 |

사우랍 쉬리바스타바 Saurabh Shrivastava

IT 업계에서 18년 이상의 경험을 가진 기술 리더이자 저자이며 발명가 및 대중 연설가다. 현재 아마존 웹 서비스AWS, Amazon Web Services에서 글로벌 솔루션즈 아키텍트 리더로 일하고 있으며 글로벌 컨설팅 파트너와 기업 고객이 클라우드로 전환할 수 있도록 지원하고 있다. AWS 글로벌 기술 파트너십을 이끌고 팀의 비전과 실행 모델을 설정하고 여러 가지 새로운 전략적 이니셔티브들을 진행해왔다.

빅데이터, IoT, 머신러닝, 클라우드 컴퓨팅과 같은 다양한 기술에 걸쳐 많은 블로그와 백서들을 저술했다. 최신의 기술들과 그것이 우리 사회와 일상생활에 미치는 영향에 관심이 있다. 특히 클라우드 플랫폼 자동화 분야에서 특허를 보유하고 있다. AWS 이전에는 포춘Fortune 50대 기업, 스타트업 기업, 글로벌 제품 및 컨설팅 조직에서 엔터프라이즈 솔루션즈 아키텍트, 소프트웨어 아키텍트, 소프트웨어 엔지니어링 매니저로 근무했다.

닐란잘리 스리바스타브Neelanjali Srivastav

소프트웨어 업계에서 16년 이상의 경험을 가진 기술 리더, 제품 관리자, 애자일 코치, 클라우드 실무자다. 현재 AWS에서 수석 프로덕트 매니저로 근무하고 있으며, 전 세계 고객이 클라우드로 데이터를 이동할 수 있도록 지원하고 있다. AWS 고객과 파트너에게 AWS 데이터베이스, 분석 및 머신러닝 서비스를 알리고 지원한다. 또한 제품 비전을 설정하고 인큐베이션해서 새로운 제품들을 개발하고 있다.

AWS 이전에는 소프트웨어 엔지니어, 솔루션즈 아키텍트, 시스템 분석가로 구성된 팀을 이끌고 IT 시스템을 현대화하고 대기업을 위한 혁신적인 소프트웨어 솔루션을 개발해왔다. 엔터프라이즈 애플리케이션 관리, 클라우드 서비스 관리, 오케스트레이션에 중점을 둔 IT 서비스 산업과 R&D에서 여러 역할을 수행했다.

| 기술 감수자 소개 |

카메시 가네산 Kamesh Ganesan

클라우드 에반젤리스트이자 경험 많은 기술 전문가이며 AWS, 애저Azure, GCP, 오라클Oracle, 알리바바 클라우드Alibaba Cloud 등의 모든 주요 클라우드 기술에 대해 24년 이상의 IT 경험을 가진 저자이자 리더다. 많은 클라우드 자격증을 비롯해 50개 이상의 IT 자격증을 보유하고 있다. 기업, 상업, 정부 고객이 큰 성공을 거둘 수 있도록 미션 크리티컬하고 혁신적인 기술 솔루션을 설계하고 제공했다. AWS 및 애저 서적을 저술했으며 많은 IT/클라우드 기술 서적과 강의를 감수해왔다.

나는 내 인생에서 하나님의 모든 축복에 매우 감사한다. 나의 모든 일에 동기를 부여해 주고 지속적으로 지원해준 아내 헤말라타(Hemalatha)에게 특별한 감사를 전하며, 조건 없는 사랑을 주는 나의 아이들 사친(Sachin)과 아준(Arjun)에게 깊은 감사를 표한다. 평생 변함없는 격려를 보내주신 아버지 가네산(Ganesan)과 어머니 카서리(Kasthuri)에게도 깊은 감사를 표한다.

| 차례 |

| 들어가며 |

이 책은 독자가 클라우드 환경에서 솔루션 아키텍처 및 차세대 아키텍처 설계의 다양한 측면을 학습해 강력하고 확장 가능하며 가용성이 높고 내결함성이 있는 솔루션을 만들 수 있게 도와준다. 우선 솔루션 아키텍처와 애자일 엔터프라이즈 환경에 어떻게 적용되는지 자세히 설명하는 것부터 시작한다. 또한 현대 소프트웨어 설계의 설계 원칙, 고급 설계 패턴, 안티패턴, 클라우드 네이티브 환경에 대한 자세한 지식을 제공해 독자를 솔루션 아키텍처 설계의 여정으로 안내한다. 독자는 솔루션 설계에 필요한 성능 최적화, 보안, 규정 준수, 안정성, 비용 최적화, 운영 우수성에 대해 더 깊이 파고들 수 있다. 보안 자동화, 인프라, 데브옵스, 재해 복구, 솔루션 아키텍처 문서화에 대한 심층적인 이해도 제공한다. 또한 데이터 엔지니어링, 머신러닝, IoT, 양자 컴퓨팅을 사용한 미래 지향적인 아키텍처 설계에 대한 깊은 이해를 제공한다. 솔루션 아키텍트와 지속적인 학습 기법의 소프트 스킬도 살펴본다.

이 책의 대상 독자

소프트웨어 개발자, 시스템 엔지니어, 데브옵스 엔지니어, 아키텍트, IT 업계에서 일하는 팀 리더로서 솔루션 아키텍트가 돼 안전하고 신뢰할 수 있으며 고성능이면서 비용 효율적인 아키텍처를 설계하고자 하는 사람을 대상으로 하는 책이다.

이 책의 구성

1장, 솔루션 아키텍처의 의미에서는 솔루션 아키텍처가 무엇인지 알아보고 그 중요성을 정의한다. 솔루션 아키텍처의 다양한 이점을 설명하고 퍼블릭 클라우드에서의 아키텍처를 설명한다.

2장, 조직에서의 솔루션 아키텍트에서는 다양한 유형의 솔루션 아키텍트 역할과 조직 구조에 적합한 방식을 설명한다. 솔루션 아키텍트의 다양한 책임을 자세히 살펴본다. 또한 애자일 프로세스와 함께 애자일 조직에 적합한 솔루션 아키텍트 역할을 설명한다.

3장, 솔루션 아키텍처의 특성에서는 확장성, 탄력성, 재해 복구, 접근성, 사용성, 보안, 비용과 같은 솔루션 아키텍처의 다양한 특성을 살펴본다. 효율적인 솔루션 설계를 하고자 이러한 아키텍처 속성의 공존과 활용법을 설명한다.

4장, 솔루션 아키텍처 설계 원칙에서는 확장성 있고 탄력적이며 고성능인 아키텍처를 만들기 위한 아키텍처 원칙을 설명한다. 보안 조치를 적용하고 제약 조건을 극복하고 테스트 및 자동화 접근 방식과 함께 변경 사항을 적용한 효율적인 아키텍처 설계를 설명한다. 서비스 지향 아키텍처와 데이터 기반 접근 방식을 적용하기 위한 아키텍처 원칙도 알아본다.

5장, 클라우드 마이그레이션과 하이브리드 클라우드 아키텍처 설계에서는 클라우드의 이점과 클라우드 네이티브 아키텍처 설계에 대한 접근 방식을 설명한다. 다양한 클라우드 마이그레이션 전략과 마이그레이션 단계에 대한 이해를 제공한다. 하이브리드 클라우드 설계를 알아보고 인기 있는 퍼블릭 클라우드 제공업체를 살펴본다.

6장, 솔루션 아키텍처 설계 패턴에서는 계층, 마이크로서비스, 이벤트 기반, 큐 기반, 서버리스, 캐시 기반, 서비스 지향 패턴과 같은 다양한 아키텍처 설계 패턴을 예제와 함께 알아본다. 비즈니스 요구 사항에 따라 최상의 아키텍처를 설계하기 위한 솔루션 아키텍처 속성과 원칙의 적용 가능성을 보여준다.

7장, 성능 고려 사항에서는 대기 시간, 처리량, 동시성과 같은 애플리케이션 성능 개선의 필수 속성에 대한 이해를 제공한다. 성능 모니터링과 함께 컴퓨팅, 스토리지, 데이터베이스, 네트워킹과 같은 아키텍처의 여러 계층에서 성능을 향상시키기 위한 다양한 기술 선택을 설명한다.

8장, 보안 고려 사항에서는 워크로드 보안에 적용할 수 있는 다양한 설계 원칙을 설명한다. 보안은 아키텍처의 모든 계층과 구성 요소에 적용해야 하며, 모든 계층에서 보안이 적용되도록 하고자 아키텍처가 올바른 기술을 선택하는 기준을 알아본다. 필요에 따라 아키텍처 설계에 적용할 수 있는 산업 규정 준수를 탐색하고 책임 분담 모델을 통해 클라우드의 보안을 설명한다.

9장, 아키텍처 안정성 고려 사항에서는 아키텍처를 안정적으로 만드는 설계 원칙을 설명한다. 비즈니스 프로세스의 지속을 위한 높은 애플리케이션 가용성과 데이터 복제를 보장하기 위한 다양한 재해 복구 기술을 알아본다. 안정성을 달성하기 위한 애플리케이션에서 클라우드의 역할과 모범 사례도 설명한다.

10장, 운영 우수성 고려 사항에서는 애플리케이션의 운영 우수성을 달성하기 위한 다양한 프로세스와 방법을 알아본다. 애플리케이션 설계, 구현, 사후 프로덕션 전반에 적용해 애플리케이션 운용성을 향상시키는 모범 사례와 기술 선택을 설명한다. 또한 클라우드 워크로드에 대한 운영 우수성을 찾아본다.

11장, 비용 고려 사항에서는 비즈니스 민첩성과 결과에 대한 위험 없이 비용을 최적화하는 다양한 기술을 설명한다. 비용을 모니터링하고 비용 통제를 위한 거버넌스를 적용하는 여러 방법을 설명한다. 클라우드를 이용한 비용 최적화를 이해하는데 도움이 된다.

12장, 데브옵스와 솔루션 아키텍처 프레임워크에서는 애플리케이션 배포, 테스트, 보안에서 데브옵스의 중요성을 살펴본다. 데브섹옵스와 애플리케이션의 지속적인 배포 및 전달 파이프라인에서의 역할을 살펴본다. 또한 데브옵스의 모범 사례와 이를 구현하기 위한 다양한 도구과 기술도 설명한다.

13장, 솔루션 아키텍처를 위한 데이터 엔지니어링에서는 빅데이터와 분석 아키텍처를 설계하는 방법을 설명한다. 데이터 수집, 저장, 처리, 시각화를 포함해 빅데이터 파이프라인을 만드는 단계를 설명한다. 데이터 아키텍처 모범 사례를 통해 데이터 레이크, 데이터 메시, 레이크하우스와 같은 다양한 빅데이터 아키텍처 패턴을 이해하는 데 도움이 된다.

14장, 머신러닝 아키텍처에서는 머신러닝과 모델 평가 기술에 대한 세부 정보를 알아보고 다양한 머신러닝 알고리즘에 대한 개요를 제공한다. 클라우드 플랫폼에서 참조 아키텍처를 이용하는 머신러닝 아키텍처 패턴을 설명한다. 또한 모범 사례와 딥러닝 기술을 사용하는 MLOps의 개념을 추가로 설명한다.

15장, 사물인터넷 아키텍처에서는 IoT와 IoT 아키텍처의 다양한 구성 요소를 설명한다. 산업용 IoT와 디지털 트윈 개념을 설명하고 IoT 데이터와 IoT 장치 관리를 위한 분석 통찰력을 제공한다.

16장, 양자 컴퓨팅에서는 실제 사용 사례에서 양자 컴퓨팅의 동작을 설명한다. 양자 컴퓨팅의 구성 요소와 양자 컴퓨터가 동작하는 방법에 대해 매우 단순화된 방식으로 세부 정보를 제공한다. 클라우드 플랫폼에서의 가용성과 함께 양자 게이트, 양자 회로, 다양한 유형의 양자 컴퓨팅을 설명한다.

17장, 레거시 시스템 재설계에서는 레거시 시스템의 다양한 과제와 현대화를 살펴본다. 퍼블릭 클라우드가 많은 조직의 필수 전략이 됨에 따라 레거시 시스템을 현대화하기 위한 전략과 기술을 설명한다. 또한 메인프레임 마이그레이션 및 현대화에 대한 세부 정보와 함께 레거시 시스템의 클라우드 마이그레이션을 살펴본다.

18장, 솔루션 아키텍처 문서에서는 해당 문서에서 수용해야 하는 다양한 세부 사항 및 구조와 함께 솔루션 아키텍처 문서를 설명한다. 솔루션 아키텍트가 피드백을 제공하는 데 참여하는 RFP, RFI, RFQ와 같은 다양한 IT 문서를 살펴본다.

19장, 더 나은 솔루션 아키텍트가 되기 위한 소프트 스킬에서는 솔루션 아키텍트가 역할을 성공적으로 수행하는 데 필요한 다양한 소프트 스킬을 알아본다. 프리세일즈 및 임원 커뮤니케이션과 같은 전략적 기술을 습득하는 방법을 이해하고 아키텍처 사고와 씽크빅Think Big과 오너십Ownership 같은 리더십 기술을 개발하는 데 도움이 된다. 또한 자신을 리더로 확립하고 기술을 지속적으로 향상시키는 기술을 찾아본다.

이 책의 활용 방법

소프트웨어 아키텍처 설계에 대한 사전 경험이 이 책을 읽는 데 도움이 될 것이다. AWS와 같은 인기 있는 퍼블릭 클라우드 제공업체에 대한 기본적인 이해가 있는 것이 좋다. 그러나 이 책을 이해하기 위한 특별한 전제 조건은 없다. 모든 예제와 관련 지침은 다양한 장에서 제공된다. 이 책은 솔루션 아키텍처 설계의 심층 개념을 안내하며 특정 프로그래밍 언어, 프레임워크 또는 도구에 대한 지식이 필요하지 않다.

컬러 이미지 다운로드

이 책에 이용된 스크린샷과 다이어그램의 컬러 이미지를 PDF 파일로 제공한다. 이 파일은 https://static.packt-cdn.com/downloads/9781801816618_ColorImages.pdf에서 다운로드할 수 있다. 동일한 파일을 에이콘 출판사의 http://www.acornpub.co.kr/book/solution-handbook-2e에서도 다운로드할 수 있다.

편집 규약

이 책에서는 몇 가지 유형의 텍스트가 사용된다.

텍스트 안의 코드: 텍스트 내에 코드가 포함된 유형으로, 데이터베이스 테이블 이름, 사용자 입력의 코드 단어 등이 이에 포함된다. 예를 들어 다음과 같다.

"IoT 플랫폼은 `SigV4, X.509` 및 사용자 지정 인증을 지원하는 동시에 MQTT 주제 수준까지 IoT 정책으로 세분화된 액세스 제어를 제공해야 한다."

코드 블록은 다음과 같이 표시한다.

```
<message name="GetOrderInfo">
  <part name="body" element="xsd1:GetOrderRequest"/>
</message>
```

새로운 용어나 중요한 단어 또는 메뉴나 대화상자와 같이 화면에서 볼 수 있는 단어는 고딕체로 표시한다. 예를 들면 다음과 같다.

"AWS, 마이크로소프트 애저, GCP와 같은 클라우드 공급자는 시스템 현대화에 도움이 될 수 있는 다양한 옵션을 즉시 제공한다."

NOTE

경고와 중요한 노트는 이와 같이 나타낸다.

TIP

팁과 요령은 이와 같이 나타낸다.

독자 의견

독자 의견은 언제나 환영한다.

오탈자: 내용의 정확성을 위해 모든 노력을 기울였음에도 오류가 있을 수 있다. 이 책에서 잘못된 것을 발견하고 전달해준다면 매우 감사할 것이다. http://www.packtpub.com/submit-errata에서 해당 책을 선택하고 Errata Submission Form 링

크를 클릭한 다음 발견한 오류 내용을 입력하면 된다. 한국어판의 정오표는 에이콘출판사의 도서정보 페이지 http://www.acornpub.co.kr/book/solution-handbook-2e에서 볼 수 있다.

저작권 침해: 어떤 형태로든 불법 복제물을 인터넷에서 발견한다면 적절한 조치를 취할 수 있도록 해당 주소나 사이트명을 알려주길 바란다. 의심되는 불법 복제물의 링크는 copyright@packtpub.com으로 보내주길 바란다.

문의

이 책과 관련해 질문이 있다면 questions@packtpub.com으로 문의하길 바란다. 한국어판에 관한 질문은 에이콘출판사 편집 팀(editor@acornpub.co.kr)이나 옮긴이의 이메일로 문의하길 바란다.

01

솔루션 아키텍처의 의미

이 책은 솔루션 아키텍처의 모든 것을 배울 수 있는 포괄적인 가이드 역할을 하며 전문적인 솔루션 아키텍트가 될 수 있게 하는 첫걸음이 될 것이다. 1장에서는 솔루션 아키텍처의 의미를 살펴보며 어떻게 조직에서 솔루션 개발의 기반이 되는지 살펴본다. 확실한 솔루션 아키텍처를 통해 복잡한 조직에서 IT 인프라, 애플리케이션 보안, 안정성, 운영까지 모든 측면을 포괄해 소프트웨어 애플리케이션을 성공적으로 개발할 수 있다.

성공적인 애플리케이션 개발을 위한 첫 번째 단계로 솔루션 아키텍처를 정의해야 한다. 솔루션 아키텍처에는 비즈니스 요구 사항을 기반으로 확장성, 고가용성, 유지 관리 가능성, 성능, 보안과 같은 중요한 사항을 포함해야 한다.

솔루션 아키텍트는 이해관계자들과 협업해 솔루션 아키텍처를 설계할 책임이 있는 사람이다. 솔루션 아키텍트는 솔루션의 모든 측면을 포괄하고 예기치 않은 문제를 방지하고자 기능 요구 사항을 분석하고 비기능적 요구 사항을 정의한다. 각 솔루션에는 비용, 예산, 일정, 규제 제약과 같은 여러 제약 조건이 있으므로 솔루션 아키텍트는 애플리케이션 설계 과정에서 주어진 비즈니스 문제를 해결하기 위한 기술을 선택할 때 이를 고려해야 한다.

솔루션 아키텍트는 다양한 기술 플랫폼을 평가하고자 개념 증명 및 프로토타입을 수행한 후 솔루션 구현을 위한 최상의 전략을 선택한다.

솔루션 아키텍트는 개발 전반에 걸쳐 팀을 멘토링하고 출시 후 지침을 제공해 제품을 유지 관리하고 확장한다.

1장에서 다루는 내용은 다음과 같다.

- 솔루션 아키텍처란 무엇인가?
- 솔루션 아키텍처의 발전
- 솔루션 아키텍처가 중요한 이유
- 솔루션 아키텍처의 장점
- 퍼블릭 클라우드의 솔루션 아키텍처

1장을 마치면 엔터프라이즈 애플리케이션의 모든 측면에 대한 솔루션 아키텍처의 이점을 알아볼 수 있다. 그리고 퍼블릭 클라우드에서의 솔루션 아키텍처를 평가하고 아키텍처 설계에 대한 클라우드 네이티브 접근 방식을 살펴본다.

솔루션 아키텍처란 무엇인가?

다양한 전문가에게 이런 질문을 하면 솔루션 아키텍처의 정의에 대한 10가지 다른 답이 나올 수 있다. 사실 그들이 속한 조직에서 그 대답들은 모두 맞을 수 있다. 각 조직은 비즈니스 요구 사항, 조직 계층, 솔루션 복잡성에 따라 솔루션 아키텍처를 서로 다른 관점에서 볼 수 있다.

간단히 말해 솔루션 아키텍처는 전략적 및 트랜잭션 관점에서 비즈니스 솔루션의 여러 측면을 정의하고 예측하는 것으로 설명할 수 있다. '전략적'이란 솔루션 아키텍트가 소프트웨어 애플리케이션에 대한 장기적인 비전을 정의해 향후 변경 사항에 관계없이 관련성을 유지하게 하고 증가하는 사용자 워크로드 및 추가 기능 요구를 해결할 수 있는 확장 기능을 제공하는 것을 의미한다. '트랜잭션'은 애플리케이션이 현재 고객 워크로드를 처리하고 일상적인 비즈니스 과제를 문제없이 해결하는 것을 뜻한다.

솔루션 아키텍처는 소프트웨어 솔루션만을 제공하는 것이 아니다. 시스템 인프라, 네트워킹, 보안, 규정 준수, 시스템 운영, 비용, 안정성 등을 포함한다. 그림 1.1에서 볼 수 있듯이 솔루션 아키텍트가 해결해야 할 것들이 많다.

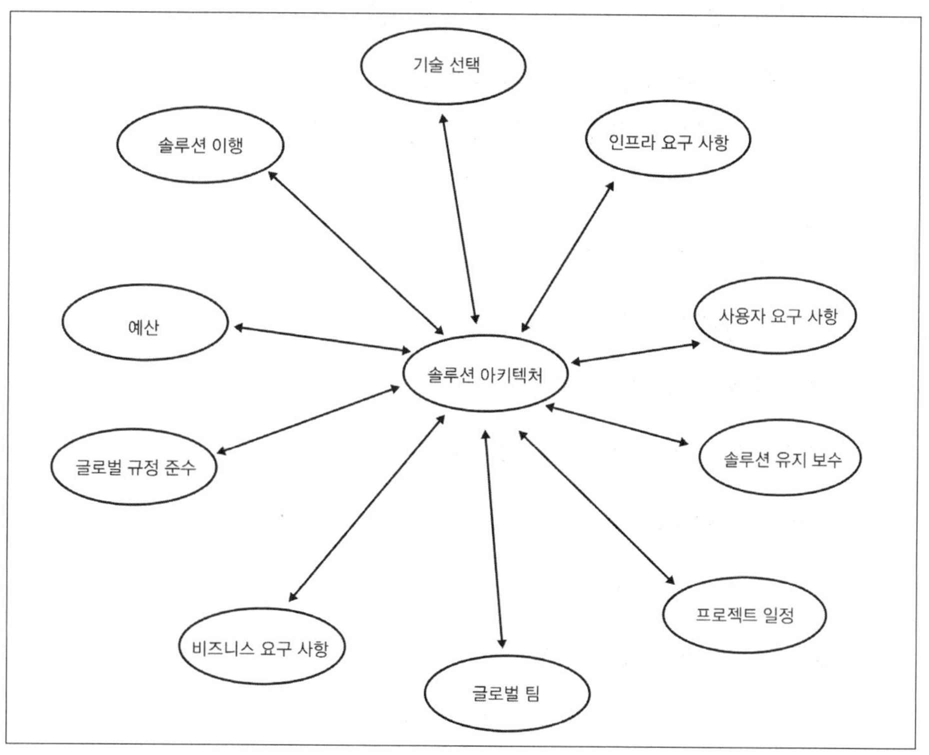

그림 1.1: 솔루션 아키텍처의 써클

훌륭한 솔루션 아키텍트는 조직에서 소프트웨어 솔루션의 가장 일반적인 측면을 해결한다.

- **전 세계에 분산된 팀:** 요즘 같은 세계화 시대에 거의 모든 제품에는 전 세계에 분산된 사용자와 고객 요구를 처리하는 이해관계자 그룹이 있다. 소프트웨어 개발 팀에는 생산성을 높이고 프로젝트 비용을 최적화하고자 여러 시간대에 걸쳐 작업하는 협업 모델이 있는 경우가 많다. 솔루션 설계는 전 세계에 분산된 팀 구조를 고려해야 한다. 즉, 솔루션 개발과 운영은 사람에 의존하지 않고 도구를 활용해 팀원의 근무 장소와 시간대에 관계없이 확장 및 협업해야 한다.
- **글로벌 규정 준수 요구 사항:** 솔루션을 전 세계에 구축할 때 각 국가와 지역에는 자체 법률과 규정 준수 사항이 있다. 몇 가지 예는 다음과 같다.
    - 미국 연방 위험 및 승인 관리 프로그램FedRAMP, Federal Risk and Authorization Management Program과 국방부 클라우드 컴퓨팅 보안 요구 사항 가이드DoDSRG, Department of Defense Cloud Computing Security Requirements Guide
    - 유럽의 데이터 보호 규정GDPR, General Data Protection Regulation
    - 호주의 정보 보안 평가 프로그램IRAP, Information Security Registered Assessors Program
    - 일본 금융 산업 정보 시스템 센터FISC, Center for Financial Industry Information Systems
    - 싱가포르의 멀티티어 클라우드 보안MTCS, Multi-Tier Cloud Security 표준
    - 영국의 G-Cloud
    - 독일의 IT-Grundschutz
    - 중국의 멀티레벨 보호 체계MLPS, Multi-Level Protection Scheme 레벨 3
- 규정 준수 요건은 산업마다 다르다. 예를 들어 국제 표준화 기구ISO 9001(주로 의료, 생명 과학, 의료 기기, 자동차 및 항공우주 산업용), 금융을 위한 지불 카드 산업 데이터 보안 표준PCI DSS, Payment Card Industry Data Security Standard과 의료 서비스를 위한 의료 보험HIPPA

이 있다. 솔루션 아키텍트는 설계 단계에서 규정 준수를 고려해야 한다. 규정 준수에 대한 자세한 내용은 8장을 참고한다.

- **비용 및 예산:** 솔루션 아키텍처는 프로젝트의 전체 비용을 잘 추정해 예산을 정의하는 데 도움이 된다. 여기에는 초기 비용인 **자본 지출**CapEx, Capital EXpenditure과 지속적인 비용인 **운영 지출**OpEx, Operational EXpenditure이 포함된다. 경영진이 인력, 인프라 자원, 기타 라이선스 관련 비용에 대한 전체 예산을 편성할 수 있도록 지원한다.

- **솔루션 구성 요소:** 솔루션 아키텍처에는 제품의 다양한 구성 요소에 대한 전반적인 개요가 있어 실행을 계획하는 데 도움이 된다.

- **비즈니스 요구 사항:** 솔루션 아키텍처는 기능적 요구 사항과 비기능적 요구 사항을 모두 고려한다. 기능적 요구 사항은 최종 사용자가 직접 상호작용할 애플리케이션 특징들을 다룬다. 비기능적 요구 사항은 성능, 확장성, 가용성 등의 주요 요소 측면에서 전체 애플리케이션에 영향을 미친다. 또한 비즈니스 요구 사항이 양립될 수 있게 해서 기술 구현 단계로 전환할 수 있게 한다.

- **IT 인프라 요구 사항:** 솔루션 아키텍처를 통해 프로젝트를 실행하는 데 필요한 IT 인프라의 종류를 결정할 수 있다. 여기에는 컴퓨팅, 스토리지, 네트워크, 기타 고려 사항이 포함되며 IT 자원을 좀 더 효과적으로 계획하는 데 도움이 된다.

- **기술 선택:** 솔루션 아키텍트 설계 과정에서 기업의 요구 사항을 고려한 프로토타입을 만든 다음 올바른 기술과 도구들을 추천한다. 도구를 선택할 때 조직 전반에 걸쳐 소프트웨어 표준을 정의하며 타사의 도구가 아닌 내부에서 만드는 것을 목표로 한다.

- **최종 사용자 요구 사항:** 솔루션 아키텍처에는 제품의 실제 소비자가 될 최종 사용자의 요구 사항을 포함하는 것이 가장 중요하다. 표면적으로는 보이지 않는 요구 사항을 발견하는 데 도움이 된다. 구현 및 출시 과정에서 솔루션 아키텍트

는 모든 요구 사항이 충족됐는지 확인하고자 표준 문서와 프로그래밍 구조를 제공한다.

- **솔루션 유지 보수:** 솔루션 아키텍처에는 솔루션 설계 및 구현과 더불어 솔루션 확장성, 재해 복구, 운영 효율성 등과 같은 출시 후의 활동도 포함된다.
- **프로젝트 일정:** 솔루션 아키텍처는 복잡성에 따라 각 구성 요소의 레이아웃 세부 정보를 설계하므로 자원 예측과 관련 리스크를 제공해 프로젝트 이정표와 일정을 더욱 쉽게 정의할 수 있다.

잘 정의된 업계 표준 솔루션 아키텍처는 모든 비즈니스 요구 사항을 해결하고 솔루션의 품질, 가용성, 유지 보수 가능성, 확장성 측면에서 이해관계자가 만족할 수 있도록 원하는 결과를 제공해야 한다.

솔루션 아키텍처의 초기 설계 시 **제안 요청서**RFP, Request For Proposal 또는 **정보 요청서**RFI, Request For Information와 같은 프리세일즈 기간 동안 초기 단계에서 구상할 수 있으며, 리스크를 미리 발견하고자 프로토타입을 만들거나 **개념 증명**PoC, Proof of Concept을 수행해볼 수 있다. 솔루션 아키텍트는 솔루션을 구축할 것인지 혹은 다른 솔루션을 도입할 것인지도 확인한다. 이러한 활동은 조직의 중요한 보안과 규정 준수 요구 사항을 염두에 두고 적절한 기술을 파악하는 데 도움이 된다.

솔루션 아키텍처를 만드는 과정에서 두 가지 주요 상황은 다음과 같다.

- 첫 번째, 하드웨어 교체 또는 소프트웨어 재설계를 포함하는 기존 애플리케이션의 기술적인 향상
- 두 번째, 비즈니스 요구 사항에 가장 적합한 기술을 좀 더 유연하게 선택할 수 있는 새로운 솔루션을 개발

그러나 기존 솔루션을 다시 설계할 때는 현재 환경에 미치는 영향을 최소화해야 한다. 솔루션 아키텍트는 기존 솔루션을 다시 설계할 가치가 없을 경우 완전히 재구

축하기로 결정할 수 있으며, 그러한 방식을 통해 더 나은 솔루션을 제공할 수 있다.

간단히 말해 솔루션 아키텍처는 기술적 비전을 도출하고자 시스템의 모든 측면을 살펴보는 것으로, 비즈니스 요구 사항을 구현할 수 있게 돕는다. 솔루션 아키텍처는 데이터, 인프라, 네트워킹, 소프트웨어 애플리케이션과 관련된 모든 요소를 통합해 프로젝트나 복잡한 환경의 프로젝트 그룹을 구현할 수 있다.

우수한 솔루션 아키텍처는 기능적 요구 사항과 비기능적 요구 사항을 충족시킬 뿐만 아니라 장기적으로 시스템 확장성과 유지 보수도 해결한다.

지금까지 솔루션 아키텍처의 역할과 다양한 측면을 간략히 설명했다. 다음 절에서는 솔루션 아키텍처의 진화를 살펴보자.

솔루션 아키텍처의 진화

솔루션 아키텍처는 기술의 현대화와 함께 진화했다. 오늘날 솔루션 아키텍처 설계는 인터넷 사용 증가, 고대역폭 네트워크의 가용성, 낮은 스토리지 비용, 컴퓨팅 가용성으로 인해 수십 년 전과 비교해 크게 변화했다.

인터넷 시대 이전의 솔루션 설계 대부분은 낮은 대역폭으로 작동하고 시스템이 인터넷에 연결할 수 없을 때 오프라인으로 작동할 수 있는 데스크탑 클라이언트를 제공하는 데 중점을 뒀다.

이 기술은 지난 20년 동안 발전했다. **서비스 지향 아키텍처**SOA, Service-Oriented Architecture는 분산 설계를 위한 형태를 갖추기 시작했고 애플리케이션은 프론트엔드 서버, 애플리케이션 서버, 데이터베이스가 자체 컴퓨팅 및 스토리지 계층에 있는 모놀리식에서 현대적인 n-계층 아키텍처로 이동하기 시작했다. 이러한 SOA는 대부분 **심플 오브젝트 액세스 프로토콜**SOAP, Simple Object Access Protocol이라고 하는 XML 기반 메시징 프로토콜에 의해 완성된다. SOA의 주요 구성 요소는 서비스를 생성하고자 클라이언트-서버 모델을 따르는 것이다.

이러한 디지털화 시대에는 자바스크립트 객체 표기법JSON, JavaScript Object Notation 메시징 및 RESTRepresentational State Transfer 서비스를 기반으로 하는 마이크로서비스 기반 솔루션 설계가 점점 대중화되고 있다. 이들은 XML 기반 웹 서비스 프로토콜을 필요로 하지 않는 웹 API로 POST, GET, UPDATE, DELETE 등과 같은 웹 기반 HTTP 프로토콜을 사용한다. 다양한 아키텍처 패턴에 대한 자세한 내용은 6장을 참고한다.

마이크로서비스 아키텍처는 신속한 변화를 위해 자주 변하는 요구 사항에 대응해야 하며 솔루션 변경 사항을 신속하게 수용하고 구현해야 한다. 그리고 조직이 경쟁에서 앞서려면 민첩성을 갖춰야 하므로 솔루션 아키텍처는 프로젝트 출시까지 주기가 긴 워터폴 모델waterfall model, 폭포수 모델에 비해 유연해야 한다.

웹 기반 마이크로서비스 아키텍처는 클라우드 업체가 제공하는 거의 무한대의 자원을 기반으로 하며 몇 분이나 몇 초 만에 확장할 수 있다. 클라우드 환경에서는 솔루션 아키텍트와 개발자가 비즈니스에 영향을 주지 않고 장애 위험을 감수할 수 있으므로 혁신, 실험, 변화가 더욱 쉬워지고 있다.

솔루션 아키텍처가 중요한 이유

솔루션 아키텍처는 특정 문제와 요구 사항을 해결하는 엔터프라이즈 소프트웨어 솔루션의 토대 중 하나다. 프로젝트 규모가 커지면 팀은 전 세계에 분산된다. 따라서 지속 가능성과 탄탄한 기반을 위한 솔루션 아키텍처가 필요하다.

솔루션 아키텍처는 비즈니스 요건을 그대로 유지하면서 다양한 솔루션의 요구 사항을 해결한다. 기술 플랫폼, 애플리케이션 구성 요소, 데이터 요구 사항, 자원 요구 사항, 확장성, 안정성, 성능, 처리량, 가용성, 보안, 유지 보수 등의 많은 중요한 비기능적 요구 사항을 지정하고 문서화한다.

솔루션 아키텍처는 모든 업계에서 소프트웨어 애플리케이션을 사용해 비즈니스 문제를 해결하는 데 필수적이다. 솔루션 아키텍처가 없을 경우 소프트웨어 개발이 실패할 수 있다. 즉, 프로젝트가 지연되고 예산이 초과되며 기능이 제대로 제공되지 않을 수 있다. 이 경우 솔루션 아키텍처를 만들고 경험과 지식을 적용해 획기적으로 개선할 수 있다. 이 모든 것은 솔루션 아키텍트가 담당한다. 비기술적 비즈니스 기능에서 기술 개발에 이르기까지 모든 영역의 이해관계자들이 모두 같은 선상에서 이해해서 혼란을 방지하고 프로젝트를 일정 내에 마무리해 최대의 **투자 대비 수익률** ROI, Return On Investment을 달성할 수 있게 지원한다.

솔루션 아키텍트는 요구 사항을 이해하고자 고객의 협업을 필요로 하는 경우가 있다. 솔루션 아키텍트의 역할에서 아키텍트는 기술 리더와 전문가부터 비즈니스 분석가 와 프로젝트 관리에 이르기까지 다양한 기술이 필요하다. 솔루션 아키텍트의 역할은 2장에서 자세히 살펴본다.

좋은 솔루션 아키텍처는 정확한 솔루션으로 요구 사항을 반영해 출시한 후 원활한 제품 운용성과 함께 최종 제품을 제공하고 완성할 수 있게 한다.

하나의 문제에는 여러 개의 솔루션이 있을 수 있으며 각 솔루션에는 제약이 있을 수 있는데, 솔루션 아키텍처는 모든 솔루션을 고려하고 모든 비즈니스 및 기술적 한계를 수용하는 개념 증명을 수행해 최적의 솔루션을 찾는다.

솔루션 아키텍처의 다양한 이점을 자세히 살펴보자.

솔루션 아키텍처의 혜택

지금까지 솔루션 아키텍처의 중요성을 자세히 알아봤으니 조직의 다양한 측면에서 솔루션 아키텍처의 이점을 자세히 알아보자. 그림 1.2는 비즈니스에서 솔루션 아키텍트가 역할을 수행할 때 조직에서 얻을 수 있는 잠재적인 혜택을 설명한다.

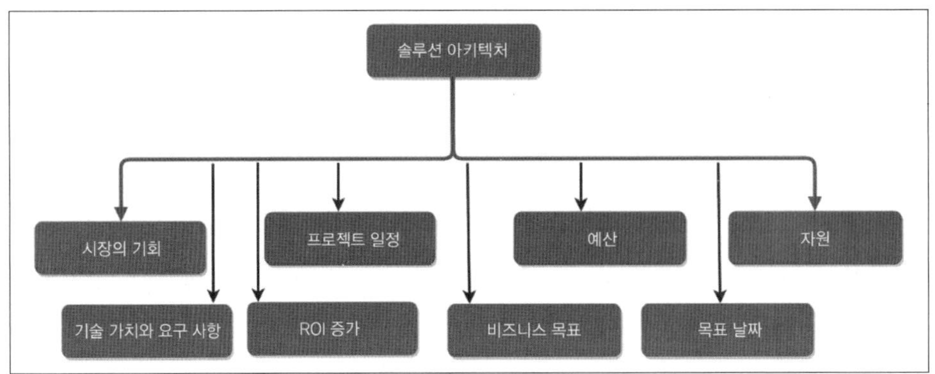

그림 1.2: 솔루션 아키텍처의 유익한 이점

위의 그림에서는 우수한 솔루션 아키텍처의 다음과 같은 특성을 강조한다.

- **기술 가치와 요구 사항:** 솔루션 아키텍처는 특정 기술과 시장 트렌드로 얻을 수 있는 ROI를 결정한다. 솔루션 아키텍트는 지속 가능성, 유지 관리 용이성을 달성하고자 조직이나 프로젝트가 채택해야 하는 기술을 평가한다.
- **비즈니스 목표:** 솔루션 아키텍처 설계의 주된 책임은 이해관계자의 요구를 수용하고 요구 사항에 맞게 조정하는 것이다. 솔루션 아키텍처는 시장 동향을 분석하고 모범 사례를 구현해 비즈니스 목표를 기술적 비전으로 표현한다. 솔루션 아키텍처는 새롭고 도전적이며 빠르게 변화하는 비즈니스 요구 사항을 충족할 수 있을 만큼 충분히 유연해야 한다.
- **목표 날짜:** 솔루션 아키텍트는 비즈니스 팀, 고객 및 개발 팀을 포함한 모든 이해관계자와 지속적으로 협력해야 한다. 솔루션 아키텍트는 프로세스 표준을 정의하고 솔루션 개발을 위한 지침을 제공하며 전반적인 솔루션이 비즈니스 목표 및 출시 일정에 부합하게 해서 목표 날짜를 맞추도록 노력해야 한다.
- **ROI 증가:** 솔루션 아키텍처는 ROI를 결정하고 프로젝트의 성공을 측정하는 데 도움이 된다. 솔루션 아키텍처를 통해 기업이 전체 ROI를 개선하고자 자동화를 적용해 비용을 줄이고 프로세스 낭비를 제거하는 방법을 고려해야 한다.

- **시장의 기회:** 솔루션 아키텍처에는 시장의 최신 트렌드를 분석하고 지속적으로 평가하는 프로세스가 포함돼 있다. 그것은 신제품을 홍보하는 데 도움이 된다.
- **예산 및 자원:** 더 나은 예산 관리를 위해서는 항상 비용을 주의 깊게 관리해야 한다. 잘 정의된 솔루션 아키텍처는 프로젝트 완료에 필요한 자원의 양을 파악하는 데 도움이 되고 이는 더 나은 예산 예측과 자원 계획을 수립하는 데 도움이 된다.
- **프로젝트 일정:** 솔루션 구현을 위해서는 정확한 프로젝트 일정을 정의하는 것이 중요하다. 솔루션 아키텍트는 일정을 정의하는 데 도움이 될 수 있게 설계 단계부터 필요한 자원과 노력을 결정한다.

지금까지 솔루션 아키텍처와 솔루션의 이점을 개괄적으로 살펴봤다. 이제 솔루션 아키텍처의 일상적인 측면을 자세히 알아보자.

비즈니스 요구 사항과 산출물의 품질 문제 해결

제품 개발의 수명 주기에서 가장 어려운 단계는 요구 사항의 특성을 정의하는 것이다. 여러 요소가 높은 우선순위로 처리되고자 경쟁하고 빠르게 진화하는 경우가 특히 그렇다. 이는 다양한 이해관계자가 동일한 요구 사항에 대해 서로 다른 견해를 가질 때 더욱 어렵다. 예를 들어 비즈니스 사용자는 사용자 관점에서 페이지 설계를 분석하고 개발자는 구현 가능성과 로드 지연시간의 관점에서 페이지 설계를 바라본다. 이로 인해 기능과 기술 담당 구성원 간의 요구 사항에서 충돌과 오해가 발생할 수 있다. 이러한 경우 솔루션 아키텍처는 격차를 해소하고 모든 구성원이 이해할 수 있는 표준을 정의하는 데 도움이 된다.

기능 요구 사항은 사용자 요구 사항을 수용하고 주어진 비즈니스 문제의 주요 요구 사항을 해결하기 위한 제품의 기능이다. 사용자가 소프트웨어 애플리케이션과 상호작용할 때 기능 요구 사항과 직접 상호작용한다. 예를 들어 전자상거래 애플리케이션에서 기능 요구 사항의 예로는 사용자가 주문 내역을 보고 상품을 검색한 후 장바구니에 추가하고, 선호하는 결제 수단으로 결제하는 것이다. 기능 요구 사항 수집에 따른 주요 책임은 제품 소유자에게 있지만 솔루션 아키텍트는 사용자 요구에 따라 확장을 수용할 수 있는 방식으로 설계와 구현을 확인해야 한다.

솔루션 아키텍처는 비기술적 이해관계자에게 기술적 측면을 설명하고 정기적으로 업데이트하는 표준 문서를 정의한다. 솔루션 아키텍처의 설계는 조직과 여러 팀에 걸쳐 있으므로 숨겨진 요구 사항을 발견하는 데 도움이 될 수 있다. 솔루션 아키텍트는 개발 팀이 요구 사항에 대해 알고 있는지 확인하고 일이 진행되는 주기를 유지한다.

좋은 솔루션 아키텍처는 기술 전달의 품질을 보장하고자 솔루션 설계뿐만 아니라 질적, 양적 결과로 성공 기준을 정의한다. 질적 산출물은 감정 분석과 같은 사용자 피드백으로부터 수집할 수 있으며, 정량적 산출물에는 대기 시간, 성능, 기술 측면의 로드 시간, 판매 수치가 포함될 수 있다. 지속적인 피드백을 받고 이에 적응하는 것이 솔루션 설계와 개발의 핵심이다.

최고의 기술 플랫폼 선택

빠르고 경쟁이 치열한 시장에서 가장 큰 과제는 최고의 기술을 계속 사용하는 것이다. 현재 전 세계에 여러 자원을 갖고 있다면 특정한 기술을 매우 신중하게 선택해야 하는데, 이에 대한 해결책은 아키텍처 설계 프로세스다.

기술 스택의 선정은 팀의 효율적인 솔루션 구현에 중요한 역할을 한다. 솔루션 아키텍처에서는 다양한 플랫폼, 기술, 툴을 채택하고자 서로 다른 전략을 사용해야 한다. 솔루션 아키텍트는 제품이 동작하는 모델을 프로토타입 형태로 만들어 가장 적합한 솔루션을 찾고자 모든 요구 사항을 신중하게 검증한 다음 결과를 평가하고 조사해야 한다.

우수한 솔루션 아키텍처는 수년간의 경험에서 나온 사용 사례, 기술, 도구, 코드 재사용을 기반으로 가능한 모든 아키텍처 전략을 조사해 다양한 도구와 기술의 깊이를 다룬다. 최고의 플랫폼은 구현 프로세스를 단순화하지만 결국 올바른 기술 선택이 중요하다. 이는 비즈니스 요구 사항 평가와 애플리케이션의 민첩성, 속도, 보안에 따라 프로토타입을 구축해 달성할 수 있다.

솔루션 제약과 문제 해결

모든 솔루션은 다양한 제약 조건에 의해 제한될 수 있으며 예상치 못한 위험으로 인해 문제가 발생할 수 있다. 솔루션 아키텍처는 자원, 기술, 비용, 품질, 출시 시간, 자주 변경되는 요구 사항과 같은 여러 제약 조건 사이에서 균형을 맞춰야 한다.

각 프로젝트에는 고유한 목표, 요구 사항, 예산, 일정이 있다. 솔루션 아키텍처는 가능한 모든 중요 경로를 평가하고 모범 사례를 공유해 주어진 기간과 예산 내에 프로젝트 목표를 달성한다. 이는 모든 작업이 이전 작업에 상호 의존적인 접근 방식이다. 프로젝트에서 성공을 거두려면 모든 작업이 순차적으로 실행돼야 한다. 하나의 작업이 지연되면 프로젝트의 전체 일정에 영향을 미칠 수 있으며 조직이 제품 출시를 위한 시장의 기회를 놓치게 될 수도 있다.

프로젝트 개발 과정에서 문제가 생기면 프로젝트가 지연될 확률이 높다. 때로는 채택된 기술이나 솔루션 환경의 한계로 문제가 발생하는 경우도 있다. 신중하게 설계된 솔루션 아키텍처를 사용하는 경우 가장 일반적인 문제는 비기능적 요구 사항과 관련이 있다. 자원과 예산은 제품 개발 수명 주기에서 발생하는 이러한 문제를 해결할 수 있다.

솔루션 아키텍트는 각 구성 요소를 자세히 살펴봄으로써 프로젝트를 추진할 수 있도록 지원한다. 이들은 재해 복구 등 예상치 못한 문제로부터 프로젝트를 복구하기 위한 아이디어를 떠올리고 백업 계획을 마련한다. 이들은 최상의 작업 방식을 선택하고 제약 조건을 균형 있게 조정해 프로젝트를 실행할 수 있는 가장 좋은 방법을 찾는다.

자원과 비용 관리 지원

솔루션 구현 중에는 항상 위험과 불확실성이 따른다. 예를 들어 개발자가 버그를 수정하는 데 시간을 할애해야 하는 경우 시간이 오래 걸릴 수 있다. 좋은 솔루션 아키텍처는 우선순위, 상이한 통신 서비스, 각 요소의 세부 사항 측면에서 개발자에게 필요한 지침을 제공함으로써 비용과 예산을 통제하고 불확실성을 감소시킨다.

또한 솔루션 아키텍처는 전체 설계 다이어그램, 소프트웨어 패치, 소프트웨어 배포 버전과 함께 시스템을 최신 상태로 유지하는 데 사용되는 설명서를 작성하고 자주 발생하는 문제와 비즈니스 지속 프로세스를 해결하기 위한 실행 지침서를 시행한다. 또한 확장성과 개발 환경에 중요한 기타 외부 요소를 고려해 솔루션 구축 비용이 미치는 간접적인 영향을 해결한다.

솔루션 제공과 프로젝트 수명 주기 관리

솔루션 아키텍처의 시작 단계에서는 많은 계획이 수반된다. 솔루션 아키텍처는 엔드 투 엔드 솔루션 제공을 보장하며 전체 프로젝트 수명 주기에 영향을 미친다. 프로젝트 수명 주기의 여러 단계에 대한 프로세스 표준을 정의하고 구현이 진행됨에 따라 다른 종속성을 해결할 수 있다.

또한 솔루션 아키텍처는 프로젝트의 전체적인 관점을 고려한다. 보안, 규정 준수, 인프라, 프로젝트 관리, 지원과 같은 요소들을 프로젝트 수명 주기에서 계속 고려해 불일치가 발생하지 않게 한다.

비기능적 요구 사항 해결

솔루션 아키텍트는 애플리케이션의 비기능적 요구 사항NFR, Non-Functional Requirements을 처리해야 하는 경우가 많다. 프로젝트를 성공하려면 프로젝트와 솔루션 전반에 걸쳐 더 광범위한 영향을 미치기 때문에 이러한 문제를 해결하는 것이 필수적이다.

이러한 비기능적 요구 사항은 사용자 기반을 만들거나 무너뜨릴 수 있으며 보안, 가용성, 지연시간 문제, 유지 보수, 로깅, 기밀 정보, 성능 문제, 안정성, 유지 보수성, 확장성, 사용 편의성과 같은 솔루션의 중요한 측면을 해결할 수 있다. 이러한 사항이 제때 고려되지 않으면 프로젝트 산출물에 영향을 미칠 수 있다.

그림 1.3은 가장 일반적인 비기능적 요구 사항 중 일부를 보여준다.

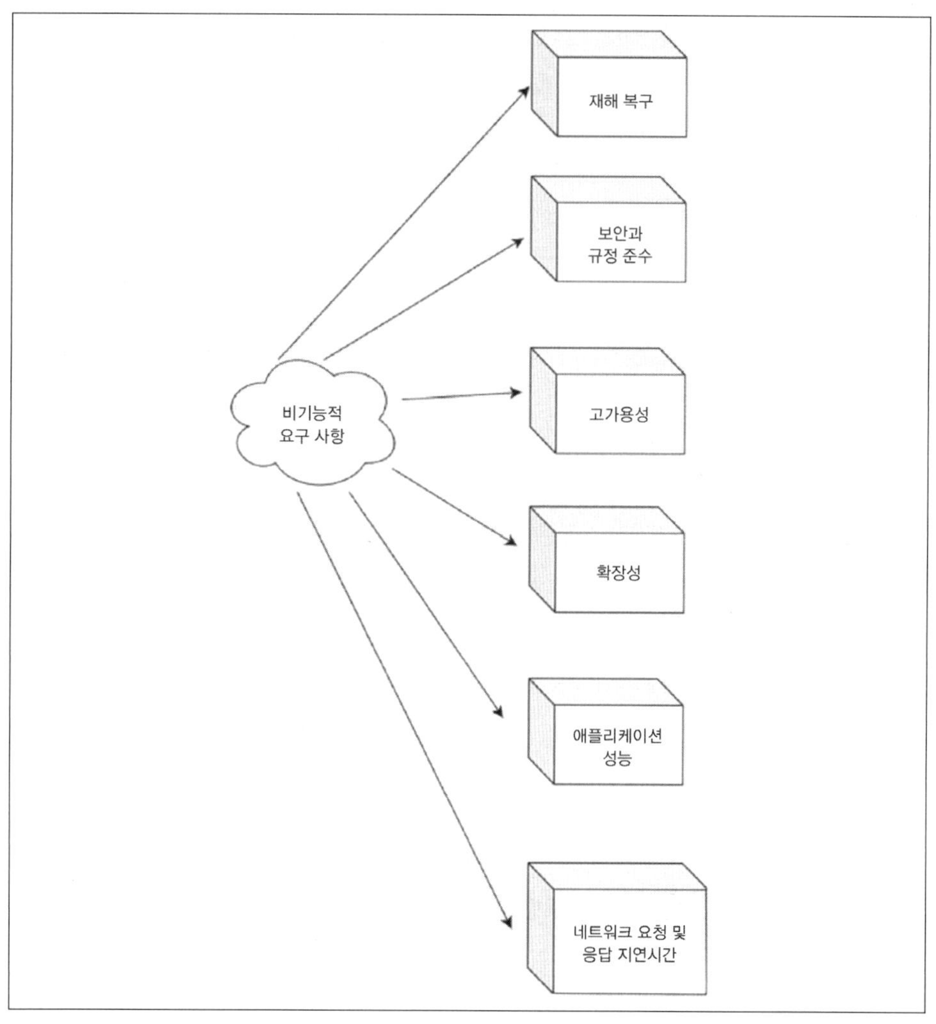

그림 1.3: 솔루션 아키텍처의 비기능적 요구 사항

표시된 것처럼 비기능적 요구 사항은 솔루션 아키텍처의 다음과 같은 속성을 포함한다. 그러나 프로젝트 유형에 따라 더 많은 비기능적 요구 사항이 있을 수 있다.

- **재해 복구:** 예상치 못한 상황이 발생할 경우에 대비해 솔루션을 가동하고 실행할 수 있게 한다.
- **보안과 규정 준수:** 바이러스, 악성 프로그램 등과 같은 외부 공격으로부터 보호할 수 있는 솔루션을 위한 안전망을 구축한다. 또한 컴플라이언스 요구 사항을 충족해 솔루션이 현지 및 업계 법을 준수하는지 확인해야 한다.
- **고가용성:** 솔루션이 항상 가동되고 실행되게 한다.
- **확장성:** 수요 증가에 대비해 솔루션이 추가 부하를 처리할 수 있는지 확인한다.
- **애플리케이션 성능:** 애플리케이션이 사용자의 기대에 따라 많은 지연시간 없이 로드되고 있는지 확인한다.
- **네트워크 요청 및 응답 지연시간:** 애플리케이션에서 수행되는 모든 활동은 적절한 시간 내에 완료돼야 하며 시간 초과가 허용되지 않아야 한다.

위의 속성들에 대한 자세한 내용은 3장에서 확인할 수 있다. 솔루션 아키텍처는 제품 개발을 위한 초기 프레임워크와 솔루션의 구성 요소를 정의한다. 솔루션 아키텍처를 구축하는 동안 품질과 고객 만족도가 중요하므로 개념 증명 작업을 하고 원하는 품질에 도달할 때까지 탐색하고 테스트하는 방식으로 솔루션 아키텍처를 지속적으로 개선해야 한다.

퍼블릭 클라우드의 솔루션 아키텍처

클라우드의 솔루션 아키텍처는 오늘날 점점 더 중요해지고 있으며 워크로드를 클라우드로 마이그레이션하는 기업이 늘어나면서 '뉴 노멀'이 되고 있다. 퍼블릭 클라우드Public Cloud는 스타트업 조직이 막대한 초기 투자를 필요로 하지 않기 때문에 성장을 촉진하는 중요한 요인이 돼왔다. 이는 조직이 민첩하고 혁신적일 수 있도록 유연성을 제공한다.

클라우드 컴퓨팅 아키텍처의 장점은 프론트엔드 플랫폼, 애플리케이션 개발 플랫폼, 서버, 스토리지, 데이터베이스, 자동화, 전체 솔루션 환경을 관리하는 데 필요한 네트워크를 포함한 모든 아키텍처 구성 요소를 엔드 투 엔드 방식으로 볼 수 있다는 것이다.

퍼블릭 클라우드가 어떻게 기업의 필수 기술 플랫폼으로 자리매김하고 있는지 자세히 살펴보자.

퍼블릭 클라우드란?

퍼블릭 클라우드는 서비스 제공업체가 가상 머신, 애플리케이션, 스토리지와 같은 자원을 인터넷으로 고객에게 제공하는 표준 컴퓨팅 모델을 기반으로 한다. 퍼블릭 클라우드 서비스는 사용하는 만큼 비용을 지불하는 모델을 제공한다.

클라우드 컴퓨팅 모델에서 퍼블릭 클라우드 업체는 조직이 안전한 웹 기반 인터페이스나 인터넷을 통해 사용할 수 있도록 서버, 데이터베이스, 네트워크, 스토리지와 같은 IT 자원을 제공한다. 대부분의 경우 고객은 사용 중인 서비스에 대해서만 비용을 지불하므로 IT 자원을 최적화해 유휴 시간을 단축함으로써 비용을 절감할 수 있다.

퍼블릭 클라우드를 전력 공급 모델에 비유해서 생각할 수 있다. 전원을 켜고 사용한 전기량에 대해서만 비용을 지불하는 것과 비슷하다. 반대로 전원을 끄면 비용을 지불하지 않는다. 전력 생산을 위해 터빈을 사용하는 발전 과정의 복잡성, 설비 유지 보수에 필요한 자원이 필요하지 않고 대규모 인프라 설정을 단순화해 전체 서비스를 단순하게 사용할 수 있다.

비용 이점 외에도 AWS[Amazon Web Services], 구글 클라우드 플랫폼[GCP, Google Cloud Platform], 마이크로소프트 애저[Microsoft Azure]와 같은 주요 클라우드 업체는 기술 플랫폼을 확장해 혁신할 수 있게 도움을 준다. 이러한 퍼블릭 클라우드 업체는 머신러닝과 분석을 통해 확장성과 미래 지향적인 아키텍처를 마련했다. 퍼블릭 클라우드를 사용하면 이러한 최신 기술을 사용할 수 있고 아키텍처를 발전시키고자 다양한 옵션을 선택할 수 있다.

퍼블릭 클라우드, 프라이빗 클라우드, 하이브리드 클라우드

여기에서는 다양한 유형의 클라우드 컴퓨팅 구축 모델을 개괄적으로 살펴볼 수 있다. 자세한 내용은 5장을 참고한다.

프라이빗 클라우드[Private Cloud]나 온프레미스[On-premise]는 이를 소유하고 액세스하는 단일 조직에 한정된다. 프라이빗 클라우드는 회사의 기존 데이터 센터를 그대로 이용하거나 확장하는 역할을 한다. 퍼블릭 클라우드에는 여러 고객의 가상 서버가 동일한 물리적 서버를 공유한다는 의미의 공유 테넌시[tenancy]가 있는 경우가 있다. 그러나 고객이 라이선스나 규정 준수 요구 사항에 따라 전용 물리적 서버를 원하면 그러한 형태도 고객에게 제공한다. AWS, 마이크로소프트 애저 또는 GCP와 같은 퍼블릭 클라우드는 온디맨드 모델[On-Demand Model]을 사용해 인터넷으로 액세스할 수 있게 대규모 IT 인프라를 활용한다.

세 번째 모델은 워크로드를 온프레미스에서 클라우드로 이동하는 기업에서 사용하는 하이브리드 클라우드Hybrid Cloud다. 여전히 클라우드로 직접 이동할 수 없는 레거시 애플리케이션[Legacy Application]을 보유하고 있거나, 사내에서 유지해야 하는 라이선스 애플리케이션을 보유하고 있거나, 때로는 규정 준수상의 이유로 데이터를 보호해야 할 수 있다. 이러한 상황에서 하이브리드 모델은 기업이 온프레미스에서 일부 환경을 유지하고 다른 애플리케이션을 퍼블릭 클라우드에서 사용할 때 유용하다. 때로 조직은 퍼블릭 클라우드에서 테스트 및 개발을 하고 실제 운영 환경은 온프레미스에서 유지할 수도 있다. 이렇게 하이브리드 모델은 조직의 클라우드 전략에 따라 달라질 수 있다.

시장에 여러 개의 퍼블릭 클라우드 업체가 있기 때문에 멀티클라우드의 트렌드를 볼 수 있을 것이다. 기업은 각 클라우드 기술을 최대한 활용하고자 워크로드를 서로 다른 퍼블릭 클라우드 업체에 분산하거나 각 팀에 선택을 맡기기도 한다.

퍼블릭 클라우드 아키텍처

퍼블릭 클라우드의 일반적인 정의는 완전히 가상화된 환경으로, 인터넷이나 사설 네트워크를 통해 액세스할 수 있다는 것이다. 그러나 최근 퍼블릭 클라우드 업체는 더 나은 하이브리드 클라우드 환경을 위해 온프레미스 인프라 솔루션을 제공하기 시작했다. 퍼블릭 클라우드는 멀티테넌시Multi-tenancy 모델을 제공해 스토리지 및 컴퓨팅 성능과 같은 IT 인프라를 여러 고객과 공유한다. 그러나 이 모델은 소프트웨어 및 논리적 레벨로 격리돼 있어서 서로의 워크로드를 방해하지 않는다. 퍼블릭 클라우드에서는 네트워크 레벨 분리를 통해 논리적 데이터 센터와 동일한 가상 프라이빗 클라우드를 구축할 수 있다. 조직의 규제나 요구 사항을 살펴보면 퍼블릭 클라우드는 전용 물리적 인스턴스도 제공하고 웹을 통해 액세스할 수도 있지만 이 옵션은 그리 흔한 것은 아니다.

퍼블릭 클라우드 스토리지는 여러 데이터 센터와 강력한 데이터 복제를 사용해 이중화 모델을 만들어 높은 내구성과 가용성을 제공한다. 이를 통해 아키텍처 복원력과 손쉬운 확장성을 달성할 수 있다. 그림 1.4와 같이 클라우드 컴퓨팅 모델에는 크게 세 가지 유형이 있다.

그림 1.4: 클라우드 컴퓨팅 모델 타입

그림 1.4에서는 온프레미스 환경에서 고객의 관리 영역과 클라우드 컴퓨팅 서비스 모델을 비교해볼 수 있다. 온프레미스 환경에서는 고객이 모든 것을 관리해야 하는 반면 클라우드 컴퓨팅 모델에서는 업체와 책임을 공유하고 비즈니스에 집중할 수 있다. 다음은 다양한 클라우드 컴퓨팅 모델에서 제공하는 서비스의 세부 사항이다.

- **서비스로서의 인프라**IaaS, Infrastructure as a Service**:** 클라우드 업체는 컴퓨팅 서버, 네트워킹 구성 요소, 데이터 스토리지 공간과 같은 인프라 자원을 관리형 서비스로 제공한다. 고객이 데이터 센터 냉방, 서버 랙, 물리적 보안 등과 같은 부분을 관리할 걱정 없이 IT 자원을 사용할 수 있게 지원한다.
- **서비스로서의 플랫폼**PaaS, Platform as a Service**:** PaaS 모델에는 인프라 자원과 함께 운영체제, 소프트웨어 유지 보수, 패치 등 개발 플랫폼에 필요한 자원을 클라우드 업체가 처리하는 서비스 계층이 추가된다. PaaS 모델은 플랫폼 유지 보수의 모든 부담을 덜어줌으로써 팀이 비즈니스 로직 작성과 데이터 처리에 집중할 수 있게 지원한다.

- **서비스로서의 소프트웨어**SaaS, Software as a Service: SaaS 모델에는 PaaS 및 IaaS 모델 위에 추상화 계층이 하나 더 추가돼, 업체에서 즉시 사용할 수 있는 소프트웨어를 제공한다. 예를 들어 지메일Gmail, 야후!Yahoo! 메일, AOL 등 이메일 서비스를 사용할 때 공간을 확보하거나 인프라에 대해 걱정할 필요가 없는 것과 동일하다.

네 번째로 부상하고 있는 모델은 **서비스로서의 기능**FaaS, Function as a Service 모델로, AWS Lambda를 활용해 서버리스 아키텍처를 구축하는 데 사용한다. 서버리스 아키텍처에 관한 자세한 내용은 6장에서 자세히 설명한다.

퍼블릭 클라우드 기능과 비용 모델이 매우 다르므로 아키텍처 설계에 대한 클라우드 네이티브 접근 방식을 개발하는 방법을 알아보자.

클라우드 네이티브 아키텍처

클라우드를 많이 사용하면서 클라우드 네이티브 아키텍처는 시스템 아키텍처를 최적화하는 새로운 트렌드가 되고 있다. 서버 및 컴퓨팅 성능과 같은 새로운 IT 자원을 추가하면 상당한 시간, 비용, 노력이 추가되기 때문에 일반적인 온프레미스 아키텍처는 변화 없이 고정적으로 사용된다. 그러나 클라우드는 사용량에 따라 요금이 부과되며 긴 하드웨어 조달 주기에 대한 걱정 없이 온디맨드 방식으로 서버 확장 및 축소와 같은 자동화를 통해 용이성을 제공한다. 클라우드 네이티브 아키텍처Cloud Native Architecture는 주로 온디맨드 확장, 분산 설계를 실현하고 장애가 발생한 구성 요소를 수정하는 대신 환경을 교체하는 데 중점을 둔다.

대부분의 퍼블릭 클라우드 업체는 사용자가 기본 인프라 및 운영 유지 관리를 할 필요 없게 광범위한 관리 서비스를 제공한다. 예를 들어 AWS는 서버나 런타임 환경을 관리하지 않고 코드를 실행하는 데 사용할 수 있는 서버리스 컴퓨팅 플랫폼인 AWS Lambda를 제공한다. 마찬가지로 Amazon DynamoDB 데이터베이스는 확장성이 뛰어나며 데이터베이스 서버를 관리하지 않고도 테이블을 생성하고 데이터를 저장할 수 있다. 이러한 관리형 서비스를 통해 확장할 수 있는 애플리케이션을 쉽게 개발할 수 있다.

클라우드 네이티브 아키텍처에서는 지속적인 통합, 구축, 인프라 자동화의 클라우드 기능을 사용해 복구, 확장성, 고가용성HA, High Availability을 위한 자동화된 운영 환경을 지속적으로 생성한다. 매일 출시되고 개선되는 새로운 클라우드 기능을 사용해 비용과 성능 측면에서 애플리케이션을 지속적으로 최적화할 수 있다.

2장에서는 클라우드 네이티브 아키텍처 패턴을 자세히 알아본다.

퍼블릭 클라우드 업체와 서비스 종류

IT 업계에는 여러 퍼블릭 클라우드 업체가 있다. 그중 핵심 업체는 AWS, GCP, 마이크로소프트 애저, 알리바바Alibaba다. 이들 모두 컴퓨팅, 스토리지, 네트워킹, 데이터베이스, 애플리케이션 개발에서 분석과 머신러닝에 이르기까지 다양한 서비스를 제공한다.

그림 1.5는 AWS 콘솔의 스크린샷이다. 여러 영역에서 제공되는 서비스의 종류를 볼 수 있다. Amazon Elastic Compute Cloud로 알려진 EC2 서비스를 사용하면 AWS 클라우드에서 몇 분 만에 가상 머신Virtual Machines을 가동할 수 있다.

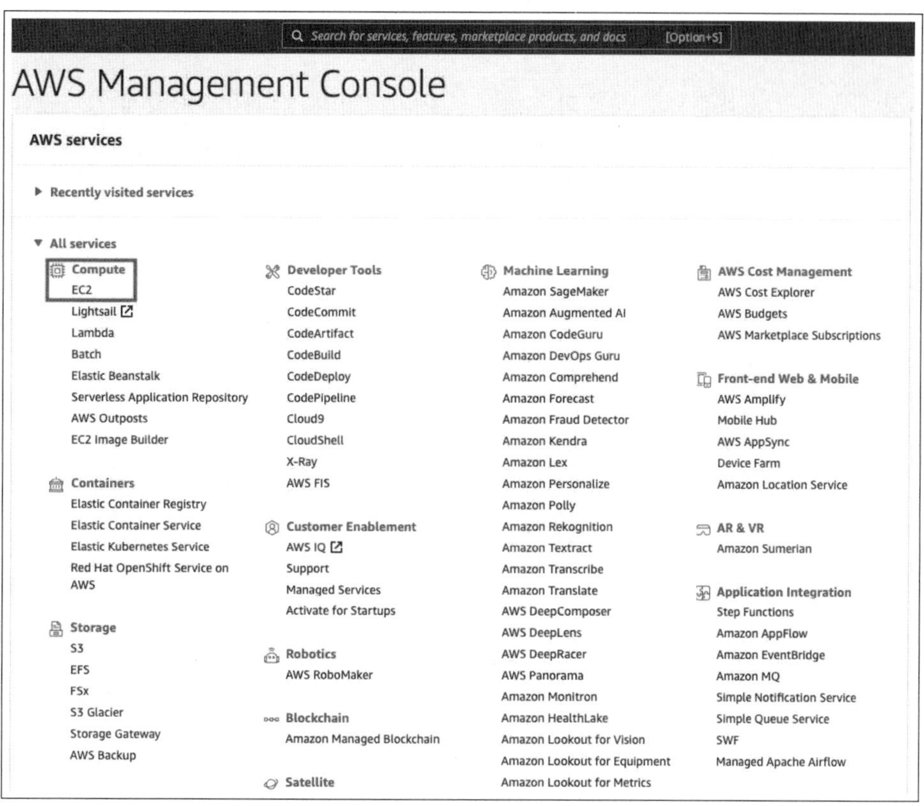

그림 1.5: AWS 콘솔과 서비스 종류

퍼블릭 클라우드 업체는 데이터 분석, 머신러닝, 블록체인, 로보틱스, 애플리케이션 개발, 이메일, 보안, 모니터링, 알림과 같은 다양한 분야에서 인프라를 제공한다. 퍼블릭 클라우드를 사용하면 개발 팀이 서로 다른 서비스에 좀 더 쉽게 접근할 수 있으므로 혁신을 주도하고 제품 출시 시간을 단축할 수 있다.

퍼블릭 클라우드 업체의 서비스를 사용하면 글로벌 인프라를 이용해 애플리케이션을 사용자에 가깝게 전 세계적으로 확장할 수 있다. 클라우드 업체는 고객에게 어필하고자 다양한 학습 과정을 제공하며 직접 사용해볼 수 있게 다양한 환경을 제공하고 있다.

요약

1장에서는 업계 표준으로 사용되는 솔루션 아키텍처의 정의를 간략하게 알아봤다. 솔루션 아키텍처의 중요성과 조직이 이익을 극대화하는 데 있어서 솔루션 아키텍처가 어떻게 도움이 되는지 알아봤다. 그리고 솔루션 아키텍처의 이점과 솔루션 설계 및 구현의 측면에서 어떻게 도움이 되는지 이해할 수 있었다.

요약하자면 솔루션 아키텍처는 비즈니스 요구 사항과 기술 간의 격차를 해소하고자 모든 이해관계자의 요구를 해결하고 표준을 수립하는 데 사용된다는 것이다. 훌륭한 솔루션 아키텍트는 기능적 요구 사항을 해결할 뿐만 아니라 확장성, 성능, 복원력, 고가용성, 재해 복구와 같은 비기능적 요구 사항을 장기적으로 고려하고 관리한다. 솔루션 아키텍처에는 비용, 자원, 일정, 보안, 규정 준수의 제약을 수용할 수 있는 최적의 솔루션이 필요하다.

또한 클라우드 컴퓨팅의 기본 사항, 클라우드 환경의 솔루션 아키텍처, 퍼블릭 클라우드 업체, 해당 서비스 오퍼링을 살펴봤다. 이를 통해 IaaS, PaaS, SaaS와 같은 다양한 클라우드 컴퓨팅 모델과 퍼블릭, 프라이빗, 하이브리드 클라우드에서의 클라우드 컴퓨팅 구현 모델에 대한 개괄적인 개요를 살펴볼 수 있었다.

2장에서는 솔루션 아키텍트 역할을 알아본다. 즉, 다양한 유형의 솔루션 아키텍트, 솔루션 아키텍처와 관련된 역할의 책임, 이러한 역할이 조직 구조와 민첩한 환경에 어떻게 적용되는지 알아본다.

02

조직에서의 솔루션 아키텍트

솔루션 아키텍트Solution Architect는 팀의 일원으로서 조직의 요구와 목표를 이해해야 한다. 즉, 모든 이해관계자, 프로세스, 팀 및 조직의 관리가 솔루션 아키텍트 역할과 관련이 있다. 2장에서는 솔루션 아키텍트의 역할과 이들이 조직에 어떤 영향을 미치는지 알아보고 이해한다. 그런 다음 다양한 유형의 솔루션 아키텍트와 이들이 조직 내에서 어떻게 공존하는지 알아본다. 조직에는 프로젝트의 복잡성에 따라 스페셜리스트 솔루션 아키텍트Specialist Solution Architect와 함께 제네럴리스트 솔루션 아키텍트Generalist Solution Architect가 필요하다. 또한 솔루션 아키텍트의 책임과 이것이 조직의 성공에 어떤 영향을 미칠 수 있는지 자세히 설명한다.

솔루션 및 소프트웨어 개발 방법론은 지난 수십 년 동안 워터폴에서 애자일로 진화했다. 2장에서는 솔루션을 지속적으로 개선하고자 솔루션 아키텍트가 취해야 하는 애자일 방법론과 반복적인 접근 방식을 자세히 설명한다. 애자일 사고방식은 솔루션 아키텍트에게도 매우 중요하다.

솔루션 설계 외에도 솔루션 아키텍트는 다양한 제약 조건을 처리해 위험을 평가하고 완화할 수 있는 전략을 계획해야 한다. 품질 관리도 중요한 역할을 하므로 간과

해서는 안 된다. 솔루션 아키텍트는 요구 사항 수집, 솔루션 설계, 솔루션 구현에서 테스트, 출시에 이르기까지 솔루션의 수명 주기 전반에 걸쳐 필수적인 역할을 한다.

솔루션 아키텍트는 솔루션의 확장성, 가용성, 유지 보수를 보장하고자 서비스 출시 후에도 지속적으로 서비스에 관여해야 한다. 광범위한 소비자 서비스의 경우 솔루션 아키텍트는 다양한 포럼에서 콘텐츠 발표를 통해 서비스의 기술 전도사 역할로 영업 팀과 협력해야 한다.

2장에서 다루는 내용은 다음과 같다.

- 솔루션 아키텍트의 역할 유형
- 솔루션 아키텍트의 책임 이해
- 신속한 변화를 위한 조직의 솔루션 아키텍트

솔루션 아키텍트의 역할 유형

1장에서는 솔루션 아키텍처와 다양한 이해관계자가 솔루션 전략에 미치는 영향을 알아봤다. 이제 솔루션 아키텍트의 역할을 이해하게 될 것이다. 소프트웨어 솔루션은 프로젝트 규모에 따라 솔루션 아키텍트 없이도 개발될 수 있지만 대규모 프로젝트의 경우 전담 솔루션 아키텍트가 있어야 한다. 계획의 성패는 솔루션 아키텍트에 따라 달라질 수도 있다.

프로젝트를 할 때에는 팀을 위해 아키텍처 결정을 내리고 이해관계자와 팀 협업을 주도할 수 있는 사람이 항상 필요하다. 때로는 프로젝트 규모에 따라 팀에 여러 솔루션 아키텍트가 있어야 한다. 다양한 유형의 솔루션 아키텍트를 그림 2.1에서 보여주며 조직에서 이들이 어떻게 다른 책임을 갖고 있는지 보여준다.

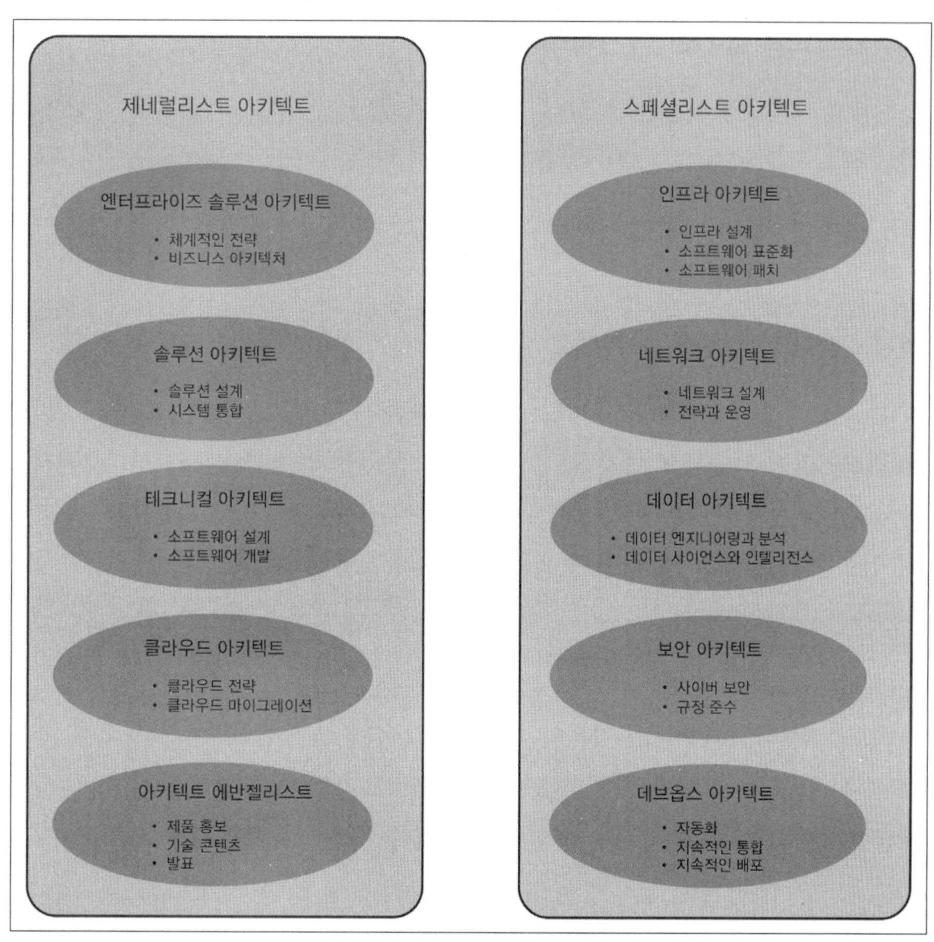

그림 2.1: 솔루션 아키텍트의 유형

조직에는 여러 유형의 솔루션 아키텍트가 있을 수 있다. 솔루션 아키텍트는 보통 제너럴리스트와 스페셜리스트로 분류할 수 있다. 스페셜리스트 솔루션 아키텍트는 빅데이터, 보안 또는 네트워킹과 같은 전문 분야에 대해 매우 깊이 있는 지식을 갖고 있는 반면 제너럴리스트 솔루션 아키텍트는 여러 기술 영역을 다룬다. 제너럴리스트 솔루션 아키텍트는 프로젝트의 요구 사항과 복잡성에 맞춰 스페셜리스트 솔루션 아키텍트와 협업해야 한다.

제너럴리스트 솔루션 아키텍트의 역할

솔루션 아키텍트의 역할은 조직마다 다르며, 솔루션 아키텍트와 관련된 다양한 직책(제너럴리스트 솔루션 아키텍트의 역할)이 있을 수 있다.

솔루션 아키텍트의 유형에 대한 자세한 내용은 다음 절에서 확인할 수 있다.

엔터프라이즈 솔루션 아키텍트

IT 산업에서 제품이 출시되기 전에는 다양한 모범 사례, 문화, 적합한 기술을 정의하는 엔터프라이즈 솔루션 아키텍트Enterprise Solutions Architect의 역할이 필요하다. 엔터프라이즈 솔루션 아키텍트는 이해관계자, 각 분야별 전문가, 경영진과 긴밀하게 협력해 정보 기술에 대한 조직 전략을 파악하고 이 모든 것이 회사 비즈니스 규칙에 부합하는지 확인한다.

엔터프라이즈 솔루션 아키텍트는 조직 전반에 걸친 솔루션 설계를 담당하며, 이해관계자와 리더십을 통해 장기적인 계획과 솔루션을 작성한다. 가장 중요한 측면 중 하나는 기업이 사용해야 할 기술을 구체화하고 기업이 이러한 기술을 일관성과 무결성 있게 사용하고 있는지 확인하는 것이다.

엔터프라이즈 솔루션 아키텍처의 또 다른 중요한 측면은 비즈니스 아키텍처를 정의하는 것이다. 비즈니스 아키텍처는 조직 전략과 실행 사이의 격차를 줄일 수 있다. 전략을 실행 가능한 작업 항목으로 변환하고 이를 구현하기 위한 수준으로 전환하는 역할을 한다. 전반적으로 엔터프라이즈 솔루션 아키텍트는 비즈니스 비전을 성공적으로 구현하기 위한 전사적 표준을 정의할 때 회사의 비전과 책임을 더욱 중요시한다.

솔루션 아키텍트

이 책에서는 일반적인 솔루션 아키텍트의 역할을 살펴본다. 그런데 조직 구조에 따라 엔터프라이즈 솔루션 아키텍트, 소프트웨어 아키텍트와 같이 다양한 직함을 가진 솔루션 아키텍트를 종종 볼 수 있다. 이 절에서는 다양한 직함과 관련된 몇 가지 고유한 역할을 확인할 수 있다. 솔루션 아키텍트의 책임은 조직의 구조에 따라 중복될 수 있다.

솔루션을 구성하고 제공하는 방법을 알고 싶다면 솔루션 아키텍트가 이러한 맥락에서 중요한 역할을 수행한다.

솔루션 아키텍트는 전체 시스템과 서로 다른 그룹의 시스템들을 통합하는 방법을 설계한다. 솔루션 아키텍트는 비즈니스 이해관계자와 협력하고 기술 팀의 목표를 명확하게 이해함으로써 예상되는 결과를 정의한다.

솔루션 아키텍트는 조직을 연결하고 개발 이후에 나타날 수 있는 문제를 방지하고자 여러 팀 간의 일관성을 보장하려고 노력한다. 이들은 프로젝트 수명 주기 전반에 걸쳐 관여하고 모니터링 및 알림 메커니즘을 정의해 제품 출시 후 원활한 운영을 보장한다. 또한 솔루션 아키텍트는 자원, 비용, 일정과 관련된 조언을 함으로써 프로젝트 관리에 필수적인 역할을 수행한다.

전반적으로 솔루션 아키텍트는 엔터프라이즈 아키텍트에 비해 전략적인 일에 더 많이 관여한다. 때로는 좀 더 전략적인 참여가 필요한 경우 솔루션 아키텍트가 엔터프라이즈 아키텍트의 역할도 한다.

테크니컬 아키텍트

테크니컬 아키텍트Technical Architect는 애플리케이션이나 소프트웨어 아키텍트로도 알려져 있다. 테크니컬 아키텍트는 소프트웨어 설계와 개발을 담당한다. 또한 테크니컬 아키텍트는 소프트웨어 엔지니어링 측면에서 조직과 함께 일하며 소프트웨어 개발을 위한 기술적 세부 사항을 정의하는 데 더 초점을 맞춘다. 그리고 다른 그룹이 관리할 수 있는 소프트웨어와 어떻게 통합이 되는지 이해하고자 조직 전체에 걸쳐 일을 한다.

테크니컬 아키텍트는 API 설계의 세부 사항을 관리하고 API 성능과 확장을 정의할 수 있다. 그리고 소프트웨어가 조직의 표준과 일관되게 개발되는지 확인하고 다른 애플리케이션의 구성 요소와 쉽게 통합될 수 있는지 확인한다.

테크니컬 아키텍트는 엔지니어링 팀과 관련된 모든 기술적 질문에 대한 담당자로서 필요에 따라 시스템 문제를 해결할 수 있다. 소규모 소프트웨어 개발 프로젝트의 경우 수석 엔지니어가 소프트웨어 아키텍처 설계를 담당할 수 있기 때문에 테크니컬 아키텍트의 역할이 없을 수도 있다.

테크니컬 아키텍트는 소프트웨어 엔지니어링 팀과 긴밀히 협력하고 비즈니스 요구사항으로 인해 발생하는 모든 장애물을 해결한다.

클라우드 아키텍트

클라우드 아키텍트Cloud Architect의 역할은 지난 10년 전에야 등장했지만 기업에서 클라우드 도입이 증가하고 있기 때문에 이 역할은 수요가 매우 많은 역할 중 하나다. 클라우드 아키텍트는 클라우드 환경을 계획하고 설계하며 회사의 클라우드 컴퓨팅 전략을 배포하고 관리하는 역할을 담당한다. 클라우드 아키텍트는 클라우드 서비스를 위한 깊이를 제공하며 클라우드 네이티브 설계를 정의할 수 있다.

1장에서 다룬 솔루션 아키텍처에서 배웠듯이 클라우드 사용은 이제 매우 대중적이며 조직에서 퍼블릭 클라우드로 전환하는 것이 일반적인 것이 됐다. AWS, 마이크로소프트 애저, 구글 클라우드 플랫폼 등 주요 클라우드 업체들은 SaaS, PaaS, IaaS 서비스들을 제공해 고객이 빠른 속도로 클라우드 플랫폼을 채택할 수 있게 돕고 있다. 클라우드 아키텍처에 대한 자세한 내용은 5장을 참고한다.

확장성, 비즈니스 용이성, 가격 이점을 활용하고자 기존 워크로드를 클라우드로 마이그레이션하려는 기업이 많다. 클라우드 아키텍트는 클라우드 마이그레이션 전략을 준비하고 하이브리드 클라우드 아키텍처를 개발할 수 있다. 클라우드 아키텍트는 온프레미스 애플리케이션이 클라우드에 어떻게 연결되고 기존 환경이 클라우드 환경에 어떻게 적용되는지 조언할 수 있다.

클라우드에서 시작하는 신생 기업을 위해 클라우드 아키텍트는 클라우드 네이티브 아키텍처를 설계하는 데 도움을 줄 수 있다. 클라우드 네이티브 아키텍처는 온디맨드 모델을 기반으로 구축돼 비용을 최적화하고 클라우드에서 사용할 수 있는 자동화를 활용한다.

클라우드는 이제 기업 전략의 필수적인 부분이며 기업이 성공하고 혁신과 자동화 속도에 뒤처지지 않으려면 클라우드 아키텍트가 반드시 갖춰야 할 필수 요소다.

아키텍트 에반젤리스트

아키텍트 에반젤리스트Architect Evangelist는 특히 복잡한 솔루션 플랫폼의 채택이 증가할 때 마케팅에서 새로운 패러다임을 제공하는 비교적 새로운 역할이다. 사람들은 질문이 생길 때마다 깊은 지식을 가진 전문가로부터 답변을 받기를 원할 것이다. 여기서 아키텍트 에반젤리스트는 경쟁 환경에서 특정 주제에 대한 전문 지식을 지니고 사람들을 상대한다.

아키텍트 에반젤리스트는 고객의 요구 사항에 따라 아키텍처를 설계할 수 있어 고객의 문제를 해결한다. 에반젤리스트는 아키텍처 문제, 개념, 시장 동향을 깊이 이해해 고객과 파트너가 신뢰할 수 있는 조언자가 될 수 있다.

고객의 클라우드 플랫폼 채택을 늘리고자 에반젤리스트는 블로그, 백서, 기사와 같은 공개 콘텐츠를 작성한다. 그들은 업계 행사나 기술 미팅, 콘퍼런스에서 연설한다. 기술 워크숍을 진행하고 그들이 만든 제품에 대해 널리 알리고자 튜토리얼을 출판한다. 따라서 아키텍트 에반젤리스트는 뛰어난 글쓰기 능력과 구두 커뮤니케이션 능력을 갖추는 것이 매우 중요하다.

스페셜리스트 솔루션 아키텍트

마이그레이션 아키텍트, 스토리지 아키텍트, 머신러닝 아키텍트와 같은 유형의 스페셜리스트 솔루션 아키텍트가 있을 수 있다. 이 역시 조직의 구조에 따라 달라진다. 프로젝트와 조직의 복잡성에 따라 솔루션 아키텍트는 여러 역할을 맡거나 서로 다른 솔루션 아키텍트의 역할이 중복될 수 있다.

인프라 아키텍트

인프라 아키텍트Infrastructure Architects는 엔터프라이즈 IT 인프라 설계, 보안 및 데이터 센터 운영에 중점을 둔 스페셜리스트 아키텍트 역할을 한다. 이들은 솔루션 아키텍트와 긴밀히 협력해 조직의 인프라 전략이 전반적인 비즈니스 요구 사항과 일치하게 하고, 시스템 요구 사항과 기존 환경을 모두 분석해 요구 사항을 충족하고자 적절한 자원 용량을 할당한다. 자본 지출을 줄이고 운영 지출로 전환해 조직의 효율성과 ROI를 높일 수 있다.

스토리지와 서버에서 개별 작업 공간에 이르기까지 전체 IT 자원을 정의하고 계획하기 때문에 인프라 아키텍트는 조직의 중추 역할을 한다. 인프라 아키텍트는 IT 인프라를 도입하고 구축하기 위한 세부 계획을 수립한다. 소프트웨어 표준을 정의하고 패치를 적용하고 조직 전체에 걸쳐 시스템 업데이트를 계획한다. 인프라 아키텍트는 인프라 보안을 처리하고 원하지 않는 바이러스 공격으로부터 모든 환경을 보호한다. 또한 재해 복구 및 시스템 백업을 계획해 비즈니스 운영이 계속되도록 한다.

미국의 추수감사절, 캐나다와 영국의 박싱데이, 인도의 디왈리 등 소비자들이 쇼핑을 시작하는 시기에 맞춰 수요가 최대에 이르는 시기를 계획해야 하는 등 대부분의 전자상거래 사업에서 인프라 아키텍트 역할이 어려워지고 있다. 워크로드가 평상시보다 10배 이상 높을 수 있는 성수기를 수용할 수 있는 충분한 서버 및 스토리지 용량을 준비해야 하므로 IT 인프라 비용이 증가한다. 성수기를 제외하고 시스템은 연중 대부분 유휴 상태가 될 것이다.

비용 최적화 및 사용자 환경 개선을 위해 계획해야 하는 또 다른 이유는 클라우드를 사용해 추가 용량을 확보하고 필요에 따라 확장해 비용을 절감할 수 있다는 것이다. 그들은 새로운 지식을 익혀야 하는 동시에 시스템의 사용 현황을 확인해야 한다.

인프라 아키텍트는 전반적으로 데이터 센터 운영과 관련된 구성 요소(예, 난방, 냉각, 보안, 랙, 스택, 서버, 스토리지, 백업, 소프트웨어 설치, 패치, 로드 밸런싱, 가상화)를 잘 이해해야 한다.

네트워크 아키텍트

사무실이나 매장이 여러 곳에 있는 대기업들이 어떻게 연결돼 있는지 생각해본 적이 있는가? 여기서 네트워크 아키텍트Network Architect는 조직의 네트워크 통신 전략을 조정하고 IT 자원 간의 통신을 구축해 IT 인프라에 활력을 불어넣는다.

네트워크 아키텍트는 컴퓨터 네트워크, LANLocal Area Network, WANWide Area Network, 인터넷, 인트라넷, 기타 통신 시스템을 설계하는 일을 담당한다. 조직 정보와 네트워크 시스템을 관리하고 사용자가 낮은 네트워크 지연시간과 높은 네트워크 성능을 사용할 수 있게 함으로써 생산성을 높일 수 있다. 그리고 VPNVirtual Private Network 연결을 사용해 사용자 작업 공간과 내부 네트워크 간에 보안 연결을 설정한다.

네트워크 아키텍트는 인프라 아키텍트와 긴밀하게 협력한다. 때로는 모든 IT 인프라가 연결되게 하는 역할도 한다. 그들은 보안 팀과 함께 일하고 공격으로부터 보호하고자 조직의 방화벽을 설계한다. 패킷 모니터링, 포트 검색, **침입 탐지 시스템**IDS, Intrusion Detection System, **침입 방지 시스템**IPS, Intrusion Prevention System 등을 통해 네트워크를 모니터링하고 보호하는 역할을 담당한다. IDS/IPS 시스템에 대한 자세한 내용은 8장을 참고한다.

네트워크 아키텍트는 전반적으로 네트워크 전략, 네트워크 운영, VPN, 방화벽 구성, 네트워크 토폴로지, 로드 밸런싱 구성, DNS 라우팅, IT 인프라 연결을 잘 이해해야 한다.

데이터 아키텍트

모든 솔루션 설계는 데이터를 중심으로 이뤄지며 고객 중심이든 제품 중심이든 관계없이 데이터를 저장, 수정, 조회하는 것이 대부분이다. 지난 10년 동안 데이터 증가량은 기하급수적으로 증가했다. 얼마 전에는 GB 정도의 데이터가 빅데이터로 간주됐지만 이제는 100TB의 데이터도 일반적이다. 1TB 이상의 컴퓨터 하드 디스크도 사용한다.

전통적으로 데이터는 구조화된 관계형 방식으로 저장됐다. 현재 대부분의 데이터는 소셜 미디어, **사물인터넷**IoT, Internet of Things, 애플리케이션 로그와 같은 자원에서 생성된 비정형 형식으로 돼 있다. 그리고 통찰력을 얻고자 데이터를 저장, 처리, 분석해야 할 필요가 있는데, 바로 여기서 데이터 아키텍트Data Architect 역할이 필요하다.

데이터 아키텍트는 조직 데이터베이스에서 사용되고 수집되는 데이터 유형을 제어하는 일련의 규칙, 정책, 표준, 모델을 정의한다. 이들은 조직에서 데이터 아키텍처를 설계, 작성, 관리한다. 데이터 아키텍트는 비즈니스의 **핵심 성과 지표**KPI, Key Performance Indicators를 확인하고 데이터 변환을 지원하고자 데이터 모델과 데이터 레이크를 설계한다. 또한 그들은 조직 전반에 걸쳐 일관된 데이터 성능과 데이터 품질을 보장한다.

데이터 아키텍트의 주요 고객은 다음과 같다.

- 비즈니스 인텔리전스 도구를 사용해 데이터를 시각화하는 비즈니스 경영진
- 데이터 통찰력을 위해 데이터 웨어하우스를 사용하는 비즈니스 분석가
- **추출-변환-로드**ETL, Extract-Transform-Load를 통해 데이터를 가공하는 데이터 엔지니어
- 머신러닝을 이용하는 데이터 과학자
- 애플리케이션 데이터를 관리하는 개발자

조직의 요구 사항을 이행하고자 데이터 아키텍트는 다음과 같은 책임이 있다.

- 데이터베이스 선택
- 정형, 비정형 데이터 스토리지 선택
- 스트리밍과 배치 데이터 프로세싱
- 데이터 레이크 구축
- 애플리케이션 개발을 위한 관계형 데이터베이스의 스키마 설정
- 데이터 분석과 BI 도구를 위한 데이터 웨어하우스 구축
- 데이터 마트 설계
- 데이터 보안과 암호화
- 데이터 규정 준수

데이터 아키텍처에 대한 자세한 내용은 13장을 참고한다. 전반적으로 데이터 아키텍트는 다양한 데이터베이스 기술, BI 도구, 데이터 보안, 암호화를 알고 있어야 한다. 또한 기업들 사이에서 머신러닝에 대한 관심이 커지면서 머신러닝 전담 아키텍트들이 등장하고 있다.

머신러닝 아키텍트

인공지능AI, Artificial Intelligence과 머신러닝ML, Machine Learning이 오랫동안 화두였고 기업용 솔루션 스택에 머신러닝을 구현하려는 기업이 늘고 있다. 퍼블릭 클라우드는 쉽게 액세스할 수 있는 인프라와 툴을 통해 조직의 머신러닝 채택을 가속화했다. 머신러닝은 개인화 개발, 예측 정보 제공, 사기 탐지 등 다양한 방법으로 고객 문제를 해결하는 데 도움이 된다. 이 외에도 머신러닝은 IT 리더, 소프트웨어 아키텍트와 솔루션 아키텍트의 보안 자동화, 인프라, 재해 복구, 솔루션 모니터링과 같은 많은 일상적인 과제를 해결할 수 있다. 그래서 머신러닝 아키텍트Machine Learning Architect의 역할이 늘어났고 보통 다음과 같은 역할을 한다.

- 엔터프라이즈 소프트웨어 스택에서 머신러닝을 구현하고 적용하기 위한 방식 적용
- 머신러닝과 AI 구현을 위한 도구 분석과 선택
- 머신러닝용 데이터 아키텍처 설계
- 현재의 소프트웨어 스택과 도구 수정
- 지속적인 모니터링과 개선을 통한 머신러닝 운영

머신러닝 아키텍트는 AI/ML 솔루션 설계의 성능 최적화, 보안, 컴플라이언스, 신뢰성, 비용 최적화, 운영 우수성을 고려하면서 아키텍처 모범 사례를 적용해 AI/ML 솔루션 아키텍처를 만든다. AI/ML로 모든 문제를 해결할 수 있는 것은 아니며 머신러닝 아키텍트는 민첩한 기업 환경에서 머신러닝 솔루션이 어떻게 적용되는지 이해해야 한다. 고급 설계 패턴, 안티패턴, 현대 AI/ML 기술 스택 등을 세밀하게 파악해 AI/ML 아키텍처를 설계해야 한다. 머신러닝에 대한 자세한 내용은 14장에서 다룬다.

보안 아키텍트

보안은 모든 조직의 최우선 과제여야 한다. 보안 침해로 어려움을 겪는 기업이 많다. 기업이나 조직은 보안 사고로 인해 고객의 신뢰를 잃을 뿐만 아니라 법적 문제를 겪는다. 조직과 고객의 데이터 보안을 보장하고자 시행 중인 조직 보안Organizational Security(SOC2), 재무 데이터Finance Data(PCI), 의료 데이터Health Care Data(HIPPA) 등 다양한 산업 컴플라이언스 인증Compliance Certification이 있으며 이는 기업이 애플리케이션의 특성에 따라 준수해야 한다.

보안의 중요성에 대해 살펴보면 조직은 프로젝트를 위해 가장 강력한 보안 아키텍처를 연구하고 설계해야 하며 바로 여기에 보안 아키텍트Security Architect가 필요하다. 보안 아키텍트는 보안을 최우선순위로 보장하고자 조직 내 모든 팀 및 외부 업체와 긴밀히 협력한다. 보안 아키텍트의 역할은 다음과 같다.

- 조직 내 네트워크와 컴퓨터 보안 구현 설계 및 배치
- 회사의 정보 시스템에 대한 이해와 조직 내 컴퓨터의 보안 보호
- 회사 네트워크 및 웹 사이트 보안과 같은 다양한 설정으로 작업
- 취약성 테스트, 위험 분석, 보안 감사 계획
- 방화벽, VPN과 라우터 설치 검토, 승인, 서버 검사
- 최종 보안 프로세스를 테스트하고 예상대로 작동하는지 확인
- 보안 팀에 기술 지침 제공
- 애플리케이션이 업계 표준을 준수하도록 보장

보안 아키텍트는 다양한 도구와 기술로 데이터, 네트워크, 인프라, 애플리케이션과 관련된 보안의 모든 측면을 이해하고 설계, 안내해야 한다. 보안과 컴플라이언스에 대한 자세한 내용은 8장을 참고한다.

데브옵스 아키텍트

시스템이 복잡해질수록 인적 오류가 발생할 가능성이 높아져 추가적인 노력이 요구되고 비용이 증가하며 심지어 품질이 저하될 수 있다. 자동화는 장애를 방지하고 전반적인 시스템 효율성을 향상시키는 가장 좋은 방법이다. 자동화는 선택 사항이 아니다. 민첩하고 빠르게 움직이려면 자동화가 필수적이다.

자동화는 애플리케이션 테스트, 구현, 인프라 가동, 보안 등 어디에나 적용할 수 있다. 자동화는 매우 중요한 역할을 하며 데브옵스 아키텍트DevOps Architect의 역할은 가능한 모든 장소에서 모든 것을 자동화하는 것이다. 데브옵스는 애플리케이션을 더 빠른 속도로 제공할 수 있게 지원하는 작업 방식과 도구의 조화다.

이를 통해 조직은 고객에게 더 나은 서비스를 제공하고 경쟁에서 앞서 나갈 수 있다.

데브옵스에서는 개발 팀과 운영 팀이 함께 협력한다. 소프트웨어 애플리케이션의 경우 데브옵스 아키텍트는 **지속적인 통합**Continuous Integration과 **지속적인 배포**Continuous Deployment(CI/CD)를 정의한다. 지속적인 통합 과정에서는 개발 팀이 코드 변경 사항을 중앙 저장소에 병합하기 전에 자동화된 빌드와 테스트를 수행한다. 지속적인 배포 과정에서는 빌드와 테스트 단계가 끝난 후 모든 코드 변경 사항을 운영 환경에 배포해 CI를 확장한다.

데브옵스 아키텍트는 클라우드 환경에서 널리 사용되는 **인프라 코드**Infrastructure as Code 구축을 자동화한다. 데브옵스는 자동화를 위해 Chef, Puppet 등의 도구를 활용하거나 워크로드가 클라우드 환경에 있는 경우 클라우드 네이티브 도구를 사용할 수 있다. Ansible 및 Terraform과 같은 스크립트를 사용해 인프라를 자동화할 수 있다. 인프라 자동화는 개발 팀에 탁월한 유연성을 제공해 운영 팀이 복제본 환경을 만들 수 있도록 지원한다.

원활한 운영을 위해 데브옵스 아키텍트는 문제가 발생하거나 중대한 변경 사항이 발생할 경우 커뮤니케이션을 통해 모니터링과 알림을 계획한다. 모든 보안 사고, 구축 실패 또는 인프라 장애를 자동으로 모니터링할 수 있으며 필요한 경우 모바일 디바이스나 팀의 이메일 계정으로 경고를 전송할 수 있다.

또한 데브옵스 아키텍트는 다양한 배포 방법을 통해 재해 복구를 계획한다. **복구 시점 목표**RPO, Recovery Point Objective는 조직에서 허용할 수 있는 데이터 손실 수준이고 **복구 시간 목표**RTO, Recovery Time Objective는 애플리케이션이 복구되고 다시 작동하는 데 얼마나 걸리는지를 나타낸다. 데브옵스에 대한 자세한 내용은 12장을 참고한다.

솔루션 아키텍트의 책임 이해

지금까지 솔루션 아키텍트의 다양한 역할에 관해 살펴봤다. 이제는 솔루션 아키텍트의 책임을 자세히 알아본다. 솔루션 아키텍트는 고객을 상대하는 기술 리더이며 여기에는 많은 책임이 따른다. 솔루션 아키텍트의 주된 책임은 조직의 비즈니스 비전을 기술로 전환하고 비즈니스와 기술 이해관계자 간의 커뮤니케이션 역할을 수행하는 것이다. 솔루션 아키텍트는 광범위한 기술 전문 지식과 비즈니스 경험을 활용해 솔루션을 제공한다.

솔루션 아키텍트의 책임은 조직의 특성에 따라 약간 다를 수 있다. 컨설팅 조직에서는 솔루션 아키텍트가 특정 프로젝트와 고객을 전담하는 경우가 많지만 제품 기반 조직에서는 솔루션 아키텍트가 여러 고객과 협력해 제품에 대해 교육하고 솔루션 설계를 검토한다.

솔루션 아키텍트는 프로젝트가 시작되기 전이라도 애플리케이션 개발 주기의 여러 단계에서 다양한 책임을 수행한다. 프로젝트 기획 단계에서 솔루션 아키텍트는 비즈니스 이해관계자와 협력해 정보 요청 문서를 준비하고 평가한다. 프로젝트가 시작되면 솔루션 아키텍트가 요구 사항을 분석해 기술 구현의 타당성을 결정하는 동시에 확장성, 고가용성, 성능, 보안과 같은 비기능적 요구 사항을 정의한다. 솔루션 아키텍트는 다양한 프로젝트의 제약을 이해하고 개념 증명을 해서 기술을 선택한다. 개발이 시작되면 솔루션 아키텍트가 개발 팀을 지도하고 기술 및 비즈니스 요구 사항을 조정한다. 애플리케이션이 배포된 후 솔루션 아키텍트는 애플리케이션이 정의된 비기능적 요구 사항에 따라 수행되는지 확인하고 사용자 피드백을 기반으로 다음 작업을 식별한다. 이 절에서는 제품 개발 수명 주기의 다양한 단계에서 솔루션 아키텍트의 역할을 자세히 알아본다. 전체적으로 솔루션 아키텍트는 그림 2.2에서와 같이 다음과 같은 주요 책임을 수행한다.

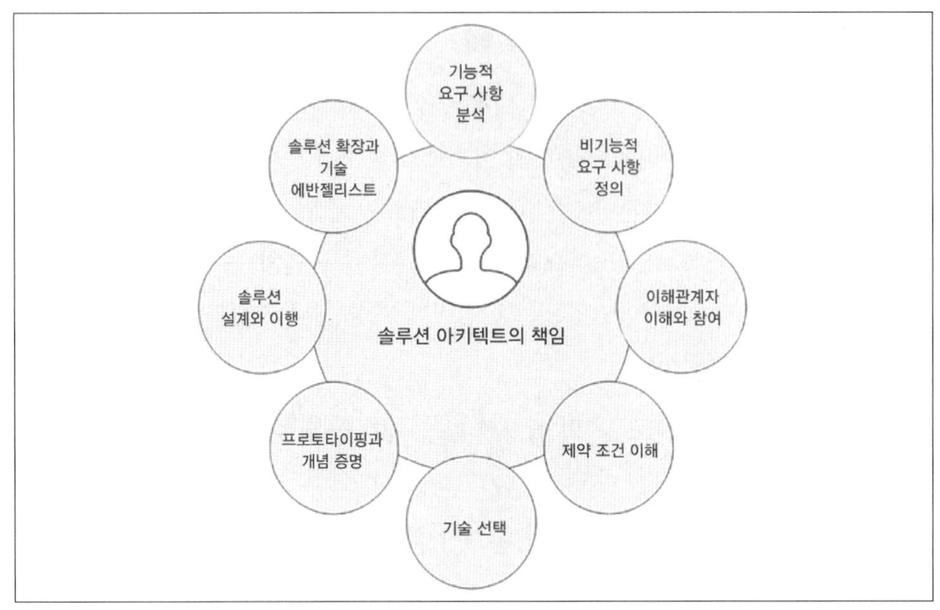

그림 2.2: 솔루션 아키텍트의 책임 모델

그림과 같이 솔루션 아키텍트에게는 다양한 책임이 있다. 다음 절에서는 솔루션 아키텍트가 책임져야 할 다양한 측면을 알아본다.

사용자 요구 사항 분석

비즈니스 요구 사항은 모든 솔루션 설계의 중심에 있으며 프로젝트가 시작될 때 초안으로 정의된다. 처음부터 요구 사항을 식별할 수 있는 기술적 역량을 포함한 다양한 그룹을 참여시킬 필요가 있다.

비즈니스 이해관계자가 요구 사항을 정의하며 프로젝트의 기술에 대해서는 여러 가지 조정이 필요할 수 있다. 작업을 줄이려면 사용자 요구 사항 문서를 정의하는 동안 솔루션 아키텍트를 참여시켜야 한다.

솔루션 아키텍트가 애플리케이션을 설계하므로 전체 비즈니스 결과에 영향을 미칠 수 있다. 따라서 솔루션 아키텍트는 요구 사항 분석 능력을 갖춰야 한다. 훌륭한 솔루션 아키텍트는 비즈니스 분석가 및 다양한 이해관계자와 협력할 수 있는 능력을 갖춰야 한다.

솔루션 아키텍트는 기술 전문가일 뿐만 아니라 비즈니스 영역에 대한 지식도 갖추고 있어 광범위한 비즈니스 경험을 제공한다. 이들은 제품 관리자 및 기타 비즈니스 이해관계자들과 긴밀히 협력해 요구 사항의 모든 측면을 파악한다. 훌륭한 솔루션 아키텍트는 기술 팀이 아닌 이해관계자가 전체 솔루션 관점에서 생각하지 못했을 수 있는 숨겨진 요구 사항을 찾도록 도와준다.

비기능적 요구 사항 정의

비기능적 요구 사항NFR, Non-Functional Requirements이 사용자와 고객에게 직접 보이지 않을 수 있지만 이러한 요구 사항의 부재가 전체 사용자 경험에 부정적인 영향을 미쳐 비즈니스에 걸림돌이 될 수 있다. 비기능적 요구 사항에는 성능, 지연시간, 확장성, 고가용성, 재해 복구와 같은 시스템의 중요한 측면이 포함된다. 가장 일반적인 비기능적 요구 사항은 그림 2.3에 나와 있다.

다음 요구 사항을 고려해보자.

- **성능**
    - 사용자의 애플리케이션 로딩 시간은 어떻게 되는가?
    - 네트워크 지연시간을 어떻게 처리할 수 있는가?
- **보안과 규정 준수**
    - 무단 액세스로부터 애플리케이션을 보호하고
    - 악의적인 공격으로부터 애플리케이션을 보호하며
    - 현지 법률 및 감사 요구 사항을 준수하려면 어떻게 해야 하는가?

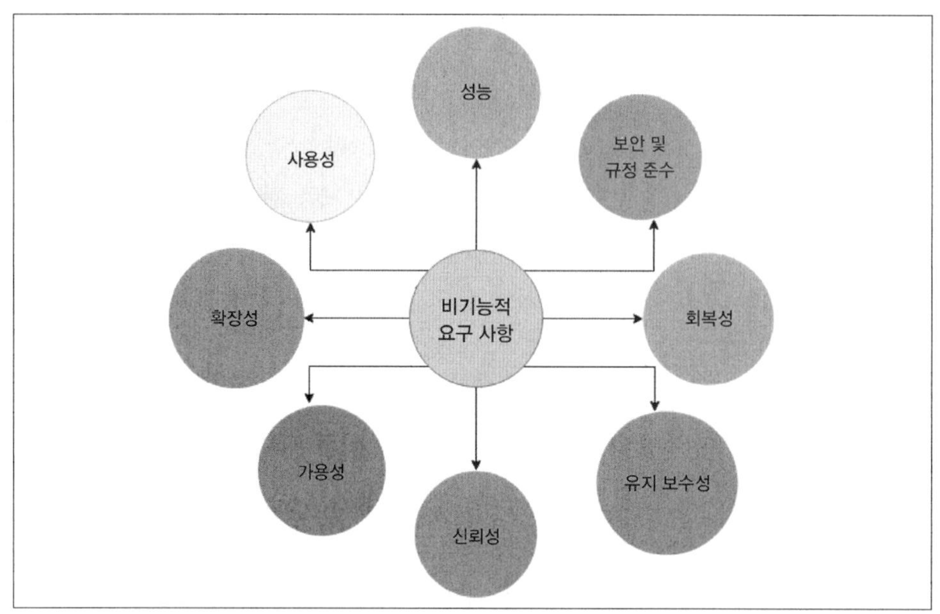

그림 2.3: 솔루션 설계의 비기능적 요구 사항

- **회복성**
    - 운영 중단으로부터 애플리케이션을 복구하고
    - 운영 중단 시 복구 시간을 최소화하려면 어떻게 해야 하는가?
    - 그리고 손실된 데이터를 복구하려면 어떻게 해야 하는가?
- **유지 보수성**
    - 애플리케이션 모니터링 및 경고를 어떻게 보장할 수 있는가?
    - 애플리케이션 지원을 어떻게 보장할 수 있는가?
- **신뢰성**
    - 애플리케이션이 지속적으로 작동하게 하려면 어떻게 해야 하는가?
    - 그리고 어떻게 결함을 검사하고 수정하는가?

- **가용성**
  - 애플리케이션의 가용성을 어떻게 보장할 수 있는가?
  - 애플리케이션을 내결함성으로 보장할 수 있는가?
- **확장성**
  - 증가하는 자원 수요를 어떻게 충족시킬 수 있는가?
  - 급격한 활용률 급증을 위해 어떻게 적당한 규모를 유지할 수 있는가?
- **사용성**
  - 어떻게 하면 애플리케이션 사용을 간소화하고
  - 원활한 사용자 환경을 구현하며
  - 다양한 사용자가 애플리케이션에 액세스할 수 있는가?

프로젝트의 특성에 따라 특정 프로젝트에만 적합한 특정 비기능적 요구 사항이 있을 수 있다(예, 콜 센터 솔루션의 음성 명확성). 이러한 속성에 대한 자세한 내용은 3장을 참고한다.

솔루션 아키텍트는 아주 초기 단계부터 프로젝트에 참여하게 된다. 즉, 조직 내 이해관계자 간의 요구 사항을 측정해 솔루션을 설계해야 한다. 솔루션 아키텍트는 시스템 구성 요소와 요구 사항에 걸쳐 솔루션 설계의 일관성을 보장해야 한다. 솔루션 아키텍트는 비기능적 요구 사항을 그룹과 다양한 구성 요소에 걸쳐 정의할 책임이 있다. 비기능적 요구 사항은 솔루션 설계의 필수 요소이며 팀이 비즈니스 요구 사항에 너무 집중하면 실수하는 경향이 있어 사용자 경험에 영향을 미칠 수 있다. 훌륭한 솔루션 아키텍트는 비기능적 요구 사항의 중요성을 전달하고 솔루션 제공의 일부로 비기능적 요구 사항이 구현되게 하는 일차적인 책임을 진다.

이해관계자의 참여와 협력

이해관계자는 직접적이든 간접적이든 프로젝트에 이해관계가 있는 모든 사람을 의미한다. 고객과 사용자뿐만 아니라 개발 팀, 영업, 마케팅, 인프라, 네트워크, 지원 팀 또는 프로젝트 자금 지원 그룹도 포함될 수 있다. 이해관계자는 프로젝트의 내부나 외부에 있을 수도 있다. 내부 이해관계자는 프로젝트 팀, 스폰서, 직원, 고위 경영진을 포함하며 외부 이해관계자는 고객, 공급업체, 파트너, 주주, 감사, 한 국가의 권한 대행 정부를 포함한다.

이해관계자는 자신이 처한 상황에 따라 동일한 비즈니스 문제에 대해 서로 다른 이해를 하는 경우가 많다. 예를 들어 개발자는 코딩 관점에서 비즈니스 요구 사항을 볼 수 있지만 감사자는 규정 준수 및 보안 중 하나로 볼 수 있다. 솔루션 아키텍트는 모든 기술 및 비기술 이해관계자와 협력해야 한다.

솔루션 아키텍트는 뛰어난 커뮤니케이션 기술과 협상 기술을 보유하고 있어 모든 사람이 참여할 수 있게 하면서 최적의 솔루션 경로를 파악할 수 있다. 솔루션 아키텍트는 기술 자원과 비기술 자원 간의 연락 역할을 하며 커뮤니케이션의 격차를 해소한다. 종종 비즈니스 담당자와 기술 팀 사이의 의사소통 공백은 실패의 원인이 된다. 비즈니스 담당자는 특징과 기능의 관점에서 사물을 바라보려고 하는 반면 개발 팀은 때때로 프로젝트의 비기능적인 측면에 치우칠 수 있는 좀 더 기술적으로 호환되는 솔루션을 구축하고자 노력한다.

솔루션 아키텍트는 두 팀이 같은 선상에 있고 제안된 기능이 기술적으로도 호환되는지 확인해야 한다. 그들은 필요에 따라 기술 팀을 지도하고 멘토링하며 자신의 관점을 모두가 이해할 수 있는 간단한 언어로 의사소통을 해야 한다.

다양한 아키텍처 제약 처리

아키텍처 제약은 솔루션 설계의 가장 까다로운 부분 중 하나다. 솔루션 아키텍트는 아키텍처 제약 사항을 신중하게 관리하고 최적의 솔루션을 찾고자 노력해야 한다. 종종 이러한 제약들은 서로 의존적이며 한 가지 제한을 강조하면 다른 제약 조건들이 확대될 수 있다. 가장 일반적인 제약 조건은 그림 2.4에 나와 있다.

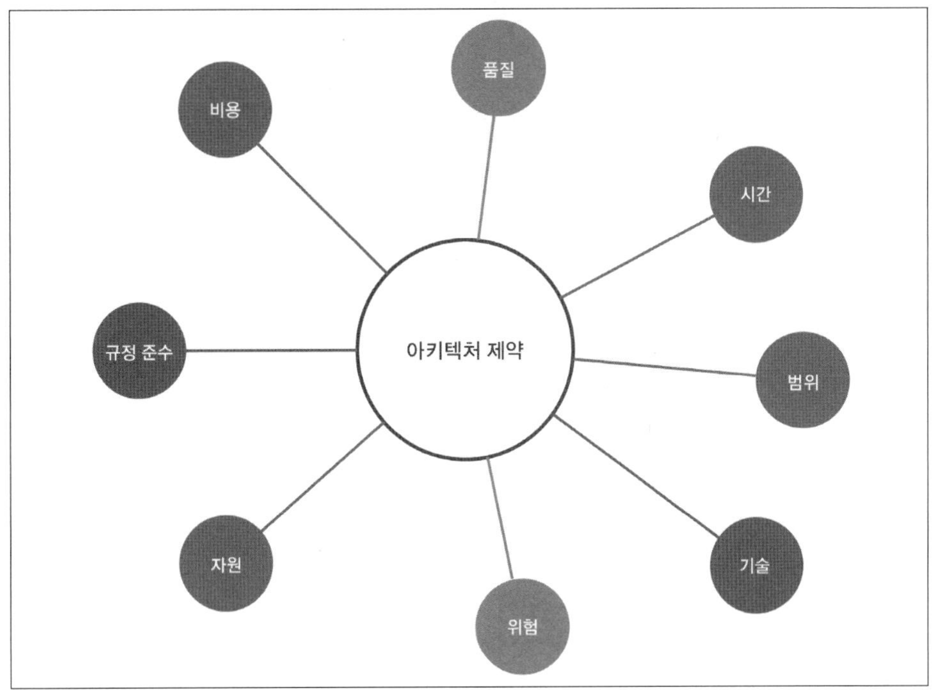

그림 2.4: 솔루션 설계의 아키텍처 제약

표시된 것처럼 솔루션 설계는 애플리케이션의 다음과 같은 속성을 이해하는 데 도움이 된다.

- **비용**
  - 솔루션 구현에 사용할 수 있는 비용은 얼마인가?

- 예상되는 ROI는 얼마인가?

- 품질
  - 결과가 기능적 결과 및 비기능적 요구 사항과 얼마나 일치해야 하는가?
  - 솔루션의 품질을 어떻게 보장하고 추적할 수 있는가?
- 시간
  - 최종 결과는 언제까지 마무리 돼야 하는가?
  - 프로젝트 완료일이 변경될 수 있는가??
- 범위
  - 비즈니스 및 고객 요구 사항에 대한 정확한 기대는 무엇인가?
  - 요구 사항 격차를 어떻게 처리하고 수용해야 하는가?
- 기술
  - 어떤 기술이 활용될 수 있는가?
  - 새로운 기술에 비해 기존 기술을 사용하는 것이 제공하는 유연성은 무엇인가?
  - 내부적으로 구축해야 하는가, 아니면 업체에서 조달해야 하는가?
- 위험
  - 무엇이 잘못될 수 있고 어떻게 그것을 완화시킬 수 있는가?
  - 이해관계자의 위험 허용도는 얼마인가?
- 자원
  - 솔루션 제공을 완료하려면 무엇이 필요한가?

- 솔루션 구현 작업은 누가 담당하는가?

- **규정 준수**
  - 솔루션에 영향을 미칠 수 있는 현지 법적 요구 사항은 무엇인가?
  - 감사 및 인증 요구 사항은 무엇인가?

정부 규제로 한 국가에 데이터를 저장하는 방식, 보안 우려로 자체 개발을 선택하는 등 프로젝트와 관련된 좀 더 구체적인 제약이 있을 수 있다. 이처럼 제약 조건을 다루는 것은 매우 까다로울 수 있다.

솔루션 아키텍트는 제약 조건의 균형을 맞추고 각각의 제약 조건을 분석해야 한다. 예를 들어 자원을 줄임으로써 비용을 절감하는 것은 프로젝트 일정에 영향을 미칠 수 있다.

제한된 자원으로 일정을 준수하면 품질에 영향을 미칠 수 있으며 원치 않는 버그 수정으로 인해 비용이 증가한다. 따라서 비용, 품질, 시간, 범위 간의 균형을 찾는 것은 매우 중요하다. 지원 범위 변경은 솔루션 아키텍트가 직면할 수 있는 가장 어려운 상황 중 하나이며, 이는 다른 모든 제약 조건에 부정적인 영향을 미치고 솔루션 배포의 위험을 증가시킬 수 있기 때문이다.

솔루션 아키텍트는 모든 제약의 모든 측면을 이해하고 그에 따른 위험을 식별할 수 있는 능력이 필수적이다. 그들은 위험 완화 계획을 수립하고 그들 사이의 균형을 찾아야 한다.

기술 선택

기술 선택은 솔루션 아키텍트 역할 중 매우 중요하며 가장 복잡할 수 있다. 다양한 기술을 사용할 수 있으며 솔루션에 적합한 기술을 식별하려면 솔루션 아키텍트가 필요하다. 솔루션 아키텍트가 최상의 결정을 내리려면 기술에 대한 지식이 광범위하고 깊어야 한다. 선택한 기술 스택이 제품의 배포에 영향을 미칠 수 있기 때문이다.

각 문제에는 여러 가지 해결책과 사용할 수 있는 기술의 범위가 있을 수 있다. 올바른 선택을 하려면 솔루션 아키텍트가 기능 요구 사항과 비기능적 요구 사항을 염두에 두고 기술 결정을 내릴 때의 기준을 정의해야 한다. 선택한 기술은 프레임워크 및 API와의 통합 기능인지, 성능 요구 사항 및 보안 요구를 충족하는 기능인지 등 다양한 관점을 고려해야 한다.

솔루션 아키텍트는 현재의 요구 사항을 충족할 뿐만 아니라 미래의 요구에 맞게 확장할 수 있는 기술을 선택할 수 있어야 한다.

개념 증명과 프로토타입 개발

프로토타입prototype을 만드는 것은 솔루션 아키텍트가 되는 데 있어 가장 재미있는 부분일 것이다. 검증된 기술을 선택하려면 솔루션 아키텍트가 다양한 기술 스택에서 개념 증명을 통해 솔루션의 기능 및 비기능적 요구 사항에 적합한지 분석해야 한다. 개념 증명 아이디어는 중요한 기능 구현의 하위 집합으로 기술을 평가하는 것으로, 이 기능을 기반으로 기술 스택을 결정하는 데 도움이 될 수 있다. 수명 주기가 짧고 팀이나 조직 내 전문가의 검토로 제한된다.

솔루션 아키텍트는 개념 증명으로 여러 플랫폼을 평가한 후 기술 스택으로 프로토타이핑을 진행할 수 있다. 프로토타입은 시연을 목적으로 개발되고 고객에게 제공해 예산을 확보하는 데 사용할 수 있다.

솔루션 설계와 구축

솔루션 아키텍트는 기능 및 비기능적 요구 사항, 솔루션 제약 및 기술 선택의 다양한 측면을 파악한 후 솔루션 설계에 착수한다. 애자일 환경에서는 시간이 지남에 따라 요구 사항이 변경될 수 있으며 솔루션 설계를 수용해야 하는 반복적인 접근 방식이 필요하다.

솔루션 아키텍트는 강력한 빌딩 블록을 갖추고 사용자 요구나 기술 향상으로 인해 발생할 수 있는 변화에 충분히 유연하게 적응할 수 있는 솔루션을 설계해야 한다. 예를 들어 사용자 요청이 10배 증가하면 애플리케이션은 아키텍처를 크게 변경하지 않고도 사용자 요청을 확장하고 수용할 수 있어야 한다. 마찬가지로 머신러닝이나 블록체인 같은 신기술이 도입되면 이를 수용할 수 있어야 한다. 예를 들어 인공지능을 사용해 전자상거래 애플리케이션용 기존 데이터 위에 추천 시스템을 구축하는 것이다.

그러나 솔루션 아키텍트는 요구 사항이 급격히 변경되는 것을 주의하고 위험을 완화할 계획을 적용해야 한다. 미래에 대비한 설계를 위해 RESTful API를 기반으로 느슨하게 결합된 마이크로서비스 아키텍처의 예를 들 수 있다. 이러한 아키텍처는 새로운 요구 사항으로 확장될 수 있으며 쉽게 통합할 수 있다. 다양한 아키텍처 설계에 대한 자세한 내용은 6장을 참고한다.

그림 2.5에는 솔루션 제공 수명 주기를 보여주는 순서도가 포함돼 있다. 솔루션 아키텍트는 솔루션 설계와 배포의 모든 단계에 관여한다.

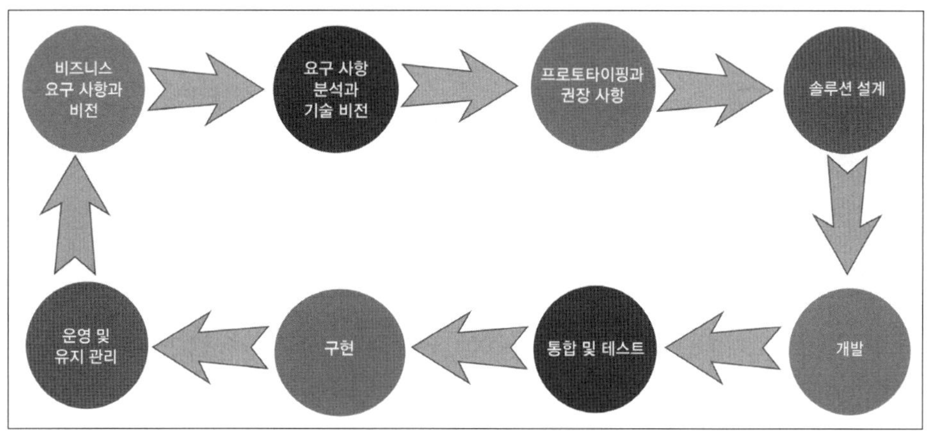

그림 2.5: 솔루션 제공 수명 주기

표시된 것처럼 솔루션 제공 수명 주기에는 솔루션 아키텍트가 관여하는 방식이 포함된다.

- **비즈니스 요구 사항과 비전:** 솔루션 아키텍트는 비즈니스 이해관계자와 협력해 비전을 이해한다.
- **요구 사항 분석과 기술 비전:** 요구 사항 분석, 비즈니스 전략 실행을 위한 기술적인 비전을 정의한다.
- **프로토타이핑과 권장 사항:** 개념 증명과 프로토타이핑을 통해 기술을 선정한다.
- **솔루션 설계:** 솔루션 아키텍트는 조직의 표준에 따라 영향을 받는 다른 그룹과 협력해 솔루션을 설계한다.
- **개발:** 솔루션 개발 및 비즈니스 팀과 기술 팀 간의 가교 역할을 수행한다.
- **통합 및 테스트:** 모든 기능과 비기능적 요구 사항에서 최종 솔루션이 예상대로 작동하는지 확인한다.
- **구현:** 원활한 구현을 위해 개발 및 배치 팀과 협력하고 모든 문제에 대해 가이드한다.
- **운영 및 유지 관리:** 로깅과 모니터링이 제대로 수행되도록 보장하고 팀이 필요에 따라 확장과 재해 복구를 수행할 수 있게 안내한다.

전체 수명 주기는 반복적인 프로세스다. 애플리케이션이 운영 단계에 들어가 고객이 사용하기 시작하면 고객 의견을 통해 더 많은 요구 사항을 파악할 수 있으며, 이는 향후 제품 개선을 위한 비전으로 이어진다.

솔루션 아키텍트는 솔루션 설계 중에 다음과 같은 주요 오너십을 가진다.

- 솔루션 표준 문서
- 고급 설계 정의

- 시스템 간 통합 정의
- 다른 솔루션의 단계 정의
- 구현 접근 방식 정의
- 모니터링과 경고 접근 방식 정의
- 감사와 규정 준수 요구 사항 문서화

솔루션 아키텍트는 솔루션 설계뿐만 아니라 프로젝트 일정과 마일스톤, 프로젝트 배포와 지원 계획을 정의해 프로젝트 관리자를 지원한다. 솔루션 아키텍트는 설계에서 제공과 출시까지 솔루션 수명 주기의 여러 단계를 거친다. 솔루션 아키텍트는 전문 지식과 폭넓은 이해를 제공해 개발 팀이 장애물을 극복하도록 지원한다.

출시 후 운영과 유지 보수 보장

솔루션 아키텍트는 제품 운영과 관련해 솔루션 출시 후 필수적인 역할을 수행한다. 증가하는 사용자를 위해 솔루션 아키텍트는 수요를 충족하고 사용자 환경에 영향을 주지 않으면서 고가용성을 보장할 수 있도록 제품을 확장하는 방법을 알고 있어야 한다.

운영 중단과 같은 예기치 못한 상황이 발생할 경우 솔루션 아키텍처를 통해 인프라, IT 지원 및 소프트웨어 구현 팀이 비즈니스 프로세스 지속을 위한 재해 복구 계획을 실행할 수 있다. 솔루션 아키텍트는 조직의 RPO복구 시점 목표 및 RTO복구 시간 목표를 충족시킨다. RPO는 운영 중단 간격 동안 손실되는 데이터양(예, 15분 데이터 손실)과 관련해 조직에서 허용할 수 있는 데이터 손실량을 정의한다. RTO는 시스템을 다시 시작하고 실행하는 데 걸리는 시간을 정의한다. RTO와 RPO에 대한 자세한 내용은 12장을 참고한다.

수요 증가로 인한 성능 문제가 발생할 경우 솔루션 아키텍트는 시스템을 수평으로 확장해 애플리케이션 병목 현상을 완화하고 수직적으로 확장해 데이터베이스 병목 현상을 완화할 수 있게 지원한다. 다양한 확장 메커니즘과 자가 복구의 자세한 내용은 9장을 참고한다.

솔루션 아키텍트는 사용 패턴이나 기타 이유로 인해 발생하는 기존 제품의 새로운 요구 사항을 수용하고 사용자 행동 모니터링에 따라 요구 사항을 변경할 수도 있다. 예를 들어 로드하는 데 3초 이상이 걸릴 경우 사용자가 페이지를 떠날 수 있기 때문에 팀에게 출시 후 발생할 수 있는 문제를 처리하도록 안내한다.

에반젤리스트처럼 일하기

에반젤리스트Evangelist가 되는 것은 솔루션 아키텍트 역할에서 가장 흥미로운 부분이다. 솔루션 아키텍트는 공개적인 행사를 통해 기술을 전파해서 솔루션과 플랫폼을 홍보한다. 에번젤리스트는 솔루션 구현에 대한 블로그를 작성하고 워크숍을 실시해 잠재적인 이점과 기술 플랫폼의 활용을 설명한다.

에반젤리스트는 기술에 대한 대규모 지원을 구축하고 표준을 수립하는 것을 돕는다. 솔루션 아키텍트는 기술에 대한 열정이 있어야 한다. 훌륭한 발표자여야 하며 기술 에반젤리스트 역할을 수행할 수 있는 뛰어난 글쓰기 능력을 갖고 있어야 한다.

애자일 환경에서의 솔루션 아키텍트

지난 50년 동안 애자일 방법론Agile methodology이 급속히 도입되는 것을 봤을 것이다. 경쟁적인 시장에서 조직은 급격한 변화에 능동적으로 대처하고 고객에게 매우 신속하게 결과를 제공해야 한다. 빠른 혁신과 출시는 조직이 사용자 요구를 수용하고자 빠르게 적응하는 경우에만 가능하다. 즉, 조직과 솔루션 아키텍처의 모든 부분에 있어서 유연해야 한다는 의미다.

애자일 환경에서 성공하려면 솔루션 아키텍트에게 애자일 마인드가 필요하고 이해관계자와 지속적으로 협력해 요구 사항을 충족하는 신속한 전달 방식을 정해야 한다. 먼저 애자일 방법론을 좀 더 알아보자. 이는 방대한 주제이며 이 절에서는 개괄적인 개요를 살펴본다.

왜 애자일 방법론인가?

신속한 변화를 위한 민첩성은 빠르게 변화하는 비즈니스 환경에서 수익을 창출하고 대응할 수 있는 방법이다. 기술이 빠르게 움직이는 오늘날의 경쟁 환경에서 민첩성은 이러한 상황에 대처하고 경쟁 우위를 확보하는 데 있어 매우 중요하다.

오늘날 성공적인 조직은 모두 고객을 중심으로 한다. 최종 사용자의 제품에 대한 피드백을 자주 받아 사용자 기반을 확장하는 데 사용한다. 신속한 변화를 통해 사용자의 피드백을 수집해 새로운 소프트웨어 배포에 지속적으로 적용할 수 있으므로 대부분 피드백은 높은 우선순위를 가진다. 이 상황에 대처하려면 민첩성이 필요하다.

경영진은 예산을 제공하고 그에 대한 투명성을 추구한다. 이들은 투자 대비 수익률을 높이고자 생산적인 결과물을 요구하고 있으며, 솔루션 아키텍트는 제품의 개발 상황을 보여줌으로써 신뢰를 얻으려고 한다. 프로젝트의 투명성을 확보하고 예산과 일정을 추적하려면 민첩해야 한다. 또한 데모를 보여줌으로써 이해관계자를 지속적으로 참여시키고자 하는 경우와 개발 및 테스트가 동일한 주기로 이뤄질 경우 특히 민첩해야 한다.

앞의 시나리오는 조직이 강력한 프로젝트 이행과 고객 피드백으로 앞서나가고자 신속한 방법론이 필요한 상황이다.

애자일은 타임박스^timebox^ 방식으로 신속하게 이동할 수 있으므로 전체 제품을 한 번에 개발해 제공하는 대신 짧은 주기로 타임박스 활동을 수행하고 제품 개발을 위해 반복적인 접근 방식을 취할 수 있다. 신속한 변화를 위한 방법론은 고객과 이해관계자를 긴밀하게 참여시키고, 제품 개발의 모든 단계에 참여시키며, 피드백을 요구 사항에 맞게 조정한다. 또한 시장 동향을 파악하고 이해관계자와 협력함으로써 지속적인 피드백을 추구한다. 그런 다음, 개발 팀은 우선순위에 따른 요구 사항을 받아들여 기술 분석, 설계, 개발, 테스트, 이행을 한다.

모두가 하나의 목표를 향해 통합된 팀으로 활동하며 고립된 사고방식을 타파하고 애자일 사고를 통해 기술 팀은 고객의 관점에서 요구 사항을 이해하고 변화에 효율적으로 대응할 수 있다. 이것이 바로 대부분의 기업이 애자일 방식으로 나아가고자 하는 이유다. 신속한 변화를 위한 방법론은 JIRA, VersionOne, Rally와 같이 시중에 나와 있는 많은 도구를 사용해 빠르고 쉽게 채택할 수 있다. 애자일을 적용하고자 초기에 문제에 직면할 수도 있지만 얻을 수 있는 이점이 더욱 크다.

애자일 선언문

모든 형태의 애자일 방식을 적용하려면 선언문에 명시된 4가지 가치를 명확하게 이해해야 한다. 다음 내용을 살펴보자.

- **프로세스와 도구를 통한 상호작용:** 프로세스와 도구는 프로젝트를 완료하는 데 도움이 된다. 프로젝트의 일부인 프로젝트 관계자들은 계획을 구현하는 방법과 프로젝트 전달을 위한 도구의 도움을 받아 성공적인 결과를 제공하는 방법을 알고 있다. 그러나 프로젝트 이행에 대한 주된 책임은 직원과 이들의 협업이다.
- **소프트웨어에 대한 포괄적인 문서화:** 문서화는 항상 제품 개발에 필수적인 프로세스다. 과거에는 많은 팀이 하이레벨 설계, 로우레벨 설계, 설계 변경 등 문서 저장소의 수집과 작성 작업만 수행했고, 이는 나중에 제품에 대한 정성적, 정량적 설명을 기재하는 데 도움이 된다.

    - 애자일 방법론을 통해 결과물에 집중할 수 있다. 따라서 이 선언문에 따르면 문서가 필요하다. 그러나 제품의 지속적인 개발과 배포에 얼마나 많은 문서가 필요한지 정의해야 한다.

- **계약 협상을 통한 고객 협업:** 이전에는 조직이 입찰 또는 프로젝트에 대해 작업할 때 고객은 항상 소프트웨어 수명 주기의 첫 번째 단계와 마지막 단계에 참여했다. 그들은 제품 개발에 참여하지 않았다. 출시 후 마침내 제품을 볼 기회가 생겼을 때는 이미 시장 트렌드가 바뀌었고 시장을 잃었다.
    - 애자일은 고객이 제품 출시에 대해 동등한 책임을 공유하고 개발의 모든 단계에 참여해야 한다고 믿는다. 그들은 데모의 일부로 새로운 시장 동향이나 소비자 요구에 따라 피드백을 제공한다. 비즈니스는 이제 개발 주기의 일부이므로 민첩하고 지속적인 고객 협업을 통해 이러한 변화를 달성할 수 있다.

- **계획에 따른 변화에 대응:** 고객이 새로운 시장 트렌드에 따라 변화를 요구하는 급변하는 시장에서 기업도 계속 변화한다. 스프린트 주기sprint cycles는 1주에서 3주까지 다양하기 때문에 요구 사항을 자주 변경하는 것과 민첩하게 변경 사항을 수용하는 것 사이에 균형을 유지하는 것이 중요하다. 변경에 대응한다는 것은 사양이 변경될 경우 개발 팀이 변경을 수락하고 스프린트 데모에서 결과물을 보여주어 고객의 신뢰를 계속 얻는 것을 의미한다. 이 선언문은 팀이 변화를 환영하는 가치를 이해하는 데 도움이 된다.

애자일 선언문은 애자일 방법론을 채택하기 위한 기본 지침을 수립하는 데 사용되는 도구다. 이러한 가치는 모든 애자일 기술의 핵심이다. 애자일 프로세스를 좀 더 자세히 알아보자.

애자일 프로세스와 용어

가장 일반적인 애자일 용어와 이러한 용어가 어떻게 결합되는지 알아보자. 여기서는 널리 채택되고 있는 애자일 **스크럼**scrum 프로세스를 알아본다. 애자일 스크럼 프로세스는 프로젝트의 안정성에 따라 1~3주의 짧은 스프린트 주기를 갖지만 가장 일반적인 것은 2주 스프린트 주기로 개발 주기라고도 할 수 있다.

이러한 스프린트는 팀이 작업 기능을 분석, 개발, 테스트, 제공하는 개발 주기다. 팀은 프로젝트가 스프린트와 함께 진행됨에 따라 반복적인 접근 방식을 취하고 제품의 빌딩 블록을 만든다. 각각의 요구 사항은 고객 페르소나를 염두에 두고 요구 사항을 명확하게 보여주는 사용자 스토리로 작성된다.

애자일 스크럼 팀은 역할이 다양하다. 이제 가장 일반적인 사항과 솔루션 아키텍트가 이들과 어떻게 협력하는지 알아보자.

- **스크럼 팀:** 제품 소유자, 스크럼 마스터, 개발 팀으로 구성된다. 분석가, 태크니컬 아키텍트, 소프트웨어 엔지니어, 소프트웨어 테스터, 배포 엔지니어가 포함된다.
- **스크럼 마스터:** 이 역할의 담당자는 모든 스크럼 행사를 진행하고 팀에 동기를 부여하며 팀의 장애물을 제거한다. 스크럼 마스터는 솔루션 아키텍트와 협력해 기술적인 방해 요소를 제거하고 비즈니스 요구 사항에 대한 기술적인 설명을 한다.
- **프로덕트 오너:** 프로덕트 오너는 시장 동향을 이해하고 비즈니스 내에서 우선순위를 정의할 수 있다. 솔루션 아키텍트는 프로덕트 오너와 협력해 비즈니스의 비전을 이해하고 기술적인 관점과 일치하게 노력한다.
- **개발 팀:** 제품 출시와 프로젝트 이행 부분을 책임진다. 그들은 지속적이고 점진적인 제품 개발에 전념하는 다기능 팀이다. 솔루션 아키텍트는 원활한 제품 구현과 제공을 위해 개발 팀과 긴밀하게 협력해야 한다.

스크럼 세리모니

스프린트 주기에는 개발을 관리하려고 수행하는 여러 활동이 포함되며, 종종 스크럼 세리모니scrum ceremonies라고 불린다. 스크럼 세리모니는 다음과 같다.

- **백로그 그루밍backlog grooming**: 그루밍은 프로덕트 오너, 솔루션 아키텍트가 만나 백로그를 논의하고 우선순위를 부여하며 스프린트 성과물에 대한 합의를 도출하는 미팅이다.
- **스프린트 계획**: 스크럼 마스터는 팀의 역량을 바탕으로 스크럼 팀에 할당된 계획을 정리한다.
- **스프린트 데일리 스탠드업Sprint Daily Standup**: 데일리 스탠드업은 매우 효율적인 협업 방법이다. 모든 팀원이 한곳에 모여 최신 작업량, 당일 계획, 문제 발생 여부 등을 논의한다. 이 회의는 15분 내외로 짧고 직설적이다. 스탠드업은 솔루션 아키텍트가 개발 팀과 협업하고자 사용하는 플랫폼이다.
- **스프린트 데모**: 시연 중에는 모든 이해관계자가 모여 스프린트에서 한 일에 대한 팀의 작업을 검토한다. 이를 바탕으로 이해관계자는 사용자 스토리를 수용하거나 거부한다. 솔루션 아키텍트는 기능 요건과 비기능 요건이 충족됐는지 확인한다. 이 미팅에서 팀은 프로덕트 오너와 솔루션 아키텍트로부터 피드백을 수집하고 변경된 사항을 확인한다.
- **스프린트 회고**: 회고는 각 스프린트 주기의 마지막에 실시되며 팀이 모범 사례를 선정한다. 그 팀은 잘된 것들과 계속해서 개선해야 할 것, 다음 스프린트에서 더 잘 할 수 있는 것들을 알아낸다. 스프린트 회고는 조직이 서비스를 제공하는 동안 지속적인 개선 사항을 적용하는 데 도움이 된다.

애자일 도구와 용어

팀 메트릭과 프로젝트 진행을 주도하는 데 도움이 되는 몇 가지 애자일 도구를 살펴보자.

- **플래닝 포커**Planning poker: 플래닝 포커는 애자일 방법론에서 가장 인기 있는 평가 기법 중 하나다. 스크럼 마스터는 스프린트가 시작되면 플래닝 포커 세션을 수행해 사용자 스토리를 평가한다. 이 과정에서, 각 사용자 스토리는 복잡성에 따라 평가된다. 팀원은 비교 분석을 사용해 각 사용자 스토리에 대해 스토리 포인트를 부여한다. 이에 의해 팀은 사용자 스토리를 완성하려면 얼마나 많은 노력이 필요한지 이해할 수 있다.
- **번다운 차트**Burndown chart: 번다운 차트는 스프린트 진행 상황을 모니터링하고 팀이 보류 중인 작업의 양을 이해하는 데 도움이 된다. 스크럼 마스터와 팀은 항상 번다운 차트를 따라 스프린트에 위험이 없는지 확인하고 해당 정보를 재사용해 다음 예측을 개선한다.
- **제품 백로그**Product backlog: 제품 백로그에는 사용자 스토리와 요구 사항 모음이 포함돼 있다. 프로덕트 오너는 지속적으로 백로그를 업데이트하고 스프린트 그루밍 동안 요구 사항의 우선순위를 지정한다. 에픽epic은 높은 수준의 요구 사항이며 프로덕트 오너는 사용자 스토리를 작성해 개선한다. 개발 팀은 이러한 사용자 스토리를 실행 가능한 작업 항목인 작업으로 나눈다.
- **스프린트 보드**Sprint board: 스프린트 보드에는 활성 스프린트에 대해 나열된 사용자 스토리 모음이 포함돼 있다. 스프린트 보드는 특정 스프린트 주기에 대한 프로젝트 진행 상황을 누구나 볼 수 있으므로 투명성을 제공한다. 팀은 전체 작업 진행 상황을 결정하고 방해 요소를 제거하고자 매일 스탠드업에서 보드를 참고한다.
- **완료의 정의**: 이는 모든 사용자 스토리가 이해관계자와 협력해 솔루션 아키텍트

와 프로덕트 오너가 설정한 완료 기준을 통과해야 함을 의미한다. 이러한 기준 중 일부는 다음과 같다.

- 코드는 동료 검토를 받아야 한다.
- 코드는 단위 테스트를 거쳐야 한다.
- 코드 흐름과 API 설계를 설명하기에 충분한 문서가 있다.
- 코드 품질은 팀과 조직에서 정의한 수용 가능한 표준이다.
- 코드 작성은 팀과 조직에서 정의한 수용 가능한 표준이다.

애자일과 워터폴

워터폴waterfall 방식은 조직에서 사용했던 가장 오래되고 가장 전통적인 소프트웨어 개발 방법론 중 하나다. 이 절에서는 워터폴과 애자일의 차이점, 조직이 애자일로 전환해야 하는 이유를 알아본다. 여기서는 워터폴 과정의 자세한 내용을 살펴보는 대신 주요 차이점을 알아본다.

- 애자일 방법론은 기존의 방법에서 애자일 사고방식으로 바꾸는 데 도움이 된다. 이는 비즈니스 가치를 극대화하고 고객의 신뢰를 얻고자 워터폴 방식에서 애자일 방식으로 전환하기 위한 것이다. 이를 통해 애자일은 각 단계에서 고객과의 협업을 하는 동시에 투명성을 제공한다. 워터폴 방식은 고객이 최종 단계에 참여하는 좀 더 프로젝트와 문서 중심적인 경향이 있다.
- 워터폴 방법은 모든 요구 사항이 명확하고 결과물의 순서도 알려져 있는 경우 프로젝트에 더 유용하다. 요건이 매우 간단하기 때문에 예측 불가능한 것을 제거하는 데 도움이 된다. 애자일 방법론은 시장 트렌드를 따라잡고 고객으로부터 압력을 받고 있는 기업에 도움이 된다. 제품을 위한 초기 배포가 필요하며 요구 사항 변경에 적응해야 한다.

- 애자일 프로젝트는 최고의 품질과 비즈니스 가치를 달성하고자 소규모의 반복적인 방식으로 수행한다. 많은 애자일 팀이 스프린트 주기를 통해 병렬로 작업해 모든 스프린트 주기의 마지막에 솔루션을 제공한다. 모든 스프린트에는 작은 결과물이 있고 이전 배포를 기반으로 구축돼 있기 때문에 고객은 제품의 작동 모델을 지속적으로 볼 수 있다. 워터폴은 긴 주기를 갖고 있으며 이해관계자는 최종 결과물을 보게 되므로 변경 사항을 수용할 수 있는 여지가 많지 않다.
- 애자일 프로세스를 통해 팀이 목표를 향해 나아가고 있으며 모든 스프린트 주기마다 체크포인트를 배치해 프로젝트를 제시간에 완료할 수 있다. 기존 워터폴 방식에서는 팀이 올바른 경로를 가고 있는지 확인하고 프로젝트가 제시간에 완료되는지 여부를 확인할 수 있는 빈번한 체크포인트가 없기 때문에 확인이 어려웠다.
- 애자일 방법론에서 고객은 항상 프로덕트 오너 및 팀과 협업한다. 이러한 협력으로 고객은 초반부터 제품이나 서비스를 확인할 수 있고 진행 상황을 파악할 수 있다. 그러나 워터폴 방식에서는 프로젝트가 종료될 때까지 이러한 고객과의 상호작용이 없다.

예측 불가능한 비즈니스와 높은 팀 생산성을 위해 애자일은 가장 적응력이 뛰어난 방법론이다. 또한 애자일을 통해 수요와 제어 간에 균형을 이룰 수 있다.

애자일 아키텍처

애자일 모델의 솔루션 아키텍트를 생각하면 무엇이 떠오르는가? 애자일 환경의 솔루션 아키텍트는 접근 방식을 검토하고 적용해 반복적인 재설계 개념을 따라야 한다. 기업에 적합한 솔루션을 선택하고, 원활하게 의사소통하고, 지속적인 피드백을 받고, 애자일 방식으로 모델링하는 것이다. 개발 팀은 견고한 기반과 변화하는 요구사항에 적응할 수 있는 능력이 필요하고 솔루션 아키텍트의 멘토링이 필요하다.

애자일 아키텍처의 기반은 변경 비용을 줄이고 잘못된 요구 사항을 신속하게 되돌릴 수 있는 프레임워크를 만드는 것이다. 애자일 아키텍트는 위험을 최소화하고자 프로토타입을 구축하고 이를 이해함으로써 변화에 대한 계획을 수립한다. 이들은 모든 이해관계자의 요구 사항을 균형 있게 조정하고 다른 모듈과 쉽게 통합할 수 있는 느슨하게 결합된 아키텍처를 생성하면서 프로토타입을 설계한다.

애자일 아키텍처는 분리되고 확장 가능한 인터페이스, 자동화, 신속한 배포, 모니터링 설계를 지원한다. 솔루션 아키텍트는 마이크로서비스 아키텍처를 사용해 분리된 설계를 구축하고 지속적인 배포 파이프라인과 함께 테스트 프레임워크 자동화를 사용해 신속한 배포를 구축할 수 있다. 6장에서 다양한 마이크로서비스 아키텍처 패턴을 자세히 알아본다.

요약

2장에서는 솔루션 아키텍트가 조직을 구성하는 방법과 솔루션 아키텍트의 다양한 역할이 조직 내에서 공존할 수 있는 방법을 알아봤다. 엔터프라이즈 솔루션 아키텍트, 솔루션 아키텍트, 테크니컬 아키텍트, 클라우드 아키텍트 등 다양한 역할이 있다. 제너럴리스트 솔루션 아키텍트는 테크놀로지에 관한 폭넓은 지식을 갖고 있으며 특정 분야에 대한 깊은 전문 지식을 개발할 수 있다. 스페셜리스트 솔루션 아키텍트는 전문 분야에 대한 깊은 지식을 보유하고 있으며 가장 일반적인 스페셜리스트 솔루션 아키텍트 역할로는 네트워크 아키텍트, 데이터 아키텍트, 보안 아키텍트, 인프라 아키텍트, 데브옵스 아키텍트가 있다.

솔루션 아키텍트의 책임도 상세하게 알아봤다. 솔루션 아키텍트는 여러 가지 기능을 갖추고 있는데, 조직 전체의 이해관계자와 협력해 기능 요건을 분석하고 비기능 요건을 정의한다. 솔루션 아키텍트는 조직 전체의 일관성과 표준을 보장하고 기술 권장 사항과 솔루션 프로토타입을 제공한다. 솔루션 아키텍트는 비용, 품질, 범위,

자원과 같은 다양한 프로젝트 제약을 처리하고 이러한 제약을 균형 있게 처리한다.

솔루션 아키텍트는 프로젝트 관리자가 설계부터 시작까지 프로젝트 전반에 걸쳐 필요한 비용과 자원을 계획하고 일정을 정의할 수 있게 지원한다. 또한 프로젝트 구현 중에 솔루션 아키텍트는 이해관계자의 기대가 충족됐는지 확인하고 기술 팀과 비즈니스 팀 간의 연락 담당자 역할을 한다. 그리고 솔루션 아키텍트는 출시 후 애플리케이션 모니터링, 경고, 보안, 재해 복구, 확장에 관여한다.

애자일 방법론의 이점도 다뤘다. 이에 대한 간략한 개요를 살펴보고 역할, 도구, 용어를 알아보고 기존 워터폴 방식과 얼마나 다른지 살펴봤다. 그리고 애자일 아키텍처의 특성과 솔루션 아키텍트가 아키텍처의 유연성과 민첩성을 높이는 방법을 알아봤다.

3장에서는 솔루션을 설계할 때 고려해야 할 솔루션 아키텍처의 다양한 특성을 설명한다. 이러한 특성에는 아키텍처 보안, 확장성, 가용성, 안정성, 내결함성, 확장성, 이식성, 상호 운용성, 운영 우수성, 성능 효율성, 비용 최적화, 자가 복구에 관한 내용이 포함돼 있다.

03

솔루션 아키텍처의 특성

솔루션 아키텍처를 구성할 때 여러 속성과 애플리케이션을 고려해야 한다. 솔루션 설계 조직의 다양한 프로젝트에 걸쳐 광범위한 영향을 미칠 수 있으며 아키텍처의 다양한 속성을 신중하게 평가하는 동시에 이들 간의 균형을 유지해야 한다. 3장에서는 각 속성과 솔루션 설계에서 이러한 속성이 어떻게 상호 연관돼 공존하는지 전체적으로 알아본다.

솔루션의 복잡성에 따라 여기서 설명하는 것보다 더 많은 특성이 있을 수 있지만 3장에서는 솔루션 설계의 대부분 측면에 적용할 수 있는 일반적인 특성을 설명한다. 설계의 중요한 측면을 충족하는 **비기능적 요구 사항**NFR, Nonfunctional Requirements으로 볼 수도 있다. 솔루션 아키텍트는 모든 속성을 살펴보고 원하는 요건을 충족하고 고객의 기대를 충족시키는 것이 책임이다.

3장에서 다루는 내용은 다음과 같다.

- 스케일 확장성과 탄력성
- 고가용성과 복원력

- 내결함성과 중복성
- 재해 복구와 비즈니스 연속성
- 확장성과 재사용성
- 사용성과 접근성
- 이식성과 상호 운용성
- 운영 우수성과 유지 보수
- 보안과 규정 준수
- 비용 최적화와 예산

확장성과 탄력성

솔루션을 설계할 때는 항상 확장성이 주요 요소다. 기업에서는 대부분의 경우 확장성을 미리 계획하는 것을 선호한다. 확장성은 시스템에서 증가하는 워크로드를 처리할 수 있는 기능을 제공하는 것을 의미하며, 애플리케이션 서버, 웹 애플리케이션, 데이터베이스와 같은 여러 계층에 적용할 수 있다.

오늘날 대부분의 애플리케이션은 웹 기반이기 때문에 탄력성도 알아본다. 이는 기능을 추가해 시스템을 확장하는 것뿐만 아니라 불필요한 비용을 절감하고자 시스템을 축소하는 것이다. 특히 클라우드의 도입으로 워크로드의 신속한 확장과 축소가 쉬워졌고 이제 확장성을 대체하는 탄력성이 생겼다. 일반적으로는 다음과 같은 두 가지 확장 모드가 있다.

- **수평 확장:** 지난 10년 동안 컴퓨팅 성능이 급격하게 좋아지면서 수평적 확장이 점점 대중화되고 있다. 수평적 확장에서 팀은 증가하는 워크로드를 처리하고자 더 많은 서버를 추가한다. 예를 들어 그림 3.1에 표시된 다이어그램을 살펴보

자. 애플리케이션이 2개의 서버 인스턴스로 초당 1,000개의 요청을 처리할 수 있다고 가정해보자. 사용자가 늘어남에 따라 애플리케이션은 초당 2,000개의 요청을 받기 시작한다. 즉, 증가된 부하를 처리하고자 애플리케이션 인스턴스를 두 배로 늘려 4개로 만들 수 있다.

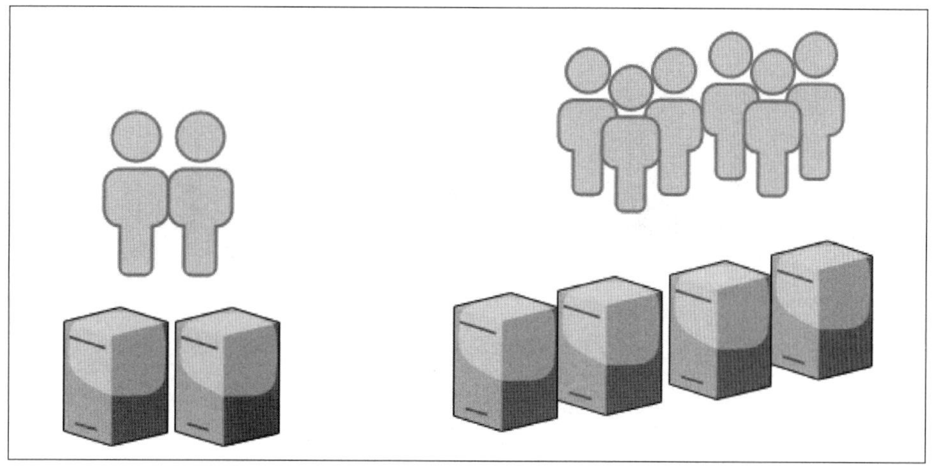

그림 3.1: 수평적 확장

- **수직 확장:** 오랫동안 해왔던 방식이다. 증가하는 워크로드를 처리하고자 팀이 동일한 인스턴스에 추가 컴퓨터 스토리지 용량과 메모리 성능을 추가하는 방식이다. 그림 3.2에서 볼 수 있듯이 수직 확장 중에 증가된 워크로드를 처리하고자 더 많은 새 인스턴스를 추가하는 대신 더 큰 인스턴스를 얻게 된다. 그러나 수직 확장 모델은 비용 효율이 높지 않을 수 있다. 컴퓨팅 능력과 메모리 용량이 더 큰 하드웨어를 구입하면 비용이 기하급수적으로 증가한다. 주로 증가하는 워크로드를 처리하는 데 반드시 필요한 경우를 제외하고 특정 임곗값 이후 수직 확장을 피하려고 한다. 수직 확장은 관계형 데이터베이스 서버의 확장에 가장 일반적으로 사용된다. 단, 여기서 데이터베이스 샤딩을 고려해야 한다. 서버가 수직 확장의 한계에 도달했을 경우 1대의 서버는 특정 메모리와 컴퓨팅 용량을 초과할 수 없기 때문이다.

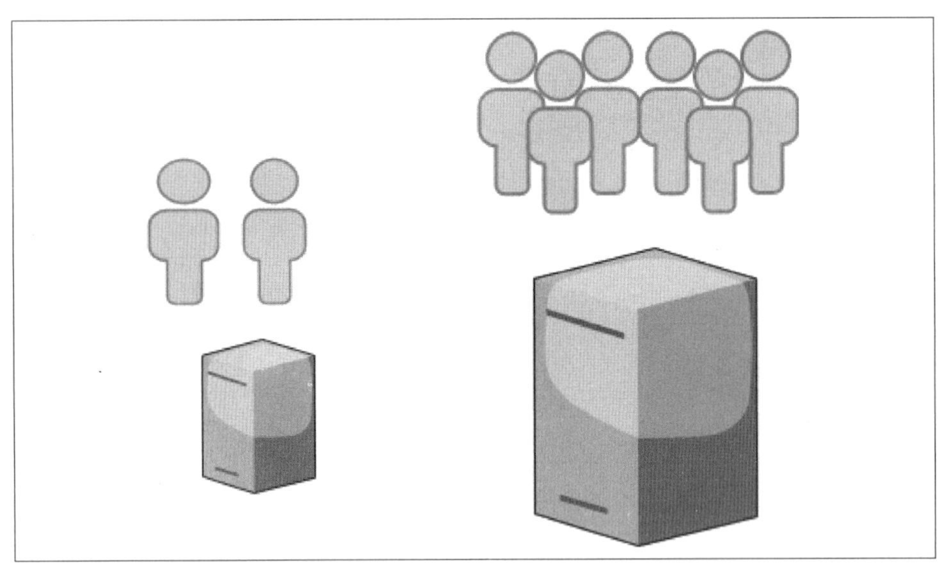

그림 3.2: 수직적 확장

확장 시 용량 딜레마

대부분의 기업에서는 사용자가 가장 활동적인 시기에 수요를 충족시키고자 추가 부하를 처리해야 한다. 의류, 식료품, 전자제품, 상품 등 다양한 제품을 판매하는 전자상거래 웹 사이트의 예를 들어보자. 이러한 사이트들은 일 년 내내 정기적으로 접속하지만 쇼핑 시즌에는 10배에서 20배 더 많은 접속자가 들어온다. 예를 들어 미국의 블랙프라이데이와 사이버먼데이, 영국의 박싱데이에 이러한 급증세를 보일 것이다. 이 패턴은 1년 중 몇 달 동안 워크로드가 급격히 증가하는 용량을 계획하는 데 고민이 되는 부분이다.

기존의 온프레미스 데이터 센터에서 추가 하드웨어는 애플리케이션 준비가 되기까지 4~6개월이 소요될 수 있다. 즉, 솔루션 아키텍트는 용량을 계획해야 한다. 초과 용량 계획은 IT 인프라 자원이 일 년 중 대부분을 유휴 상태로 유지한다는 것을 의미하고 용량이 적다는 것은 중요한 판매 이벤트 중에 사용자 경험을 손상시켜 전체 비즈니스에 상당한 영향을 미치게 된다는 것을 의미한다. 이는 솔루션 아키텍트가 수요에 따라 확장하거나 축소할 수 있는 탄력적인 워크로드를 계획해야 함을 의미한다. 클라우드를 사용하면 조직의 요구 사항에 따라 제한된 기간 동안 컴퓨터 스토리지 용량과 같은 더 많은 자원을 즉시 얻을 수 있는 용량을 계획하는 것이 매우 쉬워진다.

아키텍처 확장

최신 3계층 아키텍처의 예시로 탄력성을 확보하는 방법을 알아보자. 여기서는 아키텍처 설계의 탄력성과 확장성 측면만을 대상으로 한다. 이에 대한 자세한 내용은 6장을 참고한다. 그림 3.3은 AWS 클라우드 기술 스택의 3계층 아키텍처 다이어그램을 보여준다.

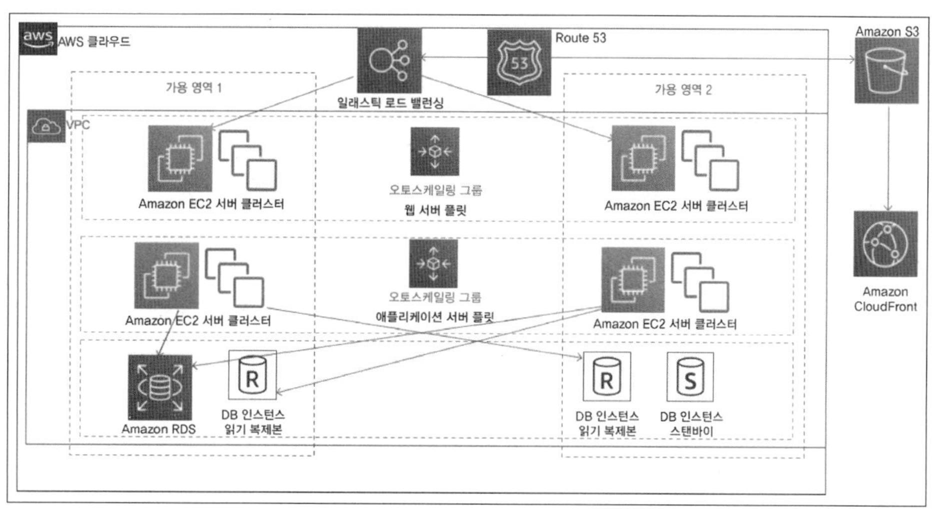

그림 3.3: 3계층 아키텍처 확장하기

이 그림에서는 다음을 포함해 많은 구성 요소를 볼 수 있다.

- 가상 서버(Amazon Elastic Cloud Compute)
- 데이터베이스(Amazon RDS)
- 로드 밸런서(Amazon Elastic Load Balancer)
- DNS 서버(Amazon Route 53)
- CDN 서비스(Amazon CloudFront)
- 네트워크 경계(VPC)
- 오브젝트 스토리지(Amazon S3)

그림 3.3에서 볼 수 있듯이 로드 밸런서 뒤에는 웹 서버와 애플리케이션 서버가 있다. 이 아키텍처에서 사용자는 트래픽을 웹 서버로 라우팅하는 로드 밸런서에 애플리케이션 요청을 보낸다. 사용자 트래픽이 증가함에 따라 오토스케일링은 웹 및 애플리케이션 플릿fleet에 더 많은 서버를 추가한다. 수요가 적을 때에는 추가 서버를 제거한다. 여기에서 오토스케일링은 선택한 매트릭스와 같은 CPU 사용률과 메모리 사용률에 따라 서버를 추가하거나 제거할 수 있다. 예를 들어 CPU 사용률이 60%를 초과하면 3개의 새 서버를 추가하도록 구성할 수 있다. 마찬가지로 30% 미만으로 떨어지면 기존 서버 2개를 제거할 수 있다.

서버 외에도 데이터 크기가 증가함에 따라 스토리지 확장은 또 다른 중요한 측면이다. 특히 크기가 급격히 증가하는 이미지 및 동영상 같은 정적 콘텐츠의 경우에 그렇다. 다음 절에서는 정적 콘텐츠 크기 조정을 알아본다.

정적 콘텐츠 확장

아키텍처의 웹 계층은 주로 데이터를 표시하고 수집해 추가 처리를 위해 애플리케이션 계층에 전달하는 역할을 한다. 전자상거래 웹 사이트의 경우 각 제품에는 제품의 모습을 보여주는 여러 개의 이미지나 영상이 있다. 즉, 대부분의 경우 사용자가 브라우저에서 제품을 자세히 살펴보므로 웹 사이트에는 대량의 정적 콘텐츠와 읽기 부하가 높은 워크로드가 존재한다. 또한 제품 리뷰를 위해서 복수의 이미지나 동영상을 업로드할 수도 있다.

웹 서버에 정적 콘텐츠를 저장하는 것은 스토리지 공간을 많이 소비하는 것을 의미하며 제품 목록이 증가함에 따라 스토리지 확장성에 대한 우려가 커진다. 또 다른 문제는 정적 콘텐츠(고해상도 이미지나 동영상 등)에는 큰 파일 크기가 필요하기 때문에 사용자 측에서 부하 지연이 크게 발생할 수 있다. 웹 계층은 **콘텐츠 배포 네트워크**CDN, Contents Delivery Network를 활용해 엣지 로케이션edge locations에 콘텐츠 캐싱을 적용해서 이 문제를 해결해야 한다.

CDN 업체(예, Akamai, Amazon CloudFront, Microsoft Azure CDN, Google CDN)는 웹 서버에서 동영상과 이미지로 정적 콘텐츠를 캐시해 대기 시간을 줄일 수 있도록 전 세계의 엣지 로케이션을 제공한다. 캐싱에 대한 자세한 내용은 6장에서 다룬다.

정적 콘텐츠 스토리지를 확장하려면 Amazon S3와 같은 오브젝트 스토리지나 메모리 및 컴퓨터 기능과 독립적으로 성장할 수 있는 온프레미스 사용자 지정 오리진을 사용하는 것이 좋다. 또한 Amazon S3와 같은 오브젝트 스토리지 서비스와 독립적으로 스토리지를 확장하면 비용을 절감할 수 있다. 이러한 스토리지 솔루션은 정적 HTML 페이지를 통해 웹 서버의 부하를 줄이고 CDN으로 대기 시간을 줄임으로써 사용자 경험을 향상시킬 수 있다.

서버 플릿 탄력성

애플리케이션 계층은 웹 계층에서 사용자 요청을 수집하고 비즈니스 논리를 계산하며 데이터베이스와 통신하는 중요한 작업을 수행한다. 사용자 요청이 증가하면 애플리케이션 계층은 이를 처리할 수 있게 확장해야 하고 수요가 감소하면 다시 축소해야 한다. 이러한 시나리오에서 사용자 세션이 연결되면 모바일에서 탐색하고 데스크탑에서 결제를 할 수 있어야 한다고 가정해보자. 사용자 세션을 처리하지 않고 수평 확장을 수행하면 기존의 진행 상황이 재설정되므로 사용자 경험에 좋지 않은 영향을 준다.

여기서 첫 번째 단계는 사용자 세션을 애플리케이션 서버 인스턴스에서 분리해 처리하는 것이다. 즉, NoSQL 데이터베이스와 같은 독립 계층에서 사용자 세션을 유지 관리하는 것을 고려해야 한다. 이러한 데이터베이스는 반구조화된 데이터를 저장할 수 있는 키-값[Key-Value] 저장소다. NoSQL 데이터베이스는 데이터 항목이 스키마에서 다양한 반구조화된 데이터에 가장 적합하다. 예를 들어 한 사용자는 사용자 프로필을 설정하는 동안 자신의 이름과 주소를 입력할 수 있는데, 대조적으로 다른 사용자는 이름과 주소 외에 전화번호, 성별, 결혼 여부와 같은 더 많은 속성을 입력할 수 있다. 두 사용자 모두 서로 다른 속성 집합을 갖고 있기 때문에 NoSQL 데이터는 이를 수용하고 더 빠른 검색을 제공할 수 있다. Amazon DynamoDB와 같은 키-값 데이터베이스는 다른 유형의 데이터베이스에서는 달성할 수 없는 규모로 수평 확장할 수 있다.

Amazon DynamoDB나 MongoDB와 같은 NoSQL 데이터베이스에 사용자 세션을 저장하기 시작하면 사용자 경험에 영향을 주지 않고 인스턴스를 수평으로 확장할 수 있다. 여러 애플리케이션 서버 앞에 로드 밸런서를 추가하면 인스턴스 간에 로드를 분산할 수 있다. 또한 오토스케일링을 사용해 요청 시 인스턴스 추가 또는 제거를 자동화할 수 있다.

데이터베이스 확장

대부분의 애플리케이션은 관계형 데이터베이스를 사용해 트랜잭션 데이터를 저장한다. 관계형 데이터베이스의 주요 문제는 샤딩과 같은 기능을 고려하고 그에 따라 애플리케이션을 수정할 때까지 수평적으로 확장할 수 없다는 것이다.

데이터베이스와 관련해 미리 예방 조치를 취하고 부하를 줄이는 것이 좋다. 사용자 세션을 별도의 NoSQL 데이터베이스에 저장하고 정적 콘텐츠를 오브젝트 스토리지에 저장하고 외부 캐시를 적용하는 것과 같은 저장 방법을 함께 사용하면 마스터 데이터베이스의 부하를 줄이는 데 도움이 된다. 데이터 쓰기와 업데이트를 위해 마스터 데이터베이스 노드를 유지하고 모든 읽기 요청에 대해 추가 읽기 전용 복제본을 사용하는 것도 좋은 방법이다.

Amazon RDS 엔진은 관계형 데이터베이스에 대해 최대 6개의 읽기 전용 복제본을 제공하고 오라클Oracle 플러그인은 두 노드 간에 데이터를 라이브 동기화할 수 있다. 읽기 전용 복제본은 마스터 노드와 동기화하는 동안 밀리초의 지연이 있을 수 있으며 애플리케이션을 설계하는 동안 이에 대한 계획을 세워야 한다. Memcached 또는 Redis와 같은 캐싱 엔진을 사용해 빈번한 쿼리를 캐시해 마스터 노드의 부하를 줄이는 것도 좋다.

데이터베이스가 현재 용량 이상으로 증가하기 시작하면 파티션을 적용해 데이터베이스를 재설계하고 샤드로 분할해야 한다. 여기서 각 샤드는 독립적으로 커질 수 있으며 애플리케이션은 각 샤드에 사용자 데이터를 저장할 파티션 키를 결정해야 한다. 예를 들어 파티션 키가 `user_name`이면 A부터 E까지의 사용자 이름을 하나의 샤드에 저장할 수 있고 F부터 I까지의 이름을 두 번째 파티션에 저장할 수 있다. 애플리케이션은 이름의 첫 글자에 따라 사용자 레코드를 올바른 파티션으로 전송하게 된다.

따라서 확장성은 솔루션 아키텍처를 설계할 때 중요한 요소이며 제대로 계획되지 않으면 전체 프로젝트 예산과 사용자 경험에 상당한 영향을 미칠 수 있다. 솔루션 아키텍트는 최고의 성능과 최소 비용을 위해 애플리케이션을 설계하고 워크로드를 최적화하는 동안 항상 탄력성 측면에서 생각해야 한다.

솔루션 아키텍트는 정적 콘텐츠 확장과 로드 밸런싱을 위한 CDN, 서버 확장을 위한 오토스케일링 옵션, 캐싱, 오브젝트 스토리지, NoSQL 저장소, 읽기 전용 복제본, 샤딩을 위한 다양한 데이터 스토리지 옵션과 같은 다양한 옵션을 검토해야 한다.

이 절에서는 다양한 확장 방법과 아키텍처에서 여러 계층의 탄력성을 위한 내용을 언급했다. 다음 절에서 고가용성과 복원력을 자세히 알아본다.

고가용성과 복원력

조직에서 가장 원하지 않는 것은 다운타임이다. 애플리케이션 다운타임은 비즈니스와 사용자 신뢰의 손실을 유발할 수 있으며, 이로 인해 솔루션 아키텍처를 설계할 때 고가용성HA, High Availability이 주요 요인 중 하나가 된다. 애플리케이션 가동 시간의 요건은 애플리케이션마다 다르다.

전자상거래 웹 사이트나 소셜 미디어 플랫폼처럼 사용자 기반이 큰 외부 애플리케이션이 있는 경우 100% 가동 시간이 중요하다. 내부 애플리케이션(인사 시스템이나 인트라넷)이나 블로그는 약간의 다운타임을 허용할 수 있다. 고가용성을 실현하는 것은 비용과 직결되기 때문에 솔루션 아키텍트는 애플리케이션 요건에 따라 고가용성을 계획해 과도한 아키텍처를 방지해야 한다.

고가용성 아키텍처를 달성하려면 데이터 센터의 격리된 물리적 위치에서 워크로드를 계획하는 것이 좋다. 그러면 한 곳에서 중단되더라도 애플리케이션 복제본이 다른 위치에서 작동할 수 있다. 그림 3.4의 아키텍처 다이어그램에 나타나 있듯이 웹 서버와 애플리케이션 서버 플릿은 2개의 다른 가용 영역(데이터 센터의 서로 다른 물리적 위치)에서 사용할 수 있다.

로드 밸런서는 전원이나 네트워크 중단으로 인해 가용 영역 1이 중단되는 경우 두 가용 영역 간에 워크로드를 분산하는 데 도움이 된다. 가용 영역 2는 사용자 트래픽을 처리할 수 있으며 애플리케이션이 실행된다. 데이터베이스의 경우 가용 영역 2에 스탠바이 인스턴스가 있으며 이 인스턴스는 가용 영역 1에서 문제가 발생할 경우 장애 조치되고 마스터 인스턴스가 된다. 마스터 인스턴스와 대기 인스턴스는 모두 데이터를 지속적으로 동기화한다.

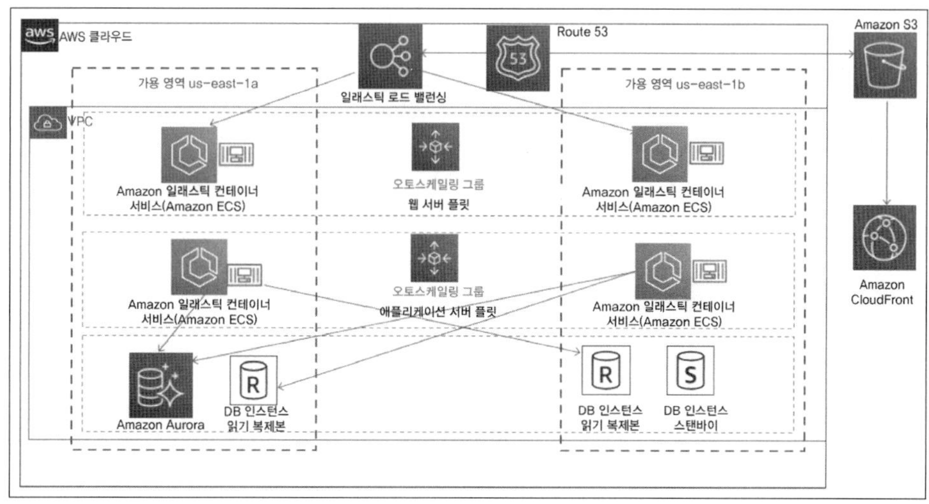

그림 3.4: 고가용성 아키텍처

또 다른 중요한 요소는 아키텍처의 복원력이다. 애플리케이션에 문제가 있어 간헐적인 문제가 발생할 경우 자가 복구 원칙을 적용하기 바란다. 즉, 사용자의 개입 없이 애플리케이션이 자동으로 복구될 수 있어야 한다.

아키텍처의 경우 워크로드를 모니터링하고 사전 조치를 취해 복원력을 확보할 수 있다. 그림 3.4와 같이 로드 밸런서는 인스턴스의 상태를 감시한다. 요구 수신이 정지된 인스턴스가 있는 경우 로드 밸런서는 서버 플릿에서 불량 인스턴스를 제거하고 교체용으로 새 서버를 동작하게 할 수 있다. 다른 접근법은 CPU 사용률이 70%를 넘거나 메모리 사용률이 80%를 넘는 등 모든 인스턴스의 상태를 감시하는 것이다.

고가용성과 복원력의 특성은 비용 측면에서도 도움이 될 수 있다. 예를 들어 서버 사용률이 낮은 경우 일부 서버를 제거하고 초과 용량을 사용하는 비용을 절감할 수 있다. 고가용성 아키텍처는 애플리케이션이 작동되거나 실행되고 있는지 확인할 수 있지만 사용자 경험을 유지하고자 빠른 복구가 필요한 자가 복구와 함께 고려하는 것이 유리하다.

고가용성은 시스템이 가동되고 사용자가 사용할 수 있게 보장하지만 내결함성이 작용하는 성능을 유지하는 것도 중요하다. 이제 내결함성과 중복성에 대한 내용을 알아보자.

내결함성과 중복성

앞 절에서 내결함성과 고가용성은 서로 밀접한 관계가 있음을 확인했다. 고가용성은 사용자가 애플리케이션을 사용할 수 있지만 성능이 저하될 수 있음을 의미하기도 한다. 사용자의 트래픽을 처리하고자 4개의 서버가 필요하다고 가정해보자. 이를 위해 물리적으로 격리된 두 개의 서로 다른 데이터 센터에 두 개의 서버를 배치한다. 한 데이터 센터에 정전이 발생하면 다른 데이터 센터에서 사용자 트래픽을 처리할 수 있다. 그러나 지금은 서버가 두 개뿐이므로 원래 용량의 50%만 사용할 수 있으며 사용자에게는 성능 문제가 발생할 수 있다. 이 시나리오에서 애플리케이션의 고가용성은 100%지만 내결함성은 50%에 불과하다.

내결함성은 중단이 발생하는 경우 시스템 성능을 손상시키지 않고 작업 부하 용량을 처리하는 것이다. 완전한 내결함성 아키텍처는 중복성[redundancy] 증가로 인해 높은 비용을 수반한다. 애플리케이션 복구 기간 동안 성능 저하를 견딜 수 있는지 여부는 애플리케이션의 중요도에 따라 다르다.

그림 3.5에서 볼 수 있듯이 애플리케이션에는 두 개의 서로 다른 영역으로 분산해 전체 워크로드를 처리하고자 4대의 서버가 필요하다. 두 시나리오 모두 100% 고가용성을 유지하고 있다. 100% 내결함성을 달성하려면 완전한 중복성이 필요하고 사용자가 한 영역이 중단되는 동안 성능 문제가 발생하지 않도록 서버의 2배 수를 유지해야 한다. 동일한 수의 서버를 유지하면 내결함성은 50%만 유지된다.

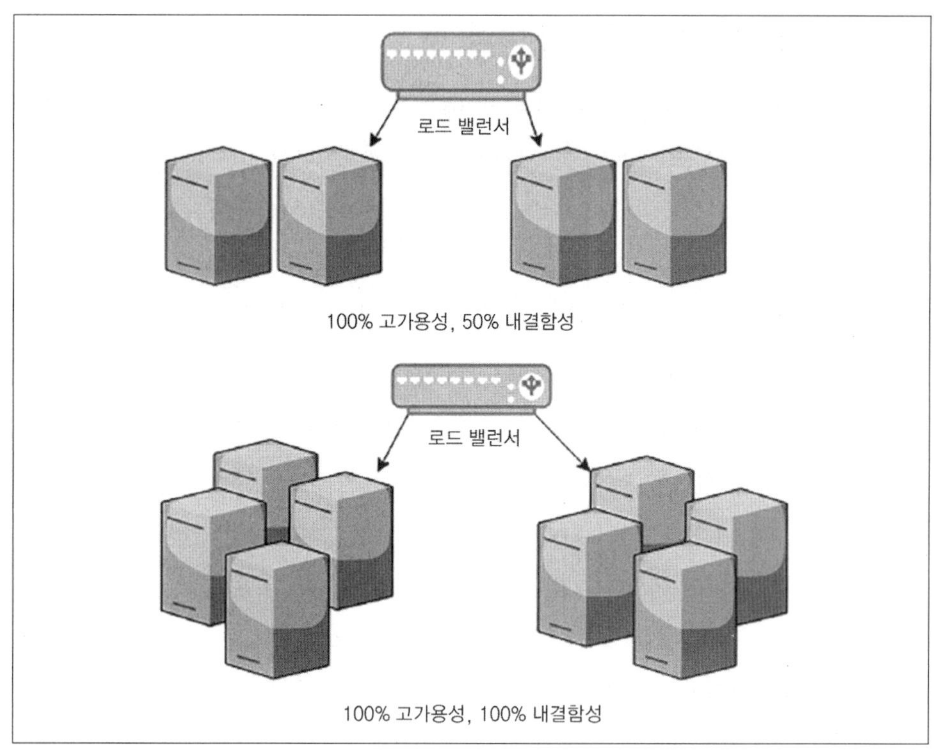

그림 3.5: 내결함성 아키텍처

애플리케이션 아키텍처를 설계하는 동안 솔루션 아키텍트는 애플리케이션 사용자의 특성과 100%의 내결함성이 필요한지 여부를 결정해야 하며, 이는 필연적으로 비용에 영향을 미친다. 예를 들어 전자상거래 웹 사이트는 성능 저하가 비즈니스 수익에 직접적인 영향을 미치므로 100% 내결함성이 필요할 수 있다. 동시에 직원들이 월말에 급여 명세서를 확인하고자 사용하는 내부 급여 시스템은 단기간의 성능 저하를 용인할 수 있다.

비즈니스 연속성을 위해서는 시스템 다운타임을 유발하고 전체 가용성을 저해할 수 있는 불확실성에 대한 계획이 필요하다. 재해 복구는 예상치 못한 상황에서 시스템을 사용할 수 있게 해서 이러한 위험을 완화하는 데 도움이 된다. 다음 절에서 재해 복구 계획을 자세히 알아본다.

재해 복구와 비즈니스 연속성

앞 절에서 고가용성과 내결함성을 사용해 애플리케이션 가동 시간을 처리하는 방법을 알아봤다. 대규모 전력망 정전, 지진이나 홍수로 인해 데이터 센터가 위치한 전체 지역이 다운되는 상황이 있을 수 있지만 글로벌 비즈니스는 계속 운영돼야 한다. 이러한 상황에서는 완전히 다른 지역, 아마도 다른 대륙이나 국가에서도 충분한 IT 자원을 준비해 비즈니스 연속성을 이어갈 재해 복구 계획이 있어야 한다.

재해 복구를 계획할 때 솔루션 아키텍트는 조직의 RTO[Recovery Time Objective]와 RPO[Recovery Point Objective]를 이해해야 한다. RTO는 중대한 영향 없이 비즈니스가 허용할 수 있는 가동 중지 시간을 측정한 것이고 RPO는 비즈니스가 허용할 수 있는 데이터 손실의 양을 나타낸다. RTO와 RPO를 줄이면 더 많은 비용이 발생하므로 비즈니스가 미션 크리티컬하고 최소한의 RTO와 RPO가 필요한지 이해하는 것이 중요하다. 예를 들어 주식 거래 애플리케이션은 단일 데이터 포인트라도 손실되면 안 되며 철도 신호 애플리케이션은 사람의 생명이 달려 있기 때문에 다운될 수 없다.

그림 3.6의 아키텍처 다이어그램은 기본 데이터 센터 위치가 유럽 아일랜드에 있고 재해 복구 사이트가 미국 버지니아에 있으며 AWS 클라우드에서 호스팅되는 다중 사이트 재해 복구 아키텍처를 보여준다. 이 경우 전체 유럽 지역이나 클라우드에 문제가 발생하더라도 비즈니스는 계속 운영될 수 있다. 재해 복구 계획은 최소의 RTO와 RPO를 달성하고자 멀티사이트 모델을 기반으로 하기 때문에 운영 중단과 데이터 손실이 최소화된다.

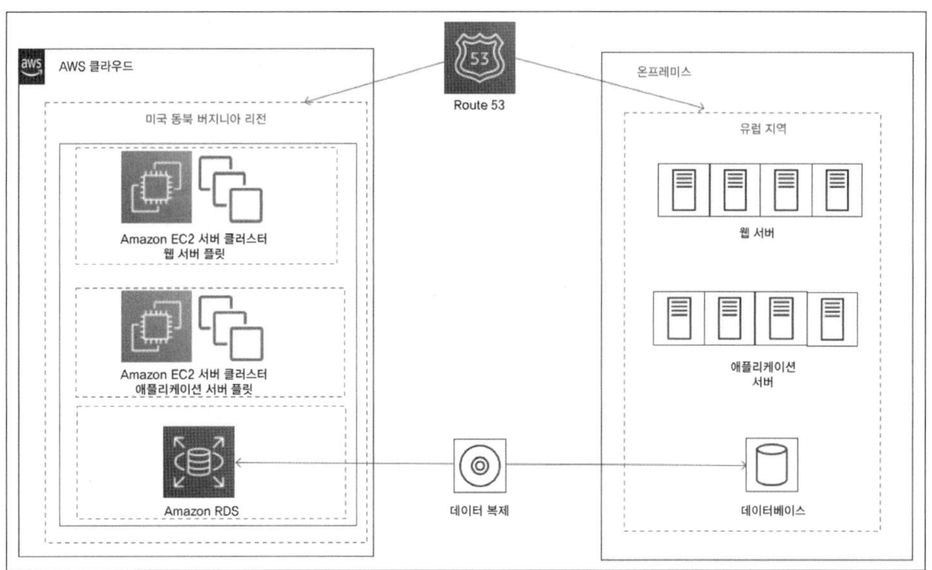

그림 3.6: 하이브리드 멀티사이트 재해 복구 아키텍처

다음은 12장에서 다룰 가장 일반적인 재해 복구 계획이다.

- **백업 및 복구:** 이 계획은 비용이 가장 적게 들지만 RTO와 RPO는 최대다. 이 계획에서 모든 서버의 머신 이미지와 데이터베이스 스냅샷은 재해 복구 사이트에 저장돼야 한다. 재해가 발생하면 팀은 백업으로부터 재해 사이트를 복원을 시도한다.
- **파일럿 라이트**Pilot Lite**:** 이 계획에서 서버의 모든 머신 이미지는 백업으로 저장되고 작은 데이터베이스 서버는 메인 사이트에서 지속적인 데이터 동기화를 통해 재해 복구 사이트에서 유지 관리된다. 액티브 디렉터리Active Directory와 같은 기타 중요한 서비스는 소규모 인스턴스에서 실행될 수 있다. 재해가 발생하면 팀은 머신 이미지에서 서버를 불러오고 데이터베이스를 확장하려고 한다. 파일럿 라이트는 비용이 좀 더 높지만 백업과 저장보다 RTO와 RPO가 낮다.
- **웜 스탠바이**Warm Standby**:** 이 계획에서는 재해 복구 사이트의 모든 애플리케이션 서버와 데이터베이스 서버(저용량으로 실행) 인스턴스가 주요 사이트와 계속 동기화

된다. 재해가 발생하면 팀은 모든 서버와 데이터베이스를 확장하려고 한다. 웜 스탠바이는 파일럿 라이트 옵션보다 비용이 많이 들지만 RTO와 RPO가 더 낮다.

- **멀티사이트:** 이 계획은 가장 비용이 많이 들고 RTO와 RPO가 거의 0에 가깝다. 이 계획에서 주요 사이트의 복제본은 동일한 용량으로 사용자 트래픽을 적극적으로 처리하는 재해 복구 사이트에서 유지 관리된다. 재해가 발생하면 모든 트래픽이 대체 위치로 라우팅된다.

종종 조직은 재해 복구를 위해 더 저렴한 옵션을 선택하지만 장애 조치가 작동하는지 확인하려면 정기적인 테스트를 수행하는 것이 중요하다. 팀은 운영 우수성을 일상적인 체크포인트로 만들어 재해를 복구할 때 비즈니스 연속성이 있는지 확인해야 한다.

확장성과 재사용성

비즈니스는 성장에 따라 진화한다. 애플리케이션은 증가하는 사용자 기반을 처리할 수 있게 확장될 뿐만 아니라 기능을 지속적으로 추가하는 것으로 경쟁력을 유지할 수 있다. 솔루션 설계는 기존 기능을 수정하거나 새로운 기능을 추가할 수 있을 만큼 확장 가능하고 유연해야 한다. 애플리케이션을 모듈화하고자 조직은 종종 플랫폼을 구축하고 별도의 애플리케이션으로 실행하는 경우가 많다. 이것은 재사용 가능한 설계에서만 할 수 있다.

솔루션 확장성을 달성하고자 솔루션 아키텍트는 가능하면 느슨하게 결합된 아키텍처를 사용해야 한다. 높은 수준에서 RESTful이나 큐 기반 아키텍처를 생성하면 서로 다른 모듈 간에 또는 애플리케이션 간에 느슨하게 결합된 통신을 개발하는 데 도움이 될 수 있다. 6장에서 다른 종류의 아키텍처를 자세히 알아볼 것이다. 이 절에서는 아키텍처 유연성의 개념을 설명하고자 간단한 예를 들어보겠다.

그림 3.7은 전자상거래 애플리케이션의 API 기반 아키텍처를 보여준다. 여기에서 최종 사용자 애플리케이션에서 선택하는 방식으로 활용되는 제품 카탈로그, 주문, 지불, 배송과 같은 독립적인 서비스가 있다. 모바일 애플리케이션과 브라우저 애플리케이션은 고객이 온라인 주문을 하는 데 사용된다. 이러한 애플리케이션은 웹에서 제품을 검색하기 위한 제품 카탈로그 서비스, 주문을 하기 위한 주문 서비스, 지불을 하기 위한 결제 서비스가 필요하다.

제품 카탈로그와 주문 서비스는 차례로 배송 서비스와 통신해 주문한 항목을 고객의 문 앞까지 보낸다. 반면 오프라인 매장은 고객 담당자가 바코드를 스캔하고 고객을 대신해 주문하고 결제하는 POS^Point of Sale 시스템을 사용한다. 여기서는 고객이 매장에서 상품을 픽업하므로 배송 서비스가 필요하지 않다.

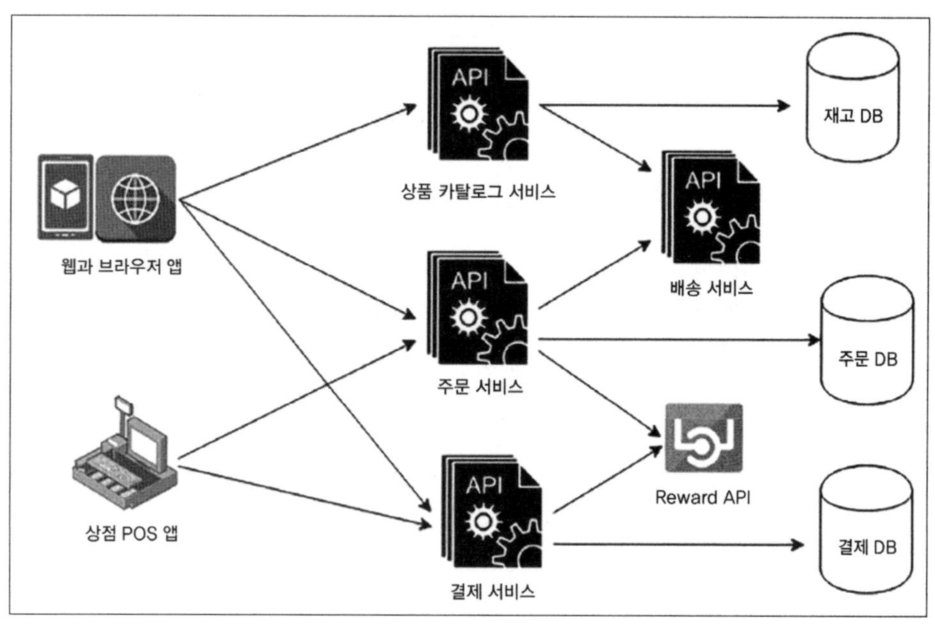

그림 3.7: 확장 가능한 API 기반의 아키텍처

그림 3.7에서 타사 API 통합에 사용되는 Reward API를 볼 수 있다. 이 아키텍처를 사용하면 현재 설계를 확장해 고객 유지를 위한 Reward API를 통합하고 신규 고객

이 항목을 구매할 때 혜택을 제공해 신규 고객을 유치할 수 있다. 여기에서 온라인 주문과 매장 주문 모두에서 결제 서비스가 어떻게 재사용되는지 확인할 수 있다. 조직에서 기프트 카드 서비스, 음식 서비스 등의 비용을 지불하려는 경우 다른 서비스에서 이를 재사용할 수도 있다.

확장성과 재사용성은 서비스 설계 수준에 국한되지 않고 실제 API 프레임워크 수준까지 확대된다. 여기서 소프트웨어 아키텍트는 컨테이너와 같은 **객체 지향 분석과 설계**OOAD, Object-Oriented Analysis and Design 개념을 사용해 API 프레임워크를 작성해야 한다. 이 기능을 확장하고 재사용해 동일한 서비스에 더 많은 기능을 추가할 수 있다.

기능이 풍부한 제품을 만들어도 사용자가 쉽게 탐색하고 액세스할 수 없다면 사용자의 관심을 끌지 못할 수도 있다. 애플리케이션의 사용성과 접근성은 제품의 성공에 중요한 역할을 한다. 다음 절에서 이를 자세히 알아본다.

사용성과 접근성

사용자는 애플리케이션을 탐색할 때 어려움 없이 매우 부드러운 경험을 하기 원한다. 물론 애플리케이션을 매우 유용하게 만들어 이를 수행할 수 있는데, 이를 위해 사용자 연구와 테스트가 필요하며 사용성을 정의하는 데 있어 필수적인 측면이다.

사용성은 사용자가 애플리케이션을 처음 사용할 때 탐색의 논리를 얼마나 빨리 배울 수 있는지를 나타낸다. 또한 실수를 했을 때 얼마나 빨리 회복하고 작업을 효율적으로 수행할 수 있는지에 관한 것이다. 복잡하고 기능이 풍부한 애플리케이션은 효과적으로 사용할 수 없으면 의미가 없다.

종종 애플리케이션을 설계할 때 전 세계 사용자나 많은 지역을 대상으로 하려고 한다. 사용자 기반은 기술적인 부분과 물리적인 부분을 다양하게 지원해야 한다. 사용자의 인터넷 연결 속도가 느리거나 오래된 디바이스를 사용하거나 물리적 제한이 있는지 여부에 관계없이 모든 사람이 애플리케이션에 액세스할 수 있기를 원한다.

접근성은 모든 사람이 애플리케이션을 사용할 수 있게 하는 통합에 관한 것이다. 솔루션 아키텍트는 애플리케이션을 설계할 때 느린 인터넷 연결을 통해서도 액세스할 수 있고 다양한 디바이스와 호환되는지 확인해야 한다. 경우에 따라서는 구현하기 위해 다른 버전의 애플리케이션을 만들어야 할 수도 있다.

접근성 설계에는 음성 인식과 음성 기반 내비게이션, 화면 확대기와 콘텐츠를 소리 내어 읽을 수 있는 기능 등의 설계 요소가 포함돼야 한다. 현지화를 통해 스페인어, 만다린, 독일어, 힌디어, 일본어 등 특정 지역 고유의 언어로 애플리케이션을 사용할 수 있다.

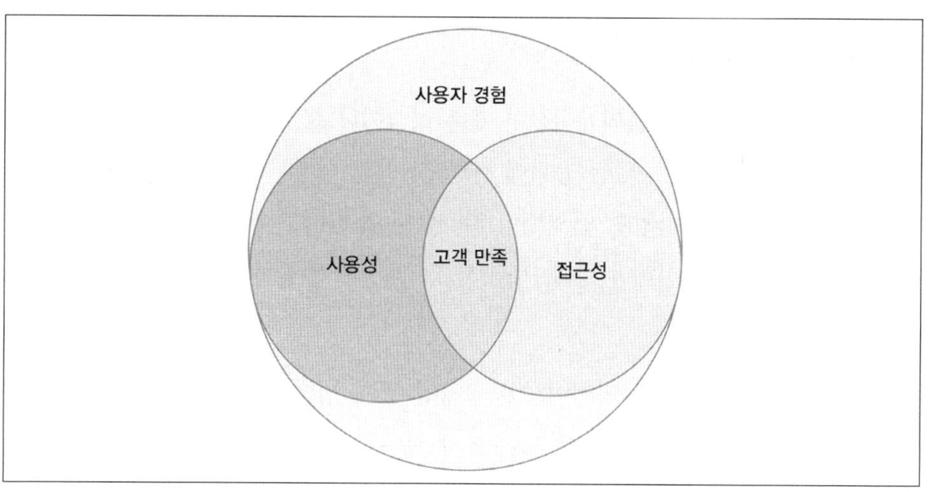

그림 3.8: 사용성 및 접근성과 고객 만족도

그림 3.8처럼 고객 만족도는 사용성과 접근성의 구성 요소다. 솔루션 설계 프로세스를 시작하기 전에 솔루션 아키텍트는 프로덕트 오너와 협력해 인터뷰, 설문조사, 모의 프론트엔드 설계에 대한 피드백을 수집해 사용자를 조사해야 한다. 애플리케이션 개발 중에 사용자의 한계를 이해하고 지원 기능을 통해 사용자의 역량을 강화해야 한다.

제품이 출시되면 팀은 사용자 트래픽의 일부를 새로운 기능으로 라우팅하고 사용자의 반응을 이해함으로써 A/B 테스트를 계획해야 한다. A/B 테스트는 애플리케이션의 두 버전을 서로 비교해 어떤 버전이 더 나은지 판단하는 방법이다. 실행 후 애플리케이션은 설계를 개선하고자 피드백 양식을 제공하거나 고객 지원을 시작해 지속적인 피드백을 수집하는 메커니즘을 갖고 있어야 한다.

시스템은 장기간 단독으로 작동할 수 없다. 풍부한 기능과 사용자 사용성을 위해 애플리케이션을 단순화하고자 솔루션 아키텍트는 다른 애플리케이션과의 상호 운용성을 고려해야 한다.

이식성과 상호 운용성

상호 운용성은 하나의 애플리케이션이 표준 형식이나 프로토콜을 통해 다른 애플리케이션과 함께 작동할 수 있는 능력에 관한 것이다. 대부분의 경우 애플리케이션은 데이터를 소비하고자 다양한 업스트림 시스템과 통신하고 데이터를 제공하고자 다운스트림 시스템과 통신해야 한다. 따라서 그 통신을 원활하게 설정하는 것이 중요하다.

예를 들어 전자상거래 애플리케이션은 공급망 관리 생태계에서 다른 애플리케이션과 함께 작동해야 한다. 여기에는 모든 거래, 운송 수명 주기 관리, 운송 회사, 주문 관리, 창고 관리, 인력 관리를 기록하는 전사적 자원 관리 애플리케이션이 포함된다.

모든 애플리케이션은 고객 주문에서 배송까지 종단 간 기능을 달성하고자 데이터를 원활하게 교환할 수 있어야 한다. 의료 애플리케이션이든, 제조 애플리케이션이든, 통신 애플리케이션이든 어디에서나 유사한 사용 사례가 발생할 수 있다.

솔루션 아키텍트는 설계할 때 다양한 시스템 종속성을 식별하고 이를 사용해 애플리케이션의 상호 운용성을 고려해야 한다. 상호 운용 가능한 애플리케이션은 데이터 메시징 작업 없이 동일한 형식으로 통신할 수 있는 시스템에 의존하기 때문에 비용 면에서 크게 절감된다. 각 산업에는 데이터 교환에 대한 표준 크기가 있으며, 이를 이해하고 준수해야 한다.

일반적으로 소프트웨어 설계의 경우 아키텍트는 서로 통신할 수 있게 서로 다른 애플리케이션에 대해 JSON이나 XML과 같은 일반적인 형식을 선택할 수 있다. 현대의 RESTful API 설계와 마이크로서비스 아키텍처에서는 두 가지 형식이 모두 기본적으로 지원된다.

시스템 이식성을 통해 애플리케이션을 변경할 필요 없이 최소한의 변경만으로 여러 환경에서 작업할 수 있다. 소프트웨어 애플리케이션은 다양한 운영체제와 하드웨어로 작동해야 한다. 테크놀로지가 급속히 변화하기 때문에 소프트웨어 언어, 개발 플랫폼 또는 운영체제의 새로운 버전이 출시되는 경우가 많다. 오늘날 모바일 애플리케이션은 모든 시스템 설계에 필수적인 요소이며 모바일 애플리케이션은 iOS, 안드로이드Android, 윈도우를 비롯한 주요 모바일 운영체제 플랫폼과 호환돼야 한다.

설계 단계에서 솔루션 아키텍트는 애플리케이션이 원하는 이식성이 제공되는 기술을 선택해야 한다. 예를 들어 애플리케이션을 다른 운영체제에 도입하는 것을 목적으로 하는 경우 자바Java 등의 프로그래밍 언어는 모든 운영체제에서 지원되며 애플리케이션은 다른 플랫폼에서 동작하기 때문에 이를 통해 이식할 필요가 없다. 모바일 애플리케이션의 경우 아키텍트는 플랫폼 간 모바일 앱 개발을 제공할 수 있는 리액트 네이티브React Native와 같은 자바스크립트 기반 프레임워크를 선택할 수 있다.

상호 운용성을 통해 시스템 확장성이 향상되고 이식성이 향상돼 애플리케이션 사용성이 향상된다. 둘 다 아키텍처 설계의 중요한 특성으로 솔루션을 설계할 때 대처하지 않으면 비용이 증가할 수 있다. 솔루션 아키텍트는 업계의 요건과 시스템의 종속성에 따라 두 가지 측면을 모두 신중하게 고려해야 한다.

운영 우수성과 유지 보수

운영 우수성은 최소한의 중단과 고품질로 고객에게 동일한 수준의 서비스를 제공함으로써 애플리케이션에 대한 큰 차별화 요소가 될 수 있다. 또한 사전 예방을 위한 운영 우수성을 적용해 지원 팀과 엔지니어링 팀이 생산성을 높이는 데 도움이 된다. 유지 보수는 운영 효율성과 밀접한 관련이 있다. 쉽게 유지 관리할 수 있는 애플리케이션은 비용을 절감하고 오류를 방지하며 경쟁 우위를 확보하는 데 도움이 될 수 있다. 솔루션 아키텍트는 운영을 위해 설계해야 한다. 즉, 설계에는 워크로드가 장기적으로 배포, 업데이트, 운영되는 방식이 포함돼야 한다.

최상의 사용자 경험을 위해 모든 문제를 수집하고 신속한 조치를 취하고자 로깅, 모니터링, 경고를 계획하는 것이 중요하다. 관리자의 실수를 피하고자 인프라를 배포하거나 애플리케이션 코드를 변경하는 등 가능한 한 자동화를 적용하는 것이 바람직하다.

설계에 배포 방법과 자동화 전략을 포함하는 것은 기존 운영에 영향을 주지 않고 새로운 변경 사항에 대한 출시 시간을 단축할 수 있으므로 매우 중요하다. 운영 우수성 계획은 보안과 규정 준수 요소를 고려해야 하는데, 규정 요구 사항은 시간이 지나면서 변경될 수 있으며 애플리케이션이 작동하려면 이를 반드시 준수해야 한다.

유지 보수는 사전 예방이나 사후 대응 방식일 수 있다. 예를 들어 운영체제의 새 버전을 사용할 수 있게 되면 즉시 플랫폼을 전환하도록 애플리케이션을 현대화하거나 시스템 상태를 모니터링하고 변경을 수행하기 전에 소프트웨어의 수명이 다할 때까지 기다릴 수 있다. 어떤 경우든 롤백 전략을 사용해 조금씩 변경해야 한다. 이러한 변경 사항을 적용하려면 **지속적인 통합과 지속적인 배포**CI/CD, Continuous Integration and Continuous Deployment 파이프라인을 설정해 전체 프로세스를 자동화할 수 있다. 그리고 출시를 위해 A/B나 블루-그린 배포를 계획할 수 있다.

운영 준비를 위해 아키텍처 설계에는 적절한 문서와 지식 공유 메커니즘이 포함돼야 한다. 예를 들어 일상적인 활동을 문서화하기 위한 런북runbook을 생성 및 유지 관리하고 문제를 통해 시스템 프로세스를 안내할 수 있는 절차를 생성한다. 이를 통해 사고 발생 시 신속하게 대처할 수 있다. 또한 분제 발생 후 보고를 위해 근본 원인 분석을 해서 문제가 발생한 이유를 확인하고 다시 발생하지 않게 해야 한다.

운영 우수성과 유지 보수는 지속적인 노력이 필요한 영역이다. 모든 이벤트와 실패는 이전 실수에서 학습해 운영을 개선하고 학습할 수 있는 기회다. 운영 활동과 실패를 분석하고 더 많은 실험을 하고 개선해야 한다. 10장에서 운영 우수성을 자세히 알아본다.

보안과 규정 준수

보안은 솔루션 설계의 가장 필수적인 속성 중 하나다. 많은 조직이 보안 침해로 인해 고객의 신뢰를 잃고 비즈니스 평판이 손상된다. 금융을 위한 PCI, 의료를 위한 HIPAA, 유럽 연합을 위한 GDPR, SOC 규정 준수와 같은 업계 표준 규정은 조직에 표준 지침을 제공하는 동시에 소비자 데이터를 보호하고자 보안 보호 장치를 시행한다. 산업과 지역에 따라 규정 준수 요구 사항을 준수해 현지 법률을 준수해야 한다.

기본적으로 애플리케이션 보안은 솔루션 설계의 다음 측면에 적용해야 한다.

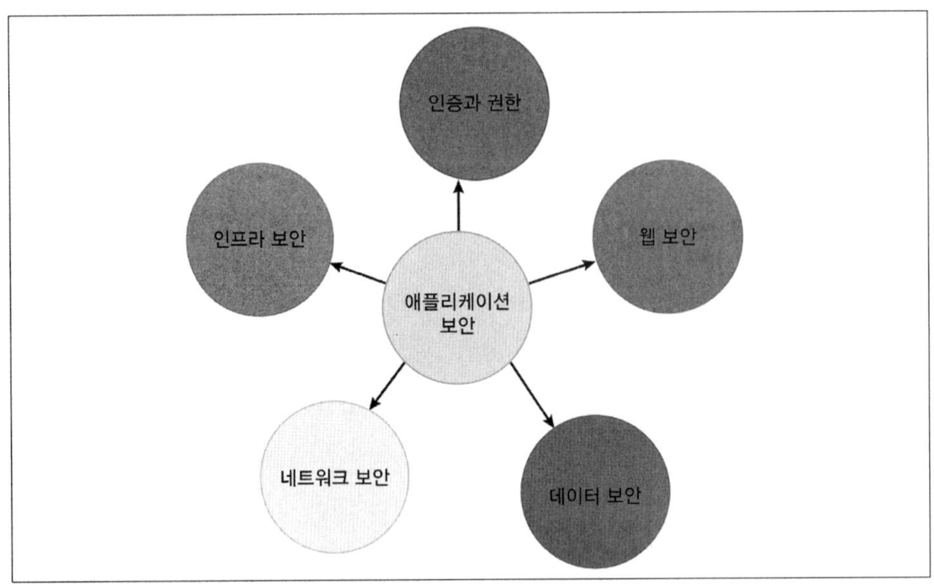

그림 3.9: 솔루션 설계에서의 보안

보안의 다른 측면을 살펴보자. 이에 대한 자세한 내용은 8장에서 확인할 수 있다.

인증과 권한

인증authentication은 시스템에 액세스할 수 있는 사람을 지정하는 것을 의미하며 권한은 사용자가 시스템이나 애플리케이션 내부에 들어간 후 수행할 수 있는 활동에 적용되는 부분이다. 솔루션 아키텍트는 솔루션 설계를 하는 동안 적절한 인증과 권한 부여 시스템을 고려해야 한다. 항상 최소 권한으로 시작하고 사용자 역할에 필요한 추가 액세스를 제공해야 한다.

애플리케이션이 회사 내부용인 경우 액티브 디렉터리, SAML 2.0, LDAP와 같은 페더레이션을 통한 액세스를 허용할 수 있고 애플리케이션이 소셜 미디어 웹 사이트나 게임 앱에 있는 것과 같은 대규모 사용자 기반을 대상으로 하는 경우 사용자가 Amazon, 페이스북, 구글, 트위터 같은 ID를 통해 OAuth 2.0과 OpenID로 인증할 수 있다.

무단 액세스를 식별하고 보안 위협을 완화하기 위한 즉각적인 조치를 취하는 것이 중요하다. 이는 액세스 관리 시스템을 지속적으로 모니터링하고 감사하는 것을 보증한다.

웹 보안

웹 애플리케이션은 종종 인터넷에 노출돼 외부 공격에 취약하다. 솔루션 설계에서는 **크로스사이트 스크립팅**XSS, cross-site scripting과 SQL **주입**injection 같은 공격을 고려해야 한다. 요즘 DDoSDistributed Denial of Service 방식의 공격이 조직에 문제를 일으키고 있다. 이를 방지하려면 적절한 도구가 필요하고 사고 대응 계획을 세워야 한다.

솔루션 아키텍트는 **웹 애플리케이션 방화벽**WAF, Web Application Firewall을 사용해 멀웨어 및 SQL 주입 공격을 차단할 계획을 세워야 한다. WAF는 사용자 기반이 없는 국가의 트래픽을 차단하거나 악성 IP 주소를 차단하는 데 사용할 수 있다. 또한 WAF는 CDN과 함께 DDoS 공격을 방지하고 처리하는 데 도움이 될 수 있다.

네트워크 보안

네트워크 보안은 조직과 애플리케이션 내부의 전체 IT 자원이 외부 사용자에게 공개되지 않게 한다. 솔루션 설계는 무단 시스템 액세스, 호스트 취약성 및 포트 스캐닝을 방지하는 데 도움이 될 수 있는 네트워크 보안을 계획해야 한다.

솔루션 아키텍트는 모든 것을 회사 방화벽 뒤에 두고 가능한 한 인터넷 액세스를 피함으로써 시스템 노출을 최소화하도록 계획해야 한다. 예를 들어 웹 서버는 인터넷에 노출돼서는 안 되고 로드 밸런서만 인터넷과 통신할 수 있게 하는 것이다. 네트워크 보안을 위해 **침입 탐지 시스템**IDS, Intrusion Detection System과 **침입 방지 시스템**IPS, Intrusion Prevention System을 활용해 네트워크 트래픽 앞에 배치하는 것도 좋은 방법이다.

인프라 보안

자체 데이터 센터를 유지 관리하는 경우, 권한이 없는 사용자의 서버에 대한 물리적 액세스를 차단해야 하고 인프라의 물리적 보안이 매우 중요하다. 그러나 데이터 센터를 임대하거나 프라이빗 클라우드를 사용하는 경우 타업체에서 처리할 수 있다. 서버에 대한 논리적 액세스는 적절한 방화벽을 구성해 이뤄지는 네트워크 보안에 의해 보호돼야 한다.

악의적인 공격은 흔한 일이며 이것이 데이터 센터에서 보안 침해의 주요 원인 중 하나다. 보안 인프라는 데이터에 액세스할 수 있는 사용자를 관리하고 취약점으로부터 데이터를 보호할 수 있다. 애플리케이션을 호스팅하는 데이터 센터에서 회사의 인사 시스템과 글로벌 거점에 이르기까지 모든 수준의 IT 인프라를 안전하게 보호해야 한다.

데이터 보안

데이터는 보안이 필요한 가장 중요한 구성 요소 중 하나다. 결국 데이터를 보호하고자 액세스, 웹, 애플리케이션, 네트워크 수준에서 보안 계층을 배치한다. 데이터는 두 시스템 간 교환될 수 있으므로 전송 시 보안이 유지돼야 한다.

솔루션 설계는 SSL/TLS[Secure Socket Layer/Transport Layer Security]와 보안 인증을 통해 전송 중인 데이터 보안을 계획해야 한다. 데이터는 대칭 또는 비대칭인 다양한 암호화 메커니즘을 사용해 보호해야 한다. 또한 설계는 애플리케이션 요구 사항에 따라 올바른 키 관리 접근 방식으로 암호화 키를 보호해야 한다. 키 관리는 하드웨어 보안 모듈이나 클라우드 업체에서 제공하는 서비스를 사용해 수행할 수 있다. 누가 어떤 데이터에 액세스할 수 있는지 정의하려면 식별 및 권한 부여 관리를 사용하는 최소 권한 규칙을 적용해야 한다.

보안을 유지하면서 신속한 대응이 가능하게 보안 침해가 발생하는 즉시 식별할 수 있는 메커니즘을 갖추는 것이 중요하다. 모든 계층에 자동화를 추가해 모니터링하고 위반 사항에 대한 즉각적인 경고를 받는 것은 솔루션 설계에 반드시 포함돼야 한다. 데브섹옵스DevSecOps는 수명 주기의 소프트웨어 개발 부분에서 보안 요구와 보안 대응을 자동화하는 모범 사례를 적용하기 때문에 대부분의 조직에서 트렌드가 되고 있다. 12장에서 데브섹옵스를 자세히 알아본다.

관련 법규를 준수하려면 솔루션 설계에 감사 메커니즘이 포함돼야 한다. 금융의 경우 **지불 카드 산업 데이터 보안 표준**PCI DSS, Payment Card Industry Data Security Standard와 같은 규정 준수는 시스템의 모든 거래에 대한 로그 추적을 위해 엄격하게 요구된다. 고객 이메일 ID, 전화번호, 신용카드 번호와 같은 **개인 식별 정보**PII, Personal Identifiable Information 데이터는 PII 데이터를 저장하는 모든 애플리케이션에 대해 암호화 및 제한된 액세스를 적용해 보안을 유지해야 한다.

온프레미스 환경에서 인프라와 애플리케이션을 보호하고 규정 준수를 위한 적절한 인증을 받는 것은 고객의 책임이다. 그러나 클라우드에서는 인프라 보안과 규정 준수가 클라우드 업체에서 처리되기 때문에 AWS와 같은 환경이 이러한 부담을 덜어준다. 고객은 애플리케이션 보안에 대한 책임을 공유하고 필수 감사를 완료해 애플리케이션이 규정을 준수하는지 확인해야 한다.

비용 최적화와 예산

모든 솔루션은 예산의 제약을 받으며 투자자들은 최대의 ROI를 추구한다. 솔루션 아키텍트는 아키텍처를 설계할 때 비용 절감을 고려해야 하며, 파일럿 생성부터 솔루션 구현과 출시까지 비용을 최적화해야 한다. 비용 최적화는 지속적인 노력이며 지속적인 프로세스여야 한다. 다른 제약 조건과 마찬가지로 비용 절감에는 절충안이 따른다. 배포 속도 및 성능과 같은 다른 구성 요소가 더 중요한지 여부를 결정해야 한다.

종종 자원의 과잉 공급과 구입 비용 간과로 인해 비용이 증가한다. 솔루션 아키텍트는 과도한 사용을 피하고 최적의 자원을 계획해야 한다. 조직 수준에서 고스트 자원을 감지하는 자동화된 메커니즘이 있어야 한다. 여기서 팀 구성원은 구현 작업 완료 후 더 이상 사용하지 않는 개발 및 테스트 환경을 만들 수 있다. 종종 고스트 자원은 눈에 띄지 않고 비용을 증가시킨다. 조직은 자동화된 검색을 적용해 IT 인벤토리 기록을 유지해야 한다. 이를 통해 모든 IT 인벤토리를 추적하고 현재 상태와 운영 상태로 중앙 데이터베이스에 로그인할 수 있다.

기술을 선택할 때 빌드와 소스 비용을 평가하는 것이 필수적이다. 로그 분석이나 비즈니스 인텔리전스 도구의 소싱 등 전문 지식이 없는 조직에 구축 비용이 많이 드는 경우에는 서드파티 도구들을 사용하는 것이 좋을 수 있다. 또한 솔루션 구현을 위한 기술을 선택할 때 학습의 용이성과 구현의 복잡성을 고려해야 한다. IT 인프라 관점에서 데이터 센터를 유지 관리하려면 예상하지 못한 요구 사항을 충족하고자 높은 자본 투자가 선행돼야 하기 때문에 자본 지출과 운영 지출을 비교 평가해야 한다. 여러 선택이 가능하므로 솔루션 아키텍트는 공용, 사설, 다중 클라우드 중에서 옵션을 선택할 수 있다. 또는 하이브리드 접근 방식을 취할 수도 있다.

모든 구성 요소와 마찬가지로 비용을 자동화해야 하며 예산 소비에 대한 경고를 설정해야 한다. 모든 그룹과 책임을 공유할 수 있게 조직 단위와 워크로드 간에 비용을 계획하고 분담해야 한다. 팀은 더 많은 데이터가 수집됨에 따라 운영 지원과 워크로드를 최적화해 비용 최적화를 지속적으로 검토해야 한다. 비용 최적화에 대한 자세한 내용은 11장에서 더 자세히 다룬다.

요약

3장에서는 솔루션 설계를 작성할 때 고려해야 하는 다양한 솔루션 아키텍처 속성을 알아봤다. 수직 및 수평의 두 가지 확장성 모드와 웹 계층, 애플리케이션 서버, 데이터베이스를 포함해 아키텍처의 다양한 계층을 확장하는 방법을 살펴봤으며, 오토스케일링을 사용해 워크로드에 탄력성을 적용해 수요에 따라 확장 및 축소할 수 있게 하는 방법도 알아봤다. 또한 3장에서는 복원력 있는 아키텍처 설계에 대한 통찰력과 고가용성을 달성하는 데 사용되는 방법을 살펴봤다.

이를 통해 내결함성과 중복성을 이해해 사용자의 기대에 따라 애플리케이션의 성능을 높이고 예기치 않은 이벤트가 발생할 경우 비즈니스를 계속할 수 있게 재해 복구를 계획할 수 있다.

그런 다음 아키텍처를 확장 가능하고 액세스 가능하게 만드는 것의 중요성과 아키텍처 이식성과 상호 운용성이 비용을 줄이고 애플리케이션 채택을 늘리는 데 어떻게 도움이 되는지 살펴봤다. 3장은 운영 우수성과 보안을 적용하고 아키텍처의 모든 계층에서 비용을 절감하는 방법과 솔루션 설계 프로세스의 시작 부분에서 이러한 속성을 바로 고려해야 하는 방법을 설명했다. 이 책의 뒷부분에서 각 구성 요소를 더 자세히 살펴볼 것이다.

4장에서는 솔루션 아키텍처 설계의 원리를 살펴본다. 3장에서 설명한 다양한 속성을 염두에 두고 솔루션 아키텍처를 설계하는 방법에 중점을 둘 것이다.

04

솔루션 아키텍처 설계 원칙

3장에서 솔루션 아키텍처의 속성을 살펴봤다. 이러한 속성은 솔루션 아키텍트가 솔루션 설계를 하는 동안 염두에 둬야 하는 필수 속성이다. 4장에서는 솔루션 설계 중에 다양한 속성을 통합하는 솔루션 아키텍처 설계의 원칙을 살펴본다.

4장에서는 가장 중요하고 일반적인 설계 원칙을 설명한다. 그러나 제품 복잡성과 산업 영역에 따라 더 많은 설계 측면이 있을 수 있다. 이 책에서 솔루션 아키텍트가 되기 위한 학습을 진행하면서 이러한 설계 원칙과 속성은 6장에서 다양한 설계 패턴을 생성할 때에도 적용된다.

4장에서 다루는 내용은 다음과 같다.

- 워크로드 확장
- 탄력적인 아키텍처 구축
- 성능을 위한 설계
- 대체 가능한 자원 사용

- 느슨한 결합을 고려하기
- 서버가 아닌 서비스를 생각하기
- 요구 사항에 적합한 스토리지 사용
- 데이터 중심 설계
- 아키텍처 제약 극복
- 모든 곳에 보안 추가
- 모든 곳에서 자동화 적용

4장에서는 확장 가능하고 탄력적이며 성능이 뛰어난 아키텍처 설계를 살펴볼 뿐만 아니라 보안을 적용하는 방법, 아키텍처 제약 조건을 극복하고 테스트 및 자동화와 함께 변경 사항을 적용해 애플리케이션을 보호하는 방법도 살펴본다. 이러한 원칙은 데이터 기반 접근 방식을 사용해 올바른 방식으로 사고를 적용하는 데 도움이 된다.

워크로드 확장

3장의 '확장성과 탄력성' 절에서 다양한 확장 모드와 정적 콘텐츠, 서버와 데이터베이스를 상위 수준에서 확장하는 방법을 알아봤다. 이제 워크로드 급증을 처리하는 데 사용할 수 있는 다양한 유형의 확장 방법을 살펴보자.

워크로드를 알고 있는 경우 대부분 확장을 예측할 수 있다. 하지만 갑작스러운 스파이크가 발생하거나 이전에 그런 종류의 부하를 처리한 적이 없는 경우에는 즉각적으로 반응하는 것이 쉽지만은 않다.

예를 들어 다음 **오토스케일링 그룹**에는 최대 6개의 인스턴스와 최소 크기 3개의 인스턴스가 있다. 일반 사용자 트래픽 중에는 워크로드를 처리하고자 3개의 서버가 가동되지만 트래픽 급증을 처리하고자 서버 수가 6개에 도달할 수 있다. 서버 집합은 인스턴스 수를 조정하고자 정의한 확장 정책에 따라 증가한다. 예를 들어 기존 서버의 CPU 사용률이 60%를 넘어도 6대 이상의 서버를 생성할 수 없는 경우 1대의 서버를 추가할 수 있다.

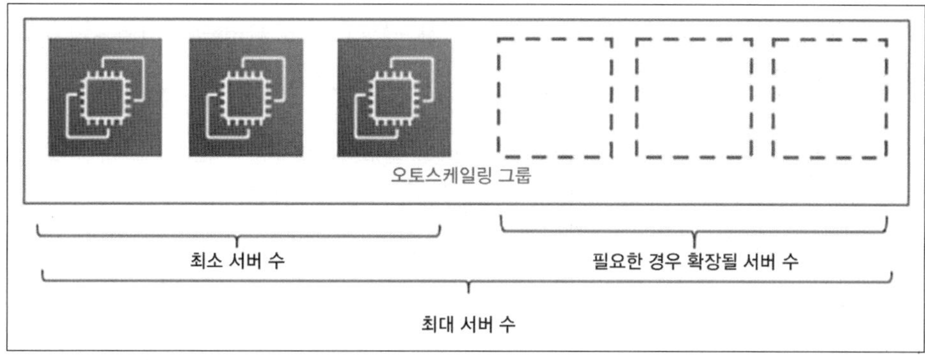

그림 4.1: 서버 오토스케일링

서버 확장이 사후 대응일 수도 있고 예측한 것일 수 있는데, 언제나 오토스케일링을 계획하려면 애플리케이션을 모니터링하고 데이터를 수집해야 한다. 이러한 패턴을 자세히 살펴보자.

예측 확장

예측 확장predictive scaling은 모든 조직이 취하고자 하는 최상의 접근 방식이다. 종종 애플리케이션 워크로드의 기록 데이터를 수집할 수 있다. 예를 들어 Amazon과 같은 전자상거래 웹 사이트에는 알려진 트래픽 스파이크 패턴이 있을 수 있으며 지연 문제를 방지하려면 예측 확장이 필요하다. 트래픽 패턴에는 다음이 포함될 수 있다.

- 주말은 평일보다 트래픽이 3배 더 많다.
- 주간에는 야간보다 트래픽이 5배 더 많다.

- 추수감사절이나 박싱데이와 같은 쇼핑 시즌에는 평소보다 트래픽이 20배 더 많다.
- 전체적으로 11월과 12월의 휴가철에는 다른 달보다 트래픽이 8~10배 더 많다.

모니터링 도구를 기반으로 트래픽 데이터를 수집할 수 있으며 이를 기반으로 확장을 예측할 수 있다. 확장에는 워크로드가 증가할 때 더 많은 서버를 추가하거나 추가 캐싱을 추가하는 계획이 포함될 수 있다. 위의 전자상거래 워크로드의 예시는 더 복잡해지는 경향이 있으며 전반적인 설계 문제를 이해하는 데 도움이 되는 많은 데이터 포인트를 제공한다. 이러한 복잡한 워크로드의 경우 예측 확장이 더 중요하다.

예측 오토스케일링 기능은 매우 보편화되고 있는 확장의 변형으로, 예측 알고리듬에 과거 데이터와 추세를 제공할 수 있으며 주어진 시간에 예상되는 워크로드의 양을 미리 예측할 수 있다. 이 예상 데이터를 사용해 애플리케이션을 확장하도록 구성을 설정할 수 있다.

예측 오토스케일링을 더 잘 이해하려면 AWS의 대시보드를 살펴보기 바란다. 이 그래프는 서버의 과거 CPU 사용률 데이터를 수집하고 이를 기반으로 예측된 CPU 사용률을 제공한다.

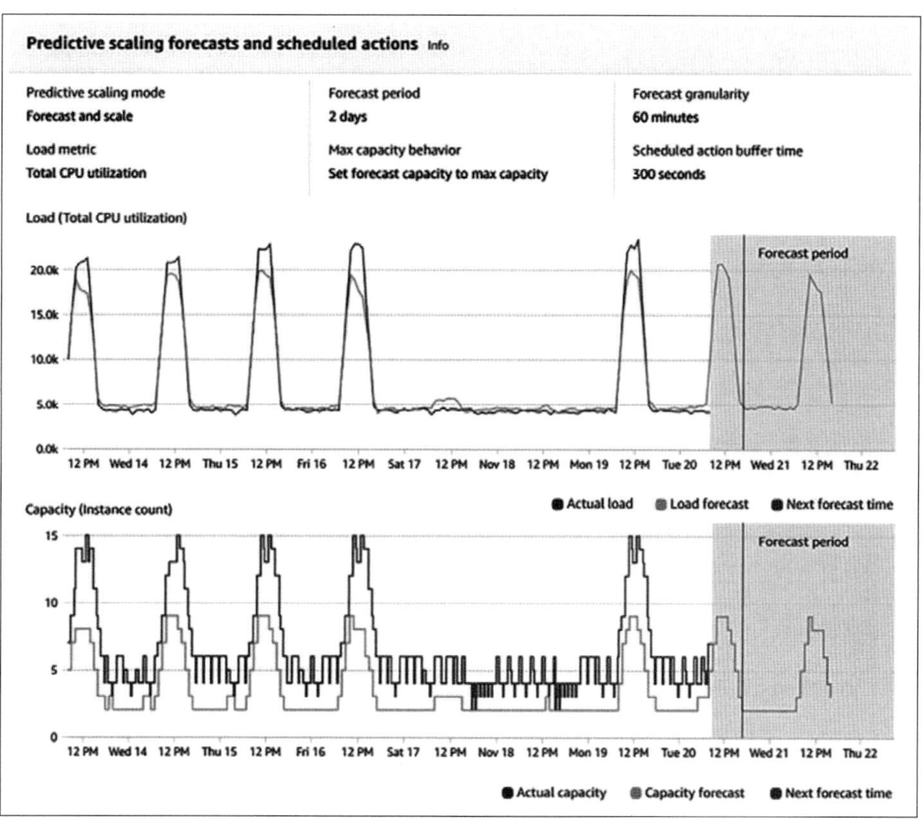

그림 4.2: 예측 확장 대시보드

다음 그림에서 알고리듬은 예측을 기반으로 트래픽을 처리하고자 계획해야 하는 최소 용량을 제안한다.

Scheduled scaling actions (32)

< 1 2 3 4 >

Start time	Min capacity	Max capacity
2018-11-20 08:55:00 UTC-0800	7	15
2018-11-20 09:55:00 UTC-0800	9	15
2018-11-20 11:00:00 UTC-0800	9	15
2018-11-20 12:00:00 UTC-0800	9	15
2018-11-20 13:00:00 UTC-0800	8	15
2018-11-20 14:00:00 UTC-0800	7	15
2018-11-20 15:00:00 UTC-0800	5	15
2018-11-20 16:00:00 UTC-0800	3	15
2018-11-20 17:00:00 UTC-0800	2	15
2018-11-20 18:00:00 UTC-0800	2	15

그림 4.3: 예측 확장 용량 계획

하루 중 시간대에 따라 최소 용량에 변화가 있음을 알 수 있다. 예측 확장은 예측을 기반으로 워크로드를 최적화하는 데 도움이 되는 반면, 예측 오토스케일링은 새 자원을 추가하는 데 시간이 걸릴 수 있으므로 대기 시간을 줄이고 중단을 방지하는 데 도움이 된다. 웹 사이트 트래픽 급증을 처리하고자 추가 자원을 추가하는 데 지연이 있으면 사용자가 속도 저하나 중단이 발생할 때 반복적인 요청을 보내는 경향이 있으므로 잘못된 트래픽이 발생할 수 있다.

이 절에서는 예측 오토스케일링을 언급했지만 때로 워크로드의 갑작스러운 급증으로 인해 사후 대응적으로 확장이 필요할 때가 있다. 다음 절에서 이를 알아본다.

사후 대응적인 확장

머신러닝 알고리듬을 사용하면 예측 확장보다 정확해지지만 갑작스러운 트래픽 급증에 대처해야 하는 경우가 있기 때문에 사후 대응적인 확장을 할 수도 있다. 이 예기치 않은 트래픽은 평소 트래픽의 10배의 양이 되는 경우가 있다. 이는 보통 수신 트래픽의 레벨을 확실히 알 수 없는 판매 이벤트를 최초로 실행하려고 하는 경우와 같은 상황에서 발생한다.

전자상거래 웹 사이트에서 거래를 시작하는 예를 들어 보자. 사용자는 홈페이지에서 제품 고유의 페이지로 이동한다. 일부 사용자는 제품을 구매하기를 원할 수 있으므로 장바구니 페이지로 이동하게 된다. 이 시나리오에서는 각 페이지의 트래픽 패턴이 다르며 원하는 트래픽의 추정치와 함께 기존 아키텍처 및 트래픽 패턴을 이해해야 한다. 또한 웹 사이트의 탐색 경로를 이해해야 한다. 예를 들어 사용자는 제품을 구매하려면 로그인해야 하므로 로그인 페이지에서 더 많은 트래픽이 발생할 수도 있다.

트래픽 처리를 위한 서버 자원 확장을 계획하려면 다음 패턴을 결정해야 한다.

- 읽기 전용으로 캐시 가능한 웹 페이지를 결정하기
- 데이터베이스의 데이터를 쓰거나 업데이트하는 대신 해당 데이터만 읽어야 하는 사용자 쿼리는 무엇인가?
- 사용자는 자신의 사용자 프로파일과 같은 동일하거나 반복적인 데이터를 요구하면서 자주 쿼리를 하는가?

이러한 패턴을 이해하면 과도한 트래픽을 처리하고자 아키텍처를 오프로드하도록 계획할 수 있다. 웹 계층 트래픽을 오프로드하고자 이미지 및 동영상 같은 정적 콘텐츠를 웹 서버에서 콘텐츠 배포 네트워크로 이동할 수 있다. 6장에서 캐시 배포 패턴을 자세히 알아본다.

서버 플릿 수준에서는 로드 밸런서를 사용해 트래픽을 분산시켜야 하고 수평적 확장을 적용하려면 오토스케일링을 사용해 여러 대의 서버를 늘리거나 줄여야 한다.

데이터베이스 부하를 줄이려면 사용자 세션을 저장하기 위한 NoSQL 데이터베이스, 트랜잭션용 관계형 데이터베이스, 빈번한 쿼리를 저장하기 위한 캐싱 등 요구 사항에 맞는 올바른 데이터베이스를 사용한다.

이 절에서는 예측 확장과 사후 대응적 확장의 형태로 애플리케이션의 확장 요구 사항을 처리하는 데 사용되는 패턴과 방법을 알아봤다. 6장에서는 다양한 유형의 설계 패턴에 대한 세부 정보와 아키텍처를 확장할 수 있게 적용하는 방법을 알아본다.

탄력적인 아키텍처 구축

탄력적인 아키텍처를 갖는다는 것은 고객이 애플리케이션을 사용할 수 있어야 하는 동시에 장애로부터 복구해야 함을 의미한다. 아키텍처를 복원력 있게 만드는 작업에는 더 많은 사용자 요청, 악의적인 공격, 아키텍처 구성 요소 오류로 인한 로드 증가로부터 애플리케이션을 복구하기 위한 모범 사례 적용이 포함된다. 복원력은 인프라, 애플리케이션, 데이터베이스, 보안, 네트워킹 등의 모든 아키텍처 계층에서 사용해야 한다. 탄력적인 아키텍처는 원하는 시간 내에 복구돼야 한다.

아키텍처를 복원력 있게 만들려면 복구 시간을 정의하고 다음 사항을 고려해야 한다.

- 필요할 때마다 중복 아키텍처 구성 요소를 식별하고 구현
- 정의된 RTO[복구 시간 목표]와 RPO[복구 시점 목표] 내에서 백업과 재해 복구 계획 식별 및 구현

- 변경 시기와 아키텍처 구성 요소 교체 시기를 이해

보안은 애플리케이션 복원력의 가장 중요한 측면 중 하나다. 보안 관점에서 DDoS 분산 서비스 거부 공격은 서비스와 애플리케이션의 가용성에 영향을 미칠 가능성이 있다. DDoS 공격은 일반적으로 서버에 가짜 트래픽을 넣고 부하를 높인다. 즉, 합법적인 사용자가 애플리케이션에 액세스할 수 없다는 의미다. 이는 네트워크 계층이나 애플리케이션 계층에서 발생할 수 있다. 8장에서 DDoS 공격과 완화를 자세히 알아본다.

DDoS 공격을 예방하려면 사전 예방적인 접근이 필수적이다. 첫 번째 규칙은 가능한 한 많은 애플리케이션 워크로드를 사설 네트워크에 유지하고 애플리케이션 엔드포인트를 가능한 한 인터넷에 노출하지 않는 것이다.

조기에 조치를 취하려면 정기적인 트래픽을 파악하고 애플리케이션과 네트워크 패킷 수준에서 상당한 의심스러운 트래픽을 확인하는 메커니즘을 마련하는 것이 중요하다.

CDN을 통해 애플리케이션을 노출하면 기본 내장된 기능이 제공되며 WAF 규칙을 추가하면 원치 않는 트래픽을 방지할 수 있다. DDoS 공격 중에 확장은 최후의 수단이어야 하지만 이러한 이벤트의 경우 서버를 확장할 수 있게 오토스케일링 메커니즘을 준비해야 한다.

애플리케이션 수준에서 복원력을 달성하고자 중요한 것은 이중화이며, 이는 지리적 위치 전체에 워크로드를 분산시켜 애플리케이션의 고가용성을 높일 수 있다. 이러한 아키텍처를 실현하고자 동일한 데이터 센터와 다른 지역의 다른 랙에 서버들을 배치할 수 있다. 서버가 서로 다른 물리적 위치에 분산돼 있는 경우 로드 밸런서에 도달하기 전에 DNS 서버를 사용해 트래픽 라우팅을 처리할 수 있다.

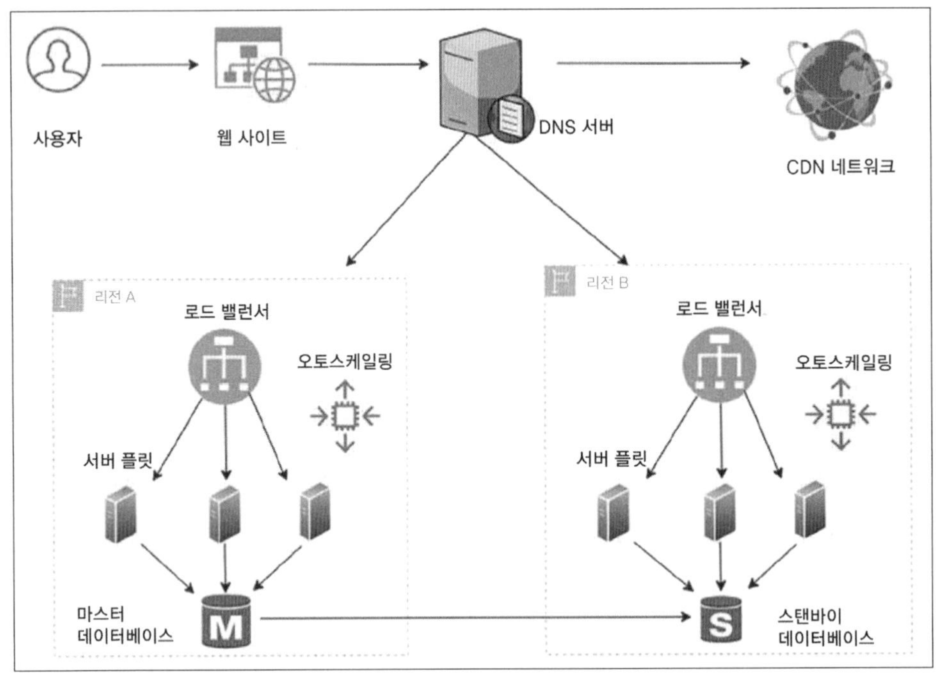

그림 4.4: 애플리케이션 아키텍처 복원력

앞의 아키텍처에서 볼 수 있듯이 장애 설계를 구현하려면 애플리케이션의 가용성에 영향을 미치는 모든 계층에 복구 가능한 아키텍처를 고려해야 한다.

- DNS 서버를 사용해 서로 다른 물리적 위치 간에 트래픽을 라우팅해 전체 지역에서 오류가 발생하는 경우에도 애플리케이션을 계속 실행할 수 있게 한다.
- CDN을 사용해 DDoS 공격이나 로컬 PoP[Point of Presence] 오류가 발생한 경우에도 애플리케이션을 계속 사용할 수 있게 사용자 위치 근처에 동영상, 이미지, 정적 웹 페이지와 같은 정적 콘텐츠를 배포하고 캐시한다.
- 트래픽이 한 지역에 도달하면 로드 밸런서를 사용해 트래픽을 서버로 라우팅해 지역 내의 한 위치에서 장애가 발생하더라도 애플리케이션을 계속 실행할 수 있다.

- 오토스케일링을 사용해 사용자 요구에 따라 서버를 추가하거나 제거한다. 결과적으로 애플리케이션은 개별 서버 오류의 영향을 받지 않아야 한다.
- 데이터베이스의 고가용성을 보장하고자 스탠바이 데이터베이스를 생성한다. 즉, 데이터베이스 오류가 발생할 때 애플리케이션을 사용할 수 있어야 한다.

이전 아키텍처에서 구성 요소에 장애가 발생하면 이를 복구하고 아키텍처 복원성을 달성하려면 백업이 있어야 한다. DNS 서버의 로드 밸런서와 라우터는 트래픽이 정상적인 애플리케이션 인스턴스로만 라우팅되는지 확인하고자 상태를 확인한다. 로컬 호스트 오류를 모니터링하는 단순 상태 확인이나 종속성 오류도 처리할 수 있는 심층 상태 확인을 수행하도록 구성할 수도 있다. 그러나 심층 상태 확인은 일반 상태 확인보다 시간이 더 많이 걸리고 자원 집약적이다. 탄력적 아키텍처는 9장에서 자세히 알아본다.

애플리케이션 수준에서는 한 구성 요소의 오류가 전체 시스템을 중단시킬 수 있는 캐스케이드 오류를 방지하는 것이 중요하다. 시간 초과 적용, 트래픽 거부, 서킷 브레이킹 패턴 등을 처리하는 데 사용할 수 있는 다양한 메커니즘이 있다. 6장에서 이러한 패턴을 자세히 알아본다.

성능을 위한 설계

고속 인터넷이 가능해지면서 고객은 로드 시간이 최소화된 고성능 애플리케이션을 찾는다. 조직은 직접적인 수익이 애플리케이션 성능에 비례하고 애플리케이션 로드 시간의 저하가 고객 참여에 상당한 영향을 미칠 수 있다는 사실을 인지했다. 현대 기업은 성능에 대한 높은 기대치를 설정하고 있으며, 이로 인해 고성능 애플리케이션이 시장에서 살아남기 위한 필수품이 됐다.

복원력과 마찬가지로 솔루션 아키텍트는 아키텍처 설계의 모든 계층에서 성능을 고려해야 한다. 팀은 효과적인 성과를 내고자 모니터링을 해서 지속적으로 개선을 해야 한다. 더 나은 성능은 사용자 참여가 증가하고 투자 수익이 증가함을 의미한다. 고성능 애플리케이션은 느린 인터넷 연결과 같은 외부 요인으로 인한 애플리케이션 속도 저하를 처리하도록 설계됐다. 예를 들어 인터넷 가용성이 좋은 곳에서 500ms 이내에 로드되게 블로그 웹 페이지를 설계했을 수 있다. 그러나 인터넷 속도가 느린 곳에서는 먼저 텍스트를 로드하고 이미지와 동영상이 로드되는 동안 사용자가 콘텐츠를 사용하게 할 수 있다.

이상적인 환경에서는 애플리케이션 워크로드가 증가함에 따라 자동화된 확장 메커니즘이 애플리케이션 성능에 영향을 주지 않고 추가 요청을 처리하기 시작한다. 그러나 실제 세계에서는 시스템이 확장되면 애플리케이션 대기 시간이 짧은 기간 동안 줄어든다. 실제 상황에서는 부하를 증가시켜 애플리케이션의 성능을 테스트하고 원하는 동시성과 사용자 경험을 달성할 수 있는지 파악하는 것이 좋다.

서버 수준에서 작업 부하에 따라 올바른 종류의 서버를 선택해야 한다. 예를 들어 메모리 정체로 인해 애플리케이션 성능이 느려져서 결국 서버에 장애가 일어날 수 있으므로 워크로드를 처리할 적절한 양의 메모리와 컴퓨팅을 선택한다. 스토리지의 경우 올바른 IOPS(초당 입/출력 작업)를 선택하는 것이 중요하다. 쓰기 집약적인 애플리케이션의 경우 대기 시간을 줄이고 디스크 쓰기 속도를 높이려면 높은 IOPS가 필요하다.

더 높은 성능을 달성하려면 아키텍처 설계의 모든 계층에 캐싱을 적용하기 바란다. 캐싱은 사용자가 로컬에서 데이터를 사용할 수 있게 하거나 초고속 응답을 제공하고자 데이터를 메모리에 유지한다. 다음은 애플리케이션 설계의 다양한 계층에 캐싱을 추가하는 데 필요한 고려 사항이다.

- 사용자 시스템의 브라우저 캐시를 사용해 자주 요청되는 웹 페이지 로드
- 빠른 웹 사이트 조회를 위해 DNS 캐시 사용

- 사용자 위치 근처에 있는 고해상도 이미지와 동영상에 CDN 캐시 사용
- 서버 수준에서 사용자 요청을 처리하고자 메모리 캐시를 최대화
- Redis 및 Memcached와 같은 캐시 엔진을 사용해 캐싱 엔진에서 빈번한 쿼리 제공
- 데이터베이스 캐시를 사용해 메모리에서 빈번한 쿼리 제공
- 모든 계층에서 캐시 만료와 캐시 제거 처리

위와 같이 애플리케이션 성능을 유지하는 것은 필수적인 설계 항목 중 하나이며 조직의 수익성과 직접 관련이 있다. 솔루션 아키텍트는 솔루션을 설계할 때 성능을 생각해야 하며 애플리케이션의 성능을 지속적으로 개선하고자 부단히 노력해야 한다. 7장에서는 더 나은 성능을 위해 애플리케이션을 최적화하는 기술을 더 자세히 알아본다.

교체 가능한 자원 사용

조직은 하드웨어에 상당한 자본을 투자하고 새 버전의 애플리케이션과 구성으로 하드웨어를 업데이트하는 방법을 개발한다. 시간이 지남에 따라 서로 다른 서버가 다양한 구성으로 실행되고 문제 해결은 매우 번거로운 작업이 되곤 한다. 그리고 어떤 서버를 종료할지 확신할 수 없기 때문에 필요하지 않을 때 불필요한 자원을 계속 실행해야 하는 경우가 있다.

서버를 교체할 수 없기 때문에 서버 플릿에서 새로운 업데이트를 배포하고 테스트하기가 어렵다. 이러한 문제는 서버를 교체 가능한 자원으로 처리해 해결할 수 있으며, 이를 통해 애플리케이션과 기본 소프트웨어 업그레이드 등의 변경에 신속하게 대응할 수 있다. 따라서 애플리케이션을 설계할 때 항상 불변의 인프라를 생각해야 한다.

불변의 인프라 구축

불변Immutable의 인프라란 애플리케이션을 업그레이드하는 동안 소프트웨어뿐만 아니라 하드웨어도 교체한다는 의미다. 교체 가능한 서버를 만들려면 애플리케이션을 상태 비저장으로 만들고 서버 IP나 데이터베이스 DNS 이름의 하드코딩을 피해야 한다. 기본적으로 인프라를 하드웨어가 아닌 소프트웨어로 취급한다는 아이디어를 적용해야 하며 라이브 시스템에 업데이트를 적용하지 않아야 한다. 또한 필요한 보안과 소프트웨어가 모두 갖춰진 골든 이미지에서 항상 새 서버 인스턴스를 가동해야 한다.

가상 시스템을 사용하면 기존 버전을 업데이트하는 대신 가상 시스템의 골든 이미지를 생성하고 새 버전을 사용해 배포할 수 있는 불변의 인프라를 생성할 수 있다. 이 배포 전략은 문제가 있는 서버를 폐기하고 골든 이미지에서 새 서버를 가동할 수 있는 문제 해결에도 유용하다.

문제가 있는 서버를 폐기하기 전에 근본 원인 분석을 위해 로그를 백업해야 한다. 또한 이 접근 방식은 동일한 기준 서버 이미지를 사용해 모든 환경을 생성하므로 환경 전반에 걸쳐 일관성을 보장한다.

카나리 테스트canary testing는 더 많은 사용자에게 공개하기 전에 운영 환경에서 모든 변경 사항이 의도한 대로 작동하는지 확인하는 방법 중 하나다. 이제 카나리 테스트를 자세히 알아보자.

카나리 테스트

카나리 테스트는 불변의 인프라로 롤링 배포를 적용하는 데 사용되는 인기 있는 방법 중 하나다. 최종 사용자에게 영향을 주지 않으면서 이전 버전의 운영 서버를 새 서버로 안전하게 교체할 수 있다. 카나리 테스트에서는 소프트웨어 업데이트를 새 서버에 배포하고 소량의 트래픽을 새 서버로 라우팅한다.

모든 것이 순조롭게 진행되면 기존 서버를 폐기하는 동안 더 많은 새 서버를 추가해 트래픽을 계속 증가시킬 것이다. 카나리 배포는 라이브 운영 환경에서 변경 사항을 배포할 수 있는 안전한 옵션을 제공한다. 문제가 발생하면 소수의 사용자만 영향을 받으며 트래픽을 이전 서버로 다시 라우팅해 즉시 복구할 수 있다.

솔루션 아키텍트는 배포에 교체 가능한 자원을 사용하고자 미리 고민해야 한다. 세션 관리를 계획하고 하드코딩된 자원에 대한 서버 종속성을 미리 방지해야 하고 항상 자원을 교체 가능한 것으로 취급하며 하드웨어 변경을 지원하도록 애플리케이션을 설계해야 한다.

솔루션 아키텍트는 A/B 테스트나 블루/그린 배포와 같은 다양한 롤링 배포 전략을 사용하고자 표준을 설정해야 한다. 문제가 있는 IT 자원의 교체에 이 원칙을 적용하면 빠른 복구가 보장되고 문제 해결 시간이 단축된다.

느슨한 결합

기존 애플리케이션에서는 각 서버에 특정 역할이 있고 그 서버들이 긴밀하게 통합됐다. 대부분의 경우 애플리케이션은 기능의 완전성을 위해 다른 서버에 의존하는데, 그림 4.5에서 볼 수 있듯이 밀접하게 연결된 애플리케이션에서 웹 서버 플릿은 모든 애플리케이션 서버에 직접 종속되며 그 반대의 경우도 마찬가지다.

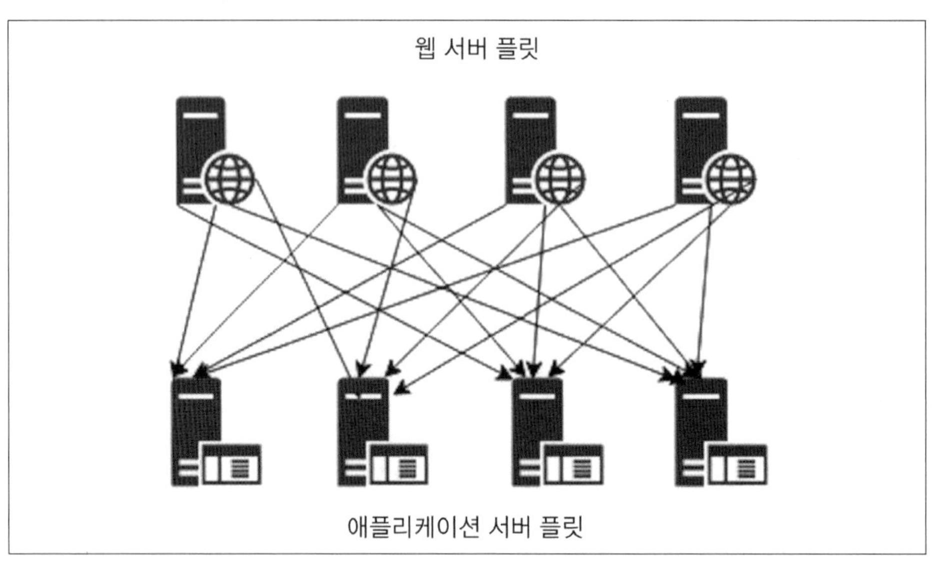

그림 4.5: 긴밀하게 결합된 아키텍처

위의 아키텍처 그림에서 하나의 애플리케이션 서버가 다운되면 요청이 비정상 애플리케이션 서버로 라우팅되기 때문에 모든 웹 서버가 오류를 수신하기 시작해 전체 시스템 오류를 일으킬 수 있다. 이 경우 서버를 추가하거나 제거해 확장하려면 모든 연결을 적절하게 설정해야 하므로 많은 작업이 필요하다. 하지만 느슨한 결합을 사용하면 로드 밸런서나 큐[Queue]와 같은 중간 계층을 추가할 수 있으며 이 계층은 자동으로 장애나 확장 작업을 처리하게 된다.

다음 그림 4.6에는 웹 서버와 애플리케이션 서버 플릿 사이에 로드 밸런서가 있으며, 이는 항상 정상적인 애플리케이션 서버의 사용자 요청을 처리하게 된다.

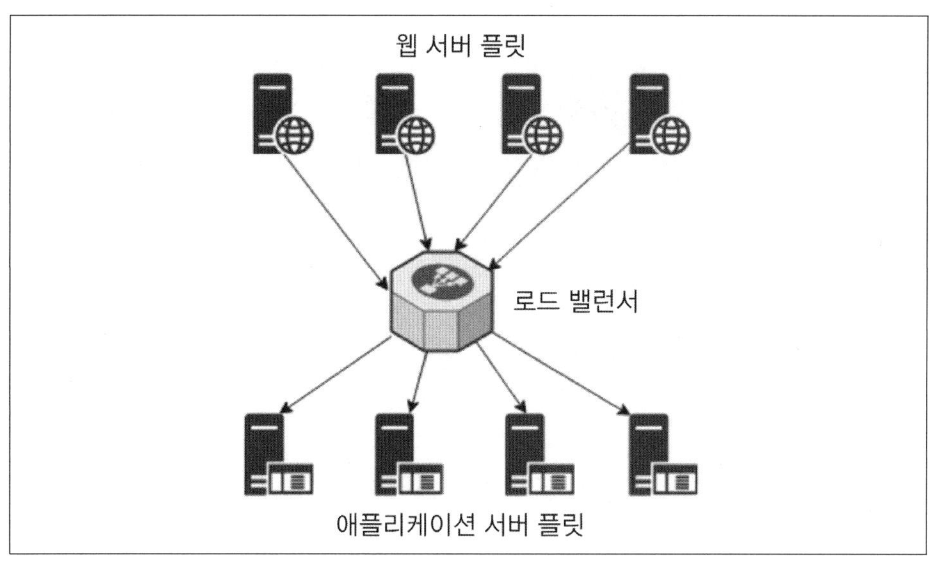

그림 4.6: 로드 밸런서 기반 느슨한 결합 아키텍처

애플리케이션 서버 중 하나가 다운되면 로드 밸런서는 자동으로 트래픽을 다른 세 개의 정상 서버로 보내기 시작한다. 또한 느슨하게 결합된 아키텍처는 서버를 독립적으로 확장하고 비정상 인스턴스를 정상적으로 교체하는 데 도움이 된다. 오류의 영향이 단일 인스턴스로만 제한되므로 애플리케이션의 내결함성이 향상된다.

큐 기반의 느슨하게 결합된 아키텍처의 경우 이미지를 저장한 다음 인코딩과 저작권을 처리해야 하는 이미지 처리 웹 사이트를 예로 들어보겠다. 그림 4.7에는 큐 기반 디커플링decoupling이 있다. 시스템 사이에 큐를 사용하고 작업을 전송하는 메시지를 교환해 시스템을 느슨하게 결합할 수 있다.

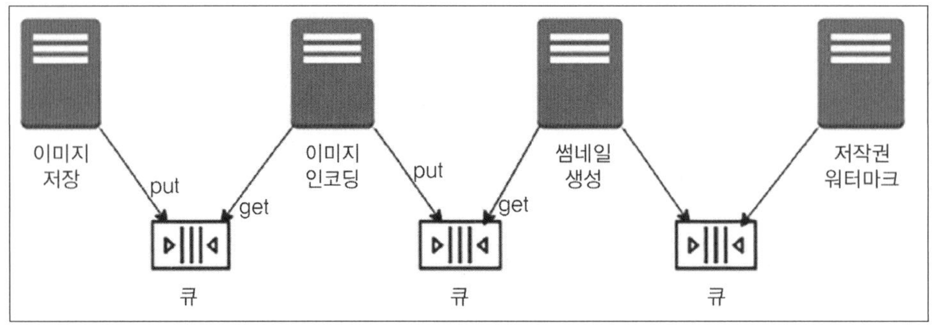

그림 4.7: 큐 기반, 느슨한 결합 아키텍처

큐 기반 디커플링은 한 서버가 다른 서버의 응답을 기다리지 않고 독립적으로 작동하는 시스템의 비동기식 연결을 가능하게 한다. 이 방법을 사용하면 메시지를 병렬로 수신하고 처리하는 가상 서버의 수를 늘릴 수 있다. 처리할 이미지가 없는 경우 오토스케일링을 구성해 초과된 서버를 종료할 수 있다.

복잡한 시스템에서 느슨하게 결합된 아키텍처는 **서비스 지향 아키텍처**SOA, Service Oriented Architecture를 생성해 달성되며, 여기서 독립 서비스는 완전한 기능 세트를 포함하고 표준 프로토콜을 통해 서로 통신한다. 현대적인 설계 방식에서 마이크로서비스 아키텍처는 매우 보편화되고 있다. 느슨하게 결합된 설계는 확장성과 고가용성에서 손쉬운 통합에 이르기까지 많은 이점이 있다.

다음 절에서는 SOA를 더 살펴보고 6장에서 이 주제의 세부 사항을 자세히 알아본다.

서버가 아닌 서비스를 생각하기

앞 절에서 느슨한 결합과 확장성 및 내결함성을 위해 아키텍처가 느슨하게 결합되는 것이 얼마나 중요한지 알아봤다. 서비스 지향적인 사고를 하면 느슨하게 결합된 아키텍처(하드웨어 종속성과 긴밀하게 결합된 아키텍처로 이어질 수 있는 서버 지향 설계와 반대)를 달성하는 데 도움이 된다. SOA는 솔루션 설계를 위한 손쉬운 배포와 유지 관리를 달성하는 데 도움을 준다.

서비스 지향적인 사고와 관련해 솔루션 아키텍트는 SOA를 지향하는 경향이 있다. 가장 널리 사용되는 두 가지 SOA는 SOAP^Simple Object Access Protocol 서비스와 RESTful^Representational State Transfer 서비스를 기반으로 한다. SOAP 기반 아키텍처에서는 메시지 형식을 XML로 지정하고 HTTP를 기반으로 하는 SOAP 프로토콜을 사용해 인터넷을 통해 메시지를 보낸다.

RESTful 아키텍처에서는 XML, JSON 또는 일반 텍스트로 메시지 형식을 지정하고 간단한 HTTP를 통해 보낼 수 있다. 그러나 RESTful 아키텍처는 SOAP보다 매우 가볍고 훨씬 간단하기 때문에 더욱 많은 사람이 사용한다.

SOA에 대해 이야기할 때 마이크로서비스 아키텍처가 점점 인기를 얻고 있다. 마이크로서비스는 독립적으로 확장할 수 있으므로 다른 구성 요소에 영향을 주지 않고 애플리케이션의 한 구성 요소를 쉽게 확장하거나 축소할 수 있다.

그림 4.9에서 볼 수 있듯이 모놀리식 아키텍처에서는 모든 구성 요소가 단일 서버에 구축되고 단일 데이터베이스와 연결돼 강한 종속성을 생성하는 반면, 마이크로서비스 아키텍처에서는 각 구성 요소가 독자적인 프레임워크와 데이터베이스를 사용해 개별적으로 확장할 수 있다.

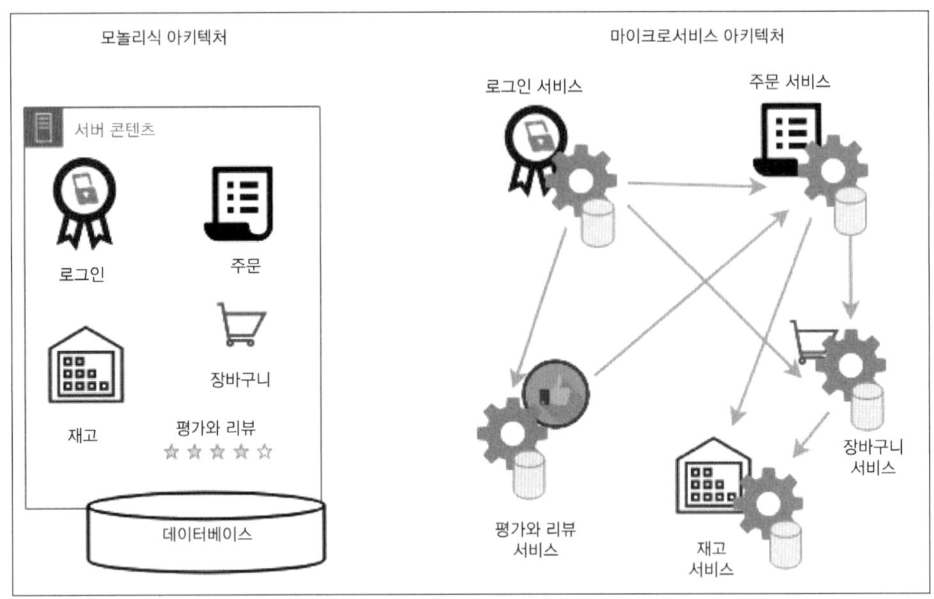

그림 4.8: 모놀리식과 마이크로서비스 아키텍처

위의 그림에서 고객이 장바구니에 항목을 추가해 원하는 항목을 사용할 수 있다고 가정하고, 로그인하고 주문할 수 있는 전자상거래 웹 사이트의 예를 살펴보자. 모놀리식 아키텍처를 마이크로서비스 기반 아키텍처로 변환하고자 더 작은 독립 구성 요소로 구성된 애플리케이션을 만들 수 있다.

모듈화 접근 방식을 채택하면 비용, 규모, 변경 리스크가 감소한다. 위의 경우 각 구성 요소는 서비스로 작성되는데, 이 경우 로그인 서비스는 독립적으로 확장해 더 많은 트래픽을 처리할 수 있다. 고객은 자주 로그인해 제품 카탈로그와 주문 상태를 확인할 수 있고, 주문 서비스와 카트 서비스는 고객이 주문을 자주 하지 않기 때문에 트래픽이 적을 수 있다.

솔루션 아키텍트는 솔루션을 설계하는 동안 마이크로서비스를 고려해야 한다. 서비스의 분명한 이점은 유지 관리할 코드가 더 적고 서비스가 독립적이라는 것이다. 또한 외부 종속성 없이 빌드할 수 있다. 그리고 모든 전제 조건이 서비스에 포함돼 있어 느슨한 결합과 확장이 가능하고 장애 시 영향도 더욱 적다.

요구 사항에 맞는 스토리지 사용

수십 년 동안 조직은 관계형 데이터베이스를 사용해 키/값 기반 사용자 세션 데이터, 구조화되지 않은 로그 데이터, 데이터 웨어하우스의 분석 데이터 등 모든 데이터를 활용하려 노력했다. 그러나 사실 관계형 데이터베이스는 트랜잭션 데이터용이며 다른 데이터 유형에서는 잘 작동하지 않을 수 있다. 작동하는 여러 도구가 있지만 제한된 용량으로 작동하는 맥가이버 칼을 사용하는 것과 같다. 집을 짓고 싶다면 커터 칼로 무거운 물건을 들어 올릴 수 없듯이 특정 데이터 요구 사항의 경우 성능 저하 없이 무거운 작업을 수행하고 확장할 수 있는 올바른 도구를 선택해야 한다.

솔루션 아키텍트는 데이터 스토리지를 선택하는 동안 여러 요소를 고려해야 한다.

- **내구성 요건:** 데이터 손상을 방지하려면 데이터를 어떻게 저장해야 하는가?
- **데이터 가용성:** 데이터 전송에 사용할 수 있는 데이터 스토리지 시스템은 무엇인가?
- **대기 시간 요건:** 데이터를 얼마나 빨리 사용할 수 있어야 하는가?
- **데이터 처리량:** 데이터 읽기 및 쓰기 요구 사항은 무엇인가?
- **데이터 크기:** 데이터 저장 용량은 어떻게 되는가?
- **데이터 부하:** 얼마나 많은 동시 사용자가 지원돼야 하는가?
- **데이터 무결성:** 데이터의 정확성과 일관성은 어떻게 유지되는가?
- **데이터 쿼리:** 쿼리의 특성은 무엇인가?

다음 표에서는 다양한 유형의 데이터를 예시와 함께 사용할 수 있는 적절한 스토리지 유형을 확인할 수 있다. 다음과 같이 스토리지 유형에 따라 결정을 내려야 한다.

데이터 유형	데이터 예시	스토리지 유형	스토리지 예시
트랜잭션, 정형화된 스키마	사용자 주문 데이터, 금융 트랜잭션 데이터	관계형 데이터베이스	Amazon RDS, Oracle, MySQL, Amazon Aurora PostgreSQL, MariaDB, 마이크로소프트 SQL 서버
키/값 페어, 반정형, 비정형	사용자 세션 데이터, 애플리케이션 로그	NoSQL	Amazon DynamoDB, MongoDB, 아파치 HBase, 아파치 Cassandra, 애저 Tables
분석	판매 데이터, 공급망 데이터	데이터 웨어하우스	IBM Netezza, Amazon Redshift, Teradata, Greenplum, 구글 BigQuery
인메모리	사용자 홈페이지 데이터, 대시보드	캐시	Redis cache, Amazon ElastiCache, Memcached
오브젝트	이미지, 동영상	파일 스토리지	Amazon S3, 애저 Blob 스토리지, 구글 스토리지
블록	설치형 소프트웨어	블록 스토리지	Amazon EBS, Amazon EFS, 애저 디스크 스토리지
스트리밍	IoT 센서 데이터, 클릭스트림 데이터	스트리밍 데이터를 위한 임시 스토리지	아파치 카프카, Amazon Kinesis, Spark Streaming, 아파치 Flink
아카이브	종류 무관	아카이브 스토리지	Amazon CloudFront, Akamai CDN, 애저 CDN, 구글 CDN, Cloudflare
웹 스토리지	이미지, 동영상, HTML 페이지와 같은 정적 콘텐츠	CDN	Amazon CloudFront, Akamai CDN, 애저 CDN, 구글 CDN, Cloudflare
검색	상품 검색, 콘텐츠 검색	검색 인덱스 스토어	Amazon ElasticSearch, 아파치 Solr, 아파치 Lucene

(이어짐)

데이터 유형	데이터 예시	스토리지 유형	스토리지 예시
데이터 카탈로그	테이블 메타데이터	메타데이터 스토어	AWS Glue, Hive metastore, Informatica data catalog, Collibra data catalog
모니터링	시스템 로그, 네트워크 로그	모니터 대시보드 및 알람	Splunk, Amazon CloudWatch, SumoLogic, Loggly

표에서 볼 수 있듯이 데이터에는 정형, 반정형, 비정형, 키/값, 스트리밍 등 다양한 속성이 있다. 올바른 스토리지를 선택하면 애플리케이션의 성능뿐만 아니라 확장성도 개선하는 데 도움이 된다. 예를 들어 NoSQL 데이터베이스에 사용자 세션 데이터를 저장할 수 있다. 그러면 애플리케이션 서버가 수평으로 확장하고 동시에 사용자 세션을 유지할 수 있다.

스토리지 옵션을 선택할 때는 데이터가 쓰이는 빈도를 고려해야 한다.

- 핫 데이터의 경우 밀리초 미만의 대기 시간이 필요한 캐시 데이터 스토리지가 알맞다. 핫 데이터의 예로는 주식 거래와 실시간으로 제품을 추천하는 것 등이 있다.
- 재무제표 준비나 제품 성능 보고와 같은 웜 데이터의 경우 허용 가능한 대기 시간은 몇 초에서 몇 분까지 다양할 수 있으며, 데이터 웨어하우스나 관계형 데이터베이스를 사용해야 한다.
- 감사 목적으로 3년의 재무 기록을 저장하는 것과 같은 콜드 데이터의 경우 대기 시간을 몇 시간 단위로 계획하고 아카이브 저장소에 저장할 수 있다.

적절한 스토리지를 선택하면 SLA를 달성하는 것 외에도 비용을 절감할 수 있는 효과가 있다. 모든 솔루션 설계가 데이터 처리를 중심으로 이뤄지므로 솔루션 아키텍트는 항상 데이터를 철저히 이해한 다음 올바른 기술을 선택해야 한다.

이 절에서는 데이터의 특성에 따라 적절한 스토리지를 사용하는 아이디어를 얻고자 데이터를 유형별로 살펴봤다. 데이터 엔지니어링에 대한 자세한 내용은 13장에서 다시 다룬다. 올바른 작업에 올바른 도구를 사용하면 비용을 절감하고 성능을 개선하는 데 도움이 되므로 올바른 요구 사항에 맞는 데이터 스토리지를 선택하는 것이 중요하다.

데이터 기반 설계

모든 소프트웨어 솔루션은 데이터 수집과 관리를 중심으로 이뤄진다. 전자상거래 웹 사이트를 예로 들어 보면 소프트웨어 애플리케이션은 웹 사이트에 제품 데이터를 표시하고 고객이 제품을 구매하도록 권장하게 만들어졌다. 또 다른 예는 고객 금융 정보를 저장하고 모든 금융 거래 데이터를 무결성과 일관성으로 처리하는 금융 애플리케이션이다. 모든 애플리케이션에서 가장 중요한 것은 데이터를 적절하게 처리, 저장, 보호하는 것이다.

앞 절에서는 스토리지 요구 사항과 함께 다양한 종류의 데이터 유형을 살펴봤다. 솔루션 설계는 데이터의 영향을 많이 받으므로 데이터를 염두에 두고 올바른 설계 기반 솔루션을 적용해야 한다. 솔루션을 설계하는 동안 애플리케이션에 매우 짧은 대기 시간이 필요한 경우 Redis나 Memcached와 같은 캐시 스토리지를 사용해야 한다. 웹 사이트에서 고품질 이미지로 페이지 로드 시간을 개선해야 하는 경우 Amazon CloudFront나 Akamai와 같은 콘텐츠 배포 네트워크를 사용해 사용자 위치 근처에 데이터를 저장해야 한다. 마찬가지로 애플리케이션의 성능을 향상시키려면 데이터베이스가 읽기 중심(예, 블로그 웹 사이트)인지 쓰기 중심(예, 설문조사 결과 수집)인지 이해하고 그에 따라 설계를 계획해야 한다.

단순한 애플리케이션 설계가 아닌 운영 유지 관리와 비즈니스 의사 결정이 모두 데이터를 중심으로 이뤄진다. 애플리케이션과 비즈니스가 문제없이 실행되고 있는지 확인하려면 모니터링 기능을 추가해야 한다. 애플리케이션 모니터링의 경우 서버에서 로그 데이터를 수집하고 대시보드를 생성해 지표를 시각화한다.

지속적인 데이터 모니터링과 문제 발생 시 경고 알람 및 전송은 자동 복구 메커니즘을 트리거해 장애로부터 신속하게 복구하는 데 도움이 된다. 비즈니스 관점에서 판매 데이터를 수집하면 마케팅 캠페인을 실행해 전체 비즈니스 수익을 높이는 데 도움이 된다. 리뷰 데이터를 분석하면 모든 비즈니스에 중요한 고객 경험을 개선하고 더 많은 고객을 유지하는 데 도움이 된다. 그리고 전체 주문 데이터를 수집하고 이를 머신러닝 알고리듬에 제공하면 향후 성장을 예측하고 원하는 재고를 유지하는 데 도움이 된다.

솔루션 아키텍트로서 애플리케이션 설계뿐만 아니라 전반적인 비즈니스 가치 제안에 대해서도 생각하고 있을 것이다. 이는 고객 만족도를 높이고 투자 수익을 극대화하는 데 도움이 될 수 있는 애플리케이션에 관한 것이다. 데이터는 매우 중요하며 데이터에 대한 통찰력을 얻는 것은 조직의 수익성에 엄청난 차이를 만들 수 있다.

아키텍처 제약 사항 극복

2장에서 솔루션 아키텍처가 처리하고 균형을 유지하는 데 필요한 다양한 제약 조건을 알아봤다. 주요 제약 사항은 비용, 시간, 예산, 범위, 일정, 자원이다. 이러한 제약을 극복하는 것은 솔루션을 설계할 때 고려해야 할 중요한 요소 중 하나다. 도전은 항상 긍정적인 방향으로 혁신의 한계까지 밀어붙이기 때문에 제약은 장애물이 아니라 극복할 수 있는 도전으로 봐야 한다.

솔루션 아키텍트는 제약 조건을 고려하면서 적절한 절충안을 만들어야 한다. 예를 들어 고성능 애플리케이션은 아키텍처의 여러 계층에 캐싱을 추가해야 할 때 더 많은 비용을 초래하지만 수익에 직접적인 영향을 미치지 않는 내부 직원이 시스템을 사용하는 경우 성능보다 비용이 더 중요한 경우가 있다. 때로는 완전한 기능을 갖춘 제품을 출시하는 것보다 시장이 더 중요하므로 범위와 속도 사이에서 균형을 맞춰야 한다. 이러한 시나리오에서는 **최소 실행 가능 제품**MVP, Minimum Viable Product 접근 방식을 사용할 수 있다. 이에 대한 자세한 내용은 다음 절에서 알아본다.

수백 개의 시스템에 변경 사항을 적용하는 것이 어려울 것이기 때문에 대규모 조직에서는 기술 제약이 명확하다. 애플리케이션을 설계할 때 조직 전체에서 사용되는 가장 일반적인 기술을 사용해야 하며, 이는 일상적인 문제를 제거하는 데 도움이 된다. 또한 새로운 기술을 채택하고 다른 플랫폼에 구축된 구성 요소를 연결할 수 있게 애플리케이션을 업그레이드할 수 있는지 확인해야 한다.

RESTful 서비스 모델은 팀이 개발을 위해 모든 기술을 자유롭게 사용할 수 있을 때 유용하다. 메인프레임과 같은 레거시 시스템도 API를 사용해 새 시스템에 통합하고 기술 문제를 극복할 수 있다.

이 책을 통해 다양한 아키텍처 제약 조건을 처리하는 방법을 자세히 알아볼 것이다. 애자일 접근 방식을 취하면 제약을 극복하고 고객 중심 제품을 구축하는 데 도움이 된다. 설계 원칙에서 모든 것을 장애물이 아닌 도전으로 받아들이기 바란다. 어떤 제약이든 도전으로 간주하고 이를 해결할 솔루션을 찾는 것이 중요하다.

MVP 방식 채택

성공적인 솔루션을 위해서는 항상 고객을 최우선으로 생각하는 동시에 아키텍처 제약도 고려해야 한다. 고객의 요구를 거꾸로 생각하고 고객에게 중요한 것이 무엇인지 결정하고 솔루션 제공을 민첩하게 계획해야 한다. 요구 사항의 우선순위 정하기에 인기 있는 방법 중 하나는 고객 요구 사항을 다음 범주로 나누는 MoSCoW다.

- MoMust have: 제품을 출시할 수 없는 고객에게 매우 중요한 요구 사항
- SShould have: 고객이 애플리케이션을 활용하기 시작하면 가장 바람직한 요구 사항

- Co[Could have]: 있으면 좋지만 이러한 요구 사항이 없어도 애플리케이션의 원하는 기능에 영향을 미치지 않는 것
- W[Won't have]: 고객이 없는 경우 고객이 알아차리지 못할 수 있는 요구 사항

필수 요구 사항이 있는 고객을 위한 MVP를 계획해야 한다. 이 단계적 제공 접근 방식을 사용하면 자원을 철저히 활용하고 시간, 예산, 범위, 자원의 문제를 극복할 수 있다. MVP 접근 방식은 고객의 요구 사항을 결정하는 데 도움이 된다. 구축한 기능이 고객에게 가치를 더했는지 여부를 모른 채 모든 것을 구축하려고 하는 것은 아니다. 이러한 고객 중심 접근 방식은 자원을 현명하게 활용하고 자원 낭비를 줄이는 데 도움이 된다. 그림 4.9에서 고객의 요구 사항에 따라 프로세스를 발전시키는 예시를 볼 수 있다.

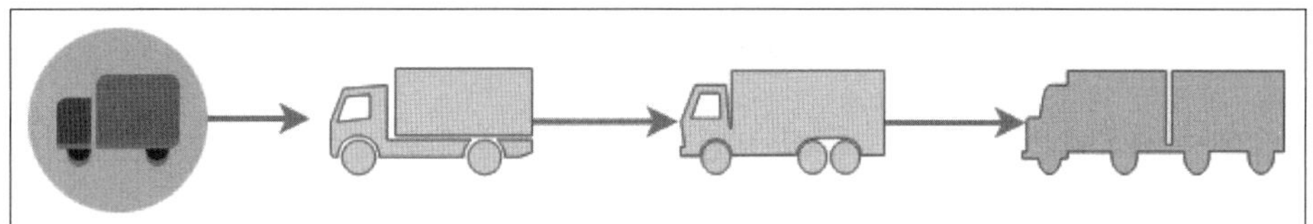

그림 4.9: 솔루션 구축을 위한 MVP 접근 방식

고객이 최초의 배송 트럭을 입수하면 좀 더 큰 하중이 필요한지 아닌지를 판단할 수 있고, 이에 근거해 제조사는 6륜, 10륜, 마지막으로 18륜 트럭 트레일러를 구축할 수 있다. 이 단계적 접근법은 고객이 사용할 수 있는 필수 기능을 작동 중인 제품에 제공하며, 팀은 고객의 요구 사항에 따라 이를 기반으로 구축할 수 있다.

처음 18륜 트럭을 이용했을 때 6륜 트럭이 필요했던 방식과 비교하면 MVP 접근 방식이 제한된 자원을 효율적으로 활용하는 데 얼마나 도움이 되는지 알 수 있다. 그 외의 요인에 대해서는 제품을 초기에 고객에게 맡겨 어디에 투자할지를 파악할 수 있다. 애플리케이션이 이미 수익을 창출하기 시작했으므로 사용 사례를 제시해 필요에 따라 더 많은 자원을 요청할 수 있다.

보안 강화

보안은 솔루션 설계의 필수 측면 중 하나다. 보안의 격차는 비즈니스와 조직의 미래에 치명적인 영향을 미칠 수 있다. 보안 측면은 솔루션 설계에 상당한 영향을 미칠 수 있으므로 애플리케이션 설계를 시작하기 전에도 보안 요구 사항을 이해해야 한다. 보안은 하드웨어 수준의 플랫폼 준비와 소프트웨어 수준의 애플리케이션 개발에 포함돼야 한다. 다음은 설계 단계에서 고려해야 할 보안 측면이다.

- **데이터 센터의 물리적 보안**: 데이터 센터의 모든 IT 자원은 무단 액세스로부터 보호돼야 한다.
- **네트워크 보안**: 무단 서버 액세스를 방지하고자 네트워크가 안전해야 한다.
- **IAM**Identity and Access Management: 인증된 사용자만 애플리케이션에 액세스할 수 있어야 하며 권한 부여에 따라 활동을 수행할 수 있다.
- **전송 중 데이터 보안**: 네트워크나 인터넷을 통해 이동하는 동안 데이터가 안전해야 한다.
- **미사용 데이터 보안**: 데이터는 데이터베이스나 기타 저장소에 저장되는 동안 안전해야 한다.
- **보안 모니터링**: 모든 보안 사고를 수집하고 팀에 조치를 취하도록 경고해야 한다.

애플리케이션 설계는 암호화와 같은 보안 요구 사항과 성능 및 대기 시간 같은 기타 요인의 균형을 맞춰야 한다. 데이터 암호화는 데이터를 활용하고자 암호를 해독해야 하기 때문에 추가 처리 계층을 추가하므로 항상 성능에 영향을 미칠 수 있다. 애플리케이션은 전반적인 성능에 영향을 미치지 않으면서 추가 암호화 처리의 오버헤드를 수용해야 한다. 따라서 애플리케이션을 설계하는 동안 암호화가 실제로 필요한 사용 사례를 생각해야 할 필요가 있다. 예를 들어 데이터가 기밀이 아닌 경우 암호화할 필요가 없을 수 있다.

고려해야 할 애플리케이션 설계의 다른 측면은 현지 법률 준수를 위한 규정 준수다. 애플리케이션이 의료, 금융이나 연방 정부와 같은 규제 산업에 속하는 경우 규정 준수가 필수적이다. 각 규정 준수에는 일반적으로 감사 목적을 위한 데이터 보호와 각 활동의 기록을 포함하는 요구 사항이 있다. 애플리케이션 설계에는 감사 요구 사항을 충족하는 포괄적인 로깅과 모니터링이 포함돼야 한다.

이 절에서는 규정 요구 사항을 염두에 두고 설계하고 유지하면서 보안 사고를 피하는 방법을 알아봤다. 보안 자동화는 보안 사고를 줄이고 완화하고자 항상 설계와 함께 구현해야 하는 또 다른 요소다. 더욱 자세한 내용은 8장에서 알아본다.

자동화 적용

대부분의 장애는 사람의 실수로 발생하며 자동화로 피할 수 있다. 자동화는 작업을 효율적으로 처리할 뿐만 아니라 생산성을 높이고 비용을 절감한다. 반복할 수 있는 작업으로 식별된 모든 작업을 자동화해 귀중한 인적 자원을 확보해 팀원들이 좀 더 생산적인 작업에 시간을 보내고 실제 문제 해결에 집중할 수 있게 해야 한다. 또한 이는 팀의 사기를 높이는 데에도 도움이 된다.

솔루션에서 자동화할 수 있는 다음 구성 요소를 고려하기 바란다.

- **애플리케이션 테스트:** 아무것도 중단되지 않게 변경할 때마다 애플리케이션을 테스트해야 한다. 또한 수동 테스트는 시간이 많이 걸리고 많은 자원이 필요하다. 배포와 제품 출시 속도를 높이고자 반복할 수 있는 테스트 사례를 자동화하는 것을 생각하는 것이 좋다. 운영 규모에서 테스트를 자동화하고 카나리 테스트 및 A/B 테스트와 같은 롤링 배포 기술을 사용해 변경 사항을 배포한다.
- **IT 인프라:** 코드로 인프라를 관리하는 도구(예, Ansible, Terraform, Amazon CloudFormation)를 사용해 인프라를 자동화할 수 있다. 인프라 자동화를 통해 몇 분 만에 환경

을 만들 수 있다. 코드로서의 인프라 자동화는 구성 오류를 방지하고 환경 복제본을 생성하는 데 도움이 된다.

- **로깅, 모니터링, 경고:** 모니터링은 중요한 구성 요소이며 매번 모든 것을 모니터링해야 한다. 또한 모니터링을 기반으로 시스템을 확장하거나 팀에 조치를 취하도록 경고하는 것과 같은 자동화된 조치를 취할 수 있다. 자동화를 통해서만 방대한 시스템을 모니터링할 수 있다. 애플리케이션이 원활하게 실행되고 원하는 대로 작동하는지 확인하려면 모든 활동 모니터링과 로그를 자동화해야 한다.
- **배포 자동화:** 배포는 많은 시나리오에서 시간이 오래 걸리는 반복할 수 있는 작업이다. CI/CD를 적용해 배포 파이프라인을 자동화하면 자주 출시되는 제품 기능을 민첩하고 빠르게 반복할 수 있다. CI/CD를 사용하면 애플리케이션을 조금씩 변경할 수 있다.
- **보안 자동화:** 모든 것을 자동화하는 동안 보안을 위한 자동화를 반드시 고려해야 한다. 누군가가 귀하의 애플리케이션을 해킹하려고 하면 즉시 알고 신속하게 조치를 취해야 한다.

시스템 착신 또는 발신 트래픽을 자동화하고 의심스러운 활동을 경고함으로써 문제를 예방할 수 있다. 자동화는 제품이 결함 없이 동작하는지 확인해 마음의 평화를 가져다준다. 애플리케이션을 설계할 때는 항상 자동화 관점에서 생각하고 중요한 구성 요소로 간주해야 한다. 자동화에 대한 자세한 내용은 5장에서 알아보자.

요약

4장에서는 솔루션 설계를 생성할 때 적용해야 하는 솔루션 아키텍처 설계의 다양한 원칙을 알아봤다. 이러한 원칙은 아키텍처를 다차원적으로 살펴보고 애플리케이션의 성공을 위한 중요한 측면을 고려하는 데 도움이 된다. 또한 고객 경험에 영향을 미치지 않으면서 장애를 견디고 신속하게 복구할 수 있는 탄력적인 아키텍처를 구축하는 방법도 알아봤다.

유연한 아키텍처를 설계하는 것은 모든 설계 원칙의 핵심이며 아키텍처에서 느슨하게 결합된 설계를 달성하는 방법도 언급했다. SOA는 쉽게 확장하고 통합할 수 있는 아키텍처를 구축하는 데 도움이 된다. 또한 마이크로서비스 아키텍처, 기존 모놀리식 아키텍처와의 차이점과 이점도 살펴봤다.

거의 모든 애플리케이션이 데이터를 중심으로 돌아가기 때문에 데이터 중심 설계의 원칙을 알아봤고 스토리지와 관련 기술의 예를 통해 다양한 데이터 유형을 살펴봤다. 마지막으로 모든 구성 요소에 적용되는 보안과 자동화의 설계 원칙을 살펴봤다.

클라우드 기반 서비스와 아키텍처가 표준이 됨에 따라 5장에서는 클라우드 네이티브 아키텍처를 살펴보고 클라우드 지향 설계를 하는 방법을 알아본다. 다양한 클라우드 마이그레이션 전략과 효과적인 하이브리드 클라우드를 만드는 방법을 살펴보며 많이 사용되는 클라우드 업체도 살펴본다.

05

클라우드 마이그레이션과 하이브리드 클라우드 아키텍처 설계

오늘날의 조직은 고객 요구에 좀 더 민첩하게 대응해야 하며, 이를 위해서는 예산에 영향을 주지 않으면서 신속하게 수백만 고객으로 확장하고 필요에 따라 축소할 수 있는 능력이 필요하다. 조직은 치열한 경쟁 환경에서 일하면서 지속적으로 새로운 고객을 확보하고 고객을 만족시켜야 한다. 클라우드 마이그레이션은 민첩성과 속도 문제에 관한 해답이 될 수 있다. 클라우드는 자동화와 데이터 센터 통합을 적용해 빈번한 애플리케이션 배포를 가능하게 하고 비용을 절감한다.

지금까지 솔루션 아키텍처, 아키텍처 속성, 아키텍처 원칙의 다양한 측면을 알아봤다. 이제 모두가 클라우드에 대해 이야기하고 조직은 운영 비용을 최적화하고자 워크로드를 클라우드로 이동하는 방법을 찾고 있다. **AWS**Amazon Web Services, **마이크로소프트 애저**, **구글 클라우드 플랫폼**GCP, Google Cloud Platform과 같은 퍼블릭 클라우드는 애플리케이션을 호스팅하는 주요 대상이 되고 있으므로 클라우드로 마이그레이션하기 위한 제안과 방법을 배우는 것이 중요하다. 5장에서는 클라우드의 다양한 측면을 살펴보고 클라우드 사고를 개발할 것이다. 또한 이는 6장을 더 잘 이해하는 데 도움이 될 것이다.

1장에서 배웠듯이 클라우드 컴퓨팅은 웹을 통해 IT 자원을 온디맨드 방식으로 사용하는 것을 의미하며, 자원을 사용한 만큼 비용을 지불한다. 퍼블릭 클라우드를 사용하면 자체 데이터 센터를 구입하고 유지 관리하는 대신 필요에 따라 컴퓨팅, 스토리지, 네트워크, 데이터베이스와 같은 기술을 확보할 수 있다.

클라우드 컴퓨팅을 통해 클라우드 업체는 안전한 환경에서 기술 인프라를 관리 및 유지 관리하고 조직은 웹을 통해 이러한 자원에 액세스해 애플리케이션을 개발하고 실행한다. IT 자원의 용량은 즉시 증가하거나 감소할 수 있으며 조직은 사용한 만큼만 비용을 지불한다.

이제 클라우드는 모든 기업 전략에 필수 요소가 되고 있다. 거의 모든 조직은 퍼블릭 클라우드로 이동해 지출을 줄이고 비용 절감 외에도 초기 자본 지출을 운영 지출로 전환하고 있다. 지난 10년 동안 태어난 많은 신생 기업이 클라우드에서 시작했으며 빠른 성장을 위해 클라우드 인프라를 기반으로 했다. 기업이 클라우드로 이동함에 따라 클라우드 마이그레이션 전략과 하이브리드 클라우드에 집중해야 한다.

5장에서는 다음과 같은 내용을 다루면서 클라우드 마이그레이션과 하이브리드 클라우드의 다양한 전략을 알아본다.

- 클라우드 네이티브 아키텍처의 이점
- 클라우드 마이그레이션 전략 수립
- 클라우드 전략 선택
- 클라우드 마이그레이션 단계
- 하이브리드 클라우드 아키텍처 생성
- 멀티클라우드 접근 방식

- 클라우드 네이티브 아키텍처 설계
- 퍼블릭 클라우드 업체 선택

5장을 마치면 클라우드의 이점에 대해 배우고 클라우드 네이티브 아키텍처를 설계할 수 있다. 다양한 클라우드 마이그레이션 전략과 단계를 이해하게 되며 하이브리드 클라우드 설계와 클라우드 업체에 대해서도 알게 된다.

클라우드 네이티브 아키텍처의 장점

최근 몇 년 동안 기술이 빠르게 변화하고 클라우드 세계에서 새로운 회사가 탄생해 오래된 조직을 붕괴시키고 있다. 조직에서 클라우드를 사용할 때 선결제 비용이 발생하지 않아 빠른 성장이 가능하고, 클라우드의 온디맨드 모델로 인해 자체 서버 호스팅의 선불 비용을 지불하는 것보다 실험에 대한 위험이 적다.

클라우드 네이티브 접근 방식은 조직의 직원이 인프라의 긴 주기를 기다리지 않고도 혁신적인 사고를 개발하고 아이디어를 구현할 수 있게 도와준다.

클라우드를 사용하면 고객은 소매업체의 홀리데이 쇼핑 시즌과 같은 성수기를 처리하고자 미리 초과 용량을 계획할 필요가 없다. 그들은 즉시 수요를 충족하고자 자원을 프로비저닝할 수 있는 탄력성을 갖고 있다. 이는 비용을 절감하고 고객 경험을 개선하는 데 크게 도움이 된다. 모든 조직이 경쟁에서 살아남으려면 빠르고 혁신적으로 움직여야 한다.

클라우드를 통해 기업은 전 세계적으로 인프라를 신속하게 구축할 수 있을 뿐만 아니라 이전에는 사용할 수 없었던 다양한 기술에 접근할 수 있다. 여기에는 다음과 같은 최첨단 기술에 대한 접근이 포함된다.

- 빅데이터와 분석

- 머신러닝과 인공지능
- 로보틱스
- 사물인터넷IoT
- 블록체인
- 양자 컴퓨팅

또한 확장성과 탄력성을 달성하고자 클라우드 마이그레이션과 하이브리드 클라우드 전략에 대한 이니셔티브를 촉발할 수 있는 몇 가지 이유가 있다.

- 데이터 센터에는 기술 혁신이 필요
- 데이터 센터의 임대가 종료
- 데이터 센터의 스토리지와 컴퓨팅 용량이 부족
- 애플리케이션 현대화
- 최첨단 기술 활용
- 운영 비용을 절감하기 위한 IT 자원을 최적화
- 재해 복구 계획과 운영 탄력성
- 웹 사이트에 콘텐츠 배포 네트워크 활용
- 초기 자본 지출 감소와 유지 관리 비용 제거
- 인력 효율성과 생산성 향상
- 비즈니스 민첩성 향상

조직마다 전략이 다르며 클라우드 도입과 관련해 한 가지 방법이 모두에게 적합한 것은 아니다. 개발 및 테스트 환경을 클라우드에 배치해 개발자의 민첩성을 높이고 신속하게 이동하는 사용 사례가 빈번하게 발생하고 있다. 클라우드와 함께 웹 애플리케이션 호스팅이 더욱 경제적이고 간편해짐에 따라 조직은 웹 사이트와 디지털 자산을 클라우드에서 호스팅함으로써 클라우드를 디지털 전환에 활용하고 있다.

애플리케이션 접근성을 위해서는 웹 브라우저용 애플리케이션을 구축하는 것뿐만 아니라 스마트 모바일과 태블릿을 통해 액세스할 수 있게 하는 것이 필수적이다. 클라우드는 이러한 변화를 돕고 있다. 데이터 처리와 분석은 클라우드를 사용해 데이터를 수집, 저장, 분석, 공유하는 것이 더 저렴하고 빠르기 때문에 기업이 클라우드를 활용하는 또 다른 영역으로 자리 잡고 있다.

클라우드용 솔루션 아키텍처 구축은 일반 엔터프라이즈 아키텍처 구축과 약간 다른 면이 있다. 클라우드로 이동하는 동안 클라우드의 방식을 이해하고 클라우드에 내장된 기능을 활용하는 방법을 이해해야 한다. 클라우드의 비용은 종량제이므로 워크로드를 적절하게 최적화하고 필요할 때만 서버를 실행해야 한다.

필요할 때 워크로드에 맞게 서버를 시작하고 항상 실행해야 하는 워크로드에 적합한 전략을 선택해 비용을 최적화하는 방법을 생각해야 한다. 클라우드에서 솔루션 아키텍트는 성능, 확장성, 고가용성, 재해 복구, 내결함성, 보안, 자동화와 관련해 각 구성 요소를 전체적으로 파악해야 한다.

최적화의 다른 영역은 클라우드 네이티브 모니터링과 경고 메커니즘이다. 네이티브 클라우드 모니터링을 더 잘 활용하고 값비싼 타사 라이선스 소프트웨어를 쓰지 않아도 되므로 기존 타사 도구를 클라우드로 가져올 필요가 없다. 또한 이제 몇 분 만에 전 세계 모든 지역에 배포하는 기능을 사용할 수 있으므로 특정 지역에 국한하지 말고 글로벌 배포 모델을 활용해 더 나은 고가용성과 재해 복구 메커니즘을 구축해야 한다.

또한 클라우드는 자동화를 위한 기능을 제공한다. 자동화는 오류를 줄이고 배포 시간을 단축할 뿐만 아니라 인적 자원을 효율적으로 활용하고, 지루하고 반복적인 작업을 수행하지 않아도 되므로 많은 비용을 절감할 수 있다. 클라우드는 업체가 물리적 인프라 보안을 책임지는 공동 책임 모델 기반에서 작동한다.

그러나 애플리케이션과 해당 데이터의 보안은 전적으로 고객의 책임이다. 따라서 모니터링, 경고, 자동화를 위한 클라우드 기본 도구를 활용해 환경을 잠그고 보안을 유지하는 것이 중요하다. 이 책을 통해 솔루션 아키텍처의 클라우드 관점에 대해 배우고 클라우드 아키텍처에 대한 심층적인 이해를 얻을 수 있다. 클라우드 전략을 정의하기 전에 알아야 할 몇 가지 클라우드 업체와 솔루션을 살펴보자.

퍼블릭 클라우드 선택

이제 클라우드가 표준이 됐기 때문에 시장 점유율을 확보하기 위해 경쟁하는 최첨단 기술 플랫폼을 제공하는 많은 클라우드 제공업체가 시장에 나와 있다. 다음은 주요 클라우드 업체다.

- **AWS:** AWS는 가장 오래되고 가장 큰 클라우드 업체 중 하나다. AWS는 온디맨드 모델을 통해 필요에 따라 컴퓨팅 성능, 스토리지, 데이터베이스, 기타 서비스와 같은 IT 자원을 인터넷으로 제공한다. AWS는 IaaS를 제공할 뿐만 아니라 PaaS와 SaaS에서 광범위한 제품을 제공한다. AWS는 머신러닝, 인공지능, 블록체인, 사물인터넷[IoT], 포괄적인 중요한 데이터 기능 세트의 첨단 기술로 다양한 제품을 제공한다. AWS에서 거의 모든 워크로드를 호스팅하고 서비스를 결합해 최적의 솔루션을 설계할 수 있다.
- **마이크로소프트 애저:** 애저라고도 하며 다른 업체와 마찬가지로 인터넷을 통해 고객에게 컴퓨팅, 네트워크, 스토리지, 데이터베이스와 같은 IT 자원을 제공한다. AWS와 마찬가지로 애저는 컴퓨팅, 스토리지, 데이터 관리, 콘텐츠 배포 네트워크, 컨테이너, 빅데이터, 머신러닝, IoT 등 다양한 서비스를 포함하는 클라우드에서 IaaS, PaaS, SaaS 제품을 제공한다. 또한 마이크로소프트는 마이크로소프트 Office, 마이크로소프트 액티브 디렉터리, 마이크로소프트 SharePoint,

MS SQL 서버 등을 통해 시장에서 많이 사용되고 있는 제품을 클라우드에 포함한다.

- **GCP:** GCP는 컴퓨팅, 스토리지, 네트워킹, 머신러닝 분야에서 클라우드 제품을 제공한다. AWS 및 애저와 마찬가지로 고객이 인터넷을 통해 IT 자원을 소비할 수 있는 서비스로서의 인프라로 사용할 수 있는 데이터 센터의 글로벌 네트워크를 보유하고 있다. 컴퓨팅 측면에서 GCP는 서버리스 환경을 위한 구글 클라우드 Functions를 제공하며, 이는 AWS의 AWS Lambda 함수와 애저의 애저 Functions와 비교할 수 있다. 마찬가지로 GCP는 애플리케이션 워크로드를 배포할 수 있도록 컨테이너를 사용한 애플리케이션 개발을 위한 여러 프로그래밍 언어를 제공한다.

Alibaba 클라우드, 오라클 클라우드, IBM 클라우드와 같은 다른 많은 클라우드 업체를 사용할 수 있지만 주요 시장은 앞서 언급한 클라우드 업체들이 차지하고 있다. 클라우드 업체 선택은 고객에게 달려 있으며, 찾고 있는 기능의 가용성이나 업체와의 기존 관계에 영향을 받을 수도 있다. 때로 대기업은 최고의 업체를 활용하고자 멀티클라우드 전략을 선택한다. 다음 절에서는 클라우드 마이그레이션을 위한 다양한 전략을 알아본다.

클라우드 마이그레이션 전략 수립

앞 절에서 언급했듯이 클라우드 마이그레이션에는 다양한 방법이 있다. 클라우드 전략은 마이그레이션 전략을 결정하고 애플리케이션의 우선순위를 지정하는 데 도움이 된다. 클라우드 마이그레이션의 주요 비즈니스 동인 외에도 데이터 센터, 비즈니스, 애플리케이션, 팀, 워크로드와 같은 다양한 이유가 있을 수 있다. 클라우드 도입은 플랫폼, 보안 설계, 운영을 선택하는 것뿐만 아니라 기술 외에도 사람, 프로세스, 문화를 고려해야 한다. 클라우드 마이그레이션을 성공시키려면 먼저 리더를 선정하고 기술을 향상시켜야 하며, 조직 전반에 걸쳐 비전을 정의해야 한다.

종종 마이그레이션 프로젝트는 여러 전략을 채택하고 그에 따라 다른 도구를 활용한다. 마이그레이션 전략은 마이그레이션에 걸리는 시간과 마이그레이션 프로세스를 위해 애플리케이션을 그룹화하는 방법에 영향을 미친다. 다음 그림은 기존 애플리케이션을 클라우드로 마이그레이션하고자 일반적으로 사용하는 몇 가지 전략을 보여준다.

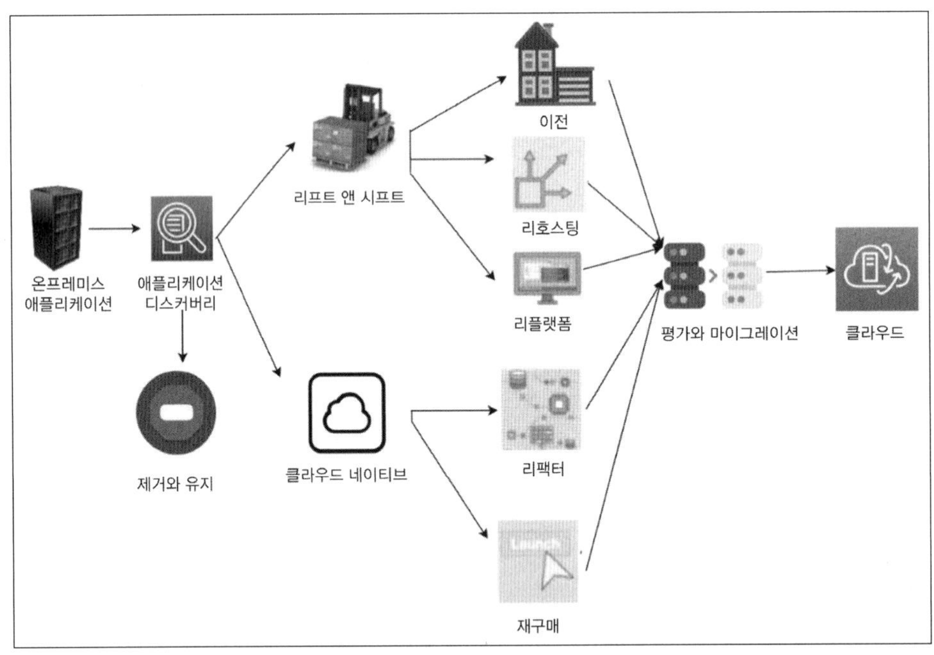

그림 5.1: 클라우드 마이그레이션 전략

앞의 그림과 같이 기존 환경에서 클라우드로 서버나 애플리케이션을 리프트 앤 시프트Lift and Shift 방식으로 수행할 수 있다. 자원 마이그레이션은 클라우드에서 작동하기 위한 최소한의 변경만 필요하다. 더 많은 클라우드 네이티브 접근 방식을 취하려면 모놀리식 애플리케이션을 마이크로서비스로 변환하는 것처럼 클라우드 네이티브 기능을 완전히 활용하도록 애플리케이션을 리팩터링할 수 있다.

애플리케이션이 레거시 애플리케이션이라서 이동할 수 없거나 클라우드와 호환되지 않는 경우 애플리케이션을 폐기하고 클라우드 네이티브 SaaS 제품이나 타사 솔루션으로 교체할 수 있다.

조직은 여러 가지 마이그레이션 전략을 조합할 수 있다. 예를 들어 애플리케이션 호스팅 OS의 수명이 다한 경우 OS를 업그레이드해야 한다. 이 기회에 클라우드로 마이그레이션해 유연성을 높일 수 있다. 이 경우 플랫폼을 선택해 코드를 새 버전의 OS로 재컴파일하고 모든 기능을 검증할 수 있다. 테스트가 완료되면 클라우드에서 제공하는 OS로 애플리케이션을 마이그레이션할 수 있다. 예를 들어 기존 CRM 솔루션을 Salesforce에서 제공하는 SaaS 기반 솔루션으로 교체하는 등 새로운 플랫폼을 구매하려는 경우 폐기와 재구매 전략을 선택할 수 있다. 애플리케이션을 단일 서비스에서 마이크로서비스로 재구축해 민첩성을 높이고 싶다면 리팩터링 방법을 선택할 수 있다.

비즈니스 목표에 따라 애플리케이션 마이그레이션을 결정하고 우선순위에 따라 마이그레이션 전략을 정의할 수 있다. 예를 들어 비용 효율성이 주요 요인인 경우 마이그레이션 전략에는 일반적으로 리프트 앤 시프트 접근 방식에 중점을 둔 대규모 마이그레이션이 포함된다. 그러나 주요 목표가 민첩성과 혁신을 가능하게 하는 것이라면 클라우드 네이티브 접근 방식이 클라우드 마이그레이션 전략에서 핵심적인 역할을 한다. 다음 절에서 각 전략을 자세히 알아본다.

리프트 앤 시프트 마이그레이션

리프트 앤 시프트는 애플리케이션을 이동하는 데 최소한의 작업이 필요하므로 일반적으로 가장 빠른 마이그레이션 모드다. 그러나 클라우드 기본 기능을 활용하지 않는 경우가 있다. 애플리케이션에 필요한 최소한의 변경으로 리프트 앤 시프트를 수행하는 데 자주 사용되는 가장 일반적인 마이그레이션 전략, 즉 리호스트rehost, 리플랫폼replatform, 재배치relocation를 살펴보자.

리호스트

리호스트[rehost]는 빠르고 예측 가능하며 반복 가능하다. 그리고 경제적이므로 클라우드로 마이그레이션하는 데 가장 선호되는 방법이다. 또한 리호스트는 가장 빠른 클라우드 마이그레이션 전략 중 하나이며 서버나 애플리케이션이 온프레미스 환경에서 그대로 클라우드로 전환된다. 마이그레이션 프로세스 중에 자원이 최소한으로 변경될 수 있다.

고객은 종종 리호스트를 사용해 애플리케이션을 클라우드로 신속하게 마이그레이션한 다음 자원이 클라우드에서 실행될 때 최적화에 집중한다. 이 기술을 통해 클라우드 사용의 비용 이점을 실현할 수 있다.

일반적으로 다음에 대해 리호스트를 사용한다.

- 임시 개발과 테스트 환경
- 서버에서 SAP 및 마이크로소프트 SharePoint와 같은 패키지 소프트웨어를 실행하는 경우
- 애플리케이션에 로드맵이 없는 경우

리호스트는 클라우드로 빠르게 전환하는 데 도움이 되지만 운영체제와 같은 기본 애플리케이션 플랫폼을 업그레이드해야 할 수도 있다. 이러한 상황에서 클라우드 마이그레이션의 리플랫폼 접근 방식을 사용할 수 있다.

리플랫폼

운영체제, 서버 또는 데이터베이스 버전의 수명이 다하면 클라우드 마이그레이션 프로젝트를 시작할 수 있다. 예를 들어 웹 서버의 운영체제를 마이크로소프트 윈도우 2003에서 마이크로소프트 윈도우 2008/2012/2016으로 업그레이드하거나 오라클 데이터베이스 엔진 업그레이드 등이 있다. 플랫폼 변경 전략에는 애플리케이션

아키텍처를 변경하지 않고 클라우드 마이그레이션 프로젝트의 일부로 플랫폼을 업그레이드하는 것이 포함된다. 마이그레이션의 일부로 운영체제나 애플리케이션을 최신으로 업데이트하도록 결정할 수 있다.

플랫폼 변경 마이그레이션 전략을 사용할 때 애플리케이션을 다시 설치해야 할 수 있으며, 이는 애플리케이션 변경을 필요로 한다. 이를 위해서는 마이그레이션 후 운영 효율성을 보장하고 검증하고자 플랫폼 변경 후 애플리케이션에 대한 철저한 테스트가 필요하다. 다음과 같은 일반적인 이유로 리플랫폼을 한다.

- 운영체제를 32비트에서 64비트로 변경
- 데이터베이스 엔진 변경
- 애플리케이션의 최신 릴리스 업데이트
- 윈도우 2008에서 윈도우 2012 또는 2019로 운영체제 업그레이드
- 오라클 데이터베이스 엔진을 오라클 8에서 오라클 19C/21C로 업그레이드
- 관리형 스토리지, 데이터베이스, 애플리케이션 배포, 모니터링 도구와 같은 클라우드 업체에서 제공하는 관리형 서비스의 이점을 활용

리플랫폼은 클라우드로 마이그레이션하는 동안 애플리케이션의 기본 플랫폼을 발전시키는 데 도움이 된다. 컨테이너나 VMware에 배포된 경우 애플리케이션을 클라우드로 간단히 재배치할 수 있다. 이제 재배치 전략을 자세히 알아보자.

재배치

온프레미스 데이터 센터에서 컨테이너나 VMware 어플라이언스를 사용해 애플리케이션을 배포할 수 있다. **재배치**[relocate]라고 하는 마이그레이션 가속화 전략을 사용해 이러한 워크로드를 클라우드로 이동할 수 있다. 재배치를 사용하면 수백 개의 애플리케이션을 며칠 만에 이동할 수 있다. VMware와 컨테이너 기술을 기반으로

하는 애플리케이션을 최소한의 노력과 복잡성으로 클라우드로 신속하게 재배치할 수 있다.

재배치 전략은 클라우드에서 기대하는 민첩성과 자동화를 제공하기 때문에 많은 선행 개발자 투자나 값비싼 테스트 일정이 필요하지 않다. 기존 구성을 확인하고 VMotion이나 도커Docker를 사용해 서버를 클라우드로 재배치해야 한다. VMotion은 라이브 마이그레이션으로 널리 알려져 있는데, 서비스 중단 없이 가상 인스턴스를 물리적 호스트 서버 간에 이동할 수 있게 하는 VMware 기술 중 하나다. 고객은 일반적으로 다음과 같은 이유로 재배치 기술을 사용한다.

- 워크로드를 컨테이너에 배포
- 애플리케이션을 VMware 어플라이언스에 배포

VMware Cloud(VMC) on AWS는 애플리케이션을 마이그레이션할 뿐만 아니라 개별 애플리케이션에서 전체 데이터 센터로 수천 대의 가상 머신을 마이그레이션한다. 애플리케이션을 클라우드로 마이그레이션하는 동안 전체 애플리케이션을 다시 빌드하고 다시 설계해 더욱 클라우드 네이티브의 형태로 만들 수 있다. 클라우드 네이티브 접근 방식을 사용하면 클라우드의 모든 기능을 사용할 수 있다. 이러한 클라우드 네이티브 접근 방식을 자세히 알아보자.

클라우드 네이티브 접근 방식

클라우드 네이티브로 전환하기로 결정하면 단기적으로는 더 많은 선행 작업과 클라우드로의 마이그레이션이 느려지는 것처럼 보일 수 있다. 이는 비용이 많이 들지만 혁신을 위해 애자일 팀과 함께 모든 클라우드 이점을 사용하기 시작하면 장기적으로 가치가 있다.

사용한 만큼만 지불하는 모델로 성능을 그대로 유지하면서 적절한 가격으로 워크로드를 최적화할 수 있으므로 클라우드 네이티브 접근 방식을 사용하면 시간이 지남에 따라 비용이 크게 감소한다. 클라우드 네이티브에는 애플리케이션을 마이크로서비스로 재설계하거나 순수한 서버리스 접근 방식을 선택해 애플리케이션을 컨테이너화하는 것이 포함된다.

비즈니스 요구 사항에 따라 전체 제품을 즉시 사용 가능한 SaaS 제품으로 교체할 수 있다. 예를 들어 사내 영업과 HR 솔루션을 Salesforce와 Workday SaaS 제품으로 교체할 수 있다. 클라우드 네이티브 마이그레이션 접근 방식을 위한 리팩터링과 재구매 방법을 자세히 알아보자.

리팩터

리팩터 방식에는 애플리케이션을 클라우드로 마이그레이션하기 전에 애플리케이션을 재구성하고 다시 쓰는 작업이 포함된다. 리팩터링에서는 애플리케이션을 모놀리식에서 마이크로서비스로의 모듈식 설계로 변경한다. 클라우드 네이티브 애플리케이션은 클라우드 환경에서 효율적으로 수행하게 설계, 설계, 구축된 애플리케이션이다. 이러한 클라우드 고유 기능의 이점에는 확장성, 보안, 민첩성, 비용 효율성 등이 있다. 마이크로서비스로 리팩터링하는 것은 조직이 완전한 소유권을 가질 수 있는 소규모 독립적 팀을 만드는 데 도움이 되며 혁신 속도를 높일 수 있다.

리팩터링은 마이그레이션하기 전에 애플리케이션을 다시 코딩하고 아키텍처를 재설계하는 데 더 많은 시간과 자원이 필요하다. 이 접근 방식은 광범위한 클라우드 경험이나 고도로 숙련된 인력이 있는 조직에서 일반적으로 사용한다. 리팩터링을 위한 다른 옵션은 애플리케이션을 클라우드로 마이그레이션한 다음 최적화하는 것이다. 클라우드 네이티브 서버리스 기술을 사용해 모듈식 설계와 함께 제공되는 관리 오버헤드를 줄일 수도 있다.

리팩터링의 일반적인 예는 다음과 같다.

- AIX와 같은 플랫폼을 리눅스로 변경

- 기존 데이터베이스에서 클라우드 데이터베이스로 데이터베이스 전환
- 미들웨어 제품 교체
- 모놀리식에서 마이크로서비스로 애플리케이션 재설계
- 컨테이너나 서버리스 등과 같은 애플리케이션 아키텍처 재구축
- 애플리케이션 구성 요소 재구현[recoding]
- 조직과 고객을 연결하는 데이터 웨어하우스 현대화

때로 애플리케이션을 다시 작성하고자 많은 노력을 기울일 수 있다. 아키텍트로서 SaaS 제품을 구입하는 것이 **투자 대비 수익률**[ROI, Return On Investment]을 높이는 데 도움이 되는지 평가해야 한다.

재구매

IT 자원과 프로젝트를 클라우드로 마이그레이션할 때 클라우드 호환 라이선스를 구매해야 하는 서버나 애플리케이션이 필요할 수 있다. 예를 들어 현재 온프레미스 라이선스는 클라우드에서 애플리케이션을 실행할 때 유효하지 않을 수 있다. 이러한 라이선스 시나리오를 해결하는 방법에는 여러 가지가 있다. 새 라이선스를 구매하고 클라우드에서 애플리케이션을 계속 사용하거나 기존 애플리케이션을 삭제하고 클라우드에서 다른 애플리케이션으로 교체할 수 있다.

재구매의 일반적인 예는 다음과 같다.

- Salesforce CRM 또는 Workday HR과 같은 SaaS로 애플리케이션 교체
- 클라우드 호환 라이선스 구매

클라우드가 모든 문제에 대한 답은 아닐 수 있으며 때로는 클라우드 마이그레이션의 이점을 얻지 못하는 애플리케이션이 있을 수 있다.

유지나 폐기

클라우드 마이그레이션을 계획할 때 모든 애플리케이션을 이동할 필요는 없다. 기술 제약으로 인해 일부 애플리케이션을 유지해야 할 수도 있다. 예를 들어 이동할 수 없는 온프레미스 서버와 결합된 레거시 애플리케이션이 있을 수 있다. 반면에 일부 애플리케이션을 중지하고 타사 모니터링 및 경고 시스템과 같은 클라우드 기본 기능을 사용할 수도 있다.

유지

클라우드 플랫폼에서 운영체제나 애플리케이션이 지원되지 않는 등 기술적인 이유로 인해 비즈니스에 필수적이지만 마이그레이션에는 적합하지 않은 몇 가지 애플리케이션이 있을 수 있다. 이러한 상황에서는 애플리케이션을 클라우드로 마이그레이션할 수 없지만 온프레미스 환경에서 애플리케이션을 계속 실행할 수 있다.

이러한 서버와 애플리케이션의 경우 클라우드 마이그레이션에 대한 적합성을 결정하고자 초기 분석만 수행해야 할 수도 있다. 그러나 서버나 애플리케이션은 마이그레이션되는 애플리케이션과 계속 연결될 수 있다. 따라서 이러한 온프레미스 서버와 클라우드 환경의 연결을 유지해야 할 수 있다. 이 장의 '하이브리드 클라우드 아키텍처 생성' 절에서는 온프레미스에서 클라우드로 연결하는 방법을 자세히 알아본다.

애플리케이션 유지를 위한 몇 가지 일반적인 워크로드 예는 다음과 같다.

- 고객이 클라우드로 전환할 때의 이점을 갖지 못하는 레거시 애플리케이션
- AS400과 메인프레임 애플리케이션은 클라우드에서 사용할 수 없다.

복잡한 레거시 시스템을 온프레미스로 유지하고 나중에 이동할 수 있게 우선순위를 지정할 수 있다. 그러나 더 이상 사용되지 않고 인프라 공간을 계속 사용하고 있는

애플리케이션을 발견하는 경우가 많다. 이러한 애플리케이션을 사용 중지하도록 선택할 수 있다.

폐기

클라우드로 마이그레이션하는 동안 다음과 같은 상황을 볼 수 있다.

- 거의 사용하지 않는 애플리케이션
- 과도하게 서버 용량을 소모하는 애플리케이션
- 클라우드 비호환성으로 인해 필요하지 않을 수 있는 애플리케이션

이러한 상황에서는 기존 워크로드를 폐기하고 클라우드에 더 가까운 새로운 접근 방식을 취할 수 있다. 폐기 전략은 곧 폐기될 호스트와 애플리케이션에 적용될 수 있다. 이는 불필요하고 중복된 호스팅 애플리케이션에도 적용될 수 있다. 비즈니스 요구 사항에 따라 이러한 애플리케이션은 클라우드로 마이그레이션하지 않고도 온프레미스에서 폐기할 수 있다. 일반적으로 폐기에 적합한 호스트와 애플리케이션은 다음과 같다.

- 재해 복구를 위한 온프레미스 서버와 스토리지
- 중복을 해결하기 위한 서버 통합
- 합병과 인수로 인한 중복 자원
- 일반적인 고가용성 구성에서 스탠바이 호스트
- 클라우드에서 내장 기능으로 사용할 수 있는 워크로드 모니터링 및 자동화와 같은 타사 라이선스 도구

대부분의 마이그레이션 프로젝트는 여러 전략을 사용하며 각 전략에 사용할 수 있는 도구가 다르다. 마이그레이션 전략은 마이그레이션에 걸리는 시간과 마이그레이

션 프로세스를 위해 애플리케이션을 그룹화하는 방법에 영향을 미친다. 클라우드 마이그레이션은 전체 인벤토리를 조사하기 때문에 개발자가 임시로 사용하고 실제로는 사용되지 않는 고스트 서버를 제거하기에 좋은 타이밍이다. 이 절에서는 다양한 클라우드 전략을 알아봤고 다음 절에서는 비교 방법을 간단히 살펴본다.

클라우드 전략 선택

비즈니스 추진 요인에 따라 클라우드 채택을 위한 올바른 마이그레이션 전략을 선택하는 것이 중요하다. 재정, 자원, 시간, 기술 등 다양한 제약 조건을 고려하는 것이 가장 좋다. 다음 표에서는 앞 절에서 설명한 여러 전략에 필요한 노력을 비교할 수 있다.

마이그레이션 전략	특징	시간과 비용	최적화 기회
리팩터	모놀리식에서 마이크로서비스로의 모듈화와 같이 애플리케이션을 재설계		
리플랫폼	클라우드나 상위 운영체제 버전으로 기존 데이터베이스와 같은 핵심 아키텍처를 변경하지 않고 업그레이드된 플랫폼으로 애플리케이션 마이그레이션		
재구매	클라우드 기반 솔루션을 구매해 현재 환경 교체		
리호스트	아키텍처 변경 없이 애플리케이션을 클라우드로 신속하게 리프트 앤 시프트		
유지	애플리케이션을 온프레미스로 유지		NA
재배치	컨테이너 기반 애플리케이션과 같이 애플리케이션을 변경하지 않고 클라우드로 신속하게 재배치		NA
폐기	더 이상 유용하지 않은 자산을 식별하고 완전히 제거	NA	Na

클라우드 마이그레이션 위험을 줄이려면 애플리케이션을 클라우드로 마이그레이션할 때 항상 단계적 접근 방식을 취하는 것이 중요하다. 먼저 비즈니스 기능의 우선순위를 정하고 애플리케이션을 최적화해 비용 절감, 성능 향상, 자원 생산성의 차이를 실현한다. 먼저 마이그레이션을 시도하고 후속 단계에서 최적화를 진행할 수 있다. 예를 들어 MS SQL 데이터베이스를 사용하는 애플리케이션을 마이그레이션하고 이를 Amazon Aurora와 같은 클라우드 네이티브 데이터베이스로 대체하는 경우 첫 번째 단계에서 애플리케이션을 마이그레이션한 다음 두 번째 단계에서 위험과 애플리케이션 안정성을 모니터링하면서 데이터베이스를 마이그레이션하는 것이 가장 좋은 방법이다. AWS Lambda 및 Amazon DynamoDB와 같은 클라우드 네이티브 서버리스 기술 스택을 사용해 후속 단계에서 애플리케이션을 최적화하도록 선택할 수 있다.

팀이 독립적으로 작업할 수 있게 해서 신속하게 실행할 수 있도록 마이그레이션 전략을 정의해야 한다. 클라우드 마이그레이션 전략은 아웃소싱보다는 조직 내에서 엔지니어링 기능을 구축하는 것과 같은 다른 조직 요소에 영향을 미칠 수 있다. 전체 코드 테스트와 배포 파이프라인을 자동화해 조직에 데브옵스 문화를 구축할 수 있다.

고객은 마이그레이션을 준비하고자 애플리케이션 검색을 실행하는 동안 워크로드를 최적화하고 보안을 강화하는 이점을 볼 수 있다. 클라우드 마이그레이션에는 여러 단계가 있는데, 다음 절에서 이러한 단계를 알아본다.

클라우드 마이그레이션 단계

앞 절에서 다양한 마이그레이션 전략을 살펴봤고 적절한 마이그레이션 기술을 적용하고자 애플리케이션을 그룹화했다. 이 전략은 7개의 R(retain, retire, relocate, rehost, repurchase, replatform, refactor)이라고도 하며 일부 또는 전체가 클라우드 여정의 일부가 될 수 있다.

클라우드에서 여러 애플리케이션을 수행하고 관리해야 할 수 있으므로 클라우드 CoE^Center of Excellence^를 설정하고 이 프로세스를 표준화하는 것이 좋다. 클라우드 CoE에는 조직의 클라우드 전문 지식 구축을 가속화하는 데 주력하는 전담 클라우드 팀 역할을 하는 조직과 비즈니스 팀의 경험 많은 사람들이 포함된다. 클라우드 마이그레이션 팩토리는 다음 그림처럼 마이그레이션 프로세스 및 도구와 수행해야 하는 단계를 정의한다.

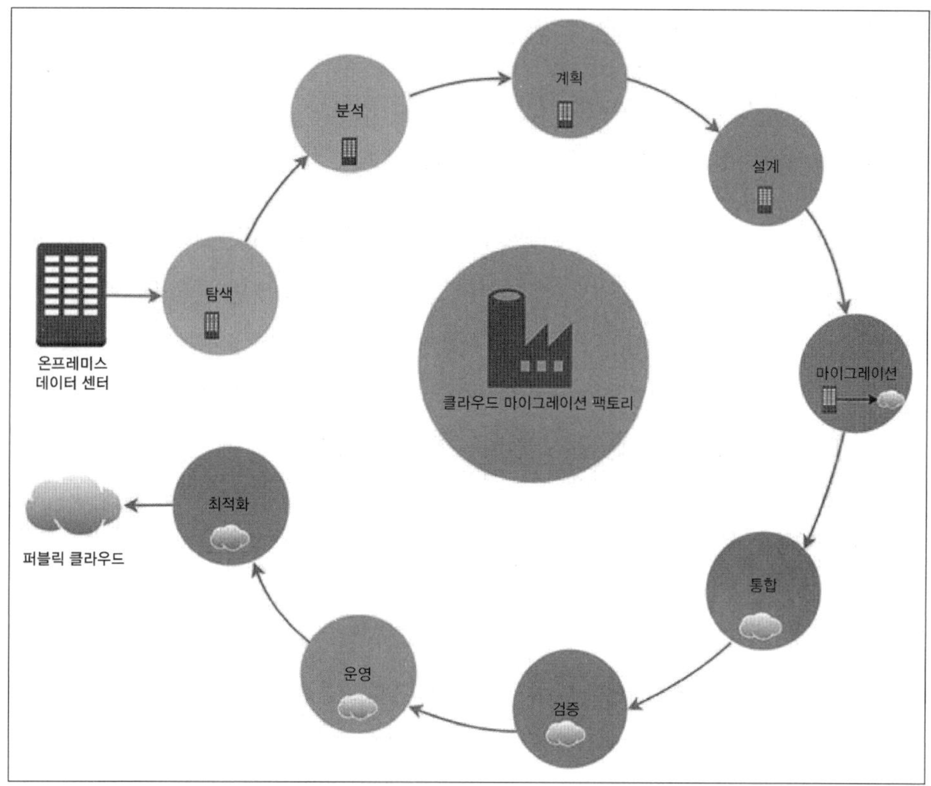

그림 5.2: 클라우드 마이그레이션 단계

그림에 표시된 대로 클라우드 마이그레이션 단계에는 다음이 포함된다.

- **탐색:** 클라우드 마이그레이션 포트폴리오와 온프레미스 워크로드 검색

- **분석**: 탐색된 데이터와 워크로드 분석
- **계획**: 클라우드로의 마이그레이션 계획과 마이그레이션 전략 정의
- **설계**: 마이그레이션 전략에 따라 애플리케이션 설계
- **마이그레이션**: 마이그레이션 전략 실행
- **통합**: 종속성과 통합
- **검증**: 마이그레이션 후 기능 검증
- **운영**: 클라우드에서 운영할 계획
- **최적화**: 클라우드에 대한 워크로드 최적화

클라우드 마이그레이션 프로젝트의 초기 단계 중 하나는 마이그레이션할 애플리케이션을 평가하고 우선순위를 지정하는 것이다. 이를 수행하려면 클라우드로 마이그레이션하는 데 적합한 서버, 애플리케이션, 비즈니스 단위를 결정하고 마이그레이션 계획의 우선순위를 지정하고 이러한 애플리케이션에 대한 마이그레이션 전략을 결정하고자 환경의 IT 자산에 대한 전체 인벤토리를 확보해야 한다. 각 단계를 자세히 살펴보자.

워크로드 탐색

마이그레이션 프로젝트의 탐색 단계에서 클라우드 마이그레이션 포트폴리오에 대한 자세한 데이터(예, 마이그레이션 프로젝트 범위)를 탐색한다. 포트폴리오의 서버와 애플리케이션은 물론 상호 종속성과 현재 기준 성능 메트릭을 식별한다. 그 외에도 워크로드 탐색에는 데이터베이스와 파일 시스템, 네트워킹 구성, 보안과 규정 준수 요구 사항, 애플리케이션 배포 빈도, 데브옵스 모델, 운영체제 유지 관리와 패치, 라이선스 요구 사항과 같은 기존 스토리지에 대한 이해가 포함된다.

그런 다음 수집된 정보를 분석해 클라우드 환경을 설계하고 비용을 식별하는 데

도움이 될 수 있는 애플리케이션 연결과 용량 요구 사항을 결정한다. 모든 요소를 고려하려면 IT에서 마케팅과 프로그램 관리에 이르기까지 다른 사업부와 기능 간 논의가 필요하다. 이는 클라우드 마이그레이션 프로세스를 지원하고자 변경 사항을 조정하는 데 도움이 된다.

또한 상세한 탐색은 클라우드로 마이그레이션하기 전에 애플리케이션의 문제를 식별하는 데 도움이 될 수 있다. 탐색 데이터를 분석하는 동안 애플리케이션에 적절한 마이그레이션 방법도 결정한다.

포트폴리오 탐색은 서버와 애플리케이션, 종속성, 성능 메트릭을 포함해 클라우드 마이그레이션 프로젝트와 관련된 모든 IT 자산을 식별하는 프로세스다.

또한 자원의 **순 현재 가치**NPV, Net Present Value, 애플리케이션의 리사이클, 애플리케이션의 로드맵, 서버나 애플리케이션의 비즈니스 중요도와 같은 자원에 대한 비즈니스 세부 정보를 수집해야 한다. 이러한 세부 정보는 마이그레이션 전략을 결정하고 마이그레이션 계획을 만드는 데 도움이 된다. 대부분의 조직에서 이러한 세부 정보는 여러 비즈니스 단위와 팀에서 유지 관리된다. 따라서 발견 과정에서 비즈니스, 개발, 데이터 센터, 네트워크, 재무 등 다양한 팀과 상호작용해야 할 수 있다.

탐색 환경이 다음과 같은 다양한 요인에 따라 달라진다는 점을 이해하는 것이 중요하다.

- 이미 클라우드로 마이그레이션된 것은 무엇인가?
- 자원 및 자산과 함께 어떤 애플리케이션 종속성이 있는가?
- 클라우드 마이그레이션의 비즈니스 동인은 무엇인가?
- 전체 마이그레이션 프로젝트의 예상 기간은 얼마인가?
- 마이그레이션 프로세스는 몇 단계로 진행되는가?

마이그레이션 프로젝트의 가장 큰 과제 중 하나는 특히 I/O 및 커뮤니케이션과 관련이 있기 때문에 애플리케이션 간의 상호 종속성을 결정하는 것이다. 조직이 합병, 인수됨에 따라 클라우드 마이그레이션은 더욱 어려워진다. 조직에는 다음에 대한 완전한 정보가 없는 경우가 많다.

- 전체 서버, 스토리지 등과 같은 하드웨어의 수
- OS, RAM, CPU, 디스크의 유형 및 버전과 같은 서버 사양
- 서버 활용도와 성능 메트릭
- 서버 종속성
- 전체 네트워킹 세부 정보

철저한 포트폴리오 검색을 수행하면 다음과 같은 질문에 답하는 데 도움이 된다.

- 마이그레이션에 적합한 애플리케이션, 사업부, 데이터 센터는 무엇인가?
- 클라우드로 마이그레이션하는 데 애플리케이션이 얼마나 적합한가?
- 애플리케이션을 클라우드로 마이그레이션하는 것과 관련해 알려지거나 알려지지 않은 위험은 무엇인가?
- 마이그레이션을 위해 애플리케이션의 우선순위를 어떻게 지정해야 하는가?
- 애플리케이션이 의존하는 다른 IT 자산은 무엇인가?
- 애플리케이션에 가장 적합한 마이그레이션 전략은 무엇인가?
- 종속성과 위험 때문에 라이브 마이그레이션을 수행하는 것보다 애플리케이션에 약간의 다운타임이 있는 것이 더 나은가?

탐색 프로세스를 자동화하고 다양한 형식으로 좀 더 자세한 정보를 제공하는 데 도움이 되는 여러 도구가 있다. 이러한 도구는 배포 유형, 운영, 지원, 탐색, 데이터 유형과 같은 다양한 특성을 기반으로 분류할 수 있다.

사용 가능한 대부분의 솔루션은 다음과 같이 크게 두 가지 범주로 분류할 수 있다.

- **에이전트 기반 솔루션:** 필요한 세부 정보를 수집하려면 서버에 소프트웨어 클라이언트를 설치
- **에이전트 없는 솔루션:** 추가 설치 없이 이 정보를 수집

일부 솔루션은 서버나 호스트를 조사하고자 포트 스캐닝을 수행하는 반면 다른 솔루션은 종종 정보를 디코딩하고자 네트워크 패킷을 수집하고 분석하는 것과 관련된 패킷 스캐닝을 수행한다. 예를 들어 일부 도구는 네트워크를 넘어 더 높은 수준의 정보를 제공할 수 있으며 실행 중인 애플리케이션의 유형을 결정할 수도 있다. 탐색 프로세스의 복잡성은 조직의 워크로드와 이미 잘 관리된 인벤토리가 있는지 여부에 따라 다르다. 탐색 프로세스는 일반적으로 환경에 대한 좀 더 전체적인 정보를 수집하고자 최소 2주 동안 실행한다. 필요한 모든 정보를 찾은 후에는 이를 분석해야 한다. 분석 단계를 더 자세히 살펴보자.

정보 분석

서버와 애플리케이션 종속성을 식별하려면 호스트에 대한 네트워크 연결 데이터, 포트 연결, 시스템, 프로세스 정보를 분석해야 한다. 도구에 따라 서버의 모든 정보를 시각화해 종속성을 식별하거나 쿼리를 실행해 특정 프로세스를 실행하거나 특정 포트를 사용하거나 특정 호스트와 통신하는 모든 서버를 나열할 수 있다.

마이그레이션 일정을 위해 서버와 애플리케이션을 그룹화하려면 호스트 구성에서 패턴을 식별해야 한다. 종종 일부 접두사는 서버 호스트 이름에 포함돼 특정 작업 부하, 비즈니스 단위, 애플리케이션 또는 요구 사항과의 연관성을 나타낸다. 일부 환경에서는 태그와 기타 메타데이터를 사용해 이러한 세부 정보를 호스트와 연결할 수도 있다. 대상 환경의 규모를 적절하게 조정하고자 서버와 애플리케이션에 대한 성능 지표를 분석할 수 있다.

- 서버가 과도하게 프로비저닝된 경우 적절한 크기의 매핑 정보를 수정할 수 있다. 서버 사양 대신 서버/애플리케이션에 대한 활용 데이터를 활용해 이 프로세스를 최적화할 수도 있다.
- 서버가 충분히 프로비저닝되지 않은 경우 클라우드로 마이그레이션하고자 서버에 더 높은 우선순위를 할당할 수 있다.

환경에 따라 검색 프로세스 중에 수집되는 데이터 유형이 다를 수 있다. 마이그레이션 계획을 위해 분석된 데이터는 방화벽 구성, 작업 부하 분산, 애플리케이션이 마이그레이션되는 단계와 같은 대상 네트워크 세부 정보를 결정하는 것이다.

이러한 통찰력을 자원 가용성 및 비즈니스 요구 사항과 결합해 클라우드 마이그레이션 워크로드의 우선순위를 지정할 수 있다. 이 통찰력은 각 클라우드 마이그레이션 스프린트의 일부로 포함할 서버 수를 결정하는 데 도움이 될 수 있다.

클라우드 마이그레이션 포트폴리오의 탐색과 분석을 기반으로 애플리케이션에 적합한 클라우드 마이그레이션 전략을 결정할 수 있다. 예를 들어 덜 복잡하고 지원되는 OS에서 실행되는 서버와 애플리케이션은 리프트 앤 시프트 전략에 적합한 후보가 될 수 있다. 지원되지 않는 OS에서 실행되는 서버니 애플리케이션은 적절한 전략을 결정하고자 추가 분석이 필요할 수 있다.

클라우드 마이그레이션 프로젝트에서는 탐색, 분석, 계획이 긴밀하게 통합된다. 클라우드 마이그레이션 포트폴리오의 전체 검색을 수행하고 데이터를 분석해 마이그레이션 계획을 만들게 된다. 분석 단계가 끝나면 세부 정보와 분석을 기반으로 클라우드 마이그레이션 포트폴리오의 일부인 각 서버/애플리케이션에 대해 다음을 수행할 수 있어야 한다.

- 조직의 클라우드 채택 전략에 따라 서버/애플리케이션에 대한 마이그레이션 전략을 선택한다. 유지, 폐기, 재배치, 재구매, 리호스트, 리플랫폼, 리팩터 내에서 특정 선택 사항으로 제한될 수 있다.

- 자원을 클라우드로 마이그레이션하기 위한 우선순위를 지정한다. 결국 클라우드 마이그레이션 포트폴리오의 일부인 모든 자원이 클라우드로 마이그레이션될 수 있지만 이 우선순위에 따라 마이그레이션의 우선순위가 결정된다. 우선순위가 더 높은 자원은 마이그레이션 일정에서 더 일찍 마이그레이션될 수 있다.
- 자원을 클라우드로 마이그레이션하는 비즈니스 동인을 문서화해 자원을 클라우드로 마이그레이션할 필요성과 우선순위를 결정한다.

계획에서는 발견과 분석 단계에서 수집된 정보를 활용해 마이그레이션의 순서를 결정한다. 이번에는 마이그레이션 계획을 살펴본다.

마이그레이션 계획 수립

마이그레이션 프로젝트의 다음 단계는 클라우드 마이그레이션을 계획하는 것이다. 포트폴리오 탐색 단계에서 수집한 정보를 사용해 효율적인 마이그레이션 계획을 세워야 한다. 이 단계가 끝나면 클라우드로 마이그레이션할 수 있는 정렬된 애플리케이션 백로그를 생성할 수 있어야 한다.

마이그레이션 계획 단계의 주요 목표는 다음과 같다.

- 마이그레이션 전략 선택
- 마이그레이션의 성공 기준 정의
- 클라우드에 있는 자원의 적절한 크기 결정
- 클라우드로 마이그레이션할 애플리케이션의 우선순위 결정
- 마이그레이션 패턴 식별
- 세부 마이그레이션 계획, 체크리스트, 일정 만들기

- 마이그레이션 스프린트 팀 만들기
- 마이그레이션 도구 식별

마이그레이션 계획 단계를 준비하고자 클라우드 마이그레이션 포트폴리오의 일부인 모든 IT 자산에 대해 자세한 탐색을 수행해야 한다. 마이그레이션 계획에는 클라우드 계정 구조 결정과 애플리케이션에 대한 네트워크 구조 생성이 포함된다. 또한 클라우드 환경과의 하이브리드 연결을 이해하는 것도 필수적이다. 하이브리드 연결은 여전히 온프레미스에서 실행 중인 자원에 종속될 수 있는 애플리케이션을 계획하는 데 도움이 된다.

애플리케이션 마이그레이션 순서는 다음과 같은 세 가지 주요 단계를 통해 확인할 수 있다.

1. 잠재적인 마이그레이션과 관련된 여러 비즈니스 및 기술 차원에서 각 애플리케이션을 평가해 환경을 정확하게 수량화한다.
2. 종속성 기반 요구 사항을 식별하고자 잠금, 강한 결합 및 느슨한 결합과 같은 조건으로 각 애플리케이션에 대한 종속성을 식별한다.
3. 다양한 차원의 상대적 가중치를 결정하고자 조직의 우선순위 전략을 결정한다.

애플리케이션 또는 서버 마이그레이션 시작은 다음과 같은 두 가지 요소에 따라 달라질 수 있다.

- 첫째, 조직의 우선순위 전략과 애플리케이션 우선순위다. 조직은 ROI 극대화, 위험 최소화, 마이그레이션 용이성 또는 다른 사용자 정의와 같은 몇 가지 차원에 다양한 중점을 둘 수 있다.
- 둘째, 포트폴리오 탐색과 분석 단계를 통해 얻은 통찰력을 통해 해당 전략과 일치하는 애플리케이션 패턴을 식별할 수 있다.

예를 들어 조직 전략이 위험을 최소화하는 것이라면 애플리케이션을 식별하는 데 비즈니스 중요도가 더 중요하다. 용이한 마이그레이션이 전략이라면 리호스트를 사용해 마이그레이션할 수 있는 애플리케이션이 더 높은 우선순위를 갖게 된다. 리호스트는 다른 전략보다 더 간단한 프로세스이기 때문이다. 계획의 결과는 클라우드 마이그레이션을 예약하는 데 사용할 수 있는 정렬된 애플리케이션 목록이어야 한다.

다음은 마이그레이션의 계획의 일부다.

1. 마이그레이션 전에 애플리케이션에 대한 기준 성능 지표를 수집한다. 성능 지표는 클라우드에서 애플리케이션 아키텍처를 정량적으로 설계하거나 최적화하는 데 도움이 된다. 탐색 단계에서 이러한 성능 세부 정보의 대부분을 수집했을 수 있다.
2. 애플리케이션에 대한 테스트 계획과 사용자 승인 계획을 작성한다. 이러한 계획은 마이그레이션 프로세스의 결과를 결정하는 데 도움이 된다.
3. 마이그레이션 결과에 따라 애플리케이션을 계속 실행할 방법과 위치를 정의하는 컷오버 전략과 롤백 계획이 있어야 한다.
4. 운영과 관리 계획은 마이그레이션 이후 역할을 결정하는 데 유용하다. RACI Responsible, Accountable, Consult, Inform 매트릭스 스프레드시트를 활용해 전체 클라우드 마이그레이션 여정에 걸쳐 애플리케이션에 대한 이러한 역할과 책임을 정의할 수 있다.
5. 에스컬레이션이 발생할 경우 적시에 지원을 제공할 수 있는 애플리케이션 팀 내 연락 지점을 식별한다. 팀 간의 긴밀한 협업을 통해 일정에 따라 마이그레이션을 성공적으로 완료할 수 있다.

기존 온프레미스 환경에 대해 이미 문서화된 프로세스가 있는 경우(예, 변경 제어 프로세스, 테스트 계획, 운영과 관리를 위한 실행 책자) 이를 활용할 수 있다.

마이그레이션 전, 마이그레이션 중, 마이그레이션 후 성능과 비용을 비교해야 한다. 이는 마이그레이션이 현재 적절한 KPIKey Performance Indicator를 충분히 만족하지 못하고 있음을 나타낼 수 있다. 고객은 마이그레이션 후에 비교할 기준선이 있도록 유용한 KPI를 식별하고 달성하기 시작해야 한다. 마이그레이션의 KPI 접근 방식에는 두 가지 목표가 있다. 먼저 기존 애플리케이션의 기능을 정의한 다음 클라우드 인프라와 비교해야 한다.

새 제품이 카탈로그에 추가되거나 새 서비스가 출시되면 회사 수익이 증가하는데, 이는 회사 KPI에 반영된다. 일반적으로 IT 메트릭에는 제품 품질과 애플리케이션에 대해 보고된 버그 수가 포함된다. 중요한 버그, 시스템 다운타임과 성능 메트릭을 수정하고자 정의된 SLA에는 메모리 사용률, CPU 사용률, 디스크 사용률, 네트워크 사용률과 같은 시스템 자원 사용률 값이 포함된다.

스크럼Scrum과 같은 지속적 전달 방법론을 사용해 애플리케이션을 클라우드로 마이그레이션할 수 있다. 스크럼 방법론의 도움으로 여러 스프린트를 만들고 우선순위에 따라 스프린트 백로그에 애플리케이션을 추가할 수 있다. 때로는 많은 애플리케이션을 결합하고 유사한 마이그레이션 전략을 따를 수 있다. 일반적으로 스프린트 전반에 걸쳐 일정한 기간을 유지하고 스프린트 팀 규모 및 애플리케이션의 복잡성과 같은 요인에 따라 애플리케이션을 변경한다.

마이그레이션해야 하는 애플리케이션에 대한 지식이 있는 소규모 팀이 있는 경우 주간 스프린트를 사용할 수 있다. 각 스프린트는 검색/분석, 계획/설계, 마이그레이션 단계로 구성되며 스프린트의 마지막 날에 최종 컷오버가 이뤄진다. 그러나 팀이 스프린트를 반복할수록 각 스프린트의 작업 부하가 증가할 수 있다. 팀이 마이그레이션 프로세스에서 경험을 쌓았고 지속적인 학습과 적응으로 현재 스프린트의 효율성을 높일 수 있도록 이전 스프린트의 피드백을 통합할 수 있기 때문이다.

복잡한 애플리케이션을 마이그레이션하는 경우 계획/설계 단계에만 한 주 전체를 사용하고 별도의 스프린트에서 다른 단계를 수행할 수도 있다. 스프린트 내에서 수행하는 작업과 결과물은 복잡성 및 팀 규모와 같은 요인에 따라 달라질 수 있다. 핵심은 스프린트에서 가치를 얻는 것이다.

제품 백로그, 마이그레이션 전략, 조직 구조와 같은 다양한 요소에 따라 마이그레이션 프로세스를 지원하고자 여러 팀을 만들 수 있다. 일부 고객은 리호스트 팀, 리팩터 팀, 리플랫폼 팀과 같은 각 마이그레이션 전략에 중점을 둔 그룹을 만든다. 클라우드에서 애플리케이션 아키텍처 최적화를 전문으로 하는 팀을 가질 수도 있다. 멀티 팀 전략은 클라우드로 마이그레이션할 애플리케이션이 많은 조직에서 선호하는 모델이다.

팀은 다음과 같은 세그먼트로 나눌 수 있다.

- 첫째, 팀은 필수 구성 요소를 검증해 환경(개발, 테스트 또는 운영)이 제대로 작동하고 유지 관리되며 모니터링되는지 확인할 수 있다.
- 통합 팀은 애플리케이션 구성을 결정하고 종속성을 찾아 다른 팀이 만드는 낭비를 줄이는 데 도움이 된다.
- 리프트 앤 시프트 마이그레이션 스프린트 팀은 리팩터링이나 플랫폼 변경이 필요하지 않은 대규모 애플리케이션을 마이그레이션한다. 팀은 자동화 도구를 사용해 매 스프린트 후에 변경되는 부분을 적용한다.
- 리플랫폼 마이그레이션 스프린트 팀은 애플리케이션을 클라우드로 마이그레이션하고자 애플리케이션 아키텍처 변경에 중점을 둔다. 예를 들어 마이크로서비스용 애플리케이션 설계를 현대화하거나 운영체제를 최신 버전으로 업데이트한다.
- 리팩터링 마이그레이션 스프린트 팀은 운영, 테스트, 개발 등 다양한 마이그레이션 환경을 관리하는 업무를 담당한다. 모든 환경을 면밀히 모니터링해 필요에 따라 확장할 수 있고 작동하는지 확인한다.
- 혁신 마이그레이션 스프린트 팀은 전환 팀과 같은 그룹과 협력해 다른 그룹에

서 사용할 수 있는 패키지 솔루션을 개발한다.

이러한 학습을 새 계획에 통합될 수 있게 제품 백로그를 계획하고 지속적으로 구축하면서 파일럿 마이그레이션 프로젝트를 실행하는 것이 좋다. 파일럿 단계에서 먼저 비운영 마이그레이션을 대상으로 하는 것이 가장 좋다. 파일럿 프로젝트와 스프린트의 성공적인 결과는 클라우드 전환 프로그램에 대한 이해관계자의 동의를 확보하는 데에도 사용될 수 있다.

애플리케이션 설계

설계 단계에서는 애플리케이션을 성공적으로 마이그레이션하고 애플리케이션 설계가 필요한 성공 기준을 충족시키고 클라우드로 마이그레이션한 후 최신 상태인지 확인하는 데 중점을 둬야 한다. 예를 들어 온프레미스 애플리케이션 서버에서 사용자 세션을 유지 관리하는 경우 마이그레이션 후 클라우드에서 유사한 아키텍처가 구현되는지 확인해야 한다. 이 아키텍처는 성공 기준을 정의한다.

이 단계의 주요 목표는 마이그레이션 성공 기준을 충족시키게 애플리케이션을 설계하는 것이다. 애플리케이션을 향상시킬 수 있는 기회를 식별해야 하며, 최적화 단계에서 이러한 기회를 달성할 수 있다.

마이그레이션의 경우 먼저 다음을 포함하는 온프레미스와 클라우드의 기본 아키텍처를 완전히 이해해야 한다.

- 사용자 계정
- 네트워크 구성
- 네트워크 연결
- 보안
- 거버넌스

- 모니터링

이러한 구성 요소에 대한 지식은 애플리케이션의 새 아키텍처를 만들고 유지 관리하는 데 도움이 된다. 예를 들어 애플리케이션이 개인 식별 정보[PII]와 같은 민감한 정보를 처리하고 액세스를 제어하는 경우 아키텍처에 규정 준수 요구 사항을 충족시키려면 특정 네트워크 설정이 필요하다는 의미다.

설계 단계에서 아키텍처의 차이를 파악하고 애플리케이션 요구 사항에 따라 아키텍처를 개선한다. 여러 계정이 있는 경우 각 계정에는 일정 수준의 관계 또는 종속성이 있을 수 있다. 예를 들어 모든 자원이 회사 전체의 보안 지침을 준수하는지 확인하고자 보안 계정을 가질 수 있다.

애플리케이션의 네트워크 설계에 대해 생각할 때 다음을 고려해야 한다.

- 애플리케이션의 경계로 들어가는 네트워크 패킷 흐름
- 외부 및 내부 트래픽 라우팅
- 네트워크 보호를 위한 방화벽 규칙
- 인터넷과 기타 내부 애플리케이션으로부터 애플리케이션 격리
- 전반적인 네트워크 규정 준수와 거버넌스
- 네트워크 로그와 흐름 감사
- 데이터와 사용자에 대한 노출에 따라 애플리케이션 위험 수준 분리
- DDoS 공격 방어와 예방
- 프로덕션 및 비프로덕션 환경에 대한 네트워크 요구 사항
- SaaS 기반 멀티테넌시 애플리케이션 액세스 요구 사항
- 조직의 사업부 수준에서 네트워크 경계

- 사업부 전반에 걸쳐 공유 서비스 모델의 과금과 구현

연결 요구 사항에 따라 온프레미스 시스템에서 하이브리드 연결 옵션을 고려할 수 있다. 클라우드에서 안전하고 안정적이며 성능이 뛰어나고 비용 최적화된 아키텍처를 구축하고 유지 관리하려면 모범 사례를 적용해야 한다. 클라우드로 마이그레이션하기 전에 클라우드 모범 사례와 비교해 클라우드 기본 아키텍처를 검토하기 바란다.

4장에서는 애플리케이션을 클라우드로 마이그레이션할 때 고려할 수 있는 일반적인 아키텍처 설계 패턴을 강조했다. 마이그레이션 프로세스에서 설계 단계의 기본 목표는 계획 단계에서 식별된 마이그레이션 성공 기준을 충족시키게 애플리케이션 아키텍처를 설계하는 것임을 강조하는 것이 중요하다. 마이그레이션 프로젝트의 최적화 단계에서 애플리케이션을 더욱 최적화할 수 있다.

클라우드로 마이그레이션하는 과정에서 글로벌 클라우드 인프라의 이점을 활용하고 최종 사용자와의 근접성을 높이고 위험을 완화하고 보안을 개선하도록 애플리케이션 아키텍처를 설계할 수 있다. 시간이 지남에 따라 성장할 것으로 예상되는 시스템은 성능 저하 없이 사용자, 트래픽이나 데이터의 증가를 지원할 수 있는 확장 가능한 아키텍처 위에 구축돼야 한다.

일부 상태 정보를 유지 관리해야 하는 애플리케이션의 경우 아키텍처의 특정 구성 요소를 상태 비저장으로 만들 수 있다. 아키텍처에 상태 저장이 필요한 계층이 있는 경우 세션을 활용해 이러한 구성 요소를 계속 확장할 수 있다. 방대한 양의 데이터를 처리하는 애플리케이션에 분산 처리 접근 방식을 활용한다.

실행 중인 애플리케이션의 운영 복잡성을 줄이는 또 다른 접근 방식은 서버리스 아키텍처를 사용하는 것이다. 이러한 아키텍처는 활용도가 낮은 서버에 대해 비용을 지불하거나 고가용성을 구현하고자 중복 인프라를 배포하지 않기 때문에 비용을 절감할 수 있다. 6장에서 서버리스 아키텍처에 대해 자세히 알아본다.

다음 그림은 온프레미스 설계부터 시작해 AWS 클라우드로의 마이그레이션 설계를 보여준다.

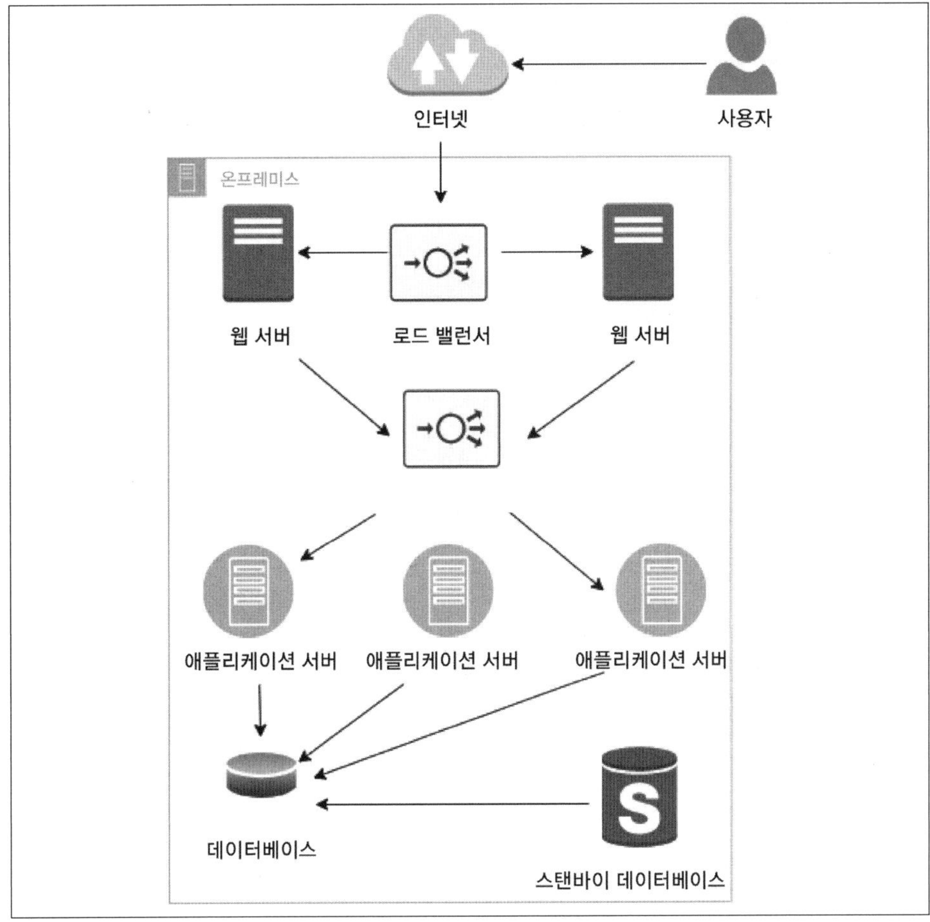

그림 5.3: 온프레미스 아키텍처 매핑

이제 AWS에서의 설계를 살펴보자.

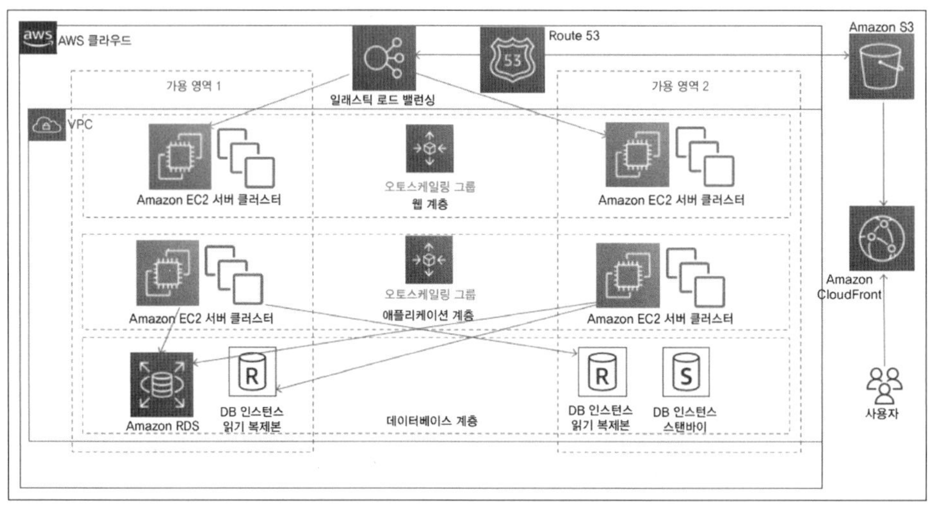

그림 5.4: 온프레미스에서 AWS 클라우드 아키텍처로 전환

위의 그림에서 클라우드 마이그레이션 전략의 일부로 웹 서버를 다시 호스팅하고 오토스케일링을 도입해 수요가 급증하는 것을 대응한다. 수신 트래픽을 웹 서버 인스턴스로 분산하고자 로드 밸런서도 추가된다. 애플리케이션 서버는 리팩터링을 사용해 마이그레이션됐으며 데이터베이스 계층의 플랫폼은 기존 데이터베이스에서 클라우드 네이티브 Amazon RDS로 변경됐다. 전체 아키텍처는 여러 가용 영역에 분산돼 고가용성을 제공하고 데이터베이스는 두 번째 가용 영역의 스탠바이 인스턴스에 복제된다.

설계 단계의 결과로 클라우드에서 애플리케이션 아키텍처에 대한 세부 설계 문서를 작성해야 한다. 설계 문서에는 애플리케이션이 마이그레이션해야 하는 사용자 계정, 네트워크 구성, 데이터에 액세스해야 하는 사용자, 그룹, 애플리케이션 목록과 같은 세부 정보가 포함돼야 한다. 또한 설계 문서는 백업, 라이선스, 모니터링, 보안, 규정 준수, 패치 적용, 유지 관리에 대한 애플리케이션 호스팅 세부 정보와 애플리케이션별 요구 사항을 명확하게 설명해야 한다. 마이그레이션 유효성 검사 단계에서 기본 클라우드 기능 확인과 애플리케이션 기능 확인이 필요하다.

클라우드로 애플리케이션 마이그레이션 수행

마이그레이션 실행 단계를 통해 계획을 실현할 수 있다. 실행 단계에서는 개발/테스트와 운영 단계에서 반복되는 일련의 단계와 구성을 정의해야 한다. 마이그레이션을 실행하기 전에 마이그레이션 계획이 있는지, 스프린트 팀과 마이그레이션 진행률 및 일정을 식별했는지, 우선순위가 지정된 백로그를 생성했는지, 모든 애플리케이션 이해관계자에게 마이그레이션 일정, 역할, 책임에 대해 알렸는지 확인해야 한다.

또한 클라우드의 대상 환경이 기본 아키텍처와 핵심 서비스로 이미 설정됐는지 확인해야 한다. 마이그레이션 전에 백업이나 동기화 수행, 서버 종료 또는 서버에서 디스크 및 디바이스 마운트 해제와 같은 일부 애플리케이션별 사전 단계가 있을 수 있다. 네트워크와 방화벽 규칙, 인증과 권한 부여, 계정과 같은 필수 구성 요소를 확인해야 한다. 인프라에서 애플리케이션을 테스트해 필수 서버, 로드 밸런서, 데이터베이스, 인증 서버 등에 액세스할 수 있는지 확인해야 하고 성능을 측정하려면 애플리케이션 로깅과 모니터링에 특별한 주의를 기울여야 한다.

마이그레이션 프로세스 중에 클라우드와의 네트워크 연결이 양호한지 확인해야 한다. 마이그레이션해야 하는 데이터양을 잘 예측하면 대역폭 및 네트워크 연결과 같은 다른 요소를 고려할 때 마이그레이션에 소요되는 시간을 적절하게 예측하는 데 도움이 된다. 또한 마이그레이션을 수행하는 데 사용할 수 있는 도구를 이해해야 한다. 시장에서 사용할 수 있는 디바이스의 수를 감안할 때 요구 사항과 기타 제약 조건에 따라 선택 기준을 좁혀야 할 수도 있다.

리호스트는 종종 애플리케이션을 클라우드로 마이그레이션하는 가장 빠른 방법이다. 애플리케이션이 클라우드에서 실행 중인 경우 클라우드가 제공해야 하는 모든 이점을 활용하도록 애플리케이션을 최적화할 수 있다. 리프트 앤 시프트 방식을 적용해 애플리케이션을 클라우드로 신속하게 마이그레이션하면 비용과 민첩성 이점을 더 빨리 실현할 수 있다.

마이그레이션 전략에 따라 일반적으로 애플리케이션과 애플리케이션이 실행 중인 인프라를 포함해 전체 서버를 마이그레이션하거나 애플리케이션에 속한 데이터만 마이그레이션할 수 있다. 데이터와 서버를 마이그레이션하는 방법을 살펴보자.

데이터 마이그레이션

클라우드 데이터 마이그레이션은 기존 데이터를 새로운 클라우드 스토리지로 이동하는 프로세스를 의미한다. 대부분의 애플리케이션은 클라우드로 전환하는 동안 데이터 스토리지가 필요하다. 스토리지 마이그레이션은 일반적으로 두 가지 접근 방식 중 하나와 일치하지만 조직에서는 두 가지를 동시에 수행할 수 있다.

- 첫째, 단일 리프트 앤 시프트 방식의 이동이다. 이는 클라우드에서 새 애플리케이션을 시작하기 전에 필요할 수 있다.
- 둘째, 클라우드에 중점을 둔 하이브리드 모델로 인해 일부 레거시 온프레미스 데이터가 포함된 클라우드 네이티브 프로젝트를 새롭게 설계할 수 있다. 레거시 데이터 스토리지는 시간이 지나면서 클라우드로 이동할 수 있다.

그러나 데이터 마이그레이션에 대한 접근 방식은 다양하다. 데이터양, 네트워크와 대역폭 제약, 데이터 분류 계층(예, 백업 데이터, 미션 크리티컬 데이터, 데이터 웨어하우스 또는 아카이브 데이터), 마이그레이션 프로세스에 할당할 수 있는 시간과 같은 요인에 따라 다르다.

대역폭과 데이터 볼륨이 비현실적인 상황에서 광범위한 데이터 아카이브나 데이터 레이크가 있는 경우 데이터를 현재 위치에서 클라우드 업체의 데이터 센터로 직접 옮길 수 있다. 전용 네트워크 연결을 사용해 네트워크 전송을 가속화하거나 하드 드라이브를 통해 데이터를 물리적으로 전송해 이를 수행할 수도 있다.

데이터 스토리지가 시간이 지남에 따라 점진적으로 마이그레이션될 수 있거나 클라우드가 아닌 많은 소스에서 새 데이터가 집계되는 경우 클라우드 스토리지 서비스의 인터페이스를 고려해야 한다. 이러한 마이그레이션 서비스는 백업과 복구 소프트웨어 또는 SAN[Storage Area Network]과 같은 기존 설치를 활용하거나 보완할 수 있다.

소규모 데이터베이스의 경우 워크로드의 복잡성에 따라 몇 시간에서 며칠 동안 애플리케이션을 종료해야 하는 원스텝 마이그레이션이 가장 좋은 옵션이다. 다운타임 동안 데이터베이스의 모든 정보가 추출돼 클라우드의 데이터베이스로 마이그레이션된다. 데이터베이스가 마이그레이션되면 데이터 손실이 없는지 원본 데이터베이스에서 유효성을 검사해야 한다. 그 후에 최종 컷오버를 완료할 수 있다.

그 외에도 시스템에 최소한의 다운타임이 필요한 경우 모든 크기의 데이터베이스에 2단계 마이그레이션 프로세스가 일반적으로 사용된다.

- 첫 번째 단계에서는 원본 데이터베이스에서 정보를 추출한다.
- 다음 단계에서는 데이터베이스가 계속 실행되고 있는 동안 데이터가 마이그레이션된다. CDCChange Data Capture를 구성해 모든 데이터가 마이그레이션되고 애플리케이션이 동작 상태인지 확인할 수 있다.

NOTE

> 전체 프로세스 중 다운타임은 없다. 마이그레이션 작업이 완료된 후 필요에 따라 외부 애플리케이션에 대한 연결을 위한 기능과 성능 테스트를 수행할 수 있다.

이 시간 동안 원본 데이터베이스가 여전히 실행 중이기 때문에 최종 전환 전에 변경사항을 기록하거나 복제해야 한다. 이 시점에서 일반적으로 몇 시간 동안 데이터베이스의 다운타임 시간을 확보하고 원본과 대상이 되는 데이터베이스를 동기화한다. 모든 변경 데이터가 대상 데이터베이스로 전송된 후 데이터 유효성 검사를 수행해 성공적인 마이그레이션을 확인하고 마지막으로 애플리케이션 트래픽을 새 클라우드 데이터베이스로 라우팅해야 한다.

다운타임이 허용되지 않는 중요한 데이터베이스가 있을 수 있는데, 이러한 마이그레이션을 수행하려면 상세한 계획과 적절한 데이터 복제 도구가 필요하다. 이러한 시나리오에는 지속적인 데이터 복제 도구를 사용해야 한다. 동기식 복제의 경우 소스 데이터베이스 지연시간이 영향을 받을 수 있는데, 애플리케이션에서는 데이터가 끝까지 복제되기를 기다리기 때문이다. 데이터베이스 다운타임이 몇 분인 경우 비동기 복제를 사용할 수 있다. 제로 다운타임 마이그레이션을 사용하면 원본과 대상 데이터베이스가 항상 동기화돼 있으므로 전환을 수행할 시기에 대해 더 많은 유연성을 가질 수 있다.

서버 마이그레이션

클라우드로 서버를 마이그레이션하는 방법에는 여러 가지가 있다.

- 호스트 또는 OS 복제 기술에는 시스템의 OS 이미지를 복제할 에이전트를 원본 시스템에 설치하는 작업이 포함된다. 원본 시스템에서 스냅샷이 생성된 다음 대상 시스템으로 전송되는데, 이 유형의 복제는 일회성 마이그레이션에 주로 사용된다. OS 복제 방법을 사용하면 모든 OS 파일이 원본 시스템에서 복사되고 클라우드 인스턴스에서 호스팅된다. OS 복제 방법이 효과적이기 위해서는 마이그레이션을 실행하는 기본 OS 환경을 이해해야 한다.
- 재해 복구 복제 기술은 데이터를 복제하는 데 사용되는 에이전트를 원본 시스템에 배포한다. 그러나 데이터는 파일 시스템이나 블록 수준에서 복제된다. 일부 솔루션은 데이터를 대상 볼륨에 지속적으로 복제해 지속적인 데이터 복제 솔루션을 제공한다. 디스크 복사 방법을 사용하면 디스크 볼륨 전체가 복사된다. 디스크 볼륨이 수집되면 클라우드에 볼륨으로 로드할 수 있으며, 그런 다음 클라우드 인스턴스에 연결할 수 있다.
- 가상 머신의 경우 에이전트 없는 기술을 사용해 VM을 클라우드로 내보내거나 가져올 수 있다. VM 복사 방법을 사용하면 온프레미스 가상 머신 이미지가 복사된다. 온프레미스 서버가 VMware나 OpenStack과 같은 가상 머신으로 실행 중인 경우 VM 이미지를 복사해 머신 이미지로 클라우드에 가져올 수 있다. 이 기술의 주요 이점 중 하나는 계속해서 실행할 수 있는 서버 백업 이미지를 가질 수 있다는 것이다.

- 사용자 데이터 복사 방법을 사용하면 애플리케이션의 사용자 데이터만 복사된다. 원래 서버에서 데이터를 내보낸 후에는 세 가지 마이그레이션 전략(재구매, 리플랫폼, 리팩터링) 중 하나를 선택할 수 있는데, 사용자 데이터 복사 방법은 애플리케이션의 정보를 알고 있는 사람만 실행할 수 있다. 그러나 사용자 데이터만 추출하는 것은 OS에 구애받지 않는다.
- 애플리케이션을 컨테이너화한 다음 클라우드에 다시 배포할 수도 있다. 컨테이너화 방법을 사용하면 애플리케이션 바이너리와 사용자 데이터가 모두 복사된다. 애플리케이션 바이너리와 사용자 데이터가 복사되면 클라우드에서 호스팅되는 컨테이너 런타임에서 실행할 수 있다. 이것은 기본 플랫폼이 다르기 때문에 플랫폼 변경 마이그레이션 전략의 한 예로 볼 수 있다.

시중에 나와 있는 여러 마이그레이션 도구를 사용해 데이터나 서버를 클라우드로 마이그레이션할 수 있다. 각 주요 퍼블릭 클라우드는 마이그레이션을 위한 자체 도구를 제공하지만 CloudEndure, NetApp, Dynatrace, Carbonite, Microfocus 등과 같은 다른 인기 있는 클라우드 마이그레이션 도구를 사용할 수도 있다. 일부 도구는 마이그레이션을 위해 재해 복구 전략을 사용하고, 일부 재해 복구 도구는 라이브 마이그레이션을 용이하게 하고자 연속 복제도 지원한다. 플랫폼 간 데이터베이스 마이그레이션이나 데이터베이스 스키마 변환을 전문으로 하는 것도 있다. 이러한 도구는 사용자가 편리하게 사용할 수 있는 기능을 지원해야 하며, 이를 관리할 직원도 필요하다.

통합, 검증, 전환

마이그레이션, 통합, 검증은 클라우드에서 애플리케이션과 다양한 통합을 수행하면서 지속적인 검증을 수행하고자 할 때 함께 진행된다. 팀은 필요한 기능 검사를 수행해 애플리케이션이 지정된 트래픽 흐름과 함께 적절한 네트워크 구성(원하는 지리적 위치에서)으로 실행되고 있는지 확인하는 것으로 시작한다. 기본 기능 확인이 완료되면 인스턴스를 원하는 대로 시작하거나 중지할 수 있다. 서버 구성(예, RAM, CPU, 하드 디스크)이 의도한 것과 동일한지 확인해야 한다.

이러한 검사를 수행하려면 애플리케이션과 해당 기능에 대한 지식이 필요하다. 확인이 완료되면 애플리케이션에 대한 통합 테스트를 수행할 수 있다. 이러한 통합 테스트에는 외부 종속성 및 애플리케이션과의 통합 등을 확인하는 과정이 포함된다. 예를 들어 애플리케이션이 액티브 디렉터리, CRM, 패치 또는 공유 서비스에 연결할 수 있는지 확인한다. 통합 검증이 성공하면 애플리케이션이 전환할 준비가 된 것이다.

통합 단계에서 애플리케이션을 통합하고 외부 종속성이 있는 클라우드로 마이그레이션해 기능을 검증한다. 예를 들어 애플리케이션은 모두 외부에 있는 액티브 디렉터리 서버, 구성 관리 서버 또는 공유 서비스 자원과 통신해야 할 수 있고 구매 주문 후 API에서 피드를 수신하는 업체와 같이 클라이언트나 업체에 속한 외부 애플리케이션과 통합해야 할 수도 있다.

통합 프로세스가 완료되면 단위 테스트와 UAT(사용자 수락 테스트)를 수행해 통합을 검증해야 한다. 이 테스트의 결과는 애플리케이션과 비즈니스 소유자의 승인을 받는 데 도움이 된다. 또한 통합과 검증 단계의 마지막 단계에는 애플리케이션과 애플리케이션 비즈니스 소유자의 승인 프로세스가 포함되며 이를 통해 애플리케이션을 온프레미스에서 클라우드로 전환할 수 있다.

클라우드 마이그레이션의 마지막 단계는 전환 프로세스다. 이 단계에서는 원본 온프레미스 환경에서 대상 클라우드 환경으로 애플리케이션 트래픽을 리디렉션하는 데 필요한 단계를 수행한다. 데이터나 서버 마이그레이션(1단계, 2단계 또는 제로 다운타임 마이그레이션) 유형에 따라 전환 프로세스의 단계가 다를 수 있는데, 컷오버 전략을 결정할 때 고려해야 할 몇 가지 요소는 다음과 같다.

- 애플리케이션에 허용되는 가동 중지 시간

- 데이터 업데이트 빈도
- 읽기 전용이나 정적 데이터와 같은 데이터 액세스 패턴
- 데이터베이스 동기화, 백업, DNS 이름 확인과 같은 애플리케이션별 요구 사항
- 전환이 발생할 수 있는 요일이나 시간 및 데이터의 중요도와 같은 비즈니스 제약 조건
- 관리 지침과 승인 변경

라이브 마이그레이션은 비즈니스 크리티컬 워크로드 마이그레이션에 가장 많이 사용되는데, 이에 대해 자세히 알아보자.

라이브 마이그레이션 전환

다음 그림은 실시간 제로 다운타임 마이그레이션을 위한 전환 전략을 보여준다. 이 방법에서는 데이터가 대상에 지속적으로 복제되고 애플리케이션이 계속 실행되고 있는 동안 대부분의 기능 검증과 통합 테스트를 수행한다.

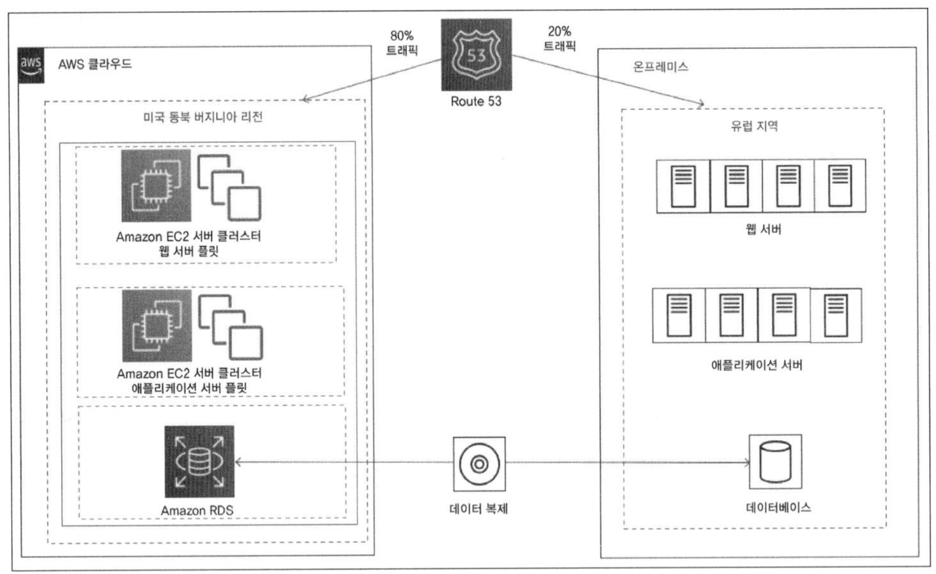

그림 5.5: 블루-그린 배포를 이용한 라이브 마이그레이션 전환

복제 프로세스에서 원본 온프레미스 데이터베이스와 대상 클라우드 데이터베이스는 항상 동기화된다. 모든 통합과 검증 테스트가 성공적으로 완료되고 애플리케이션이 전환할 준비가 되면 블루-그린 접근 방식을 사용해 전환을 수행할 수 있다. 고려해야 할 것은 블루 환경이 라이브 트래픽을 수용하는 기존 운영 환경이라는 것이다. 동시에 코드의 새 버전을 제외한 블루 환경과 동일한 그린 환경을 프로비저닝한다. 12장에서 블루-그린 배포를 자세히 알아본다.

처음에는 애플리케이션이 온프레미스와 클라우드 모두에서 계속 실행돼 트래픽이 양쪽에 분산된다. 모든 트래픽이 새 애플리케이션으로 전달될 때까지 클라우드 애플리케이션에 대한 트래픽을 점진적으로 늘릴 수 있으므로 다운타임 없이 전환된다.

가장 일반적으로 사용되는 다른 전환 전략에는 약간의 다운타임이 포함된다. 애플리케이션에 대한 다운타임을 정하고, 트래픽을 일시 중지하고, 애플리케이션을 오프라인으로 전환하고, CDC 프로세스를 적용해 최종 동기화를 수행한다.

최종 동기화 후 대상이 되는 곳에서 빠르게 테스트를 수행하는 것이 좋다. 이 시점에 원본에서는 클라우드에서 실행되는 애플리케이션으로 트래픽을 리디렉션해 전환을 완료할 수 있다. 데이터는 애플리케이션이 활성화될 때 지속적으로 변경되기 때문에 마이그레이션 중에 동기화하고 전환하는 데 가장 중요하다. AWS 데이터베이스 마이그레이션 서비스DMS, Database Migration Service와 오라클 골든 게이트Oracle Golden Gate 같은 데이터 마이그레이션 도구를 사용해 CDC 데이터의 일회성 데이터 마이그레이션을 수행할 수 있다.

클라우드 애플리케이션 운영

마이그레이션 프로세스의 운영 단계를 통해 클라우드에서 애플리케이션을 비즈니스 이해관계자와 합의된 수준으로 허용, 실행, 사용, 운영할 수 있다. 대부분의 조직에는 일반적으로 이미 온프레미스 환경에 대한 지침이 정의돼 있다. 이 운영 우수성 절차는 운영이 클라우드 채택 목표를 지원할 수 있게 하는 프로세스 변경과 교육을 수행하는 데 도움이 된다.

복잡한 컴퓨팅 시스템을 데이터 센터에 배포하는 것과 클라우드에 배포하는 것의 차이점을 살펴보자. 데이터 센터 환경에서 프로젝트를 위한 물리적 인프라 구축의 부담은 회사의 IT 부서에 있다. 즉, 서버에 적합한 물리적 환경 보호 장치(예, 전력과 냉각)를 갖추고 있어야 이러한 자산을 물리적으로 보호할 수 있으며, 재해 발생 가능성을 줄이고자 다양한 위치에서 여러 중복 시설을 유지 관리해야 한다.

데이터 센터 접근 방식의 단점은 상당한 투자가 필요하다는 것이다. 새로운 시스템과 솔루션을 실험하려는 경우 필요한 자원을 확보하는 것이 어려울 수 있다. 클라우드 컴퓨팅 환경에서는 이러한 상황이 크게 바뀐다. 회사가 물리적 데이터 센터를 소유하는 대신 클라우드 업체가 물리적 데이터 센터를 관리한다. 새 서버를 배포하려면 클라우드 업체에게 일정량의 메모리, 디스크 공간, 데이터 I/O 처리량 속도, 프로세서 용량 등이 있는 새 서버를 요청한다. 즉, 컴퓨팅 자원은 배포하고 필요에 따라 배포를 취소할 수 있는 서비스가 되는 것이다.

다음은 클라우드에서 처리할 수 있는 IT 작업의 종류다.

- 서버 패치
- 서비스와 애플리케이션 로깅
- 클라우드 모니터링
- 이벤트 관리
- 클라우드 보안 운영
- 구성 관리
- 클라우드 자산 관리
- 변경 관리
- 재해 복구와 고가용성을 통한 비즈니스 연속성

IT 조직은 일반적으로 이러한 작업의 대부분에 대해 **정보 기술 인프라 라이브러리**ITIL, Information Technology Infrastructure Library 및 **정보 기술 서비스 관리**ITSM, Information Technology Service Management와 같은 표준을 따른다. ITSM은 IT 서비스의 계획, 생성, 관리, 지원과 관련된 활동과 프로세스를 구성하고 설명하며 ITIL은 모범 사례를 적용해 ITSM을 구현한다. 클라우드가 제공하는 민첩성, 보안, 비용 이점을 활용할 수 있도록 ITSM 운영을 현대화해야 한다.

기존 환경에서 개발 팀과 IT 운영 팀은 사일로silos 형태로 작업한다. 개발 팀은 비즈니스 소유자로부터 요구 사항을 수집하고 빌드를 개발한다. 시스템 관리자는 운영 및 가동 시간 요구 사항 충족에 대한 전적인 책임이 있다. 이러한 팀은 일반적으로 개발 수명 주기 동안 직접적인 의사소통이 없으며, 각 팀은 다른 팀의 프로세스와 요구 사항을 거의 이해하지 못한다. 각 팀에는 고유한 도구, 프로세스, 접근 방식이 있으며, 이로 인해 종종 중복되고 때로는 상충된다.

데브옵스 접근 방식에서 개발 팀과 운영 팀은 모두 소프트웨어 개발 수명 주기의 빌드와 배포 단계에서 협력해 책임을 공유하고 지속적인 피드백을 제공한다. 데브옵스는 제품이나 서비스를 지속적으로 제공하고자 개발자와 운영 팀 간의 협업과 조정을 촉진하는 방법론이다. 소프트웨어 빌드는 운영과 유사한 환경에서 빌드 단계 전반에 걸쳐 자주 테스트되므로 결함이나 버그를 조기에 감지할 수 있다.

이 접근 방식은 팀이 제품 또는 서비스를 개발하거나 제공하는 과정에서 여러 애플리케이션, 도구, 기술, 플랫폼, 데이터베이스, 디바이스 등에 의존하는 조직에서 유용하다. 12장에서 데브옵스를 자세히 알아본다.

클라우드에서 애플리케이션 최적화

최적화는 클라우드에서 운영하는 데 있어 매우 중요한 측면이며, 이는 지속적인 개선 프로세스다. 이 절에서는 다양한 최적화 영역을 알아본다. 이 책에는 각각의 최적화 고려 사항에 대한 장이 있다. 다음은 주요 최적화 영역에 대한 부분이다.

- **성능:** 시스템이 인스턴스, 스토리지, 데이터베이스와 같은 자원 집합에 대해 효율적인 성능을 제공하도록 설계되게 성능을 최적화한다. 7장에서 아키텍처 성능 고려 사항을 자세히 알아본다.
- **보안:** 조직이 AWS 클라우드의 데이터와 자산을 보호할 수 있도록 보안 정책과 프로세스를 지속적으로 검토하고 개선한다. 8장에서 아키텍처 보안 고려 사항을 자세히 알아본다.
- **신뢰성:** 신뢰성을 위해 애플리케이션을 최적화해서 애플리케이션에 대해 고가용성과 정의된 다운타임 임곗값을 달성한다. 이는 장애 복구, 증가된 수요 처리, 시간 경과에 따른 운영 중단 완화에 도움이 된다. 9장에서 아키텍처 안정성 고려 사항을 자세히 알아본다.
- **운영 효율성:** 비즈니스 가치를 제공하고 지원 프로세스와 절차를 지속적으로

개선하고자 운영 효율성과 시스템을 실행하고 모니터링하는 기능을 최적화한다. 아키텍처 운영 고려 사항에 대한 자세한 내용은 10장에서 다룬다.

- **비용:** 변동하는 자원 요구 사항을 고려하면서 애플리케이션이나 애플리케이션 그룹의 비용 효율성을 최적화한다. 11장에서 아키텍처 비용 고려 사항을 자세히 알아본다.

비용을 최적화하고자 고려해야 할 몇 가지 주요 요소에 대한 간략한 개요로서 현재 클라우드 환경에 배포되고 있는 항목과 이러한 각 자원의 비용을 이해해야 한다. 세부 결제 보고서를 사용하고 청구 알림을 활성화하면 클라우드에서 비용을 사전에 모니터링할 수 있다.

퍼블릭 클라우드에서는 사용한 만큼만 비용을 지불한다는 점을 기억해야 한다. 따라서 필요하지 않은 인스턴스를 삭제해서 비용을 절감할 수 있다. 그리고 인스턴스 배포를 자동화해 필요에 따라 인스턴스를 완전히 삭제하고 다시 구축할 수도 있다.

더 많은 부하를 분산할수록 더 적은 인프라를 유지 관리하고, 확장하고, 비용을 지불할 수 있다. 비용을 최적화하는 또 다른 방법은 아키텍처를 탄력적으로 설계하는 것이다. 자원 크기를 적절하게 조정하고, 오토스케일링을 사용하고, 가격과 필요에 따라 사용률을 조정해야 한다. 예를 들어 애플리케이션이 더 적은 수의 대형 인스턴스보다 더 많은 소형 인스턴스를 사용하는 것이 비용 효율적일 수 있다.

여러 애플리케이션 아키텍처를 수정하면 성능을 개선하는 데 도움이 될 수 있다. 웹 서버의 성능을 향상시키는 한 가지 방법은 캐싱을 통해 웹 페이지의 부담을 줄이는 것이다. 이미지, 자바스크립트 또는 전체 페이지를 캐시해 사용자에게 더 나은 경험을 제공할 수 있는 애플리케이션을 작성할 수 있다. 이러한 부분은 6장에서 더 자세히 알아본다.

고객은 단계적 접근 방식이나 애플리케이션 복잡성 또는 라이선스 문제로 인해 클라우드로 마이그레이션할 수 없기 때문에 클라우드 마이그레이션 중에 워크로드를 온프레미스로 유지하기를 원할 수 있다. 이러한 시나리오에서는 온프레미스 워크로드가 클라우드 워크로드와 상호작용하고 정보를 원활하게 교환할 수 있는 하이브리드 클라우드를 구축해야 한다. 하이브리드 클라우드 아키텍처를 생성하는 방법을 자세히 알아보자.

하이브리드 클라우드 아키텍처 생성

클라우드의 가치는 점점 커지고 있으며 많은 대기업에서 워크로드를 클라우드로 옮기고 있다. 그러나 하루 만에 클라우드로 전환하는 것은 불가능하며 대부분의 고객에게는 이것이 하나의 여정이다. 이러한 고객은 클라우드 모듈과 통신해야 하는 온프레미스 환경에서 애플리케이션의 일부를 유지 관리하는 하이브리드 클라우드 모델을 찾고 있다.

하이브리드 환경에서는 온프레미스 환경에서 실행되는 자원과 클라우드 환경 간에 연결을 설정해야 한다. 하이브리드 구현의 가장 일반적인 방법은 클라우드와 기존 온프레미스 인프라 간에 조직의 인프라를 클라우드로 확장하고 확장하는 동시에 클라우드 자원을 내부 시스템에 연결하는 것이다. 하이브리드 클라우드를 구축하는 일반적인 이유는 다음과 같다.

- 블루/그린 배포 모델을 사용해 클라우드에서 리팩터링 및 배포하는 동안 온프레미스 환경에서 레거시 애플리케이션을 운영하길 원한다.
- 메인프레임과 같은 레거시 애플리케이션에는 호환되는 클라우드 옵션이 없을 수 있으며 온프레미스에서 계속 실행해야 하고 기술 스택을 리팩터링할 시간이 필요하다.
- 규정 준수 요구 사항으로 인해 애플리케이션의 일부를 온프레미스로 유지해야 한다.

- 마이그레이션 속도를 높이고자 데이터베이스를 온프레미스로 유지하고 애플리케이션 서버를 클라우드로 이동한다.
- 애플리케이션의 일부를 더욱 세부적으로 제어하기를 원한다.
- 클라우드의 ETL 파이프라인을 위해 온프레미스에서 클라우드의 데이터를 수집한다.

퍼블릭 클라우드 업체는 고객이 클라우드를 쉽게 사용할 수 있도록 기존 인프라와 클라우드 간의 통합 메커니즘을 제공한다. 이러한 하이브리드 아키텍처 기능을 통해 고객은 네트워킹, 보안, 접근 제어 통합에서 자동화된 워크로드 마이그레이션 지원과 온프레미스 인프라 관리 도구에서 클라우드 제어에 이르기까지 모든 작업을 수행할 수 있다.

AWS 클라우드를 예로 들면 VPN을 사용해 AWS 클라우드에 대한 보안 연결을 설정할 수 있다. VPN 연결은 인터넷을 통해 설정되므로 타사 인터넷 제공업체의 여러 라우터 홉으로 인해 대기 시간 문제가 발생할 수 있는데, AWS Direct Connect를 사용해 광섬유 사설 회선을 AWS 클라우드로 이동할 수 있다.

다음 그림과 같이 AWS Direct Connect를 사용하면 데이터 센터와 AWS 클라우드 간에 고속 연결을 설정해 지연시간이 짧은 하이브리드 배포를 달성할 수 있다.

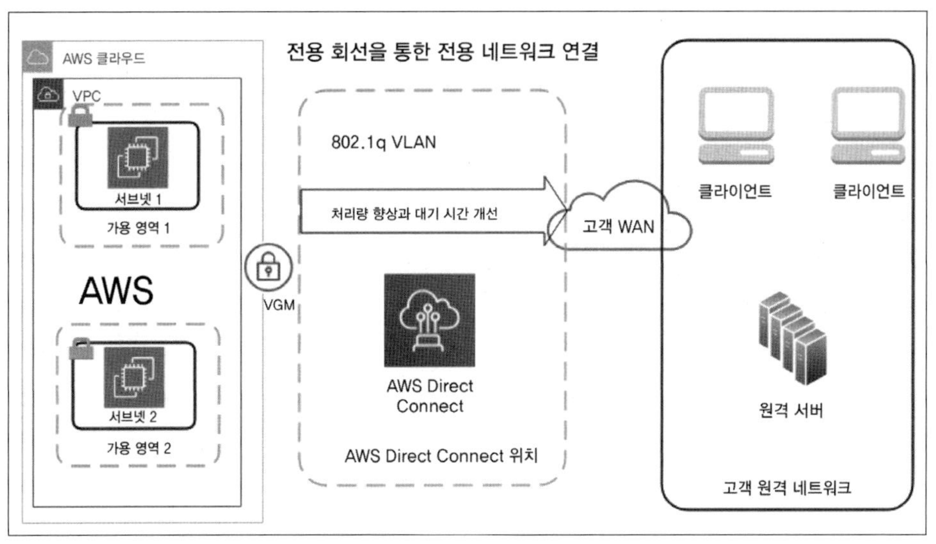

그림 5.6: 하이브리드 클라우드 아키텍처(온프레미스와 클라우드 연결)

위의 그림과 같이 AWS Direct Connect로 온프레미스 데이터 센터와 AWS 클라우드 간의 연결을 설정한다. 이를 통해 전용 광섬유 회선을 보유해야 하는 고객의 요구 사항을 충족할 수 있다. 고객은 미국의 AT&T, 버라이즌Verizon, T-Mobile 또는 Comcast와 같은 공급업체 중에서 선택할 수 있다. AWS는 전 세계 각 지역에 다이렉트 커넥트 파트너를 보유하고 있다.

고객의 광섬유 회선은 데이터 센터에서 AWS 클라우드까지 전용 종단 간 연결을 제공하는 AWS 사설 네트워크에 연결된다. 이러한 회선은 최대 10Gbps의 속도를 제공할 수 있다. 직접 연결을 통해 트래픽을 보호하려면 트래픽 흐름에 IPSec 암호화를 적용하는 VPN을 설정할 수 있다. 다양한 업체에서 클라우드 서비스를 제공하면서 조직은 멀티클라우드 접근 방식을 선택할 수 있다. 이번에는 멀티클라우드 전략을 자세히 살펴보자.

멀티클라우드 접근 방식

클라우드가 존재하기 전에 조직은 여러 업체를 사용해 동급 최고의 제품을 사용하고 업체에 종속되는 것을 방지했다. 더 많은 퍼블릭 클라우드 업체가 시장에 나오면서 조직은 멀티클라우드 접근 방식을 모색하고 있다. 이러한 멀티클라우드 접근 방식은 조직 인프라와 기술 요구 사항을 제공하고자 둘 이상의 퍼블릭 클라우드 업체를 활용하는 것이다. 다중 클라우드 전략은 AWS, GCP, 마이크로소프트 애저, 오라클 클라우드, IBM 등과 같은 주요 공용 클라우드 업체를 함께 사용하는 것일 수 있다. 조직은 가용성, 기능, 비용을 기반으로 서로 다른 클라우드 간에 워크로드를 공유하도록 선택할 수 있다. 또한 멀티클라우드와 온프레미스를 결합할 수도 있다.

멀티클라우드 전략의 주요 이점 중 하나는 벤더 유연성이다. 멀티클라우드를 사용하면 업체를 선택할 수 있는 이점을 얻고 협상력, 민첩성, 유연성을 유지할 수 있다. SLA가 누락된 경우 더 나은 클라우드 업체로 전환할 수 있는 옵션이 있고 한 클라우드 서비스에 문제가 발생했을 때 동일한 지역에서 재해 복구를 계획할 수 있다는 것이다. 각 클라우드 업체에는 강점이 있으며 그중에서 클라우드 전반에 걸쳐 가장 적합한 서비스를 선택할 수 있다.

멀티클라우드 접근 방식은 조직에 경쟁 우위를 제공하는 동시에 당면 과제도 안고 있다. 가장 두드러진 도전 중 하나는 기술 세트다. 워크로드 호스팅 전략을 수립하는 동안 여러 클라우드를 이해하고 각 클라우드 기술 스택에 깊이 들어가려면 많은 노력을 해야 한다. 클라우드 전반에 걸쳐 인력을 보유한 글로벌 시스템 통합 업체에서 컨설턴트를 고용하거나 클라우드 관리를 아웃소싱하는 방안을 고려할 수 있다.

또 다른 주요 과제는 여러 클라우드에서 데이터 가용성, 보안, 성능을 조정하는 것이다. 각 클라우드 업체는 성능을 위해 내장된 보안, 지역 간 애플리케이션과 클라우드 기본 툴을 제공하지만 클라우드에 대해서는 이 영역이 거의 조직의 책임이다. 클라우드 전반에 걸쳐 일관된 데이터 관리를 구현해 한 클라우드에서 데이터를 가져와 다른 클라우드에 제공하고 일관된 성능을 보장해야 한다.

멀티클라우드 접근 방식에는 장단점이 있으므로 멀티클라우드 전략을 선택할 때 많은 것을 고려해야 한다. 클라우드 전환을 시작한 후에는 클라우드 네이티브 애플리케이션을 구축할 수 있다. 클라우드 네이티브 아키텍처 구축을 자세히 알아보자.

클라우드 네이티브 아키텍처 설계

이 장의 앞부분에서 클라우드로 마이그레이션할 때 애플리케이션을 리팩터링하고 재설계하는 데 초점을 맞춘 마이그레이션 관점에서 클라우드 네이티브 접근 방식을 살펴봤다. 조직마다 클라우드 네이티브 아키텍처에 대한 의견이 다를 수 있지만 그 중심에서 클라우드 네이티브가 된다는 것은 모든 클라우드 기능을 최대한 활용한다는 것이다. 진정한 클라우드 네이티브 아키텍처는 애플리케이션을 기반으로 클라우드에서 구축할 수 있게 설계하는 것이다.

클라우드 네이티브는 클라우드 플랫폼에서 애플리케이션을 호스팅하는 것이 아니라 클라우드가 제공하는 서비스와 기능을 활용하는 것이다. 여기에는 다음의 내용이 포함될 수 있다.

- 마이크로서비스에서 모놀리식 아키텍처를 컨테이너화하고 자동화된 배포를 위한 CI/CD 파이프라인을 생성
- AWS Lambda FaaS(Function as a Service) 및 Amazon DynamoDB(클라우드의 관리형 NoSQL 데이터베이스)와 같은 기술을 사용해 서버리스 애플리케이션 구축
- Amazon S3, AWS Glue(ETL용 관리형 Spark 클러스터) 및 Amazon Athena(임시 쿼리용 관리형 Presto 클러스터)를 사용해 서버리스 데이터 레이크 생성
- Amazon CloudWatch와 같은 클라우드 네이티브 모니터링 및 로깅 서비스 사용
- AWS CloudTrail과 같은 클라우드 기본 감사 서비스 사용

다음 그림은 마이크로 블로깅 애플리케이션을 위한 클라우드 네이티브 서버리스 아키텍처의 예시다.

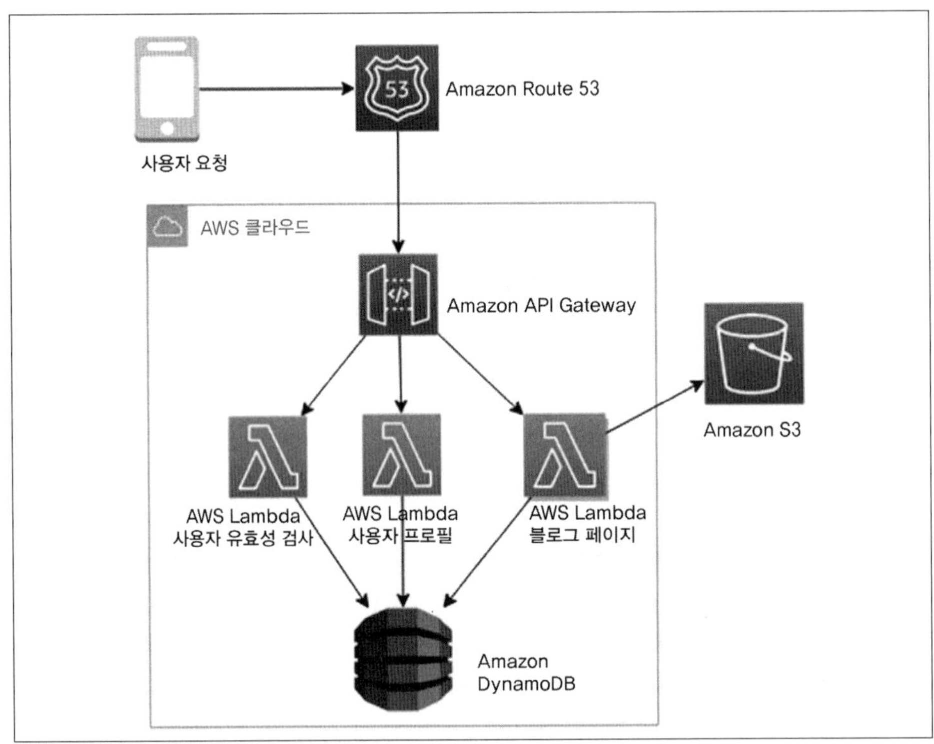

그림 5.7: 클라우드 네이티브 마이크로 블로깅 애플리케이션 아키텍처

앞의 다이어그램은 AWS 클라우드에서 클라우드 네이티브 서버리스 서비스를 활용하는 방법을 보여준다. 여기에서 DNS 서비스를 관리하는 Amazon Route 53이 사용자 요청을 라우팅하고 있다. Lambda는 사용자 검증, 사용자 프로필, 블로그 페이지에 대한 코드를 처리하는 서비스로서의 기능을 관리한다. 모든 블로그 자산은 오브젝트 스토리지 서비스를 관리하는 Amazon S3에 저장되고 모든 사용자 프로필 데이터는 NoSQL 스토어에서 관리하는 Amazon DynamoDB에 저장된다.

사용자가 요청을 보내면 AWS Lambda는 사용자를 확인하고 프로필을 확인해 Amazon DynamoDB에 구독이 있는지 확인한다. 그런 다음 Amazon S3에서 사진,

동영상, 정적 HTML 작성과 같은 블로그 자산을 선택해 사용자에게 표시한다. 이 아키텍처는 모든 서비스가 클라우드 네이티브 관리 서비스이고 인프라를 처리하지 않기 때문에 무제한으로 확장할 수 있다.

이러한 클라우드 네이티브 서비스는 고가용성, 재해 복구, 확장성과 같은 중요한 요소를 처리하므로 기능 개발에 집중할 수 있다. 비용 면에서 요청이 블로깅 애플리케이션으로 이동하는 경우에만 비용을 지불한다. 아무도 블로그를 탐색하지 않는다면 코드 호스팅 비용을 지불하지 않아도 된다. 소액의 보관료만 지불하면 된다.

클라우드 네이티브 아키텍처의 이점은 팀에서 빠르게 진행되는 혁신과 민첩성을 가능하게 한다는 것이다. 복잡한 애플리케이션과 인프라 구축을 단순화한다. 시스템 관리자와 개발자는 네트워크, 서버, 파일 스토리지, 기타 컴퓨팅 자원을 설계하고 구축하는 데에만 집중하고 물리적 구현은 클라우드 업체에 맡긴다. 클라우드 네이티브 아키텍처는 다음과 같은 여러 이점을 제공한다.

- **빠른 확장과 온디맨드:** 필요할 때 필요한 자원을 요청할 수 있다. 사용한 만큼만 비용을 지불하면 된다.
- **신속한 복제:** 코드로서의 인프라는 한 번 빌드하고 더 복제할 수 있음을 의미한다. 인프라를 손으로 구축하는 대신 일련의 스크립트나 애플리케이션으로 구성할 수 있다. 프로그래밍 방식으로 인프라를 구축하면 개발이나 테스트에 필요할 때 온디맨드로 인프라를 구축하고 재구축할 수 있다.
- **손쉬운 해체:** 클라우드에서는 서비스가 주문형으로 제공되므로 대규모 실험 시스템을 쉽게 구축할 수 있다. 시스템에는 확장 가능한 웹 및 애플리케이션 서버 클러스터, 여러 데이터베이스, 대용량 데이터, 워크플로 애플리케이션, 모니터링이 포함될 수 있다. 실험이 완료되는 즉시 모든 것을 폐기하고 비용을 절약할 수 있다.

클라우드 네이티브 아키텍처를 구축하기 위한 스토리지, 네트워킹, 자동화 영역에서 더 많은 예가 있다. 6장에서 이 아키텍처를 자세히 알아본다.

요약

5장에서는 클라우드가 어떻게 기업에서 가장 인기 있는 주류 애플리케이션 호스팅 및 개발 환경이 되는지 알아봤다. 이 장의 시작 부분에서 클라우드 사고와 이것이 솔루션 아키텍처 설계와 어떤 관련이 있는지 알아봤다. 더 많은 조직이 클라우드로 이동하려고 하므로 5장에서는 다양한 클라우드 마이그레이션 전략, 기술과 단계에 중점을 뒀다.

워크로드의 특성과 마이그레이션 우선순위에 따라 다양한 클라우드 전략을 살펴봤다. 마이그레이션 전략에는 리프트 앤 시프트 방식으로 애플리케이션을 리호스팅하고 리플랫폼하는 기능이 포함되며, 클라우드 네이티브 기능을 활용하도록 애플리케이션을 리팩터링하고 재설계해 클라우드 네이티브 접근 방식을 취한다. 애플리케이션을 검색하는 동안 사용되지 않은 인벤토리를 찾아 폐기할 수도 있다. 특정 워크로드를 마이그레이션하지 않게 선택한 경우 애플리케이션을 온프레미스 그대로 유지한다.

그런 다음 클라우드 마이그레이션과 관련된 단계를 알아봤다. 이 단계에서 온프레미스 워크로드를 검색하고 수집된 데이터를 분석하며 어떤 마이그레이션 전략을 수행할지 결정하는 계획을 수립할 수 있다. 설계 단계에서는 클라우드와의 연결을 설정하고 애플리케이션을 온프레미스에서 클라우드로 이동하는 방법을 살펴봤고 마이그레이션 단계에서 세부 구현 계획을 작성하고 이를 실행한다.

마이그레이션 후 워크로드를 클라우드에 통합, 검증, 운영하고 비용, 보안, 안정성, 성능, 운영 효율성을 위한 지속적인 최적화를 적용하는 방법을 살펴봤다. 하이브리드 클라우드 아키텍처는 마이그레이션 프로세스의 필수적인 부분이기 때문에

AWS 클라우드의 아키텍처 예제를 살펴봄으로써 온프레미스와 클라우드 간의 연결을 설정하는 방법을 알아봤다. 이 장의 마지막 부분에서는 주요 클라우드 업체를 알아봤다.

6장에서는 참조 아키텍처와 함께 다양한 아키텍처 설계 패턴을 자세히 알아본다. 멀티계층, 서버리스 및 마이크로서비스와 같은 아키텍처 패턴도 알아본다.

더 읽을거리

주요 퍼블릭 클라우드 제공자에 대한 자세한 내용은 다음 링크를 참고한다.

- **AWS**Amazon Web Services**:** https://aws.amazon.com
- **구글 클라우드 플랫폼**GCP, Google Cloud Platform**:** https://cloud.google.com
- **마이크로소프트 애저:** https://azure.microsoft.com
- **오라클 클라우드 인프라스트럭처**OCI, Oracle Cloud Infrastructure**:** https://www.oracle.com/cloud/
- **알리바바 클라우드**Alibaba Cloud**:** https://us.alibabacloud.com
- **IBM 클라우드:** https://www.ibm.com/cloud

거의 모든 클라우드 제공자는 새로운 사용자에게 학습 자격증명을 확장한다. 즉, 어떤 것을 사용할지 선택하기 전에 이메일로 등록하고 해당 제품을 사용해 볼 수 있다.

06

솔루션 아키텍처 설계 패턴

대기업에서는 확장 가능한 시스템을 어떻게 설계할까? 애플리케이션 개발을 시작하기 전에 솔루션 아키텍트는 여러 조직에서 함께 작업하고 비즈니스 요구 사항을 처리할 아키텍처를 설계하기 위한 여러 옵션을 검토했다. 솔루션을 설계하는 방법에는 여러 가지가 있다. 솔루션 아키텍트는 비용, 성능, 확장성, 가용성이라는 아키텍처 설계 기준들과 함께 사용자 요구 사항을 기반으로 올바른 접근 방식을 취해야 한다. 6장에서는 참조 아키텍처와 함께 다양한 솔루션 아키텍처 패턴과 이를 실제 시나리오에 적용하는 방법을 알아본다.

5장에서는 솔루션 아키텍처 설계의 속성과 원칙을 살펴봤다. 6장에서는 학습한 내용을 다양한 아키텍처 설계 패턴에 적용할 수 있으므로 흥미로울 것이다. 또한 계층화, 이벤트 기반 아키텍처, 마이크로서비스, 느슨하게 결합된loosely coupled 아키텍처, 서비스 지향 및 RESTful 아키텍처와 같은 중요한 솔루션 아키텍처 패턴들을 살펴본다.

다양한 아키텍처 설계의 장점과 언제 활용해야 하는지를 보여주는 사례들을 알아본다. 또한 아키텍처 설계 패턴 외에도 아키텍처 설계 안티패턴에 대한 이해를 얻을 수 있다.

- 멀티계층 멀티티어 아키텍처 구축
- 멀티테넌트 SaaS 기반 아키텍처 구축
- 상태 저장stateful과 상태 비저장stateless 아키텍처 설계 구축
- 서비스 지향 아키텍처 이해
- 서버리스 아키텍처 구축
- 마이크로서비스 아키텍처 생성
- 큐 기반 아키텍처 구축
- 이벤트 기반 아키텍처 만들기
- 캐시 기반 아키텍처 구축
- 회로 차단기 패턴 이해
- 격벽 패턴 구현
- 유동 IP 패턴 생성
- 컨테이너가 있는 애플리케이션 배포
- 애플리케이션 아키텍처에서 데이터베이스 처리
- 솔루션 아키텍처에서 안티패턴 방지

솔루션 아키텍처 설계를 최적화하고 모범 사례를 적용하는 방법을 알게 되는 것이 이 장 학습의 핵심이다.

멀티계층(멀티티어) 아키텍처 구축

멀티계층 아키텍처(멀티티어 아키텍처multitier architecture라고도 함)에서는 느슨하게 결합된 설계의 원칙(4장 참고)과 확장성 및 탄력성(3장 참고)의 속성을 적용해야 한다. 멀티티어 아키텍처에서는 제품 기능을 프레젠테이션, 비즈니스, 데이터베이스, 서비스와 같은 여러 계층으로 나누어 각 계층을 독립적으로 구현하고 확장할 수 있다.

멀티티어 아키텍처를 사용하면 새로운 기술을 쉽게 도입하고 개발을 좀 더 효율적으로 수행할 수 있다. 이 멀티티어 아키텍처에서는 다른 계층의 기능을 방해하지 않고 계층별로 새로운 기능을 추가할 수 있는 유연성을 제공한다. 보안 측면에서 각 계층을 안전하게 유지하고 다른 계층과 격리할 수 있으므로 한 계층에 문제가 생기더라도 다른 계층은 영향을 받지 않는다. 또한 문제가 발생한 위치와 문제 해결이 필요한 애플리케이션 부분을 신속하게 파악할 수 있다.

멀티티어 아키텍처 설계에서 가장 일반적인 아키텍처는 3-티어 아키텍처이므로 자세히 알아보자. 다음 그림은 브라우저에서 웹 애플리케이션과 상호작용하고 필요한 기능(예, 좋아하는 티셔츠 주문, 블로그 읽기, 댓글 남기기)을 수행할 수 있는 아키텍처를 보여준다.

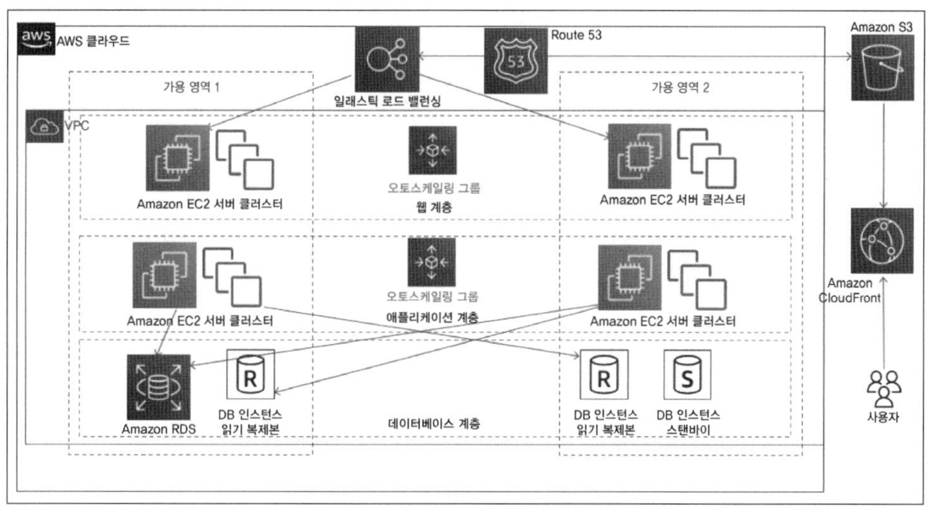

그림 6.1: 3-티어 웹 사이트 아키텍처

이 아키텍처에는 다음과 같은 세 개의 계층이 있다.

- **웹 계층:** 웹 계층은 애플리케이션의 사용자 대면 부분이다. 최종 사용자는 웹 계층과 상호작용해 정보를 수집하거나 제공한다.
- **애플리케이션 계층:** 애플리케이션 계층은 대부분 비즈니스 로직을 포함하며 웹 계층에서 수신한 정보에 따라 동작한다.
- **데이터베이스 계층:** 모든 종류의 사용자 데이터와 애플리케이션 데이터가 데이터베이스 계층에 저장된다.

각 계층을 더 자세히 살펴보자.

웹 계층

웹 계층은 프레젠테이션 계층이라고도 한다. 웹 계층은 최종 사용자가 애플리케이션과 상호작용하는 데 도움이 되는 사용자 인터페이스를 제공한다. 웹 계층은 사용자가 정보를 입력하거나 검색하는 사용자 인터페이스(웹 사이트 페이지)다. 웹 개발자는 HTML, CSS, AngularJS, ReactJS, JSP[JavaServer Pages], ASP[Active Server Pages]와 같은 기술로 프레젠테이션 계층 사용자 인터페이스를 구축할 수 있다. 이 계층은 사용자로부터 정보를 수집해 애플리케이션 계층으로 전달한다.

웹 계층은 사용자를 대상으로 하므로 대부분의 시간을 사용자 경험을 개선하는 데 쓰게 된다. 많은 조직에는 사용자가 애플리케이션과 상호작용하는 방식을 이해하고자 다양한 영역에서 연구를 수행하는 전담 **사용자 경험**[UX] 팀이 있다.

그리고 솔루션 아키텍트는 아키텍처 설계에 UX 입력과 페이지 불러오기 성능이 포함될 수 있게 해야 한다. 사용자 로그인, 프로필 불러오기 등의 기능들이 정보를 예상 시간 내에 사용자에게 반환하려면 웹 계층과 애플리케이션 계층 사이에 정보 흐름이 원활하게 돼야 한다. 애플리케이션 계층을 자세히 살펴보자.

애플리케이션 계층

애플리케이션 계층은 모든 비즈니스 논리가 있는 제품의 핵심이기 때문에 논리 계층이라고도 한다. 프레젠테이션 계층은 사용자로부터 정보를 수집하고 이를 논리 계층으로 전달해 처리하고 결과를 얻는다. 예를 들어 www.amazon.com과 같은 전자상거래 웹 사이트에서 사용자는 웹 사이트의 주문 페이지에 날짜 범위를 입력해 주문 요약을 찾을 수 있다. 그 결과로 웹 계층은 데이터 범위 정보를 애플리케이션 계층에 전달한다. 애플리케이션 계층은 사용자 입력을 처리해 주문 수, 금액 합계, 구매한 항목 수와 같은 비즈니스 로직을 수행한다. 이는 사용자를 위해 그것을 렌더링하고자 웹 계층에 정보를 반환한다.

일반적으로 3-티어 아키텍처에서는 추천 엔진을 제공하거나 검색 기록에 따라 사용자에게 개인화된 페이지를 표시하는 것을 포함해 모든 알고리듬과 복잡한 논리들이 애플리케이션 계층에 존재한다. 도메인 계층, 데이터 액세스 계층 또는 프레젠테이션 계층과 같은 계층을 추가해 4계층 또는 5계층 아키텍처를 만들 수 있다. 개발자는 C++, 자바, .NET, Node.js와 같은 서버 측 프로그래밍 언어에서 이 계층들을 구현하게 할 수 있다. 애플리케이션 계층은 시스템 설계의 중심이며 대부분의 설계 노력이 들어가게 된다. 대부분의 애플리케이션 기능들은 애플리케이션 계층에서 구축된 로직에 의존한다. 애플리케이션 계층은 데이터베이스 계층에 저장된 데이터에 대한 처리를 수행하게 된다. 데이터베이스 계층을 좀 더 자세히 살펴보자.

데이터베이스 계층

데이터 계층이라고도 하는 데이터베이스 계층은 사용자 프로필 및 트랜잭션과 관련된 모든 정보를 저장한다. 기본적으로 여기에는 데이터 계층에 계속 저장돼야 하는 모든 데이터가 포함된다. 이 정보는 논리 처리를 위해 애플리케이션 계층으로 다시 전송되고 웹 계층에서 사용자에게 렌더링된다. 예를 들어 사용자가 사용자 ID와 비밀번호로 웹 사이트에 로그인한 경우 애플리케이션 계층은 데이터베이스에 저장된 정보로 사용자 자격증명을 확인한다. 자격증명이 저장된 정보와 일치하는 경우 사용자는 웹 사이트에 로그인해 액세스할 수 있다.

아키텍트는 관계형 데이터베이스(예, PostgreSQL, MariaDB, 오라클 데이터베이스, MySQL, MS SQL 서버, Amazon Aurora, Amazon RDS)에서 데이터 계층을 구축하게 할 수 있다. 아키텍트는 Amazon DynamoDB, MongoDB, 아파치 Cassandra와 같은 NoSQL 데이터베이스를 추가할 수도 있다.

데이터 계층은 트랜잭션 정보를 저장하는 것뿐만 아니라 사용자 세션 정보와 애플리케이션 구성을 저장하는 데에도 사용된다. 성능 요구 사항을 충족하고자 아키텍트는 Memcached 및 Redis와 같은 캐싱 데이터베이스를 추가할 수 있다. 13장에서 다양한 데이터베이스를 자세히 알아본다.

데이터 계층은 보안 측면에서 특별한 주의가 필요하다. 저장과 전송 중 데이터 암호화를 적용해 사용자 정보를 보호해야 한다. 멀티티어 계층화 아키텍처 다이어그램에서 각 계층별로 오토스케일링 구성이 있으며, 이는 개별적으로 확장할 수 있음을 뜻한다. 또한 각 계층에는 네트워크 경계가 있다. 즉, 한 계층에 대한 액세스 권한이 있더라도 다른 계층에 대한 액세스가 허용되는 것은 아니다. 보안 고려 사항의 자세한 내용은 8장을 참고한다.

멀티계층 아키텍처를 설계할 때는 설계에서 추가하는 계층 수를 고려해야 한다. 예를 들어 솔루션 아키텍트는 애플리케이션 계층을 비즈니스 계층, 서비스 계층, 영구적 계층으로 나눌 수 있다. 그런데 각 계층에는 서버와 네트워크 구성이 필요하다. 따라서 더 많은 계층을 추가하면 비용과 관리 오버헤드가 증가하는 반면 더 적은 수의 계층을 유지하면 긴밀하게 결합된 아키텍처가 만들어지게 된다. 아키텍트는 애플리케이션 복잡성과 사용자 요구 사항에 따라 계층 수를 결정해야 한다. 예를 들어 데이터베이스 액세스 처리를 위한 데이터 액세스 계층과 같은 추가 계층을 만들고 데이터베이스 엔진을 위한 데이터 스토리지 계층을 유지할 수 있다. 논리적 분리를 정의해 복잡성을 줄이고자 더 많은 계층을 추가할 수도 있다. 이는 일반 애플리케이션의 유지 관리성과 성능 확장성을 높이는 데 도움이 될 수 있다.

멀티테넌트 SaaS 기반 아키텍처 구축

5장에서는 단일 조직을 위해 구축된 경우 단일 테넌시라고도 하는 멀티계층 아키텍처를 살펴봤다. 조직이 전체 애플리케이션과 운영 비용을 낮게 유지하면서 디지털 혁명을 도입함에 따라 멀티테넌트 아키텍처가 점점 더 일반화되고 있다. SaaS Software-as-a-Service 모델은 단일 소프트웨어 인스턴스와 지원 인프라가 여러 고객에게 서비스를 제공하는 멀티테넌트 아키텍처를 기반으로 한다. 이 설계에서 각 고객은 고유한 구성, ID, 데이터로 격리된 각 테넌트와 함께 애플리케이션과 데이터베이스를 공유한다.

멀티테넌트 SaaS 제공업체는 하드웨어에서 소프트웨어에 이르기까지 모든 것을 소유하므로 SaaS 기반 제품은 SaaS 제공업체가 처리해 애플리케이션의 유지 관리와 업데이트에 대한 조직의 책임은 덜어준다.

각각의 고객(테넌트)은 코드 변경 없이 구성 변경을 통해 인터페이스를 사용자 정의할 수 있다. 여러 고객이 공통 인프라를 공유함에 따라 규모의 이점을 얻을 수 있어 비용이 더욱 절감될 수 있다. 가장 인기 있는 SaaS 제공업체로는 Salesforce CRM, Jira, Amazon QuickSight 등이 있다.

다음 그림에서 볼 수 있듯이 동일한 소프트웨어와 인프라를 사용하는 두 조직(테넌트)이 있다. SaaS 제공업체는 각 조직에 고유한 테넌트 ID를 부여해 애플리케이션 계층에 대한 액세스를 제공한다. 각 테넌트는 간단한 구성을 통해 비즈니스 요구 사항에 따라 인터페이스를 사용자 지정할 수 있다.

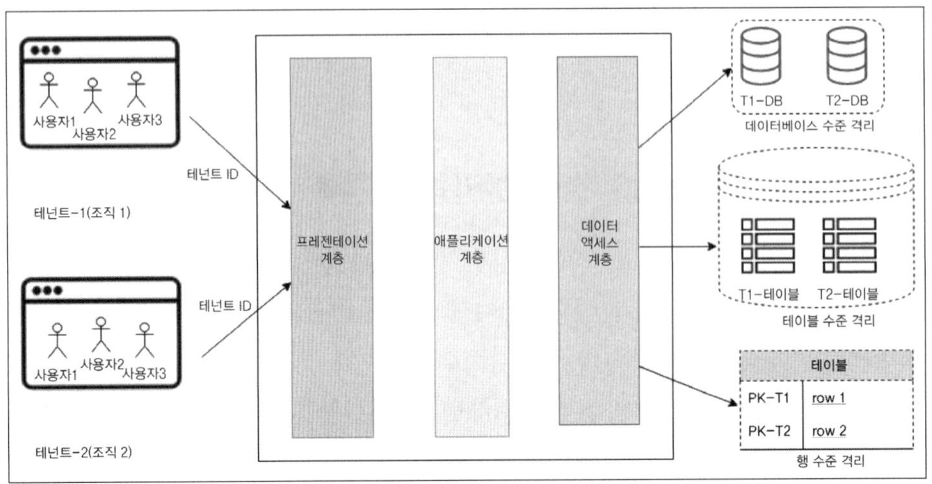

그림 6.2: 멀티테넌트 SaaS 아키텍처

아키텍처 설계에서 볼 수 있듯이 프레젠테이션 계층은 사용자 인터페이스를 제공하고 애플리케이션 계층은 비즈니스 로직을 제공한다. 데이터 액세스 계층에서 각 테넌트는 다음의 방법들로 데이터를 격리하게 된다.

- **데이터베이스 수준 격리:** 이 모델에서 각 테넌트에는 테넌트 ID와 연결된 데이터베이스가 있다. 각 테넌트가 사용자 인터페이스를 통해 데이터를 쿼리하면 해당 데이터베이스로 전달된다. 이 모델은 고객이 규정 준수와 보안상의 이유로 단일한 공유 데이터베이스를 원하지 않는 경우에 필요하다.
- **테이블 수준 격리:** 이 모델에서는 각 테넌트에 대해 별도의 테이블을 제공할 수 있다. 이 모델에서 테이블은 예를 들어 테넌트 ID 접두사를 사용해 각 테넌트에 고유하게 할당될 수 있다. 각 테넌트가 사용자 인터페이스에서 데이터를 쿼리하면 고유 식별자에 따라 테이블로 전달된다.
- **행 수준 격리:** 이 격리 수준에서 모든 테넌트는 데이터베이스에서 동일한 테이블을 공유한다. 테이블에는 각 행에 대해 고유한 테넌트 ID가 저장되는 추가 열이 있다. 개별 테넌트가 사용자 인터페이스에서 데이터에 액세스하려는 경우

애플리케이션의 데이터 액세스 계층은 공유 테이블에 대한 테넌트 ID를 기반으로 쿼리를 수행한다. 각 테넌트는 해당 사용자에게만 속하는 행을 가져온다.

엔터프라이즈 고객의 경우 고유한 기능 요구 사항을 기반으로 SaaS 솔루션이 적합한지 판단하고자 신중한 평가를 수행하게 된다. 이는 종종 SaaS 모델의 사용자 지정 기능이 제한될 수 있기 때문이다. 또한 많은 수의 사용자가 사용하게 되는 경우 비용 가치 제안도 검토해야 한다. 비용 비교는 구축이나 구매 결정을 내릴 때 총소유 비용을 기준으로 계산해야 한다. 이는 소프트웨어 구축이 대부분의 조직에서 주요 비즈니스가 아니기 때문에 조직이 비즈니스에 집중하고 전문가가 IT 부분을 처리하게 하고자 SaaS 모델이 널리 보급되고 있기 때문이다.

상태 저장과 상태 비저장 아키텍처 설계 구축

전자상거래 웹 사이트와 같은 복잡한 애플리케이션을 설계할 때 사용자가 장바구니에 추가, 주문, 배송 방법 선택, 결제하기와 같은 일련의 활동들을 수행할 수 있게 유지하려면 사용자 상태를 처리해야 한다. 현재 사용자는 다양한 채널을 사용해 애플리케이션에 접근할 수 있으므로 여러 디바이스 간에 전환할 가능성도 있다. 예를 들어 모바일에서 장바구니에 항목을 추가한 다음 노트북에서 체크아웃과 결제를 완료할 수 있다. 이때는 여러 디바이스에서 사용자 활동을 유지하고 트랜잭션이 완료될 때까지 상태를 유지하려고 한다. 따라서 아키텍처 설계와 애플리케이션 구현은 이 요구 사항을 충족하고자 사용자 세션 관리를 고려해야 한다.

사용자 상태를 유지하고 애플리케이션을 상태 비저장으로 만들려면 사용자 세션 정보를 NoSQL 데이터베이스와 같은 영구 데이터베이스 계층에 저장해야 한다. 이때 상태는 여러 웹 서버나 마이크로서비스 간에 공유될 수 있다. 전통적으로 모놀리식 애플리케이션은 사용자 세션 정보가 외부의 영구적인 데이터베이스 스토리지를 통하지 않고 서버 자체에 저장되는 상태 저장 아키텍처를 사용한다. 세션 저장 메커니즘은 상태 비저장 및 상태 저장 애플리케이션 설계 간의 주요 차이점이다. 상태 저장 애플리케이션의 세션 정보는 로컬에 저장되기 때문에 다른 서버 간에 공유할 수 없으며 최신 마이크로서비스 아키텍처에는 적합하지 않다. 마이크로서비스 기반 아키텍처는 '마이크로서비스 아키텍처 구축' 절에서 자세히 알아본다.

상태 저장 애플리케이션은 대체할 수 없는 서버에 애플리케이션 상태가 지속되기 때문에 수평 확장을 지원하지 않는 경우가 많다. 상태 저장 애플리케이션은 사용자 수가 많지 않은 초기에는 잘 동작한다. 그런데 인터넷이 대중화된 이후 웹 애플리케이션에서 수백만 명의 사용자가 사용할 것이라고 가정하는 것이 합리적이다. 따라서 이러한 대규모 사용자 기반을 처리하고 낮은 애플리케이션 대기 시간을 갖게 하려면 효율적인 수평 확장이 중요하다. 상태 저장 애플리케이션에서 상태 정보는 서버에서 처리하므로 사용자가 특정 서버와 연결을 설정하면 트랜잭션이 완료될 때까지 해당 서버를 유지해야 한다. 상태 저장 애플리케이션 앞에 로드 밸런서를 배치할 수 있지만 그렇게 하려면 로드 밸런서에서 고정 세션^sticky session^을 설정해야 한다. 고정 세션은 특정 사용자 세션에 대한 요청을 첫 번째 요청을 처리한 동일한 물리적 시스템으로 라우팅해서 다른 서버로 라우팅되는 요청으로 인해 사용자 세션이 손실되지 않게 한다. 로드 밸런서는 사용자 요청을 세션 정보가 설정된 한 서버로 라우팅해야 한다. 고정 세션을 활성화하면 배포 방법에 대한 로드 밸런서의 기본 라운드 로빈 정책을 쓰지 않게 된다. 또 다른 문제로는 클라이언트에 대한 세션 시간 초과^session timeout^를 구현해야 하므로 서버에 대한 연결이 늘어날 수 있다.

수평적 확장이 가능하게 하려면 상태 비저장 방법을 사용하는 세션 상태 공유 설계 접근 방식에 중점을 둬야 한다. 다음 그림은 웹 애플리케이션에 대한 상태 비저장 애플리케이션을 나타내는 아키텍처를 보여준다.

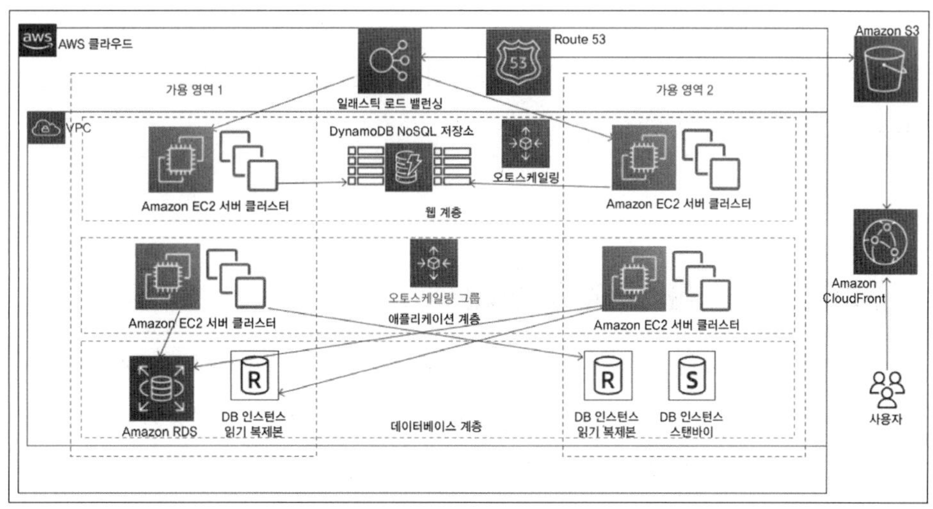

그림 6.3: 상태 비저장 애플리케이션 아키텍처

위의 그림은 웹, 애플리케이션, 데이터베이스 계층이 있는 3-티어 아키텍처다. 애플리케이션을 느슨하게 결합하고 확장할 수 있도록 모든 사용자 세션은 Amazon DynamoDB와 같은 NoSQL 데이터베이스에 저장한다.

쿠키Cookie와 같은 세션 ID에 대해서는 클라이언트 측 스토리지를 사용해야 한다. 이 아키텍처를 사용하면 사용자 상태 정보 손실에 대해 걱정할 필요 없이 확장 패턴을 사용할 수 있다. 상태 비저장 아키텍처는 사용자 세션을 생성하고 유지하기 위한 오버헤드를 제거하고 애플리케이션 모듈 전체에서 일관성을 갖게 한다. 상태 비저장 애플리케이션은 서버 측의 메모리 사용량을 줄이고 세션 시간 초과 문제를 제거하므로 성능상의 이점도 있다.

상태 비저장 패턴을 사용하면 아키텍처 설계가 다소 복잡해질 수도 있다. 하지만 사용자에게 더 나은 경험을 제공하는 보람 있는 경험이 될 수 있다. REST 설계 패턴과 함께 마이크로서비스 접근 방식을 사용해 애플리케이션을 개발하고 컨테이너에 배포할 수도 있다. 이를 위해 인증과 권한 부여를 사용해 사용자를 서버에 연결하게 된다.

다음 절에서는 REST 설계 패턴과 마이크로서비스를 자세히 알아본다. 여러 웹 서버의 상태 정보에 대한 액세스는 한곳에 저장하게 되므로 데이터 스토리지의 성능이 병목이 되지 않게 주의해야 한다.

서비스 지향 아키텍처의 이해

서비스 지향 아키텍처SOA, Service-Oriented Architecture 패턴에서 서로 다른 애플리케이션 구성 요소끼리는 네트워크를 통한 통신 프로토콜을 사용해 서로 상호작용한다. 각 서비스는 주문 내역 가져오기와 같은 사용자 기능을 제공한다. SOA는 비즈니스 프로세스 통합을 위한 대규모 시스템에서도 많이 사용한다.

일반적으로 SOA는 모놀리식 애플리케이션을 사용하고 이러한 작업 중 일부를 서로 독립적인 개별 서비스들로 분산한다. SOA를 사용하는 목적은 애플리케이션 서비스의 결합을 느슨하게 하는 것이다. 때때로 SOA에는 서비스를 서로 분리하는 것뿐만 아니라 자원을 해당 서비스의 개별 인스턴스로 나누는 것도 포함한다. 예를 들어 일부는 회사의 모든 데이터를 테이블로 분할된 단일 데이터베이스에 저장하기로 선택하지만 SOA는 기능별로 애플리케이션을 별도의 데이터베이스로 모듈화하는 것을 고려하게 된다. 이를 통해 각 데이터베이스에 대한 테이블의 개별 요구 사항에 따라 처리량을 확장하고 관리할 수 있다.

SOA는 개발, 배포, 운영의 병렬화와 같은 여러 장점이 있다. 각 서비스를 개별적으로 최적화하고 확장할 수 있게 서비스를 분리한다.

그러나 각 서비스 팀이 수행하는 작업들이 모두 동일한 표준을 충족하게 하려면 좀 더 강력한 거버넌스가 필요하다. SOA를 사용하면 솔루션이 오버헤드를 증가시키고 복잡해질 수 있으므로 서비스 모니터링, 배포, 확장의 자동화와 함께 도구들을 올바르게 선택해야 한다. SOA를 구현하는 방법에는 여러 가지가 있다. 여기서는 SOAPSimple Object Access Protocol 웹 서비스 아키텍처와 RESTRepresentational State Transfer 웹 서비스 아키텍처를 살펴본다.

원래 SOAP는 가장 널리 사용되는 메시징 프로토콜이지만 데이터 교환을 위해 전적으로 XML에 의존하기 때문에 약간 무겁게 된다. 이제 개발자가 더 가벼운 모바일 및 웹 애플리케이션을 구축해야 하므로 REST 아키텍처가 대중화되고 있다. 두 아키텍처와 그 차이점을 더 자세히 알아보자.

SOAP 웹 서비스 아키텍처

SOAP는 XML 형식의 분산 환경에서 데이터를 교환하는 데 사용되는 메시징 프로토콜이다. SOAP는 다음 그림과 같이 SOAP 엔벨로프라는 봉투 형식으로 데이터가 전송되는 표준 XML이다.

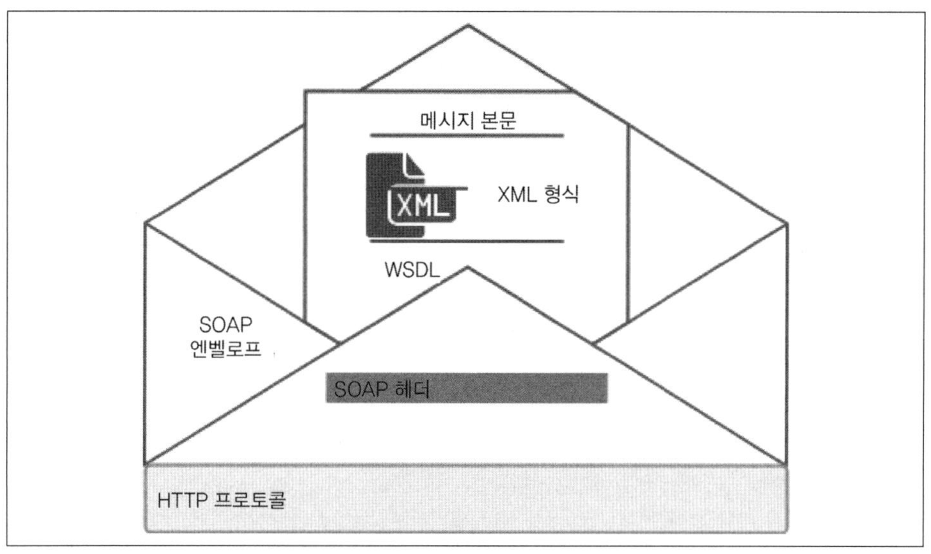

그림 6.4: 웹 서비스 데이터 교환을 위한 SOAP 봉투

그림에서 볼 수 있듯이 SOAP 엔벨로프는 헤더와 본문 두 부분이 포함되며, 이러한 SOAP 메시지는 XML 형식으로 지정된다. 일반적으로 HTTP(HyperText Transfer Protocol)를 사용해 전송된다.

- **SOAP 헤더:** SOAP 헤더는 SOAP 메시지 수신자가 이를 처리하는 방식에 대한 정보를 제공한다. 여기에는 메시지를 올바른 수신자에게 전달하고 데이터 인코딩을 위한 인증 정보가 포함돼 있다.
- **메시지 본문:** 메시지 본문에는 WSDL[Web Services Description Language] 사양의 실제 메시지가 포함된다. WSDL은 메시지 구조, API 작업, 서버의 URL 주소를 사용해 API 상세를 설명하는 XML 형식 파일이다. WSDL 서비스를 사용해 클라이언트 애플리케이션은 서비스가 호스팅되는 위치와 수행할 수 있는 기능을 결정할 수 있다.

다음 코드는 SOAP 엔벨로프 XML의 예를 보여준다. 여기에서 SOAP 엔벨로프 아래에 포함된 헤더와 메시지를 모두 볼 수 있다.

```
<env:Envelope xmlns:env="http://www.w3.org/2003/05/soap-envelope">
<env:Header>
  <n:orderinfo xmlns:n="http://exampleorder.org/orderinfo">
    <n:priority>1</n:priority>
    <n:expires>2019-06-30T16:00:00-09:00</n:expires>
  </n:orderinfo>
</env:Header>
<env:Body>
  <m:order xmlns:m="http://exampleorder.org/orderinfo">
    <m:getorderinfo>
      <m:orderno>12345</m:oderno>
    </m:getorderinfo>
  </m:order>
</env:Body>
```

SOAP는 일반적으로 HTTP를 사용하지만 SMTP와 같은 다른 프로토콜을 사용할 수도 있다.

SOAP 기반 웹 서비스에서 서비스 제공자는 WSDL 형식으로 API 계약을 생성한다.

WSDL은 주문 정보 제공, 주문 업데이트, 주문 삭제 등과 같이 웹 서비스가 수행할 수 있는 모든 작업을 나열한다. 서비스 제공자는 웹 서비스 클라이언트 팀과 WSDL을 공유하며, 이를 사용해 클라이언트는 허용할 수 있는 메시지 형식을 생성하고 데이터를 서비스 제공자에게 보내고 원하는 응답을 얻는다. 웹 서비스 클라이언트는 생성된 XML 메시지의 값을 채우고 처리를 위한 인증 세부 정보와 함께 서비스 공급자에게 전송한다. WSDL 예제를 살펴보자.

```
<?xml version="1.0"?>
<definitions name="Order"
       targetNamespace="http://example.com/order.wsdl"
       xmlns:tns="http://example.com/ order.wsdl"
       xmlns:xsd1="http://example.com/ order.xsd"
       xmlns:soap="http://schemas.xmlsoap.org/wsdl/soap/"
       xmlns="http://schemas.xmlsoap.org/wsdl/">

  <types>
    <schema targetNamespace="http://example.com/ order.xsd"
        xmlns="http://www.w3.org/2000/10/XMLSchema">
       <element name="PlaceOrder">
         <complexType>
           <all>
             <element name="itemID" type="string"/>
           </all>
         </complexType>
       </element>
       <element name="ItemPrice">
         <complexType>
           <all>
             <element name="price" type="float"/>
           </all>
         </complexType>
       </element>
    </schema>
```

```
</types>

<message name="GetOrderInfo">
  <part name="body" element="xsd1:GetOrderRequest"/>
</message>

<message name="GetItemInfo">
  <part name="body" element="xsd1:ItemPrice"/>
</message>

<portType name="OrderPortType">
  <operation name="GetOrderInfo">
    <input message="tns: GetOrderInfoInput "/>
    <output message="tns: GetOrderInfoOutput"/>
  </operation>
</portType>

<binding name="OrderSoapBinding" type="tns:OrderPortType">
  <soap:binding style="document" transport="http://schemas.
      xmlsoap.org/soap/http"/>
  <operation name="GetOrderInfo">
    <soap:operation soapAction="http://example.com/GetOrderInfo"/>

    <input>
      <soap:body use="literal"/>
    </input>

    <output>
      <soap:body use="literal"/>
    </output>
  </operation>
</binding>

<service name="OrderService">
  <documentation>My first Order</documentation>
  <port name="OrderPort" binding="tns:OrderBinding">
    <soap:address location="http://example.com/order"/>
  </port>
</service>
```

```
</definitions>
```

WSDL에서 SOA 계약을 정의하는 데 사용되는 6가지 주요 요소가 있다.

- **유형**type: 교환되는 메시지를 설명하고자 데이터 유형의 정의를 제공한다.
- **메시지**message: 메시지는 전송되는 데이터의 정의를 나타낸다. 메시지에는 정의와 연관된 논리 부분이 있다.
- **포트 유형**portType: 연산의 집합으로 입력 메시지와 출력 메시지를 포함한다.
- **바인딩**binding: 바인딩은 특정 포트 유형으로 정의된 작업과 메시지에 대한 프로토콜 및 데이터 형식 사양을 정의한다.
- **포트**port: 단일한 커뮤니케이션의 엔드포인트를 정의하며 바인딩용 주소를 제공한다.
- **서비스**service: 관련된 포트들의 집합에 사용된다.

소프트웨어 아키텍트는 개발 팀이 비즈니스 논리 구현을 위해 선택한 프로그래밍 언어로 클라이언트와 서버용 코드를 생성하는 데 사용하는 WSDL과 메시지 스키마를 정의한다. 전반적인 의도는 SOAP 기반 아키텍처의 개요를 제공하는 것이다.

W3Schools 자습서와 같이 개발 팀을 위한 SOAP 기반 서비스 구현을 자세히 알아볼 수 있는 다양한 자원을 인터넷에서 찾아볼 수 있다.

다음 그림은 SOAP를 사용하는 웹 서비스의 메시지 교환에 대한 세부 정보를 보여준다. 여기에서 웹 서비스 클라이언트는 웹 서비스를 호스팅하는 서비스 공급자에게 요청을 보내고 원하는 결과로 응답을 받는다.

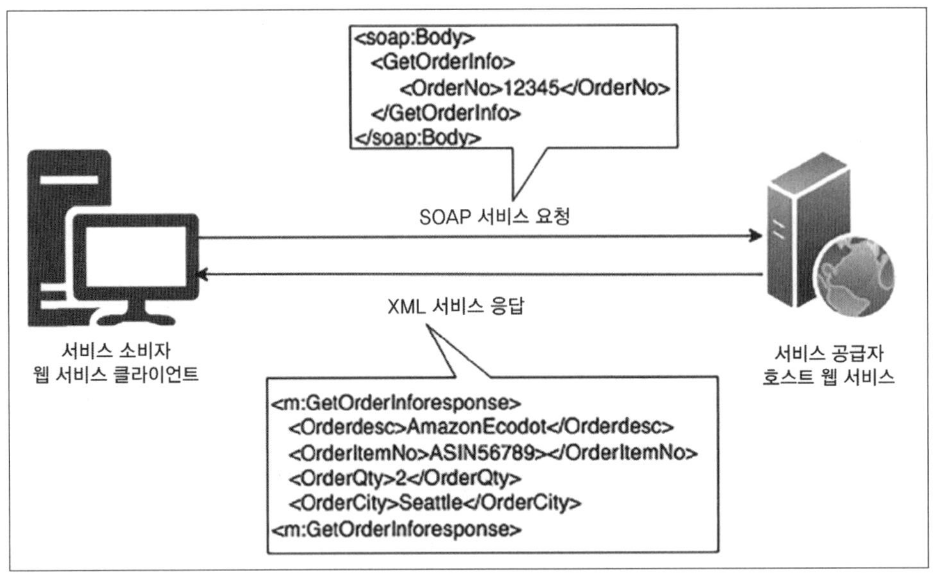

그림 6.5: SOAP 기반 웹 서비스

그림에서 클라이언트는 전자상거래 웹 사이트 사용자 인터페이스다. 사용자는 주문 정보를 원하므로 XML 형식의 SOAP 메시지를 주문 번호와 함께 애플리케이션 서버에 보낸다. 애플리케이션 서버는 주문 서비스를 호스팅하고 고객의 주문에 대한 세부 정보로 응답한다.

SOAP 기반 웹 서비스의 구현은 매우 복잡하며 많은 대역폭을 필요로 하므로 페이지 로딩 시간과 같은 웹 애플리케이션 성능에 영향을 미칠 수 있으며, 서버 로직의 주요 변경 사항은 모든 클라이언트가 코드를 업데이트해야 한다. REST는 SOAP 기반 웹 서비스 문제를 해결하고 좀 더 유연한 아키텍처를 제공하고자 만들어졌다. RESTful 아키텍처와 이것이 널리 사용되는 이유를 자세히 알아보자.

RESTful 웹 서비스 아키텍처

REST나 RESTful 웹 서비스는 가벼운 아키텍처로 인해 더 나은 성능을 제공한다. XML만 허용하는 SOAP와 달리 JSON, 일반 텍스트, HTML, XML과 같은 다양한 메시징 형식을 허용한다. REST는 데이터 전송을 위한 HTTP 프로토콜을 사용해 느슨하게 결합된 애플리케이션 설계에 대한 표준을 정의하는 아키텍처 스타일이다.

JSON[JavaScript Object Notation]은 REST 아키텍처에서 데이터 교환을 위한 좀 더 접근 가능한 형식이다. 또한 JSON은 가볍고 언어 독립적이다. 여기에는 대부분의 프로그래밍 언어에 정의된 데이터 구조와 호환되게 하는 간단한 키-값 쌍이 포함돼 있다.

REST는 상태 비저장 서비스를 만들기 위한 설계 원칙에 중점을 둔다. SOAP 기반 서비스와 마찬가지로 웹 서비스 클라이언트는 복잡한 클라이언트 구조를 만들 필요가 없지만 고유한 URI[Uniform Resource Identifier]를 사용해 웹 서버 자원에 액세스할 수 있다. 클라이언트는 HTTP 프로토콜을 사용해 RESTful 자원에 액세스하고 자원에 대해 **GET**, **PUT**, **DELETE**, **POST**와 같은 표준 작업을 수행할 수 있다. REST와 SOAP의 차이점을 살펴보자.

속성	REST	SOAP
설계	비표준 프로토콜로 사전 정의된 규칙 없음	표준 프로토콜로 사전 정의된 규칙
메시지 형식	JSON, YAML, XML, HTML, 일반 텍스트, CSV	XML
프로토콜	HTTP	HTTP, SMTP, UPD
세션 상태	기본적으로 상태 비저장	기본적으로 상태 저장
보안	HTTPS, SSL	웹 서비스 보안, ACID 규정 준수
캐시	API 호출 캐시 저장	API 호출 캐시를 저장하지 않음
성능	적은 자원으로 빠름	대역폭과 컴퓨팅 자원 더 사용

REST와 SOAP 간의 아키텍처 설계 선택은 조직의 요구 사항에 따라 다르다. REST 서비스는 스마트폰과 같은 경량 클라이언트와 통합하는 효과적인 방법을 제공하는 반면 SOAP는 높은 보안을 제공하고 복잡한 트랜잭션에 적합하다. 서비스 지향 설계 기반의 참조 아키텍처를 알아보자.

SOA 기반 전자상거래 웹 사이트 아키텍처 구축

www.amazon.com과 같은 전자상거래 웹 사이트는 전 세계에 사용자가 있으며 수백만 개의 제품이 포함된 거대한 카탈로그가 있다. 각 제품에는 여러 개의 이미지, 리뷰, 동영상이 있다. 전 세계 사용자들을 위해 이렇게 큰 카탈로그를 유지 관리하는 것은 매우 어려운 작업이다.

다음 참조 아키텍처는 SOA 기반 원칙을 따른다. 서비스는 가능한 한 서로 독립적으로 운영된다. 그림 6.6은 SOAP 기반이나 RESTful 웹 아키텍처를 사용해 구현될 수 있다.

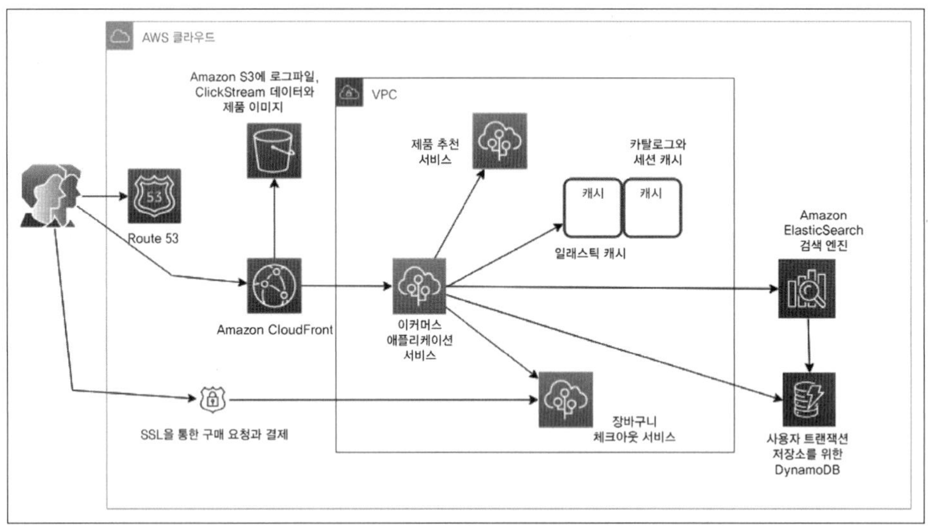

그림 6.6: 전자상거래 웹 사이트 SOA

위의 그림에서 볼 수 있듯이 다음 사항들을 참고할 수 있다.

- 사용자가 브라우저에 웹 사이트 주소를 입력하면 사용자 요청이 웹 사이트를 로드하고자 DNS 서버에 도달한다. 웹 사이트에 대한 DNS 요청은 Amazon Route 53에서 웹 애플리케이션이 호스팅되는 서버로 라우팅된다.
- 사용자 기반은 전 세계에 있으며 웹 사이트에는 정적 이미지와 동영상이 포함

된 대규모 제품 카탈로그가 있으므로 사용자는 구매할 제품을 계속 검색한다. Amazon CloudFront와 같은 콘텐츠 배포 네트워크는 정적 자산을 캐시하고 사용자에게 전달한다.

- 정적 제품 이미지 및 동영상과 같은 카탈로그 콘텐츠는 로그 파일과 같은 다른 애플리케이션 데이터와 함께 Amazon S3에 저장된다.
- 사용자는 여러 디바이스에서 웹 사이트를 탐색한다. 예를 들어 모바일에서 장바구니에 항목을 추가한 다음 데스크탑에서 결제한다. 사용자 세션을 처리하려면 Amazon DynamoDB와 같은 영구 세션 스토리지가 필요하다. DynamoDB는 고정 스키마를 제공할 필요가 없는 NoSQL 데이터베이스이므로 제품 카탈로그와 속성 저장을 위한 훌륭한 스토리지 옵션이다.
- 고성능을 제공하고 지연시간을 줄이고자 Amazon ElastiCache는 제품의 캐싱 계층으로 사용돼 데이터베이스에서 읽기와 쓰기 작업을 줄인다.
- 편리한 검색 기능은 제품 판매와 비즈니스 성공의 핵심이다. Amazon CloudSearch는 DynamoDB에서 제품 카탈로그를 로드해 확장할 수 있는 검색 기능을 구축하는 데 도움이 된다.
- 추천은 사용자가 검색 기록과 과거 구매를 기반으로 추가 제품을 구매하도록 추천할 수 있다. 별도의 추천 서비스를 구축하면 Amazon S3에 저장된 로그 데이터를 사용하고 사용자에게 잠재적인 제품 추천을 제공할 수 있다.
- 전자상거래 애플리케이션에서는 자주 배포해야 하는 여러 계층과 구성 요소가 있을 수도 있다. AWS Elastic Beanstalk는 인프라의 자동 프로비저닝을 처리하고, 애플리케이션을 배포하고, 오토스케일링을 적용해 부하를 처리하고, 애플리케이션을 모니터링한다.

이 절에서는 아키텍처 개요와 함께 SOA를 살펴봤다. 다음은 현대적인 아키텍처 설계의 중요한 측면인 서버리스 아키텍처를 자세히 알아보자.

서버리스 아키텍처 구축

기존 시나리오에서 애플리케이션을 개발하려면 원하는 운영체제와 필요한 소프트웨어를 설치할 수 있는 서버가 있어야 한다. 코드를 작성하는 동안 서버가 실행 중인지 확인해야 한다. 또한 배포하는 동안 사용자 요구에 부응하고자 더 많은 서버를 추가하고 사용자의 요청을 받아들이기 위해 원하는 서버 수를 관리할 수 있는 오토스케일링Auto Scaling과 같은 확장 메커니즘을 추가해야 한다. 이러한 상황에서 비즈니스 문제와는 관련이 없는 인프라 관리와 유지 관리에 많은 노력이 들어가게 된다.

서버리스로 전환하면 기본 인프라 유지 관리에 대한 걱정 없이 애플리케이션에 집중하고 기능 구현을 위한 코드 작성에 집중할 수 있다.

서버리스는 코드를 호스팅하는 데 서버가 필요하지 않음을 의미하므로 오토스케일링과 인프라 운영을 위한 부담에서 해방되는 동시에 낮은 비용 모델을 제공할 수 있다. 서버 관리 및 확장과 관련된 모든 부담은 클라우드 공급자가 처리하게 된다.

AWS와 같은 퍼블릭 클라우드는 컴퓨팅과 데이터 저장 영역 등에서 여러 가지 서버리스 서비스를 제공하므로 최종 사용자를 위한 서버리스 애플리케이션을 더 쉽게 개발할 수 있다. 서버리스라고 하면 가장 먼저 떠오르는 것은 AWS 클라우드에서 제공하는 FaaSFunction as a Service인 AWS Lambda 서비스다. 애플리케이션을 서비스 지향으로 만들고자 Amazon API Gateway는 AWS Lambda 함수 앞에 RESTful 엔드포인트를 배치하고 이를 마이크로서비스로 노출할 수 있는 기능을 제공한다. Amazon DynamoDB는 완전한 서버리스 NoSQL 데이터 스토리지이며 확장성이 뛰어난 NoSQL 데이터베이스를 제공하고 Amazon S3는 서버리스 오브젝트 데이터 스토리지를 제공한다.

안전한 설문조사 제공을 위한 다음 그림 6.7에서 참조 서버리스 아키텍처의 예를 살펴보자.

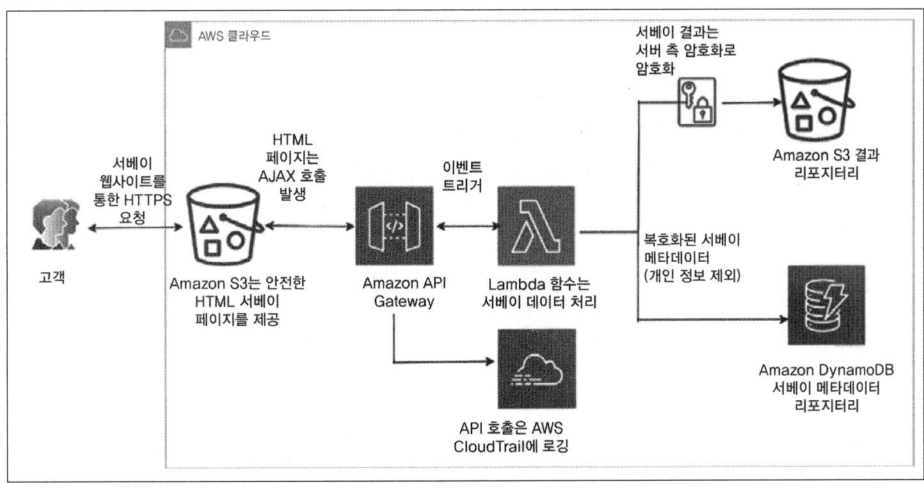

그림 6.7: 안전한 설문조사 배포를 위한 서버리스 아키텍처

위 예제에서 관리 서비스에 대한 설문조사를 제공하고 처리한다.

1. 우선 고객이 HTTPS를 통해 웹 페이지를 호출한다. 웹 페이지는 Amazon S3에서 직접 제공된다.
2. 고객의 설문조사는 AJAX 호출을 통해 Amazon API Gateway에 전달된다.
3. Amazon API Gateway는 전달될 요청들을 Amazon CloudTrail에 기록한다. 설문조사 결과가 유실되거나 AJAX 호출 중 하나에 악의적인 활동들이 포함된 경우 이러한 로그는 문제를 식별하고 해결하는 데 도움이 될 수 있다.
4. 다음 Amazon API Gateway는 AJAX 호출을 AWS Lambda 함수에 대한 이벤트 트리거를 호출해 설문 데이터를 가져와 처리한다.
5. 설문조사 결과는 AWS Lambda 함수에 의해 Amazon S3 버킷으로 전송되며, 여기에서 서버 측 암호화를 통해 보호된다.
6. 개인 식별 정보가 포함되지 않은 설문조사의 메타데이터는 Amazon DynamoDB 테이블에 작성하고 저장된다. 나중에 데이터 조회와 분석에 사용할 수 있다.

최근 서버리스 아키텍처의 인기가 높아짐에 따라 이 책에서도 서버리스 서비스를 사용하는 더 많은 참조 아키텍처를 보게 될 것이다. 또한 이제 더 많은 프레임워크를 사용해 AWS 서버리스 애플리케이션 모델SAM, Serverless Application Model과 같은 서버리스 애플리케이션을 쉽게 구축하고 관리할 수 있게 됐다. SAM은 서버리스 애플리케이션을 위한 함수, API와 데이터베이스를 생성하기 위한 쉬운 구문을 제공하는 서버리스 애플리케이션 구축을 위한 오픈소스 프레임워크다.

YAMLYet Another Markup Language을 사용해 애플리케이션 모델을 정의할 수 있다. YAML은 문법적 단순성, 배우기 쉬움, 경량성으로 인해 많은 곳에서 JSON을 대체하고 인기를 얻고 있다. 배포 중에 SAM은 YAML 파일 구성 구문을 AWS CloudFormation 구문으로 변환해 서버리스 애플리케이션을 더 빠르게 구축할 수 있게 한다. 마이크로서비스의 개념은 RESTful 스타일 아키텍처의 채택과 함께 대중화되고 있다. 다음에서 REST 아키텍처와 마이크로서비스를 자세히 알아보자.

마이크로서비스 아키텍처 구축

마이크로서비스는 REST 기반의 웹 서비스로 설계되고 독립적으로 확장할 수 있다. 이렇게 하면 나머지는 그대로 두고 시스템과 관련한 구성 요소들을 쉽게 확장하고 축소할 수 있다. 마이크로서비스를 사용하는 시스템은 발생할 수 있는 오류나 사고에 대해 더 내구성을 가질 수 있다. 즉, 시스템은 내결함성을 갖도록 염두에 두고 구축된다.

마이크로서비스의 분명한 장점은 더 작은 코드를 유지해야 한다는 것이다. 그리고 마이크로서비스는 항상 독립적이어야 한다. 외부 종속성 없이 각각의 서비스들을 구축할 수 있으므로 애플리케이션 모듈 간의 상호 종속성이 줄고 느슨한 결합이 가능하다.

마이크로서비스의 또 다른 중요한 개념은 경계 컨텍스트bounded context로, 단일 비즈니스 도메인을 위해 함께 결합되는 단위다. 비즈니스 도메인은 자동차 제조, 서적 판매 또는 완전한 비즈니스 프로세스를 포함하는 소셜 네트워크 상호작용과 같은 것일 수 있다.

개별 마이크로서비스는 모든 세부 정보가 캡슐화되는 경계를 정의한다. 각 서비스를 확장하는 것은 서로 다른 워크로드에 서로 다른 확장 요구가 있는 대규모 애플리케이션을 처리하는 동안 필수적이다. 마이크로서비스 아키텍처 설계를 위한 몇 가지 모범 사례를 알아보자.

- **별도의 데이터 스토리지 구축:** 각 마이크로서비스에 대해 별도의 데이터 스토리지를 생성하면 각 팀의 서비스에 가장 적합한 데이터베이스를 선택할 수 있다. 예를 들어 웹 사이트 트래픽을 처리하는 팀은 확장성이 뛰어난 NoSQL 데이터베이스를 이용해 반구조화된 데이터를 저장할 수 있다. 주문 서비스를 처리하는 팀은 관계형 데이터베이스를 이용해 데이터 무결성과 트랜잭션의 일관성을 보장할 수 있다. 또한 한 데이터베이스의 변경 사항이 다른 서비스에 영향을 미치지 않도록 느슨한 결합을 하는 데 도움이 된다.
- **서버를 상태 비저장으로 유지:** 앞 절의 상태 저장과 상태 비저장 아키텍처 설계 구축에서 배웠듯이 서버를 상태 비저장 상태로 유지하면 확장성에 도움이 된다. 서버는 최소한의 상태로 서버에 상태를 저장할 필요 없이 중단돼도 쉽게 교체될 수 있어야 한다.
- **별도의 빌드 체계 구축:** 각 마이크로서비스에 대해 별도의 빌드 체계를 생성하면 개발 팀이 더 쉽게 새로운 변경 사항을 적용하고 신속하게 새로운 기능 릴리스를 할 수 있다. 이렇게 하면 개발 팀이 특정 마이크로서비스에 필요한 코드만 빌드하고 다른 서비스에 영향을 주지 않게 하는 데 도움이 된다.
- **컨테이너에 배포:** 컨테이너에 배포하면 모든 것을 동일한 표준 방식으로 배포할 수 있는 도구가 된다. 컨테이너를 이용하면 특성에 관계없이 모든 마이크로서비스를 동일한 방식으로 배포하게 할 수 있다. '컨테이너로 애플리케이션 배포'

절에서 컨테이너 배포를 자세히 알아본다.

- **서버리스로 전환:** 마이크로서비스가 너무 복잡하지 않다면 서버리스 플랫폼이나 AWS Lambda와 같은 서비스가 제공하는 기능을 사용해본다. 서버리스 아키텍처는 인프라 관리 오버헤드를 줄이는 데 도움이 된다.
- **블루–그린 배포:** 운영 환경의 복제본을 만들면 더 나은 접근 방식이 될 수 있다. 새로운 기능을 배포하고 사용자 트래픽의 일부 기능을 라우팅해 새 기능이 새 환경에서 예상대로 작동하는지 확인한다. 그런 다음 전체 사용자들이 새 기능을 볼 수 있을 때까지 새 환경에서 트래픽을 늘린다. 12장에서 블루–그린 배포를 자세히 알아본다.
- **환경 모니터링:** 좋은 모니터링은 장애에 대응하는 것과 적절한 라우팅, 확장, 성능 저하 관리를 해 장애를 사전에 예방하는 것의 차이다. 애플리케이션의 다운을 예방하고자 서비스 자체보다 서비스 상태에 대해 더 많이 알고 있기를 원할 것이기 때문에 서비스가 상태를 모니터링 계층에 제공하고 푸시하기를 원할 것이다. 모니터링은 플러그인을 사용하거나 모니터링 API를 쓰는 것과 같이 다양한 방법으로 수행할 수 있다.

마이크로서비스 아키텍처에는 다양한 장점이 있지만 모듈식 접근 방식에는 더 많은 인프라를 관리해야 하는 오버헤드가 있다. 여러 모듈을 동시에 관리하고 확장하는 데 도움이 되는 도구를 신중하게 선택해야 한다. 마이크로서비스 아키텍처를 설계하는 동안 가능한 한 인프라와 운영 오버헤드를 줄이는 데 도움이 될 수 있는 서버리스 플랫폼을 사용한다. 실시간 투표 애플리케이션을 위한 마이크로서비스 기반 참조 아키텍처를 살펴보자.

실시간 투표 애플리케이션 참조 아키텍처

마이크로서비스 기반 아키텍처는 소규모 마이크로서비스가 사용자 투표를 처리하고 통합하는 실시간 투표 애플리케이션을 나타내는 그림 6.8에서 설명하고 있다. 투표 애플리케이션은 각 모바일 디바이스에서 개별 사용자 투표를 수집하고 모든 투표를 NoSQL 데이터베이스인 Amazon DynamoDB 데이터베이스에 저장한다.

마지막으로 AWS Lambda 함수에는 애플리케이션 로직이 있는데, 사용자가 선호하는 후보에게 투표된 모든 투표 데이터를 집계하고 최종 결과를 반환하게 된다.

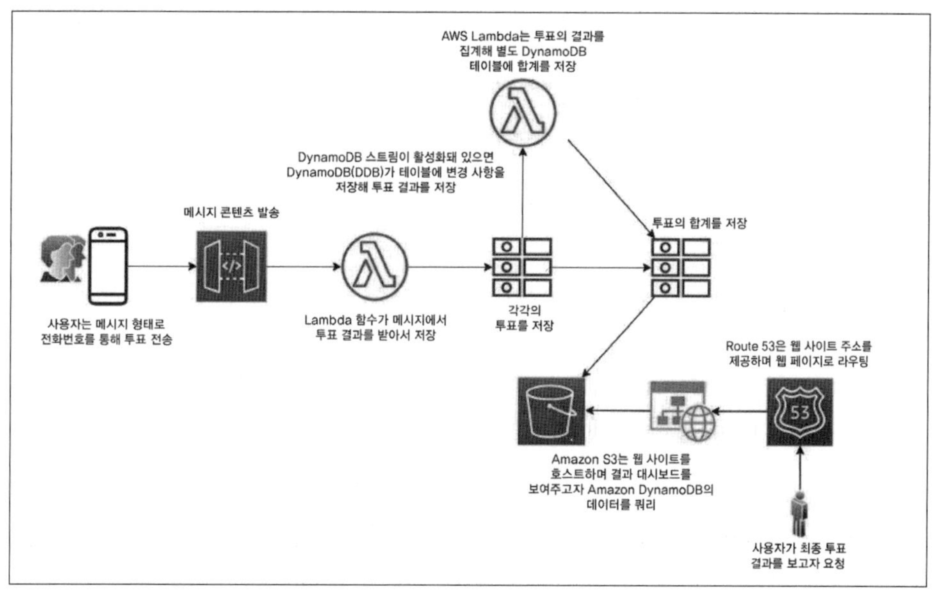

그림 6.8: 마이크로서비스 기반 실시간 투표 애플리케이션 아키텍처

위의 아키텍처에서는 다음과 같은 시나리오들을 포함하고 있다.

1. 사용자가 트윌리오Twilio 등의 서드파티가 제공하는 전화번호나 단축번호로 투표를 하는 경우도 포함한다.
2. 서드파티는 Amazon API Gateway에서 생성한 엔드포인트로 메시지 내용을 전

송하게 구성한 다음 AWS Lambda에 내장된 함수로 응답을 전달한다.

3. 이 함수는 메시지 콘텐츠에서 투표를 추출하고 결과와 모든 메타데이터를 Amazon DynamoDB의 테이블에 쓴다.

4. 이 테이블에는 DynamoDB 스트림이 활성화돼 있어 테이블에 대한 변경 사항을 지속적으로 추적할 수 있다.

5. 업데이트 후 DynamoDB 스트림Streams은 투표를 집계하는 애플리케이션 로직이 있는 두 번째 AWS Lambda 함수에 알림을 보내고 이를 다른 DynamoDB 테이블에 다시 쓴다. 두 번째 테이블은 각 카테고리별 투표 합계만 저장한다.

6. 투표 결과를 보여주는 대시보드는 HTML과 자바스크립트를 이용해 만들어지고 Amazon S3에서 정적 웹 사이트로 호스팅된다. 이 페이지에서는 AWS 자바스크립트 SDK를 사용해 Amazon DynamoDB 테이블에 집계한 결과를 쿼리하고 실시간으로 투표 결과를 표시한다.

7. 마지막으로 Amazon Route 53을 DNS 공급자로 사용해 Amazon S3 버킷의 사용자 지정 도메인 이름을 가리키는 호스팅 영역을 생성한다.

위 아키텍처는 마이크로서비스 기반일 뿐만 아니라 서버리스로 설계돼 있기도 하다. 마이크로서비스를 이용하면 반복되는 더 작은 시스템을 구성하는 작은 독립적인 구성 요소들로 만들어진 애플리케이션을 구축할 수 있다. 마이크로서비스 기반 아키텍처는 비용, 크기, 변경의 위험이 감소하며 변경 속도가 개선됨을 의미한다.

메시지 큐는 느슨한 결합을 구현하고 애플리케이션의 제약을 방지하는 데 중요한 역할을 한다. 큐를 이용하면 구성 요소 간에 안전하고 안정적인 통신이 가능하다. 다음 절에서 큐 기반 아키텍처를 자세히 알아보자.

큐 기반 아키텍처 구축

앞 절에서는 RESTful 아키텍처를 사용한 마이크로서비스 설계를 살펴봤다. RESTful 아키텍처는 마이크로서비스를 쉽게 구현할 수 있게 도와주지만 서비스가 중단되면 어떻게 될까? 현대적인 아키텍처에서는 클라이언트 서비스가 호스트 서비스의 응답을 기다리게 된다. 즉, HTTP 요청이 API를 차단한다. 때로는 다운스트림 서비스를 사용할 수 없어 정보가 손실될 수 있다. 이러한 경우 정보를 유지하려면 몇 가지 재시도 로직을 구현해야 한다.

큐 기반 아키텍처queue-based architecture는 서비스를 대신해 정보를 보유하는 서비스 간에 메시지 큐를 추가해 이 문제에 대한 솔루션을 제공한다. 큐 기반 아키텍처는 완전 비동기식 통신과 느슨하게 결합된 아키텍처를 가능하게 한다. 큐 기반 아키텍처에서 정보는 여전히 메시지에서 사용할 수 있다. 서비스가 중단되는 경우 서비스를 다시 사용할 수 있게 되는 즉시 메시지가 프로세스를 가져올 수 있다. 큐 기반 아키텍처의 몇 가지 용어를 알아보자.

- **메시지:** 메시지는 헤더와 본문 두 부분으로 구성된다. 헤더에는 메시지에 대한 메타데이터가 포함되고 본문에는 실제 메시지가 포함된다.
- **큐:** 큐는 필요할 때 사용할 수 있는 메시지를 저장한다.
- **생산자:** 메시지를 생성해 큐에 저장하는 서비스다.
- **소비자:** 메시지를 소비하고 사용하는 서비스다.
- **메시지 브로커:** 생산자와 소비자 간의 메시지 수집, 라우팅, 배포를 담당한다.

몇 가지 일반적인 큐 기반 아키텍처 패턴을 알아보자.

큐 체인 패턴

큐 체인 패턴queuing chain pattern은 연결된 여러 시스템에서 순차적 처리를 수행해야 할 때 사용된다. 이미지 처리 애플리케이션을 예로 들어보자. 이미지 처리 파이프라인에서 이미지를 수집해 서버에 저장하고, 이미지의 다른 해상도의 복사본을 만드는 작업을 실행하고, 이미지에 워터마킹을 하고, 썸네일을 생성하는 일련의 작업은 서로 밀접하게 연결돼 있다. 어느 한 부분에서 장애가 발생하면 전체 작업이 중단될 수 있다.

다양한 시스템과 작업 사이에 큐를 이용해 단일 실패 지점을 제거하고 느슨하게 결합된 시스템을 설계할 수 있다. 큐 체인 패턴은 서로 다른 시스템을 함께 연결하고 메시지를 병렬로 처리할 수 있는 서버의 수를 늘리는 데 도움이 된다. 처리할 이미지가 없는 경우 오토스케일링을 구성해 불필요한 서버를 종료할 수 있다.

다음 그림은 큐 체인 아키텍처 패턴을 보여준다. 여기에서 AWS에서 제공하는 큐를 SQSSimple Queue Service라고 한다.

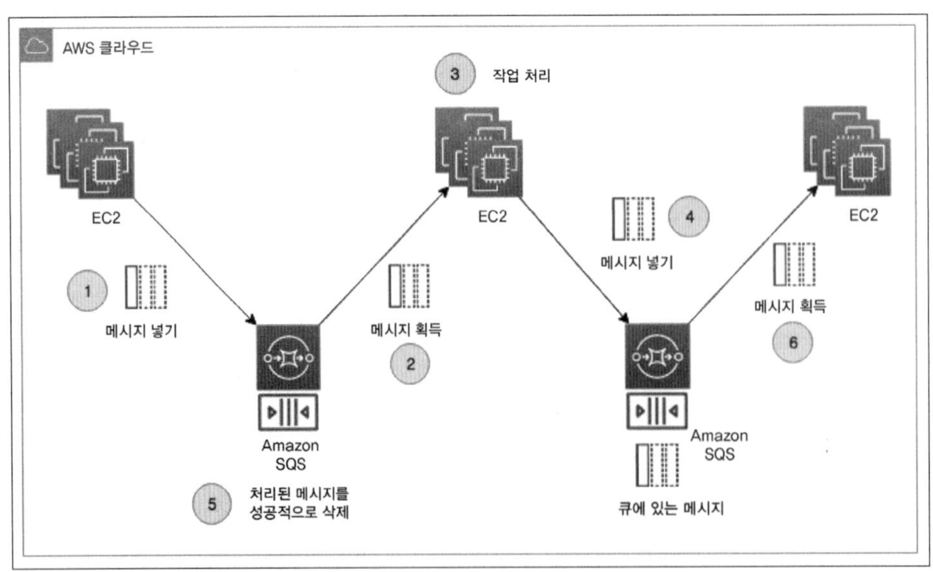

그림 6.9: 큐 체인 패턴 아키텍처

이 아키텍처에는 다음과 같은 단계들이 있다.

1. 원본 이미지가 서버에 업로드되면 애플리케이션은 모든 이미지에 회사 로고를 워터마크해야 한다. 여기에서 일련의 Amazon EC2 서버들이 배치 작업을 실행해 모든 이미지에 워터마크를 표시하고 처리된 이미지를 Amazon SQS 큐에 푸시한다.
2. Amazon EC2 인스턴스들은 Amazon SQS 큐에서 워터마크가 표시된 이미지를 가져온다.
3. EC2 인스턴스들은 이미지를 처리하고 해상도가 다른 여러 복사본을 생성한다.
4. 이미지를 인코딩한 후 EC2 인스턴스는 메시지를 다른 Amazon SQS 큐로 푸시한다.
5. 이미지가 처리되면 EC2 인스턴스는 이전 큐에서 메시지를 삭제한다.
6. EC2 인스턴스들은 최종적으로 큐에서 인코딩된 메시지를 받고 저작권과 함께 썸네일을 생성한다.

이 아키텍처에는 다음과 같은 장점이 있다.

- 느슨하게 결합된 비동기 처리를 이용해 다른 서비스의 승인을 기다리지 않고 신속하게 응답을 반환할 수 있다.
- Amazon SQS를 사용해 Amazon EC2 인스턴스나 컨테이너의 느슨한 결합을 통해 시스템을 구성할 수 있다.
- Amazon EC2 인스턴스가 실패하더라도 메시지는 큐 서비스에 남아 있다. 이를 통해 서버 복구 시 처리를 계속할 수 있고 내구성 있는 시스템을 구축할 수 있다.

예상치 못한 메시지 부하를 유발할 수 있는 애플리케이션 수요의 변동이 발생할 수 있다. 큐 메시지 로드에 따라 작업 부하를 자동화하면 수요 변동을 처리하는 데 도움이 될 수 있다. 다음에는 이러한 자동화를 처리하고자 작업 관찰자 패턴을 사용하는 방법을 자세히 알아보자.

작업 관찰자 패턴

큐 체인 패턴은 느슨하게 결합된 아키텍처를 설계하는 데 도움이 되지만 워크로드의 급변을 어떻게 처리할 것인가? 요청 변화의 경우 작업 관찰자 패턴으로 사용자 요구에 따른 처리 능력을 변화시켜 해결할 수 있다.

작업 관찰자 패턴에서는 처리할 큐의 메시지 숫자에 따라 오토스케일링 그룹을 만들 수 있다. 작업 관찰자 패턴은 작업 처리에 사용되는 서버 인스턴스 숫자를 늘리거나 줄여 성능을 유지할 수 있게 한다.

다음 그림은 작업 관찰자 패턴을 보여준다.

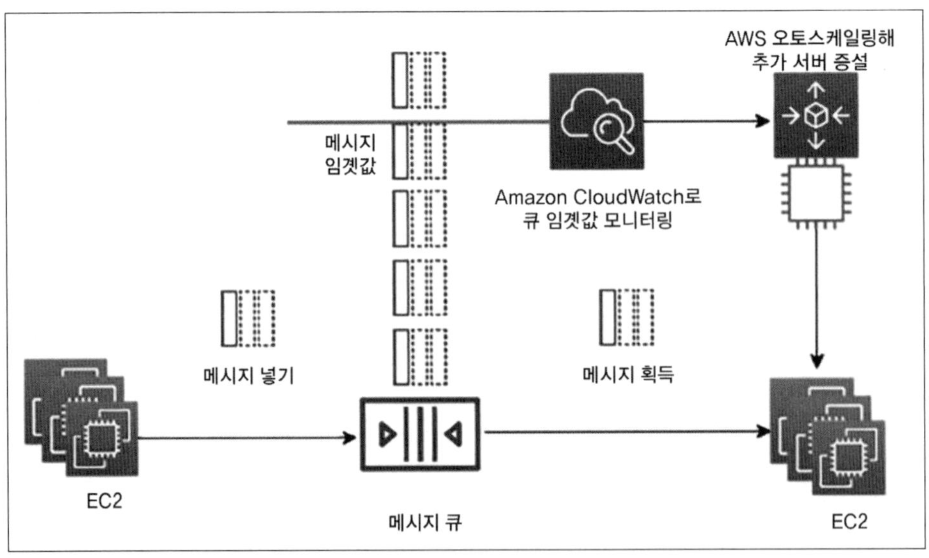

그림 6.10: 작업 관찰자 패턴 아키텍처

위의 아키텍처에서 Amazon EC2 인스턴스의 첫 번째 집합이 왼쪽에 있으며 배치 작업을 실행하고 큐에 메시지(예, 이미지 메타데이터)를 저장한다. 오른쪽에 있는 두 번째 EC2 인스턴스 집합은 메시지(예, 이미지 인코딩)를 사용하고 처리한다. 메시지가 특정 임곗값에 도달하면 Amazon CloudWatch는 오토스케일링을 트리거해 소비자 집합에 EC2 인스턴스를 추가해 작업 처리 속도를 높인다. 또한 오토스케일링은 큐의 메시지 수가 임곗값 아래로 내려가면 불필요한 EC2 인스턴스를 제거한다.

작업 관찰자 패턴은 작업 크기에 따라 규모를 계산해 효율성을 개선하고 비용을 절감할 수 있게 한다. 작업 관찰자 패턴 아키텍처를 사용하면 작업을 더 짧은 시간 내에 완료할 수 있다. 프로세스는 탄력적이다. 즉, 서버에 장애가 발생해도 작업 처리가 중단되지 않는다.

큐 기반 아키텍처는 느슨한 결합을 제공하지만 소비자가 사용 가능한 경우 큐에서 메시지를 가져올 수 있는 비동기 가져오기 방식에서 주로 동작한다.

하나의 이벤트가 다른 이벤트를 트리거해야 하는 다양한 아키텍처 구성 요소 간의 통신을 구성해야 할 때가 있다. 다음 절에서 이벤트 기반 아키텍처를 자세히 알아보자.

이벤트 기반 아키텍처 구축

이벤트 기반 아키텍처는 일련의 이벤트들을 함께 연결해 기능적 흐름을 완료하는 데 도움이 된다. 예를 들어 웹 사이트에서 구매하고자 결제할 때 주문 송장[invoice]이 생성되고 결제가 완료되는 즉시 이메일이 수신되기를 기대한다. 이벤트 기반 아키텍처는 이러한 모든 이벤트를 연결해 결제하면 주문 흐름을 완료하는 다른 작업들을 트리거할 수 있다.

이벤트 기반 아키텍처를 이야기할 때는 앞 절에서 다룬 큐를 중심으로 살펴볼 수 있다. 또한 이벤트 기반 아키텍처는 게시자/구독자 모델 또는 이벤트 스트림 모델을 기반으로 할 수도 있다.

게시자/구독자 모델

게시자/구독자(게시/구독pub/sub) 모델에서 이벤트가 게시되면 모든 구독자에게 알림이 전송되고 각 구독자는 데이터 처리 요구 사항에 따라 필요한 조치를 취할 수 있다. 다양한 필터로 사진을 강화하고 사용자에게 알림을 보내는 사진 스튜디오 애플리케이션의 예를 들어보겠다. 다음 그림 6.11은 게시/구독 모델을 보여준다.

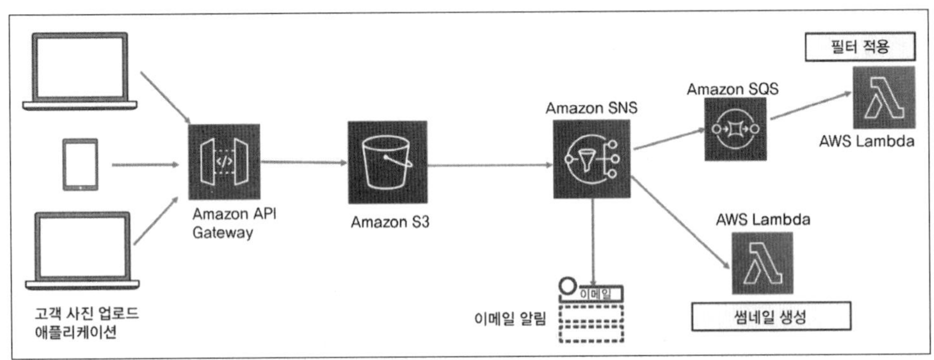

그림 6.11: 사진 스튜디오 애플리케이션 게시/구독 이벤트 기반 아키텍처

위의 그림에서 다음 내용들을 확인할 수 있다.

1. 사용자는 먼저 웹/모바일 애플리케이션을 이용해 Amazon S3 버킷에 사진을 업로드한다.
2. 그러면 Amazon S3 버킷이 Amazon SNSSimple Notification Service에 알림을 보낸다. Amazon SNS는 다음의 구독자가 있는 메시지 토픽이다.
    - 첫 번째 구독자는 이메일 서비스를 이용하고 있으며 사진 업로드가 완료되는 즉시 사용자에게 이메일이 전송된다.
    - 두 번째 구독자는 Amazon SNS 토픽에서 메시지를 가져오고 AWS Lambda로 작성된 코드에 다양한 필터를 적용해 이미지 품질을 개선하는 Amazon SQS 큐를 사용한다.

- 세 번째 구독자는 이미지 축소판을 생성하는 AWS Lambda 함수를 직접 만들어 사용한다.

이 아키텍처에서 Amazon S3는 여러 구독자를 대상으로 한 생산자로, SNS 토픽에 메시지를 게시한다. 또한 메시지가 SQS에 오는 즉시 Lambda 함수가 이미지를 처리하도록 이벤트를 트리거한다.

이벤트 스트림 모델

이벤트 스트림 모델에서 소비자는 생산자로부터 오는 연속적인 이벤트 흐름을 읽을 수 있다. 예를 들어 이벤트 스트림을 사용해 클릭스트림 로그clickstream log의 지속적인 흐름을 수집하고 다음 그림과 같이 탐지된 이상 항목이 있는 경우 경고를 보낼 수도 있다.

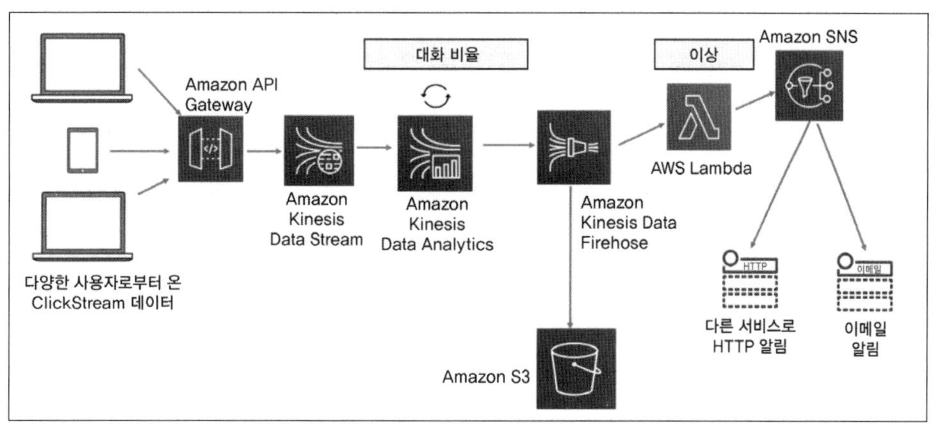

그림 6.12: 클릭스트림 분석 이벤트 스트림 아키텍처

Amazon Kinesis는 연속 스트리밍 데이터를 수집, 처리, 저장하는 데 사용되는 서비스다. 위 그림을 보면 웹 및 모바일 애플리케이션에서 전자상거래 애플리케이션을 클릭하는 고객들은 다양한 클릭 이벤트 스트림을 생성한다.

이러한 클릭스트림은 실시간 분석을 위해 Amazon API Gateway를 이용해 분석 애플리케이션으로 전송된다. 이 분석 애플리케이션에서 Kinesis Data Analytics는 특정 기간(예, 지난 5분 동안 구매를 완료한 사람의 수) 동안의 전환율Conversion Rates을 계산한다. 실시간으로 데이터를 집계한 후 Amazon Kinesis Data Analytics는 결과를 Amazon Kinesis Data Firehose로 보낸다. 그러면 Amazon Kinesis Data Firehose는 추가 처리를 위해 Amazon S3 스토리지에 모든 데이터 파일을 저장할 수 있다.

Lambda 함수는 이벤트 스트림에서 읽고 이상Anomalies 항목에 대한 데이터 검사를 시작한다. 전환율에서 이상이 감지되면 AWS Lambda 함수는 캠페인 팀에 알림을 보내기 위한 이메일 알림을 보낸다. 이 아키텍처에서 이벤트 스트림은 지속적으로 발생하고 AWS Lambda는 특정 이벤트에 대한 스트림을 읽고 있다.

이벤트 기반 아키텍처를 사용해 생산자와 소비자를 분리하고 아키텍처를 확장 가능한 상태로 유지해 언제든지 새로운 소비자를 수용할 수 있게 해야 한다. 이는 이벤트에 대해 독립성을 갖는 각 서브시스템과 함께 확장성이 뛰어난 분산 시스템을 제공한다. 그러나 중복 처리와 오류 메시지를 처리할 수 있는 메커니즘을 적용해야 한다.

우수한 애플리케이션 성능을 달성하려면 캐싱은 중요한 요소이며 모든 아키텍처 계층과 거의 모든 아키텍처 구성 요소에 적용할 수 있다. 다음 절에서는 캐시 기반 아키텍처를 자세히 알아본다.

캐시 기반 아키텍처 구축

캐싱은 향후 요청을 더 빠르게 만들고 네트워크 처리량을 줄이고자 요청자와 영구 스토리지 사이의 중간 위치에 데이터나 파일을 임시로 저장하는 프로세스다. 캐싱은 이전에 검색한 데이터를 재사용해서 애플리케이션 속도를 높이고 비용을 낮춘다. 애플리케이션 성능을 향상시키고자 웹 계층, 애플리케이션 계층, 데이터 계층,

네트워크 계층과 같은 아키텍처의 다양한 계층에 캐싱을 적용할 수 있다.

일반적으로 서버의 RAM[Random Access Memory]이나 인메모리 캐시 엔진은 애플리케이션 캐싱을 지원하는 데 사용된다. 그러나 캐싱이 로컬 서버에 연결돼 있으면 서버 중단 시 캐시가 데이터를 유지하지 않는다. 최근 대부분의 애플리케이션은 분산 환경에 있으므로 애플리케이션 수명 주기와 독립적인 전용 캐싱 계층을 갖는 것이 좋다. 애플리케이션에 수평적 확장을 적용한 경우 모든 서버가 중앙 집중식 캐싱 계층에 액세스해 최상의 성능을 얻을 수 있게 된다.

그림 6.13의 다이어그램은 솔루션 아키텍처의 다양한 계층에서 캐싱 메커니즘을 보여준다. 다이어그램에서 볼 수 있듯이 다음은 아키텍처의 각 계층에 있는 캐싱 메커니즘이다.

- **클라이언트 측:** 클라이언트 측 캐싱은 모바일 및 데스크탑과 같은 사용자 디바이스에서 적용된다. 각 디바이스에서는 이전에 방문했던 웹 콘텐츠를 캐시해서 이후 요청에 더 빠르게 응답한다. 각 브라우저에는 고유한 캐싱 메커니즘이 있다. HTTP 캐싱은 로컬 브라우저에서 콘텐츠를 캐싱해 애플리케이션을 더 빠르게 만든다. 캐시 제어 HTTP 헤더는 클라이언트 요청과 서버 응답 모두에 대한 브라우저 캐싱 정책을 정의한다. 이러한 정책은 콘텐츠를 캐시해야 하는 위치와 콘텐츠가 지속되는 기간을 정의하며, 이를 TTL[Time To Live]이라고 부른다. 쿠키는 브라우저에 더 빨리 응답하고자 클라이언트 시스템에 정보를 저장하는 데 사용되는 또 다른 방법이다.
- **DNS 캐싱:** 사용자가 인터넷을 통해 웹 사이트 주소를 입력하면 퍼블릭 DNS[Domain Name System] 서버가 IP 주소를 조회한다. 이 DNS 정보를 캐시하면 웹 사이트의 로드 시간이 줄어든다. DNS 정보는 첫 번째 요청 후 로컬 서버나 브라우저에 캐시될 수 있으며 해당 웹 사이트에 대한 추가 요청은 시간이 더 빨라진다.

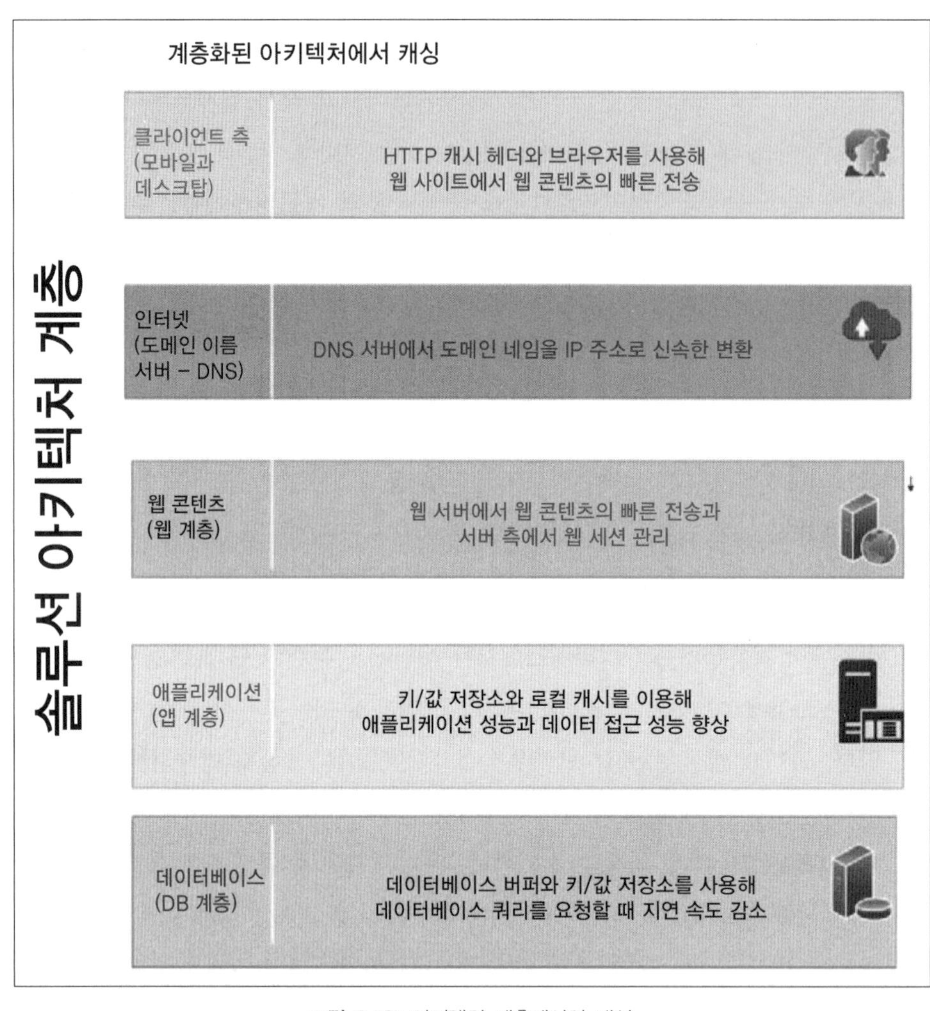

그림 6.13: 아키텍처 계층에서의 캐싱

- **웹 캐싱:** 요청의 대부분은 이미지, 동영상, HTML 페이지와 같은 웹 콘텐츠 탐색과 관련된다. 이러한 자산들을 사용자 위치 근처에 캐싱하면 페이지 로드에 대해 훨씬 더 빠른 응답을 제공할 수 있다. 이는 또한 디스크 읽기와 서버 로드 시간을 제거한다. CDN[콘텐츠 배포 네트워크]은 고해상도 이미지 및 동영상 같은 정적 콘텐츠를 캐시할 수 있는 엣지 네트워크를 제공한다. 게임, 블로그, 전자상거래 제품 카탈로그 페이지 등과 같은 무거운 애플리케이션의 데이터를 읽는 데 매

우 유용하다. 사용자 세션에는 사용자 기본 설정과 상태에 대한 많은 정보가 포함돼 있다. 빠른 사용자 응답을 위해 자체 키-값 저장소에 사용자의 세션을 저장해 사용자 경험을 개선할 수 있다.

- **애플리케이션 캐싱:** 애플리케이션 계층에서 캐싱을 적용해 복잡한 반복 요청의 결과를 저장해 비즈니스 로직 계산과 데이터베이스 접속을 줄일 수 있다. 전체적으로 애플리케이션 성능을 향상시키고 데이터베이스와 인프라의 부하를 줄일 수 있다.
- **데이터베이스 캐싱:** 애플리케이션 성능은 데이터베이스가 제공하는 속도와 처리량에 크게 좌우된다. 데이터베이스 캐싱을 사용하면 데이터베이스 처리량을 크게 늘리고 데이터 검색 대기 시간을 줄일 수 있다. 데이터베이스 캐시는 모든 종류의 관계형 또는 비관계형 데이터베이스 앞에 적용할 수 있다. 일부 데이터베이스 공급자는 캐싱을 통합하고 애플리케이션은 로컬 캐싱을 처리한다.

Redis와 Memcached는 가장 널리 사용되는 캐싱 엔진이다. Memcached가 더 빠르지만(복잡성이 낮은 데이터에 적합하고 데이터를 키-값 형식으로 저장) Redis는 좀 더 지속성이 있는 캐싱 엔진이며 게임 리더보드와 같은 복잡한 데이터 구조의 애플리케이션에 필요하다. 'Memcached와 Redis' 절에서 더 자세히 살펴본다. 몇 가지 캐싱 설계 패턴을 알아보자.

3-티어 웹 아키텍처에서 캐시 배포 패턴

기존 웹 호스팅 아키텍처에서는 아키텍처를 프레젠테이션, 애플리케이션, 영구 계층으로 구분하는 표준 3-티어 웹 애플리케이션 모델로 나눈다.

그림 6.14처럼 웹, 애플리케이션, 데이터베이스 계층에서 캐싱이 적용될 수 있다.

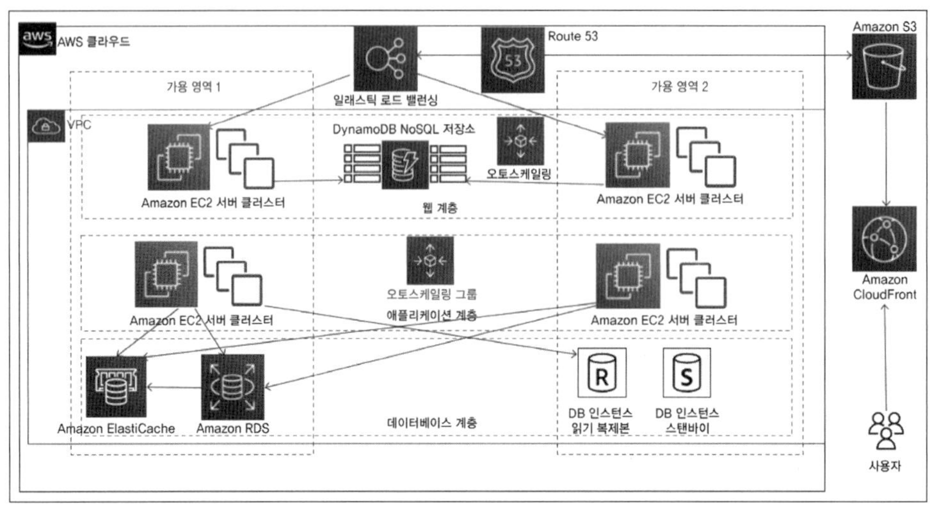

그림 6.14: 캐시 분산 패턴 아키텍처

웹 페이지의 부하를 줄이는 방법 중 하나는 캐싱을 사용하는 것이다. 캐싱에서 중요한 것은 백엔드를 최대한 적게 액세스하는 것이다. 사용자에게 더 나은 경험을 제공하고자 이미지, 자바스크립트 또는 전체 페이지를 캐시할 수 있는 애플리케이션을 작성할 수 있다. 위의 그림에서 볼 수 있듯이 캐싱은 아키텍처의 다양한 계층에 적용될 수 있다.

- Amazon Route 53은 도메인 관리를 단순화하고 DNS-IP 매핑을 캐시하는 데 도움이 되는 DNS 서비스를 제공한다.
- Amazon S3는 고해상도 이미지 및 동영상과 같은 모든 정적 콘텐츠를 저장한다.
- Amazon CloudFront는 대용량 콘텐츠에 대한 엣지 캐싱을 제공한다. 또한 이러한 캐시 제어 헤더를 사용해 해당 파일의 업데이트된 버전을 확인하는 빈도를 결정한다.
- Amazon DynamoDB는 웹 애플리케이션이 사용자 세션을 처리하고자 캐시하는 세션 스토리지에 사용된다.

- 일래스틱 로드 밸런싱Elastic Load Balancing은 앞의 그림에서 웹 서버 오토스케일링 그룹으로 트래픽을 분산한다.
- Amazon ElastiCache는 데이터베이스 계층에서 애플리케이션의 부하를 줄일 수 있도록 캐싱 서비스를 제공한다.

일반적으로는 정적 콘텐츠를 캐시한다. 하지만 동적 콘텐츠 또한 애플리케이션의 성능에 영향을 주며 요구 사항에 따라 동적 또는 고유 콘텐츠를 캐싱해 더 나은 성능을 얻을 수 있다. 좀 더 구체적인 패턴을 살펴보자.

분산 패턴 이름 변경

Amazon CloudFront와 같은 CDN을 사용할 때 빠른 성능을 위해 자주 사용하는 데이터를 사용자와 가까운 엣지 로케이션에 저장한다. 그리고 데이터에 대해서는 CDN에서 TTLTime To Live을 설정한다. 즉, TTL이 만료될 때까지 엣지 로케이션이 서버에 업데이트된 데이터를 다시 쿼리하지는 않는다. TTL은 개체가 삭제되거나 새로 고쳐지기 전에 캐싱 시스템에 저장된 시간이다. 그런데 잘못된 제품 설명을 수정해야 하는 경우와 같이 CDN 캐시 콘텐츠를 즉시 업데이트해야 하는 상황이 있을 수 있다.

이런 상황에서는 파일의 TTL이 만료될 때까지 기다릴 수 없다. 이름 변경 배포 패턴을 사용하면 사용자가 업데이트된 정보를 바로 얻을 수 있도록 새 변경 사항이 적용되는 즉시 캐시를 업데이트할 수 있다. 다음 그림은 이름 변경 배포 패턴을 보여준다.

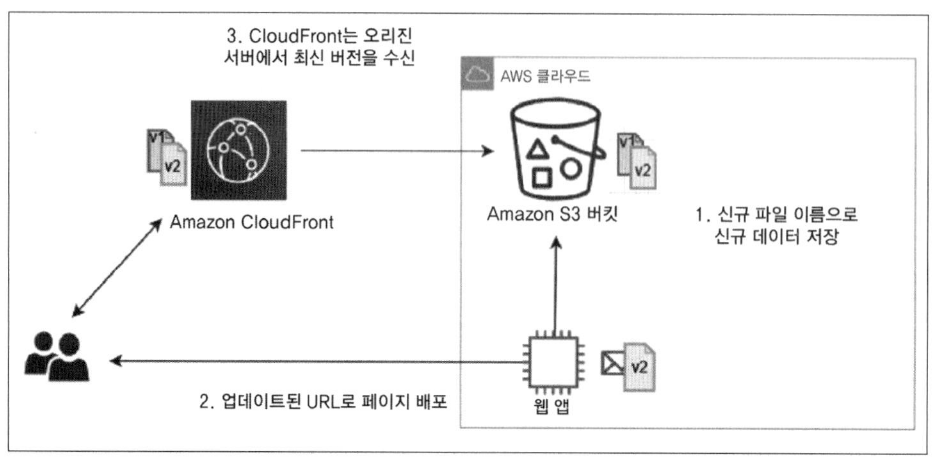

그림 6.15: 이름 변경 배포 패턴 아키텍처

위 그림과 같이 캐시 배포 패턴과 함께 이름 변경 배포 패턴을 이용하면 업데이트 문제를 해결하는 데 도움이 된다. 이 패턴을 사용하면 오리진 서버의 파일을 덮어쓰고 CloudFront의 TTL이 만료되기를 기다리는 대신 서버가 업데이트된 파일을 새 파일 이름으로 업로드한 다음 웹 페이지를 새 URL로 업데이트하면 된다. 사용자가 원본 콘텐츠를 요청하면 CloudFront는 원본 콘텐츠를 가져와야 하며 이미 캐시돼 있는 오래된 파일은 제공할 수 없다.

기존의 파일을 즉시 무효화invalidate하는 방법도 있지만 비용이 더 많이 들기 때문에 CDN이 즉시 선택할 수 있게 새 버전의 파일을 넣는 것이 좋다. 그런데 무효화 옵션에 비해 약간의 오버헤드를 더해 새 파일을 선택하려면 애플리케이션의 URL을 업데이트해야 한다. 비즈니스 요구 사항과 예산에 따라 결정하는 것이 가장 좋다.

전 세계에 분산된 사용자들을 대상으로 CDN을 사용하지 않으려면 대신 프록시 캐시 서버를 사용할 수 있다. 다음 절에서 이를 자세히 알아본다.

캐시 프록시 패턴

캐시 계층을 추가해 애플리케이션 성능을 크게 높일 수 있다. 캐시 프록시 패턴에서 정적 콘텐츠나 동적 콘텐츠는 웹 애플리케이션 서버의 업스트림에 캐시된다. 다음 그림에서 볼 수 있듯이 웹 애플리케이션 클러스터 앞에 캐싱 계층이 있다.

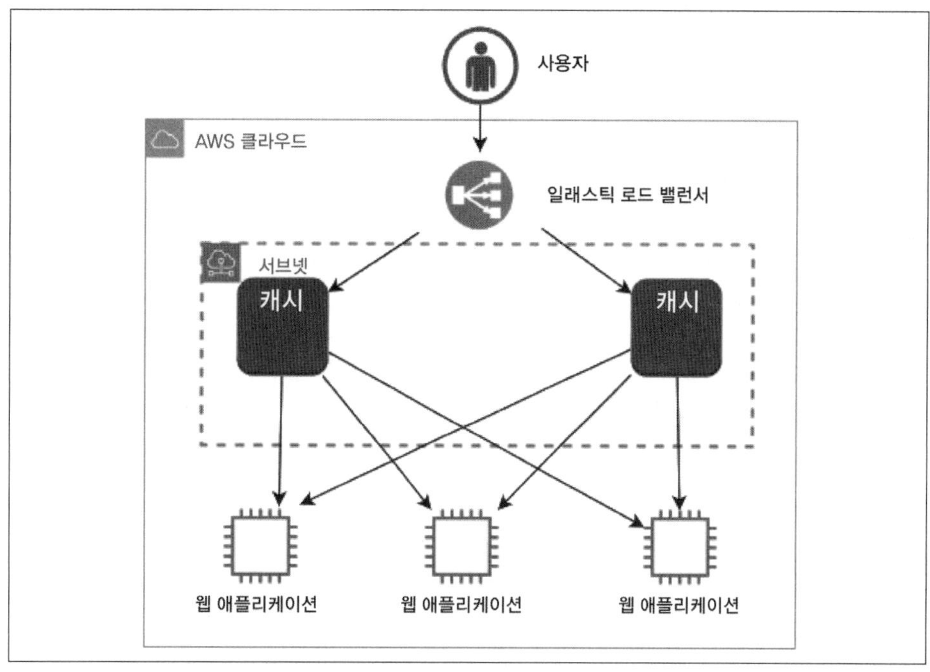

그림 6.16: 캐시 프록시 패턴 아키텍처

위의 그림에서 높은 성능을 위해 콘텐츠는 캐시 서버에서 전달된다. 캐시 프록시 패턴의 몇 가지 장점은 다음과 같다.

- 캐시 프록시 패턴은 캐시를 사용해 콘텐츠를 전달하는 데 도움이 된다. 즉, 웹 서버나 애플리케이션 서버 수준에서 수정할 필요가 없다.
- 특히 동적 콘텐츠에 대한 콘텐츠 생성 부하를 줄일 수 있다.
- HTTP 헤더, URL, 쿠키 등과 같은 브라우저 수준에서 캐시를 유연하게 설정할

수 있다. 또는 브라우저 수준에서 정보를 저장하지 않으려면 캐시 계층에 정보를 캐시할 수 있다.

캐시 프록시 패턴에서는 **단일 장애점**SPoF, Single Point of Failure을 피하고자 캐시의 여러 복사본을 유지 관리해야 한다. 때로는 서버와 CDN 모두에서 정적 콘텐츠를 제공하려고 할 수 있어서 각각 다른 접근 방식이 필요하다. 다음 절에서 이러한 하이브리드 상황을 자세히 살펴본다.

프록시 재작성 패턴

이미지, 동영상과 같은 정적 웹 사이트 콘텐츠의 액세스 대상은 변경하고 싶지만 기존 시스템은 변경하고 싶지 않은 경우가 있다. 프록시 재작성 패턴을 이용한 프록시 서버를 제공해 이를 달성할 수 있다. 정적 콘텐츠의 대상을 콘텐츠 서비스나 인터넷 저장소와 같은 다른 저장소로 변경하려면 웹 서버 플릿 앞에 프록시 서버를 이용할 수 있다. 그림 6.17에서 볼 수 있듯이 애플리케이션 계층 앞에 프록시 서버가 있어 실제 애플리케이션을 수정하지 않고도 콘텐츠 전달 대상을 변경할 수 있다.

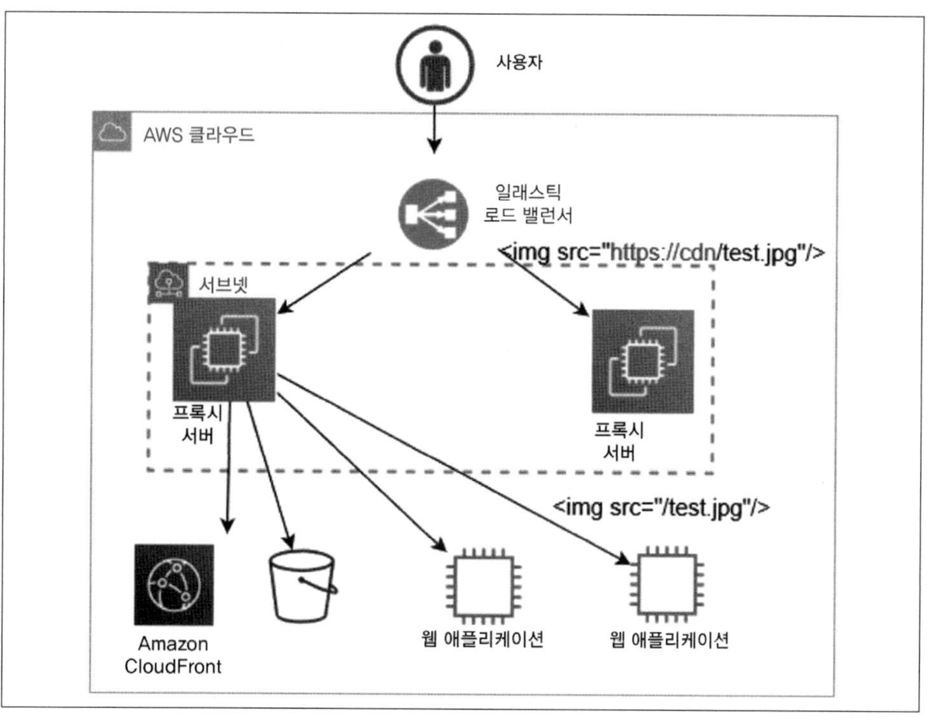

그림 6.17: 프록시 재작성 패턴 아키텍처

위의 그림과 같은 프록시 재작성 패턴을 이용할 수 있으려면 현재 실행 중인 시스템 앞에 프록시 서버를 배치해야 한다. 아파치 엔진엑스NGINX와 같은 소프트웨어를 사용해 프록시 서버를 구성할 수 있다. 다음은 프록시 재작성 패턴을 빌드하는 단계다.

1. 로드 밸런서와 정적 콘텐츠를 저장하는 Amazon S3와 같은 스토리지 서비스 간의 콘텐츠를 덮어쓸 수 있는 실행 중인 프록시 서버를 EC2 인스턴스에 둔다.
2. 콘텐츠 내 URL 덮어쓰기에 대한 프록시 서버 규칙을 추가한다. 이러한 규칙은 프록시 서버 규칙을 https://cdn/test.jpg에서 /test.jpg로 리디렉션하는 위의 그림과 같이 **일래스틱 로드 밸런싱**ELB이 새 위치를 가리키는 데 도움이 된다.
3. 애플리케이션 부하에 따라 최소 및 최대 프록시 서버 수를 구성해 프록시 서버

티어에 오토스케일링을 적용한다.

이 절에서는 네트워크를 통한 정적 콘텐츠 배포를 위한 캐싱을 처리하는 다양한 방법을 살펴봤다. 전체 사용자 경험을 위해 애플리케이션 계층에서의 캐싱을 적용하는 것은 애플리케이션 성능을 향상시키는 데 매우 중요하다. 동적 사용자 데이터 전달 성능을 개선하기 위한 앱 캐싱 패턴을 자세히 알아보자.

앱 캐싱 패턴

애플리케이션에 캐싱을 적용할 때 애플리케이션 서버와 데이터베이스 사이에 캐시 엔진 계층을 추가한다. 앱 캐싱 패턴을 사용하면 가장 빈번한 쿼리가 캐싱 계층에서 제공되므로 데이터베이스의 부하를 줄일 수 있다. 앱 캐싱 패턴은 전반적인 애플리케이션과 데이터베이스 성능을 향상시킨다. 다음 그림과 같이 애플리케이션 계층과 데이터베이스 계층 사이에 적용된 캐싱 계층을 볼 수 있다.

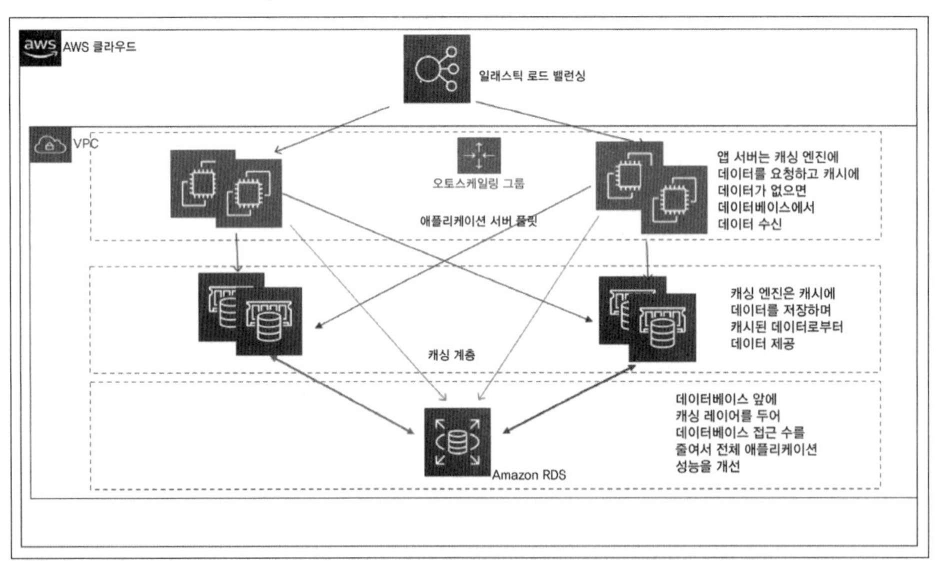

그림 6.18: 애플리케이션 캐싱 패턴 아키텍처

앞의 그림에서와 같이 데이터 액세스 패턴에 따라 **지연 캐싱**lazy caching이나 **라이트-스루**write-through 전략을 사용할 수 있다. 지연 캐싱에서 캐시 엔진은 데이터가 캐시에 있는지 확인하고 그렇지 않은 경우 데이터베이스에서 데이터를 가져와 캐시에 보관해 향후 요청을 처리한다. 지연 캐싱은 **캐시 어사이드 패턴**cache aside pattern이라고도 한다.

라이트-스루 방식에서는 데이터가 캐시와 데이터 스토리지에 동시 기록된다. 데이터가 캐시에서 손실되면 데이터베이스에서 다시 가져올 수 있다. 라이트-스루는 사용자가 제품 리뷰(항상 제품 페이지를 로드해야 함)를 작성하는 애플리케이션 상황에서 주로 사용된다. 널리 사용되는 캐싱 엔진인 Redis와 Memcached를 자세히 알아보자.

Memcached와 Redis

Redis와 Memcached는 애플리케이션 설계에서 사용되는 두 가지 인기 있는 캐싱 엔진이다. 종종 Redis 캐시 엔진은 게임의 리더보드 생성과 같은 더 복잡한 애플리케이션 캐싱 요구 사항에 필요하다. 반면 Memcached는 더 높은 성능을 제공하며 많은 애플리케이션 부하를 처리하는 데 유용하다. 각 캐시 엔진에는 고유한 장단점이 있다. 어떤 것을 사용할지 결정하는 데 도움이 될 주요 차이점을 살펴보자.

Memcached	Redis
멀티스레드 제공	싱글 스레드
더 빠른 프로세싱을 위해 멀티CPU 사용 가능	멀티코어 프로세서를 사용할 수 없어 상대적으로 성능이 저하됨
키-값 형태 데이터 지원	복잡한 구조 데이터 지원
데이터 지속성 부족. 충돌이 발생하면 메모리 캐시에 저장된 데이터 손실	기본 제공되는 읽기 복제본을 사용해 데이터를 유지. 장애 복구 가능

(이어짐)

Memcached	Redis
손쉬운 관리	클러스터 관리가 다소 복잡할 수 있음
HTML 페이지, JSON 등과 같은 문자열 캐시에 적합	게임 리더보드, 실시간 투표 앱 등을 위한 캐시에 적합

전반적으로 어떤 엔진을 사용할지 결정해야 하는 경우 사용 사례를 기반으로 Redis나 Memcached의 사용을 결정하게 된다. Memcached는 간단하고 유지 관리가 적으며 일반적으로 캐시에 Redis가 제공하는 고급 기능이 필요하지 않을 때 선호한다. 그러나 데이터 지속성, 고급 데이터 유형, 복잡한 기능 등이 필요한 경우 Redis가 가장 나은 솔루션이 된다.

캐싱을 구현할 때 캐시가 될 데이터의 유효성을 이해하는 것이 중요하다. 캐시 적중률이 높으면 필요할 때 캐시에서 데이터를 사용할 수 있음을 의미한다. 캐시 적중률이 높으면 데이터베이스에 직접 쿼리를 줄여 부하를 줄일 수 있으며, 전반적인 애플리케이션 성능이 향상된다. 캐시 미스는 캐시에 데이터가 없을 때 발생하며 데이터베이스의 부하를 증가시킨다. 캐시는 큰 데이터 스토리지가 아니므로 애플리케이션 요구 사항에 따라 TTL을 설정하고 캐시를 제거해야 한다.

이 절에서 살펴본 것처럼 애플리케이션 성능 향상, 예측 가능한 성능과 기능, 데이터베이스 비용 절감 등 캐시를 적용하면 여러 가지 장점이 있다.

느슨한 결합Loosely coupled과 제약 조건 처리constraints handling의 원칙들을 보여주는 애플리케이션 기반 아키텍처를 더 알아보자.

회로 차단기 패턴 이해

분산 시스템에서는 다른 다운스트림 서비스를 호출하는 것이 일반적이며 이때 호출이 실패하거나 응답 없이 중단될 수 있다. 실패한 호출을 여러 번 재시도하는 코드를 종종 볼 수 있다. 원격 서비스의 문제는 수정하는 데 몇 분 또는 몇 시간이 걸릴 수 있으며 즉각적인 재시도가 다른 실패로 끝날 수도 있다는 점이다. 결과적으로 최종 사용자는 코드가 여러 번 재시도되는 동안 오류 응답을 받고자 더 오래 기다리게 된다. 이 재시도 기능은 스레드를 소모하고 잠재적으로 연쇄 실패를 유발할 수 있다.

회로 차단기circuit breaker 패턴은 다운스트림 서비스들 간의 종속성을 이해하는 것이다. 이러한 종속성이 비정상인 경우를 감지하고 다시 정상임을 감지할 때까지 요청을 정상적으로 처리하는 논리를 구현하게 된다. 회로 차단기는 지속성 계층을 사용해 반복된 요청 간격 동안 정상 및 비정상 요청을 모니터링할 수 있다.

요청이 정상적인 요청의 수에 비해 많은 예외가 발생하거나 인터벌이 길어지는 등의 비정상 동작을 관찰하는 경우는 회로는 열린 것으로 표시된다. 이 상황에서 모든 요청은 정의된 제한 시간 동안은 예외가 발생한다. 제한 시간이 지나면 요청이 모니터링되고 있다가 일정 비율의 요청이 다시 정상 상태가 되거나 오류가 관찰되지 않으면 회로가 다시 닫히고 모든 요청은 정상 상태로 통합될 수 있다.

요청의 수를 추적하고 모니터링해 서비스 상태 머신의 정상, 비정상 상태를 결정할 수 있는 것이다. 서비스 상태 정보는 DynamoDB 또는 Redis, Memcached나 다른 저장소에서 유지 관리할 수 있다.

격벽 패턴의 구현

격벽Bulkhead은 선박에서 고장의 영향을 제한하는 역할을 하는 별도의 구획을 만드는 역할을 하며, 궁극적으로는 선박이 가라앉는 것을 방지한다. 선체에서 한 구획에 물이 새면 격벽은 물이 다른 구획으로 흐르는 것을 방지해서 침수되는 범위를 제한한다.

서비스 간의 종속성을 분리하고자 시스템을 분할하는 대규모 시스템 아키텍처에서 격벽의 컨셉은 오류 범위를 제한하는 데 유용하다. 다음 그림에서 보는 것처럼 한 번의 오류로 인해 전체 시스템이 중단돼서는 안 된다는 아이디어다.

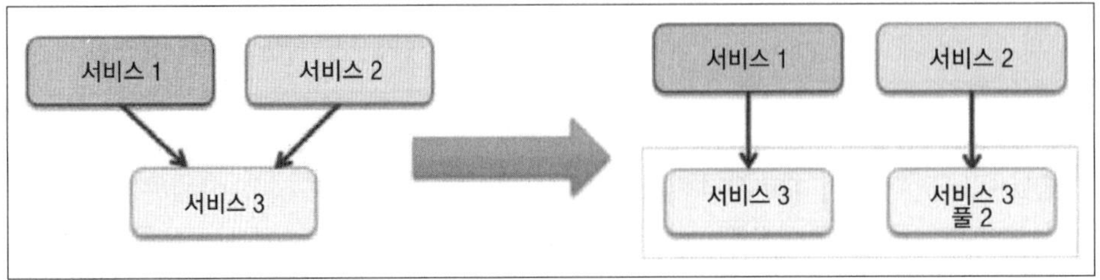

그림 6.19: 격벽 패턴

격벽 패턴에서는 종속성이 높은 서비스 풀로 애플리케이션 요소를 분리하는 것이 좋다. 하나의 서비스가 실패하면 다른 서비스가 계속해서 서비스를 제공한다. 위의 그림에서 서비스 3은 단일 서비스에서 두 개의 풀로 분리된다. 여기서 서비스 3이 실패하면 서비스 1이나 서비스 2의 영향은 풀에 대한 종속성에 따라 다르지만 전체 시스템이 다운되지는 않는다. 다음은 특히 공유 서비스 모델의 경우 설계에 격벽 패턴을 도입할 때 고려해야 할 주요 사항이다.

- 하나의 서비스 실패로 인해 애플리케이션이 종료되지 않게 하고자 격벽들을 만들어 선박의 일부가 격리되게 한다.
- 자원을 덜 효율적으로 사용하는 것이 괜찮은지 결정한다. 한 격벽의 성능 문제는 전체 애플리케이션에 영향을 주지 않아야 한다.
- 서비스 풀을 너무 작게 만들지 않아야 한다. 애플리케이션 로드를 처리할 수 있는지 확인해야 한다.
- 각 서비스 파티션 성능을 모니터링하고 SLA를 준수하게 한다. 모든 서비스가 함께 동작하는지 확인하고 하나의 서비스 풀이 다운될 때 전체 애플리케이션을 테스트해야 한다.

각 비즈니스 또는 기술 요구 사항에 대해 서비스 파티션을 정의해야 한다. 이 패턴을 사용해 애플리케이션의 연쇄 오류를 방지하고 중요한 사용자들을 일반 사용자들과 격리해야 한다.

레거시 애플리케이션 서버에는 하드코딩된 IP 주소 또는 DNS 이름이 있는 경우가 있다. 현대화 및 업그레이드를 위해 서버를 변경하려면 애플리케이션을 변경하고 유효성을 다시 확인해야 한다. 이러한 경우 서버 주소를 변경하고 싶지 않은 경우가 있다. 다음 절에서 유동 IP를 이용해 이러한 상황을 처리하는 방법을 알아본다.

유동 IP 패턴 생성

모놀리식 애플리케이션은 배포되는 서버에 많은 종속성이 있는 것이 일반적이다. 애플리케이션 구성과 코드에는 서버 DNS 이름과 IP 주소를 기반으로 하는 하드코딩된 매개변수가 있는 경우가 있다. 하드코딩된 IP 구성은 서버에 문제가 있을 때 새 서버를 불러오려는 경우 문제를 만들 수 있다. 또한 업그레이드할 때 전체 애플리케이션이 중단되는 것을 원하지 않는데, 상당한 가동 중지 시간이 발생할 수도 있다.

이러한 상황을 처리하려면 동일한 서버 IP 주소와 DNS 이름을 유지하는 새 서버를 만들어야 한다. 이는 문제가 있는 인스턴스에서 새 서버로 네트워크 인터페이스를 이동해 처리할 수 있다. 네트워크 인터페이스는 일반적으로 네트워크를 통해 서버 간의 통신을 용이하게 하는 **네트워크 인터페이스 카드**NIC, Network Interface Card를 기반으로 하는데, 하드웨어나 소프트웨어의 형태일 수 있다. 네트워크 인터페이스를 이동한다는 것은 이제 새 서버가 이전 서버의 ID를 가정한다는 것을 의미한다. 이를 통해 애플리케이션은 동일한 DNS와 IP 주소로 동작할 수 있다. 또한 네트워크 인터페이스를 원래 인스턴스로 이동해 쉽게 롤백할 수 있다.

AWS와 같은 퍼블릭 클라우드에서는 일래스틱 IPEIP, Elastic IP와 일래스틱 네트워크 인터페이스ENI, Elastic Network Interface를 제공해 이를 쉽게 만들었다. 인스턴스가 실패하고 동일한 퍼블릭 IP 주소를 가진 다른 인스턴스로 트래픽을 전환해야 하는 경우 다음 그림과 같이 EIP 주소를 한 서버에서 다른 서버로 쉽게 이동할 수 있다.

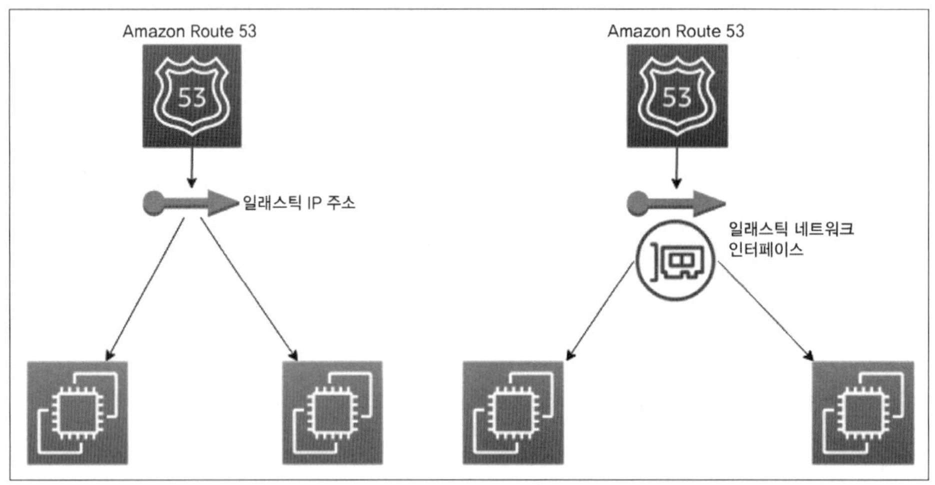

그림 6.20: 유동 IP와 인터페이스 패턴

EIP를 이동하면 되므로 DNS를 업데이트할 필요가 없다. EIP는 인스턴스 간에 서버의 퍼블릭 IP를 이동할 수 있다. 퍼블릭 및 프라이빗 IP 주소를 모두 이동해야 하는 경우 위의 그림 오른쪽과 같이 ENI를 이용해 좀 더 유연한 접근 방식을 사용할 수 있다. ENI는 인스턴스 간에 이동할 수 있으며 트래픽 라우팅이나 애플리케이션 업그레이드에 동일한 퍼블릭 및 프라이빗 IP 주소를 사용할 수 있다.

지금까지 애플리케이션이 가상 머신에 배포되는 여러 아키텍처 패턴을 살펴봤다. 그런데 많은 경우 가상 머신을 완전히 활용하지 않을 수 있다. 활용도를 더욱 최적화하고자 애플리케이션을 컨테이너에 배포하게 선택할 수 있다. 컨테이너는 마이크로서비스 배포에 가장 적합하다. 다음 절에서는 컨테이너 기반 배포를 자세히 알아본다.

컨테이너로 애플리케이션 배포

많은 프로그래밍 언어가 만들어지고 기술이 발전함에 따라 새로운 문제가 발생했다. 다양한 하드웨어 및 소프트웨어 배포 환경을 필요로 하는 다양한 애플리케이션 스택이 있고, 다른 플랫폼에서 애플리케이션을 실행하고 한 플랫폼에서 다른 플랫폼으로 마이그레이션해야 하는 경우가 생길 수 있다. 따라서 어디에서나 실행할 수 있는 일관되고 경량화된 솔루션이 필요하다.

화물운반용 컨테이너가 화물 운송을 표준화한 것처럼 소프트웨어 컨테이너는 애플리케이션 운송을 표준화한다. 도커[Docker]는 파일 시스템 구조, 데몬, 라이브러리, 애플리케이션 종속성과 같이 소프트웨어 애플리케이션이 파일을 실행하는 데 필요한 모든 것을 포함하는 컨테이너를 생성한다. 컨테이너는 개발과 스테이징 등의 환경에서 소프트웨어를 격리한다. 이는 동일한 인프라에서 서로 다른 소프트웨어를 실행하는 팀 간의 충돌을 줄이는 데 도움이 된다.

그림 6.21: 애플리케이션 배포를 위한 가상 머신과 컨테이너 비교

가상 머신은 운영체제 수준에서 격리되고 컨테이너는 커널 수준에서 격리된다. 이러한 격리를 통해 여러 애플리케이션이 한 호스트 운영체제에서 실행될 수 있지만 여전히 파일 시스템, 스토리지, RAM, 라이브러리, 시스템에 대한 자체적인 뷰가 있게 된다.

앞의 그림과 같이 컨테이너를 사용해 단일 가상 머신에 여러 애플리케이션이 배포된다. 각 애플리케이션별로 런타임 환경이 있으므로 동일한 수의 서버를 유지하면서 더 많은 개별 애플리케이션을 실행할 수 있다. 컨테이너는 시스템의 운영체제 커널을 공유한다. 컨테이너는 즉각 기동되고 더 적은 컴퓨팅 자원과 RAM을 사용한다. 컨테이너 이미지는 파일 시스템 계층에서 구성되며 파일들을 공유할 수 있다. 또한 공유 자원 디스크 사용량을 최소화하고 컨테이너 이미지의 다운로드가 훨씬 빠르다. 컨테이너가 각광받는 이유와 장점을 알아보자.

컨테이너의 장점

컨테이너와 관련해 사용자들은 다음과 같은 질문을 한다.

- 가상 머신 인스턴스가 있는데 컨테이너가 필요한 이유는 무엇인가?
- 가상 머신 인스턴스가 이미 하드웨어로부터 격리 기술을 제공하지 않는가?

앞의 질문들이 유효하지만 도커와 같은 솔루션을 사용하면 몇 가지 이점이 있다. 도커의 주요 이점 중 하나는 동일한 가상 머신 인스턴스에서 여러 애플리케이션을 별도의 포트에서 호스팅해 가상 머신 자원 활용률을 더욱 높일 수 있다는 것이다.

도커는 리눅스 커널의 특정 기능, 즉 커널 네임스페이스와 그룹을 사용해 다음 그림에 표시된 대로 각 도커 프로세스 간의 완전한 격리를 이루게 한다.

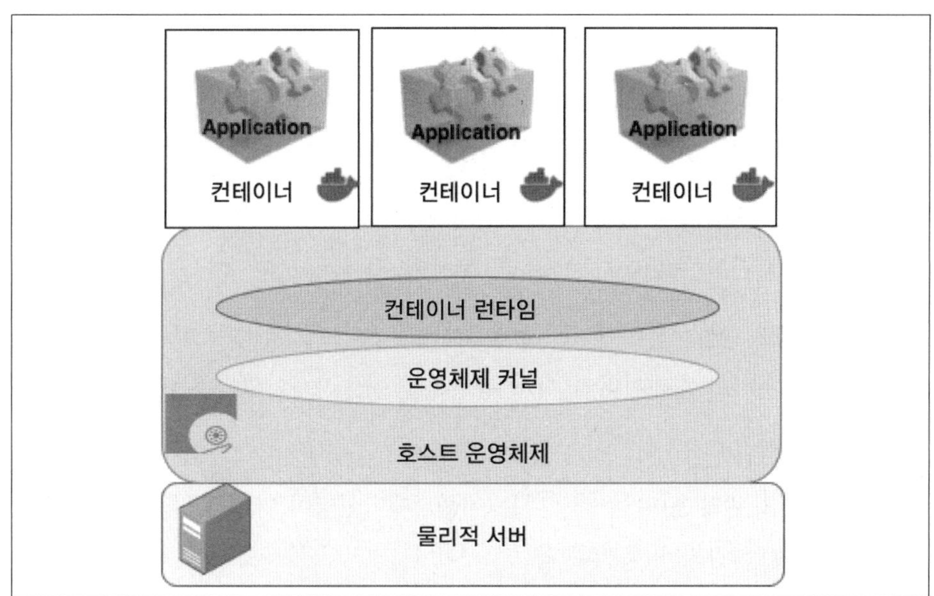

그림 6.22: 애플리케이션 인프라의 컨테이너 계층

위의 그림에서 볼 수 있듯이 각 도커 컨테이너에는 해당 버전의 자바 및 관련 라이브러리가 설치돼 있으므로 동일한 시스템에서 서로 다른 버전의 자바 런타임이 필요한 두 개 이상의 애플리케이션을 실행할 수 있다. 결과적으로 애플리케이션 인프라에 컨테이너 계층을 적용하면 애플리케이션을 동일한 인스턴스에서 병렬로 실행할 수 있는 마이크로서비스로 쉽게 나눌 수 있다. 이때 컨테이너를 사용하면 다음과 같은 이점이 있다.

- **이식 가능한 런타임 애플리케이션 환경:** 컨테이너는 플랫폼에 독립적인 기능을 제공하므로 애플리케이션을 한 번 빌드하면 기본 운영체제에 관계없이 어디에나 배포할 수 있다.
- **더 빠른 개발 및 배포 주기:** 일반적으로 몇 초 이내의 빠른 부팅 시간으로 애플리케이션을 수정하고 어디서나 실행할 수 있다.
- **단일 아티팩트의 종속성 및 애플리케이션 패키지:** 코드, 라이브러리, 종속성을 함

께 패키징해 모든 운영체제에서 애플리케이션을 실행할 수 있다.

- **서로 다른 애플리케이션 버전 실행:** 서로 다른 종속성을 가진 애플리케이션이 단일 서버에서 동시에 실행된다.
- **모든 것이 자동화될 수 있음:** 컨테이너 관리와 배포가 스크립팅을 통해 수행되므로 비용과 인적 오류를 줄이는 데 도움이 된다.
- **자원 활용도 향상:** 컨테이너는 효율적인 확장과 고가용성이 제공되며 동일한 마이크로서비스 컨테이너의 여러 복사본을 애플리케이션의 서버 전체에 배포할 수 있다.
- **보안 측면의 관리 용이:** 컨테이너는 애플리케이션별이 아니라 플랫폼별로 실행되므로 보안 관리가 용이하다.

컨테이너를 통한 배포는 많은 장점으로 인해 널리 사용되고 있다. 컨테이너를 통해 오케스트레이션하는 방법에는 여러 가지가 있다. 다음 절에서는 컨테이너 배포를 자세히 살펴본다.

컨테이너 배포

여러 마이크로서비스가 있는 복잡한 애플리케이션은 컨테이너 배포를 이용해 빠르게 배포할 수 있다. 컨테이너를 사용하면 환경이 동일하므로 애플리케이션을 더 쉽게 빌드하고 배포할 수 있다. 개발 모드에서 컨테이너를 빌드하고 테스트를 위해 푸시한 다음 프로덕션으로 릴리스할 수 있다. 하이브리드 클라우드 환경에서는 컨테이너 배포가 매우 유용하다. 컨테이너를 이용하면 마이크로서비스 전반에 걸쳐 일관되게 환경을 유지하기가 더 쉬워진다. 마이크로서비스 각각이 항상 자원을 많이 소모하는 것은 아니므로 단일 인스턴스에 함께 배치해 비용을 더 절감할 수 있다.

경량 컨테이너 가상화 플랫폼인 도커는 애플리케이션을 관리하는 도구를 제공한다. 별도의 독립 실행되는 애플리케이션은 컨테이너가 실행되는 모든 컴퓨터에 설치될 수 있다. 쿠버네티스Kubernetes는 도커 및 다른 컨테이너 플랫폼과 함께 작동하는 컨테이너 오케스트레이션 서비스다. 쿠버네티스는 자동화된 컨테이너 프로비저닝을 제공하고 보안, 네트워킹, 확장을 지원한다.

컨테이너는 기업이 더 많은 클라우드 네이티브 워크로드를 만드는 데 도움이 되며 AWS와 같은 퍼블릭 클라우드 공급자는 도커 컨테이너와 쿠버네티스를 관리하기 위한 서비스들을 확장하고 있다.

다음 그림은 Amazon ECSElastic Container Service를 사용한 도커 컨테이너 관리를 보여주며, ECS는 도커 컨테이너의 확장과 오케스트레이션을 자동화하는 완전 관리형의 일래스틱 서비스를 제공한다.

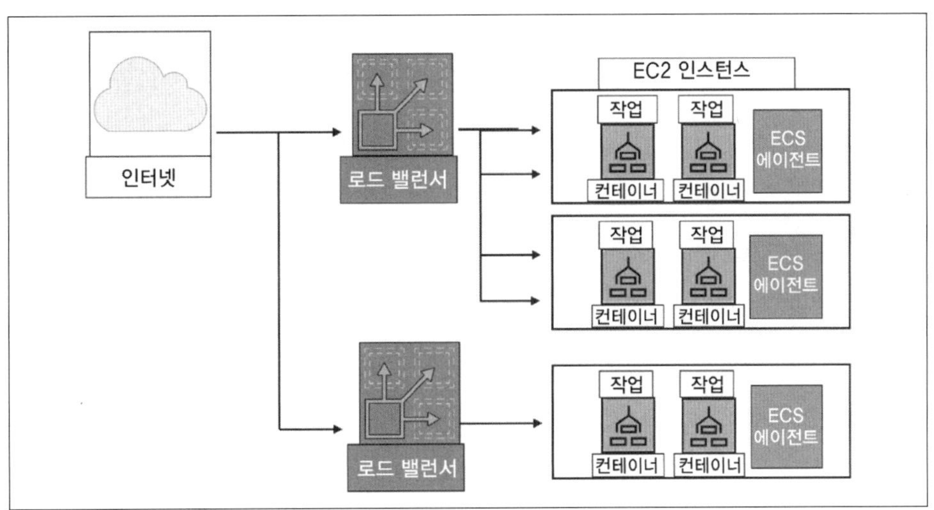

그림 6.23: 컨테이너 배포 아키텍처

위의 그림에서 복수의 컨테이너는 Amazon ECS를 통해 관리되고 에이전트 통신 서비스와 클러스터 관리를 용이하게 하는 단일 Amazon EC2 인스턴스에 배포된다. 사용자 요청들은 로드 밸런서에서 컨테이너 사이에 분산한다. 마찬가지로 AWS는 쿠버네티스를 이용해 컨테이너를 관리할 수 있는 Amazon EKSElastic Kubernetes Service를 제공한다.

컨테이너는 광범위한 주제이며 솔루션 아키텍트는 사용할 수 있는 모든 옵션에 대해 잘 알고 있어야 한다. 이번 절에서는 컨테이너에 대한 개요를 제공했다. 그런데 마이크로서비스 배포에 컨테이너를 활용하기로 결정을 했으면 더 깊이 파고들 필요가 있다. 다음 절에서는 컨테이너 기반 아키텍처를 살펴본다.

컨테이너 기반 아키텍처 구축

앞 절에서 살펴본 것처럼 컨테이너화는 반복 가능하고 확장 가능한 애플리케이션을 위한 환경을 만드는 데 도움이 된다. 컨테이너 도입을 시작하려면 컨테이너 오케스트레이션을 통해 관리되는 파일럿 워크로드를 선별해야 한다. 기존 마이크로서비스 구성 요소를 가져와 컨테이너에 배포할 수 있다. 운영 요구 사항들과 차이들을 파악한 뒤 워크로드를 컨테이너로 전환하기 위한 마이그레이션 전략을 정의할 수 있다.

다른 변경들과 마찬가지로 애플리케이션이 컨테이너 환경에서 실행되게 설계되지 않은 경우 컨테이너 마이그레이션에는 문제가 생기게 마련이다. 애플리케이션이 파일을 로컬 스토리지에 유지하고 상태 저장 세션을 만들기 때문에 컨테이너 마이그레이션은 이러한 요구 사항들을 해결해야 한다.

컨테이너 플랫폼에도 선택의 여지가 있다. 도커, 오픈시프트, 쿠버네티스 등을 선택할 수 있다. 그중 쿠버네티스는 점점 더 인기 있는 오픈소스 컨테이너 오케스트레이터가 되고 있다. AWS와 같은 퍼블릭 클라우드 공급업체는 도커용의 Amazon ECS 및 쿠버네티스용 Amazon EKS와 같은 컨테이너를 관리하기 위한 플랫폼을 제공한다. 또한 AWS Fargate에서 관리형 노드나 서버리스 옵션을 제공하고자 컴퓨팅 옵션을 선택할 수 있는 제어 영역control plane을 제공한다. 그림 6.24는 자바나 .NET과 같이 다양한 프로그래밍 언어로 Amazon EKS에서 상태 저장Stateful 서비스를 실행하는 것을 보여준다. 아키텍처가 주어지면 Redis 데이터베이스에서 세션 상태를 관리할 수 있다.

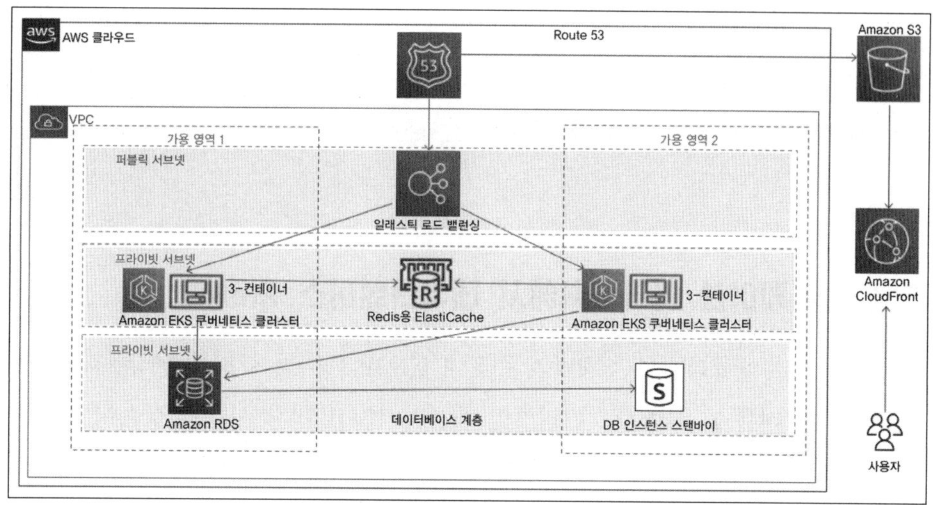

그림 6.24: 컨테이너에 상태 저장 애플리케이션 배포

위의 그림에서 볼 수 있듯이 컨테이너 기반 아키텍처에는 다음과 같은 구성 요소가 포함된다.

- 로드 밸런서용 퍼블릭 서브넷 1개와 애플리케이션 및 데이터베이스 배포용 프라이빗 서브넷 2개가 있는 Amazon VPC^Virtual Private Cloud^
- 컨테이너 내부에서 실행되는 웹 사이트에 액세스하기 위한 애플리케이션 로드 밸런서
- 쿠버네티스의 관리형 노드 그룹이 있는 Amazon EKS 클러스터. 이 노드에서는 여러 애플리케이션 컨테이너가 실행된다.
- 사용자 세션 상태를 저장하기 위한 Amazon ElastiCache Redis 데이터베이스

위의 아키텍처는 사용자 세션을 Redis 데이터베이스에 저장해 애플리케이션을 확장하는 데 도움이 된다. 이 솔루션은 애플리케이션 코드를 변경해야 하며 변경이 어려운 상황도 있을 수 있다.

지금까지 애플리케이션 개발에 중점을 둔 다양한 아키텍처 패턴을 살펴봤다. 모든

아키텍처 설계에서는 데이터가 필수가 되며, 대부분의 아키텍처에서는 데이터 시각화를 위해 수집, 저장, 처리에 중점을 둔다. 다음 절에서는 애플리케이션 아키텍처에서 데이터를 처리하는 방법을 자세히 알아본다.

애플리케이션 아키텍처에서 데이터베이스 처리

데이터는 모든 애플리케이션 개발의 중심에 있으며 데이터 확장은 항상 어려운 과제였다. 데이터를 효율적으로 처리하면 애플리케이션 대기 시간과 성능이 향상된다. 이전의 '캐시 기반 아키텍처 구축' 절에서는 앱 캐싱 패턴에서 데이터베이스 앞에 캐시를 배치해 자주 쿼리되는 데이터를 처리하는 방법을 살펴봤다. 데이터베이스 앞에 Memcached 또는 Redis 캐시를 둘 수 있다. 그러면 데이터베이스에 대한 많은 부하가 줄어들고 결과적으로 데이터베이스 대기 시간이 향상된다.

애플리케이션 배포에서 애플리케이션의 사용자 수가 늘어남에 따라 관계형 데이터베이스로 더 많은 데이터를 처리해야 한다. 더 많은 메모리와 CPU를 추가하거나 더 많은 스토리지를 추가해 데이터베이스 서버를 수직으로 확장해야 하는 것이다. 수평적 확장은 관계형 데이터베이스 확장에서 쉽지 않은 경우가 많다. 애플리케이션이 읽기가 많은 경우 읽기 전용 복제본을 생성해 수평 확장을 달성할 수 있다. 쓰기와 업데이트 요청을 처리하고자 마스터 데이터베이스 노드를 유지하면서 모든 읽기 요청을 데이터베이스 읽기 전용 복제본으로 라우팅하게 된다. 읽기 전용 복제본에는 비동기식 복제가 되므로 약간의 지연시간이 추가될 수 있다. 애플리케이션이 몇 밀리초 정도의 지연시간을 허용할 수 있는 경우 읽기 전용 복제본 옵션을 선택하게 된다. 읽기 전용 복제본을 사용해 읽기 부하를 줄일 수도 있다.

데이터베이스 샤딩database Sharding을 통해 관계형 데이터베이스에서 멀티마스터를 만들고 수평 확장 개념을 가질 수 있다. 샤딩 기술은 여러 데이터베이스 서버에서 쓰기 성능을 향상시키는 데 사용된다. 기본적으로 데이터베이스는 쓰기 부하를 분산하고자 적절한 테이블 칼럼을 키로 사용해 동일한 구조로 분할하게 된다. 다음 그림에서 볼 수 있듯이 사용자 데이터베이스는 여러 개의 샤드로 나뉠 수 있다.

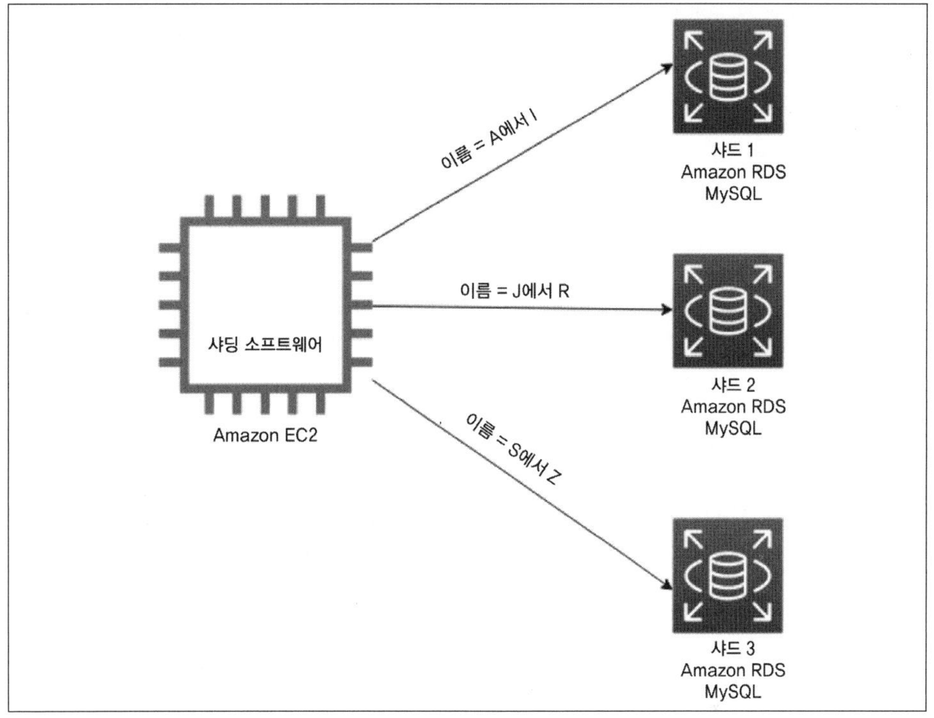

그림 6.25: 관계형 데이터베이스 샤딩

위의 그림에서 볼 수 있듯이 샤드가 없을 때 모든 데이터는 하나의 파티션에 있다. 예를 들어 사용자의 이름은 한 데이터베이스에서 A에서 Z로 시작한다. 샤딩을 적용하면 데이터가 샤드라고 하는 큰 청크들로 분할된다. 예를 들어 A에서 I로 시작하는 사용자의 이름은 한 데이터베이스에, J에서 R은 다른 데이터베이스에, S부터 Z는 세 번째 데이터베이스에 있게 된다. 많은 상황에서 샤딩은 더 높은 성능과 더 나은 운영 효율성을 제공한다.

NOTE

Amazon RDS를 사용해 백엔드 데이터베이스에 샤딩을 적용할 수 있다. Amazon EC2 인스턴스에 스파이더(spider) 스토리지 엔진과 결합된 MySQL과 같은 샤딩 소프트웨어를 설치한다. 그런 다음 먼저 여러 RDS 데이터베이스를 준비하고 샤딩 백엔드 데이터베이스로 사용한다.

그런데 마스터 데이터베이스 인스턴스가 다운되면 어떻게 될까? 이 경우에도 데이터베이스에 대한 고가용성을 유지해야 한다. 데이터베이스 장애 조치를 자세히 살펴보자.

고가용성 데이터베이스 패턴

애플리케이션의 고가용성을 위해서는 데이터베이스를 항상 가용 상태로 유지하는 것이 중요하다. 수평적 확장은 관계형 데이터베이스에서 간단한 옵션이 아니기 때문에 추가적인 문제가 발생할 수 있다. 높은 데이터베이스 가용성을 달성하고자 다음 그림과 같이 마스터 데이터베이스 인스턴스의 스탠바이 복제본을 가질 수 있다.

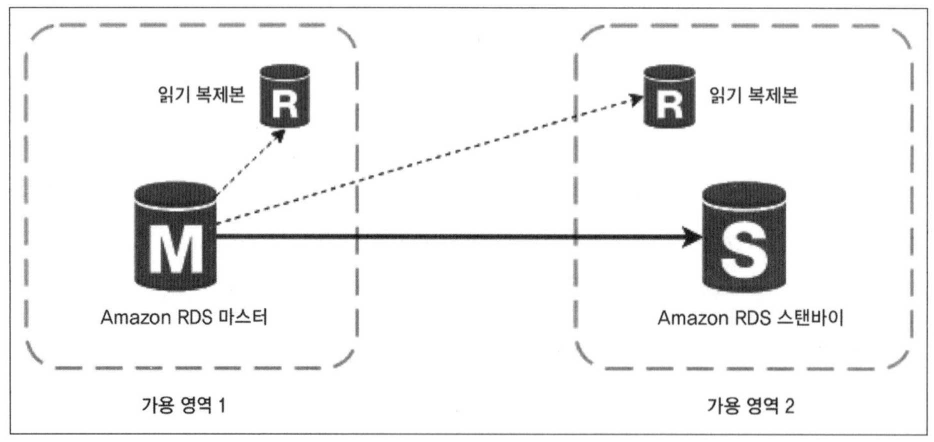

그림 6.26: 고가용성 데이터베이스 패턴

위의 그림에서 보는 것과 같이 마스터 인스턴스가 다운되면 애플리케이션 서버가 스탠바이 인스턴스로 전환한다. 읽기 전용 복제본은 대기 시간을 짧게 하기 위해 마스터 인스턴스의 부하를 이어받는다. 마스터와 스탠바이는 서로 다른 **가용 영역**AZ, Availability Zone에 있으므로 특정 가용 영역 전체가 다운된 경우에도 애플리케이션은 계속 동작한다. 또한 이 아키텍처는 데이터베이스 유지 관리 중에 발생할 수 있는 다운타임을 최소화하는 데 도움이 된다. 마스터 인스턴스가 유지 관리를 위해 다운되면 애플리케이션은 스탠바이 인스턴스로 장애 조치되고 사용자 요청을 계속 처리할 수 있다.

재해 복구를 위해서도 애플리케이션의 **복구 시점 목표**RPO, Recovery Point Objective에 따라 데이터베이스 백업과 보관 전략을 정의할 수 있다. RPO가 30분이면 조직에서 30분 분량의 데이터 손실만 허용할 수 있음을 의미한다. 이 경우 30분마다 애플리케이션의 백업을 수행해야 한다. 백업을 저장하는 동안 고객 쿼리 목적으로 데이터를 저장할 수 있는 기간을 결정해야 한다. 6개월 동안 데이터를 활성 백업으로 저장한 다음 규정 준수 요구 사항에 따라 아카이빙 스토리지에 저장할 수 있다.

얼마나 빨리 백업에 액세스해야 하는지를 고려하고 조직의 **복구 시간 목표**RTO, Recovery Time Objective에 따라 백업과 복구 요구 사항을 충족하는 데 필요한 네트워크 연결 방법을 결정한다.

예를 들어 회사의 RTO가 60분이면 1시간 이내에 백업을 검색하고 복원할 수 있는 충분한 네트워크 대역폭이 있어야 함을 의미한다. 또한 전체 시스템의 스냅샷을 백업할지, 시스템에 연결된 볼륨을 백업할지를 정의한다.

예를 들어 이메일, 주소, 개인 식별 정보 등과 같은 고객의 민감 정보가 있는 경우에 대한 데이터를 분류해야 할 수도 있다. 이에 따라 데이터 암호화 전략을 정의해야 한다. 데이터 보안은 8장에서 자세히 알아본다.

애플리케이션의 성장과 복잡성에 따라 관계형 데이터베이스 관리 시스템RDBMS에서 NoSQL 데이터베이스로 마이그레이션하는 것을 고려할 수도 있다. NoSQL은 대부분의 관계형 데이터베이스보다 뛰어난 확장성, 관리, 성능, 안정성을 제공할 수 있다. 그런데 RDBMS에서 NoSQL로 마이그레이션하는 프로세스에는 많은 시간과 노력이 필요할 수 있다.

클릭스트림 데이터, 애플리케이션 로그 데이터, 평가와 리뷰 데이터, 소셜 미디어 데이터 등과 같이 애플리케이션에서 처리해야 할 데이터가 많은 경우가 있다. 이러한 데이터 세트를 분석하고 통찰력을 얻으면 조직을 크게 성장시키는 데 도움이 될 수 있다. 13장에서 이러한 사용 사례와 패턴을 자세히 알아본다. 지금까지 솔루션 아키텍처를 설계하기 위한 모범 사례를 살펴봤다. 다음 절에서는 피해야 하는 몇 가지 안티패턴을 알아본다.

솔루션 아키텍처에서 안티패턴 방지

지금까지는 다양한 설계 패턴으로 솔루션 아키텍처를 설계하는 방법들을 살펴봤다. 그런데 실제로는 일정 압박이나 자원 가용성 등으로 인해 모범 사례를 따르지 못하는 경우가 생길 수 있다. 항상 다음과 같은 아키텍처 설계 안티패턴에 주의를 기울여야 한다.

- 시스템 확장이 수동으로 수행되는 경우는 안티패턴이다. 애플리케이션 서버가 더 이상 공간 없이 최대 용량에 도달하면 사용자는 애플리케이션에 액세스할 수가 없다. 이때 사용자가 불만을 제기하면 관리자는 서버가 최대 용량임을 알게 되고 부하를 줄이고자 새 인스턴스를 배포하기 시작한다. 이때 인스턴스가 배포되는 동안에는 항상 몇 분의 지연이 있게 된다. 이 시간 동안 사용자는 애플리케이션에 액세스할 수 없다. 서버가 CPU 사용률 60% 또는 메모리 사용률 60%와 같은 특정 임곗값에 도달하면 사전 예방적 접근 방식을 취하고 오토스케일링을 적용해 자원을 추가해야 한다.
- 자동화가 안 된 경우 또한 안티패턴이다. 애플리케이션 서버가 다운되면 관리자가 수동으로 새 서버를 시작 및 구성하고 사용자에게 수동으로 알린다. 비정

상 자원을 감지하고 교체 자원을 배포하는 작업을 자동화할 수 있으며 자원이 변경될 때 알림을 받을 수도 있다.

- 서버가 하드코딩된 IP 주소를 계속 사용해 유연성을 갖지 못하는 것은 안티패턴이다. 시간이 지남에 따라 서버들끼리 서로 다른 구성으로 바뀌고 필요하지 않을 때 자원이 실행된다. 서버들은 모두 동일한 구성을 유지해야 하며 새 IP 주소로 전환될 수 있어야 한다. 또 사용하지 않는 자원은 자동으로 종료돼야 한다.
- 웹, 애플리케이션, 데이터 계층을 포함한 아키텍처의 모든 계층이 밀접하게 연결tightly coupled되고 서버에 종속되는 모놀리식 방식으로 애플리케이션이 구축되는 것도 안티패턴이다. 한 서버가 다운되면 전체 애플리케이션이 다운된다. 사이에 로드 밸런서를 추가해 애플리케이션과 웹 계층을 독립적으로 유지해야 한다. 앱 서버 중 하나가 다운되면 로드 밸런서는 자동으로 모든 트래픽을 다른 정상 서버로 보내기 시작해야 한다.
- 애플리케이션이 서버에 바인딩되고 서버가 서로 직접 통신하는 것도 안티패턴이다. 사용자 인증과 세션은 서버에 로컬로 저장되고 모든 정적 파일은 로컬 서버에 저장된다. 서비스가 HTTP와 같은 표준 프로토콜을 사용해 서로 통신하는 서비스 지향 RESTful 아키텍처를 갖게 해야 한다. 사용자 인증과 세션은 애플리케이션을 수평으로 확장할 수 있게 대기 시간이 짧은 분산 저장소에 저장해야 한다. 정적 자산들은 서버에서 분리된 중앙 집중식 오브젝트 스토리지에 저장돼야 한다.
- 다양한 부하에 대해 한 종류의 데이터베이스만 사용되는 것도 안티패턴이다. 모든 요구 사항에 대해 관계형 데이터베이스를 사용해서는 성능 및 대기 시간 문제가 생기게 된다. 이때는 다음과 같이 필요에 따라 적절한 데이터베이스를 사용해야 한다.
    - 트랜잭션 데이터를 위한 관계형 데이터베이스

    - 사용자 세션을 저장하는 NoSQL 데이터베이스
    - 지연시간이 짧은 데이터 가용성을 위한 캐시 데이터 스토리지
    - 리포팅 요구 사항을 위한 데이터 웨어하우스
- 애플리케이션에서 서비스에 단일 데이터베이스 인스턴스를 사용해 단일 장애점Single Point of Failure을 갖게 하는 것 또한 안티패턴이다. 아키텍처에서 가능하면 단일 장애점을 제거해야 한다. 스탠바이 서버를 만들고 데이터를 복제해야 한다. 기본 데이터베이스 서버가 다운되면 스탠바이 서버가 부하를 처리할 수 있다.
- 고해상도 이미지 및 동영상과 같은 정적 콘텐츠가 캐시 없이 서버에서 직접 제공되는 것도 안티패턴이다. 페이지 대기 시간을 개선하고 페이지 로드 시간을 줄이는 데 도움이 되도록 CDN을 사용해 사용자 위치 근처에 콘텐츠를 캐시하는 것을 고려해야 한다.
- 세분화된 보안 정책 없이 서버 액세스를 개방해 보안 허점을 노출하는 것은 안티패턴이다. 항상 최소 권한 원칙을 준수해야 한다. 즉, 기본적으로는 액세스 권한이 없이 시작하고 필요한 사용자 그룹에만 액세스 권한을 부여해야 한다.

위의 사항들이 가장 일반적인 안티패턴이며, 솔루션 설계에 적용되는 모범 사례들을 이미 살펴봤다.

요약

6장에서는 3장과 4장을 적용해 다양한 설계 패턴을 살펴봤다. 먼저 3-티어 웹 애플리케이션 아키텍처에 대한 참조 아키텍처를 이용해 멀티티어 아키텍처에서 아키텍처 설계 기반을 구축했다. SaaS 유형의 제품을 제공할 수 있는 3-티어 아키텍처 위에 멀티테넌트 아키텍처를 설계하는 방법을 살펴봤다. 고객과 조직의 요구에 따

라 데이터베이스 레이블, 스키마 수준, 테이블 수준에서 멀티테넌트 아키텍처를 격리하는 방법을 살펴봤다.

사용자 상태 관리는 금융, 전자상거래, 여행 예약 등과 같은 복잡한 애플리케이션에 매우 중요하다. 상태 저장 및 상태 비저장 애플리케이션의 차이점과 이점에도 살펴봤다. 또한 세션 관리를 위해 데이터베이스의 영구 계층을 사용해 상태 비저장 애플리케이션을 만드는 방법도 살펴봤다. 가장 인기 있는 두 가지 SOA 패턴인 SOAP 기반 및 RESTful 기반 패턴과 그 이점을 알아봤다. 또한 SOA 기반 전자상거래 웹사이트의 참조 아키텍처를 살펴보고 느슨한 결합과 확장 원칙을 적용하는 방법을 살펴봤다.

서버리스 아키텍처와 서버리스의 예로 보안 설문조사 배포 아키텍처를 설계하는 방법을 살펴봤다. 또한 마이크로서비스 패턴을 기반으로 하는 서버리스 실시간 투표 애플리케이션의 예를 사용해 마이크로서비스 아키텍처를 알아봤다. 좀 더 느슨한 결합 설계의 경우 병렬로 메시지를 처리하고자 느슨하게 결합된 파이프라인을 제공하는 큐 체인과 작업 관찰자 패턴을 살펴봤다. 이벤트 기반 아키텍처를 설계하기 위한 pub/sub와 이벤트 스트림 모델도 살펴봤다. 캐싱을 적용하지 않고는 원하는 성능을 얻을 수 없다. 클라이언트 측 캐시, 콘텐츠 배포, 웹 계층, 애플리케이션 계층, 데이터베이스 계층에서 캐시에 적용하는 다양한 캐시 적용 패턴을 살펴봤다.

다운스트림 서비스 실패 시나리오를 처리하기 위한 회로 차단기와 완전한 서비스 실패를 방지하기 위한 격벽 패턴과 같은 실패를 처리하기 위한 아키텍처 패턴도 살펴봤다. 가동 중지 시간을 최소화하고자 장애 상황에서 주소를 변경하지 않고 서버를 변경하는 유동 IP 패턴을 살펴봤다.

애플리케이션에서 데이터를 처리하는 다양한 기술과 데이터베이스가 애플리케이션에 제공하고자 고가용성인지 확인하는 방법도 살펴봤다. 마지막으로 다양한 아키텍처 안티패턴과 모범 사례를 이용해 이를 대체하는 방법을 살펴봤다.

6장에서 다양한 아키텍처 패턴을 살펴봤다면 7장에서는 성능 최적화를 위한 아키텍처 설계 원칙을 살펴본다. 또한 애플리케이션의 성능을 개선하는 데 도움이 될 수 있는 컴퓨팅, 스토리지, 데이터베이스, 네트워킹 분야의 기술 선택도 자세히 알아본다.

07

성능 고려 사항

초고속 인터넷 시대에 사용자는 고성능 애플리케이션을 기대한다. 애플리케이션 지연이 발생할 경우 매초마다 조직의 수익에 상당한 손실을 초래한다는 것을 보여주는 실험도 있었다. 따라서 애플리케이션의 성능은 솔루션 선택에 영향을 줄 수 있는 가장 중요한 속성 중 하나다.

6장에서는 복잡한 비즈니스 문제를 해결하는 데 사용할 수 있는 다양한 솔루션 아키텍처 설계 패턴을 살펴봤다. 7장에서는 최적의 성능을 위해 애플리케이션을 최적화하는 모범 사례를 살펴본다. 성능을 최적화하는 데 사용할 수 있는 솔루션 아키텍처의 다양한 설계 원칙도 살펴본다. 여기서 성능은 모든 계층과 모든 아키텍처 구성 요소에서 최적화돼야 한다.

애플리케이션의 성능을 지속적으로 개선하려면 아키텍처의 다양한 계층에서 적합한 기술을 선택하는 방법을 이해해보자. 7장에서는 성능 최적화의 모범 사례를 따르는 방법을 알아본다. 특히 다음과 같은 내용에 중점을 둔다.

- 성능을 위한 아키텍처 설계 원칙

- 성능 최적화를 위한 기술 선택
- 성능 모니터링

7장이 끝날 때쯤에는 지연시간, 처리량, 동시성과 같은 성능 향상의 주요한 속성들을 이해하게 될 것이다. 컴퓨팅, 스토리지, 데이터베이스, 네트워킹과 같은 아키텍처의 다양한 계층에서 성능을 개선하는 데 도움이 될 수 있는 기술 선택과 관련해 더 나은 결정을 내릴 수 있을 것이다.

성능을 위한 아키텍처 설계 원칙

아키텍처의 성능 효율성은 애플리케이션 인프라와 자원을 사용해 증가하는 수요와 기술 요구 사항들을 충족하는 데 중점을 둔다. 기술 공급업체와 오픈소스 커뮤니티는 애플리케이션의 성능을 개선하고자 지속적으로 노력하고 있다. 종종 기업에서는 변화와 위험 감수에 대한 두려움 때문에 레거시 프로그래밍 언어나 기술을 계속 사용한다. 기술이 발전함에 따라 중요한 성능 문제를 해결하는데, 애플리케이션의 기술 발전은 애플리케이션 성능을 개선하는 데 도움이 된다.

AWS[Amazon Web Services], 마이크로소프트 애저, **구글 클라우드 플랫폼**[GCP, Google Cloud Platform]과 같은 많은 대규모 퍼블릭 클라우드 공급자는 서비스로서의 기술을 제공한다. 이를 통해 최소한의 노력으로 복잡한 기술을 좀 더 효율적으로 사용할 수 있다. 예를 들어 스토리지를 서비스로 사용해 방대한 양의 데이터를 관리하거나 NoSQL 데이터베이스를 매니지드 서비스로 사용해 애플리케이션에 높은 확장성을 제공할 수 있다.

이제 조직은 **콘텐츠 배포 네트워크**[CDN]를 활용해 사용자 위치 근처에 대형 이미지와 동영상 데이터를 저장해 네트워크 대기 시간을 줄이고 성능을 개선시킬 수 있다. 엣지 로케이션을 사용하면 워크로드를 사용자 위치에 더 가깝게 배포하는 것이 쉬워지므로 네트워크에서 대기 시간을 줄여 애플리케이션 성능을 최적화하는 데 도움이 된다.

서버가 가상화되면 더 민첩하게 애플리케이션을 실행할 수 있으며 높은 수준의 자동화를 적용할 수 있다. 민첩성은 애플리케이션 워크로드에 가장 적합한 기술과 방법을 실험하고 결정하는 데 도움이 된다. 예를 들어 서버 배포가 가상 머신, 컨테이너에 적용돼야 하는지 아니면 FaaS[Function as a Service]인 AWS Lambda와 같은 서버리스 컴퓨팅을 사용해야 하는지 선택할 수 있다. 워크로드 성능 최적화를 위해 고려해야 할 몇 가지 중요한 설계 원칙을 살펴보자.

지연시간 줄이기

사용자가 더 빠른 애플리케이션을 찾고 있기 때문에 지연시간은 솔루션 선택에 중요한 요소가 될 수 있다. 사용자가 어디에 있든 상관없이 솔루션이 확장하려면 안정적인 서비스를 제공해야 한다. 제로 지연시간을 달성할 수 없더라도 목표는 사용자가 허용하는 한도 내로 지연시간을 줄이는 것이어야 한다.

지연시간은 사용자가 요청을 보내고 원하는 응답을 받는 사이의 시간 지연이다.

다음 그림에서 클라이언트가 서버에 요청을 보내는 데 600ms가 걸리고 서버가 응답하는 데 900ms가 걸리는 예를 보여주며, 총지연시간은 1.5초(1,500ms)다.

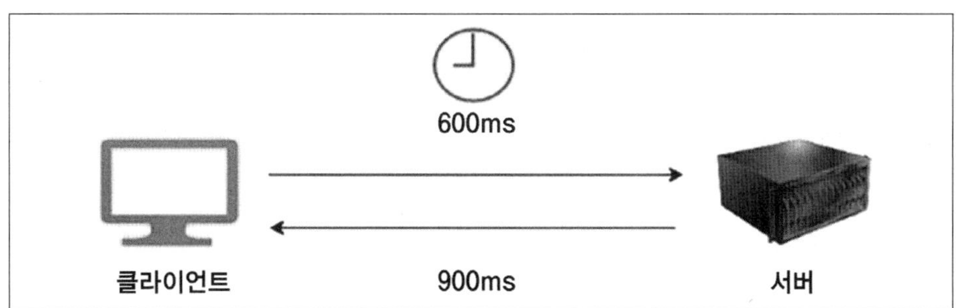

그림 7.1: 클라이언트-서버 모델의 요청-응답 대기 시간

이제 모든 애플리케이션은 다양한 글로벌 사용자를 확보하고자 인터넷에 액세스해야 한다. 이러한 사용자들은 지리적 위치에 관계없이 일관된 성능을 기대한다. 네트워크를 통해 세계의 한 부분에서 다른 부분으로 데이터를 이동하는 데는 시간이 걸리기 때문에 이는 쉽지 않은 작업일 수 있다. 네트워크 지연은 네트워크 전송 매체, 라우터 사이 홉 및 네트워크 지연시간과 같은 다양한 요인으로 인해 발생할 수 있다. 인터넷을 통해 전송된 요청은 여러 라우터를 통해 전달되므로 종종 지연시간이 늘어날 수 있다. 기업은 일반적으로 광통신 회선을 사용해 기업 네트워크와 클라우드 간의 연결을 설정하므로 일관성을 유지할 수 있다.

네트워크로 인한 문제 이외에도 전체 아키텍처의 다양한 구성 요소에서 지연이 발생할 수 있다. 컴퓨팅 서버는 CPU와 RAM 간의 데이터 전송이 느린 메모리와 프로세서 문제로 인해 인프라 수준에서 지연 문제가 있을 수 있다. 느린 읽기와 쓰기 프로세스로 인해 디스크에 지연시간이 있을 수도 있다. 하드 디스크 드라이브의 지연시간은 디스크 메모리 섹터를 선택해 읽기와 쓰기를 위해 디스크 헤드를 위치하는 데 걸리는 시간에 따라 다를 수 있다.

NOTE

디스크의 메모리 섹터는 메모리 디스크에서 데이터의 물리적 위치다. HDD에서는 디스크가 지속적으로 회전하기 때문에 쓰기 작업 중에 데이터가 메모리 섹터에 분산돼 데이터를 무작위로 쓸 수 있다. 읽기 작업 동안 헤드는 디스크 메모리 섹터로 가져오고자 회전을 기다려야 한다.

데이터베이스에서 지연시간은 하드웨어 병목 현상이나 느린 쿼리 처리로 인한 데이터베이스에서의 느린 데이터 읽기와 쓰기로 인해 발생할 수 있다. 파티셔닝과 샤딩으로 데이터를 분산해 데이터베이스 부하를 제거하면 지연시간을 줄이는 데 도움이 될 수 있다.

애플리케이션 수준에서는 가비지 수집과 멀티스레딩을 사용해 처리해야 하는 코드의 트랜잭션 처리에 문제가 있을 수 있다. 지연시간이 짧다는 것은 처리량이 더 높다는 것을 의미한다. 지연시간과 처리량은 직접적으로 관련돼 있으므로 처리량에 대해 자세히 알아보자.

처리량 향상

네트워크 처리량은 주어진 시간에 송수신되는 데이터양이다. 동시에 사용자가 애플리케이션에서 요청을 시작하고 응답을 받을 때까지의 지연시간이 정의된다. 네트워크와 관련해 대역폭은 중요한 역할을 한다.

NOTE

> 대역폭은 네트워크를 통해 전송할 수 있는 최대 데이터양을 결정한다.

처리량과 지연시간은 직접적인 관계가 있다. 더 짧은 시간에 더 많은 데이터를 전송할 수 있으므로 지연시간이 짧다는 것은 높은 처리량을 의미한다. 이를 더 잘 이해하고자 한 국가의 교통 인프라에 비유해보자.

차선이 있는 고속도로가 네트워크 파이프라인이고 자동차가 데이터 패킷data packet이라고 가정해보자. 주어진 고속도로에서 2개의 도시 사이에 16개의 차선이 있다고 가정한다. 모든 차량이 원하는 시간에 목적지에 도착할 수 있는 것은 아니다. 교통 혼잡, 차선 폐쇄 또는 사고로 인해 지연될 수 있다. 여기서 대기 시간은 자동차가 한 도시에서 다른 도시로 이동할 수 있는 속도를 결정하고 처리량은 목적지에 도달할 수 있는 자동차 수에 해당한다. 네트워크의 경우 오류와 트래픽 정체로 인해 전체 대역폭을 사용하는 것이 쉽지 않다.

네트워크 처리량은 네트워크를 통해 전송된 데이터양(bps)으로 측정된다. 네트워크 대역폭은 처리할 수 있는 네트워크 파이프라인의 최대 크기다. 다음 그림은 클라이언트와 서버 간에 전송되는 데이터양을 보여준다.

그림 7.2: 네트워크에서의 처리량

네트워크 이외에 디스크에서도 처리량을 결정된다. 디스크 처리량은 IOPS^초당 입/출력 작업^ 및 요청된 데이터 양(I/O의 크기)에 의해 결정된다. 디스크 처리량은 다음 공식에 따라 **초당 메가바이트**(MB/s)로 결정된다.

평균 I/O 크기 × IOPS = 처리량(MB/s)

따라서 디스크 IOPS가 20,000이고 I/O 크기가 4KB(4,096바이트)인 경우 처리량은 81.9MB/s(20,000 × 4,096 및 바이트에서 메가바이트로 변환)가 된다.

I/O 요청과 디스크 대기 시간은 직접적인 관계가 있다. I/O는 쓰기 및 읽기 각각을 의미하며 **디스크 지연시간**은 각 I/O 요청이 디스크로부터 응답을 수신하는 데 걸리는 시간이다. 대기 시간은 밀리초 단위로 측정되며 최소여야 한다. **분당 디스크 회전 수**^RPM^의 영향을 받는다. IOPS는 디스크가 초당 처리할 수 있는 작업의 수다.

운영체제 수준에서 처리량은 CPU와 RAM 간의 초당 데이터 전송 양에 따라 결정된다. 데이터베이스 수준에서 처리량은 데이터베이스가 초당 처리할 수 있는 트랜잭션 수에 따라 결정된다. 애플리케이션 수준에서 코드는 가비지 수집 처리와 메모리 캐시의 효율적인 사용을 통해 애플리케이션 메모리를 관리해 매초 처리할 수 있는 트랜잭션을 처리해야 한다.

지연시간, 처리량, 대역폭을 살펴보면 아키텍처의 다양한 구성 요소에 적용되고 애플리케이션 성능을 개선하는 데 도움이 되는 동시성이라는 또 다른 요소가 있다. 동시성을 자세히 알아보자.

동시성 처리

동시성은 애플리케이션이 한 번에 여러 작업을 처리하기를 원할 때 솔루션 설계에 중요한 요소다. 예를 들어 애플리케이션은 여러 사용자를 동시에 처리하고 백그라운드에서 요청을 처리해야 한다. 또 다른 예는 웹 사용자 인터페이스가 웹 쿠키 데이터를 수집하고 처리해 솔루션과의 사용자 상호작용을 처리하는 동시에 사용자에게 프로필 정보와 제품 카탈로그를 표시해야 하는 경우가 될 수 있다. 동시성은 동시에 여러 작업을 수행하는 것이다.

병렬 처리와 동시성을 동일한 것이라고 생각해 혼동하는 경우가 있다. 그런데 동시성은 병렬 처리와는 다르다. 병렬 처리에서 애플리케이션은 방대한 작업을 더 작은 하위 작업으로 나누고 각 하위 작업에 대한 전용 자원을 투입해 병렬로 처리할 수 있다. 그런데 애플리케이션에서 동시성은 스레드 간에 공유 자원을 사용해 여러 작업을 동시에 처리하는 것이다.

애플리케이션은 처리 중에 한 작업에서 다른 작업으로 전환할 수 있다. 즉, **잠금**locks과 **세마포어**semaphores를 이용해 코드 처리를 관리한다. 다음 그림에서 볼 수 있듯이 동시성은 교통 흐름을 유지하고자 4개의 전체 차선 사이에서 트래픽 흐름이 제어되는 신호등 신호와 같다. 모든 트래픽을 통과해야 하는 단일 스레드가 있으므로 한 차선의 트래픽이 정리 프로세스에 있는 동안 다른 차선의 처리는 중지돼야 한다. 병렬 처리의 경우 평행 차선이 있으며 다음 그림과 같이 모든 자동차가 서로 방해받지 않고 병렬로 달릴 수 있다.

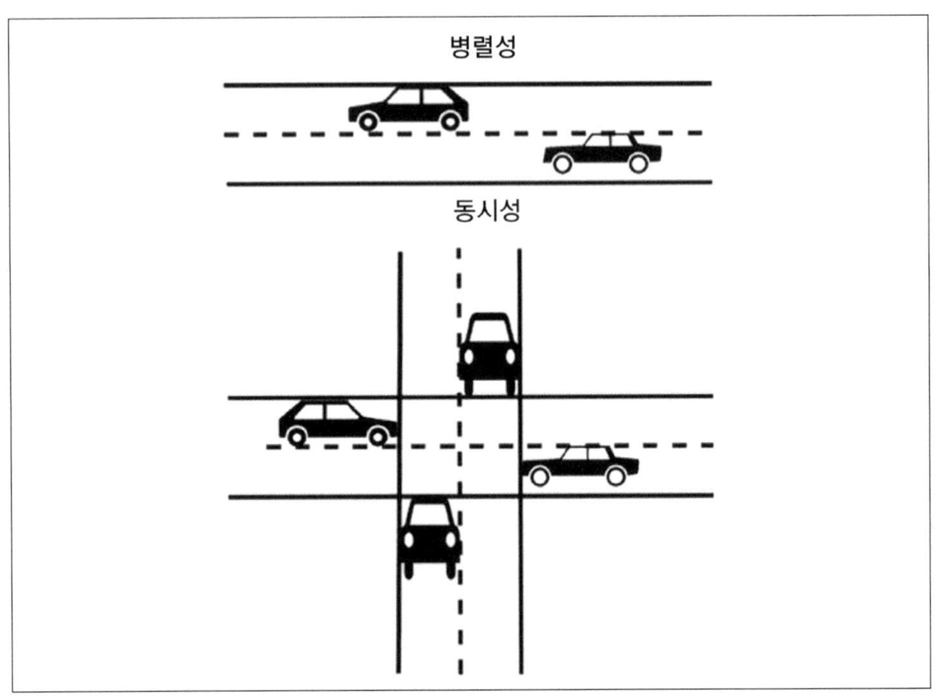

그림 7.3: 동시성과 병렬성

애플리케이션 수준에서의 트랜잭션 처리 이외에도 여러 서버가 동일한 네트워크 자원을 공유하도록 네트워크 수준에서 동시성을 적용해야 하는 경우도 있다. 사용자가 네트워크를 통해 웹 서버에 연결하려고 할 때 웹 서버에 대한 많은 네트워크 연결을 처리할 필요가 있다. 활성 요청을 처리하고 완료된 요청이나 시간 초과 요청에 대한 연결을 닫아야 한다. 서버 수준에서 할당된 여러 CPU나 멀티코어 프로세서를 볼 수 있다. 이는 서버가 더 많은 스레드를 처리해 다양한 작업을 동시에 완료할 수 있으므로 동시성을 처리하는 데 도움이 된다.

메모리 수준에서 공유 메모리에 대한 동시성 모델은 동시성을 달성하는 데 도움이 된다. 이 모델에서 동시 모듈은 공유 메모리를 사용해 서로 상호작용한다. 동일한 서버에서 실행되고 파일 시스템을 공유해 읽고 쓸 수 있는 두 개의 프로그램일 수 있다. 또한 동일한 메모리를 공유하는 두 개의 프로세서나 프로세서 코어가 있을 수 있다. 서버의 디스크에서 두 프로그램이 동일한 메모리 블록에 쓰려고 하는 경우 동시성 상황이 발생할 수 있다. 동시 I/O는 디스크가 동시에 파일을 읽고 쓸 수 있게 해서 디스크 동시성을 향상시키는 데 도움이 된다.

데이터베이스는 항상 아키텍처 설계에 있어 중심이다. 데이터베이스는 여러 요청에 동시에 응답할 수 있어야 하므로 동시성은 데이터 처리에서 필수적인 역할을 한다. 데이터베이스 동시성은 한 사용자가 레코드를 읽으려고 시도하는 동안 다른 사용자가 동시에 레코드를 업데이트할 수 있으므로 더 복잡하다. 데이터베이스는 완전히 저장됐을 때만 데이터 조회를 허용해야 한다. 다른 사용자가 업데이트를 시도하기 전에 데이터가 완전히 커밋됐는지 확인해야 한다. 이때 캐싱은 성능을 크게 향상시키는 데 도움이 될 수 있다. 아키텍처에 있어 몇 가지 캐시 유형을 알아보자.

캐싱 적용

6장의 '캐시 기반 아키텍처 구축' 절에서는 다양한 아키텍처 수준에서 캐싱을 적용하는 방법을 살펴봤다. 캐싱은 애플리케이션 성능을 향상시키는 데 크게 도움이 된다. 외부 캐싱 엔진과 CDN과 같은 기술을 추가해 캐시에 적용할 다양한 설계 패턴을 살펴봤지만 거의 모든 애플리케이션 구성 요소와 인프라에 캐시를 적용할 수 있는 메커니즘이 있다는 것을 이해하는 것이 중요하다. 각 계층에서 캐싱 메커니즘을 활용하면 지연시간을 줄이고 애플리케이션 성능을 향상시킬 수 있다.

CPU는 서버 수준에서 하드웨어 캐시를 갖고 있어 메인 메모리에서 데이터에 액세스할 때 지연시간을 줄여준다. CPU 캐시에는 명령 및 데이터 캐시가 포함된다. 데이터 캐시는 자주 사용하는 데이터의 복사본을 저장한다. 캐시는 디스크 수준에서도 적용되지만 운영체제(페이지 캐시라고 함)에서도 관리한다. 그런데 CPU 캐시는 전적으로 하드웨어에서 관리한다. 디스크 캐시는 HDD나 SSD[솔리드 스테이트 디스크]와 같은 보조 스토리지에서 사용된다. 자주 사용하는 데이터는 메인 메모리에서 사용되지 않는 부분에 저장된다. 즉, RAM의 일부가 페이지 캐시로 사용돼 콘텐츠에 더 빠르게 액세스할 수 있다.

데이터베이스 또한 응답 속도를 향상하고자 데이터베이스의 결과를 저장하는 캐시 메커니즘을 갖는다. 데이터베이스에는 사용 패턴에 따라 캐시에서 데이터를 준비하는 내부 캐시가 있다. 또한 쿼리를 두 번 이상 수행하면 메인 메모리(RAM)에 데이터를 저장하는 쿼리 캐시가 있게 된다. 쿼리 캐시는 테이블 내부의 데이터가 변경되는 경우는 지워진다. 그리고 서버에 메모리가 부족하면 가장 오래된 쿼리 결과를 삭제해 공간을 확보한다.

웹의 도메인 이름과 서버에 로컬인 IP 주소를 저장하는 네트워크 수준의 DNS 캐시가 있다. DNS 캐싱은 동일한 웹 사이트 도메인 이름을 다시 방문하는 경우 빠른 DNS 조회를 제공한다. DNS 캐시는 운영체제에서 관리하며 웹 사이트에 대한 모든 최근 방문 기록을 가진다. 6장에서 브라우저 캐시와 같은 클라이언트 측 캐시 메커니즘과 Memcached 및 Redis와 같은 다양한 캐싱 엔진을 살펴봤다.

이번 절에서는 아키텍처 성능 최적화를 위해 해결해야 하는 지연시간, 처리량, 동시성, 캐싱과 같은 원래 설계 요소를 살펴봤다. 아키텍처의 각 구성 요소(서버 수준, 네트워크 수준, 데이터베이스 수준, 애플리케이션 수준이든)에는 처리해야 하는 어느 정도의 지연시간과 동시성 문제가 있다.

성능 향상에는 비용이 따르게 되므로 원하는 성능에 맞게 애플리케이션을 설계해야 한다. 성능 최적화의 세부 사항은 애플리케이션마다 다를 수 있다. 솔루션 아키텍처는 그에 따라 아키텍처를 제시해야 한다. 예를 들어 주식 거래 애플리케이션은 몇 밀리초 미만의 지연시간도 허용할 수 없다. 반면에 전자상거래 웹 사이트는 몇 초 정도의 대기 시간도 가질 수 있다. 성능 문제를 극복하려면 다양한 아키텍처 수준에 대한 기술을 선택하는 방법을 알아보자.

성능 최적화를 위한 기술 선택

6장에서는 마이크로서비스, 이벤트 기반, 캐시 기반, 상태 비저장을 포함한 다양한 설계 패턴을 살펴봤다. 조직에서는 솔루션의 설계 요구 사항에 따라 이러한 설계 패턴의 조합을 선택할 수 있다. 워크로드에 따라 아키텍처 설계에 여러 접근 방식을 사용할 수 있다. 전략을 완성하고 솔루션 구현을 시작하면 다음 단계는 애플리케이션을 최적화하는 것이다. 애플리케이션을 최적화하려면 부하 테스트를 수행하고 애플리케이션의 성능 요구 사항에 따라 벤치마킹을 정의해 데이터를 수집해야 한다.

성능 최적화는 솔루션 설계 초기부터 애플리케이션 출시 후까지 최적의 자원 활용도를 갖게 해야 하는 지속적인 개선 프로세스다. 워크로드에 따라 올바른 자원을 선택하고 애플리케이션과 인프라 구성을 조정해야 한다. 예를 들어 NoSQL 데이터베이스를 선택해 애플리케이션의 세션 상태를 저장하고 트랜잭션을 관계형 데이터베이스에 저장할 수 있다.

분석과 리포팅 목적을 위해 애플리케이션 데이터베이스에서 데이터 웨어하우스 솔루션으로 데이터를 로드하고 보고서를 생성해 프로덕션 데이터베이스의 부하를 줄일 수 있다.

서버의 경우 가상 머신이나 컨테이너를 선택할 수 있고, 완전히 서버리스 접근 방식을 사용해 애플리케이션 코드를 빌드하고 배포할 수 있다. 접근 방식과 애플리케이션 워크로드에 관계없이 기본 자원 유형인 컴퓨팅, 스토리지, 데이터베이스, 네트워크를 선택해야 한다. 성능 최적화를 위해 이러한 자원 유형을 선택하는 방법을 자세히 살펴보자.

컴퓨팅 방식의 선택

이 절에서는 현재 소프트웨어 배포가 서버에만 국한되지는 않기 때문에 서버 대신 컴퓨팅이라는 용어를 사용하는 것을 볼 수 있다. AWS와 같은 퍼블릭 클라우드 제공업체에는 애플리케이션을 실행하는 데 서버가 필요하지 않은 서버리스 솔루션들이 있다. 가장 인기 있는 FaaS 제품 중 하나로는 AWS Lambda가 있다. AWS Lambda와 마찬가지로 다른 인기 있는 퍼블릭 클라우드 제공업체에서도 FaaS 영역에서 솔루션을 제공한다. 예를 들어 마이크로소프트 애저에는 애저 Functions가 있고 GCP에는 구글 클라우드 Functions가 있다.

그런데 조직에서는 여전히 가상 머신을 선택하는 것을 기본으로 한다. 또한 자동화의 필요성과 자원 활용도가 높아짐에 따라 컨테이너도 대중화되고 있다. 컨테이너는 특히 마이크로서비스 애플리케이션 배포 영역에서 선호하는 선택이 되고 있다. 서버 인스턴스를 선택하든 컨테이너를 선택하든 서버리스를 선택하든 최적의 컴퓨팅 선택은 애플리케이션 사용 사례에 따라 다르다. 사용할 수 있는 다양한 컴퓨팅 옵션을 살펴보자.

서버 인스턴스의 선택

최근 가상 서버가 표준이 되면서 인스턴스라는 용어가 더 대중화되고 있다. 이러한 가상 서버는 유연성을 제공하고 자원을 좀 더 효율적으로 사용하게 한다. 특히 클라우드 솔루션의 경우 모든 클라우드 제공업체는 웹 콘솔이나 API 호출을 한 번만 클릭하면 프로비저닝할 수 있는 가상 서버를 제공한다. 서버 인스턴스는 자동화를 지원하고 모든 것이 자동화될 수 있는 코드로서의 인프라Infrastructure as a Code를 제공한다.

워크로드가 다양하기 때문에 사용할 수 있는 다양한 처리 장치 선택 유형 중 하나를 선호할 수 있다. 처리 능력에 대해 가장 널리 사용되는 몇 가지 옵션을 살펴보자.

- **중앙 처리 장치**CPU: CPU는 가장 널리 사용되는 컴퓨팅 처리 옵션 중 하나다.

CPU는 프로그래밍하기 쉽고 멀티태스킹이 가능하며 가장 중요한 것은 어디에나 잘 맞을 수 있게 다재다능하기 때문에 범용 애플리케이션에 선호한다. CPU의 성능은 GHz로 측정되며, 이는 CPU 클록 속도가 초당 수십억 사이클임을 나타낸다.

CPU는 낮은 비용에 사용할 수 있다. 하지만 CPU는 순차 처리가 기본이므로 병렬 처리에서는 잘 수행되지 않는다.

- **그래픽 처리 장치**GPU: 이름에서 알 수 있듯이 GPU는 처음에 그래픽 애플리케이션을 처리하고 엄청난 병렬 처리 능력을 제공하도록 설계됐다. 데이터양이 증가함에 따라 **대용량 병렬 처리**MPP, Massive Parallel Processing를 활용해 데이터를 처리해야 한다. 머신러닝과 같은 대규모 데이터 처리와 같은 사용 사례의 경우 GPU가 확실한 선택이 됐으며 많은 컴퓨팅 집약적 애플리케이션에서 사용된다. GPU의 연산 능력 단위인 TFLOP테라 부동소수점 연산에 대해 들어본 적이 있을 것이다. TFLOP 연산은 초당 1조 개의 부동소수점 연산을 계산하는 프로세서의 성능을 나타낸다.

  GPU는 수천 개의 작은 코어로 구성돼 있는데, CPU는 큰 코어가 몇 개 정도 있다. GPU는 CUDA 프로그래밍을 사용해 수천 개의 스레드를 생성하는 메커니즘이 있으며 각 스레드는 데이터를 병렬로 처리할 수 있어 처리 속도가 매우 빠르다. GPU는 CPU보다 약간 비싸다. 처리 기능과 관련해 GPU는 이미지 분석, 동영상 처리, 신호 처리가 필요한 애플리케이션을 위한 비용 및 성능 측면에서 최적이다. 그러나 많은 전력을 소비하고 더 많은 맞춤형 프로세서가 필요한 특정 알고리듬에서는 작동하지 않을 수 있다.

- **FPGA**Field-Programmable Gate Array: FPGA는 CPU나 GPU와는 매우 다르다. 이는 설치 후 변경할 수 있는 특정 애플리케이션에 대해 재구성할 수 있는 프로그래밍이 가능한 하드웨어다. FPGA는 GPU보다 훨씬 적은 전력을 소비하지만 유연성도 떨어진다. MPP를 수용할 수 있으며 CPU로 구성하는 기능도 제공한다. 전반적

으로 FPGA 기능은 각 애플리케이션에 맞춰 사용자 정의해야 하고 더 긴 개발 주기가 필요하기 때문에 더 많은 비용이 든다. FPGA는 순차 연산에 대해 제대로 수행되지 않을 수 있으며 Flops^부동소수점 연산^에는 그다지 좋지 않다.

- **애플리케이션별 집적 회로**^ASIC^: ASIC은 구글에서의 텐서 처리 장치^TPU, Tensor Processing Unit^와 같은 것으로 제공되는 딥러닝 텐서플로^TensorFlow^ 패키지와 같은 특정 애플리케이션을 위해 특별히 최적화돼 제작된 맞춤형 집적 회로다. 전력 소비와 성능의 최적 조합을 달성하고자 애플리케이션에 맞도록 맞춤 설계된 것이다. ASIC은 가장 긴 개발 주기로 인해 높은 비용이 발생하며 변경 사항에 대해서는 하드웨어 수준에서 재설계해야 한다.

다음 그림은 앞에서 언급했던 처리 유형들 간의 비교를 보여준다. 여기에서 ASIC이 가장 효율적이지만 구현하는 데는 가장 긴 개발 주기가 소요된다. ASIC은 가장 최적의 성능을 제공하지만 재사용할 수 있는 유연성은 가장 낮은 반면 CPU는 매우 유연하며 다양한 사용 사례에 적합하다.

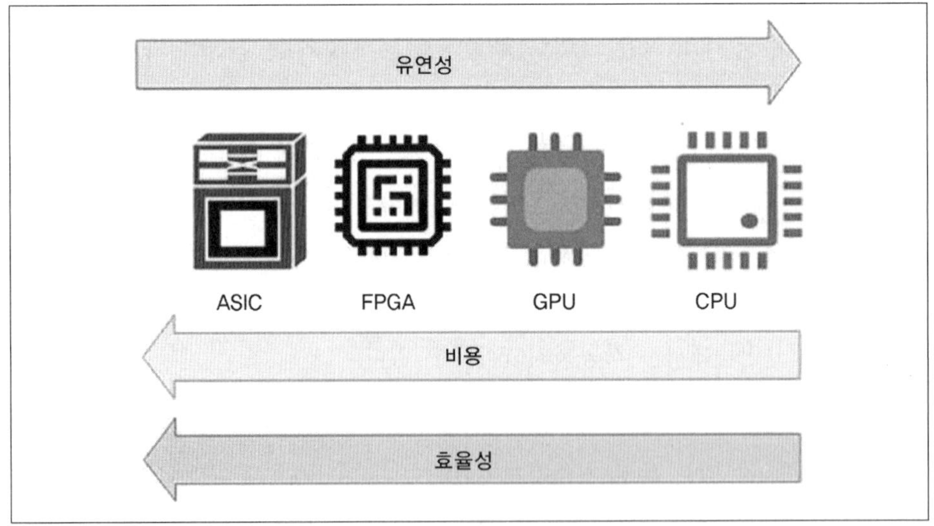

그림 7.4: CPU, GPU, FPGA, ASIC 간의 비교

그림에서 볼 수 있듯이 비용 측면에서는 CPU가 가장 저렴하고 ASIC이 가장 비용이 많이 든다. 오늘날 CPU는 필수품이 됐으며 비용을 낮추기 위해 범용 처리 장치의 모든 곳에서 사용된다. GPU는 컴퓨팅 집약적인 애플리케이션에 쓰는 것으로 알려졌으며 FPGA는 좀 더 맞춤화된 성능이 필요할 때 첫 번째 선택 옵션이 됐다. AWS와 같은 퍼블릭 클라우드 제공업체에서 이러한 처리 옵션들을 사용할 수 있다. CPU 외에도 Amazon EC2[Elastic Cloud Compute] 서비스는 GPU를 많이 사용할 때 쓰는 P 시리즈 인스턴스를 제공한다. F 시리즈 인스턴스는 맞춤형 하드웨어 가속을 위한 FPGA를 제공한다.

이 절에서는 가장 인기 있는 컴퓨팅 옵션들을 살펴봤다. 가속 처리 장치[APU, Accelerated Processing Units]와 같은 다른 유형의 프로세서에 대해 들어봤을 수 있다. APU는 CPU, GPU, 디지털 신호 처리기[DSP, Digital Signal Processor]를 결합한 것으로, 아날로그 신호 분석에 최적화돼 있어 실시간 고속 데이터 처리가 요구되는 경우에 사용한다. 가상 머신 내에서 자원 사용을 최적화할 수 있게 함으로써 빠르게 인기를 얻고 있는 다른 컴퓨팅 유형인 컨테이너도 자세히 알아보자.

컨테이너를 통한 작업

6장에서 '컨테이너로 애플리케이션 배포' 절에서 컨테이너 배포와 이점을 살펴봤다. 컨테이너 사용은 자동화의 용이성과 자원 활용 효율성 때문에 복잡한 마이크로서비스 애플리케이션을 배포하는 데 표준이 되고 있다. 컨테이너 배포에는 사용할 수 있는 다양한 플랫폼이 있다. 컨테이너는 인기와 플랫폼 독립적인 기능으로 인해 클라우드에 구애받지 않는 플랫폼을 구축하기 위한 첫 번째 옵션이 됐다. 그리고 온프레미스 데이터 센터에 컨테이너를 배포하고 클라우드를 통해 관리할 수도 있다. 또한 재배치 접근 방식을 이용해 컨테이너를 변경 없이 온프레미스에서 클라우드로 이동할 수도 있다.

컨테이너를 이용해 멀티클라우드 플랫폼을 구축할 수 있으며, 각 주요 퍼블릭 클라우드 공급업체는 여러 플랫폼에 분산된 컨테이너 환경을 관리하기 위한 도구들을 제공한다. 예를 들어 AWS는 고객이 관리하는 인프라에서 컨테이너 워크로드를 쉽게 실행하고 관리할 수 있게 하는 ECS Anywhere를 제공한다. 마찬가지로 GCP는 온프레미스와 기타 클라우드 플랫폼 전반에서 컨테이너 관리를 제공하는 구글 Anthos를 제공한다. 컨테이너 영역에서 가장 인기 있는 몇 가지 선택 사항, 차이점, 함께 작동하는 방식을 알아보자.

도커

도커docker는 가장 널리 사용되는 기술 중 하나다. 도커를 통해 애플리케이션과 관련 종속성을 컨테이너로 패키징하고 모든 운영체제 플랫폼에 배포할 수 있다. 도커는 소프트웨어 애플리케이션에 플랫폼 독립적인 기능을 제공해 전체 소프트웨어 개발, 테스트, 배포 프로세스를 단순화하고 더 쉽게 액세스할 수 있게 한다.

도커 컨테이너 이미지는 로컬 네트워크를 통하거나 도커 허브Docker Hub를 이용해 인터넷을 통해 한 시스템에서 다른 시스템으로 이관할 수 있다. 도커 허브 컨테이너 리포지터리를 사용해 컨테이너를 관리하고 배포할 수 있다. 환경에서 문제를 일으키는 도커 이미지를 변경하는 경우 컨테이너 이미지의 작업 버전을 쉽게 되돌릴 수 있으므로 전반적인 문제 해결이 더 쉬워진다.

도커 컨테이너는 좀 더 복잡한 멀티티어 애플리케이션을 구축하는 데 도움이 된다. 예를 들어 애플리케이션 서버, 데이터베이스, 메시지 큐를 함께 실행해야 한다고 가정해보자.

이 경우 서로 다른 도커 이미지를 사용해 병렬로 실행한 다음 이들 간에 통신을 설정할 수 있다. 이러한 각 계층에는 수정된 버전의 라이브러리가 있을 수 있으며 도커를 사용하면 충돌 없이 동일한 컴퓨팅 머신에서 실행할 수 있다.

도커를 사용할 때 개발 팀은 애플리케이션을 빌드하고 필수 종속성과 함께 컨테이너 이미지에 패키징한다. 이 애플리케이션 이미지는 도커 호스트의 컨테이너에서 실행된다. 깃허브GitHub와 같은 코드 저장소에서 코드를 관리하듯이 도커 이미지도 레지스트리에 저장해야 한다. 도커 허브는 공용 레지스트리이며 다른 퍼블릭 클라우드 업체는 AWS 일래스틱 컨테이너 레지스트리ECR, Elastic Container Registry 및 애저 컨테이너 레지스트리와 같은 자체 레지스트리를 제공한다. 또한 자체 도커 이미지에 대해 온프레미스에 프라이빗 레지스트리를 가질 수 있다.

AWS와 같은 퍼블릭 클라우드 업체는 Amazon ECSElastic Container Service와 같은 컨테이너 관리 플랫폼을 제공한다. 컨테이너 관리는 클라우드 가상 머신인 Amazon EC2에서 도커 컨테이너를 관리하는 데 도움이 된다. 또한 AWS는 가상 머신을 프로비저닝하지 않고 컨테이너를 배포할 수 있는 Amazon Fargate를 이용해 컨테이너 배포에 서버리스 옵션을 제공한다. 복잡한 엔터프라이즈 애플리케이션은 여러 컨테이너에 걸쳐 있을 수 있는 마이크로서비스를 기반으로 구축된다. 다양한 도커 컨테이너를 하나의 애플리케이션의 일부로 관리하는 것은 꽤 복잡할 수 있다. 쿠버네티스Kubernetes는 다중 컨테이너 환경의 문제를 해결하는 데 도움이 된다. 쿠버네티스에 대해 자세히 알아보자.

쿠버네티스

쿠버네티스는 운영 환경에서 복수의 컨테이너를 쉽게 관리하고 제어할 수 있다. 쿠버네티스를 컨테이너 오케스트레이션 시스템으로 생각할 수 있다. 베어 메탈(물리적 서버) 또는 도커 호스트인 가상 머신 노드에서 도커 컨테이너를 호스팅할 수 있으며 쿠버네티스는 이러한 노드의 클러스터에서 조정할 수 있다.

쿠버네티스는 애플리케이션 오류가 발생하는 경우 응답하지 않는 컨테이너를 교체해 애플리케이션이 자가 치유되게 한다. 또한 수평적 확장 기능과 중단 시간을 방지하는 블루-그린 배포 기능을 제공한다. 쿠버네티스는 들어오는 사용자 트래픽 부하를 컨테이너 간에 분산하고 다양한 컨테이너에서 공유하는 저장소를 관리한다.

다음 그림에서 볼 수 있듯이 쿠버네티스와 도커는 함께 잘 작동해 소프트웨어 애플리케이션을 오케스트레이션한다. 쿠버네티스는 도커 노드와 도커 컨테이너 간의 네트워크 통신을 처리한다.

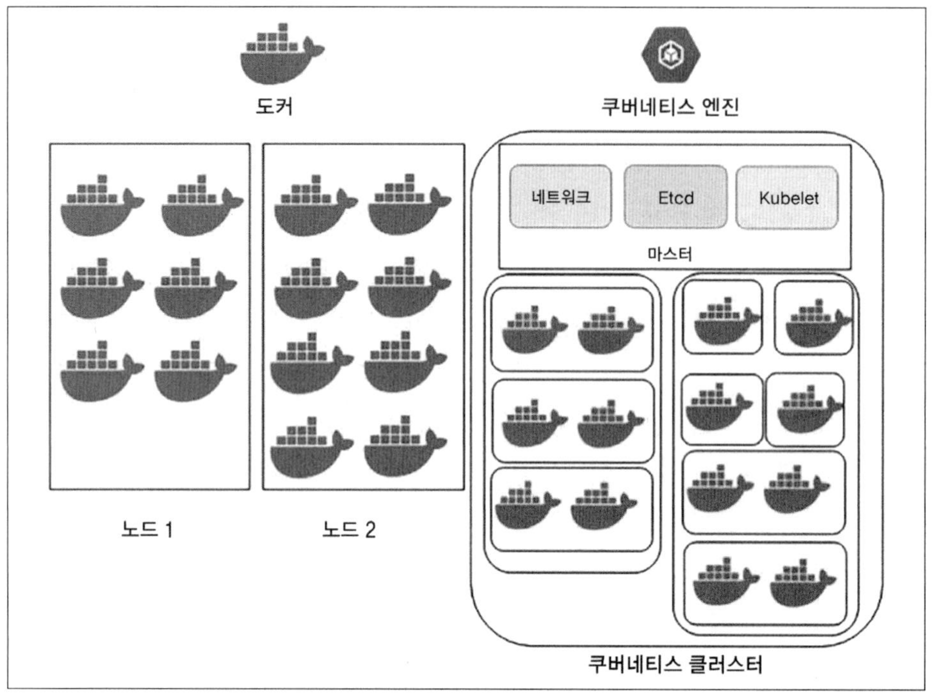

그림 7.5: 도커와 쿠버네티스

도커는 애플리케이션의 개별 부분으로 동작하고 쿠버네티스는 이러한 모든 부분이 설계된 대로 함께 작동하도록 오케스트레이션을 처리한다. 쿠버네티스를 사용하면 전체 애플리케이션 배포와 확장을 더 쉽게 자동화할 수 있다. 도커에서 컨테이너는 노드에서 호스팅되며 단일 노드의 각 도커 컨테이너는 동일한 IP 공간을 공유한다. 도커에서는 IP 충돌을 처리해 컨테이너 간의 연결을 관리해야 한다. 쿠버네티스는 컨테이너를 호스팅하는 모든 노드를 추적하는 마스터 인스턴스를 두어 이 문제를 해결한다.

쿠버네티스의 마스터 노드는 IP 주소를 할당하고 컨테이너 구성을 위한 키-값 저장소와 컨테이너를 관리하는 Kubelet을 호스팅하는 역할을 한다. Kubelet은 각 노드에서 실행되고 포드[Pod]에 정의된 컨테이너가 시작되고 계속 실행되게 하는 기본 '노드 에이전트'다. 도커 컨테이너는 동일한 IP 주소를 공유하는 포드로 그룹화된다. 이 전체 설정을 **쿠버네티스 클러스터**라고 한다.

쿠버네티스가 빠르게 대중화되고 있지만 도커 자체에서 빌드하는 **도커 스웜**[Docker Swarm]과 같은 다른 옵션을 사용할 수도 있다. 도커 스웜은 사용자가 여러 호스트 시스템에 배포된 여러 컨테이너를 관리할 수 있는 **컨테이너 오케스트레이션 도구**다. 그러나 도커 스웜에는 쿠버네티스와 같은 웹 기반 인터페이스가 없으며 오토스케일링과 외부 로드 밸런싱을 제공하지 않는다.

쿠버네티스는 배우기 쉬운 것은 아니다. AWS와 같은 퍼블릭 클라우드 업체는 쿠버네티스 클러스터 관리를 단순화하고자 **Amazon EKS**[Elastic Kubernetes Service]를 제공한다. OpenShift는 레드햇[Red Hat]에서 관리하는 또 다른 쿠버네티스 배포이며 PaaS[Platform as a Service] 형태로 제공된다. 또한 마이크로소프트 애저는 **애저 쿠버네티스 서비스**[AKS, Azure Kubernetes Service]를 제공하고 GCP는 **구글 쿠버네티스 엔진**[GKE, Google Kubernetes Engine]을 제공해 쿠버네티스를 자동으로 배포, 확장, 관리하는 간단한 방법을 제공한다.

컨테이너는 전체 애플리케이션 인프라에 가상화 계층을 추가한다. 자원 활용에 도움이 되는데, 매우 짧은 지연시간이 필요한 경우에는 애플리케이션 배포를 위해 베어메탈[bare-metal] 물리 시스템을 선택할 수 있다.

서버리스 전환

최근 몇 년 동안 Amazon, 구글, 마이크로소프트와 같은 클라우드 업체가 제공하는 퍼블릭 클라우드 서비스의 인기와 함께 서버리스 컴퓨팅이 가능하게 됐다. 서버리스 컴퓨팅을 통해 개발자는 기본 인프라 프로비저닝, 구성, 확장에 대해 걱정하지 않고 코드와 애플리케이션 개발에만 집중할 수 있다. 서버리스 서비스는 개발자의 서버 관리와 인프라를 추상화하고 개발자의 전문 분야와 해결하려는 비즈니스 문제에 집중할 수 있게 도와준다. 서버리스 컴퓨팅은 FaaS^Function as a Service^라는 비교적 새로운 개념을 제공한다.

FaaS 서비스는 AWS Lambda, 마이크로소프트 애저 Functions, 구글 클라우드 Functions를 이용해 사용할 수 있다. 클라우드상의 편집기에서 코드를 작성할 수 있으며 AWS Lambda는 기능을 실행하고 확장하는 데 아래에 있는 컴퓨팅 인프라를 처리한다. Amazon API Gateway와 AWS Lambda 함수를 이용해 API 엔드포인트를 추가해서 이벤트 기반 아키텍처나 RESTful 마이크로서비스를 설계할 수 있다. Amazon API Gateway는 RESTful API와 웹소켓^WebSocket^ API를 Lambda 함수의 프런트엔드로 추가하고 애플리케이션 간의 실시간 통신을 가능하게 하는 관리형 클라우드 서비스다. 마이크로서비스를 독립적으로 확장할 수 있는 작은 작업들로 세분화할 수 있다.

코드에 집중하는 것 외에도 FaaS 모델에서는 유휴 자원에 대해 비용을 지불할 필요가 없다. 전체 서비스를 확장하는 대신 기본 제공 가용성과 내결함성을 통해 필요한 기능을 독립적으로 확장할 수 있다.

그런데 오케스트레이션해야 하는 기능이 수천 개에 달하고 오토스케일링에 따른 비용을 예측하는 것은 쉽지 않는 작업이 될 수 있다. 서버리스를 적용하는 것은 작업 예약, 웹 요청 처리, 메시지 큐 등에 적합하다.

이 절에서는 서버 인스턴스, 컨테이너, 서버리스 옵션을 살펴보고 다양한 컴퓨팅을 선택하는 방법을 살펴봤다. 애플리케이션의 요구 사항에 따라 이러한 컴퓨팅 서비스들을 선택해야 한다. 특정 유형의 컴퓨팅을 선택해야 한다는 규칙은 없다. 이는 조직의 기술 선택, 혁신의 속도, 소프트웨어 애플리케이션의 특성에 따라 달라질 수 있다.

일반적으로 모놀리식 애플리케이션의 경우에는 가상 머신이나 베어메탈 머신을 선택할 수 있으며, 복잡한 마이크로서비스의 경우에는 컨테이너를 선택할 수 있다. 간단한 작업 예약이나 이벤트 기반 애플리케이션의 경우 서버리스 기능을 선택하는 것이 좋다. 많은 조직이 복잡한 애플리케이션을 전적으로 서버리스로 구축해 인프라를 관리하지 않고도 비용을 절감하고 고가용성을 달성하는 데 도움이 됐다.

인프라에서 또 다른 중요한 측면이 있는데, 이것이 어떻게 성능을 최적화하는 데 도움이 되는지 알아보자.

스토리지의 선택

스토리지는 애플리케이션 성능에 중요한 요소 중 하나다. 모든 소프트웨어 애플리케이션은 설치, 로깅, 파일 액세스를 위해 저장소와 상호작용해야 한다. 스토리지에 대한 최적의 솔루션은 다음 요소에 따라 달라질 수 있다.

액세스 방법	블록, 파일 또는 객체
액세스 패턴	순차적 또는 랜덤
액세스 빈도	온라인(핫), 오프라인(웜), 아카이브(콜드)
업데이트 빈도	WORM(Write Once Read Many) 또는 다이내믹
액세스 가용성	필요할 때 스토리지 가용성
액세스 내구성	데이터 손실을 최소화하는 데이터 스토리지의 신뢰성
액세스 처리량	IOPS 및 초당 데이터 읽기/쓰기 양(MB)

이는 데이터 형식과 확장성 요구 사항에 따라 다르다. 먼저 데이터를 블록, 파일, 오브젝트 스토리지 중 어디에 저장할지 결정해야 한다. 이들은 데이터를 다른 방식으로 저장하고 표시하는 형식이다. 이에 대해 더 자세히 살펴보자.

블록 스토리지와 SAN에서의 작업

블록 스토리지는 데이터를 블록으로 나눠 데이터 청크data chunks로 저장한다. 각 블록에는 파일에 대한 메타데이터가 저장되지 않으므로 시스템에서 가장 쉽게 액세스할 수 있는 위치에 데이터를 배치할 수 있는 고유 ID가 있다. 따라서 서버 기반 운영체제는 하드 드라이브에서 이러한 블록을 관리하고 사용한다. 시스템이 데이터를 요청할 때마다 스토리지 시스템은 블록을 수집하고 결과를 사용자에게 다시 제공한다. SAN Storage Area Network에 배포된 블록 스토리지는 데이터를 효율적이고 안정적으로 저장한다. 데이터베이스 배포, 이메일 서버, 애플리케이션 배포, 가상 머신과 같이 많은 양의 데이터를 저장하고 자주 액세스해야 하는 경우에 잘 동작한다.

SAN 스토리지는 정교하며 복잡한 미션 크리티컬 애플리케이션에 사용되는데, 서버와 스토리지 간에 블록 수준 데이터를 교환하는 고성능 스토리지 시스템이다. 그러나 SAN은 비용이 상당히 많이 들고 짧은 지연시간이 필요한 대규모 엔터프라이즈 애플리케이션에 사용해야 한다.

블록 기반 스토리지를 구성하려면 저장하는 미디어를 SSD와 HDD 중에서 선택해야 한다. HDD는 서버와 엔터프라이즈 스토리지 어레이를 위한 레거시 데이터 스토리지 시스템이다. HDD는 저렴하지만 상대적으로 느리고 더 많은 전력과 냉각 시설이 필요하다. SSD는 반도체 칩을 사용하며 HDD보다 빠르다. 하지만 비용이 훨씬 더 많이 든다. 그런데 기술이 발전함에 따라 SSD는 효율성과 낮은 전력 및 냉각 요구사항으로 인해 더욱 저렴해지고 널리 사용되고 있다.

파일 스토리지와 NAS에서의 작업

파일 스토리지는 오랫동안 널리 사용돼 왔다. 파일 스토리지에서 데이터는 단일 정보로 저장되고 폴더 안에 구성된다. 데이터에 액세스해야 하는 경우 파일 경로를 통해 요청하고 데이터 파일을 받을 수 있다. 그런데 파일이 여러 폴더 계층 아래에 중첩되면 파일 경로가 복잡해질 수 있다. 각 레코드에는 파일 이름, 생성 시각, 업데이트된 시각을 포함한 메타데이터가 있다. 책을 책장에 보관하고 각 책이 보관된 위치를 메모해두는 도서관에 비유할 수 있다.

NAS Network Area Storage는 네트워크에 연결돼 파일을 저장하고 액세스할 수 있는 사용자에게 표시되는 파일 스토리지 시스템이다. 또한 NAS는 데이터를 보호하는 사용자 권한, 파일 잠금, 기타 보안 메커니즘을 제공한다. NAS는 파일 공유 시스템과 로컬 아카이브에 적합하다. 수십억 개의 파일을 저장하는 경우 메타데이터 정보가 제한적이고 폴더 계층이 복잡하기 때문에 NAS가 올바른 솔루션이 아닐 수 있다. 수십억 개의 파일을 저장하려면 오브젝트 스토리지를 사용해야 한다. 오브젝트 스토리지와 파일 스토리지에 비한 장점을 자세히 알아보자.

오브젝트 스토리지와 클라우드 데이터 스토리지에서의 작업

오브젝트 스토리지는 사용자 지정 가능한 고유 식별자 및 메타데이터와 함께 데이터를 저장한다. 오브젝트 스토리지는 파일 스토리지의 계층 주소나 블록 스토리지의 블록 청크에 분산된 주소와 비교해 플랫한 주소 공간을 사용한다. 플랫한 주소 공간을 사용하면 데이터 스토리지 위치에 관계없이 데이터를 더 쉽고 빠르게 검색할 수 있다. 또한 오브젝트 스토리지는 사용자가 스토리지에서 무제한의 확장성을 갖게 한다.

오브젝트 스토리지의 메타데이터는 객체 이름, 크기, 타임스탬프 등 많은 세부 사항을 가질 수 있으며 사용자는 파일 스토리지에서 태그를 지정하는 것보다 더 많은 정보를 추가하도록 사용자 정의할 수 있다. 데이터는 간단한 API 호출로 액세스할 수 있으며 저장하는 데 매우 비용 효율적이다. 오브젝트 스토리지는 구조화되지 않은 대용량 데이터에 가장 적합하다. 그런데 오브젝트는 수정할 수 없고 교체만 가능하므로 데이터베이스의 좋은 사용 사례는 아니다.

Amazon S3Simple Storage Service와 같은 클라우드 데이터 스토리지는 고가용성과 내구성을 갖춘 무제한 확장 가능한 오브젝트 데이터 스토리지를 제공한다. 고유한 전역 식별자와 메타데이터 파일 접두사를 사용해 데이터에 액세스할 수 있다. 다음 그림은 세 가지 스토리지 시스템을 간략하게 보여준다.

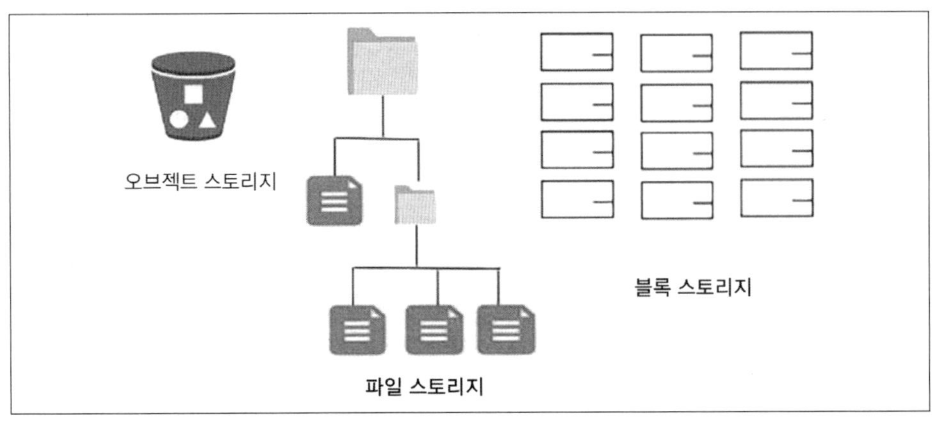

그림 7.6: 데이터 스토리지 시스템

그림과 같이 블록 스토리지는 데이터를 블록에 저장한다. 애플리케이션에 단일 인스턴스의 매우 짧은 지연시간과 데이터 스토리지 액세스가 필요한 경우는 블록 스토리지를 사용해야 한다. 파일 스토리지는 계층적 폴더 구조로 데이터를 저장하고 지연시간 오버헤드가 거의 없다. 별도의 방에서 여러 인스턴스에 액세스해야 하는 경우 파일 스토리지 시스템을 사용해야 한다. 오브젝트 스토리지는 오브젝트에 대한 고유 식별자가 있는 버킷에 데이터를 저장한다. 웹을 통한 액세스를 제공해 지연시간을 줄이고 처리량을 높인다. 이미지 및 동영상과 같은 정적 콘텐츠를 저장하고 액세스하려면 오브젝트 스토리지를 사용해야 한다. 오브젝트 스토리지에 대용량 데이터를 저장하고 빅데이터 처리와 분석을 수행할 수 있다.

직접 연결 스토리지DAS, Direct-Attached Storage는 호스트 서버에 직접 연결된 또 다른 종류의 데이터 스토리지다. 그런데 확장성과 저장 용량이 매우 제한적이다. 자기 테이프 드라이브는 백업 및 보관용으로 널리 사용되는 또 다른 스토리지 시스템이다. 자기 테이프 드라이브는 비용이 저렴하고 가용성이 높기 때문에 보관 목적으로 사용되지만 지연시간이 길어 직접 애플리케이션에 사용하기에는 부적합하다.

데이터가 SAN 스토리지에 저장되는 트랜잭션 데이터베이스와 같은 미션 크리티컬 애플리케이션에 대한 처리량과 데이터 보호를 증가시켜야 하는 경우가 많다. 그런

데 개별 SAN 스토리지는 볼륨 크기와 처리량이 제한될 수 있다. RAID[Redundant Array of Independent Disks] 구성을 사용해 이 상황을 극복할 수 있다. RAID는 여러 디스크에 데이터를 저장하는 방법이다. 디스크 드라이브 장애에서 데이터 손실을 보호하고 여러 개 디스크를 함께 스트라이핑해 디스크 처리량을 높인다.

RAID는 디스크 미러링이나 디스크 스트라이핑 기술을 사용하며 운영체제의 경우 RAID는 단일 논리 디스크다. RAID는 구성 유형을 구별하고자 다양한 수준을 갖고 있다. 예를 들어 RAID 0은 디스크 스트라이핑을 사용하고 최고의 성능을 제공하지만 내결함성이 없는 반면, RAID 1은 디스크 미러링이다. 데이터 스토리지를 복제하고 쓰기 작업에 대한 성능 향상을 제공하지 않지만 읽기 성능은 두 배로 증가한다. RAID 0과 RAID 1을 결합해 RAID 1+0이라고도 하는 RAID 10을 구성할 수 있다. 높은 처리량과 내결함성으로 두 가지 장점을 모두 달성할 수 있다. 최소 4개의 디스크가 필요하며 미러링된 쌍에 걸쳐 데이터를 스트라이프한다.

성능 최적화를 위해서는 액세스 패턴에 맞는 스토리지 솔루션을 선택해야 한다. 블록, 파일, 오브젝트 저장 방법을 선택할 수 있는 클라우드 서비스와 함께 사용할 수 있는 다양한 옵션이 있다. 예를 들어 퍼블릭 클라우드 AWS는 클라우드에서 SAN 유형의 스토리지로 Amazon EBS[Elastic Block Store]를 제공하고 클라우드에서 NAS 유형의 스토리지로 Amazon EPS[Elastic File System]을 제공한다. Amazon S3는 오브젝트 스토리지로 널리 알려져 있다. 마찬가지로 마이크로소프트 애저는 SAN용 애저 디스크 스토리지, NAS용 애저 파일, 블록 스토리지용 애저 블롭[Blob]을 제공한다. 다양한 스토리지 솔루션을 사용하면 온프레미스 환경에서 작업하든 클라우드 네이티브로 전환하든 액세스 패턴을 기반으로 스토리지 방법을 선택할 수 있다.

최적의 성능을 달성하는 데 필요한 컴퓨팅 및 스토리지 옵션을 살펴봤으므로 이제 애플리케이션 개발에서 다음으로 중요한 구성 요소인 데이터베이스를 살펴보자. 필요에 맞는 데이터베이스를 선택하면 애플리케이션 성능을 극대화하고 전체 애플리케이션 지연시간을 줄이는 데 도움이 된다. 다양한 유형의 데이터베이스를 사용할 수 있으며 올바른 데이터베이스를 선택하는 것이 중요하다.

데이터베이스의 선택

보통 공통 플랫폼을 표준화하고 관리 용이성을 위해 데이터베이스를 사용하려고 한다. 그런데 데이터 요구 사항에 따라 서로 다른 데이터베이스 솔루션을 사용하는 것을 고려해야 한다. 잘못된 데이터베이스 솔루션을 선택하면 시스템 지연시간과 성능에 영향을 줄 수 있다. 데이터베이스 선택은 가용성, 확장성, 데이터 구조, 처리량, 내구성에 대한 애플리케이션의 요구 사항에 따라 달라질 수 있다. 데이터베이스 사용을 선택할 때 고려해야 할 여러 요소가 있다. 예를 들어 액세스 패턴은 데이터베이스 기술 선택에 상당한 영향을 미칠 수 있다. 액세스 패턴을 기반으로 데이터베이스를 최적화하는 것이 가장 좋다.

데이터베이스에는 일반적으로 워크로드 최적화를 위한 구성 옵션이 있다. 메모리, 캐시, 스토리지 최적화 등의 구성을 고려해야 한다. 또한 확장성, 백업, 복구, 유지 관리와 관련된 데이터베이스 기술의 운영 측면도 살펴봐야 한다. 애플리케이션의 데이터베이스 요구 사항을 충족하는 데 사용할 수 있는 다양한 데이터베이스 기술을 살펴보자.

온라인 트랜잭션 처리

대부분의 기존 관계형 데이터베이스는 온라인 트랜잭션 처리[OLTP, OnLine Transactional Processing]를 사용한다. 트랜잭션 데이터베이스는 애플리케이션 데이터를 저장하고 처리하는 가장 오래되고 널리 사용되는 방법이다. 관계형 OLTP 데이터베이스의 예로는 오라클, 마이크로소프트 SQL 서버, MySQL, PostgreSQL, Amazon RDS 등이 있다. OLTP에 대한 데이터 액세스 패턴에는 해당 ID를 조회해 작은 데이터 세트를 가져오는 것이 포함된다. 데이터베이스 트랜잭션은 관련된 모든 데이터베이스 업데이트가 완료됐거나 하나도 완료되지 않았음을 의미한다.

관계형 모델을 사용하면 은행, 거래, 전자상거래와 같은 애플리케이션에서 복잡한 비즈니스 트랜잭션을 처리할 수 있다. 이를 통해 데이터를 집계하고 테이블에서 여러 조인을 사용해 복잡한 쿼리를 생성할 수 있다. 관계형 데이터베이스를 최적화하고자 다음 최적화도 고려해야 한다.

- 컴퓨팅, 메모리, 스토리지, 네트워킹을 포함하는 데이터베이스 서버
- 스토리지 볼륨의 RAID 구성, 볼륨 관리, 블록 크기와 같은 운영체제 수준 설정
- 필요에 따라 데이터베이스 엔진 구성과 파티션
- 스키마, 인덱스, 뷰와 같은 데이터베이스 관련 옵션

관계형 데이터베이스는 수직으로 확장할 수 있고 시스템 용량의 상한에 도달할 수 있으므로 확장이 까다로울 수 있다. 수평적 확장을 위해서는 읽기 확장을 위해 복제본을 읽고 쓰기 확장을 위해 파티션을 읽어야 한다. 6장의 '애플리케이션 아키텍처에서 데이터베이스 처리' 절에서 관계형 데이터베이스를 확장하는 방법을 살펴봤다.

OLTP 데이터베이스는 크고 복잡한 트랜잭션 애플리케이션에 적합하다. 그런데 방대한 양의 데이터를 집계하고 쿼리해야 하는 곳에서는 확장이 잘되지 않는다. 또한 인터넷 사용으로 모든 곳에서 많은 비정형 데이터가 유입되고 관계형 데이터베이스는 비정형 데이터를 즉시 처리하는 데 적합하지 않다. 이 경우에는 NoSQL 데이터베이스가 사용된다. 비관계형 데이터베이스를 처리하는 방법을 자세히 알아보자.

비관계형 데이터베이스

소셜 미디어 프로그램, 사물인터넷, 클릭스트림 데이터, 로그와 같은 애플리케이션에서 생성되는 많은 비정형 및 반정형 데이터가 있다. 여기에는 동적인 스키마가 있게 된다. 이러한 데이터 유형은 각 레코드 세트별로 서로 다른 스키마를 가질 수 있다. 이 데이터를 관계형 데이터베이스에 저장하는 것은 바람직하지 않을 수

있다. 관계형 데이터베이스에서는 모든 것이 고정된 스키마로 연결돼야 하며, 이로 인해 많은 `null` 값이 있게 되거나 데이터 손실이 발생할 수 있다. 비관계형 또는 NoSQL 데이터베이스는 고정된 스키마에 대한 걱정 없이 이러한 데이터를 저장할 수 있는 유연성을 제공한다. 각 레코드는 서로 다른 수의 열을 가질 수 있으며 동일한 테이블에 저장될 수 있다.

NoSQL 데이터베이스는 많은 양의 데이터를 저장할 수 있고 낮은 지연시간을 제공한다. 필요할 때 노드를 추가해 쉽게 확장할 수 있으며 기본적으로 수평 확장을 지원한다. 사용자 세션 데이터를 저장하고 애플리케이션을 상태 비저장으로 만들어 사용자 경험을 손상시키지 않고 수평적 확장을 하는 데 탁월한 선택이 될 수 있다. 우수한 지연시간과 확장성을 제공하는 NoSQL 데이터베이스 위에 분산 애플리케이션을 개발할 수 있는데, 쿼리 조인은 애플리케이션 계층에서 처리해야 한다. NoSQL 데이터베이스는 테이블 및 엔티티 조인과 같은 복잡한 쿼리를 지원하지 않는다.

가상 머신 클러스터에 설치할 수 있는 카산드라[Cassandra], HBase, MongoDB와 같이 NoSQL 데이터베이스에 사용할 수 있는 다양한 옵션이 있다. 그런데 AWS와 같은 퍼블릭 클라우드에서는 Amazon DynamoDB라는 관리형 NoSQL 데이터베이스를 제공한다. 이 데이터베이스는 무제한 확장과 함께 밀리초 미만의 높은 처리량을 제공한다.

관계형 데이터베이스로 OLTP 데이터를 저장할 수 있지만 저장 용량이 제한된다. 많은 양의 데이터에 대한 쿼리에는 응답 속도가 느려질 수 있으며, 데이터 웨어하우스에 필요한 집계를 수행할 수 있다. 데이터 웨어하우스 요구 사항은 트랜잭션 데이터보다 분석 데이터에 더 적합하다. **온라인 분석 처리**[OLAP, OnLine Analytical Processing] 데이터베이스는 OLTP 데이터베이스와 다르며 대용량 데이터 세트를 쿼리할 수 있다. OLAP 데이터베이스를 더 자세히 알아보자.

온라인 분석 처리

OLTP와 NoSQL 데이터베이스는 애플리케이션 배포에 유용하지만 대규모 데이터 분석에는 기능이 제한적이다. 분석 목적으로 대량의 구조화된 데이터에 대한 쿼리는 구조화된 데이터에 더 빠르게 액세스할 수 있게 설계된 데이터 웨어하우스 플랫폼에서 더 잘 처리된다. 최신 데이터 웨어하우스 기술은 칼럼 형식을 채택하고 데이터를 더 빠르게 가져와 분석하는 데 도움이 되는 MPP[Massively Parallel Processing]를 사용한다.

칼럼 형식을 사용하면 데이터에 대해 하나의 열만 집계해야 하는 경우(예, 특정 월의 인벤토리 판매를 확인하려는 경우) 전체 테이블을 스캔할 필요가 없다. 주문 테이블에는 수백 개의 열이 있을 수 있지만 구매 열에서만 데이터를 집계하게 된다. 칼럼 형식을 사용하면 구매 열만 스캔하므로 로우 형식에 비해 스캔되는 데이터양이 줄어들고 쿼리 성능이 향상된다.

MPP를 사용하면 자식 노드들 간에 분산하는 방식으로 데이터를 저장하고 리더 노드에 쿼리를 수행한다. 파티션 키를 기반으로 리더 노드는 쿼리를 자식 노드들에 배포한다. 여기서 각 노드는 쿼리의 일부를 선택해 병렬 처리를 수행한다. 그런 다음 리더 노드는 각 하위 노드에서 쿼리 결과를 수집하고 집계된 결과를 반환한다. 이 병렬 처리를 통해 쿼리를 더 빠르게 실행하고 많은 양의 데이터를 더 빠르게 처리할 수 있다.

가상 머신에 IBM Netezza나 마이크로소프트 SQL 서버와 같은 소프트웨어를 설치해 이러한 종류의 처리를 사용하거나 Snowflake와 같은 클라우드 네이티브 솔루션을 사용할 수 있다. AWS와 같은 퍼블릭 클라우드는 칼럼 형식과 MPP를 사용하는 페타바이트급 데이터 웨어하우스 솔루션 Amazon Redshift를 제공한다. 13장에서 데이터 처리와 분석을 자세히 다룬다.

특히 로그에서 특정 오류를 찾거나 문서 검색 엔진을 구축하려는 경우 많은 양의 데이터를 저장하고 검색해야 한다. 이러한 종류의 기능을 사용하려면 애플리케이션에서 데이터 검색 기능을 만들어야 한다. 데이터 검색을 자세히 알아보자.

데이터 검색 기능 구축

문제를 신속하게 해결하거나 비즈니스 통찰력을 얻고자 많은 양의 데이터를 검색해야 하는 경우가 있다. 애플리케이션 데이터를 검색하면 자세한 정보에 액세스하고 다양한 뷰에서 분석하는 데 도움이 된다. 짧은 지연시간과 높은 처리량으로 데이터를 검색하려면 검색 엔진 기술이 사용돼야 한다.

ElasticSearch는 가장 인기 있는 검색 엔진 플랫폼 중 하나이며 아파치 루씬Lucene 라이브러리를 기반으로 구축됐다. 아파치 루씬은 많은 인기 있는 검색 엔진의 기반이 되는 무료 오픈소스 소프트웨어 라이브러리다. ELK(Elasticsearch, Logstash, Kibana의 약어) 스택은 대규모 데이터를 검색하고 자동으로 검색할 수 있게 인덱싱하는 데 사용하기 쉽다. ElasticSearch를 중심으로 시각화와 분석을 위한 여러 도구가 개발돼 있다. 예를 들어 Logstash는 ElasticSearch와 함께 동작해 대량의 애플리케이션 로그 데이터를 수집, 변환, 분석한다. 키바나Kibana에는 대시보드를 생성하고 인덱싱된 데이터를 분석하고자 간단한 솔루션을 제공하는 ElasticSearch와 연결할 수 있는 내장 커넥터가 있다.

ElasticSearch는 가상 머신에 배포할 수 있으며 클러스터에 새 노드를 추가해 용량을 늘려 수평으로 확장할 수 있다. 퍼블릭 클라우드 AWS는 관리형 서비스인 Amazon OpenSearch를 제공하므로 클라우드에서 ElasticSearch 클러스터를 비용 효율적이고 간편하게 확장 및 관리할 수 있다.

이 절에서는 다양한 데이터베이스 기술과 이러한 기술이 사용되는 방법을 살펴봤다. 애플리케이션은 최적의 성능을 위해 서로 다른 구성 요소에 대한 모든 데이터베이스 기술의 조합을 사용할 수 있다. 복잡한 트랜잭션의 경우에는 관계형 OLTP 데이터베이스를 사용해야 하고, 비정형 또는 반정형 데이터를 저장하고 처리하려면 비관계형 NoSQL 데이터베이스를 사용해야 한다. 지리적인 여러 지역에서 매우 짧은 대기 시간이 필요하고 게임 애플리케이션과 같이 애플리케이션 계층에서 복잡한 쿼리를 처리해야 하는 경우 NoSQL 데이터베이스를 사용해야 한다. 구조화된 데이터에 대한 대규모 분석을 수행해야 하는 경우 데이터 웨어하우스 OLAP 데이터베이스를 사용한다. 캐시 데이터베이스를 사용해 데이터베이스의 성능 효율성을 향상시킬 수 있다. 6장의 'Memcached와 Redis' 절에서 Redis와 Memcached를 살펴봤다.

아키텍처에서 또 다른 중요한 구성 요소 중 하나인 네트워킹을 살펴보자. 네트워킹은 전체 애플리케이션의 핵심이며 서버와 외부 세계 간의 통신을 설정한다. 애플리케이션 성능과 관련해 네트워킹을 알아보자.

네트워크 성능 개선

초고속 인터넷 시대에 애플리케이션은 전 세계 사용자에게 제공될 것으로 예상된다. 시스템 응답 시간의 지연은 요청 부하 및 서버와 최종 사용자 간의 거리에 따라 다르다. 시스템이 사용자 요청에 즉시 응답할 수 없는 경우 모든 시스템 자원을 계속 사용하고 상당한 요청 백로그를 누적해 전체 시스템 성능을 저하시키는 파급 효과가 있을 수 있다.

지연시간을 줄이려면 사용자의 위치와 환경을 시뮬레이션해 지연시간을 식별해야 한다. 조사 결과에 따라 네트워크 대기 시간을 줄이고자 서버의 물리적 위치와 캐싱 메커니즘을 설계해야 한다. 그런데 애플리케이션에 대한 네트워크 솔루션 선택은 네트워킹 속도, 처리량, 네트워크 대기 시간 요구 사항에 따라 다르다. 글로벌 사용자 기반을 처리하는 애플리케이션은 고객과의 빠른 연결이 필요하며 위치가 중요한 역할을 한다. CDN에서 제공하는 엣지 로케이션은 콘텐츠를 현지화하고 전체 지연시간을 줄이는 데 도움이 된다.

6장의 '캐시 기반 아키텍처 구축' 절에서 CDN을 이용해 사용자 위치 근처에 데이터를 배치하는 방법을 살펴봤다. 다양한 엣지 로케이션과 함께 사용할 수 있는 다양한 CDN 솔루션이 있다. 애플리케이션이 정적 콘텐츠가 많고 최종 사용자에게 대용량 이미지와 동영상 콘텐츠를 제공해야 하는 경우 CDN을 사용할 수 있다. 가장 널리 사용되는 CDN 솔루션에는 Akamai, Cloudflare, AWS 클라우드가 제공하는 Amazon CloudFront가 있다. 애플리케이션이 전 세계적으로 배포되는 경우 짧은 지연시간을 달성하기 위한 몇 가지 DNS 라우팅 전략을 살펴보자.

DNS 라우팅 전략 정의

전 세계에 도달하고자 애플리케이션을 여러 지리적 지역에 배포할 수 있다. 사용자 요청 라우팅과 관련해 애플리케이션의 빠른 응답을 위해 가장 가깝고 가장 빠른 사용 가능한 서버로 요청을 라우팅하려고 한다. DNS 라우터는 도메인 이름과 IP 주소 간의 매핑을 제공한다. 이를 통해 사용자가 도메인 이름을 입력할 때 올바른 서버에서 요청이 제공되게 한다. 예를 들어 브라우저에 amazon.com을 입력해 쇼핑을 하면 요청이 항상 AWS의 DNS 서비스로 라우팅이 된다.

퍼블릭 클라우드인 AWS는 Amazon Route 53이라는 DNS 서비스를 제공하며, 여기에서 애플리케이션의 요구 사항에 따라 다른 종류의 라우팅 정책을 정의할 수 있다. Amazon Route 53은 도메인 관리 및 영역 APEX 지원을 단순화하는 DNS 서비스를 제공한다. 다음은 가장 많이 사용되는 라우팅 정책이다.

- **단순 라우팅 정책**Simple routing policy: 이름에서 알 수 있듯 가장 간단한 라우팅 정책이며 복잡하지 않다. 트래픽을 단일 자원, 예를 들어 특정 웹 사이트의 콘텐츠를 제공하는 웹 서버로 라우팅하는 것이 좋다.
- **장애 조치 라우팅 정책**Failover routing policy: 이 라우팅 정책에서는 액티브-패시브 장애 조치를 구성해 고가용성을 달성한다. 애플리케이션이 한 지역에서 다운되면 모든 트래픽이 자동으로 다른 지역으로 라우팅될 수 있다.
- **지리적 위치 라우팅 정책**Geolocation routing policy: 사용자가 특정 위치에 속한 경우 지리적 위치 정책을 사용할 수 있다. 지리적 위치 라우팅 정책은 트래픽을 특정

지역으로 라우팅하는 데 도움이 된다.

- **지리적 근접 라우팅 정책**Geoproximity routing policy: 이것은 지리적 위치 정책과 비슷하지만 필요할 때 트래픽을 근처의 다른 위치로 이동할 수 있는 옵션이 있다.
- **지연시간 라우팅 정책**Latency routing policy: 애플리케이션이 여러 지역에서 실행되는 경우 지연시간 정책을 이용해 가장 낮은 지연시간을 달성할 수 있는 지역으로 트래픽을 처리할 수 있다.
- **가중치 기반 라우팅 정책**Weighted routing policy: A/B 테스트에 사용되며, 한 지역에 일정량의 트래픽을 보내고 시도가 점점 더 성공적으로 입증됨에 따라 이 트래픽을 늘리게 된다.

게다가 Amazon Route 53은 DNS 쿼리의 소스와 볼륨에서 이상을 감지하고 신뢰할 수 있는 사용자의 요청에 우선순위를 지정할 수 있다. 또한 DDoS 공격으로부터 애플리케이션을 보호한다. 트래픽이 DNS 서버를 통과하면 대부분의 경우 다음은 로드 밸런서가 돼 서버 클러스터 간에 트래픽을 분산한다. 로드 밸런서를 더 자세히 알아보자.

로드 밸런서 구현

로드 밸런서는 서버 전체에 네트워크 트래픽을 분산해 동시성, 안정성, 애플리케이션 지연시간을 개선한다. 로드 밸런서는 물리적 로드 밸런서일 수도 있고 가상 로드 밸런서일 수도 있다. 애플리케이션의 요구 사항에 따라 로드 밸런서를 선택하는 것이 좋다. 일반적으로 애플리케이션에서는 두 가지 유형의 로드 밸런서를 사용할 수 있다.

- **L4 또는 네트워크 로드 밸런서**: L4 로드 밸런싱은 패킷 헤더의 정보(예, 소스/대상 IP 주소 및 포트)를 기반으로 패킷을 라우팅한다. L4 로드 밸런싱은 패킷의 내용을 검사하지 않으므로 컴퓨팅 집약도가 낮고 더 빠르다. 네트워크 로드 밸런서는

초당 수백만 개의 요청을 처리할 수 있다.

- **L7 또는 애플리케이션 로드 밸런서:** L7 로드 밸런싱은 패킷의 전체 내용을 기반으로 패킷을 검사하고 라우팅한다. L7은 HTTP 요청과 함께 사용된다. 라우팅을 결정하려면 HTTP 헤더, URI 경로, 콘텐츠 유형과 같은 요소들을 사용한다. 좀 더 강력한 라우팅 규칙을 허용하지만 패킷을 라우팅하는 데 더 많은 계산 시간이 필요하다. 애플리케이션 로드 밸런서는 고유한 포트 번호를 기반으로 클러스터의 컨테이너로 요청을 라우팅할 수 있다.

환경에 따라 F5 로드 밸런서 또는 시스코^Cisco^ 로드 밸런서와 같은 하드웨어 기반 로드 밸런서를 선택할 수 있다. 또한 엔진엑스^Nginx^와 같은 소프트웨어 기반 로드 밸런서를 선택할 수도 있다.

퍼블릭 클라우드 업체인 AWS는 Amazon ELB^Elastic Load Balancing^라는 관리형 가상 로드 밸런서를 지원한다. ELB는 L7에서는 애플리케이션 로드 밸런서로, L4에서는 네트워크 로드 밸런서로 동작한다.

로드 밸런서는 애플리케이션을 보호하는 탁월한 방법으로 정상적인 인스턴스에 요청을 보내 가용성을 높인다. 오토스케일링과 함께 동작해 필요에 따라 인스턴스를 추가하거나 제거한다. 오토스케일링을 살펴보고 애플리케이션의 전체 성능과 고가용성을 개선하는 데 어떻게 도움이 되는지 알아보자.

오토스케일링 적용

4장에서 오토스케일링을 살펴봤다. '성능을 위한 설계' 절에서 예측적 오토스케일링과 반응적 오토스케일링을 살펴봤다. 오토스케일링의 개념은 클라우드 컴퓨팅 플랫폼이 제공하는 민첩성과 함께 대중화됐다. 클라우드 인프라를 사용하면 사용자 또는 자원 수요에 따라 서버 집합을 빠르게 확장하거나 축소할 수 있다.

AWS와 같은 퍼블릭 클라우드 플랫폼을 사용하면 아키텍처의 모든 계층에 오토스케일링을 적용할 수 있다. 프레젠테이션 계층과 서버의 메모리와 CPU 사용률을 기반으로 하는 애플리케이션 계층의 요청에 따라 웹 서버 집합을 확장할 수 있다. 서버 부하가 증가할 때의 트래픽 패턴을 알고 있으면 예약된 조정을 수행할 수도 있다. 데이터베이스 수준에서 오토스케일링은 Amazon Aurora Serverless 및 마이크로소프트 애저 SQL 데이터베이스와 같은 관계형 데이터베이스에 사용할 수 있다. Amazon DynamoDB와 같은 NoSQL 데이터베이스는 처리 용량에 따라 자동 확장될 수 있다.

오토스케일링 시 원하는 서버 인스턴스의 수를 정의해야 한다. 애플리케이션의 확장 요구 사항에 따라 최대 및 최소 서버 용량을 결정해야 한다. 다음 스크린샷은 AWS 클라우드의 오토스케일링 구성을 보여준다.

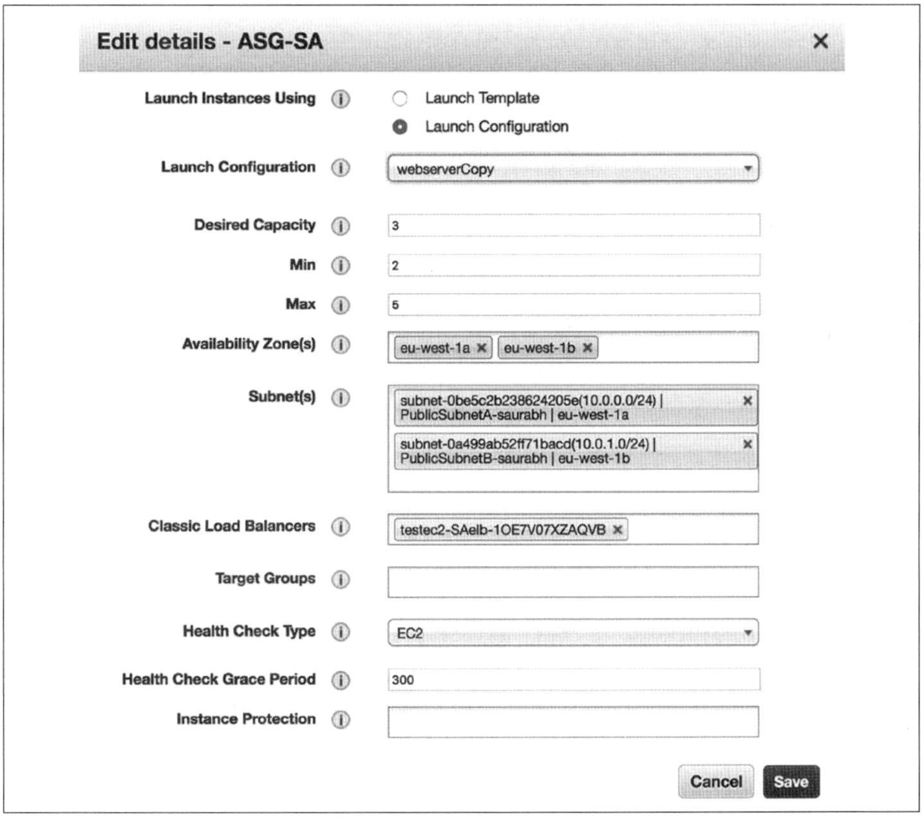

그림 7.7: 오토스케일링 구성

앞의 오토스케일링 구성 설정에서 3개의 웹 서버 인스턴스가 실행 중인 경우 서버의 CPU 사용률이 50%를 초과하면 최대 5개의 인스턴스로 확장할 수 있고, CPU 사용률이 20% 미만이면 2개의 인스턴스로 축소할 수 있게 구성했다. 비정상 인스턴스가 있는 경우는 기본 시나리오에서 원하는 용량 이하로 내려간다. 이러한 경우 로드 밸런서는 인스턴스 상태를 모니터링하고 오토스케일링을 통해 새 인스턴스를 제공한다. 로드 밸런서는 인스턴스 상태를 모니터링하고 오토스케일링을 트리거해 필요에 따라 새 인스턴스를 프로비저닝한다.

오토스케일링은 훌륭한 기능이지만 CPU 사용량 변경 비용을 제한하도록 구성을 설정해야 한다. DDoS^Distributed Denial of Service^ 공격으로 예상치 못한 트래픽이 발생하는 경우 오토스케일링으로 인해 비용이 크게 증가할 수 있다. 시스템 보호를 위해 이러한 종류의 이벤트에 대비해야 한다. 자세한 내용은 8장에서 살펴본다.

인스턴스 기반으로 제조 시뮬레이션이나 인간 DNA 분석을 수행하려면 **고성능 컴퓨팅**^HPC, High-Performance Computing^이 필요하다. HPC는 클러스터 노드 간의 데이터 전송 지연시간을 줄이고자 동일한 네트워크의 모든 인스턴스를 서로 가깝게 배치할 때 잘 수행된다. 따라서 데이터 센터나 클라우드 간에 추가 성능 이점을 제공할 수 있도록 사설 네트워크를 사용하게 구성할 수 있다. 예를 들어 데이터 센터를 AWS 클라우드에 연결하고자 Amazon Direct Connect를 사용할 수 있다. Direct Connect는 인터넷을 통해 데이터를 전송하는 것보다 네트워크 지연시간이 훨씬 짧은 최대 100Gbps 프라이빗 광통신 회선을 제공한다.

이 절에서는 애플리케이션 성능을 개선하는 데 도움이 될 수 있는 다양한 네트워킹 구성 요소를 살펴봤다. 사용자 위치와 애플리케이션 요구에 따라 애플리케이션 네트워크 트래픽을 최적화할 수 있다. 성능 모니터링은 애플리케이션의 필수 부분이며 고객 경험을 개선하고자 사전 모니터링을 수행해야 한다. 성능 모니터링을 자세히 알아보자.

성능 모니터링의 관리

성능 문제를 이해하고 최종 사용자에게 미치는 영향을 사전에 줄이려는 경우는 성능 모니터링이 필수적이다. 성능 기준을 정의하고 임겟값을 초과하는 경우 팀에 경보를 발생시켜야 한다. 예를 들어 애플리케이션의 모바일 앱 로드 시간이 3초를 넘지 않아야 한다. 그리고 경보는 성능이 좋지 않은 구성 요소를 처리하고자 자동화된 작업을 트리거할 수 있어야 한다. 예를 들어 요청 부하를 줄이고자 웹 애플리케이션 클러스터에 더 많은 노드를 추가할 수 있어야 한다.

애플리케이션 성능과 전체 인프라를 측정하는 데 사용할 수 있는 여러 가지 모니터링 도구가 있다.

Splunk 또는 AWS에서 제공하는 Amazon CloudWatch와 같은 서드파티 도구를 사용해 모든 애플리케이션을 모니터링할 수 있다. 모니터링 솔루션은 액티브 모니터링과 패시브 모니터링 솔루션으로 분류할 수 있다.

- 액티브 모니터링active monitoring을 사용하면 사용자 활동을 시뮬레이션하고 성능 차이를 미리 식별해야 한다. 애플리케이션 데이터와 워크로드 상황은 지속적으로 변화하므로 지속적인 사전 모니터링이 필요하다. 액티브 모니터링은 사용자 경험을 복제하고자 알려진 가능한 시나리오를 실행할 때 패시브 모니터링과 함께 동작한다. 모든 개발, 테스트, 운영 환경에서 액티브 모니터링을 적용해 사용자가 인지하기 전에 문제를 파악해야 한다.
- 패시브 모니터링passive monitoring은 실시간으로 알려지지 않은 패턴을 식별하려고 한다. 웹 기반 애플리케이션의 경우 패시브 모니터링은 성능 문제를 일으킬 수 있는 브라우저에서의 필수 지표들을 수집해야 한다. 사용자 경험과 애플리케이션의 지리적 성능을 이해하고자 사용자의 지리적 위치, 브라우저 유형, 디바이스 유형과 관련된 지표들을 수집할 수 있다. 모니터링은 모든 데이터에 관한 것이며 여기에는 많은 데이터의 수집, 처리, 시각화가 포함된다.

성능에는 항상 비용이 따르며 솔루션 아키텍트로서 올바른 접근 방식을 취하려면 절충 사항을 생각해야 한다. 예를 들어 작업표 및 HR 프로그램과 같은 조직의 내부 애플리케이션은 전자상거래 애플리케이션과 같은 외부 제품만큼 고성능이 필요하지 않을 수 있다. 예를 들어 금융 트레이딩을 다루는 애플리케이션은 매우 높은 성능이 필요한데, 더 많은 투자가 필요하다. 애플리케이션의 요구 사항에 따라 내구성, 일관성, 비용, 성능의 균형을 맞출 수 있다. 8장에서 다양한 모니터링 방법과 도구에 대해 계속 알아보고 9장에서 모니터링과 경보에 대해 자세히 알아본다.

성능 추적과 개선은 많은 데이터를 수집하고 패턴을 분석해야 하는 복잡한 작업이다. 액세스 패턴은 성능 최적화를 위한 올바른 선택을 하는 데 도움이 된다. 부하 테스트는 사용자 부하를 시뮬레이션해 애플리케이션 구성을 조정할 수 있고 애플리케이션 아키텍처에 대한 올바른 결정을 내리기 위한 데이터를 제공하는 한 가지 방법이다. 액티브 모니터링과 함께 패시브 모니터링을 적용하면 애플리케이션의 일관된 성능을 유지하는 데 도움이 된다.

요약

7장에서는 애플리케이션의 성능에 영향을 미치는 다양한 아키텍처 설계 원칙을 살펴봤다. 서로 다른 아키텍처 계층에서의 지연시간과 처리량을 살펴봤고 서로 어떻게 관련되는지 살펴봤다.

고성능 애플리케이션의 경우 모든 아키텍처 계층에서 지연시간이 짧고 처리량이 높아야 한다. 동시성은 많은 요청을 처리하는 데 도움이 된다. 또한 병렬 처리와 동시성의 차이점을 살펴봤고 캐싱이 전체 애플리케이션 성능을 개선하는 데 어떻게 도움이 되는지를 다뤘다. 그리고 원하는 애플리케이션 성능을 달성하는 데 도움이 될 수 있는 기술 및 작업 모델을 선택하는 방법을 살펴봤다. 컴퓨팅 옵션을 살펴보면서 서버 인스턴스를 선택할 때 올바른 선택을 하는 데 도움이 되는 다양한 프로세서 유형과 차이점을 알아봤다. 컨테이너를 알아보고 자원을 효율적으로 활용하는 동시에 성능을 개선하는 데 도움이 되는 방법을 살펴봤다. 또한 도커와 쿠버네티스가 서로 잘 작동하고 아키텍처에 최적화되도록 구성하는 방법도 알아봤다.

'스토리지의 선택' 절에서 블록, 파일, 오브젝트 스토리지와 같은 다양한 스토리지 유형과 차이점을 살펴봤다. 또한 온프레미스와 클라우드 환경에서 사용할 수 있는 스토리지 선택 사항도 살펴봤다. 스토리지 선택은 여러 요인에 따라 다르며, RAID 구성에 여러 볼륨을 배치해 디스크 스토리지 내구성과 처리량을 향상시킬 수 있다.

'데이터베이스의 선택' 절에서는 관계형, 비관계형, 데이터 웨어하우스, 데이터 검색 등의 다양한 데이터베이스 유형을 살펴봤다. 네트워크 선택을 살펴보면서 전 세계에 분산된 사용자의 네트워크 지연시간을 개선하는 데 도움이 될 수 있는 다양한 라우팅 전략을 살펴봤다. 로드 밸런서와 오토스케일링이 애플리케이션 성능 저하 없이 많은 사용자 요청을 관리하는 데 어떻게 도움이 되는지도 살펴봤다.

8장에서는 인증과 권한 부여를 적용해 애플리케이션을 보호하는 방법을 알아본다. 저장과 전송 중인 데이터와 애플리케이션을 다양한 위협과 공격으로부터 보호하는 방법도 살펴본다. 또한 규정 준수 요구 사항과 애플리케이션을 설계할 때 이를 충족하는 방법도 살펴본다. 보안 감사, 경고, 모니터링, 자동화에 대한 세부 정보를 알아본다.

08

보안 고려 사항

보안은 항상 아키텍처 설계의 중심에 있다. 많은 기업은 고객 데이터가 유출될 때 보안 침해로 인한 재정적 손실을 입는다. 이때 조직은 고객의 신뢰뿐만 아니라 전체 비즈니스도 잃을 수 있다. 애플리케이션을 안전하게 보호하고 고객의 민감한 데이터를 보호하고자 많은 산업 표준 준수 및 규정들이 있다. 7장에서 아키텍처에 대한 다양한 성능 향상 측면과 기술 선택을 살펴봤다. 8장에서는 애플리케이션을 보호하고 업계 표준 규정을 준수하는지 확인하기 위한 모범 사례를 살펴본다.

보안은 인프라스트럭처의 경계를 통과하지 못하게 하는 것만이 아니다. 다양한 환경과 구성 요소들이 서로 간에 보호되는지 확인하는 것이다. 예를 들어 서버에서 트래픽을 송수신할 수 있는 인스턴스의 포트를 결정할 수 있도록 방화벽을 설정하는 것이다. 방화벽을 통한 보안을 구성하면 한 인스턴스의 보안 위협이 환경 내의 다른 인스턴스로 확산되지 않게 할 수 있다. 데이터 및 애플리케이션과 같은 다른 서비스에 대해서도 유사한 예방 조치가 필요하다. 보안 모범 사례를 구현하는 구체적인 방법은 8장 전반에 걸쳐 다룬다.

8장에서 다루는 내용은 다음과 같다.

- 아키텍처 보안을 위한 설계 원칙
- 아키텍처 보안을 위한 기술 선택
- 보안과 규정 준수 인증
- 클라우드의 공유 보안 책임 모델

솔루션 아키텍처를 보호하는 데 적용할 수 있는 다양한 설계 원칙을 살펴보자. 보안은 모든 계층과 아키텍처의 모든 구성 요소에 적용돼야 한다. 모든 계층에서 아키텍처의 보안을 보장하고자 선택할 올바른 기술을 이해하게 될 것이다.

아키텍처 보안을 위한 설계 원칙

보안은 시스템과 정보를 보호하는 동시에 고객에게 비즈니스 가치를 제공할 수 있는 능력에 관한 것이다. 비즈니스의 지속적인 운영을 위해 보안 위험 평가를 수행하고 위험 완화 전략을 계획해야 한다. 다음 절에서는 아키텍처 보안을 강화하는 데 도움이 되는 표준 설계 원칙을 알아본다.

인증과 권한 부여 구현

인증의 목적은 사용자가 제공된 사용자 ID와 암호 자격증명을 사용해 시스템에 액세스할 수 있는지 여부를 결정하는 것이고, 권한 부여는 사용자가 시스템 내부에 있을 때 수행할 수 있는 작업들을 결정하는 것이다. 사용자의 인증과 권한 부여를 관리하기 위한 중앙 집중식 시스템을 만들어야 한다.

중앙 집중식 사용자 관리 시스템은 사용자의 활동을 추적하는 데 도움이 되므로 사용자가 시스템의 외부에서 활동하는 경우는 이를 비활성화할 수 있다. 새 사용자가 시작하고 비활성 사용자에 대한 액세스를 제거하는 것은 표준 규칙을 정의해야 할 수 있다. 중앙 집중식 시스템은 장기 자격증명에 대한 의존을 없애고 암호 교체 및 복잡성 강제와 같은 다른 보안 방법을 구성할 수 있게 한다.

권한 부여를 위해서는 최소 권한 원칙부터 시작해야 한다. 즉, 사용자는 처음에는 액세스 권한이 없어야 하며 작업 역할에 따라 필요한 액세스 유형만이 할당된다. 작업 역할에 따라 액세스 그룹을 생성하면 한 곳에서 권한 정책을 관리하고 많은 사용자에게 권한 제한을 적용하는 데 도움이 된다. 예를 들어 개발 팀이 개발 환경에 대한 전체 액세스 권한과 운영 환경에 대한 읽기 전용 액세스 권한만을 갖도록 제한할 수 있다. 새로운 개발자가 합류하면 모든 권한 정책이 중앙에서 관리되는 이 개발 그룹에 추가될 수 있다.

중앙 집중식 사용자 시스템에서 **싱글 사인온**SSO, Single Sign-On을 활성화하면 사용자 기반에 대해 여러 암호를 기억하는 번거로움을 줄이고 암호 유출 위험을 제거하는 데 도움이 된다.

대규모 조직에서는 직원 인증과 권한 부여를 위해 **액티브 디렉터리**AD, Active Directory와 같은 중앙 집중식 사용자 관리 도구를 사용해 HR 시스템, 경비 시스템, 작업표 애플리케이션 등과 같은 내부 엔터프라이즈 애플리케이션에 대한 액세스를 제공한다.

전자상거래 및 소셜 미디어 웹 사이트와 같은 고객 대면 애플리케이션에서 OpenID 인증 시스템을 사용해 중앙 집중식 시스템을 관리할 수 있다. 이 장의 'OAuth와 OpenID 커넥트' 절에서 대규모 사용자 관리 도구를 더 자세히 알아보자.

모든 곳에서 보안 적용

때로 조직은 데이터 센터의 물리적 안전을 보장하고 외부 네트워킹 계층을 공격으로부터 보호하는 데 중점을 둬야 한다. 단일 외부 계층에만 초점을 맞추는 대신 애플리케이션의 모든 계층에 보안이 적용되는지 확인해야 한다.

심층 방어 DiD, Defence-in-Depth 접근 방식을 적용하고 애플리케이션의 다양한 계층에 보안을 적용해야 한다. 예를 들어 웹 애플리케이션은 EDGE(Enhanced Data Rates for Global Evolution) 네트워크와 DNS(Domain Name System) 라우팅을 보호해 외부 인터넷 트래픽으로부터 보호돼야 한다. 로드 밸런서와 네트워크 계층에 보안을 적용해 악의적인 트래픽을 차단할 수 있다.

웹 애플리케이션 및 데이터베이스 계층에서 필요한 수신 및 발신 트래픽만 허용해 애플리케이션의 모든 인스턴스를 보호해야 한다. 바이러스 백신 소프트웨어로 운영체제를 보호해 악성 프로그램 공격으로부터 보호한다. 다양한 종류의 공격으로부터 애플리케이션을 보호하고자 트래픽 흐름과 **웹 애플리케이션 방화벽**(WAF, Web Application Firewall) 앞에 **침입 탐지 시스템**(IDS, Intrusion Detection System)과 **침입 방지 시스템**(IPS, Intrusion Protection System)을 배치해 사전 예방과 사후 보호 조치를 모두 적용해야 한다. 이 장의 '아키텍처 보안을 위한 기술 선택' 절에서 사용할 수 있는 다양한 보안 도구를 자세히 살펴본다.

폭발 반경 줄이기

모든 계층에 보안 조치를 적용하는 한편 폭발 반경을 줄이고자 시스템을 항상 작은 범위로 격리해야 한다. 공격자가 시스템의 한 부분에 액세스하는 경우 보안 침해를 애플리케이션의 가능한 한 가장 작은 범위로 제한할 수 있어야 한다. 예를 들어 웹 애플리케이션에서 로드 밸런서는 인터넷과 연결되므로 아키텍처의 다른 계층과 별도의 네트워크에 유지해야 한다. 또한 웹, 애플리케이션, 데이터베이스 계층에서 네트워크 분리를 적용한다. 이때 한 계층에서 공격이 발생하더라도 아키텍처의 다른 계층으로 확장되지 않게 된다.

동일한 원칙이 권한 부여 시스템에도 적용돼 사용자에게 최소 권한만을 부여하고 필요한 최소 액세스 권한만 제공한다. **다중 요소 인증**(MFA, Multi-Factor Authentication)을 구현해 사용자 액세스에 위반이 있더라도 공격자가 시스템에 침입하려면 항상 두 번째 수준의 인증이 필요해야 한다.

전체 시스템을 노출하지 않게 최소한의 액세스를 제공하고 액세스가 계속해서 열려 있지 않도록 임시 자격증명을 제공해야 한다. 잦은 키 순환과 함께 보안 토큰을 사용해 프로그래밍 방식의 액세스를 제공할 때 주의해야 한다.

항상 모든 것의 모니터링과 감사

시스템의 모든 활동에 대해 로깅 메커니즘을 구현하고 정기적인 감사를 수행해야 한다. 다양한 산업 준수 규정에서 감사 기능이 필요한 경우가 많다. 모든 트랜잭션과 각 API 호출을 포함해 모든 구성 요소에서 로그를 수집해 중앙 집중식 모니터링을 수행한다. 아무도 조작할 수 없게 중앙 집중식 로깅 계정에 대한 보안 수준과 액세스 제한을 추가하는 것이 좋다.

사전 예방적 접근 방식을 취하고 사용자가 영향을 받기 전에 모든 사고를 처리할 수 있는 경고 기능을 갖춰야 한다. 중앙 집중식 모니터링이 포함된 경고 기능은 신속한 조치를 취하고 모든 사고를 완화하는 데 도움이 된다. 모든 사용자 활동과 애플리케이션 계정을 모니터링해 보안 위반을 제한한다.

모든 것을 자동화

자동화는 보안 규칙 위반에 대한 신속한 완화를 하는 데 필수적이다. 자동화를 이용해 원하는 구성에 대한 변경 사항을 되돌리고 보안 팀에 경고를 할 수 있다. 예를 들어 누군가가 시스템에 관리자 권한을 가진 사용자를 추가하고 방화벽에 무단으로 포트나 IP 주소를 추가한 경우를 들 수 있다. 자동화를 적용해 시스템에서 이러한 원하지 않는 변경 사항을 제거할 수 있다. 보안 시스템에 자동화를 적용하는 것은 데브섹옵스의 개념으로 알려져 있다. 데브섹옵스는 애플리케이션 개발과 운영의 모든 부분에 보안을 추가하는 것이다. 12장에서 데브섹옵스를 자세히 알아본다.

보안 아키텍처를 만들고 코드로 정의와 관리되는 보안 제어를 구현해야 한다. 보안을 코드 템플릿으로 버전 제어하고 필요에 따라 변경 사항을 분석할 수 있다. 소프트웨어 코드로 자동화된 보안 메커니즘은 비용 효율적인 방식으로 보안 작업을 좀 더 신속하게 확장하는 데 도움이 된다.

데이터 보호

데이터는 아키텍처의 중심에 있으며 이를 보호하는 것은 필수적이다. 대부분의 규정 준수 규정은 고객 데이터와 신원을 보호하기 위한 것이다. 또한 대부분의 공격은 사용자 데이터를 탈취할 의도를 갖고 있다. 민감도 수준에 따라 데이터를 분류하고 그에 따라 보호해야 한다. 예를 들어 고객 신용카드 정보는 가장 민감한 데이터이며 최대한 주의해서 다뤄야 한다. 그런데 카드 번호는 민감한 정보인 반면 고객의 이름은 그렇게 민감하지 않을 수 있다.

데이터에 직접 액세스할 필요성을 최소화하는 메커니즘과 도구를 만들어야 한다. 특히 민감한 데이터를 처리할 때 인적 오류를 제거하는 도구 기반의 자동화를 적용해 데이터를 수동으로 처리하지 않아야 한다. 데이터 손실이나 데이터 수정의 위험을 줄이고자 가능한 모든 데이터에 액세스 제한을 적용한다.

데이터 민감도를 분류하면 적절한 암호화, 토큰화, 접근 제어를 사용해 데이터를 보호할 수 있다. 네트워크를 통해 전송할 때 데이터는 저장 중일 때뿐만 아니라 이동 중인 데이터도 보호해야 한다. 이 장의 '데이터 보안' 절에서 데이터를 보호하는 다양한 메커니즘을 알아보자.

보안 사고 대응

보안 사고에 대비해야 하고 조직의 정책 요구 사항에 따라 사고 관리 프로세스를 만들어야 한다. 사고 관리는 조직마다 애플리케이션마다 다를 수 있다. 예를 들어 애플리케이션이 고객의 개인 식별 정보[PII, Personal Identifiable Information]를 처리하는 경우 사고 대응에서 좀 더 엄격한 보안 조치가 필요하다. 그러나 애플리케이션이 재고 관리 애플리케이션과 같이 소량의 민감한 데이터를 처리하는 경우에는 다른 접근 방식을 사용할 수 있다.

사고 대응을 시뮬레이션해 보안 팀이 어떤 상황에서 어떻게 대응하고 있는지 확인해야 한다. 팀은 모든 보안 이벤트에 대한 탐지, 조사, 대응 속도를 높이고자 자동화 도구를 사용해야 한다. 이러한 사고가 다시 발생하지 않게 **근본 원인 분석**RCA, Root Cause Analysis을 수행하고 경고, 모니터링, 감사 메커니즘을 설정해야 한다.

이 절에서는 애플리케이션 보안을 위해 아키텍처에 적용할 일반 보안 원칙들을 살펴봤다. 다음 절에서는 다양한 도구와 기술을 사용해 이러한 원칙을 적용하는 방법을 살펴본다.

아키텍처 보안을 위한 기술 선택

앞 절에서는 아키텍처 설계를 하는 동안 고려해야 할 애플리케이션 보안의 일반적인 규칙에 초점을 뒀지만 문제는 구현 중에 애플리케이션을 안전하게 만들고자 이러한 규칙을 어떻게 적용할 수 있는지 여부다. 애플리케이션의 보안을 유지하고자 애플리케이션의 각 계층에 사용할 수 있는 다양한 도구와 기술이 있다. 이 절에서는 사용자 관리와 웹, 인프라와 애플리케이션 데이터 보호 영역에 적용할 여러 기술 선택을 자세히 알아본다. 첫 번째 영역인 사용자 ID와 액세스 관리부터 시작해보자.

사용자 ID와 액세스 관리

사용자 ID와 액세스 관리는 정보 보안의 중요한 부분이다. 인증되고 승인된 사용자만 정해진 규칙에 따라 시스템 자원에 액세스할 수 있는지 확인해야 한다. 조직과 솔루션 선택이 증가함에 따라 사용자 관리는 어려운 작업이 될 수 있다. 사용자 액세스 관리는 조직의 직원, 공급업체, 고객에 대한 액세스를 차별화하고 관리해야 한다.

기업이나 사용자는 조직의 직원, 계약자 또는 공급업체가 될 수 있다. 이들은 애플리케이션을 개발, 테스트, 배포할 수 있는 특별한 권한을 가진 사용자다. 그 외에도 일상 업무를 수행하고자 다른 기업 시스템(예, ERP, 급여 시스템, HR 시스템, 작업표 애플리케이션 등)에 액세스해야 한다. 조직이 성장함에 따라 사용자 수도 수백 명에서 수천 명으로 늘어날 수 있다.

최종 사용자는 애플리케이션을 사용하고 원하는 기능을 탐색하고 활용하고자 최소한의 액세스 권한을 가진 사용자다(예, 게임 애플리케이션 플레이어, 소셜 미디어 애플리케이션 사용자 또는 전자상거래 웹 사이트 고객). 이러한 사용자의 수는 제품이나 애플리케이션의 인기가 높아짐에 따라 수천에서 수백만에 이를 수 있다. 하지만 사용자 수가 기하급수적으로 증가해 문제가 생길 수도 있다. 따라서 다양한 위협으로부터 애플리케이션을 보호하려면 외부에 연결된 인터넷 트래픽에 애플리케이션을 노출시킬 때 보안에 각별히 주의해야 한다.

먼저 기업 사용자 관리를 알아보자. 더 나은 사용자 관리를 위해 강력한 암호 생성, 암호 교체, MFA와 같은 보안 정책을 시행할 수 있는 중앙 집중식 관리가 필요하다. MFA를 사용하면 암호가 이미 손상된 경우라도 다른 사람의 신원을 확인할 수 있다. 인기 있는 MFA 제공업체로는 구글 Authenticator, Gemalto, YubiKey, RSA SecurID, Duo, 마이크로소프트 Authenticator 등이 있다.

사용자 액세스 관점에서 **역할 기반 인증**[RBA, Role-Based Access]은 사용자 관리를 단순화한다. 사용자의 역할에 따라 사용자 그룹을 생성하고 적절한 액세스 정책을 할당할 수 있다. 다음 그림에 표시된 대로 관리자, 개발자, 테스터라는 세 개의 그룹이 있으며 해당 액세스 정책이 개별 그룹에 적용된다. 예를 들어 관리자는 운영체제를 포함한 모든 시스템에 액세스할 수 있지만 개발자는 개발 환경에만 액세스할 수 있도록 제한되고 테스터는 테스트 환경에만 액세스할 수 있다.

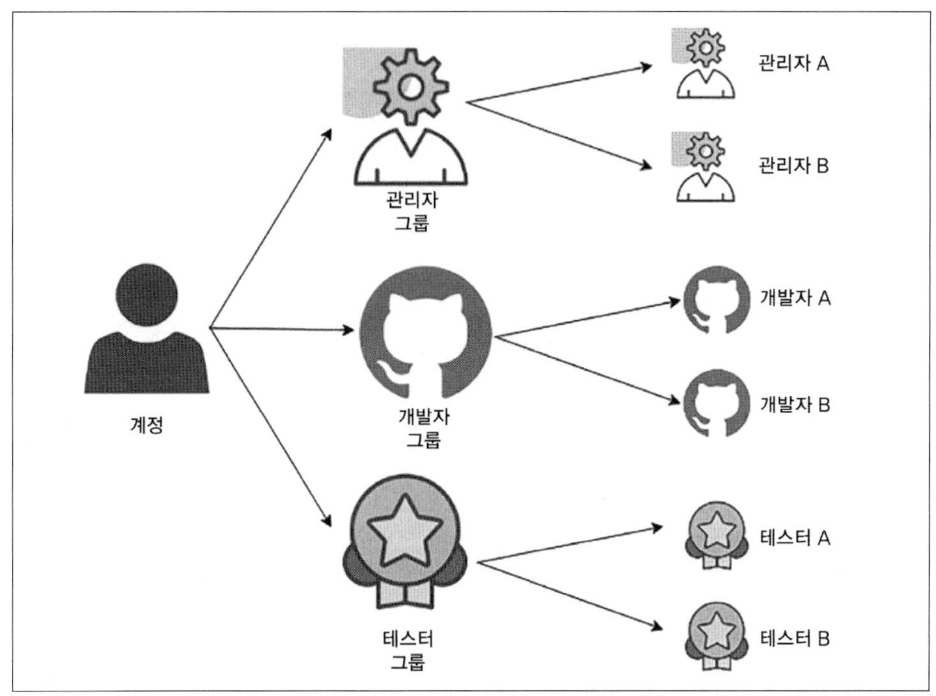

그림 8.1: 사용자 그룹 구성

그림과 같이 새로운 사용자가 팀에 합류하면 역할에 따라 적절한 그룹에 할당된다. 이러한 방식으로 각 사용자는 정의된 표준 액세스 집합을 갖는다. 또한 사용자 그룹은 새로운 개발 환경이 도입되고 모든 개발자가 해당 환경에 액세스해야 하는 경우 액세스를 업데이트하는 데 도움이 된다.

싱글 사인온SSO, Single Sign-On은 보안 실수를 줄이고 시스템을 자동화하는 데 도움이 되는 표준 프로세스다. SSO는 사용자에게 단일 사용자 ID와 암호를 사용해 다른 기업 시스템에 로그인할 수 있는 기능을 제공한다. **페더레이션된 ID 관리**FIM, Federated Identity Management를 통해 사용자는 사전 인증된 메커니즘으로 암호 없이 시스템에 액세스할 수 있다. 좀 더 자세한 내용을 살펴보자.

페더레이션된 ID 관리와 싱글 사인온

페더레이션된 ID 관리[FIM]는 사용자 정보가 타사 ID 제공자[IdP, Identity Provider]에 저장돼 있을 때 ID 관리 시스템에 연결하는 방법을 제공한다. FIM을 사용하면 사용자는 IdP에 인증 정보만 제공하고 IdP는 이미 서비스와 신뢰할 수 있는 관계를 갖고 있다. 다음 그림에 나와 있는 것처럼 사용자가 서비스에 액세스하고자 로그인하면 서비스 공급자는 사용자로부터 직접 자격증명을 가져오는 것이 아니라 IdP에서 자격증명을 가져온다.

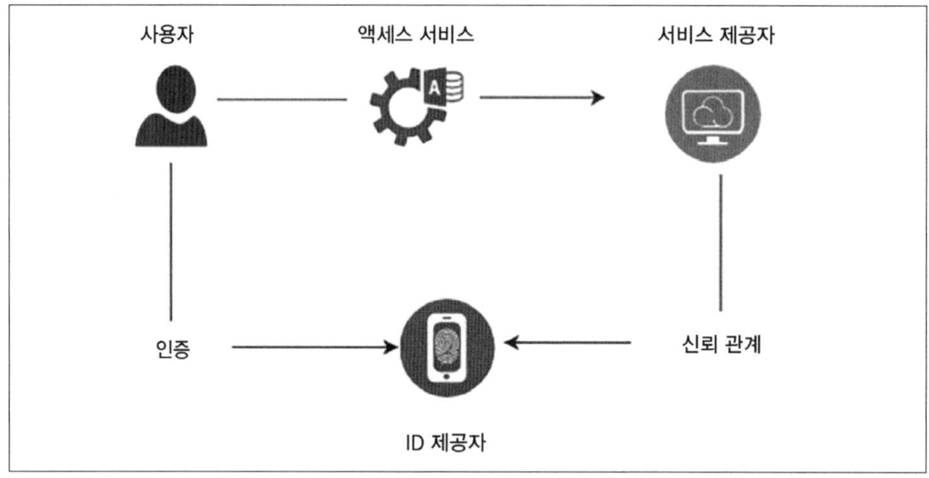

그림 8.2: FIM 인증 흐름

SSO를 사용하면 사용자가 여러 서비스에 액세스할 수 있는 싱글 사인온을 사용할 수 있다. 여기에서 서비스 제공자는 로그인하려는 환경(예, CRM 애플리케이션이나 클라우드 애플리케이션)을 대상으로 할 수 있다. IdP는 기업 AD가 될 수 있다. 페더레이션은 SSO와 유사하지만 암호 없이 인증을 허용한다. 페더레이션[Federation] 서버가 사용자를 알고 정보에 액세스할 수 있게 하기 때문이다.

FIM과 SSO를 구현하는 데 사용할 수 있는 다양한 기술이 있다. 사용할 수 있는 인기 있는 식별 및 액세스 관리[IAM, Identity and Access Manageme*]티켓 부여 서버[TGS, Ticket-Granting

Server의 두 가지로 구성된다.

커버로스는 데이터 스토리지에 각 클라이언트와 서버의 비밀 키를 저장하고 유지 관리한다. 통신하는 동안 두 시스템 간에 보안 세션을 설정하고 저장된 비밀 키로 식별한다. 다음 그림은 커버로스 인증 아키텍처를 보여준다.

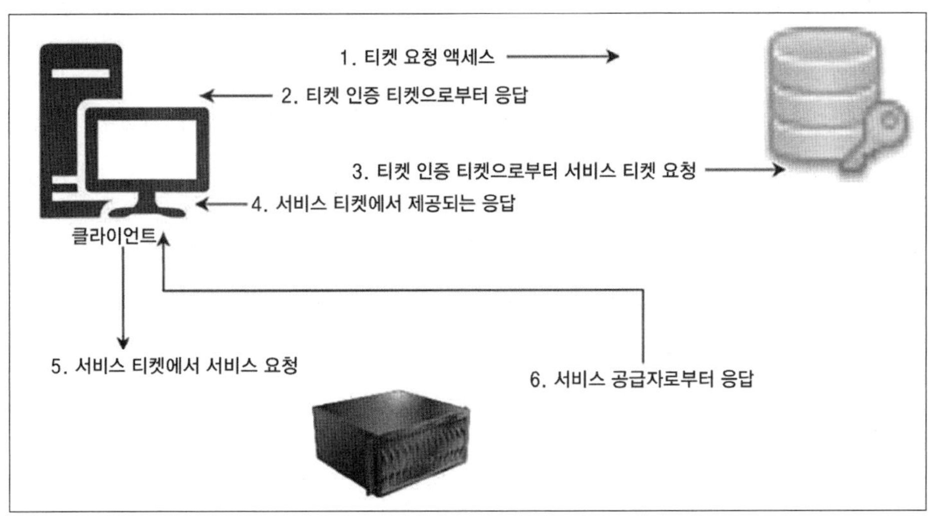

그림 8.3: 커버로스 인증

그림과 같이 서비스에 액세스하려면 다음과 같은 단계가 필요하다.

1. 클라이언트는 액세스 티켓 요청을 일반 텍스트 요청으로 AS에 보낸다. 이 요청에는 클라이언트 ID, TGS ID, IP 주소, 인증 시간이 포함된다.

2. AS는 당신의 정보가 KDC 데이터베이스에 있는지 확인한다. AS가 정보를 찾으면 클라이언트 요청과 TGS 간에 세션을 설정한다. 그런 다음 AS는 티켓 발급용 티켓TGT, Ticket-Granting Ticket과 TGS 세션 키로 클라이언트에 응답한다.

3. TGS 세션 키가 암호를 묻고 올바른 암호가 주어지면 클라이언트가 TGS 세션 키를 해독할 수 있다. 그러나 TGS 비밀 키를 사용할 수 없기 때문에 TGT를 해독할 수는 없다.

4. 클라이언트는 현재 TGT를 인증자와 함께 TGS로 보낸다. TGS에는 클라이언트 ID와 클라이언트가 액세스하려는 자원의 **서비스 사용자 이름**SPN, Service Principal Name과 함께 세션 키가 포함돼 있다.

5. TGS는 요청한 서비스 주소가 KDC 데이터베이스에 존재하는지 다시 확인한다. 확인이 되면 TSG는 TGT를 암호화하고 서비스에 대한 유효한 세션 키를 클라이언트에 보낸다.

6. 클라이언트는 세션 키를 서비스에 전달해 사용자에게 액세스 권한이 있음을 증명하고 서비스에서 액세스 권한을 부여한다.

커버로스는 매우 유용할 수 있지만 오픈소스 프로토콜이며 일반적으로 대기업은 AD와 같은 강력한 지원과 함께 더 많은 관리 소프트웨어를 사용하는 것을 선호한다. 가장 널리 사용되는 사용자 관리 도구 중 하나인 **경량 디렉터리 액세스 프로토콜**LDAP, Lightweight Directory Access Protocol을 기반으로 하는 마이크로소프트 AD의 작동 메커니즘을 살펴보자.

마이크로소프트 액티브 디렉터리

ADActive Directory는 사용자와 컴퓨터를 위해 마이크로소프트에서 개발한 ID 서비스다. AD에는 사용자 및 시스템 정보, 액세스 자격증명과 ID를 저장하는 **액티브 디렉터리 도메인 서비스**AD DS라고도 하는 도메인 컨트롤러가 있다. 다음 그림은 필요한 인증 프로세스의 간단한 흐름을 보여준다.

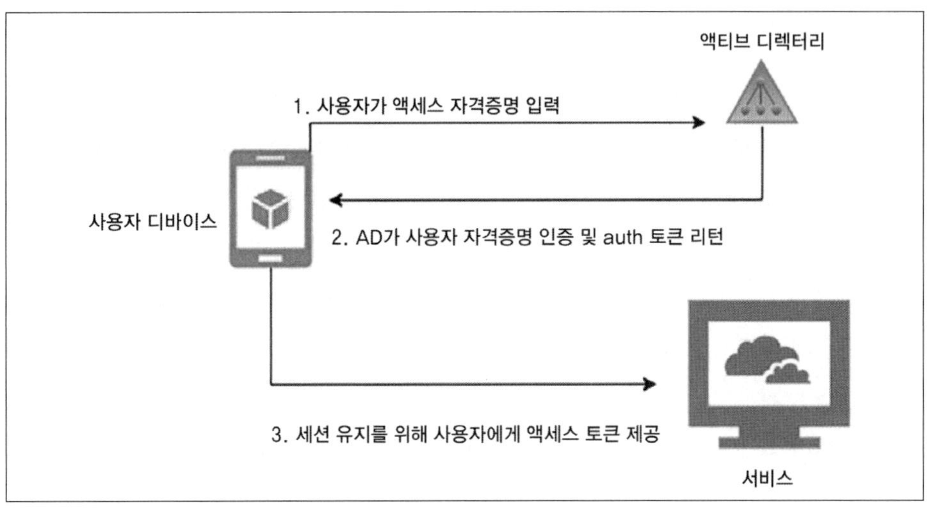

그림 8.4: AD 인증 흐름

그림에서 볼 수 있듯이 사용자 로그인은 AD나 도메인 네트워크의 자원에 의해 관리된다. 사용자는 먼저 자격증명과 함께 요청을 도메인 컨트롤러에 보내고 액티브 디렉터리 인증 라이브러리ADAL, Active Directory Authentication Library와 통신한다. ADAL은 사용자 자격증명을 확인하고 요청된 서비스에 대한 연속 세션과 함께 액세스 토큰을 다시 보낸다.

LDAP는 디렉터리에 저장된 정보의 트리와 같은 계층 구조를 처리하는 표준 프로토콜이다. 액티브 디렉터리 경량 디렉터리 서비스AD LDS, Active Directory Lightweight Directory Services는 사용자와 시스템 디렉터리에 대한 LDAP 인터페이스를 제공한다. 파일 암호화ㅇ와 네트워크 트래픽 암호화를 위해 액티브 디렉터리 인증 서비스AD CS, Active Directory Certificate Services는 주요 인프라 기능을 제공한다. 또한 액티브 디렉터리 페더레이션 서비스ADFS, Active Directory Federation Services는 많은 사용자를 위한 웹 앱 로그인과 같은 외부 자원에 대한 액세스 메커니즘을 제공한다.

많은 조직에서 클라우드 서비스를 사용하기 시작했으므로 AWS 클라우드에서 제공하는 액티브 디렉터리 서비스를 알아보자.

AWS Directory Service

AWS[Amazon Web Services] Directory Service는 계정의 AWS 자원을 AD와 같은 기존 온프레미스 사용자 관리 도구와 연결하는 데 도움이 된다. AWS Directory Service는 온프레미스 디렉터리에 대한 보안 연결을 용이하게 한다. 연결을 설정한 후 모든 사용자는 기존 자격증명을 사용해 클라우드 자원과 온프레미스 애플리케이션에 액세스할 수 있다. AWS AD 커넥터는 기존 마이크로소프트 AD를 AWS 클라우드에 연결하는 데 도움이 되는 또 다른 서비스다. 별도의 디렉터리 동기화 도구는 필요 없다. AD 연결을 설정한 후 사용자는 기존 자격증명을 활용해 AWS 애플리케이션에 로그인할 수 있다. 관리자는 AWS IAM을 사용해 AWS 자원을 관리할 수 있다.

AD 커넥터는 YubiKey, Gemalto 토큰, RSA 토큰 등과 같은 기존 MFA 인프라와 통합해 MFA를 활성화하는 데 도움이 된다. 소규모 사용자 기반(사용자 5,000명 미만)을 위해 AWS는 삼바 4[Samba 4] 액티브 디렉터리 호환 서버로 구동되는 관리형 디렉터리인 심플 AD[Simple AD]를 제공한다. 심플 AD에는 사용자 계정 관리, 사용자 그룹 관리, 커버로스 기반 SSO, 사용자 그룹 정책과 같은 공통 기능이 있다.

액티브 디렉터리와 구글 ID 페더레이션

구글 클라우드는 사용자 인증과 권한 부여를 위해 구글 ID를 사용한다. AD의 기존 ID 관리 시스템에서 사용자 ID를 통합해 사용자를 쉽게 관리할 수 있다. 페더레이션을 구현하고자 구글 클라우드 디렉터리 동기화를 사용해 AD 서비스의 사용자와 그룹을 구글 클라우드 도메인 디렉터리로 동기화할 수 있다. 기존 환경 내에서 페더레이션된 인증을 위해 ADFS AD를 사용할 수도 있다.

이 절에서는 마이크로소프트와 Amazon에서 제공하는 AD와 관리형 AD 서비스에 대한 개요를 살펴봤다. 주요 기술 회사에서 제공하는 기타 디렉터리 서비스로는 Okta, Centrify, Ping Identity, 오라클 ID 클라우드 서비스[IDCS, IDentity Cloud Service] 등이 있다.

보안 검증 마크업 언어(SAML)

앞의 '페더레이션된 ID 관리와 싱글 사인온' 절에서 IdP와 SP를 살펴봤다. 서비스에 액세스하고자 사용자는 IdP에서 유효성을 검사하고 IdP는 SP와 신뢰할 수 있는 관계를 갖는다. 보안 검증 마크업 언어SAML, Security Assertion Markup Language는 IdP와 SP 간에 신뢰할 수 있는 관계를 설정하는 메커니즘 중 하나다. SAML은 XMLExtensible Markup Language을 사용해 IdP와 SP 간의 통신을 표준화한다. SAML은 SSO를 활성화하므로 사용자는 단일 자격증명을 사용해 여러 애플리케이션에 액세스할 수 있다.

SAML 어설션Assertion은 IdP가 사용자 권한 부여와 함께 서비스 제공자에게 보내는 XML 문서다. 다음 그림은 SAML 어설션의 흐름을 보여준다.

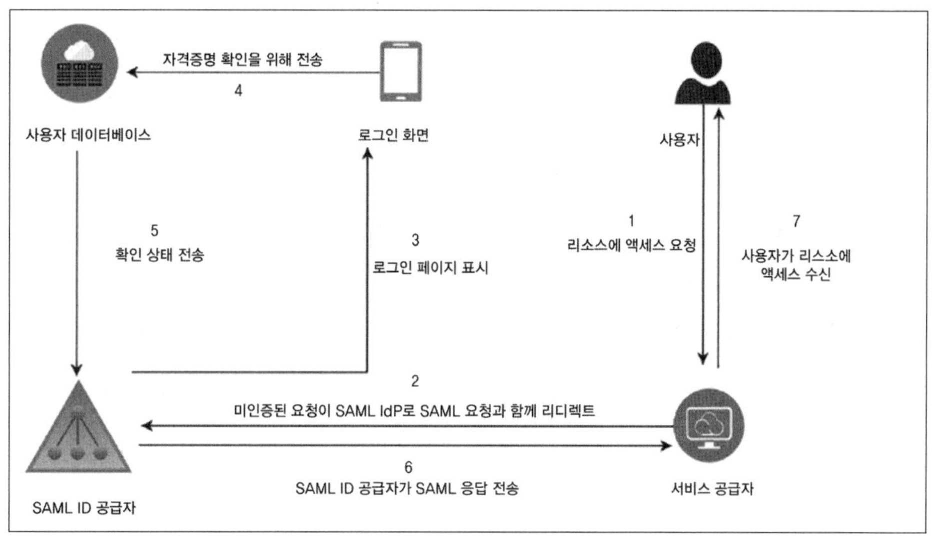

그림 8.5: SAML을 사용한 사용자 인증

그림에서 언급했듯이 SAML을 사용한 사용자 인증은 다음과 같은 단계를 통해 구현된다.

1. 사용자가 서비스 제공자인 서비스(예, Salesforce CRM 애플리케이션)에 액세스하기 위한 요청을 보낸다.

2. 서비스 공급자(예, CRM 애플리케이션)는 사용자 정보가 포함된 SAML 요청을 SAML IdP에 보낸다.

3. SAML IdP는 사용자가 인증 정보를 입력하는 SSO 로그인 페이지를 표시한다.

4. 사용자 액세스 자격증명은 유효성 검사를 위해 ID 저장소로 이동한다. 이 경우 사용자 ID 저장소는 AD가 된다.

5. 사용자 ID 저장소는 사용자 검증 상태를 ID 저장소와 신뢰할 수 있는 관계가 있는 SAML IdP로 보낸다.

6. SAML IdP는 사용자 확인과 관련된 정보와 함께 SAML 주장을 서비스 제공자(예, CRM 애플리케이션)에 보낸다.

7. 서비스 제공자는 SAML 응답을 수신한 후 사용자에게 애플리케이션 액세스를 허용한다.

때로는 서비스 제공업체가 IdP 역할도 할 수도 있다. SAML은 ID 저장소와 서비스 공급자 간의 관계를 설정하는 데 매우 널리 사용된다. 모든 최신 ID 저장소 애플리케이션은 SAML 2.0과 호환되므로 서로 원활하게 통신할 수 있다. SAML을 사용하면 사용자 ID를 페더레이션할 수 있고 기업 사용자를 위한 SSO를 사용할 수 있다.

그러나 소셜 미디어 및 전자상거래 웹 사이트와 같은 대규모 사용자 기반의 경우 OAuth[Open Authorization]와 OpenID가 더 적합하다. OAuth와 OIDC[OpenID Connect]를 자세히 알아보자.

OAuth와 OpenID 커넥트

OAuth는 애플리케이션에 대한 보안 액세스를 제공하는 개방형 표준 인증 프로토콜이다. OAuth는 보안 액세스 위임을 제공한다. OAuth는 비밀번호 데이터를 공유하지 않지만 인증 토큰을 사용해 서비스 제공자와 소비자 간의 ID를 설정한다. 애플리케이션 사용자는 로그인 자격증명을 제공하지 않고 자신의 정보에 대한 액세스를 제공한다. OAuth는 주로 인증을 위한 것이지만 많은 조직에서 자체 인증 메커니즘을 추가하기 시작했다. OIDC는 OAuth 권한 부여 위에 인증 표준을 정의한다.

Amazon, 페이스북, 구글, 트위터 같은 대규모 기술 회사에서는 사용자가 자신의 계정에 있는 정보를 타사 애플리케이션과 공유할 수 있다. 예를 들어 페이스북 로그인을 사용해 새 사진 앱에 로그인하고 새 앱이 페이스북 사진 정보에만 액세스할 수 있게 승인할 수 있다.

다음 그림은 OAuth 액세스 위임의 흐름을 보여준다.

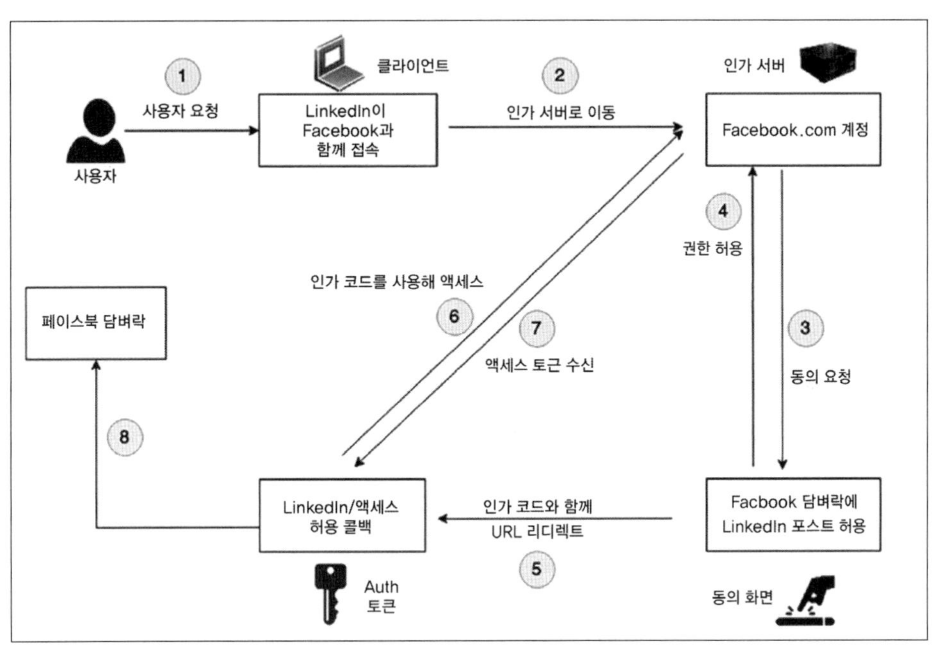

그림 8.6: OAuth 2.0을 사용한 사용자 액세스 위임

그림에 표시된 것처럼 인증 흐름은 다음과 같은 단계를 따른다.

1. 이 시나리오에서는 링크드인[LinkedIn] 앱이 페이스북에서 프로필 사진을 가져오기를 원한다.

2. 링크드인 앱은 페이스북 프로필 사진에 대한 액세스 권한을 요청한다.

3. 인증 서버(이 경우 페이스북 계정)는 동의 화면을 생성하고 표시한다.

4. 링크드인 앱이 회원의 페이스북 프로필 사진에만 액세스하게 요청하는 데 동의한다.

5. 승인을 받은 후 승인 페이스북 서버는 요청한 링크드인 앱으로 승인 코드를 다시 보낸다.

6. 링크드인 앱은 인증 코드를 사용해 인증 서버(페이스북 계정)에서 액세스 토큰을 요청한다.

7. 인증 서버는 링크드인 앱을 식별하고 인증 코드의 유효성을 확인한다. 액세스 토큰이 검증되면 서버는 링크드인 앱에 대한 액세스 토큰을 발급한다.

8. 링크드인 앱은 이제 액세스 토큰을 사용해 페이스북 프로필 사진과 같은 자원에 액세스할 수 있다.

최근에는 OAuth 1.0보다 빠르고 구현하기 쉬운 OAuth 2.0이 가장 일반적으로 사용된다. JWT(JSON Web Token)는 OAuth와 함께 사용할 수 있고 OpenID에서 널리 사용되는 간단하고 액세스 가능한 토큰 형식이다.

JWT

JWT에는 만료 시간, 발급자, 제목 등에 대한 정보가 있는 JSON 구조가 있다. **심플 웹 토큰**(SWT, Simple Web Token)보다 강력하고 SAML 2.0보다 간단하다. 다음 그림은 JWT를 보여준다.

그림 8.7: JWT 예제

그림에서 볼 수 있듯이 JWT는 인코딩된 부분에서처럼 점으로 구분된 세 부분으로 구성된다.

- **헤더**header: 헤더는 JWT인 토큰 유형과 HS256 또는 RSA와 같은 사용 중인 서명 알고리듬의 두 부분으로 구성된다.
- **페이로드**payload: 페이로드에는 클레임이 포함된다. 클레임은 사용자와 추가 데이터에 대한 설명이다.
- **서명**signature: 서명은 메시지가 도중에 변경되지 않았는지 확인한다. JWT의 발신자를 확인할 수도 있다.

JSON은 XML보다 구조가 간단하고 크기도 작으며 JWT가 SAML보다 더 간결하다. JWT는 HTML이나 HTTP 환경에 정보를 전달하는 좋은 방법이다.

이 절에서는 가장 일반적인 사용자 관리 도구와 서비스를 살펴봤다. 그러나 사용자 인증과 권한 부여에 사용할 수 있는 다른 다양한 프로토콜과 서비스도 있다. 앞서 언급한 프로토콜의 구현은 복잡할 수 있으며 작업을 더 쉽게 만들어주는 패키지 소프트웨어가 많다.

Amazon Cognito는 SAML 2.0, OIDC, OAuth 2.0과 같은 표준 기반 인증과 AD 연결 기능을 제공하는 엔터프라이즈 사용자 디렉터리를 포함하는 AWS에서 제공하는 사용자 액세스 관리 서비스다. Okta와 핑 ID[Ping Identity]는 엔터프라이즈 사용자 관리 및 다양한 서비스 공급자 도구와 한곳에서 통신할 수 있는 기능을 제공한다.

애플리케이션이 인터넷에 노출되면 항상 다양한 종류의 공격이 발생한다. 가장 일반적인 공격과 웹 계층 보호를 위한 첫 번째 방어 계층을 설정하는 방법을 알아보자.

웹 보안 처리

사용자 요구가 24/7 서비스 가용성을 요구하도록 변화함에 따라 비즈니스는 온라인 모드로 전환하고 웹 애플리케이션 모델을 채택하도록 진화하고 있다. 또한 웹 애플리케이션은 회사가 글로벌 고객 기반을 확보하는 데 도움이 된다. 온라인 뱅킹 및 전자상거래 웹 사이트와 같은 비즈니스는 항상 사용할 수 있으며 결제 정보 및 지불인 신원과 같은 고객의 민감한 데이터를 처리한다.

이제 웹 애플리케이션은 모든 비즈니스의 핵심이며 이러한 애플리케이션은 전 세계에 노출된다. 웹 애플리케이션에는 취약점이 있어 사이버 공격과 데이터 침해에 노출될 수 있다. 몇 가지 일반적인 웹 취약점과 이를 완화하는 방법을 살펴보자.

웹 애플리케이션 보안 취약점

웹 애플리케이션은 해커가 다양한 위치에서 다양한 방법으로 사이버 공격을 시도하기 때문에 보안에 취약하다. 웹 애플리케이션은 실제 매장보다 도난에 더 취약할 수 있다. 실제 매장을 잠그고 보호하는 것처럼 웹 애플리케이션도 원치 않는 활동으로부터 스스로를 보호해야 한다. 웹 애플리케이션에 보안 취약성을 유발할 수 있는 몇 가지 표준 공격 방법을 살펴보자.

서비스 거부(DoS)와 분산 서비스 거부 공격(DDoS)

서비스 거부 DoS, Denial of Service 공격은 사용자가 웹 사이트에 접근할 수 없게 한다. 성공적인 DoS 공격을 달성하고자 공격자는 네트워크와 시스템 자원을 소비하는 다양한 기술을 사용해 합법적인 사용자의 액세스를 차단한다. 공격자는 여러 호스트를 사용해 단일 대상에 대한 공격을 시도할 수 있다.

분산 서비스 거부DDoS, Distributed Denial of Service 공격은 손상된 여러 시스템(보통은 트로이 목마에 감염됨)이 단일 시스템을 대상으로 공격하는 DoS 공격 유형이다. DDoS 공격의 피해자는 분산 공격에서 해커가 자신의 모든 시스템을 악의적으로 사용하고 제어한다는 것을 알게 된다. 다음 그림에서 볼 수 있듯이 DDoS 공격은 여러 시스템이 대상 시스템의 자원 대역폭을 소진할 때 발생한다.

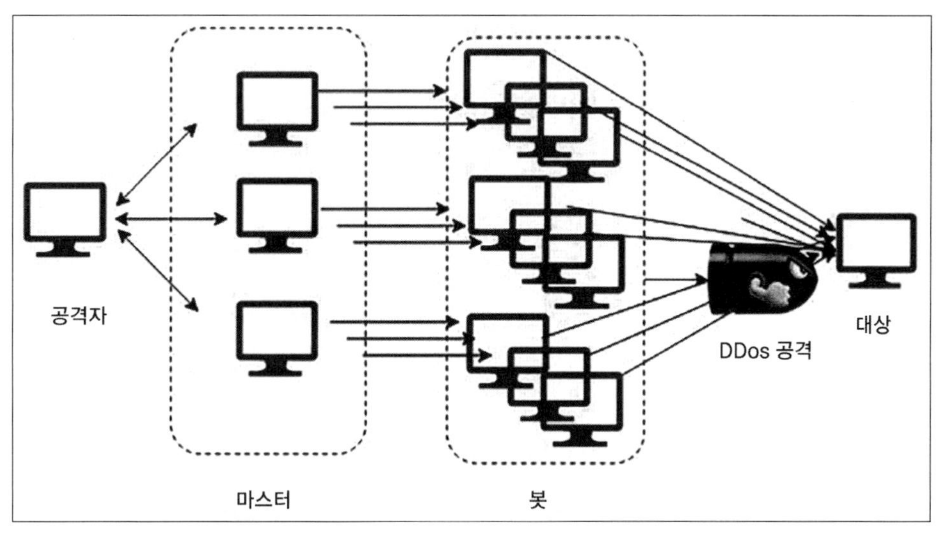

그림 8.8: DDoS 공격

DDoS 공격의 일반적인 개념은 추가 호스트를 활용해 대상에 대한 요청을 증폭해 초과 프로비저닝돼 사용할 수 없게 만드는 것이다. DDoS 공격은 종종 시스템들이 손상된 결과로 발생하며, 이로 인해 봇 네트워크는 대상 시스템에 엄청난 양의 트래픽을 발생시킨다.

가장 일반적인 DDoS 공격은 DNS 플러드flood 또는 **보안 소켓 계층**SSL, Secure Sockets Layer 핸드셰이크 공격으로 애플리케이션 계층에서 발생한다. DNS 플러드에서 공격자는 매우 많은 요청으로 DNS 서버의 자원을 고갈시킨다. SSL 핸드셰이크 중에 공격자는 계산 비용이 많이 드는 SSL 암호 해독을 위해 이해할 수 없는 많은 양의 데이터를 보낸다. 공격자는 서버들에 대해 다른 SSL 기반 공격을 수행하고 불필요한 작업 처리로 과부하를 일으킬 수 있다.

인프라 계층에서 일반적인 DDoS 공격은 다음과 같은 형태로 발생한다.

- **UDP**User Datagram Protocol **반사**: UDP 반사를 통해 공격자는 대상 서버의 IP 주소를 스푸핑하고 해킹된 반사 서버에서 증폭된 주요 응답을 반환하는 요청을 하게 된다.
- **SYN 플러드**: SYN 플러드를 사용하면 공격자가 많은 수의 연결을 생성 및 포기하고 합법적인 사용자가 서버에 액세스하지 못하게 차단해 대상 서버의 **전송 제어 프로토콜**TCP, Transmission Control Protocol 서비스를 고갈시킨다.

종종 공격자는 민감한 고객 데이터를 얻으려고 시도하며 이를 위해 **SQL 인젝션**SQLi, SQL injection 공격이라는 다른 종류의 공격을 사용한다. 이 공격에 대해 더 알아보자.

SQL 인젝션 공격

이름에서 알 수 있듯이 SQLi 공격에서 공격자는 악성 SQLStructure Query Language을 주입해 SQL 데이터베이스를 제어하고 민감한 사용자 데이터를 가져온다. 공격자는 SQLi를 사용해 정보에 무단 액세스하고, 애플리케이션을 제어하고, 새 사용자를 추가하는 등의 작업을 수행한다.

예를 들어 대출 처리 웹 애플리케이션을 살펴보자. 고객이 대출 금융과 관련된 모든 정보를 얻는 데 사용할 수 있는 필드로 loanId가 있다고 하자. 보통의 쿼리는 SELECT * FROM loads WHERE loanId = 117과 같을 것이다. 그런데 적절한 주의를 기울이지 않으면 공격자는 SELECT * FROM loads WHERE loanId= 117 or '1=1'과 같은 쿼리를 실행할 수 있고, 이 쿼리는 항상 true라는 결과를 반환하므로 전체 고객 데이터베이스에 대한 액세스 권한을 얻을 수 있게 된다.

스크립트 삽입을 통해 사용자 데이터를 해킹하는 또 다른 일반적인 방법은 해커가 합법적인 사용자를 가장하는 **크로스사이트 스크립팅**[XSS, cross-site scripting]이다. 이에 대해 자세히 알아보자.

크로스사이트 스크립팅(XSS) 공격

알고 있는 웹 사이트를 사칭하는 링크가 포함된 피싱 이메일을 접해본 적이 있을 것이다. 이런 링크를 클릭하면 XSS 공격을 통해 데이터가 손상될 수도 있다. XSS 공격을 할 때는 공격자가 자신의 코드를 합법적인 웹 사이트에 첨부하고 피해자가 웹 페이지를 로드할 때 실행되게 한다. 악성코드는 URL 문자열이나 웹 페이지에 소량의 자바스크립트 코드를 삽입하는 등 여러 가지 방법으로 삽입될 수 있다.

XSS 공격에서 공격자는 URL이나 클라이언트 측 코드 끝에 작은 코드를 추가한다. 웹 페이지를 로드하면 이 클라이언트 측 자바스크립트 코드가 실행돼 브라우저 쿠키를 훔친다.

이러한 쿠키에는 은행이나 전자상거래 웹 사이트에 대한 액세스 토큰 및 인증과 같은 민감한 정보가 포함되는 경우가 많다. 이러한 도난 당한 쿠키를 사용해 해커는 은행 계좌에 침입해 힘들게 번 돈을 탈취할 수 있다.

크로스사이트 요청 위조

크로스사이트 요청 위조CSRF, Cross-Site Request Forgery 공격은 혼란을 야기해 사용자 ID를 이용한다. 일반적으로 상태가 변경되는 거래 활동(예, 쇼핑 웹 사이트의 비밀번호 변경 또는 은행 송금 요청)으로 사용자를 속인다. CSRF를 사용하면 공격자가 코드 스크립트를 삽입하는 대신 요청을 위조하려고 하기 때문에 XSS 공격과 약간 다르다. 예를 들어 공격자는 사용자의 은행에서 일정 금액을 송금하라는 요청을 위조하고 해당 링크를 사용자에게 이메일로 보낼 수 있다. 사용자가 해당 링크를 클릭하자마자 은행은 요청을 받고 돈을 공격자의 계좌로 이체한다. CSRF는 개별 사용자 계정에 최소한의 영향을 미치지만 공격자가 관리자 계정에 들어갈 수 있는 경우 매우 해로울 수 있다.

버퍼 오버플로와 메모리 손상 공격

소프트웨어 프로그램은 버퍼buffer라고 하는 빠른 처리를 위한 임시 메모리 영역에 데이터를 쓴다. 버퍼 오버플로 공격으로 공격자는 버퍼와 연결된 메모리의 일부를 덮어쓸 수 있다. 공격자는 의도적으로 버퍼 오버플로를 발생시키고 애플리케이션 실행 파일이 저장될 수 있는 연결된 메모리에 액세스할 수 있다. 공격자는 실제 프로그램을 실행 파일로 교체하고 전체 시스템을 제어할 수 있다. 버퍼 오버플로 공격은 해커가 코드를 삽입하는 데 사용할 수 있는 의도하지 않은 메모리 수정으로 메모리 손상을 일으킬 수 있다.

전체 애플리케이션을 살펴보면 인프라 계층, 네트워크 계층, 데이터 계층에 더 많은 보안 위협이 존재한다. 웹 계층에서 보안 위험을 완화하고 방지하기 위한 몇 가지 표준 방법을 살펴보자.

웹 보안 완화

모든 계층에 보안이 적용돼야 하는데, 웹 계층은 외부에 노출돼 있기 때문에 특별히 주의가 필요하다. 웹 보호를 위해 중요한 단계에는 최신 보안 패치를 유지하고, 최상의 소프트웨어 개발 방법을 따르고, 적절한 인증과 권한이 수행됐는지 확인하는 것이 포함된다. 웹 애플리케이션을 보호하고 보호하는 방법에는 여러 가지가 있다. 몇 가지 가장 일반적인 방법을 살펴보자.

웹 애플리케이션 방화벽(WAF)

WAF는 HTTP와 HTTPS 트래픽(즉, 80 및 443 포트)에 특정 규칙을 적용하는 필수 방화벽이다. WAF는 웹 트래픽을 검사하고 예상되는 동작의 규범을 준수하는지 확인하는 소프트웨어 방화벽이다. WAF는 웹 공격으로부터 추가적인 보호 기능을 제공한다.

WAF 속도 제한은 서비스에 전송된 요청의 양이나 유형을 확인하고 사용자, 세션 또는 IP 주소당 허용되는 요청 수를 제한하는 임곗값을 정의하는 기능이다. 승인된 목록과 승인되지 않은 목록을 통해 사용자를 명시적으로 허용하거나 차단할 수 있다. AWS WAF는 웹 트래픽을 필터링하는 규칙을 생성하고 적용해 웹 계층을 보호하도록 도와준다. 이러한 규칙은 HTTP 헤더, 사용자 지리적 위치, 악성 IP 주소 또는 사용자 지정 URI[Uniform Resource Identifier] 등을 포함하는 조건을 기반으로 한다. AWS WAF 규칙은 XSS 및 SQLi와 같은 일반적인 웹 공격을 차단한다.

AWS WAF는 여러 웹 사이트에 배포할 수 있는 규칙 형태의 중앙 집중식 메커니즘을 제공한다. 즉, 다양한 웹 사이트와 웹 애플리케이션이 실행되는 환경에 대해 단일 규칙 집합을 만들 수 있다. 규칙을 다시 만드는 대신 애플리케이션에서 규칙을 재사용할 수 있다.

전반적으로 WAF는 일련의 규칙을 HTTP 트래픽에 적용하는 도구다. IP 주소, HTTP 헤더, HTTP 본문 또는 URI 문자열과 같은 데이터를 기반으로 웹 요청을 필터링하는 데 도움이 된다. 불법 트래픽을 차단해 DDoS 공격을 완화하는 데 유용할 수 있다. DDoS 완화를 자세히 살펴보자.

DDoS 완화

회복력 있는 아키텍처는 DDoS 공격을 방지하거나 완화하는 데 도움이 될 수 있다. 인프라를 안전하게 유지하는 기본 원칙은 공격자가 공격할 수 있는 대상 수를 줄이는 것이다. 이를테면 인스턴스가 공개될 필요가 없다면 공개하지 말아야 한다. 애플리케이션 계층 공격은 HTTP 플러드로 인한 **콘텐츠 배포 네트워크**CDN, Content Distribution Network, 로드 밸런서, 서버 메트릭에 대한 네트워크 사용률과 같은 모니터링 메트릭을 급증시킬 수 있다. 공격 노출 영역을 최소화하고자 다양한 전략을 적용할 수 있다.

- 가능하면 필요한 인터넷 노출 수를 줄여야 한다. 예를 들어 웹 서버가 아닌 로드 밸런서에 대한 인터넷 액세스를 열어야 한다.
- 신뢰할 수 없는 최종 사용자가 액세스할 수 없게 필수 인터넷 진입점을 숨겨야 한다.
- 중요하지 않은 인터넷 진입점을 식별하고 제거해야 한다. 예를 들어 공급업체가 전 세계 인터넷 트래픽에 데이터를 노출하는 대신 제한된 액세스로 데이터를 업로드할 수 있도록 파일 공유 스토리지를 노출해야 한다.
- 액세스 포인트를 분리하고 애플리케이션 관리 트래픽과 최종 사용자 트래픽에 대한 별도의 제한 정책을 적용한다.
- 공격 지점을 최소화하고자 별도로 분리된 인터넷 진입점을 만든다.

주요 목표는 CDN의 엣지 로케이션에서 DDoS 공격을 완화하는 것이다. DDoS 공격이 애플리케이션 서버에 도달하는 경우 이를 처리하는 것은 더 어렵고 많은 비용이 든다.

다음 그림은 AWS 클라우드 워크로드에 대한 DDoS 완화 예를 보여준다.

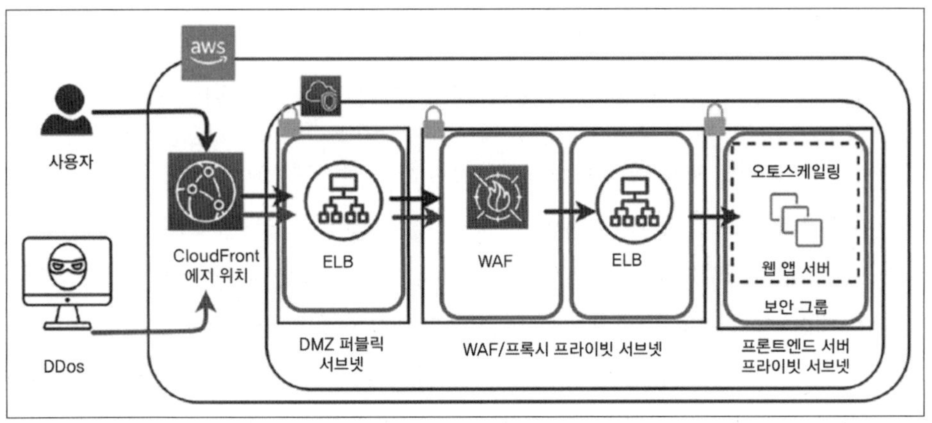

그림 8.9: DDoS WAF 샌드위치 완화 전략

위의 그림은 DDoS 공격을 처리하고자 두 로드 밸런서 사이에 WAF 어플라이언스가 사용되는 WAF 샌드위치 아키텍처를 보여준다. 빈번한 DDoS 공격은 SYN 플러드 및 UDP 반사와 같은 공격 전략에서 발생한다. Amazon CloudFront는 공격 전략이 애플리케이션 서버에 도달하기 전에 정상적인 연결만 수락함으로써 이를 방지한다. Amazon CloudFront와 같은 CDN은 지리적으로 격리된 위치에서 DDoS 공격을 격리하고 트래픽이 다른 위치에 영향을 미치지 않게 방지해 DDoS 공격을 처리하는 데 도움이 된다. 네트워크 방화벽 보안은 개별 서버 수준에서 들어오고 나가는 트래픽을 제어하는 데 도움이 된다.

앞 절에서 언급했듯이 WAF는 XSS 및 SQLi 공격과 같은 공격으로부터 웹 애플리케이션을 보호하는 데 사용된다. 이 외에도 WAF는 웹 애플리케이션 계층에서 DDoS 공격을 감지하고 방지하는 데 도움이 된다.

DDoS 공격을 처리하고자 수평 또는 수직 확장을 적용할 수 있다. 다음과 같은 방식으로 확장을 활용할 수 있다.

1. 웹 애플리케이션에 적합한 서버 크기와 구성을 선택한다.
2. 로드 밸런서를 적용해 서버 플릿 간에 트래픽을 분산하고 오토스케일링을 추가

해 필요에 따라 서버를 추가/제거한다.

3. 대규모 트래픽을 처리하게 구축된 CDN 서버와 DNS 서버를 사용한다.

DDoS 공격에 대한 확장은 서버에 대해 합당한 최대 수를 설정하는 것이 필수적인 이유를 보여주는 좋은 예다. DDoS 공격은 서버를 매우 비용이 많이 드는 수로 확장할 수 있지만 여전히 사용할 수 없게 되는 것을 피할 수는 없다. 정기적인 트래픽 급증에 대한 합리적인 최대 제한을 설정하면 DDoS 공격으로 인해 회사에 너무 많은 비용이 드는 것을 방지할 수 있다. 이 절에서는 웹 계층의 다양한 보안 위험 및 취약성과 이를 보호하기 위한 몇 가지 표준 방법을 살펴봤다. 보안은 모든 계층에 적용돼야 하므로 인프라 계층의 보호를 자세히 살펴보자.

애플리케이션과 애플리케이션 인프라 보안

앞 절에서 웹 계층 보안을 살펴봤다. 보안은 워크로드의 모든 계층에 적용돼야 하므로 애플리케이션 및 네트워크 계층의 보안에 대해 알아보자.

애플리케이션과 운영체제 강화

애플리케이션의 취약점을 완전히 제거할 수는 없지만 애플리케이션의 운영체제, 파일 시스템, 디렉터리를 강화해 시스템 공격을 제한할 수 있다. 공격자가 애플리케이션에 침투하면 루트 액세스 권한을 얻고 전체 인프라에 대한 공격을 오케스트레이션할 수 있다. **권한을 강화**hardening permissions해서 디렉터리를 제한해 애플리케이션 수준으로 공격을 제한하는 것이 필수적이다. 프로세스 수준에서 메모리와 CPU 사용을 제한해 DoS 공격을 방지한다.

파일, 폴더, 파일 파티션 수준에서 올바른 권한을 설정해야 한다. 이는 애플리케이션이 실행되기 위한 유일한 요구 사항이다. 애플리케이션이나 해당 사용자에게 루트 권한을 부여하지 않아야 한다. 필요한 사용자만 애플리케이션에 액세스할 수 있도록 각 애플리케이션에 대해 필요한 액세스 권한만 있는 별도의 디렉터리를 만들어야 한다. 모든 애플리케이션에 대해 공통 액세스를 사용하지 않아야 한다. 도구를 사용해 애플리케이션 재시작을 자동화하고 사용자가 시작하려면 서버에 로그인해야 하는 수동 접근 방식을 피해야 한다.

DAEMON 툴Tools과 Supervisord와 같은 프로세스 제어 도구를 사용해 애플리케이션 재시작을 자동화할 수 있다. 리눅스 운영체제의 경우 systemd 또는 System V init 스크립트와 같은 유틸리티는 애플리케이션을 시작/중지하는 데 도움이 된다.

소프트웨어 취약점과 보안 코드

항상 운영체제 공급업체에서 제공하는 최신 보안 패치를 운영체제에 적용하는 것이 좋다. 이는 시스템의 보안 허점을 채우고 공격자가 보안 인증서를 훔치거나 임의의 코드를 실행할 수 있는 취약성으로부터 시스템을 보호하는 데 도움이 된다. OWASPOpen Web Application Security Project에서 권장하는 보안 코딩 모범 사례를 소프트웨어 개발 프로세스에 통합해야 한다. 자세한 내용은 https://owasp.org/www-project-top-ten/에서 확인할 수 있다.

최신 보안 패치를 함으로써 시스템을 최신 상태로 유지하는 것은 매우 중요하다. 최신 패치 설치 프로세스를 사용할 수 있게 되는 즉시 자동화하는 것이 좋다. 그러나 때때로 보안 패치를 실행하면 작동 중인 소프트웨어가 중단될 수 있으므로 자동화된 테스트와 배포를 통해 **지속적인 통합/지속적인 배포**CI/CD, Continuous Integration and Continuous Deployment 파이프라인을 설정하는 것이 좋다. 12장에서 CI/CD 프로세스를 자세히 알아본다.

AWS 클라우드는 보안 패치를 적용하고 클라우드에서 서버 플릿을 모니터링할 수 있는 시스템 관리자 도구를 제공한다. auto-updates 또는 unattended-upgrades와 같은 도구를 사용해 보안 패치 설치를 자동화할 수 있다.

네트워크, 방화벽, 신뢰할 수 있는 경계

인프라 보호와 관련해서는 네트워크 보안이 먼저 고려된다. 데이터 센터에 있는 IT 인프라의 물리적 보안은 공급자가 처리해야 한다. 클라우드인 AWS의 경우 인프라의 물리적 보안을 최대한 관리한다. 애플리케이션 소유자의 책임인 네트워크 보안의 보장에 대해 알아보자.

AWS와 같은 퍼블릭 클라우드 업체를 예로 들어 살펴보자. 온프레미스나 프라이빗 클라우드 네트워크 인프라에도 동일한 예를 적용할 수 있다.

다음 그림과 같이 모든 계층에 보안을 적용하고 최소한의 액세스로 각 계층 주위에 신뢰할 수 있는 경계를 정의해야 한다.

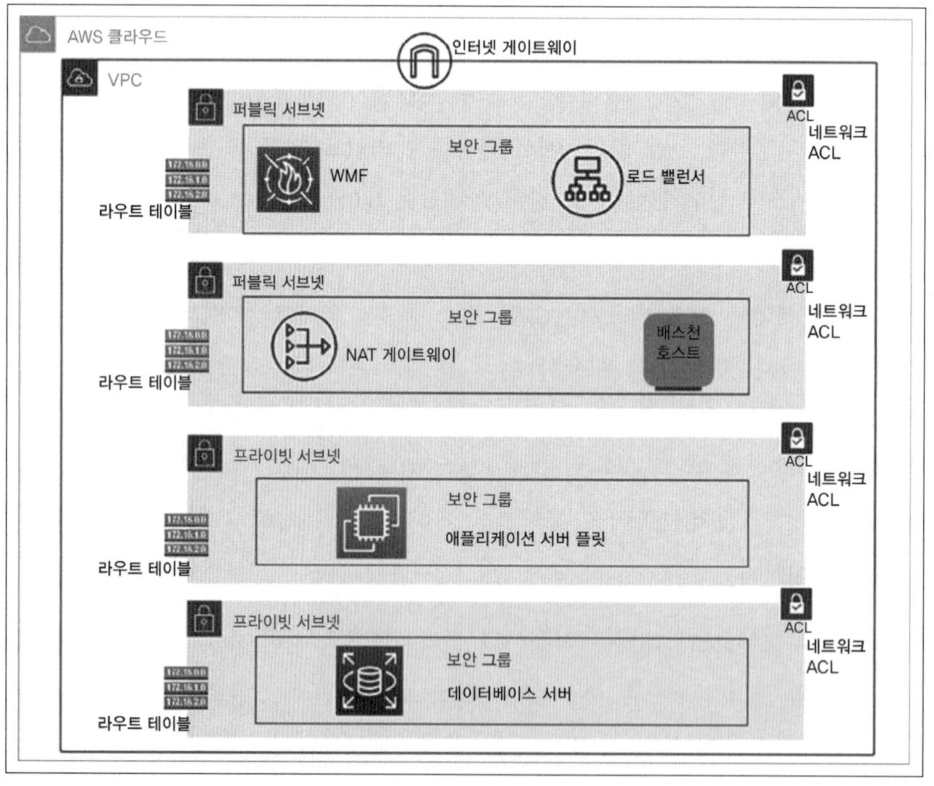

그림 8.10: 인프라 보안을 위한 네트워크 구성

그림에서 로드 밸런서는 인터넷 트래픽을 수락하고 이를 애플리케이션 서버 집합에 배포할 수 있는 퍼블릭 서브넷에 있다. WAF 필터 트래픽은 규칙을 기반으로 하며 앞 절에서 배운 것처럼 다양한 공격으로부터 애플리케이션을 보호한다. 애플리케이션 서버 집합과 데이터베이스 서버는 프라이빗 서브넷에 있다. 즉, 직접 인터넷에 액세스해 퍼블릭 인터넷에 노출될 수 없다. 앞의 그림을 살펴보고 다음과 같이 각 계층을 살펴보자.

- Amazon VPCVirtual Private Cloud는 인프라의 논리적 네트워크 격리를 제공한다. Amazon VPC는 클라우드의 네트워크 환경으로, 여기에서 많은 자원을 시작할 수 있다. 환경과 해당 자원의 격리를 더 잘 제어할 수 있도록 설계돼 있다. 각 계정이나 리전에 여러 VPC가 있을 수 있다.
- VPC를 생성할 때 CIDRClassless Inter-Domain Routing 표기법을 사용해 해당 IP 주소 집합을 지정한다. CIDR 표기법은 특정 범위의 IP 주소를 표시하는 단순화된 방법이다. 예를 들어 10.0.0.0/16은 10.0.0.0에서 10.0.255.255까지의 모든 IP를 포괄해 사용할 65,535개의 IP 주소를 제공한다.
- 서브넷은 CIDR 범위로 나눈 네트워크의 세그먼트나 파티션이다. 서브넷은 프라이빗 자원과 퍼블릭 자원 사이에 신뢰할 수 있는 경계를 만든다. 애플리케이션이나 기능 계층(웹/앱/데이터)을 기반으로 서브넷을 정의하는 대신 인터넷 접근성을 기반으로 서브넷을 구성해야 한다. 서브넷을 사용하면 퍼블릭 자원과 프라이빗 자원 간의 명확한 서브넷 수준 격리를 정의할 수 있다.
- 이 환경에서는 인터넷에 직접 액세스해야 하는 모든 자원(퍼블릭 로드 밸런서, NATNetwork Address Translation 인스턴스, 배스천 호스트 등)이 퍼블릭 서브넷으로 이동하고 다른 모든 인스턴스(예, 데이터베이스 및 애플리케이션 자원)는 프라이빗 서브넷으로 이동한다. 서브넷을 사용해 애플리케이션 인스턴스와 데이터 자원을 별도의 프라이빗 서브넷에 배치하는 것처럼 자원 계층 간에 분리 계층을 생성한다.
- AWS의 자원 대부분은 필요에 따라 인터넷에 대한 액세스를 제어하고자 퍼블릭

서브넷을 사용해 프라이빗 서브넷에서 호스팅될 수 있다. 그러므로 프라이빗 서브넷이 퍼블릭 서브넷에 비해 훨씬 더 많은 IP를 사용할 수 있게 서브넷을 계획해야 한다.

- 서브넷은 **네트워크 접근 제어 목록**NACL, Network Access Control List 규칙을 사용해 자원 간 분리의 기본 요소를 제공할 수 있지만, 보안 그룹은 인프라를 과도하게 복잡하게 만들고 낭비할 위험 없이 자원 간에 훨씬 더 세분화된 수준의 트래픽 제어를 제공할 수 있다.
- 라우팅 테이블에는 **라우트**라고 하는 규칙 집합이 포함돼 있다. 라우트는 네트워크 트래픽을 수신할 애플리케이션 서버를 결정한다. 보안을 강화하려면 각 서브넷에 대해 사용자 지정 라우팅 테이블을 사용해야 한다.
- 보안 그룹은 CIDR 블록 범위나 다른 보안 그룹에서 하나 이상의 인스턴스에 대한 인바운드 및 아웃바운드 트래픽을 지정된 자원으로 제어하는 가상 방화벽이다. 최소 권한 원칙에 따라 기본적으로 들어오는 모든 트래픽을 거부하고 TCP, UDP, ICMPInternet Control Message Protocol 프로토콜을 기반으로 트래픽을 필터링할 수 있는 규칙을 만든다.
- NACL은 서브넷 수준에서 인바운드 및 아웃바운드 트래픽을 제어하는 선택적인 가상 방화벽이다. NACL은 상태 저장인 보안 그룹과 비교되는 상태 비저장 방화벽이다. 즉, 들어오는 요청이 허용되면 아웃바운드 요청을 검사하거나 추적할 필요가 없다. 상태 비저장 동안 인바운드 및 아웃바운드 트래픽 규칙을 모두 명시적으로 정의해야 한다.
- 인터넷 트래픽은 **인터넷 게이트웨이**IGW, Internet GateWay를 통해 라우팅돼 서브넷을 공용으로 만든다. 기본적으로 사용자 환경의 인터넷 트래픽에 대한 인터넷 액세스가 거부된다. IGW는 VPC에 연결돼야 하며 서브넷의 라우팅 테이블은 IGW에 대한 규칙을 정의해야 한다.
- 프라이빗 서브넷은 들어오고 나가는 모든 인터넷 트래픽을 차단하지만 서버는

소프트웨어와 보안 패치 설치를 위해 나가는 인터넷 트래픽이 필요할 수 있다. NAT 게이트웨이를 사용하면 프라이빗 서브넷의 인스턴스가 인터넷에 대한 아웃바운드 트래픽이 허용되고 들어오는 인터넷 트래픽으로부터 자원을 보호할 수 있다.

- 배스천 호스트bastion host는 개인 서브넷의 다른 자원에 대한 액세스를 허용하는 점프 서버처럼 동작한다. 배스천 호스트는 적절한 사람만 액세스할 수 있게 좀 더 엄격한 보안으로 강화해야 한다. 서버에 로그인하려면 일반 사용자 ID와 암호 방식이 아닌 공개 키 암호화를 항상 인증에 사용해야 한다.

많은 조직에서는 일반적으로 연결과 보안 문제 해결, 네트워크 액세스 규칙 테스트를 비롯한 다양한 목적으로 네트워크 흐름 로그를 수집, 저장, 모니터링, 분석한다. 네트워크에서 들어오고 나가는 트래픽 정보를 기록하는 것을 포함해 시스템 VPC에 대한 트래픽 흐름을 모니터링해야 한다. VPC 흐름 로그를 사용하면 트래픽 패턴을 더 잘 이해할 수 있게 지정된 자원에 대해 허용하거나 거부된 트래픽 정보와 함께 해당 정보를 기록할 수 있다.

흐름 로그는 인스턴스에 도달하는 트래픽을 모니터링하기 위한 보안 도구로도 사용할 수 있다. 특정 유형의 트래픽이 감지되면 이를 알려주는 알람을 생성할 수 있다. 추세와 패턴을 식별하는 데 도움이 되는 메트릭을 만들 수도 있다. VPC, 서브넷이나 네트워크 인터페이스에 대한 흐름 로그를 생성할 수 있다. 서브넷이나 VPC에 대한 흐름 로그를 생성하면 VPC나 서브넷의 각 네트워크 인터페이스가 모니터링된다.

인프라를 보호하는 데 도움이 될 수 있는 네트워크 계층에서 사용할 수 있는 보안을 위한 여러 계층이 있다. 자원을 격리된 서브넷에 유지하면 폭발 반경을 줄이는 데 도움이 된다. 공격자가 한 구성 요소에 침투할 수 있는 경우 제한된 자원으로 해당 구성 요소를 제한할 수 있어야 한다. 인프라 앞에서 IDS와 IPS를 사용해 악의적인 트래픽을 감지하고 방지할 수 있다. 이를 더 자세히 알아보자.

침입 탐지 시스템(IDS)과 침입 방지 시스템(IPS)

IDS는 공격 패턴을 인식해 네트워크 트래픽을 통해 발생하는 모든 사이버 공격을 감지한다. IPS는 한 단계 더 나아가 악성 트래픽을 사전에 차단하는 데 도움이 된다.

IPS는 방화벽 뒤에 위치하며 악성 패킷 삭제, 소스 주소의 트래픽 차단, 연결 재설정과 같은 위험한 콘텐츠에 대한 분석 계층을 제공한다.

IPS는 두 가지 주요 탐지 방법인 시그니처 기반 탐지와 통계적 이상 기반 탐지를 제공한다. 시그니처 기반 탐지는 각 이상에 고유하게 식별할 수 있는 패턴의 사전을 기반으로 한다. 각 이상에 대한 서명exploit signature은 패턴을 결정하고자 지속적으로 증가하는 서명 사전에 저장된다. **통계적 이상 탐지**statistical anomaly detection에서는 기준 성능 매개변수를 정의한다. 무작위로 네트워크 트래픽 샘플을 가져와 기본 성능 수준과 비교한다. 네트워크 트래픽 활동이 기준을 벗어나면 IPS가 조치를 취한다.

애플리케이션의 요구 사항에 따라 IDS/IPS 시스템의 적용 가능성을 결정해야 한다. IDS는 호스트 기반 또는 네트워크 기반일 수 있다.

호스트 기반 침입 탐지 시스템

IDS에서 호스트나 에이전트 기반 IDS는 환경의 각 호스트에서 실행된다. 해당 호스트 내의 활동을 검토해 공격이 발생했는지 그리고 성공했는지 확인할 수 있다. 로그 검사, 파일 시스템 모니터링, 호스트에 대한 네트워크 연결 모니터링 등을 통해 이를 수행할 수 있다. 그런 다음 소프트웨어나 에이전트는 모니터링 중인 호스트의 상태나 보안에 대해 중앙 애플리케이션과 통신한다.

호스트 기반 솔루션의 장점은 다음과 같다. 각 호스트 내부의 활동을 자세히 조사할 수 있다. 필요한 만큼 수평으로 확장할 수 있으며, 각 호스트는 자체 에이전트를 가진다. 또한 실행 중인 애플리케이션의 성능에 영향을 줄 필요가 없다. 단점은 많은 서버에서 에이전트를 관리하는 경우 도입될 수 있는 추가 구성 관리 오버헤드가 발생돼 조직에 부담이 된다는 점이다.

각 에이전트가 격리돼 동작하기 때문에 광범위하고 조직된 공격을 탐지하기가 더 어려울 수 있다. 조직된 공격을 처리하려면 시스템이 모든 호스트에서 즉시 응답해야 한다. 이를 위해서는 호스트 기반 솔루션이 호스트에 배포된 운영체제 및 애플리케이션 인터페이스와 같은 다른 구성 요소와 잘 동작해야 한다.

네트워크 기반 침입 탐지 시스템

네트워크 기반 IDS는 어플라이언스를 네트워크에 삽입해 모든 트래픽을 라우팅하고 공격을 검사한다.

장점은 애플리케이션 호스트에서 멀리 배포하고 관리될 수 있다는 것이다. 그런데 모든 호스트에 부담이 될 수 있는 방식으로 강화되거나 모니터링된다. 보안에 대해 개별적으로 공유되는 뷰가 한곳에 있으므로 전체 그림에서 이상이나 공격을 검사할 수 있다.

그런데 네트워크 기반 IDS에는 애플리케이션에 네트워크 홉network hop이 추가되므로 성능 저하가 포함된다. 트래픽을 검사하고자 복호화/재암호화해야 한다는 것은 엄청난 성능 저하임과 동시에 네트워크 어플라이언스를 매력적인 대상으로 만드는 보안의 장점이다. IDS가 해독할 수 없는 트래픽은 어떤 것도 검사/탐지할 수 없다.

IDS는 탐지 및 모니터링 도구이며 자체적으로만 동작하지 않는다. IPS는 설정된 규칙에 따라 트래픽을 감지, 수락, 거부한다. IDS/IPS 솔루션은 유효한 프로토콜이 공격 수단으로 사용될 때를 인식할 수 있는 이상 감지 기능으로 인해 DDoS 공격을 방지하는 데 도움이 된다. IDS와 IPS는 네트워크 패킷을 읽고 콘텐츠를 알려진 위협 데이터베이스와 비교한다. 인프라가 공격으로부터 사전 예방적으로 보호하려면 지속적인 감사와 검색이 필요하므로 자세히 알아보자.

이번 절에서는 다양한 유형의 공격으로부터 인프라를 보호하는 방법을 살펴봤다. 이러한 공격의 목표는 데이터를 확보하는 것이다. 공격자가 데이터를 손에 넣은 후에도 민감한 정보를 얻을 수 없게 데이터를 보호해야 한다. 데이터 계층에서의 보안, 암호화, 백업을 이용한 데이터 보호를 알아보자.

데이터 보안

오늘날의 디지털 세계에서 모든 시스템은 데이터를 중심으로 돌고 있다. 때때로 이 데이터에는 고객 건강 기록, 지불 정보, 정부 신원과 같은 민감한 정보가 포함될 수 있다. 따라서 무단 액세스를 방지하려면 고객 데이터를 보호하는 것이 가장 중요하다. 데이터 보호와 보안을 강조하는 많은 산업이 있다.

솔루션을 설계하기 전에 규정 요구 사항 준수와 같은 애플리케이션 목표에 따라 기본 보안 프랙티스를 정의해야 한다. 데이터 보호를 다룰 때 사용되는 여러 접근 방식이 있다. 다음 절에서는 이러한 접근 방식을 사용하는 방법을 알아본다.

데이터 분류

모범 사례 중 하나는 데이터를 분류하는 것인데, 데이터 민감도 수준에 따라 조직 데이터를 분류하고 처리하는 방법을 제공한다.

데이터 민감도에 따라 데이터 보호, 데이터 암호화, 데이터 액세스 요구 사항을 계획할 수 있다.

시스템의 워크로드 요구 사항에 따라 데이터 분류를 관리해 데이터에 필요한 데이터 제어 및 액세스 수준을 정의할 수 있다.

예를 들어 사용자 평가나 리뷰와 같은 콘텐츠는 공개되는 경우가 많으며 공개 액세스를 제공하는 것은 괜찮지만 사용자 신용카드 정보는 매우 민감한 데이터이므로 암호화해야 하고 액세스가 매우 제한돼야 한다.

높은 수준에서 보면 데이터를 다음과 같은 범주로 분류할 수 있다.

- **제한된 데이터**: 여기에는 손상될 경우 고객에게 직접적인 피해를 줄 수 있는

정보가 포함된다. 제한된 데이터를 잘못 취급하면 회사의 평판이 손상되고 비즈니스에 부정적인 영향을 미칠 수 있다. 제한된 데이터에는 주민등록번호, 여권 세부정보, 신용카드 번호, 결제 정보와 같은 고객 PII 데이터가 포함될 수 있다.

- **개인 데이터:** 공격자가 제한된 데이터를 얻고자 계획하는 데 사용할 수 있는 민감한 고객 정보가 포함된 데이터는 기밀로 분류될 수 있다. 기밀 데이터에는 고객 이메일 ID, 전화번호, 이름, 주소가 포함될 수 있다.
- **공개 데이터:** 모든 사람이 이용할 수 있고 액세스할 수 있으며 최소한의 보호만 필요하다. 예를 들어 고객 평가와 리뷰, 고객 위치, 사용자가 공개한 경우 고객 사용자 이름 등이 포함된다.

산업 유형과 사용자 데이터의 특성에 따라 더 세분화된 범주를 가질 수 있다. 데이터 분류는 데이터 사용성과 데이터 액세스의 균형을 맞춰야 한다. 앞서 언급한 것처럼 액세스 수준을 다르게 설정하면 필요한 데이터만 제한하고 민감한 데이터가 노출되지 않게 하는 데 도움이 된다. 사람이 데이터에 직접 액세스하는 것을 항상 피하고 사용자가 제한된 방식으로 소비할 읽기 전용 보고서를 생성할 수 있는 몇 가지 도구를 추가할 수 있다.

데이터 저장 시 암호화

저장된 데이터는 SAN[Storage Area Network] 또는 NAS[Network-Attached Storage] 드라이브와 같은 어딘가에 저장되거나 클라우드 스토리지에 저장돼 있는 데이터를 의미한다. 모든 민감한 데이터는 적절한 키 관리와 함께 이 절에서 설명하는 대칭 키나 비대칭 키 기반 암호화를 적용해 보호해야 한다.

데이터 암호화는 암호화 키를 사용해 데이터를 일반 텍스트에서 인코딩된 암호문 형식으로 변환해 데이터를 보호하는 방법이다. 이러한 암호문을 읽으려면 먼저 암호화 키를 사용해 암호를 해독해야 하며 승인된 사용자만 해당 암호 해독 키에 액세스할 수 있다.

일반적으로 사용되는 키 기반 암호화는 다음과 같은 두 가지 암호화 범주 중 하나로 분류된다.

- **대칭 키 암호화** Symmetric-key encryption: 대칭 암호화 알고리듬을 사용하면 동일한 키를 사용해 데이터를 암호화하고 해독한다. 각 데이터 패킷은 비밀 키로 자체 암호화된다. 데이터는 저장하는 동안 암호화되고 검색하는 동안 복호화된다. 이전에는 56비트 키를 사용하는 **데이터 암호화 표준** DES, Data Encryption Standard 에 따라 대칭 암호화가 적용됐다. 최근의 **고급 암호화 표준** AES, Advanced Encryption Standard 은 128비트, 192비트, 256비트 키를 사용하므로 더 안정적인 대칭 암호화에 많이 사용된다.
- **비대칭 키 암호화** Asymmetric-key encryption: 비대칭 알고리듬의 도움으로 두 개의 다른 키를 사용할 수 있다. 하나는 암호화하고 다른 하나는 복호화한다. 대부분의 경우 암호화 키는 공개 키이고 복호화 키는 개인 키다. 비대칭 키 암호화는 공개 키 암호화라고도 한다. 공개 키와 개인 키는 동일하지 않지만 함께 쌍을 이룬다. 개인 키는 한 명의 사용자만 사용할 수 있지만 공개 키는 여러 자원에 배포될 수 있다. 개인 키가 있는 사용자만 데이터를 복호화할 수 있다. RSA Rivest-Shamir-Adleman 는 네트워크를 통한 데이터 전송을 보호하는 데 사용되는 최초이자 가장 널리 사용되는 공개 키 암호화 알고리듬 중 하나다.

데이터 암호화와 복호화는 처리를 위한 추가 계층이 더해지므로 성능 오버헤드가 따르게 된다. 암호화할 데이터를 선택할 때는 신중하게 선택해야 한다. 성능 및 키 관리 오버헤드를 방지하고자 필요한 경우에만 암호화를 적용하는 것이 좋다.

AES 256비트 보안 키로 데이터를 암호화하는 경우 암호화를 깨는 것이 거의 불가능해진다. 암호를 해독하는 유일한 방법은 암호화 키를 손에 넣는 것이다. 즉, 코드를 보호하고 안전한 장소에 보관해야 한다. 암호화 키를 보호하기 위한 몇 가지 필수 관리 방법을 알아보자.

암호화 키 관리

키 관리에는 암호화 키를 제어하고 유지 관리하는 일이 포함된다. 인증된 사용자만 암호화 키를 만들고 액세스할 수 있게 해야 한다. 모든 암호화 키 관리 시스템은 액세스 관리와 키 생성 외에도 키의 저장, 순환, 폐기를 처리한다. 키 관리는 대칭 알고리듬을 사용하는지 비대칭 알고리듬을 사용하는지에 따라 다르다. 다음은 키 관리에 널리 사용되는 방법들이다.

전자 봉투 암호화

전자 봉투 암호화는 데이터 암호화 키를 보호하는 기술이다. 암호화 키는 데이터 암호화 성능을 높이기 위한 대칭 키다. 대칭 암호화 키는 AES와 같은 암호화 알고리듬과 함께 동작하며 사람이 읽을 수 없기 때문에 안전하게 저장할 수 있는 암호문을 생성한다. 그러나 필요에 따라 데이터 복호화에 사용하려면 대칭 암호화 데이터 키를 데이터와 함께 저장해야 한다. 전자 봉투 암호화가 데이터 키를 보호하는 데 도움이 되는 격리된 데이터 키를 추가로 보호해야 한다는 것이다. 다음 그림을 통해 더 자세히 이해해보자.

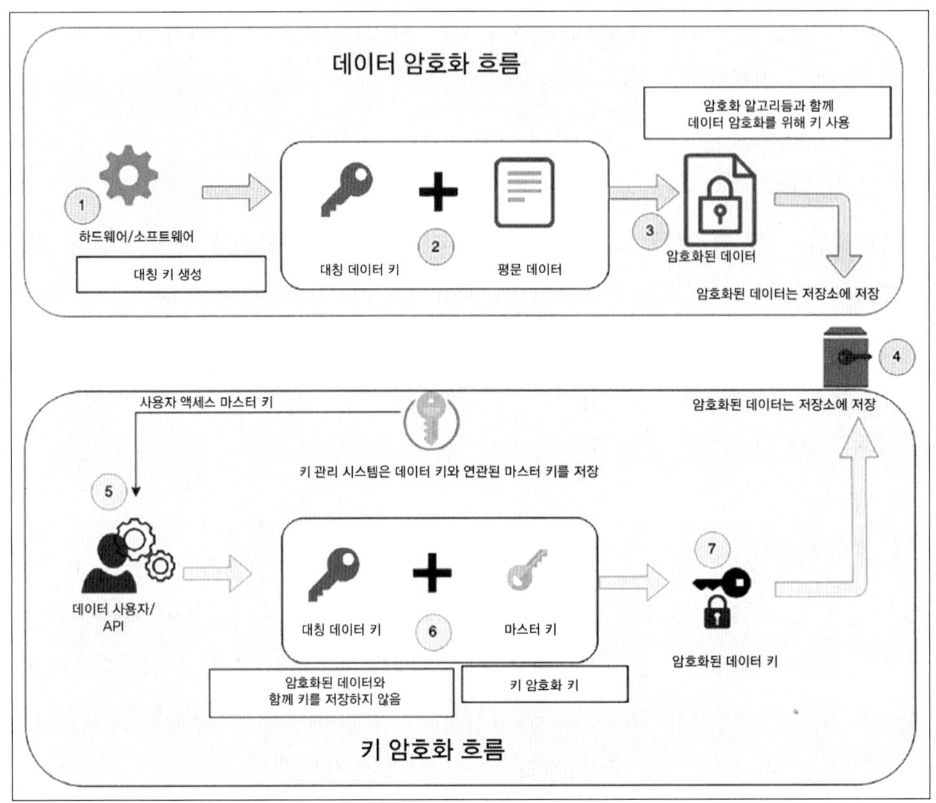

그림 8.11: 전자 봉투 암호화

위의 그림은 봉투 암호화를 설명하는 다음과 같은 흐름을 보여준다.

1. 대칭 키는 소프트웨어나 하드웨어에서 생성된다.
2. 생성된 대칭 데이터 키는 일반 텍스트 데이터를 암호화하는 데 사용된다.
3. 키는 AES와 같은 알고리듬을 사용해 데이터를 암호화하고 암호화된 암호문 데이터를 생성한다.
4. 암호화된 데이터는 대상 저장소에 저장된다.
5. 데이터 키는 암호화된 데이터와 함께 저장돼야 하므로 데이터 키를 추가로 암

호화해야 한다. 사용자는 데이터 키를 암호화하고자 키 관리 시스템에 저장된 고객 마스터 키를 얻는다.

6. 데이터 키는 마스터 키를 사용해 암호화된다. 마스터 키는 데이터 암호화 키를 암호화하므로 기본 암호화 키다. 마스터 키만 여러 데이터 키를 암호화할 수 있으며 액세스가 제한된 키 관리 시스템에 안전하게 저장된다.
7. 마스터 키는 데이터 키를 암호화하고, 암호화된 데이터 키는 암호화된 데이터와 함께 저장소에 저장되고, 마스터 키는 액세스가 제한된 키 관리 시스템에 안전하게 저장된다.

사용자가 데이터의 암호를 해독하려면 먼저 마스터 키가 필요하며 이 키에는 암호화된 데이터 암호화 키가 있다. 이 마스터 키는 하드웨어 보안 모듈과 같은 별도의 시스템에 저장하거나 AWS와 같은 클라우드 제공업체에서 제공하는 소프트웨어 기반 키 관리 서비스에 저장할 수 있다. 이를 더 지세히 살펴보자.

AWS 키 관리 서비스(KMS)

AWS **키 관리 서비스**[KMS, Key Management Service]는 고유 데이터 키가 고객 데이터를 암호화하고 KMS 마스터 키가 데이터 키를 암호화하는 전자 봉투 암호화를 사용한다. 키 구성 요소를 AWS KMS로 가져와 중앙 집중식 위치에서 사용자 액세스, 키 배포와 교체를 관리할 수 있다. 또한 사용하지 않는 키를 비활성화할 수 있으며 키의 수가 적으면 애플리케이션의 성능을 개선하고 더 나은 키 관리를 하는 데 도움이 된다.

AWS KMS는 액세스를 제한하고 마스터 키를 보호하도록 설계돼 있다. KMS는 디스크나 메모리에 일반 텍스트 마스터 키를 저장하지 않음으로써 주요 보안 모범 사례를 구현하는 데 도움이 된다. 또한 KMS는 마스터 키를 원활하게 로테이션해 데이터를 더욱 안전하게 보호한다.

AWS KMS는 멀티테넌시[multitenancy] 키 관리 모듈이다. 고객은 규정 준수로 인해 전용 키 관리 모듈을 원한다. 유사하게 다른 클라우드 업체는 GCP 제공 클라우드 키 관리Cloud Key Management와 같은 키 관리 시스템을 제공하고 마이크로소프트는 애저 키 볼트Key Vault를 제공한다.

때때로 고객은 멀티테넌시에 대한 업계 규정상의 이유로 키 관리 시스템을 갖고 싶어 한다. 이러한 상황에서 **하드웨어 보안 모듈**HSM, Hardware Security Module에 키를 저장하도록 선택할 수 있다. AWS와 같은 클라우드 공급자는 AWS CloudHSM과 같은 저장소도 제공한다. 그리고 자체 HSM 공급업체도 선택할 수 있다. HSM을 더 자세히 살펴보자.

하드웨어 보안 모듈

하드웨어 보안 모듈HSM, Hardware Security Module은 암호화 키 및 관련 암호화 작업을 보호하도록 설계된 디바이스다. HSM은 변조 감지와 응답을 포함해 키를 보호하기 위한 물리적 메커니즘으로 설계돼 있다. 키 변조가 발생하는 경우 HSM은 키를 파괴해 보안 손상을 방지한다.

HSM에는 접근 제어를 제한하는 논리적 보호 기능이 포함돼 있다. 논리적 분리는 HSM 어플라이언스 관리자가 디바이스를 안전하게 관리하는 데 도움이 된다. 액세스 제한은 네트워크에 연결하고 IP 주소를 프로비저닝할 수 있는 사용자에 대한 규칙을 적용한다. 보안 담당자, 어플라이언스 관리자, 사용자를 포함해 모든 사람에 대해 별도의 역할을 생성할 수 있다.

키가 손실되면 데이터가 쓸모없게 될 수 있으므로 서로 다른 지리적 위치에 최소 2개의 HSM을 유지 관리해 HSM의 고가용성을 보장해야 한다. SafeNet이나 Voltage와 같은 다른 HSM 솔루션을 사용할 수 있다. 키를 보호하려면 AWS CloudHSM이나 CipherCloud와 같은 클라우드 서비스에서 제공하는 관리형 HSM을 선택할 수 있다.

데이터 전송 시 암호화

전송 중인 데이터는 이동 중인 데이터를 의미하며 네트워크를 통해 전송된다. 원본과 대상에 있는 저장 데이터를 암호화할 수 있지만 데이터를 전송할 때 데이터 전송 파이프라인이 안전해야 한다. HTTP와 같은 암호화되지 않은 프로토콜을 통해 데이터를 전송할 때 **도청**eavesdropping 공격이나 **중간자**MITM, Man-In-The-Middle 공격과 같은 공격에 의해 데이터가 노출될 수 있다.

도청 공격에서 공격자는 네트워크에서 작은 패킷을 수집하고 이를 사용해 다른 유형의 정보를 검색한다. MITM 공격은 변조 기반 공격으로, 공격자가 수신자를 대신해 통신을 시작하도록 통신을 비밀리에 변경한다. 이러한 종류의 공격은 **전송 보안 계층**TSL, Transport Security Layer과 같은 강력한 프로토콜을 사용해서 SSL을 통해 데이터를 전송함으로써 방지할 수 있다.

최근 대부분의 웹 사이트에서 SSL을 사용해 데이터를 암호화하는 HTTPS 프로토콜을 통신에 사용한다. 기본적으로 HTTP 트래픽은 보호되지 않는다. HTTP 트래픽(HTTPS)에 대한 SSL/TLS 보호는 모든 웹 서버와 브라우저에서 지원된다. HTTP 트래픽은 RESTRepresentational State Transfer 및 SOAPSimple Object Access Protocol 기반 아키텍처와 같은 서비스 지향 아키텍처에도 적용할 수 있다.

SSL/TSL 핸드셰이크는 인증서를 이용한 비대칭 암호화를 사용해 공개 키를 교환한 다음 공개 키를 사용해 대칭 암호화를 사용해 개인 키를 교환한다. 보안 인증서는 베리사인Verisign과 같은 허용되는 **인증기관**CA, Certification Authority에서 발급한다. 발급받은 보안 인증서는 **공개 키 인프라**PKI, Public Key Infrastructure를 사용해 보호해야 한다. 다음은 RSA 키 교환을 사용한 표준 SSL 핸드셰이크다.

1. **Client Hello**: 클라이언트는 SSL을 통해 클라이언트와 통신하고자 서버에 메시지를 보낸다. 이때 보내는 정보에는 SSL 버전 번호, 암호 설정, 사용자 세션별 데이터가 포함된다.

2. **Server Hello:** 서버는 SSL을 사용해야 하는 클라이언트에 정보를 다시 보낸다. 서버는 공개 키로 SSL 버전 번호와 인증서를 확인한다.

3. **인증과 사전 마스터 암호:** 클라이언트는 공통 이름, 날짜, 발급자와 같은 세부 정보를 사용해 서버 인증서를 인증한다. 클라이언트는 자신의 암호에 따라 세션에 대한 사전 마스터 암호를 생성하고, 서버의 공개 키로 암호화하고 암호화된 사전 마스터 암호를 서버로 보낸다.

4. **복호화와 마스터 암호:** 서버는 개인 키를 사용해 사전 마스터 암호를 복호화한다. 서버와 클라이언트 모두 합의된 암호로 마스터 암호를 생성한다.

5. **세션 키로 암호화:** 클라이언트와 서버 모두 향후 메시지가 암호화될 것임을 알리고자 메시지를 교환하는데, 이를 공유 암호라고 한다. 일단 공유되면 클라이언트와 서버는 메시지를 교환해 메시지 암호화와 복호화를 확인한다. 거기에서 둘 다 나머지 세션 동안 통신을 보호한다.

네트워크를 통한 웹 이외의 데이터 전송도 암호화돼야 하며 여기에는 **보안 셸**SSH, Secure Shell과 **인터넷 프로토콜 보안**IPsec 암호화가 포함된다. SSH는 서버에 연결할 때 가장 널리 사용되며 IPsec은 **가상 사설망**VPN, Virtual Private Network을 통해 전송되는 기업 트래픽을 보호하는 데 적용할 수 있다. 파일 전송은 **SSH 파일 전송 프로토콜**SFTPS 또는 **FTP 보안**FTPS을 사용해 보호돼야 하고 이메일 서버 통신은 **단순 메일 전송 프로토콜 보안**SMTPS, Simple Mail Transfer Protocol Secure이나 **인터넷 메시지 액세스 프로토콜**IMAP, Internet Message Access Protocol로 보호돼야 한다.

이 절에서는 다양한 암호화 기술을 사용해 저장된 데이터와 이동 중인 데이터를 보호하는 다양한 방법을 살펴봤다. 데이터 백업과 복구는 예상치 못한 사고가 발생할 경우 데이터를 보호하는 중요한 측면이다. 9장의 '재해 복구 계획' 절에서 데이터 백업을 자세히 알아본다.

고객의 데이터 보안을 보장하기 위한 일련의 체크리스트인 규정 준수를 정의하는 여러 관리 기관이 있다. 또한 규정 준수는 조직이 업계와 지역의 정부 규칙을 준수하게 한다. 다음 절에서 다양한 규정 준수 조치를 자세히 알아본다.

보안과 규정 준수 인증

고객 개인 정보를 보호하고 데이터를 보호하고자 산업과 지리적 위치에 따라 많은 규정 준수 인증이 있다. 모든 솔루션 설계에서 규정 준수 요구 사항은 평가해야 하는 중요한 기준 중 하나다. 다음은 가장 널리 사용되는 업계 표준 규정 중 일부다.

- 글로벌 규정 준수에는 지역에 관계없이 모든 조직이 준수해야 하는 인증이 포함된다. 여기에는 클라우드 보안을 위한 ISO 9001, ISO 27001, ISO 27017, ISO 27018, SOC 1, SOC 2, SOC 3, CSA STAR가 포함된다.
- 미국 정부는 공공 부문에 대해 다양한 종류의 규정 준수를 요구한다. 여기에는 FedRAMP, DoD SRG 레벨-2, 4, 5, FIPS 140, NIST SP 800, IRS 1075, ITAR, VPAT, CJIS가 포함된다.
- 애플리케이션의 산업 수준 규정 준수는 특정 산업에 적용된다. 여기에는 PCI DSS, CDSA, MPAA, FERPA, CMS MARS-E, NHS IG Toolkit(영국), HIPAA, FDA, FISC(일본), FACT(영국), Shared Assessment, GLBA가 포함된다.
- 지역 규정 준수 인증은 특정 국가나 지역에 적용된다. 여기에는 EU GDPR, EU 모델 조항, 영국 G-Cloud, 중국 DJCP, 싱가포르 MTCS, 아르헨티나 PDPA, 호주 IRAP, 인도 MeitY, 뉴질랜드 GCIO, 일본 CS Mark Gold, 스페인 ENS, DPA, 캐나다 개인정보 보호법, 미국 개인정보 보호법이 포함된다.

위에서 본 것처럼 산업, 지역, 정부 정책에 따라 다양한 규제 기관에서 제공하는 많은 규정 준수 인증이 있다. 규정 준수에 대한 자세한 내용은 다루지 않지만 솔루션 설계를 시작하기 전에 규정 준수 요구 사항에 따라 애플리케이션을 평가해야 한다. 규정 준수 요구 사항은 전체 솔루션 설계에 큰 영향을 미친다. 규정 준수 요구 사항에 따라 어떤 종류의 암호화가 필요한지 로깅, 감사, 워크로드 위치를 결정해야 한다.

로깅과 모니터링은 강력한 보안과 규정 준수를 보장하는 데 도움이 된다. 로깅과 모니터링은 필수적이다. 사고가 발생하면 팀에 즉시 통보하고 사고에 대응할 준비가 돼 있어야 한다. 10장에서 모니터링과 경고 방법을 자세히 다룬다.

애플리케이션의 지리적 위치, 산업, 정부 규칙에 따라 여러 규정 준수 산업이 있다. 다양한 규정 준수 범주와 각 그룹에 적합한 몇 가지 공통 규정 준수 표준을 살펴봤다. 많은 조직이 클라우드로 이동하고 있으므로 클라우드의 보안을 이해하는 것이 중요하다.

클라우드의 공동 책임 모델

클라우드가 표준이 되고 많은 조직이 워크로드를 AWS, 구글 클라우드 플랫폼GCP, Google Cloud Platform, 애저와 같은 퍼블릭 클라우드로 이전함에 따라 고객은 클라우드 보안 모델을 이해해야 한다. 클라우드의 보안은 고객과 클라우드 공급자 간의 공동 노력이다. 고객은 클라우드 서비스를 사용해 구현하는 것과 클라우드에 연결된 애플리케이션에 대한 책임이 있다. 클라우드에서 애플리케이션 보안 요구 사항에 대한 고객의 책임은 사용 중인 클라우드 제품과 시스템의 복잡성에 따라 다르다. 다음 그림은 가장 큰 퍼블릭 클라우드 공급자인 AWS의 클라우드 보안 모델을 보여주며 애저, GCP, 오라클, IBM, 알리바바Alibaba와 같은 모든 퍼블릭 클라우드 공급자에 적용할 수 있다.

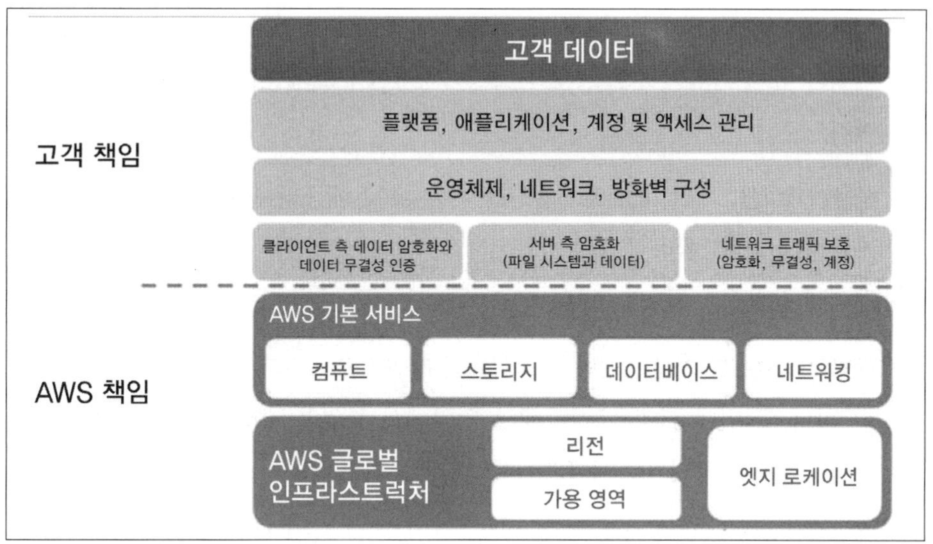

그림 8.12: AWS 클라우드 보안 공동 책임 모델

그림에서 볼 수 있듯이 AWS는 클라우드, 특히 자원을 호스팅하는 물리적 인프라의 보안을 처리한다.

여기에는 다음이 포함된다.

- **데이터 센터:** 위치가 알려져 있지 않는 시설, 연중무휴 보안 경비, 멀티팩터 인증, 액세스 로깅과 검토, 동영상 감시, 디스크 디가우징과 파괴
- **하드웨어 인프라:** AWS 서비스에 의존하는 서버, 스토리지 디바이스, 기타 어플라이언스
- **소프트웨어 인프라:** 호스트 운영체제, 서비스 애플리케이션, 가상화 소프트웨어
- **네트워크 인프라:** 라우터, 스위치, 로드 밸런서, 방화벽, 케이블링 등. 또한 외부 경계, 보안 액세스 포인트 및 이중화 인프라에서의 지속적인 네트워크 모니터링이 포함된다.

고객은 다음을 포함해 클라우드에서 보안을 처리해야 한다.

- **서버 운영체제:** 서버에 설치된 운영체제는 공격에 취약할 수 있다. 운영체제의 패치와 유지 관리는 소프트웨어 애플리케이션에 크게 의존하므로 고객의 책임이다.
- **애플리케이션:** 개발, 테스트, 운영과 같은 모든 애플리케이션과 환경은 고객이 유지 관리한다. 따라서 비밀번호 정책과 액세스 관리를 처리하는 것은 고객의 책임이다.
- **운영체제/호스트 기반 방화벽:** 고객은 외부 공격으로부터 전체 시스템을 보호해야 한다. 그런데 클라우드는 해당 영역에서 보안을 제공하지만 고객은 보안 계층을 추가하고자 IDS나 IPS를 고려해야 한다.
- **네트워크 구성과 보안 그룹:** 클라우드는 네트워크 방화벽을 생성하는 도구를 제공하지만 트래픽을 중지하거나 통과하도록 허용해야 하는 것은 애플리케이션 요구 사항에 따라 다르다. 고객은 외부 및 내부 네트워크 트래픽으로부터 시스템을 보호하고자 방화벽 규칙을 설정할 책임이 있다.
- **고객 데이터와 암호화:** 필요한 데이터 보호에 대해 더 잘 알고 있으므로 데이터 처리는 고객의 책임이다. 클라우드는 다양한 암호화 메커니즘을 사용해 데이터 보호를 신청할 수 있는 도구를 제공하지만 이러한 도구를 적용하고 데이터를 보호하는 것은 고객의 책임이다.

또한 퍼블릭 클라우드는 관리되는 하드웨어 부분에 적용되는 다양한 규정 준수 인증을 제공한다. 애플리케이션이 규정을 준수하게 하려면 애플리케이션 수준 불만 사항에 대한 감사를 처리하고 완료해야 한다. 고객은 클라우드 공급자가 제공하는 보안과 규정 준수를 상속함으로써 추가적인 이점을 얻을 수 있다.

보안 모범 사례들을 가능한 한 자동화해야 한다. 소프트웨어 기반 보안 메커니즘은 좀 더 빠르고 비용 효율적이며 안전하게 확장할 수 있는 능력을 향상시킨다. 가상 서버의 사용자 지정 기준 이미지를 만들고 저장한 다음 새로 시작할 때마다 해당 이미지를 자동으로 사용하게 한다. 템플릿에서 정의하고 관리되는 전체 인프라를 생성해 새 환경에 대한 모범 사례를 따른다.

클라우드는 IT 인프라 수준에서 내장된 보안과 함께 클라우드에서 애플리케이션을 보호하기 위한 모든 종류의 도구와 서비스를 제공한다. 그런데 이러한 서비스를 어떻게 활용하고 클라우드에서 애플리케이션을 안전하게 보호할 것인지는 고객의 몫이다. 전체 클라우드는 IT 인벤토리에 대한 더 나은 가시성과 중앙 집중식 관리를 제공해 시스템을 관리하고 보호하는 데 도움이 된다.

보안은 모든 솔루션의 우선순위이며, 솔루션 아키텍트는 애플리케이션이 안전하고 공격으로부터 보호되는지 확인해야 한다. 보안은 지속적인 노력이 있어야 한다. 각 보안 사고는 애플리케이션의 개선 기회가 돼야 한다. 강력한 보안 메커니즘에는 인증과 권한 부여 제어가 있어야 한다. 모든 조직과 애플리케이션은 보안 이벤트에 대한 응답을 자동화하고 여러 수준에서 인프라를 보호해야 한다.

요약

8장에서는 솔루션 설계에 보안 모범 사례를 적용하기 위한 다양한 설계 원칙을 살펴봤다. 이러한 원칙에는 적절한 접근 제어, 데이터 보호, 모니터링을 적용해 애플리케이션을 보호하고자 솔루션을 설계하는 동안 주요 고려 사항들이 포함된다. 모든 계층에 보안을 적용해야 한다. 사용자 인증과 권한 부여를 시작으로 웹 계층, 애플리케이션 계층, 인프라 계층, 데이터베이스 계층에서 보안을 적용하는 방법을 살펴봤다. 각 계층은 다른 종류의 공격에 취약하며 사용할 수 있는 기술의 선택으로 애플리케이션을 보호하는 다양한 방법을 살펴봤다.

사용자 관리를 위해 FIM과 SSO를 사용해 기업 사용자를 처리하는 방법과 사용자 인증과 권한 부여를 구현하는 다양한 방법을 살펴봤다. 이러한 선택에는 마이크로소프트의 AD와 AWS 디렉터리 서비스와 같은 엔터프라이즈 관리 서비스가 포함된다. OAuth 2.0을 사용해 수백만 명의 사용자를 처리하는 옵션도 있다.

웹 계층에서는 DDoS, SQLi, XSS와 같은 다양한 공격 유형을 살펴봤다. 다양한 DDoS 방지 기술과 네트워크 방화벽을 사용해 이러한 공격을 보호하는 방법도 살펴봤다. 애플리케이션 계층에서 코드를 보호하고 인프라의 보안을 보장하는 다양한 기술을 알아봤다. 공격 반경을 제한하고자 신뢰할 수 있는 경계를 구축하기 위해 다양한 네트워크 구성 요소와 방법을 자세히 살펴봤다.

적절한 데이터 분류를 설정하고 데이터에 기밀, 비공개 또는 공개 데이터로 태그를 지정해 데이터를 보호하는 방법을 살펴봤다. 대칭 및 비대칭 알고리듬과 이들이 서로 어떻게 다른지도 살펴봤다. 키 관리를 사용해 공개/개인 암호화 키를 보호하는 방법을 살펴봤다. 데이터는 이동 중이거나 스토리지에 있을 수 있다. 두 모드에서 데이터를 보호하는 방법을 살펴봤다. 마지막으로 클라우드 워크로드에 적용할 수 있는 다양한 규정 준수와 보안 공동 책임 모델을 살펴봤다.

8장에서는 보안 모범 사례를 적용하는 것을 설명했는데, 안정성은 솔루션 설계의 또 다른 필수 측면이다. 비즈니스를 성공시키려면 항상 사용할 수 있고 워크로드 변동을 처리할 수 있는 안정적인 솔루션을 만들어야 한다. 9장에서는 사용 가능한 기술을 선택해 애플리케이션을 안정적으로 만드는 모범 사례를 알아본다. 애플리케이션을 좀 더 안정적으로 만들기 위한 다양한 재해 복구와 데이터 복제 전략도 알아본다.

09

아키텍처 안정성 고려 사항

애플리케이션 안정성Reliability은 아키텍처 설계의 필수 사항 중 하나다. 신뢰할 수 있는 애플리케이션은 고객이 필요로 할 때 언제든 사용할 수 있게 제공하기 때문에 고객의 신뢰를 얻는 데 도움이 된다. 이제 대부분의 비즈니스가 온라인으로 운영 되면서 고가용성은 온라인 애플리케이션의 필수 기준 중 하나가 됐다. 사용자들은 언제든 애플리케이션에 접속할 수 있길 원하고 편하게 쇼핑과 은행 업무와 같은 것들을 할 수 있길 원하고 있다. 안정성은 비즈니스가 성공하기 위해 필수적이다.

안정성은 시스템을 장애에서 복구할 수 있는 능력을 의미한다. 내결함성을 갖춘 애플리케이션은 고객 경험을 헤치지 않으면서 장애를 복구할 수 있다. 신뢰할 수 있는 시스템은 어떠한 인프라 장애나 서버 장애가 발생하더라도 복구할 수 있어야 하고, 시스템은 장애의 원인이 될 수 있는 어떠한 상황도 처리할 수 있는 준비가 돼 있어야 한다.

9장에서는 솔루션을 안정적으로 만드는 데 적용할 수 있는 다양한 설계 원칙을 알아본다. 안정성을 평가할 때는 아키텍처의 모든 구성 요소를 고려해봐야 한다. 모든 계층에서 아키텍처의 안정성을 보장하고자 올바른 기술을 선택하는 방법을 알아볼 것이다. 9장에서는 다음과 같은 안정성을 위한 모범 사례를 알아본다.

- 아키텍처 안정성을 위한 설계 원칙
- 아키텍처 안정성을 위한 기술 선택
- 클라우드로 안정성 향상

이 장의 말미에서는 애플리케이션의 고가용성과 비즈니스의 연속성을 보장하기 위한 다양한 재해 복구disaster recovery 기술과 데이터 복제 방법을 알아본다.

아키텍처 안정성을 위한 설계 원칙

안정성의 목표는 어떠한 장애가 있더라도 가장 작은 범위가 영향 받게 하는 것이다. 최악의 시나리오에 대비한 체계를 갖추면 인프라와 애플리케이션의 여러 구성 요소에 대한 다양한 완화 전략을 마련할 수 있다.

NOTE

장애가 발생하기 전에 복구 절차를 철저히 테스트해야 한다.

다음 내용은 시스템의 안정성을 강화하는 데 도움이 되는 표준 설계 원칙이다. 모든 안정성 설계 원칙은 밀접하게 연관돼 있고 서로 보완하고 있다는 것을 알 수 있을 것이다.

시스템이 자가 치유 되게 만들기

시스템 장애는 사전에 예측될 수 있어야 하고 장애가 발생하면 시스템 복구가 자동으로 수행돼야 한다. 이를 시스템 자가 치유self-healing라고 한다. 자가 치유는 자동으로 장애를 복구하는 해결 방안이다. 자가 치유 시스템은 장애를 사전에 감지하고 고객에게 미치는 영향을 최소화하면서 적절하게 대응하게 한다. 장애는 하드웨어 장애나 네트워크 장애, 소프트웨어 장애 등 전체 시스템의 어떠한 계층에서든 발생할 수 있다. 그렇기 때문에 시스템은 장애를 감시하고 복구를 수행해야 한다.

시스템이 자가 치유되게 하려면 먼저 애플리케이션과 비즈니스에 대한 **핵심 성과 지표**KPI, Key Performance Indicators가 있어야 한다. 이 KPI에는 초당 요청 수 또는 사용자 관점에서 웹 사이트의 페이지 로드의 지연시간 등이 포함될 수 있다. 인프라 관점에서 최대 CPU 사용률이 60%를 초과하면 안 된다거나 메모리 사용률이 총 사용 가능한 RAMRandom-Access Memory의 50%를 넘지 않아야 된다는 것처럼 정의할 수 있다.

KPI를 정의할 때 장애를 추적하고 KPI가 임곗값에 도달하면 이를 알려줄 수 있는 모니터링 시스템을 구축해야 한다. 또한 모니터링에 자동화를 적용해 사고 발생 시 시스템이 자가 치유할 수 있게 해야 한다. 예를 들어 CPU 사용률이 50% 가까이 도달하면 서버를 더 추가하는 것과 같이 사전 모니터링으로 장애를 방지할 수 있다.

자동화 적용

자동화는 애플리케이션의 안정성을 개선하는 핵심이다. 애플리케이션 배포와 구성에서부터 인프라 전반에 이르기까지 모든 것을 자동화해야 한다. 자동화는 여러분이 속한 팀이 빠르게 움직이고, 더 자주 실험할 수 있는 민첩성을 제공한다. 클릭 한 번으로 전체 시스템 인프라와 환경을 복제해 새로운 기능을 사용해볼 수 있다.

전자상거래 웹 사이트를 예로 들면 주말에 더 많은 사용자 트래픽이 있을 것으로 예상되기 때문에 일정 기반으로 애플리케이션의 오토스케일링을 계획할 수 있다. 예측할 수 없는 워크로드를 처리해야 하는 경우에는 사용자의 요청 규모에 따라 자동으로 확장할 수 있다. 자동화를 사용해 개별로 실행되는 작업의 결과들을 결합할 때 더 높은 정확도를 제공하는 독립적이면서 병렬적인 작업을 실행하기도 한다.

개발 환경과 동일한 구성을 **품질 보증**QA 환경에 적용해야 하는 일이 빈번하게 발생한다. 기능 테스트와 UAT, 부하테스트 환경을 포함해 각 테스트 단계에는 여러 QA 환경이 있을 수 있다. 가끔 QA 테스트 시 잘못 구성된 자원으로 인한 결함을 발견해 테스트 일정이 더 지연될 수 있다. 가장 중요한 것은 운영 서버에서 구성 오류가 발생하는 것은 용납할 수 없다는 것이다.

정확히 동일한 구성을 하려면 단계별로 구성에 대한 지침을 문서화해야 할 것이다. 각 환경 구성을 위해 수동으로 같은 단계를 반복하는 것은 오류가 발생하기 쉽다. 데이터베이스 이름에 오타를 입력하는 것처럼 언제나 사람으로 인한 오류가 발생할 수 있다. 이 문제에 대한 해결책은 스크립트를 만들어서 이러한 단계를 자동화하는 것이다. 또한 자동화 스크립트 자체가 문서가 될 수 있다.

스크립트가 정확하기만 하면 수동으로 구성하는 것보다 더 안정적이고, 재사용할 수 있다. 비정상적인 자원 감지와 자원 교체를 수행하는 것을 자동화할 수 있고, 자원이 변경되면 IT 운영 팀에 알릴 수 있다. 자동화는 시스템의 모든 곳에 적용해야 하는 기본적인 설계 원칙이다.

분산 시스템 생성

모놀리식 애플리케이션은 특정 모듈에 사소한 문제가 전체 시스템을 다운시킬 수 있기 때문에 시스템은 안정성이 낮을 수 있다. 애플리케이션을 여러 개의 작은 서비스로 나누면 영향 범위가 줄어든다. 애플리케이션의 어느 한 부분이 전체 시스템에 영향을 주어서는 안 되고, 애플리케이션은 계속해서 중요한 기능을 제공할 수 있어야 한다. 예를 들어 전자상거래 웹 사이트에서 결제 서비스 문제는 나중에라도 결제가 처리될 수 있으므로 고객의 주문을 처리하는 기능에는 영향을 미치지 않아야 한다.

서비스 수준에서 애플리케이션을 수평적으로 확장해 시스템 가용성을 높일 수 있다. 영향 범위를 줄이고자 하나의 모놀리식 시스템보다는 함께 작동하는 여러 개의 작은 구성 요소들을 사용하도록 시스템을 설계하는 것이 좋다. 이러한 분산 설계에서는 요청들이 다른 시스템 구성 요소에서 처리되기 때문에 하나의 컴포넌트 장애가 시스템의 다른 기능들에 영향을 주지 않게 된다. 예를 들어 전자상거래 웹 사이트에서는 창고 관리 컴포넌트의 장애가 주문을 하고 있는 고객에게 영향을 주지 않는다.

하지만 분산된 시스템에서는 통신 메커니즘이 복잡할 수 있다. 회로 차단기 패턴을 활용해 시스템 종속성을 처리해야 한다. 6장에서 회로 차단기 패턴에서 살펴본 것처럼 기본 아이디어는 간단하다. 보호된 함수 호출을 회로 차단기 객체로 래핑하면 오류를 모니터링하고 이를 완화하고자 자동화된 조치를 취하게 된다.

용량 모니터링과 추가

자원 포화는 애플리케이션 장애의 가장 일반적인 원인이다. CPU, 메모리 또는 하드디스크 부하로 인해 애플리케이션에서 요청을 거부하기 시작하는 문제가 빈번하게 발생한다. 필요할 때 사용할 수 있는 추가 용량을 확보하고 있어야 하기 때문에 더 많은 자원을 추가하는 것이 항상 간단한 작업은 아니다.

기존의 온프레미스 환경에서는 사전 예측에 기반을 두고 서버 용량을 계산해야 한다. 워크로드 용량 예측은 쇼핑 웹 사이트를 비롯한 모든 온라인 비즈니스에서 점점 더 어려워지고 있다. 온라인 트래픽은 매우 예측하기 어렵고 세계적인 트렌드에 따라 변동이 심하다. 일반적으로 하드웨어를 조달하기까지 3~6개월이 소요될 수 있고 용량을 추측하기도 어렵다. 과도하게 하드웨어를 주문하게 되면 자원이 유휴 상태로 남아있기 때문에 추가 비용이 발생하고, 자원이 부족하면 애플리케이션의 불안정성으로 인해 비즈니스 손실이 발생하게 된다.

용량을 추측할 필요는 없고 필요할 때 애플리케이션을 확장할 수 있는 환경이 필요하다.

AWS와 같은 퍼블릭 클라우드 공급자는 **서비스로서의 인프라**IaaS, Infrastructure as a Service를 제공해 필요한 만큼의 자원 가용성을 확보할 수 있게 해준다.

클라우드에서는 시스템의 수요와 공급을 모니터링할 수 있다. 필요시 자동으로 자원을 추가하거나 제거할 수도 있다. 이로 인해 과도하거나 부족하게 자원을 프로비저닝하지 않고 수요를 충족하는 자원 수준을 유지할 수 있다.

복구 검증 수행

대부분의 조직은 인프라를 검증할 때 모든 것이 잘 동작하는 행복한 경로Happy Path로만 검증하려는 경향이 있다. 그것보다는 시스템이 어떻게 실패하고 복구 절차는 잘 작동하는지를 확인해야 한다. 모든 것은 항상 실패할 수 있다고 가정하고 애플리케이션을 검증해야 한다. 복구 및 장애 조치 전략이 제대로 작동할 것이라고 기대하지 말고 정기적으로 테스트해 문제가 발생하더라도 놀라지 않게 해야 한다.

시뮬레이션 기반 검증은 잠재적인 위험을 발견하는 데 도움이 된다. 시스템 장애를 일으킬 수 있는 시나리오를 자동화하고 그에 따라 사고 대응을 준비할 수 있다. 유효성 검사는 프로덕션에서의 모든 것은 실패할 수 있다는 생각으로 애플리케이션 안정성을 개선해야 한다.

복구 가능성은 간혹 가용성에 속하는 것으로 간과되는 경우가 있는데 시스템의 **복구 시점 목표**RPO, Recovery Point Objective 및 **복구 시간 목표**RTO, Recovery Time Objective를 향상시키려면 데이터와 애플리케이션을 설정과 함께 머신 이미지로 만들어서 백업해야 한다. 다음 절에서 RTO와 RPO를 자세히 알아본다. 자연 재해로 인해 하나 이상의 구성요소를 사용할 수 없게 되거나 기본 데이터 원본이 파괴됐다고 가정해보자. 이 경우 데이터 손실 없이 신속하게 서비스를 복원할 수 있어야 한다. 애플리케이션 안정성을 향상시키고 관련 기술 선택을 더 잘하기 위한 재해 복구 전략을 더 자세히 살펴보자.

안정적인 아키텍처를 위한 기술 선택

애플리케이션 안정성은 사용자에게 서비스를 제공할 애플리케이션의 가용성으로 확인하곤 한다. 애플리케이션을 고가용성으로 만드는 데는 몇 가지 요소가 필요하다. 고가용성과 다른 의미로 내결함성fault-tolerant이라는 것은 애플리케이션 구성 요소 안에 포함된 중복성을 의미한다. 애플리케이션의 가용성이 높아도 100% 내결함성은 제공하지 않을 수 있다. 예를 들어 애플리케이션에서 사용자 요청을 처리하고자 4개의 서버가 필요한 경우 고가용성을 위해 두 데이터 센터에 서버를 이중화했다고 가정해보자. 한 사이트가 다운되더라도 시스템은 여전히 50% 용량으로 고가용성을 제공하지만 사용자가 느끼는 성능의 기대치에는 영향을 줄 수가 있다. 그러나 각각 4개의 서버가 있는 두 사이트에 동일한 중복성을 제공하면 애플리케이션의 가용성을 높일 뿐만 아니라 100%의 내결함성을 가질 수 있다.

애플리케이션이 100% 내결함성을 제공하지 않는다면 자동화된 확장성을 추가해 가용한 범위 내에서 증가된 인프라 용량 요구 사항에 대응해 애플리케이션의 성능을 유지할 수 있다. 또한 애플리케이션을 안정적으로 만들려면 데이터 손실 없이 신속하게 서비스를 복원할 수 있어야 한다. 이어서 재해 복구로 복구 프로세스를 다룰 것이다. 다양한 재해 복구 시나리오를 알아보기 전에 RTO/RPO와 데이터 복제를 자세히 알아보자.

복구 시간 목표와 복구 시점 목표 계획

비즈니스 애플리케이션은 서비스 수준 계약SLA, Service-Level Agreement 형식으로 서비스 가용성을 정의해야 한다. 조직은 사용자의 애플리케이션 가용성과 안정성을 보장하고자 SLA를 정의한다. 연간 애플리케이션을 99.9% 사용할 수 있어야 하거나 조직에서 매월 43분의 가동 중지 시간을 허용할 수 있어야 하는 등 SLA를 정의할 수 있다. 정의된 SLA는 주로 애플리케이션의 RPO와 RTO에 적용된다.

RPO는 조직이 주어진 기간 동안 허용할 수 있는 데이터 손실의 양이다. 예를 들어 주문 이행 애플리케이션에서 15분마다 고객 주문을 처리하고 있고 15분간의 데이터 손실을 허용할 수 있다면 이 애플리케이션에서 시스템 오류가 발생하더라도 해당 데이터를 다시 처리하는 것이 허용된다. RPO는 데이터 백업 전략을 정의하는 데 도움이 된다. RTO는 애플리케이션 다운타임과 장애 발생 후 애플리케이션이 정상적으로 복구하고 다시 작동하는 데 걸리는 시간에 관한 것이다. 다음 그림은 RTO와 RPO의 차이점을 보여준다.

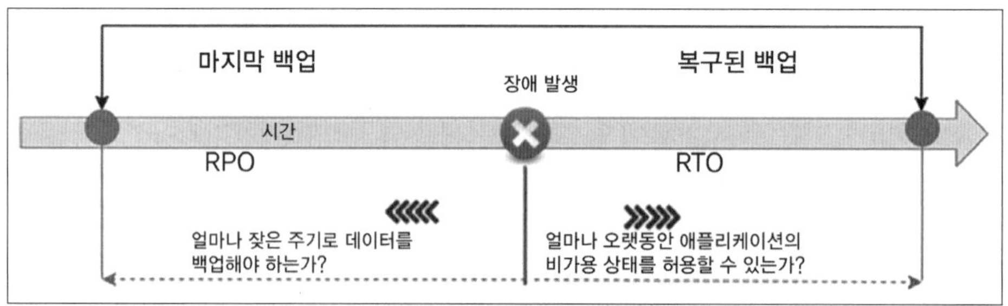

그림 9.1: RTO와 RPO

앞의 그림에서 오류가 오전 10시에 발생하고 오전 9시에 마지막 백업을 수행했다고 가정해보자. 시스템 장애가 발생하면 1시간의 데이터가 손실된다. 시스템을 복원할 때 매시간 데이터 백업을 수행했기 때문에 한 시간 분량의 데이터 손실이 발생한다.

이 경우 1시간 분량의 데이터 손실을 감수할 수 있기 때문에 시스템 RPO는 1시간이다. 즉, RPO는 허용할 수 있는 최대 데이터 손실이 1시간임을 나타낸다.

시스템이 백업으로 데이터를 복원하고 시스템에 로드하는 데 30분이 걸리는 경우 RTO는 30분으로 정의된다. 이는 허용될 수 있는 최대 가동 중지 시간이 30분임을 의미한다. 즉, RTO는 다운타임을 유발하는 장애가 발생한 후 전체 시스템을 복원하는 데 걸리는 시간이다. 조직은 일반적으로 시스템을 사용할 수 없는 경우 사용자 경험과 비즈니스에 대한 재정적 영향을 기반으로 허용 가능한 RPO와 RTO를 결정한다.

조직은 RTO와 RPO를 결정할 때 다운타임으로 인한 비즈니스 수익 손실과 평판 손상을 포함해 다양한 요소를 고려한다. IT 조직은 정의된 RTO와 RPO에 따라 효과적인 시스템 복구를 제공하는 솔루션을 계획한다. 데이터가 시스템 복구의 핵심임을 알게 됐으니 이어서 데이터 손실을 최소화하는 몇 가지 방법을 알아보자.

데이터 복제

데이터 복제와 스냅샷은 재해 복구와 시스템 안정성의 핵심이다. 복제는 보조Secondary 사이트에 기본Primary 데이터 사이트의 복사본을 만든다. 기본 시스템에 장애가 발생하면 시스템이 보조 시스템으로 장애 조치fail over돼 안정적으로 계속 작동할 수 있게 된다. 여기서 데이터는 NAS 드라이브, 데이터베이스 스냅샷 또는 머신 이미지 스냅샷에 저장된 파일 데이터일 수 있고, 사이트는 지리적으로 분리된 두 개의 온프레미스 시스템이나 동일한 건물에 있는 두 개의 개별 디바이스 또는 물리적으로 분리된 퍼블릭 클라우드일 수 있다.

데이터 복제는 재해 복구에 유용할 뿐만 아니라 테스트와 개발을 위한 새로운 환경을 빠르게 생성하게 해 조직의 민첩성을 높일 수 있다. 데이터 복제는 동기식이거나 비동기식일 수 있다.

동기식 복제와 비동기식 복제

동기식 복제는 실시간으로 데이터 복사본을 생성한다. 실시간 데이터 복제는 재해 발생 시 RPO를 줄이고 안정성을 높이는 데 도움이 된다. 그러나 지속적인 데이터 복제를 위해 기본 시스템에 추가 자원이 요하므로 비용이 많이 들게 된다. 비동기식 복제는 약간의 지연이 있거나 정의된 일정에 따라 데이터 복사본을 생성한다. 그러나 비동기식 복제는 동기식 복제에 비해 자원을 덜 사용하기 때문에 비용이 비교적 저렴하다. 시스템이 RPO를 더 길게 가져갈 수 있다면 비동기식 복제를 선택할 수 있다.

Amazon RDS와 같은 관리형 데이터베이스 서비스는 다중 가용 영역 장애 조치를 설정해 RDS를 생성하면 동기식 복제가 적용된다. 읽기 전용 복제본의 경우 비동기식 복제 기능을 사용해 복제하고, 읽기 요청을 처리할 수 있다.

다음 그림에서 볼 수 있듯이 동기식 복제의 경우 데이터베이스의 마스터와 스탠바이^Standby 인스턴스 간에는 데이터 복제 시 지연이 없지만 비동기 복제의 경우 데이터를 마스터와 스탠바이 인스턴스 간에 데이터를 복제하는 데 약간의 지연이 있을 수 있다.

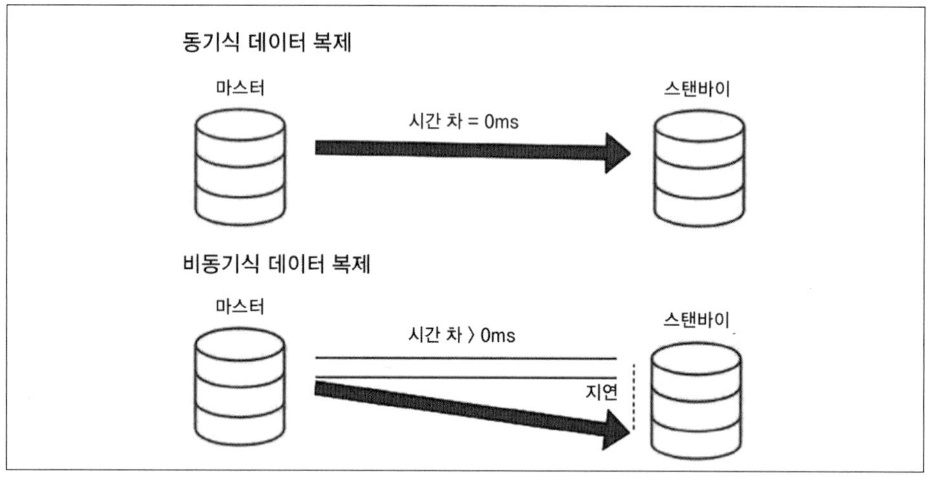

그림 9.2: 동기식과 비동기식 데이터 복제

동기식과 비동기식 접근 방식을 위한 몇 가지 데이터 복제 방법을 살펴보자.

복제 방법

복제 방법은 원본 시스템에서 데이터를 추출해 데이터 복구 목적으로 복제본을 만드는 접근 방식을 의미한다. 비즈니스를 지속하려면 데이터의 사본을 저장해야 하고, 스토리지 유형에 따라 다양한 복제 방법이 있으며, 다음과 같은 방법으로 구현할 수 있다.

- **어레이 기반 복제**Array-based replication: 내장된 소프트웨어가 자동으로 데이터를 복제한다. 이때 데이터 원본과 대상 스토리지 어레이는 데이터 복제를 위해 호환돼야 한다. 스토리지 어레이는 랙에 여러 스토리지 디스크를 포함한다.

  배포가 간편하고 호스트 시스템의 컴퓨트 파워를 줄일 수 있기 때문에 주로 대기업에서 사용한다. 어레이 기반 복제 제품들로는 HP Storage, EMC SAN Copy, NetApp SnapMirror 등이 있다.

- **네트워크 기반 복제**Network-based replication: 다른 종류의 이기종 스토리지 어레이 간에 데이터를 복제할 수 있다. 호환되지 않는 스토리지 어레이 간에는 추가 스위치나 어플라이언스를 사용해 데이터를 복제한다. 네트워크 기반 복제에서는 여러 플레이어가 참여하기 때문에 복제 비용이 더 많이 들어갈 수 있다. 네트워크 기반 복제 제품으로는 NetApp Replication X, EMC RecoverPoint 등이 있다.

- **호스트 기반 복제**Host-based replication: NAS, SAN 또는 DAS와 같은 스토리지 시스템에 데이터를 복제할 수 있도록 소프트웨어 에이전트를 호스트에 설치한다. 초기 비용이 비교적 저렴하고 이기종 디바이스 간 호환성으로 인해 중소기업에서 매우 인기 있는 방식이다. 하지만 호스트 운영체제에 에이전트를 설치해야 하기 때문에 더 많은 컴퓨팅 자원이 필요하다. 호스트 기반 복제 제품으로는 Symantec, Commvault, CA, Vision Solution 등이 있다.

- **하이퍼바이저 기반 복제**Hypervisor-based replication: VM-ware 기반에서는 전체 가상 머신을 대상 호스트에서 다른 호스트로 복제한다. 대부분의 기업들은 가상 머신을 사용하고 있고, 하이퍼바이저 기반 복제는 이러한 기업들의 RTO를 줄이고자 매우 효율적인 재해 복구 접근 방식을 제공한다. 하이퍼바이저 기반 복제는 확장성이 뛰어나고 호스트 기반 복제보다 적은 자원을 사용하며 VMware와 마이크로소프트 윈도우에 내장된 기본 시스템의 기능으로 복제를 수행할 수 있다. 하이퍼바이저 기반 복제를 수행하려면 Zerto와 같은 제품을 사용하거나 기타 다양한 공급업체의 다른 제품을 사용할 수도 있다.

3장에서 확장성과 내결함성을 살펴봤다. 또한 6장에서 아키텍처를 고가용성으로 만들기 위한 다양한 설계 패턴도 살펴봤다. 이제 시스템을 장애에서 복구하고 더 안정적으로 만드는 여러 방법을 살펴보자.

재해 복구 계획

재해 복구DR, Disaster Recovery는 시스템에 장애가 발생하더라도 비즈니스 연속성을 유지하는 것을 말한다. 이를 위해 시스템 다운타임이 발생할 경우 복구할 수 있는 방안을 사전에 준비해야 한다. DR을 계획할 때는 하드웨어 및 소프트웨어 장애를 비롯해 다방면으로 검토를 해야 하고 항상 정전이나 네트워크 중단, 난방 및 냉방 시스템 장애, 물리적 보안 침해, 화재, 홍수 또는 인적 오류와 같은 여러 사고에 대한 기타 운영 손실도 고려해야 한다.

조직은 시스템의 중요도와 영향에 따라 DR 계획에 많은 노력과 돈을 투자한다. 수익을 내고 있는 애플리케이션이라면 회사 이미지와 수익성에 중대한 영향을 미치기 때문에 항상 가동돼야 하고, 이를 위해 조직은 인프라를 구축한 후 내부 직원들을 교육하는 데 많은 노력을 투자한다. 예상치 못한 상황이 발생했을 때 사전에 준비한 DR 계획이 비즈니스 지속성에 있어서 생명의 은인이 될 수 있는 만큼 평소에도 투자하고 유지해야 하는 보험과도 같다. 소프트웨어 애플리케이션과 같이 비즈니스 중요도를 기반으로 DR를 검토해야 하는 경우에는 여러 가지 복잡성이 있을 수 있다. 다음과 같이 가장 높은 RTO/RPO에서 가장 낮은 RTO 순으로 정렬된 네 가지 DR 시나리오를 살펴보자.

- 백업과 복원
- 파일럿 라이트
- 웜 스탠바이
- 다중 사이트

다음 그림과 같이 DR 계획의 각 옵션을 적용할수록 구현 비용은 증가하는 반면 RTO와 RPO는 감소한다. RTO/RPO 요구 사항과 애플리케이션 안정성 요구 사항에 따라 소비되는 비용의 격차가 발생하기 때문에 적절히 절충해야 한다.

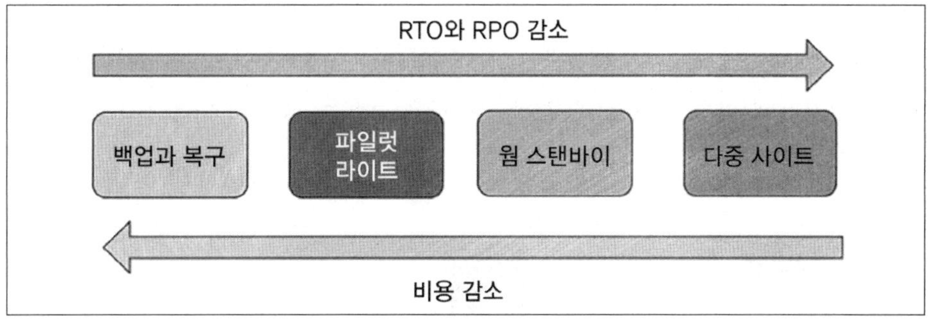

그림 9.3: DR 옵션들의 스펙트럼

관련된 기술 선택과 함께 앞에서 언급한 각 옵션을 자세히 알아보자. AWS와 같은 퍼블릭 클라우드를 사용하면 앞에서 다룬 각 DR 전략을 비용과 운영 측면에서 효율적으로 수행할 수 있다.

비즈니스 연속성은 재해 발생 시 중요한 비즈니스 기능이 계속 작동하거나 신속히 복구해서 사용할 수 있게 하는 것을 의미한다. 많은 조직은 DR 계획에 클라우드를 접목시키고 있다. 온프레미스 환경과 클라우드 간의 DR 전략을 어떻게 구성할 수 있는지 알아보자.

백업과 복원

백업과 복원은 비용이 가장 저렴한 옵션이라는 장점이 있지만 RPO와 RTO가 높아진다는 단점이 있다. 이 방법은 시작하기가 쉽고 백업할 저장 공간만 있으면 되기 때문에 비용 효율적이다. 이 백업 저장소는 테이프 드라이브, 하드 디스크 드라이브 또는 네트워크 액세스 드라이브일 수 있다. 스토리지 요구 사항이 증가함에 따라 여러 리전에서 기존에 운영하던 것보다 더 많은 하드웨어를 추가하고 유지 관리하는 것은 어려운 작업이 될 수 있다. 가장 비용 효율적이고 간단한 옵션 중 하나가 바로 클라우드를 백업 스토리지로 사용하는 것이다. Amazon S3는 사용한 만큼만 지불하는 저렴한 비용으로 무제한의 스토리지 용량을 제공한다.

다음 그림은 기본적인 DR 시스템을 보여준다. 이 그림에서 데이터는 기존의 데이터 센터에 존재하고 백업은 AWS에 저장돼 있다. AWS 가져오기/내보내기 또는 Snowball은 데이터를 AWS로 가져오는 데 사용되며, 이 정보는 나중에 Amazon S3에 저장된다.

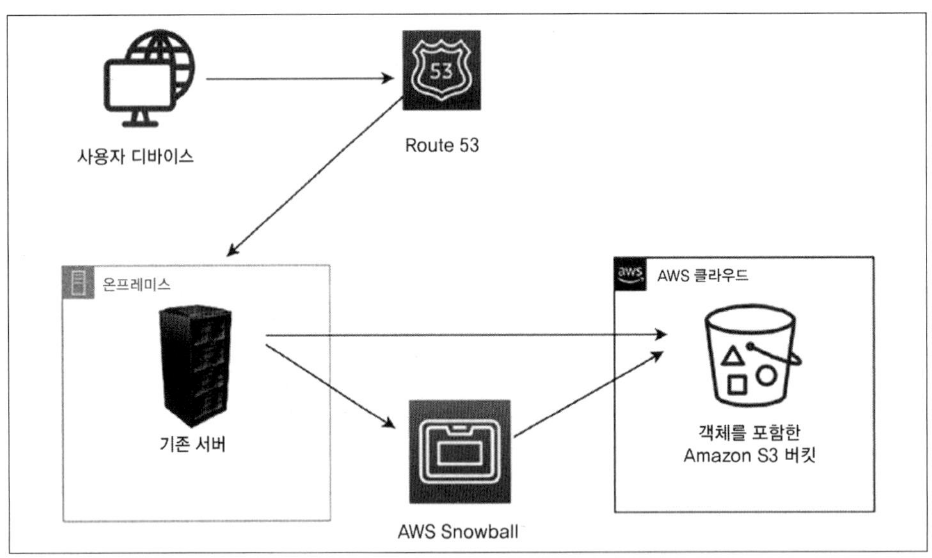

그림 9.4: 온프레미스 인프라에서 S3로 데이터 백업

백업과 복원에는 다른 타사 솔루션을 사용할 수 있다. 가장 인기 있는 솔루션으로는 NetApp, VMware, Tivoli, Commvault, CloudEndure가 있다. 현재 시스템을 백업하려면 먼저 백업 소프트웨어 솔루션을 사용해 Amazon S3에 저장한 뒤 다음과 같은 절차로 클라우드에 저장된 백업으로부터 시스템을 복원할 수 있다.

1. 사전 설치된 소프트웨어와 보안 패치가 필요한 경우 직접 만들거나 가져다 사용하고자 AMI^Amazon Machine Image^를 이해한다.

2. 백업으로부터 시스템을 복원하는 절차를 문서화한다.

3. 기본 사이트에서 클라우드의 새 사이트로 트래픽을 라우팅하는 절차를 문서화한다.

4. 배포 구성과 발생할 수 있는 문제에 대한 해결 방법에 대해 설명서를 만든다.

온프레미스에 있는 기본 사이트가 다운되면 복원 프로세스를 시작해야 한다. 다음 그림과 같이 준비 단계에서 운영체제와 필수 소프트웨어가 사전에 구성된 사용자 지정 AMI를 생성하고 Amazon S3에 백업으로 저장한다. 데이터베이스 스냅샷, 스토리지 볼륨 스냅샷, 파일과 같은 기타 데이터도 Amazon S3에 저장한다.

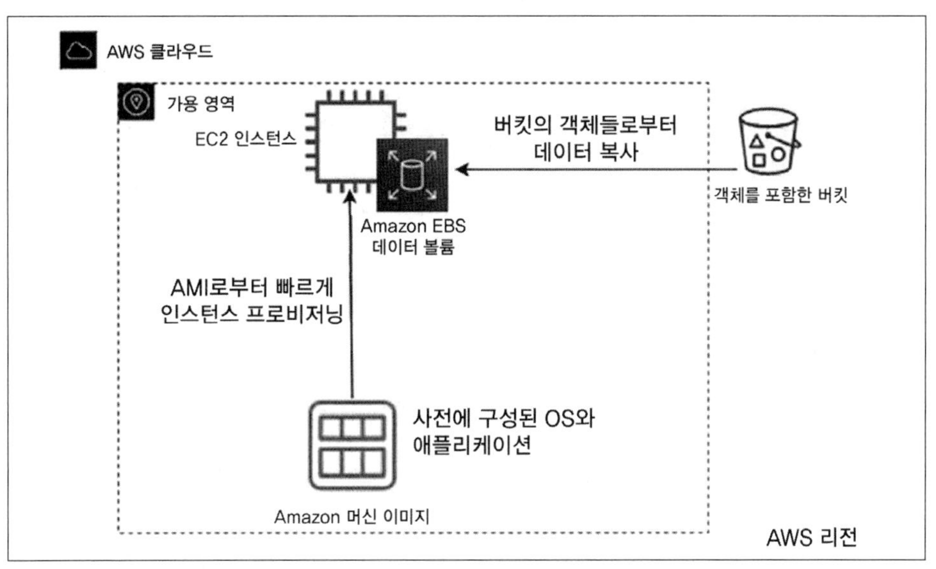

그림 9.5: 클라우드의 Amazon S3로부터 시스템 복원

기본 사이트가 다운되면 다음 복원 절차를 수행한다.

1. 필요한 모든 보안 패치와 소프트웨어가 포함된 머신 이미지에서 Amazon EC2 서버 인스턴스를 실행하고 필요시 오토스케일링을 구성해 로드 밸런서 뒤에 배치한다.

2. 서버가 실행되면 Amazon S3에 저장된 백업에서 데이터를 복원한다.

3. 마지막으로 DNS 레코드를 조정해 트래픽을 AWS상의 새 시스템으로 전환한다.

AWS CloudFormation 템플릿을 사용해 네트워킹, 서버, 데이터베이스와 같은 인프라 요소의 프로비저닝을 자동화하는 것이 좋다.

이와 같은 DR 패턴은 설정이 쉽고 비교적 저렴하지만 이 시나리오에서는 RPO와 RTO가 모두 높다. RTO는 시스템이 백업에서 복원돼 정상 동작할 때까지의 중단 시간을 의미하고, 손실된 RPO는 시스템의 백업 빈도에 따라 달라진다. 이제 RTO와 RPO를 개선하는 접근 방식인 파일럿 라이트를 살펴보자.

파일럿 라이트

파일럿 라이트pilot light는 백업과 복원 다음으로 가장 저렴한 DR 방법이다. 이름에서 알 수 있듯이 다른 리전에서 최소한의 코어 서비스를 가동해야 한다. 이렇게 하면 재해가 발생할 때 추가 자원을 빠르게 가동할 수 있다.

데이터베이스 계층을 신중하게 복제한 후 VM 이미지에서 인스턴스를 스핀업spin up 하거나 CloudFormation과 같은 코드형 인프라를 사용해 인프라를 구축할 수 있다. 가스히터의 파일럿 라이트처럼 작은 불꽃을 항상 유지했다가 보일러 전체로 신속하게 불을 붙여 집을 따뜻하게 만들 수 있다.

다음 그림은 파일럿 라이트 DR 패턴을 보여준다. 이 경우 웹 서버와 애플리케이션 서버가 설치돼 있지만 중지 상태인 Amazon EC2 인스턴스와 데이터베이스가 AWS에 복제된다.

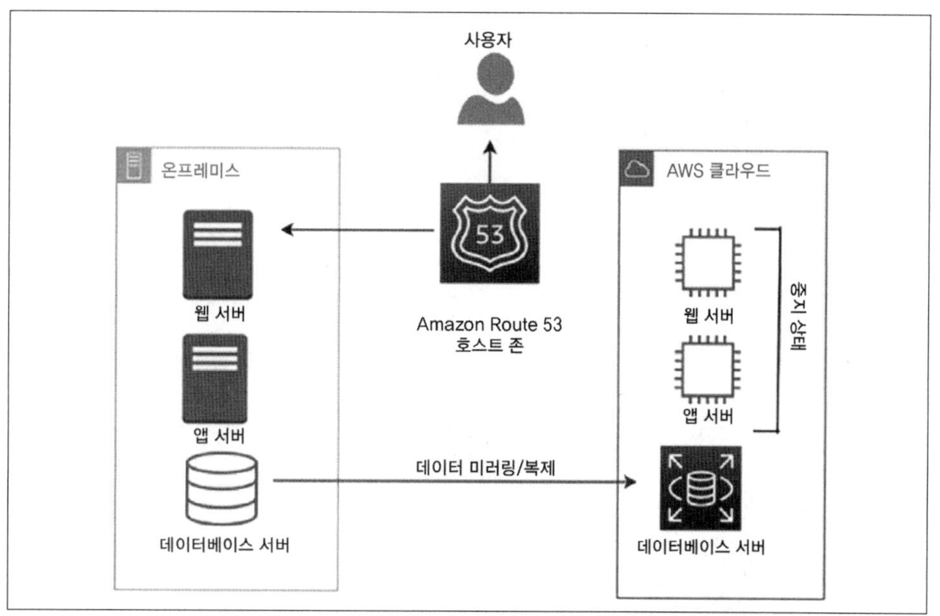

그림 9.6: DR 사이트로 파일럿 라이트 데이터 복제 시나리오

파일럿 라이트 시나리오는 대부분의 구성 요소를 백업하고 수동으로 저장하는 백업 및 복원과 매우 유사하다. 그러나 데이터베이스나 인증 서버와 같은 중요한 구성 요소에 대해 더 적은 용량으로 실행 중인 인스턴스를 유지하기 때문에 완전히 복구되기까지 상당한 시간이 소요될 수 있다. 필요한 경우 네트워크 설정과 로드 밸런서, 가상 머신 이미지를 비롯해 필요한 모든 자원을 자동으로 시작해야 한다. 코어 부분이 이미 실행 중이기 때문에 복구 시간은 백업과 복원 방법보다 빠르다.

파일럿 라이트는 모든 자원을 최대 용량으로 실행하지 않기 때문에 매우 비용 효율적이다. DR 사이트(여기서는 AWS 클라우드)에 대한 모든 중요 데이터에 복제를 활성화해야 한다. 또한 AWS 데이터 마이그레이션 서비스Data Migration Service를 사용하면 온프레미스 데이터베이스와 클라우드 데이터베이스 간에 데이터를 복제할 수 있고, 파일 기반 데이터의 경우 Amazon File Gateway를 사용할 수 있다. Attunity, Quest, Syncsort, Alooma, JumpMind와 같이 타사에서 관리되는 효율적인 많은 데이터 복제 솔루션을 제공하기도 한다.

기본 시스템에 장애가 발생하면 다음 그림과 같이 최신 데이터 복제본으로 Amazon EC2 인스턴스를 실행한다. 그러고 나서 새로운 웹 서버를 가리키도록 Amazon Route 53을 리디렉션한다.

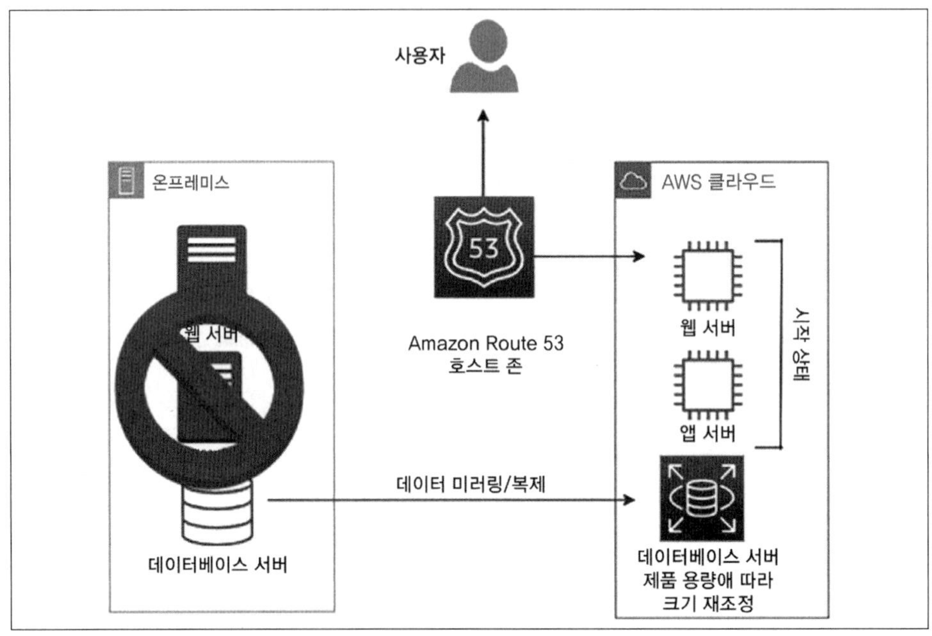

그림 9.7: 파일럿 라이트 방식의 복구

재해가 발생한 환경에서 파일럿 라이트 방식을 사용한다면 다음 절차를 수행해야 한다.

1. 대기 모드로 있던 애플리케이션과 웹 서버를 실행하고 로드 밸런서를 사용해 오토스케일링으로 애플리케이션 서버를 확장한다.
2. 저용량으로 실행되던 데이터베이스 인스턴스를 수직으로 확장한다.
3. 마지막으로 라우터의 DNS 레코드를 업데이트해 새 사이트를 가리키게 한다.

파일럿 라이트에서는 복제된 코어 데이터 세트를 중심으로 자원들을 자동으로 불러오고 현재 트래픽을 처리할 수 있을 만큼 시스템을 확장한다. 파일럿 라이트 DR 패턴은 설정이 비교적 쉽고 저렴하지만 RTO에 대해서는 대체 시스템이 자동으로 복원되기까지의 시간 소요가 필요하고, RPO는 복제 유형에 크게 의존한다. RTO와 RPO를 더욱 개선할 수 있는 접근 방식인 웜 스탠바이를 살펴보자.

웜 스탠바이

완전하게 작동하는 저용량 대기standby라고도 하는 웜 스탠바이는 파일럿 라이트의 향상된 버전이라고도 볼 수 있다. 클라우드의 민첩성을 활용해 저렴하게 DR을 제공하는 옵션으로, 서버 비용을 절감하고 이미 실행 중인 서비스보다 작은 규모의 구성을 사용해 데이터를 더 빨리 복구할 수 있게 한다.

DR 환경이 프로덕션 트래픽의 30%나 50%를 수용하기에 충분한지 여부를 결정할 수 있고 비프로덕션에서 테스트를 위한 용도로도 사용할 수 있다.

다음 그림에서 보듯이 온프레미스의 중앙 시스템과 함께 AWS 클라우드에도 소규모 시스템을 유지하는 것과 같이 웜 스탠바이 방식으로 두 시스템이 실행되고 있다.

중앙 시스템과 클라우드 시스템 간에 분산 요청을 위해 Amazon Route 53과 같은 라우터를 사용할 수 있다.

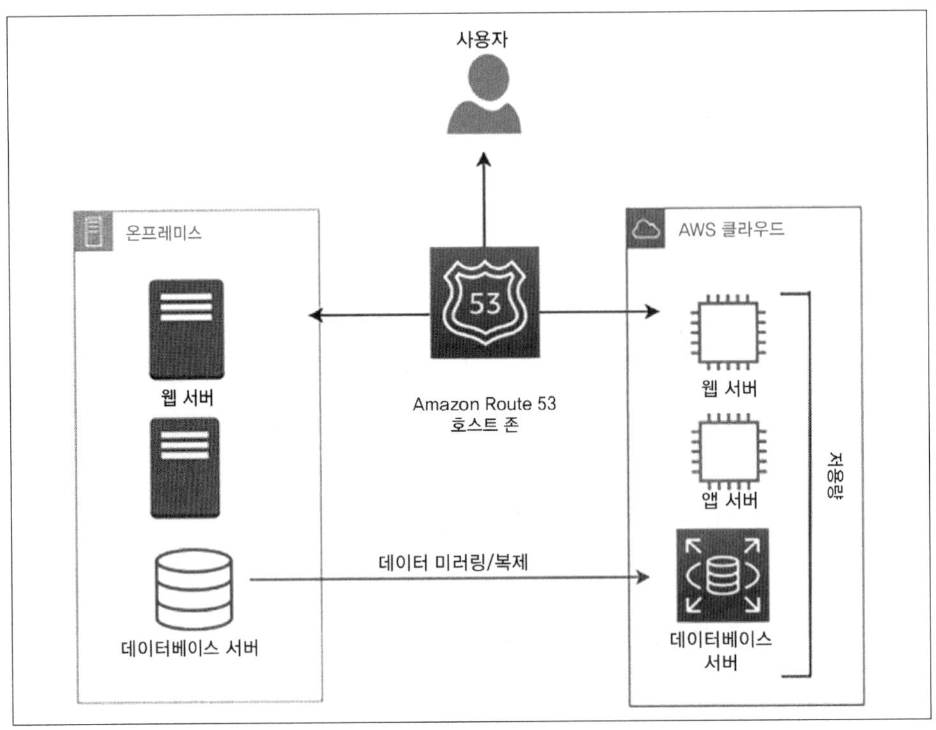

그림 9.8: 저용량의 액티브-액티브 워크로드를 실행하는 웜 스탠바이 시나리오

데이터베이스에 대해 웜 스탠바이 방식을 사용할 때는 기본 사이트에서 DR 사이트로 데이터가 지속적으로 복제되는 파일럿 라이트와 유사한 접근 방식을 사용하지만 필요한 모든 구성 요소를 항상 실행하고 있어야 한다. 다만 스탠바이 상태의 자원이기 때문에 프로덕션에서 증가하는 트래픽을 위해 확장하는 용도로 활용되지는 않는다.

조직은 주로 중요한 워크로드에 대해 웜 스탠바이 전략을 사용하기 때문에 지속적인 테스트를 통해 DR 사이트에 문제가 없는지 확인해야 한다. 가장 좋은 접근 방식은 A/B 테스트로, 주요 사이트에서 대부분의 트래픽을 처리하고 약 1% ~ 5%의 소량 트래픽만이 DR 사이트로 라우팅된다. 이렇게 하면 기본 사이트가 다운될 때 DR 사이트가 트래픽을 이어서 처리할 수 있다. DR 사이트의 소프트웨어도 정기적으로 패치하고 업데이트해야 한다.

다음 그림에 표시된 것처럼 기본 시스템을 사용할 수 없게 돼 장애 조치failover가 발생한 경우 라우터는 용량을 자동으로 확장하게 설계된 보조 시스템으로 전환한다.

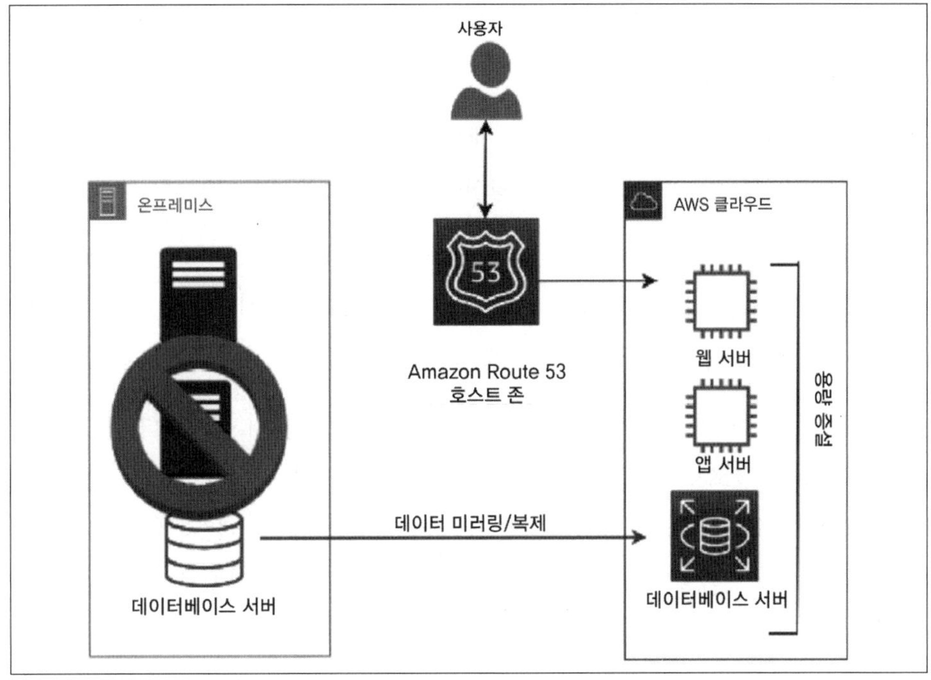

그림 9.9: 웜 스탠바이 시나리오의 복구 절차

기본 사이트에서 장애가 발생했다고 가정할 경우 다음과 같은 접근 방식을 취할 수 있다.

1. 중요한 프로덕션 워크로드인 경우 보조 사이트에서 트래픽 라우팅을 5%에서 100%로 늘려 트래픽을 DR 사이트로 즉시 전송한다. 전자상거래 비즈니스의 경우에는 기능을 유지하고자 가장 먼저 고객 대면 웹 사이트를 복구해야 한다.
2. 저용량에서 실행되던 환경을 확장한다. 이때 데이터베이스에는 수직 확장을 적용하고 서버에는 수평 확장을 적용할 수 있다.

3. 환경을 확장하면 창고 관리나 배송과 같이 백그라운드에서 작동하는 비교적 중요도가 떨어지는 다른 워크로드들에도 트래픽을 전송할 수 있다.

애플리케이션이 AWS와 같은 퍼블릭 클라우드에서 전체 인프라와 애플리케이션이 호스팅되는 올인 클라우드인 경우에는 클라우드 네이티브 도구들을 사용할 수 있기 때문에 DR 프로세스가 더 효율적이다.

예를 들어 Amazon RDS 데이터베이스에서 멀티AZ 장애 조치 기능을 활성화하면 지속적인 복제를 수행해 다른 가용 영역에 보조 인스턴스를 생성할 수 있다.

기본 데이터베이스의 인스턴스가 다운되면 내장된 자동 장애 조치로 인해 애플리케이션 코드 수정 없이 보조 데이터베이스를 사용할 수 있게 전환된다. 이와 병행해 저장된 모든 데이터를 보호하고자 자동 백업과 복제 옵션을 사용할 수 있다.

웜 스탠바이 DR 패턴은 설정이 비교적 복잡하고 비용도 많이 들어간다. RTO 측면에서 중요한 워크로드의 경우 파일럿 라이트보다 복구가 훨씬 빠르지만 중요하지 않은 워크로드의 경우에는 시스템을 얼마나 빨리 확장할 수 있는지에 따라 RTO가 달라진다. RPO는 복제 유형에 따라 크게 달라진다. 이제 거의 0에 가까운 RTO와 RPO를 제공하는 다음 접근 방식인 다중 사이트를 알아보자.

다중 사이트

마지막으로 상시 대기라고도 불리는 다중 사이트 전략을 사용하면 RTO와 RPO를 거의 0에 가깝게 달성할 수 있다. DR 사이트는 사이트 간의 지속적인 데이터 복제와 트래픽 흐름이 있는 기본 사이트의 복제본이다. 리전 간 또는 온프레미스와 클라우드 간 트래픽의 자동 로드 밸런싱으로 인해 다중 사이트 아키텍처로도 알려져 있다.

다음 그림에서 볼 수 있듯이 다중 사이트는 온프레미스 시스템과 동시에 클라우드에서 완전히 작동하는 시스템을 실행하는 DR에서 한 단계 더 나아간 방식이다.

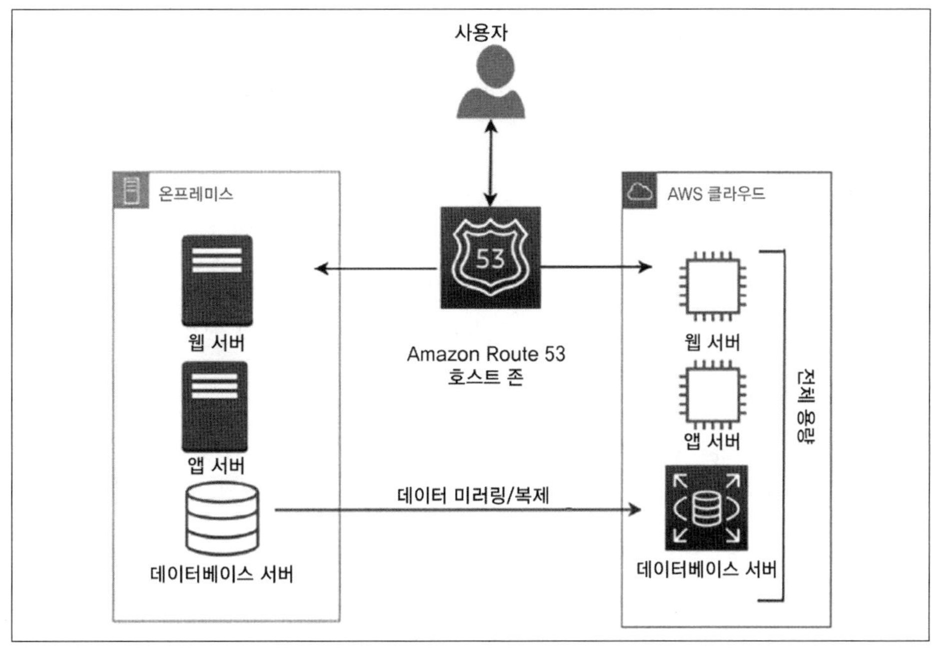

그림 9.10: 전체 용량의 액티브-액티브로 작동하는 다중 사이트 시나리오

다중 사이트 접근 방식의 장점은 언제든지 전체 프로덕션 로드를 처리할 준비가 돼 있다는 것이다. 웜 스탠바이와 유사하지만 DR 사이트에서 전체 용량으로 실행된다는 점이 다르다. 기본 사이트가 다운되면 모든 트래픽을 즉시 DR 사이트로 장애 조치할 수 있으므로 웜 스탠바이와 비교해 DR 사이트로 전환하거나 확장할 때의 성능과 시간 손실이 개선된다.

다중 사이트 DR 패턴은 모든 구성 요소에 대해 이중화 구성을 해야 하기 때문에 비용이 가장 비싸다. RTO는 모든 워크로드에 대해 다른 DR 전략보다 훨씬 더 빠르지만 RPO는 복제 유형에 크게 의존한다. 시스템이 안정적으로 실행되고 있는지 확인하려면 DR과 관련된 몇 가지 모범 사례를 살펴보자.

재해 복구에 대한 모범 사례 적용

재해 복구를 검토할 때 다음과 같은 몇 가지 중요한 고려 사항이 있다.

- **작게 시작해 필요에 따라 구축:** 비즈니스에 가장 큰 영향을 미치는 중요한 워크로드를 먼저 구축하고, 이를 기반으로 중요도가 떨어지는 워크로드를 구축한다. 조직에 효율적인 백업 전략이 없어 데이터가 손실되는 경우가 많기 때문에 백업의 첫 단계를 간소화한다. 파일 서버, 머신 이미지, 데이터베이스 등 모든 것을 백업해야 한다.

- **데이터 백업 수명 주기 적용:** 액티브 백업을 많이 유지하면 비용이 증가할 수 있으므로 비즈니스 요구에 따라 데이터를 보관하고 삭제하는 수명 주기 정책을 적용해야 한다. 예를 들어 90일 활성 백업을 유지하게 결정했다면 그 기간이 지날 경우 테이프 드라이브나 Amazon Glacier와 같은 저렴한 아카이브 스토리지에 저장할 수 있다. 또한 1년이나 2년 후에는 데이터를 삭제하도록 수명 주기 정책을 설정할 수 있다. PCI-DSS와 같은 표준을 준수하려면 사용자가 7년 동안 데이터를 저장해야 할 수도 있기 때문에 이 경우에는 비용 절감을 위해 아카이브 데이터 스토리지를 선택해야 한다.

- **소프트웨어 라이선스 확인:** 소프트웨어 라이선스 관리는 가상 머신과 데이터베이스에서 독립적으로 실행되는 여러 서비스가 있는 마이크로서비스 아키텍처 환경에서 특히 어려운 작업이 될 수 있다. 소프트웨어 라이선스는 설치된 개수, CPU 개수, 사용자 수와 연관될 수 있다. 이로 인해 확장이 필요한 경우 관리하기가 까다로워진다. 확장 요구 사항을 지원하려면 충분한 라이선스가 있어야 한다.

- **수평적 확장의 경우 소프트웨어가 설치된 인스턴스를 더 추가해야 하고 수직적 확장의 경우 더 많은 CPU 또는 메모리를 추가해야 한다.** 소프트웨어 라이선스 계약을 이해하고 시스템 확장을 수행하기 위한 적절한 라이선스를 보유하고 있는지 확인해야 한다. 구입해놓고도 사용하지 않아서 발생할 수 있는 비용 낭비를

줄이려면 과도한 라이선스를 구입하지 않아야 한다. 전반적으로 인프라나 소프트웨어에 대한 라이선스 인벤토리를 관리해야 한다.

- **빈번한 솔루션 테스트:** DR 사이트는 자주 발생하지 않는 DR 이벤트에 대해 생성되기 때문에 간과되기 쉽다. 사고가 발생할 때 높은 안정성을 달성하려면 DR 솔루션이 예상대로 작동하는지 확인해야 한다. 정의된 SLA를 위반하면 계약상의 의무를 위반하고 결과적으로 금전적 손실과 고객 신뢰를 잃을 수 있다.
- **게임데이 플레이:** 솔루션을 자주 테스트하는 한 가지 방법은 게임데이를 플레이하는 것이다. 게임데이를 플레이하려면 프로덕션의 워크로드가 적은 날을 선택하고 프로덕션 환경 유지 관리를 담당하는 모든 팀을 모아 수행해야 한다. 프로덕션 환경의 일부를 중단시켜서 재해 이벤트를 시뮬레이션하고 팀이 상황을 처리해 장애가 발생하더라도 정상 상태를 유지할 수 있게 한다. 이러한 이벤트를 통해 재해 이벤트에 대응할 수 있는 작동 가능한 백업, 스냅샷, 머신 이미지가 있는지 확인한다.
- **상시 자원 모니터링:** 이벤트가 발생할 때 DR 사이트로 자동 장애 조치가 발생하도록 모니터링 시스템을 구축한다. 모니터링을 통해 사전 방지 접근 방식을 취하고 자동화를 적용해 시스템 안정성을 개선할 수 있다. 용량을 모니터링하면 애플리케이션의 안정성에 영향을 줄 수 있는 자원 포화 문제를 방지할 수 있다.

DR 계획을 만들고 정기적인 복구 검증을 수행하면 원하는 애플리케이션 안정성을 달성하는 데 도움이 된다. 이제 퍼블릭 클라우드를 사용해 안정성을 향상시키는 방법을 자세히 알아보자.

클라우드로 안정성 향상

앞 절에서 DR 사이트에 대한 클라우드 워크로드의 예를 알아봤다. 클라우드는 다양한 구성 요소를 제공하기 때문에 많은 조직에서 애플리케이션의 안정성을 개선하기 위한 DR 사이트용으로 선택하기 시작했다. 또한 AWS와 같은 클라우드 제공업체에는 즉시 사용할 수 있는 다수의 솔루션을 구입할 수 있는 마켓플레이스를 제공한다.

클라우드는 지리적 위치 전반에 걸쳐 손쉽게 사용할 수 있는 데이터 센터를 제공한다. 손쉽게 다른 대륙으로 신뢰성 있는 사이트를 생성할 수 있다. 또한 클라우드를 사용하면 백업 및 머신 이미지와 같은 인프라의 가용성을 쉽게 생성하고 추적할 수 있다.

클라우드에서 손쉽게 사용할 수 있는 모니터링과 추적 기능은 비즈니스 정의 SLA에 따라 애플리케이션의 고가용성을 보장하는 데 도움이 된다. 클라우드를 사용하면 IT 자원, 비용, RPO/RTO 요구 사항에 대한 트레이드오프 처리를 세밀하게 제어할 수 있다. 데이터 복구는 애플리케이션 안정성에 매우 중요하며 데이터 자원과 위치는 RTO와 RPO와 함께 고려돼야 한다.

클라우드에서는 DR 계획을 쉬우면서도 효과적으로 검증해볼 수 있다. 다양한 클라우드 서비스들의 로그와 메트릭 같이 클라우드 내에서 사용할 수 있는 기능들의 혜택을 받을 수 있으며 기본 제공되는 메트릭은 시스템 상태에 대한 통찰력을 얻을 수 있는 강력한 도구다.

모니터링 기능으로 임곗값을 위반하게 되면 팀에 알림을 보내거나 시스템을 자가 치유하도록 자동화 기능을 트리거할 수도 있다. 예를 들어 AWS는 다양한 애플리케이션과 인프라 구성 요소를 모니터링하면서 로그를 수집하고 지표를 생성하는 CloudWatch를 제공한다. 다양한 자동화 기능을 트리거해 애플리케이션을 확장할 수 있다.

클라우드는 프로비저닝된 자원을 추적하는 데 도움이 되는 변경 관리 메커니즘을 제공한다. 클라우드 공급업체는 기존 기능을 확장해 운영 환경에 필요한 소프트웨어를 실행하고 클라우드 공급업체의 통제하에 패치를 적용하거나 교체하는 것을 보장한다. 예를 들어 AWS는 클라우드 서버를 일괄적으로 패치하고 업데이트할 수 있는 AWS 시스템 관리자System Manager를 제공한다. 클라우드에는 RTO와 RPO 요구 사항을 충족하고자 데이터, 애플리케이션, 운영 환경을 백업하는 도구가 있다. 고객은 워크로드 처리 요구 사항에 대해 클라우드 서포트cloud support나 클라우드 파트너cloud partner를 활용할 수 있다.

클라우드를 사용하면 현재 수요에 맞게 자원을 자동으로 추가하고 제거할 수 있는 유연하고 확장할 수 있는 시스템을 설계할 수 있다. 데이터는 모든 애플리케이션의 안정성에 있어 필수적인 요소 중 하나다. 클라우드는 머신 이미지, 데이터베이스, 파일을 포함해 즉시 사용할 수 있는 데이터 백업과 복제 도구를 제공한다. 재해가 발생할 때 모든 데이터가 백업돼 클라우드에 적절하게 저장되기 때문에 시스템이 빠르게 복구될 수 있다.

애플리케이션 개발 팀과 운영 팀 간의 정기적인 소통은 알려진 문제를 사전에 방지하고 설계의 격차를 줄이는 데 도움이 되기 때문에 장애와 중단의 위험을 줄일 수 있다. 탄력성을 확보하고자 애플리케이션을 지속적으로 설계하고 중단에 대비하게 애플리케이션을 분산시킨다. 분산은 높은 수준의 가용성을 달성하고자 서로 다른 물리적 위치에 걸쳐 있어야 한다.

요약

9장에서는 시스템을 안정적으로 만드는 다양한 원칙을 살펴봤다. 이러한 원칙에는 자동화 규칙을 적용해 시스템이 자가 치유되게 하고 워크로드가 여러 자원에 걸쳐 있는 분산 시스템을 설계해 장애 발생 시 영향을 줄이는 것이 포함된다.

전체 시스템 안정성은 시스템의 가용성과 재해 발생 이벤트로부터 복구하는 능력에 크게 의존한다. 동기 및 비동기 데이터 복제 유형과 이러한 유형이 시스템 안정성에 미치는 영향과 어레이 기반, 네트워크 기반, 호스트 기반, 하이퍼바이저 기반의 방법을 비롯해 다양한 데이터 복제 방법을 알아봤다. 각각의 복제 방법에는 장단점이 있고 원하는 데이터 복제를 달성하는 데 사용할 수 있는 다양한 공급업체의 제품이 있다.

조직의 요구와 RTO, RPO에 따른 다양한 재해 대응 방법과 RTO와 RPO가 높고 구현하기 쉬운 백업과 복원 방법을 알아봤다. 파일럿 라이트 방식은 데이터베이스와 같은 중요한 자원을 DR 사이트에서 액티브 상태로 유지해 RTO/RPO를 향상시킨다. 웜 스탠바이와 다중 사이트 방법은 DR 사이트 워크로드의 액티브 복제본을 유지 관리해 시스템의 복잡성과 비용을 낮춰서 애플리케이션 안정성을 높일 때 더 나은 RTO/RPO를 달성하는 데 도움이 된다. 클라우드에서 기본으로 제공되는 기능을 활용해 애플리케이션 안정성을 보장하는 방법도 알아봤다.

솔루션 설계와 출시는 자주 발생하지 않을 수 있지만 운영 유지 관리는 일상적인 작업이다. 10장에서는 솔루션 아키텍처의 경고와 모니터링 측면을 알아본다. 또한 애플리케이션을 운영 효율적으로 만들고 운영 우수성을 적용하기 위한 다양한 설계 원칙과 기술 선택을 알아본다.

10

운영 우수성 고려 사항

애플리케이션을 유지 관리하는 것은 솔루션 아키텍트가 아키텍처를 설계할 때 중요하게 고려해야 할 사항 중 하나다. 대부분의 신규 프로젝트는 초기에 많은 계획을 세우고 자원을 투자한다. 팀은 초기 몇 달간에는 애플리케이션을 만들고 런칭하는 데 시간을 보낸다. 프로덕션 출시 후 애플리케이션이 지속적으로 정상 동작하려면 몇 가지 처리해야 할 사항이 있다. 매일 문제가 없는지 확인하고 해결하려면 애플리케이션을 지속적으로 모니터링해야 한다.

운영 팀은 애플리케이션의 인프라, 보안, 모든 소프트웨어 문제를 처리해 애플리케이션이 어떠한 이슈나 문제없이 안정적으로 실행되고 있는지 확인해야 한다. 엔터프라이즈 애플리케이션의 경우 가용성 측면의 **서비스 수준 계약**SLA, Service-Level Agreement을 정의해야 하기 때문에 본질적으로 복잡하다. 운영 팀은 비즈니스 요구 사항을 이해하고 그에 따라 모든 이벤트에 대응할 준비를 해야 한다.

운영 우수성은 아키텍처의 다양한 구성 요소와 계층에 걸쳐 적용돼야 한다. 최신 마이크로서비스 애플리케이션은 복잡하게 얽혀있기 때문에 시스템 운영과 유지 관리를 복잡하게 만든다. 운영 팀은 이러한 비즈니스 흐름을 방해할 수 있는 문제들을 해결하고자 적절한 모니터링과 경고 메커니즘을 적용해야 한다. 운영 문제에 대비하고 해결하려면 여러 팀의 긴밀한 협업이 필요하다. 게다가 운영 비용은 조직이 비즈니스를 운영하고자 할 때 따로 떼어놓고 생각할 수 없는 중요한 부분 중 하나다.

10장에서는 솔루션의 운영 우수성을 달성하는 데 적용할 수 있는 다양한 설계 원칙을 알아본다.

운영 측면에서 아키텍처의 모든 구성 요소를 고려해야 한다. 소프트웨어 애플리케이션의 모든 계층에서 운영 유지 관리를 보장하려면 올바른 기술 선택을 할 수 있어야 한다. 10장에서는 운영 우수성에 대한 다음과 같은 모범 사례를 알아본다.

- 운영 우수성을 위한 설계 원칙
- 운영 우수성을 위한 기술 선택
- 퍼블릭 클라우드에서 운영 우수성 달성

10장을 읽고 나면 운영 우수성을 달성하기 위한 다양한 프로세스와 방법을 알게 될 것이다. 또한 애플리케이션 설계, 구현, 배포 이후 프로덕션 전반에 걸쳐 애플리케이션 운용성을 개선할 수 있는 모범 사례도 알게 될 것이다.

운영 우수성을 위한 설계 원칙

운영 우수성은 비즈니스 가치를 최대화하고자 가능한 한 최소한의 중단으로 애플리케이션을 실행하는 것을 의미한다. 즉, 시스템을 효율적으로 만들고자 지속적으로 개선해 나가는 것이다.

다음 절에서는 시스템의 유지 관리 가능성을 강화하는 데 도움이 될 수 있는 표준 설계 원칙을 알아본다. 모든 운영 우수성 설계 원칙들이 서로 밀접하게 관련돼 있고 서로를 보완한다는 것을 알게 될 것이다.

수작업의 자동화

최근 기술이 빠르게 발전하고 있는 만큼 IT 운영은 하드웨어와 소프트웨어 인벤토리가 다양한 공급업체에서 제공되는 상황에 적응해야 한다. 기업들은 하이브리드 클라우드와 멀티클라우드 시스템을 구축하고 있으므로 온프레미스와 클라우드 운영을 모두 처리할 수 있어야 한다. 대부분의 최신 시스템은 다양한 마이크로서비스가 함께 실행되고 수백만 개의 디바이스가 네트워크에 연결돼 훨씬 더 광범위한 사용자들을 보유하고 있다. IT 운영에는 동적인 요소가 많기 때문에 수동으로 유지관리하기가 어렵다.

조직은 민첩성을 유지하고 운영은 새로운 서비스 개발과 배포에 필요한 인프라를 활용하고자 신속하게 움직여야 한다. 운영 팀은 서비스를 계속해서 실행하고 이벤트가 발생할 때에도 신속하게 복구해야 하는 무엇보다 중요한 책임이 있다. 장애가 일어나기만을 기다렸다가 대응하는 것이 아니라 IT 운영에 있어 선제적인 접근이 필요하다.

운영 팀은 자동화를 적용해 매우 효율적으로 작업할 수 있다. 팀이 실질적인 업무tactical work.에 에너지를 쏟는 것보다는 전략적인 이니셔티브에 집중할 수 있게 수작업을 자동화해야 한다. **코드로서의 인프라**IaC, Infrastructure as Code 접근 방식을 사용해 새 서버를 실행하거나 서비스 시작과 중지를 자동화해야 한다. 보안 위협을 능동적으로 탐색하고 대응하는 것을 자동화하면 운영 팀의 여유를 확보할 수 있기 때문에 매우 중요하다. 자동화를 통해 팀은 혁신에 더 많은 시간을 쓸 수 있게 된다.

웹 기반의 애플리케이션의 경우 머신러닝 예측을 사용해 시스템에 영향을 미치기 전에 이상을 미리 감지할 수 있다. 누군가 HTTP 포트 80을 사용해 서버를 외부에 노출하게 되면 자동으로 보안 티켓을 올리게 할 수 있다. 전체 인프라를 대부분 자동화하고 원 클릭 솔루션으로 여러 번 다시 배포할 수도 있다. 또한 자동화는 사람이 동일한 작업을 반복적으로 수행하더라도 발생할 수 있는 인적 오류를 방지하는 데 도움이 된다. 이제 자동화는 IT 운영의 필수 요소다.

자주 발생하고 되돌릴 수 있는 변경 만들기

운영 최적화는 지속적으로 수행해야 하는 절차다. 무엇이 변경됐는지 확인하고 개선하고자 지속적인 노력이 필요하다. 운영 우수성을 달성하는 것은 하나의 여정이다. 워크로드를 유지 관리하는 데 있어서 변경은 불가피하다. 예를 들어 서버의 운영체제에 보안 패치를 적용해야 하는 경우가 빈번하고, 소프트웨어들은 버전 업그레이드가 필요하다. 또한 새로운 규정 준수 요구 사항을 적용하려면 시스템을 변경해야 하기도 한다.

모든 시스템 구성 요소를 정기적으로 업데이트할 수 있게 워크로드를 설계해야만 항상 최신 버전을 유지하고 중요한 업데이트를 반영할 수 있는 이점을 얻을 수 있다. 큰 영향을 피하려면 작은 변경 사항을 적용할 수 있도록 절차를 자동화해야 한다. 모든 변경 사항은 되돌릴 수 있어야 어떠한 문제가 발생하더라도 시스템을 복원할 수 있다. 이와 같이 작은 변화로 변경 사항을 적용하면 테스트가 수월해지고 전반적인 시스템 안정성을 개선하는 데 도움이 된다. 변경 관리를 자동화해 인적 오류를 방지하고 운영 우수성을 달성해야 한다.

장애 예측과 대응

운영 우수성을 달성하는 데 장애를 예방하는 것이 매우 중요하다. 오류는 언제든 발생할 수 있다. 가능하면 사전에 미리 인지하는 것이 중요하다. 아키텍처를 설계할 때는 장애의 발생에 대비해야 한다. 항상 장애가 발생할 수 있다고 가정하고 이에 대한 백업 계획이 준비돼 있어야 하며, 잠재적인 장애 원인을 찾아내고자 정기적인 연습을 수행해야 한다. 또한 시스템 운영 중 장애를 발생시킬 수 있는 자원을 제거하거나 완화시켜야 한다.

잠재적으로 시스템 **복구 시간 목표**[RTO]와 **복구 시점 목표**[RPO]를 포함하는 SLA를 기반으로 테스트 시나리오를 만들어보자. 그러고 나서 이 시나리오를 테스트하고 그 영향을 이해했는지 확인한다. 프로덕션과 유사한 시나리오에서 시뮬레이션해 팀이 모든 장애에 대응할 수 있게 사전에 대비하고 대응 절차를 테스트해 문제를 효과적으로 해결하고 있는지 확인한다. 이와 같은 장애 대응 훈련으로 장애 대응에 익숙하고 자신감을 가진 팀을 만들어야 한다.

실수로부터 배우고 다듬기

시스템 운영 중 장애가 발생하면 실수에서 배우고 차이를 식별해야 한다. 동일한 장애가 다시 발생하지 않게 해야 하고 장애가 반복될 경우를 대비해서 해결책을 준비해야 한다. 개선 방안 중 하나는 RCA^Root Cause Analysis^라고 하는 근본 원인 분석을 실행하는 것이다.

RCA를 진행하는 동안 팀을 모아 5가지 이유를 물어봐야 한다. 각각의 이유와 함께 문제를 한 겹 한 겹 벗겨내고 최종적으로 문제의 밑바닥까지 도달해야 한다. 실제 원인을 식별한 후 자원을 제거하거나 완화해 해결책을 마련하고 즉시 사용할 수 있는 해결책으로 운영 설명서^Runbook^를 업데이트할 수 있다.

시간이 지남에 따라 워크로드는 발전하게 되는데, 작업 절차가 발전함에 따라 업데이트되고 있는지 확인해야 한다. 또한 모든 장애 대응 방법을 정기적으로 검증하고 테스트해 팀이 최신 업데이트에 잘 대응하고 있는지 확인해야 한다.

운영 설명서 업데이트 유지

간혹 팀은 문서 업데이트를 미루면서 오래된 버전으로 설명서를 방치한다. 설명서는 외부 또는 내부 이벤트로 인해 발생하는 문제를 해결하기 위한 일련의 작업을 실행하는 방법의 가이드를 제공한다. 문서의 내용이 부족할 경우 사람에 의존해 작업이 이뤄지기 때문에 실수로 인한 위험성을 갖게 된다. 항상 시스템 운영은 사람과 구분해 유지하고, 모든 부분에 있어 문서화하는 프로세스를 갖춰야 한다.

설명서를 통해 새로운 팀 구성원이 기존 팀 구성원들이 해결했던 이전 장애와 해결 방법을 찾아 운영 지원 중에 유사한 문제가 발생할 경우 신속하게 해결할 수 있게 하려면 새로운 변경 사항이 시스템에 적용될 때 자동으로 업데이트될 수 있게 스크립트를 통해 설명서를 자동화해야 한다.

설명서에는 RTO/RPO, 대기 시간, 확장성 성능 등과 관련해 정의된 SLA가 포함돼야 한다. 또한 시스템 관리자는 시스템 시작, 중지, 패치, 업데이트 단계가 포함된 설명서를 유지 관리해야 하며, 운영 팀은 이벤트 대응 절차와 함께 시스템 테스트와 검증 결과를 포함해야 한다.

팀이 시스템에 변경 사항을 적용하고 빌드한 후에 문서에 주석을 추가하는 프로세스를 자동화하는 것이 좋다. 그러면 주석을 사용해 작업을 자동화할 수 있고 코드로 쉽게 읽을 수 있다. 비즈니스 우선순위와 고객 요구 사항은 계속 변경되며 시간이 지남에 따라 진화하기 때문에 이를 지원하도록 운영 환경을 설계하는 것이 필수적이다.

운영 우수성을 위한 기술 선택

운영 팀은 운영 장애를 처리하고 조치의 효과를 검증하기 위한 절차와 단계를 만들어야 하고 효율적인 지원을 제공하기 위해 비즈니스 요구 사항을 이해해야 한다. 또한 운영 팀은 비즈니스 결과의 달성을 측정하고자 시스템과 비즈니스 메트릭을 수집해야 한다.

운영 절차는 계획, 기능, 개선의 세 단계로 분류할 수 있다. 각 단계에서 도움이 될 수 있는 기술을 살펴보자.

운영 우수성을 위한 계획

운영 우수성을 위한 계획의 첫 번째 단계는 비즈니스에 크게 영향을 주는 분야에 집중할 수 있게 우선순위를 정하는 것이다. 이렇게 정한 분야에 대해서는 자동화 적용과 모니터링 간소화, 워크로드 발전에 따른 팀 기술 역량 강화, 전반적인 워크로드의 성능 개선에 집중할 수 있다. 로그와 시스템 활동을 스캔해 시스템을 크롤링하는 도구와 서비스를 활용하면 유용하다. 이러한 도구와 서비스는 시스템 환경에 대한 최적화를 권장하고 우선순위를 결정하는 데 도움이 되는 핵심 검사 세트를 제공한다.

우선순위를 정한 후에는 이를 지원하기 위한 절차를 만들고, 구축하고 있는 워크로드가 포함된 작업을 설계해야 한다. 워크로드를 설계할 때는 어떻게 구현하고, 배포하며, 또 어떻게 업데이트를 하고 운영할지 고려해야 한다. 전체 워크로드에는 다양한 애플리케이션 구성 요소와 인프라 구성 요소, 보안, 데이터 거버넌스, 운영 자동화 등이 포함된다.

운영을 설계하는 동안 다음 모범 사례를 고려하는 것이 좋다.

- 스크립팅으로 설명서를 만들어서 자동화해 운영 워크로드를 구축할 때 인적 오류를 줄인다.
- 자원 식별 메커니즘을 사용해 환경이나 다양한 버전, 애플리케이션 소유자, 역할과 같이 정의된 기준에 따라 작업을 실행한다.
- 장애 대응을 자동화해 장애가 발생할 때 많은 사람의 개입 없이 시스템이 자가 치유를 실행한다.
- 다양한 도구와 기능을 사용해 서버 인스턴스와 전체 시스템 관리를 자동화한다.
- 인스턴스에 스크립트 프로시저를 만들어 서버가 시작될 때 필요한 소프트웨어와 보안 패치를 설치하는 것을 자동화한다. 이러한 스크립트를 **부트스트랩 스크립트**bootstrap scripts라고도 한다.

운영 설계 후에는 운영 준비를 위한 체크리스트를 작성한다. 이러한 체크리스트는 시스템이 실제로 프로덕션에 들어갈 준비가 됐는지를 확인해야 하기 때문에 포괄적이어야 한다. 여기에는 로깅, 모니터링, 커뮤니케이션 계획, 경고 메커니즘, 팀 스킬셋, 팀 차터, 공급업체 지원 메커니즘 등이 포함된다.

운영 우수성을 계획할 때 적절한 도구가 필요한 영역은 다음과 같다.

- IT 자산 관리
- 구성 관리

사용할 수 있는 도구와 프로세스를 이해하고자 각 영역을 자세히 살펴보자.

IT 자산 관리

운영 우수성을 계획하려면 IT 인벤토리 목록이 필요하고 어떻게 사용하고 있는지 추적할 수 있어야 한다. 이러한 인벤토리에는 물리적 서버, 네트워크 디바이스, 저장소, 최종 사용자의 디바이스 등과 같은 인프라 하드웨어가 포함된다. 또한 소프트웨어 라이선스, 운영 데이터, 법적 계약, 규정 준수 등을 추적할 수 있어야 한다. IT 자산에는 회사에서 비즈니스 활동을 수행하는 데 사용하는 모든 시스템, 하드웨어 또는 정보가 포함될 수 있다.

IT 자산을 추적할 수 있으면 조직이 운영을 지원하고 계획하는 것과 관련해서 전략적, 전술적 결정을 내리는 데 도움이 된다. 그러나 대규모 조직에서 IT 자산을 관리하는 것은 매우 어려운 작업일 수 있다. 이러한 이유로 운영 팀은 자산 관리를 위해 다양한 IT 자산 관리[ITAM, IT Asset Management] 도구를 사용한다. 가장 인기 있는 ITAM 도구에는 SolarWinds, Freshservice, ServiceDesk Plus, Asset Panda, PagerDuty, Jira Service Desk 등이 있다.

IT 관리는 IT 자산을 추적하는 것 이상을 의미한다. 자산 데이터를 지속적으로 모니터링하고 정보를 수집해 사용량과 운영 비용을 최적화할 수 있다. 또한 ITAM은 종단 간 가시성과 패치 및 업그레이드를 신속하게 적용할 수 있는 기능을 제공해 조직을 좀 더 민첩하게 만들기도 한다. 다음 그림은 ITAM을 나타낸다.

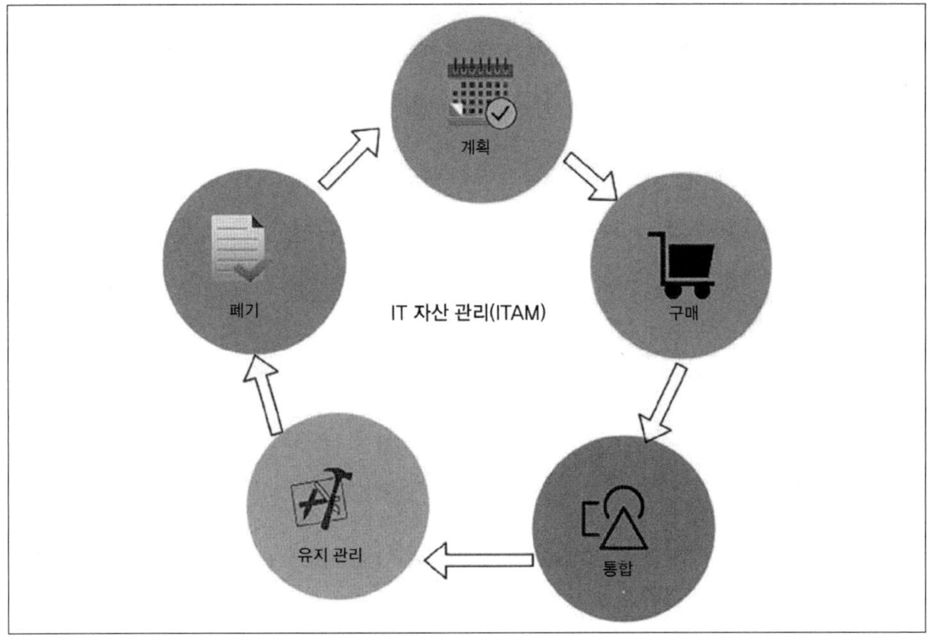

그림 10.1: ITAM 프로세스

그림과 같이 ITAM 프로세스에는 다음과 같은 단계가 포함된다.

- **계획:** 자산의 수명 주기는 필요한 IT 자산과 구매 방법을 결정하고자 전략적으로 접근하는 계획 단계로 시작된다. 여기에는 비용-편익 분석과 총 소유 비용이 포함된다.
- **구매:** 구매 단계에서 조직은 계획 결과에 따라 자산을 구매한다. 필요한 경우 보유하고 있는 자산의 일부를 개발하기로 결정할 수도 있다(예, 로깅 및 모니터링을 위한 사내 소프트웨어).
- **통합:** 이 단계에서는 자산이 IT 생태계에 포함된다. 여기에는 자산의 운영과 지원이 포함되며 사용자 액세스를 정의한다. 예를 들어 모든 서버에 로그 에이

전트를 설치해 로그를 수집하고 중앙 대시보드를 만든 후 모니터링 대시보드 메트릭에 대한 접근을 IT 운영 팀으로 제한한다.

- **유지 관리:** 유지 관리 단계에서 IT 운영 팀은 자산을 추적하고 자산의 수명 주기에 따라 업그레이드나 마이그레이션 작업을 수행한다. 소프트웨어 공급업체에서 제공한 보안 패치를 적용하거나 윈도우 서버 2008에서 윈도우 2022로의 마이그레이션 계획처럼 라이선스가 부여된 소프트웨어의 수명 종료를 추적하는 것을 예로 들 수 있다.
- **폐기:** 폐기 단계에서 운영 팀은 수명이 다한 자산을 폐기한다. 예를 들어 오래된 데이터베이스 서버의 수명이 다하면 운영 팀은 버전이 업그레이드된 새로운 서버로 사용자들을 이전하고 지원한다. 더 이상 필요하지 않는 자산은 폐기 처분된다.

ITAM은 조직이 ISO 19770 규정 준수 요구 사항을 준수할 수 있도록 돕는다. 여기에는 소프트웨어 구매, 배포, 업그레이드, 지원이 포함된다. ITAM은 더 나은 데이터 보안을 제공하고 소프트웨어 규정 준수를 개선하는 데도 도움이 된다. 운영, 재무, 마케팅 팀, 일선 직원과 같은 사업부 구성원 간의 더 나은 커뮤니케이션을 할 수 있게 한다. 구성 관리는 또 다른 측면으로 소유자, 현재 상태와 같은 세부 정보와 함께 IT 인벤토리 데이터를 유지 관리하는 데 도움이 된다.

이에 대해 자세히 알아보자.

구성 관리

구성 관리는 IT 서비스를 관리하고 제공하고자 **구성 항목**^CI, Configuration Item^을 유지 관리한다. CI는 **구성 관리 데이터베이스**^CMDB, Configuration Management DataBase^를 통해 추적되며, CMDB는 타입, 소유자, 버전, 다른 구성 요소와의 종속성 같은 특성과 함께 시스템 구성 요소 레코드를 저장하고 관리한다. 또한 물리 서버인지 가상 서버인지, 운영체제의 종류와 버전은 무엇인지(예를 들어 윈도우 2022 또는 레드햇 엔터프라이즈 리눅스[RHEL] 8.0), 서버 소유자(예를 들어 지원, 마케팅 또는 HR)는 누구인지, 주문 관리와 같은 다른 서버에 대한 종속성은 존재하는지 등을 저장한다.

구성 관리는 자산 관리와 다르다. 자산 관리는 계획에서 폐기까지 자산의 전체 수명주기를 처리하는 반면 CMDB는 개별 자산의 구성 레코드를 저장하는 자산 관리의 구성 요소를 의미한다. 다음 그림과 같이 구성 관리는 자산 관리의 통합 및 유지 관리 부분과 연관돼 있다.

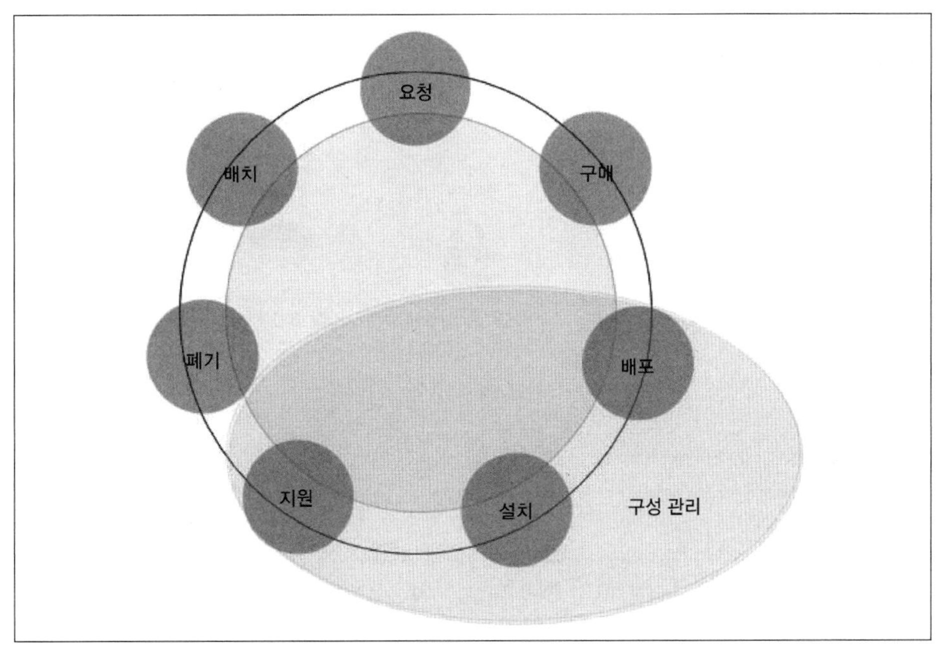

그림 10.2: IT 자산 수명주기와 구성 관리

위 그림과 같이 구성 관리는 자산 관리의 배포, 설치, 지원 부분을 담당해 현재의 자산 구성에서 바로 사용할 수 있는 자산 정보를 제공해 운영 팀이 가용성을 확보하는 데 도움을 줄 수 있다.

효과적인 변경 관리를 구현하면 환경이 변경함으로써 발생할 수 있는 영향을 이해하는 데 도움이 된다. 가장 많이 사용되는 구성 관리 도구로는 Chef, Puppet, Ansible, Bamboo가 있다. 이에 대한 자세한 내용은 12장에서 다룬다.

워크로드가 AWS, 마이크로소프트 애저 또는 구글 클라우드 플랫폼GCP과 같은 퍼블릭 클라우드에 있는 경우 IT 관리가 더 쉬워진다. 클라우드 공급업체는 IT 인벤토리와 구성을 중앙화해 추적하고 관리할 수 있는 내장 도구를 제공한다. 예를 들어 AWS는 AWS 클라우드 내에서 배포되는 모든 IT 인벤토리를 추적할 수 있는 AWS Config와 같은 서비스를 제공하고 다음 그림과 같이 비용, 성능, 보안 개선 사항을 권고해주는 AWS Trusted Advisor와 같은 서비스를 제공해 워크로드를 효과적으로 관리할 수 있는 방안을 제공한다.

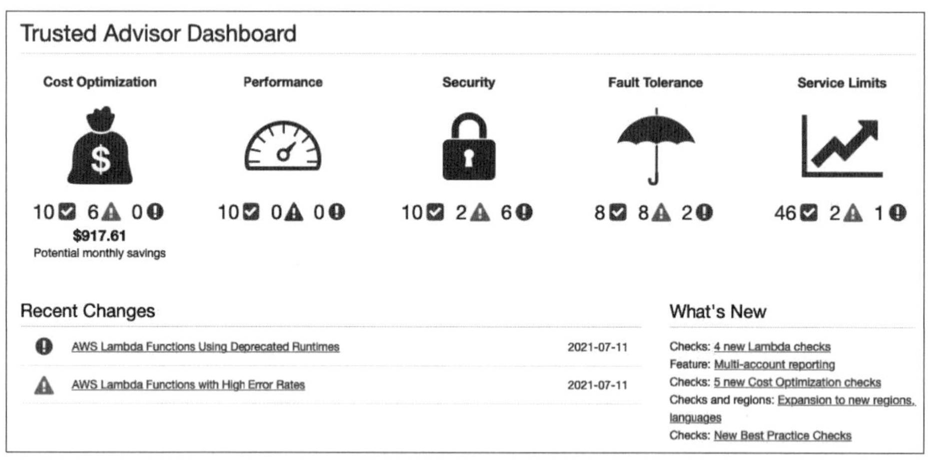

그림 10.3: AWS Trusted Advisor 대시보드

위 그림의 AWS Trusted Advisor 대시보드에는 6가지 보안 문제가 표시돼 있고 더 자세한 사항을 볼 수도 있다.

구성 관리는 IT 자원 구성을 지속적으로 모니터링하고 기록하는 데 도움이 되며 원하는 구성에 대해 기록된 구성의 평가를 자동화할 수 있다. 구성 관리는 다음과 같은 이점을 제공한다.

- **지속적인 모니터링:** IT 자원의 구성 변경을 지속적으로 모니터링하고 기록한다.
- **변경 관리:** 변경되기 전 자원 간의 관계를 추적하고 자원 간의 종속성을 검토한다.
- **지속적인 평가:** 조직의 정책과 지침에 대한 IT 자원 구성의 전반적인 규정 준수를 지속적으로 감사하고 평가한다.
- **전사적 규정 준수 모니터링:** 전사적 규정 준수 상태를 확인하고 비준수 계정을 식별한다. 이로 인해 특정 리전 계정의 상태를 더 자세히 볼 수 있다.
- **타사 자원 관리:** 깃허브 리포지터리나 마이크로소프트 액티브 디렉터리 자원, 온프레미스와 온클라우드 서버와 같은 타사 자원의 구성을 기록한다.
- **운영 문제 해결:** AWS 자원 구성 변경을 모두 포함한 기록을 분석해 운영 문제를 해결하는 절차를 단순화한다.

구성 관리는 보안 분석을 수행하고 자원 구성을 지속적으로 모니터링하며 잠재적인 보안 취약점에 대한 구성을 평가하는 데 도움이 된다. IT 자원과 타사 자원의 구성에 대한 가시성을 제공하고 원하는 구성에 대한 자원 구성 변경을 지속적으로 평가해 내부 정책과 규정 표준 준수를 평가하는 데 도움이 된다.

기업은 **정보 기술 서비스 관리**ITSM, Information Technology Service Management 모범 사례를 구현하는 **정보 기술 인프라 라이브러리**ITIL, Information Technology Infrastructure Library와 같은 프레임워크를 만든다. ITIL은 ITSM을 구현하는 방법에 대한 뷰를 제공한다.

이번 절에서는 ITIL 프레임워크의 일부이면서 운영 우수성과 관련이 있는 자산 관리과 구성 관리를 살펴봤다. ITSM은 조직이 매일 IT 작업을 실행할 수 있게 지원한다. 웹 사이트(https://www.axelos.com/best-practice-solutions/itil)를 방문하면 관리 기관인 AXELOS에서 ITIL을 자세히 알아볼 수 있다. AXELOS는 IT 서비스 관리 프로세스에서 기술을 개발하고자 ITIL 인증을 제공한다. 계획에 대해 알아봤으니 다음 절에서는 IT 운영의 기능를 알아본다.

운영 우수성의 기능

운영 우수성은 사전 모니터링과 장애가 발생할 때 복구에 신속하게 대응하는 것으로 결정된다. 워크로드의 운영 상태를 이해하면 장애와 대응이 어느 시점에 워크로드에 영향을 미치게 되는지 파악할 수 있다. 메트릭과 대시보드를 사용해 시스템의 운영 상태를 이해하는 데 도움이 되는 도구를 사용해야 한다. 로그 데이터를 중앙 저장소로 보내고 메트릭을 정의해 기준점을 정해야 한다.

워크로드가 무엇인지 정의하고 이해하면 운영 문제에 빠르고 정확하게 대응할 수 있다. 워크로드의 여러 측면에 적절한 도구를 활용하면 경고에 대한 알림에 대해 이를 실행하는 것과 같이 운영 장애에 대한 대응을 자동화할 수 있다.

워크로드 구성 요소를 교체하는 방식으로 문제를 수정하는 대신에 장애가 발생한 구성 요소를 잘 동작하는 버전으로 교체해 복구 시간을 단축할 수 있다. 이후에 프로덕션 환경에 영향을 주지 않으면서 장애가 발생한 자원을 분석한다. 운영 우수성의 위해 적절한 도구가 필요한 영역은 다음과 같다.

- 시스템 상태 모니터링
- 경고와 장애 대응 처리

사용할 수 있는 도구와 절차에 대한 정보와 함께 각 영역을 더 자세히 이해해보자.

시스템 상태 모니터링

시스템 상태를 추적하는 것은 워크로드 동작을 이해하는 데 필수적이다. 운영 팀은 시스템 상태 모니터링을 사용해 시스템 구성 요소의 이상을 기록하고 그에 따라 조치를 취한다. 일반적으로 모니터링을 서버의 CPU와 메모리 사용률을 추적하는 인프라 계층으로만 제한적으로 생각하는데, 사실 모니터링은 아키텍처의 모든 계층에 적용돼야 한다. 모니터링이 적용되는 중요한 구성 요소를 살펴보자.

인프라 모니터링

인프라 모니터링infrastructure monitoring은 필수적이며 가장 널리 사용되는 모니터링 방식이다. 인프라에는 애플리케이션 호스팅에 필요한 구성 요소인 스토리지, 서버, 네트워크 트래픽, 로드 밸런서 등과 같은 핵심 서비스가 포함된다. 인프라 모니터링은 다음과 같은 메트릭으로 구성될 수 있다.

- **CPU 사용량**: 지정된 기간 동안 서버에서 사용한 CPU 비율
- **메모리 사용량**: 지정된 기간 동안 서버에서 사용한 RAM 비율
- **네트워크 사용률**: 지정된 기간 동안 들어오고 나가는 네트워크 패킷
- **디스크 사용률**: 디스크 읽기/쓰기 처리량과 IOPSInput/Output Operations Per Second
- **로드 밸런서**: 주어진 기간 동안의 요청 횟수

이외에도 더 많은 메트릭을 사용할 수 있으며 조직은 애플리케이션 모니터링 요구 사항에 따라 이러한 모니터링 메트릭을 워크로드에 맞게 정의해서 활용해야 한다. 다음 그림은 네트워크 트래픽에 대한 샘플 모니터링 대시보드를 보여준다.

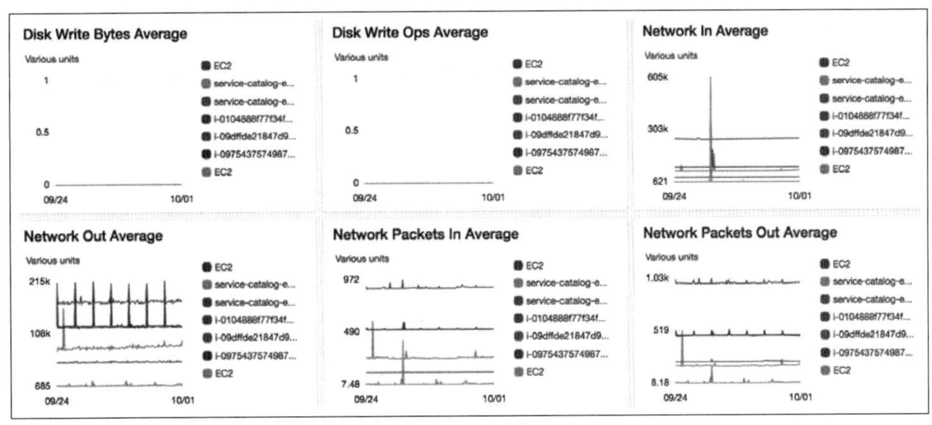

그림 10.4: 인프라 모니터링 대시보드

그림에서 서버별 색상 코딩이 적용된 Network In Average 항목을 보면 어떤 날에

스파이크가 있었는지 기존 메트릭에 대한 시스템 대시보드로 확인할 수 있다. 운영팀은 각 그래프와 자원을 자세히 살펴보고 전체 인프라 상태를 판단하기 위한 세부적인 뷰를 얻을 수 있다.

애플리케이션 모니터링

모든 인프라가 정상임에도 코드의 버그나 타사 소프트웨어 문제로 인해 장애가 발생하는 경우가 있다. 이 경우 일부 공급업체가 제공하는 운영체제의 보안 패치를 적용하면서 기존 애플리케이션 동작에 이상이 발생했을 수도 있다. 애플리케이션 모니터링에는 다음과 같은 메트릭이 포함될 수 있다.

- **엔드포인트 호출:** 지정된 기간의 요청 수
- **응답 시간:** 요청을 수행하는 평균 응답 시간
- **스로틀:** 시스템이 새로 들어오는 요청을 처리할 수 있는 용량이 부족해 처리되지 못한 요청 수
- **오류:** 요청에 응답하는 동안 오류가 발생한 애플리케이션

다음 그림은 샘플 애플리케이션 엔드포인트 모니터링 대시보드를 보여준다.

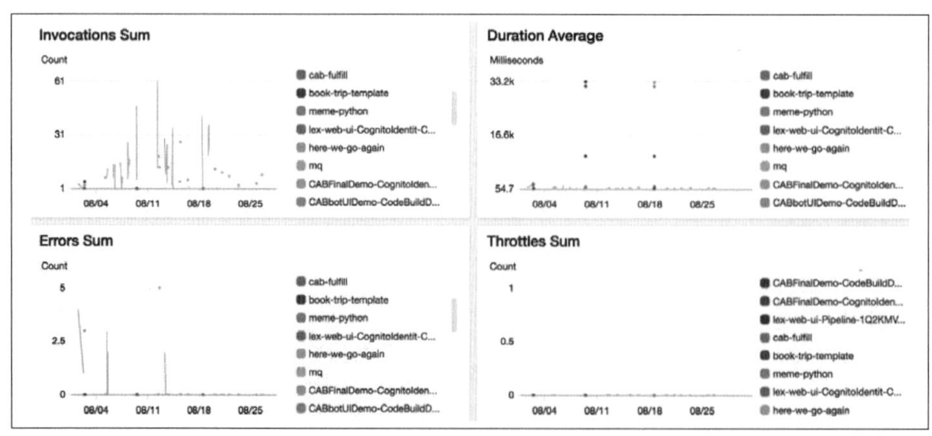

그림 10.5: 애플리케이션 모니터링 대시보드

애플리케이션과 기술을 기반으로 하는 더 많은 메트릭이 있을 수 있다. 예를 들어 자바 애플리케이션의 메모리 가비지 수집 양, RESTful 서비스에 대한 HTTP POST 및 GET 요청 수, 4XX 클라이언트 오류 수, 웹 애플리케이션에 대한 5XX 서버 오류 수, 그 외의 확인하고자 하는 애플리케이션의 상태와 같은 것들이 있다.

플랫폼 모니터링

운영하는 애플리케이션에는 모니터링해야 하는 여러 타사 플랫폼과 도구를 활용하고 있을 수 있다. 여기에는 다음과 같은 것들이 포함될 수 있다.

- **메모리 캐싱:** Redis와 Memcached
- **관계형 데이터베이스:** 오라클 데이터베이스, 마이크로소프트 SQL 서버, Amazon RDS[Relational Database Service], PostgreSQL
- **NoSQL 데이터베이스:** Amazon DynamoDB, 아파치 카산드라[Cassandra], MongoDB
- **빅데이터 플랫폼:** 아파치 하둡[Hadoop], 아파치 스파크[Spark], 아파치 하이브[Hive], 아파치 임팔라[Impala], Amazon EMR[Elastic MapReduce]
- **컨테이너:** 도커, 쿠버네티스, OpenShift
- **비즈니스 인텔리전스 도구:** Tableau, MicroStrategy, 키바나[Kibana], Amazon QuickSight
- **메시징 시스템:** MQSeries, JMS[Java Message Service], RabbitMQ, 단순 큐 서비스[SQS, Simple Queue Service]
- **검색:** ElasticSearch, Solr 검색 기반 애플리케이션

앞서 언급한 각 도구에는 애플리케이션이 전반적으로 정상인지 확인하고자 모니터링해야 하는 각자의 메트릭 세트가 있다. 다음 그림은 관계형 데이터베이스 플랫폼의 모니터링 대시보드를 보여준다.

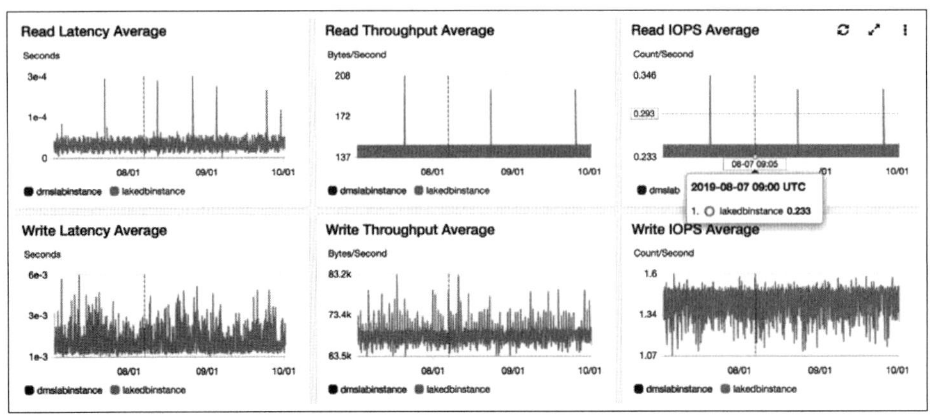

그림 10.6: 관계형 데이터베이스 관리 시스템(RDBMS)을 위한 플랫폼 모니터링 대시보드

위 대시보드에서 데이터베이스에 쓰기 활동이 많다는 것을 알 수 있다. 이는 애플리케이션이 지속적으로 데이터를 쓰고 있음을 의미한다. 반면 읽기 이벤트는 일부 스파이크를 제외하고는 비교적 일관성 있게 유지되고 있다.

로그 모니터링

전통적으로 로그 모니터링은 수작업으로 이뤄졌고 문제가 발생했을 때 사후 대응을 위해 로그를 분석했다. 그러나 비즈니스 경쟁이 심화되고 사용자의 기대치가 높아짐에 따라 사용자가 문제를 인지하기 전에 빠른 조치를 취하는 것이 필수가 됐다. 사전 예방적 접근 방식을 위해서는 중앙 집중식으로 로그를 스트리밍하고 쿼리를 실행해 문제를 모니터링하고 식별할 수 있어야 한다.

예를 들어 일부 상품 페이지에서 오류가 발생하는 경우 사용자가 불만을 제기하기 전에 오류를 즉시 파악하고 문제를 해결해야 한다. 그렇지 않으면 수익 손실이 발생하게 된다. 네트워크 공격이 발생하면 네트워크 로그를 분석하고 의심스러운 IP 주소를 차단해야 한다. 이러한 IP는 비정상적인 수치의 데이터 패킷을 전송해 애플리케이션을 중단시킬 수 있다. AWS CloudWatch, Logstash, Splunk, 구글 Stackdriver 등과 같은 모니터링 시스템은 애플리케이션 서버에 설치하는 에이전트를 제공한다. 에이전트가 로그를 중앙 집중식 저장 위치로 스트리밍 방식으로 저장하고 나면 중앙 로그 저장소에 직접 쿼리해 모든 이상에 대한 경고를 설정할 수 있다.

다음 그림은 중앙 집중식으로 수집된 샘플 네트워크 로그를 보여준다.

```
Message
2019-02-05 20:08:14
2 789211807855 eni-0c7812c55522bd887 172.31.0.23 172.31.0.252 49232 1433 6 40 1860 1549397294 1549397893 ACCEPT OK
2 789211807855 eni-0c6918ddd57f2978f 104.248.247.78 172.31.0.202 33794 8088 6 1 40 1549397503 1549397563 REJECT OK
2 789211807855 eni-0c6918ddd57f2978f 78.128.112.98 172.31.0.202 58594 3393 6 1 40 1549397503 1549397563 REJECT OK
2 789211807855 eni-0c6918ddd57f2978f 172.104.121.206 172.31.0.202 38620 465 6 1 40 1549397503 1549397563 REJECT OK
2 789211807855 eni-0c6918ddd57f2978f 193.32.160.35 172.31.0.202 48479 40004 6 1 40 1549397503 1549397563 REJECT OK
2 789211807855 eni-0c6918ddd57f2978f 172.31.0.202 172.31.0.23 46346 1433 6 20 1280 1549397503 1549398103 ACCEPT OK
2 789211807855 eni-0c6918ddd57f2978f 172.31.0.23 172.31.0.202 1433 46346 6 20 820 1549397503 1549398103 ACCEPT OK
2 789211807855 eni-0c6918ddd57f2978f 172.31.0.202 172.31.0.23 44622 1433 6 20 1280 1549397503 1549398103 ACCEPT OK
```

그림 10.7: 중앙 집중식 데이터 스토리지에서 스트리밍되는 원시 네트워크 로그

또한 다음 그림과 같이 이러한 로그에서 쿼리를 실행해 거부 요청 수가 가장 많은 상위 10개 소스 IP 주소를 찾을 수 있다.

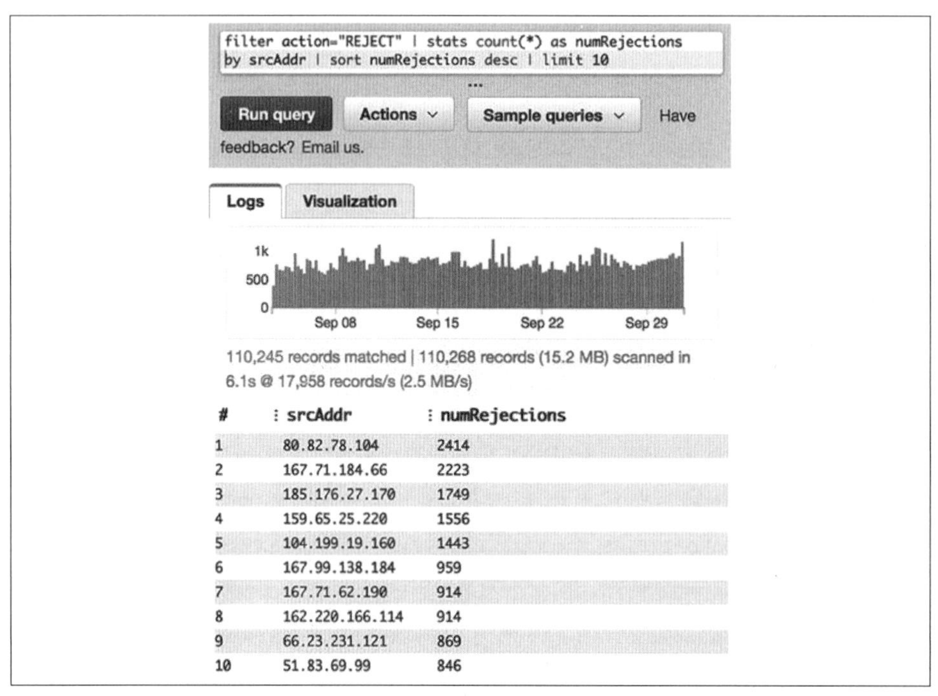

그림 10.8: 쿼리를 실행해 원시 네트워크 로그에서 얻은 통찰력

그림의 쿼리 편집기에 표시된 것처럼 그래프를 만들고 감지된 거부 수가 특정 임곗값(예, 5,000개 이상)을 초과하는 경우 경보를 설정할 수 있다.

보안 모니터링

보안은 애플리케이션의 모든 측면에 대해 중요한 요소이기 때문에 솔루션을 설계할 때 보안 모니터링을 고려해야 한다. 8장에서 다양한 아키텍처 구성 요소의 보안에 대해 살펴봤던 것처럼 보안은 모든 계층에 적용돼야 한다. 모든 장애에 조치를 취하고 대응하려면 보안 모니터링을 구현해야 한다. 다음의 중요 구성 요소는 모니터링을 적용해야 하는 부분을 보여준다.

- **네트워크 보안:** 허가되지 않은 포트 개방, 의심스러운 IP 주소와 활동 모니터링
- **사용자 액세스:** 허가되지 않은 사용자 액세스와 의심스러운 사용자 활동 모니터링

- **애플리케이션 보안:** 멀웨어나 바이러스 공격 모니터링
- **웹 보안:** DDoS[Distributed Denial of Service] 공격, SQL 주입 공격, XSS[Cross-Site Scripting] 공격 모니터링
- **서버 보안:** 보안 패치 전과 후의 차이 모니터링
- **규정 준수:** 지불 애플리케이션에 대한 **지불 카드 산업**[PCI, Payment Card Industry] 규정 준수 확인 또는 의료 애플리케이션에 대한 HIPAA[Health Insurance Portability and Accountability Act] 위반과 같은 규정 준수 위반 모니터링
- **데이터 보안:** 허가되지 않은 데이터에 액세스, 데이터 마스킹, 저장과 전송 중 데이터 암호화 모니터링

모니터링을 위해 Imperva, McAfee, Qualys, Palo Alto Networks, Sophos, Splunk, Sumo Logic, Symantec, Turbot 등과 같은 다양한 타사 도구를 사용할 수 있다.

AWS 클라우드에서 제공하는 Amazon Detective를 사용한 보안 모니터링의 예는 다음과 같다.

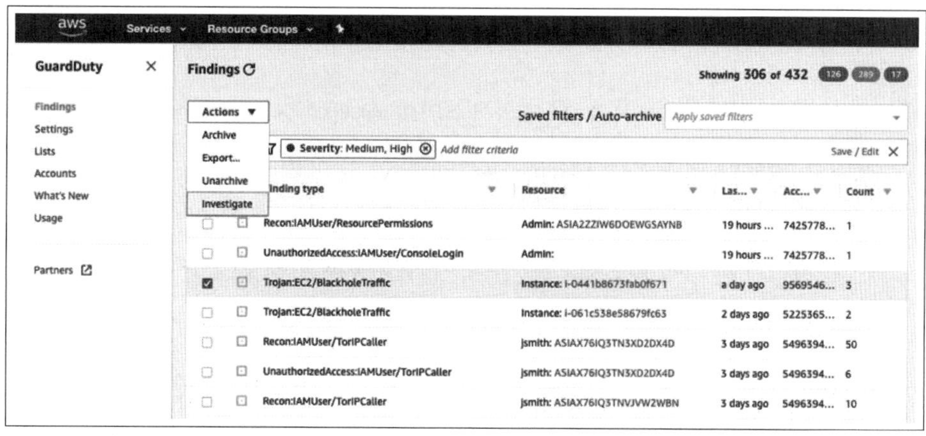

그림 10.9: Amazon GuardDuty를 사용한 보안 모니터링

시스템의 모든 구성 요소를 모니터링하고자 모니터링 시스템을 구축하게 되는데,

여기에 포함된 애플리케이션 모니터링 도구들도 모니터링이 필수적이다. 즉, 모니터링 시스템의 호스트를 모니터링해야 한다. 예를 들어 Amazon EC2[Elastic Compute Cloud]에서 모니터링 도구를 호스팅하는 경우 AWS CloudWatch는 해당 EC2의 상태를 모니터링할 수 있다.

경보와 장애 대응 처리

모니터링은 운영 우수성 기능의 한 부분이며 그 외의 다른 부분은 경보를 전달하고 그에 따라 조치를 취하는 것이다. 경보를 사용해 시스템 임곗값과 작업 시기를 정의할 수 있다. 예를 들어 서버 CPU 사용률이 5분 동안 70%에 도달하면 모니터링 도구는 높은 서버 사용률을 기록하고 시스템에 문제가 발생하기 전에 CPU 사용률을 낮추기 위한 조치를 취하도록 운영 팀에 경보를 보낸다. 이 사건에 대응해 운영 팀은 서버를 수동으로 추가할 수도 있다. 자동화가 설정되면 경보가 트리거돼 오토 스케일링 조정으로 인해 수요에 따라 더 많은 서버를 추가한다. 또한 나중에 해결할 수 있도록 운영 팀에 알림을 보낼 수도 있다.

경보의 범주를 정의하고 나면 운영 팀은 경보의 심각도에 따라 대응을 준비한다. 경보의 우선순위를 분류하는 방법으로 다음과 같은 심각도 수준을 제공할 수 있다.

- **심각도 1**: Sev1은 가장 중요한 우선순위의 문제다. Sev1은 즉각적인 사람의 개입이 필요한 문제이기 때문에 고객에게 큰 영향을 끼칠 수 있는 경우에만 제기해야 한다. Sev1 경보는 전체 애플리케이션이 다운됐을 수도 있을 만큼 큰 문제이기 때문에 일반적으로 팀은 이러한 종류의 경보에 15분 이내에 응답해야 하며, 문제를 해결하려면 24/7(연중무휴)의 지원이 필요하다.
- **심각도 2**: Sev2는 업무 시간에 해결해야 하는 우선순위가 높은 경보다. 예를 들어 전반적인 애플리케이션은 실행되고 있지만 특정 제품 범주에 대해 평가와 리뷰 시스템이 작동하지 않는 경우일 수 있다. 일반적으로 팀은 이러한 종류의 경보에 24시간 이내에 응답해야 하며 문제를 해결하려면 정규 근무 시간 동안

의 지원이 필요하다.

- **심각도 3:** Sev3은 며칠에 걸쳐 업무 시간 동안 해결할 수 있는 중간 우선순위 경보다. 예를 들어 서버 디스크가 2일 안에 곧 가득찰 것으로 예상되는 경우가 될 수 있다. 일반적으로 팀은 이러한 종류의 경보에 72시간 이내에 응답해야 하며 문제를 해결하려면 정규 근무 시간 동안의 지원이 필요하다.
- **심각도 4:** Sev4는 주중 업무 시간 동안 해결할 수 있는 낮은 우선순위 경보다. 예를 들어 SSL[Secure Sockets Layer] 인증이 2주 후에 만료되는 경우가 될 수 있다. 일반적으로 팀은 일주일 이내에 이러한 종류의 경보에 응답해야 하며 문제를 해결하려면 정규 근무 시간 동안의 지원이 필요하다.
- **심각도 5:** Sev5는 에스컬레이션이 필요하지 않은 알림 범주에 속하며 배포가 완료됐다는 알림을 보내는 것과 같은 단순한 정보일 수 있다. 이 경우 정보 제공의 목적일 뿐이므로 응답은 필요 없다.

각 조직은 애플리케이션 요구 사항에 따라 다양한 경보 심각도 수준을 설정할 수 있다. 일부 조직에서는 심각도를 4단계로 설정하고 다른 조직에서는 6단계로 설정할 수도 있다. 또한 경보 응답 시간이 다를 수 있는데, 어떤 조직은 근무 시간 중에 해결되기를 기다리지 않고 연중무휴로 6시간 이내에 Sev2 경고를 해결하기를 원할 수 있다.

경보를 설정할 때는 제목과 내용이 서술적이고 간결해야 한다. 경보는 모바일(SMS)이나 메시지로 전송되기도 하기 때문에 즉각적인 조치를 취할 수 있도록 짧으면서도 유익해야 한다. 또한 메시지 본문에는 적절한 메트릭 데이터를 포함해야 한다.

메시지 본문에 "디스크가 가득 찼습니다."라고 기록하는 것보다는 "productionweb-1 서버의 디스크 사용량이 90%입니다."와 같은 정보를 포함하는 것이 좋다. 다음 그림은 알람 대시보드의 예를 보여준다.

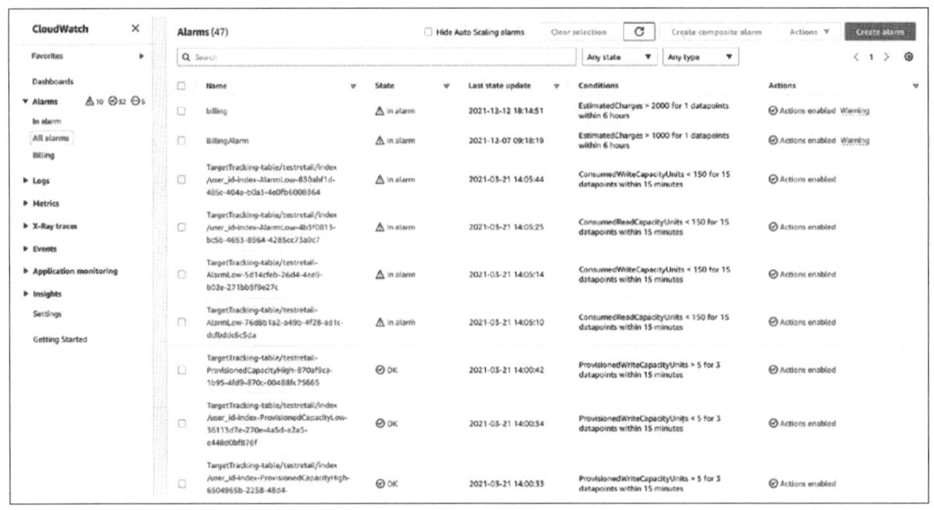

그림 10.10: 경보 대시보드

경보 대시보드에서 볼 수 있듯이 testretail이라는 NoSQL Amazon DynamoDB 데이터베이스 테이블이 지정한 쓰기 용량보다 적게 사용되고 있어서 불필요한 비용이 낭비되고 있기 때문에 하나의 경보가 발생하고 있다. 대시보드 하단 3개의 경보들은 모니터링을 위해 수집된 데이터가 임곗값 내에 있기 때문에 OK 상태다. Insufficient data(데이터 부족)를 표시하는 다른 경보가 있을 수도 있는데, 이는 모니터링 중인 자원의 상태를 확인하기에 데이터 포인트가 충분하지 않음을 의미한다. 이 경우 데이터를 충분히 수집해 OK 상태로 전환될 수 있는 경우에만 유효한 것으로 생각해야 한다.

중요한 경보의 경우 장애 대응 테스트를 통해 사전에 정의된 SLA를 충족할 만한 준비가 됐는지 확인하는 것이 중요하다. 문제를 해결할 수 있을 만한 충분한 공간을 확보한 상태에서 임곗값이 올바르게 설정돼 있는지 확인하고 너무 많은 경고를 보내지 않게 해야 한다. 문제가 해결되고 나면 경보가 원래의 정상 상태로 재설정돼 이벤트 데이터를 다시 수집할 준비가 됐는지 확인해야 한다.

장애는 시스템과 고객에게 부정적인 영향을 미치는 예상치 못한 중단이다. 장애가 발생할 때 가장 먼저 해야 할 대응은 시스템을 복구해 고객 경험을 복원하는 것이다. 문제 해결은 나중에 시스템이 복원되고 작동을 시작한 뒤에도 할 수 있다. 자동화된 경보는 장애를 능동적으로 발견하고 사용자에게 주는 영향을 최소화하는 데 도움이 된다. 이는 전체 시스템이 다운된 경우에도 재해 복구 사이트로 장애 조치하고 난 후 기본 시스템을 추후에 수정하고 복원할 수 있게 한다.

예를 들어 넷플릭스[Netflix]는 시스템 안정성을 테스트하고자 Chaos Monkey와 같은 Simian Army(https://netflixtechblog.com/thenetflixsimian-army-16e57fbab116)를 사용한다. Chaos Monkey는 프로덕션 서버들 중 일부를 무작위로 종료해 시스템이 최종 사용자에게 영향을 주지 않고 재해로 인한 장애에 대응할 수 있는지 테스트한다. 유사하게 넷플릭스에는 Security Monkey, Latency Monkey, Chaos Gorilla와 같은 시스템 아키텍처의 다양한 부분을 테스트하기 위한 Monkey들이 있다. 이 Monkey들은 전체 가용성 영역에 대한 중단을 시뮬레이션할 수 있다.

모니터링과 경보는 운영 우수성을 달성하는 데 중요한 구성 요소다. 모든 모니터링 시스템에는 일반적으로 경보 기능이 통합돼 있다. 완전 자동화된 경보와 모니터링 시스템은 운영 팀이 시스템 상태를 유지 관리하고 신속한 조치를 취할 수 있게 하고, 사용자 경험을 향상시키는 능력을 키울 수 있게 한다.

애플리케이션 환경을 모니터링할 때 지속적으로 개선 사항을 반영해 운영 우수성을 달성하는 것이 중요하다. 운영 우수성 향상을 자세히 알아보자.

운영 우수성 향상

모든 프로세스, 제품 또는 애플리케이션이 시간이 지남에 따라 성숙도를 높여가며 운영 우수성을 달성하려면 지속적인 개선이 필요하다. **근본 원인 분석**[RCA, Root Cause Analysis]을 수행하며 다양한 업무를 하는 과정에서 얻는 교훈들로부터 배우면서 작은 변경 사항들을 지속적으로 반영해야 한다.

실패로부터 학습하면 계획된(예, 배포) 또는 계획되지 않은(예, 사용률 급증) 운영 이벤트를 예측하는 데 도움이 된다. 운영 설명서에 모든 교훈을 기록하고 해결 방법을 업데이트해야 한다. 운영 개선을 위해 적절한 도구가 필요한 영역은 다음과 같다.

- IT 운영 분석
- 근본 원인 분석
- 감사와 보고

IT 운영 분석

IT 운영 분석ITOA, IT Operations Analytics은 다양한 자원에서 데이터를 수집해 의사 결정을 내리고 발생할 수 있는 잠재적 문제를 예측하는 방식을 의미한다. 개선을 위해서는 모든 이벤트와 운영 활동을 분석하는 것이 필수적이다. 장애에 대해 분석하면 향후 발생할 수 있는 장애를 예측하고 팀이 적절한 대응을 할 수 있게 대비하는 데 도움이 된다.

작업 이벤트와 워크로드 전반에 걸친 다양한 활동, 인프라 변경에 대한 로그를 수집하는 메커니즘을 구현해 상세한 활동 추적을 만들고 감사 목적으로 활동 기록을 유지해야 한다.

대규모 조직에는 방대한 양의 데이터를 생성하는 수백 개의 시스템을 보유하고 있을 수 있다. 통찰력을 얻으려면 90일이나 180일과 같이 일정 기간 동안 모든 로그와 이벤트 데이터를 수집하고 저장하는 메커니즘이 필요하다. ITOA는 빅데이터 아키텍처를 사용해 모든 곳에서 수 테라바이트의 데이터를 저장하고 분석한다. ITOA는 개별 도구들만 살펴보는 것만으로는 찾을 수 없는 문제를 발견하는 데 도움이 되고, 다양한 시스템 간의 종속성을 파악하는데도 도움이 되는 전체적인 뷰를 제공한다.

다음 그림에 표시된 것처럼 각 시스템에는 통찰력을 얻고 개별 시스템 구성 요소를 유지 관리하는 데 도움이 되는 자체 모니터링 도구가 있다. 운영 분석을 위해서는 이 데이터들을 중앙 집중식으로 수집해야 한다. 모든 작업 데이터를 한곳에 수집하는 것은 단일 정보 소스를 제공하므로 필요한 데이터를 쿼리하고 분석을 실행해 의미 있는 통찰력을 얻을 수 있다.

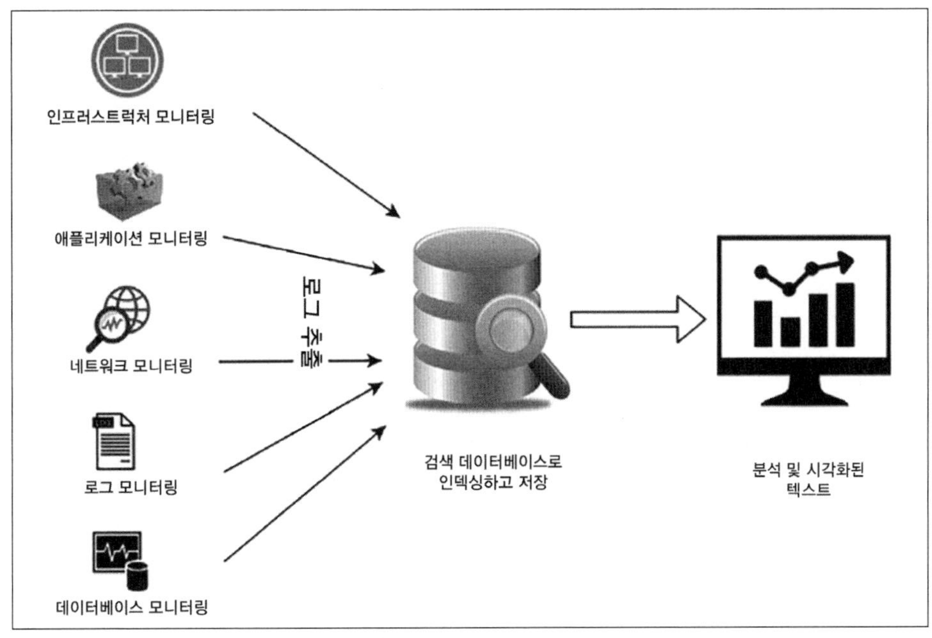

그림 10.11: ITOA를 위한 빅데이터 접근 방식

운영 분석 시스템을 만들고자 Amazon S3Simple Storage Service와 같은 확장할 수 있는 빅데이터 스토리지를 사용할 수 있다. 또한 온프레미스 하둡 클러스터에 데이터를 저장할 수도 있다. 데이터 추출을 위해 각 서버에 에이전트를 설치해 모니터링에 필요한 모든 데이터를 중앙 집중식 스토리지 시스템으로 보낼 수 있다. 예를 들어 Amazon CloudWatch 에이전트를 사용하면 각 서버에서 데이터를 수집해 S3에 저장할 수 있다.

ExtraHop, Splunk와 같은 타사 도구를 사용하면 다양한 시스템에서 데이터를 추출할 수 있다.

데이터가 중앙 집중식 저장소에 수집되면 스파크Spark, 맵리듀스MapReduce, AWS Glue 등과 같은 빅데이터 애플리케이션을 사용해 데이터 변환과 클렌징을 수행하고, 검색과 분석에 활용할 수 있게 데이터를 준비할 수 있다. 데이터를 시각화하려면 태블로Tableau, MicroStrategy, Amazon QuickSight 등과 같은 비즈니스 인텔리전스 도구를 사용할 수 있다. 이 책에서는 ETLExtract, Transform, Load 파이프라인을 구축하는 방법을 설명할 예정이며 자세한 내용은 13장에서 다룬다. 머신러닝을 추가로 수행해 미래에 발생할 수 있는 이벤트에 대한 예측 분석을 수행할 수도 있다. 머신러닝에 대한 자세한 내용은 14장에서 다룬다.

근본 원인 분석

지속적인 개선을 위해서는 오류가 다시 발생하지 않도록 방지하는 것이 중요하다. 문제를 올바르게 식별할 수 있다면 효율적인 솔루션을 개발하고 적용할 수 있다. 또한 문제를 해결하려면 문제의 근본 원인을 찾는 것이 중요한데, 이제부터 살펴볼 5가지 이유는 문제의 근본 원인을 식별하는 간단하면서도 가장 효과적인 기법이다.

5가지 이유 기법에서는 팀을 모아 장애를 회고하고 실제 문제를 식별하고자 5개의 연속적인 질문을 던지는 것이다. 애플리케이션 모니터링 대시보드에 데이터가 표시되지 않는 경우를 예로 들어보면 근본 원인에 도달하고자 다음과 같은 5가지 이유를 물어본다.

문제: 애플리케이션 대시보드에 데이터가 표시되지 않는다.

1. **이유:** 애플리케이션이 데이터베이스에 연결할 수 없기 때문에
2. **이유:** 애플리케이션에서 데이터베이스 연결 오류가 발생하기 때문에
3. **이유:** 데이터베이스 포트에 대한 네트워크 방화벽이 설정돼 있지 않기 때문에
4. **이유:** 설정된 포트가 수동으로 등록한 것이고 인프라 팀이 이를 놓쳤기 때문에

5. **이유**: 팀에 자동화 도구가 없기 때문에

근본 원인: 인프라 생성 중 수동으로 설정한 것으로 인해 오류 발생

솔루션: 자동화된 인프라 생성을 위한 도구를 적용

위 예에서 언뜻 보기에 문제는 애플리케이션과 관련된 것처럼 보였지만 5가지 이유 분석 후 더 큰 문제로 밝혀져 유사한 장애를 예방하기 위한 자동화 도입이 필요하다는 것을 알게 됐다.

RCA는 팀이 학습한 교훈을 문서화하고 운영 우수성을 위해 지속적으로 개선하는 데 도움이 된다. 설명서의 경우처럼 코드를 업데이트 및 유지 관리하고 팀 전체에서 모범 사례를 공유하는 것이 좋다.

감사와 보고

감사는 권장 사항을 생성하고 내부나 외부 간섭에 의한 시스템의 모든 악의적인 활동을 식별하기 위한 필수 요소 중 하나다. 여러분의 애플리케이션이 PCI, HIPAA, FedRAMP(Federal Risk and Authorization Management Program), ISO(International Organization for Standardization) 등과 같은 규정 준수 규제 기관들로부터 인증서를 발급 받고자 규정 준수 보고서를 준비해야 하는 경우 정기적인 감사를 수행하고 시스템에서 진행 중인 각 활동을 확인해야 한다.

감사는 보안 이벤트를 방지하고 감지하는 데 필수다. 해커는 시스템에 조용히 침투해 정보를 체계적으로 훔쳐갈 수 있다. 정기적인 보안 감사를 통해 이런 숨겨진 위협을 발견할 수 있다. 자원이 필요하지 않을 때에도 유휴 상태로 실행되고 있는지 확인하고자 비용 최적화를 위한 정기 감사를 수행할 수 있고, 이로 인해 자원 수요와 가용 용량을 파악해 사전에 계획할 수 있다.

경보와 모니터링 외에도 운영 팀은 감사를 활성화하고 수행해 모든 위협에서 시스템을 보호할 책임이 있다. IT 감사로 IT 자산과 라이선스를 보호하고 조직 목표를

달성하고자 데이터 무결성과 운영을 적절하게 보장할 수 있다. 다음 그림은 머신러닝과 패턴 일치를 사용해 AWS에서 중요한 데이터를 검색하고 보호하는 데이터 보안과 데이터 개인 정보 보호 서비스인 Amazon Macie를 사용해 Amazon S3 버킷에 저장된 데이터 감사를 보여준다.

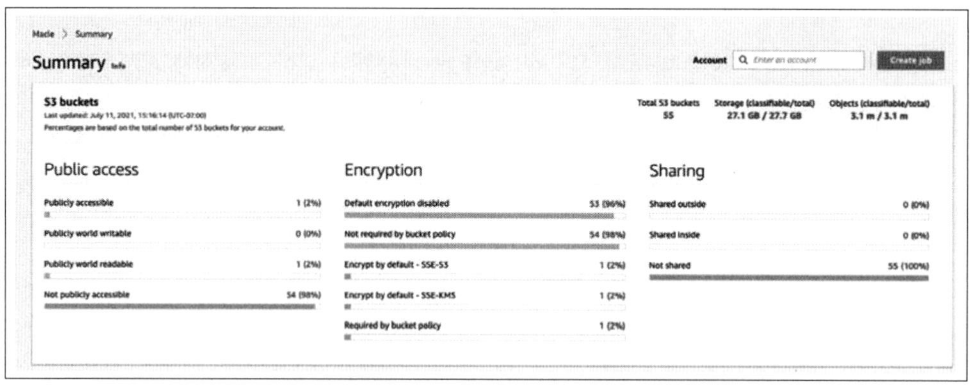

그림 10.12: Amazon Macie의 데이터 감사 보고서 요약

위 데이터 감사 보고서는 데이터 저장 및 크기 세부 정보와 함께 데이터 액세스 가능성, 암호화, 데이터 공유 보고서를 보여준다.

감사 단계에는 계획, 준비, 평가, 보고가 포함된다. 보고서에는 위험 항목을 강조 표시해야 하며 미해결 문제를 해결하기 위한 후속 조치를 수행한다.

운영 효율성을 위해 팀은 내부 감사를 수행해 모든 시스템이 정상적인지, 모든 장애를 감지할 수 있는 적절한 경보가 있는지 확인할 수 있다.

퍼블릭 클라우드에서 운영 우수성 달성

AWS, GCP 또는 애저와 같은 퍼블릭 클라우드 공급자는 클라우드에서 운영 우수성을 달성하고자 많은 내장 기능과 지침을 제공한다. 클라우드 제공업체는 운영 우수성을 위한 가장 필수적인 요소 중 하나인 자동화를 권장한다. AWS 클라우드를 예로 들면 다음과 같은 서비스들이 운영 우수성을 달성하는 데 도움이 될 수 있다.

- **계획:** 운영 우수성 계획에는 격차, 권장 사항 식별, 스크립팅을 통한 자동화, 패치, 업데이트를 위한 서버 플릿 관리가 포함된다. 다음 AWS 서비스는 계획 단계에서 도움이 된다.
    - **AWS Trusted Advisor:** AWS Trusted Advisor는 사전 구축된 모범 사례를 기반으로 워크로드를 확인하고 이를 구현하기 위한 권장 사항을 제공한다.
    - **AWS CloudFormation:** AWS CloudFormation을 사용하면 애플리케이션, 인프라, 정책, 거버넌스, 운영을 포함한 전체 워크로드를 코드로 관리할 수 있다.
    - **AWS 시스템 관리자:** AWS 시스템 관리자는 패치, 업데이트, 전반적인 유지 관리를 위해 클라우드 서버를 대량으로 관리할 수 있는 기능을 제공한다.
- **기능:** 운영 우수성 모범 사례를 만들고 자동화를 적용한 후에는 장애에 대응할 수 있도록 시스템을 지속적으로 모니터링해야 한다. 다음 AWS 서비스는 시스템 모니터링, 알림, 자동 대응에 도움이 된다.
    - **Amazon CloudWatch:** Amazon CloudWatch는 워크로드를 모니터링하고 정의된 임곗값에 따라 경보를 트리거할 수 있도록 수백 개의 내장된 지표를 제공한다. 또한 중앙 로그 관리 시스템을 제공하고 자동화된 장애 대응을 트리거할 수 있다.
    - **AWS Lambda:** AWS Lambda는 운영 이벤트에 대한 응답을 자동화하는 데 사용할 수 있다.
- **개선:** 시스템에 장애가 발생하면 지속적인 개선을 위해 해당 패턴과 근본 원인을 밝혀내야 한다. 또한 스크립트의 버전을 유지 관리하고자 모범 사례를 적용해야 한다. 다음 AWS 서비스들은 시스템 개선 사항을 파악하고 적용하는 데 도움이 된다.

- **Amazon OpenSearch**: Amazon OpenSearch로 로그 데이터를 분석해 통찰력을 얻고 경험으로부터 배우는 데 도움이 된다.
- **AWS CodeCommit**: 중앙 리포지터리에 코드를 관리해 라이브러리, 스크립트, 문서와 학습 내용을 공유할 수 있다. AWS는 워크로드와 작업을 코드로 실행할 수 있는 다양한 기능을 제공하고 있다.

이러한 기능들은 운영과 장애 대응을 자동화하는 데 도움이 된다. AWS를 사용하면 프로덕션 환경에 영향을 주지 않고 장애가 발생한 구성 요소를 정상적인 버전으로 쉽게 교체하고 장애 자원을 분석할 수 있다.

AWS에서는 모든 시스템 작업 및 워크로드 활동과 인프라의 로그를 집계해 AWS CloudTrail과 같은 활동 기록을 생성한다. AWS의 도구들을 사용해 시간 경과에 따른 작업을 쿼리 및 분석하고 개선의 여지를 파악할 수 있다. 클라우드에서는 모든 자산이 동일한 계층 구조 내에서 API와 웹 기반 인터페이스를 통해 제공되기 때문에 자원 검색이 쉽다. 심지어 클라우드에서 온프레미스 워크로드를 모니터링할 수도 있다. AWS 클라우드의 보안 감사를 위해 Amazon GuardDuty와 Amazon Detective를 사용하면 여러 계정에 걸쳐 뛰어난 통찰력과 세부 정보들을 얻을 수 있다.

운영 우수성은 지속적인 노력이 필요하다. 애플리케이션의 운영을 개선하고자 모든 운영상의 장애를 분석해야 한다. 애플리케이션의 부하에 대한 요구 사항을 이해하고 정기적인 활동을 설명서로 문서화하고 문제 처리를 가이드하는 단계를 따르고, 자동화를 사용하고 지식을 쌓음으로써 모든 장애 이벤트에 대한 대비를 할 수 있다.

요약

운영상의 필요에 따라 지속적인 개선 작업을 수행하고 RCA를 사용해 과거의 장애로부터 얻은 교훈을 통해 운영 우수성을 달성할 수 있다. 운영 우수성을 높여 비즈니스에 성공할 수 있다. 응답성이 뛰어난 배포를 구축하면서 효율성을 높이는 애플리케이션을 구축하고 운영해야 한다. 모범 사례를 사용해 워크로드 운영을 더욱 훌륭하게 만들어야 한다.

10장에서는 운영 우수성을 달성하기 위한 설계 원칙을 알아봤다. 이러한 원칙은 운영 자동화, 지속적인 개선, 점진적 접근, 실패 예측, 장애에 대한 대응을 준비할 것을 권장한다.

운영 우수성의 여러 단계와 해당 기술 선택을 살펴봤고, 계획 단계에서 ITAM을 학습해 IT 자원 인벤토리를 추적하고 구성 관리를 사용해 자원 간의 종속성을 파악할 수 있었다.

운영 우수성의 기능 단계에서 경보와 모니터링을 살펴봤다. 인프라, 애플리케이션, 로그, 보안, 플랫폼 모니터링 등 다양한 모니터링을 고려해봤고, 경보의 중요성과 경보 심각도를 정의해 이에 대응하는 방법도 살펴봤다.

운영 우수성의 개선 단계에서 빅데이터 파이프라인을 구축해 IT 운영의 분석, 5가지 이유를 사용해 RCA를 수행하는 방법, 악의적인 행동과 눈에 띄지 않는 위협으로부터 시스템을 보호하기 위한 감사의 중요성을 살펴봤다. 클라우드의 운영 우수성과 AWS 클라우드의 운영 우수성을 위해 활용할 수 있는 다양한 내장 도구도 살펴봤다.

성능, 보안, 안정성, 운영 우수성 영역에서 모범 사례를 살펴봤다. 11장에서는 비용 최적화를 위한 모범 사례를 알아보고, 전체 시스템 비용을 최적화하기 위한 다양한 도구와 기술을 알아보며, 클라우드에서 여러 도구를 활용해 IT 비용을 관리하는 방법도 알아본다.

11

비용 고려 사항

모든 비즈니스의 주요 목표 중 하나는 고객에게 서비스를 제공하면서 수익성을 높이는 것이다. 비용은 프로젝트가 시작될 때 논의되는 핵심 요소다. 애플리케이션을 개선하고 새로운 제품 기능을 추가하는 것은 예산이 얼마나 있느냐에 따라 크게 좌우된다. 제품에 대한 비용은 모든 사람의 책임이며 제품 수명 주기의 모든 단계(계획에서 생산 후까지)에서 고려해야 한다. 11장을 읽고나면 IT 솔루션과 운영 비용을 최적화하기 위한 모범 사례를 이해하는 데 도움이 될 것이다.

비용 최적화는 지속적인 프로세스며 고객 경험을 희생하지 않도록 신중하게 관리해야 한다. 비용 최적화는 비용 절감만을 의미하는 것이 아니라 **투자 대비 수익률**ROI, Return On Investment을 최대화해 비즈니스 위험을 줄이는 것이다. 비용 최적화를 계획하기 전에 고객의 요구 사항을 먼저 이해하고 그에 따라 조치를 취해야 한다. 고객이 더 높은 품질을 원하고 있다면 더 높은 비용을 지불할 준비가 돼 있어야 한다.

11장에서는 솔루션의 비용 최적화를 위한 다양한 설계 원칙을 알아본다. 비용 측면은 아키텍처의 모든 단계와 구성 요소를 고려해야 한다. 모든 계층에서 비용 최적화를 보장하고자 올바른 기술을 선택해야 한다는 것을 이해하게 될 것이다.

11장에서는 다음과 같은 비용 최적화 모범 사례를 살펴본다.

- 비용 최적화를 위한 설계 원칙
- 비용 최적화 기법
- 퍼블릭 클라우드에서 비용 최적화

11장의 후반부에서는 비즈니스 민첩성과 결과를 위험에 빠뜨리지 않고 비용을 최적화하는 다양한 기술을 살펴보며 비용을 모니터링하고 비용을 관리할 수 있는 거버넌스를 적용하는 다양한 방법도 살펴본다.

비용 최적화를 위한 설계 원칙

비용 최적화에는 비즈니스 운영 비용을 줄이는 동시에 비즈니스 가치를 높이고 위험을 최소화하는 것이 포함된다. 예산을 추정하고 지출을 예측해 사전에 계획을 세워야 한다. 비용을 최적화하려면 비용을 어떻게 절감할지 계획을 세우고 지출 내역을 면밀히 모니터링해야 한다.

비용 최적화를 달성하는 데 도움이 되는 몇 가지 원칙이 있다. 다음 절에서는 비용을 최적화할 수 있는 일반적인 설계 원칙을 설명하고 모든 비용 최적화 설계 원칙이 밀접하게 관련돼 있으면서 서로를 보완한다는 것을 알아본다.

총 소유 비용 계산

간혹 조직은 **총 소유 비용**TCO, Total Cost of Ownership을 간과하고 소프트웨어와 서비스를 구입하기 위한 초기 비용을 의미하는 **자본 지출**CapEx, Capital Expenditure을 기준으로 비용을 산정하려는 경향이 있다. 초기 비용 결정도 필수적이지만 장기적인 측면에서 TCO가 가장 중요하다. TCO에는 애플리케이션 수명 주기의 모든 차원을 포괄하는

CapEx와 **운영 비용**OpEx, Operational Expenditure이 모두 포함된다. CapEx 비용은 조직이 서비스와 소프트웨어를 구입하고자 선불로 지불하는 가격을 의미하고, OpEx에는 소프트웨어 애플리케이션의 운영, 유지 관리, 교육, 폐기 비용이 포함된다. 장기적으로 ROI를 계산하는 동안 좀 더 전략적인 결정을 내리는 데 도움이 되도록 관련된 모든 비용을 고려하는 것이 가장 좋다.

예를 들어 24/7(연중무휴) 작동되는 냉장고를 구입할 때 전기 요금을 절약하고자 에너지 절약 등급을 확인한다. 에너지 사용 비용이 절약되면 시간이 지남에 따라 총 비용이 낮아진다는 것을 알 수 있기 때문에 구매할 때 비용을 더 지불하더라도 장기적으로는 이득이다.

이제 데이터 센터의 예를 들어보면 사전에 하드웨어 구입에 필요한 비용인 CapEx가 필요하고, 데이터 센터를 운영하기 위해 난방, 냉각, 랙 유지 관리, 인프라 관리, 보안 등을 포함하는 추가적이고 지속적으로 발생하는 비용인 OpEx가 필요하다.

일반적인 사용 사례에서는 소프트웨어를 구매하고 구현할 때 다음 비용을 고려해 TCO를 계산한다.

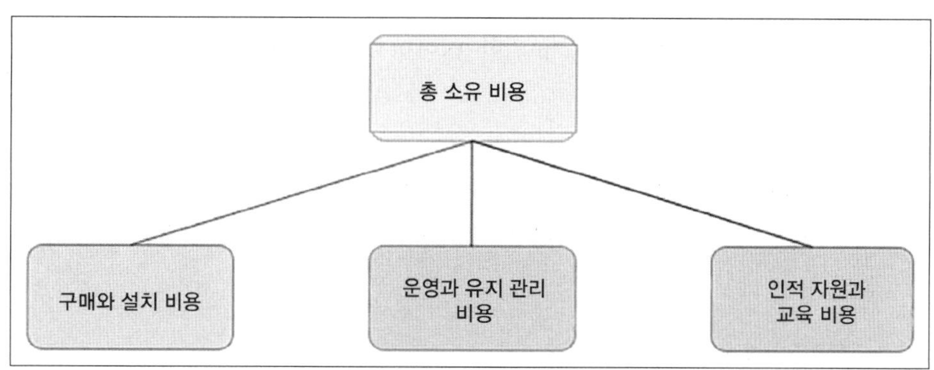

그림 11.1: 소프트웨어를 위한 TCO

좀 더 세분화해서 살펴보자. 각 TCO 구성 요소에는 오라클이나 MS SQL 데이터베이스와 같은 구입하는 소프트웨어와 관련된 다음과 같은 공통 비용이 있다.

- **구매와 설치 비용:** 소프트웨어와 소프트웨어 배포에 필요한 서비스를 구입하는 데 드는 초기 비용이다. 여기에는 다음과 같은 비용이 포함된다.
    - 소프트웨어 가격에는 라이선스 비용이 포함된다.
    - 하드웨어 비용에는 소프트웨어 배포를 위한 서버와 스토리지 구매가 포함된다.
    - 구현 비용에는 프로덕션 준비를 위한 시간과 노력이 포함된다.
    - 마이그레이션 비용에는 새 시스템으로 데이터를 이동하는 비용이 포함된다.
- **운영과 유지 관리 비용:** 비즈니스 사용 사례에 따라 소프트웨어를 운영하기 위한 서비스 비용이 지속적으로 발생한다. 여기에는 다음과 같은 비용이 포함된다.
    - 소프트웨어 유지 관리와 지원
    - 패치와 업데이트
    - 개선
    - 하드웨어 서버를 유지하기 위한 데이터 센터 비용
    - 보안
- **인적 자원과 교육 비용:** 비즈니스 활동을 지원할 수 있도록 소프트웨어를 구축하고 활용하고자 직원들을 교육하는 비용이다. 여기에는 다음과 같은 비용이 포함된다.
    - 애플리케이션 관리 직원
    - IT 지원 직원
    - 기능과 기술 컨설턴트
    - 교육 비용과 교육 도구

Salesforce CRM과 같은 SaaS(Software as a Service) 제품을 구독하는 것처럼 솔루션을 찾을 때 여러 가지 선택지가 있을 수 있다. SaaS 모델은 대부분 구독 기반이므로 기준 수치 이상으로 더 많이 사용하게 될 경우 원하는 ROI를 얻고 있는지 확인해야 한다. 클라우드에서 하드웨어를 관리하도록 IaaS(Infrastructure as a Service) 옵션을 선택하고 소프트웨어를 설치해 하이브리드 접근 방식을 취할 수 있다. 전반적으로 사용하려는 소프트웨어가 요구 사항을 충족하지 않는다면 직접 구축하는 방법을 선택할 수도 있다. 어떤 시나리오에서든 TCO를 계산해 ROI를 최대화할 수 있는 것으로 결정해야 한다. TCO를 제어하고 ROI를 달성하는 데 도움이 될 수 있는 예산과 예측 계획을 살펴보자.

예산과 예측 계획

모든 기업은 지출을 계획하고 ROI를 계산해야 한다. 예산 계획은 조직과 팀에 비용 관리에 대한 지침을 제공한다. 조직은 비즈니스를 운영하는 데 필요한 1~5년 동안의 장기 예산을 계획한다. 이러한 예산은 개별 프로젝트와 애플리케이션 수준까지 내려간다. 솔루션 설계와 개발 중에 팀은 사용할 수 있는 예산을 고려한 후에 예산을 계획해야 한다. 예산은 기업이 달성하고자 하는 것을 수량화하는 데 도움이 되며, 예측은 회사가 무엇을 만들고 있는지에 대한 추정치를 제공한다.

예산은 장기적으로 중요한 전략적 계획으로 생각할 수 있으며, 예측은 비즈니스 방향을 결정하고자 좀 더 전술적 수준에서 견적을 제공한다. 애플리케이션 개발, 운영에서 예산과 예측이 없으면 예산을 빠르게 추적하지 못하고 예상 비용을 초과할 수 있다. 이 두 용어는 혼동될 수 있으므로 예산과 예측의 명확한 차이점을 이해해야 한다.

예산	예측
비즈니스 목표를 달성하기 위한 미래의 결과와 현금 흐름을 나타낸다.	비즈니스의 현재 상황과 수익을 나타낸다.
장기 계획(예, 1~5년)이다.	월별 또는 분기별 계획이다.
비즈니스 요건에 따라 드물게(대략 1년에 한 번) 조정된다.	실제 비즈니스 진행 상황에 따라 정기적으로 업데이트된다.
실제 원가 대비 예산 원가에 따른 조직개편 등 사업 방향 결정에 도움이 된다.	추가 인력과 같은 단기 운영 비용 조정에 도움이 된다.
계획된 비용과 실제 비용을 비교해 성능을 결정하는 데 도움이 된다.	성능 변화에 사용되지 않고 진행을 합리화하는 데 사용된다.

예측 정보는 즉각적인 조치를 취하는 데 도움이 되지만 시장 변화로 인해 예산을 달성하지 못할 수 있다. 다음 그림에 표시된 것처럼 상시 실행되는 솔루션을 운영하는 동안 과거의 지출 예측을 기반으로 개발하면 다음 달 비용을 조정하라는 메시지를 받을 수도 있다.

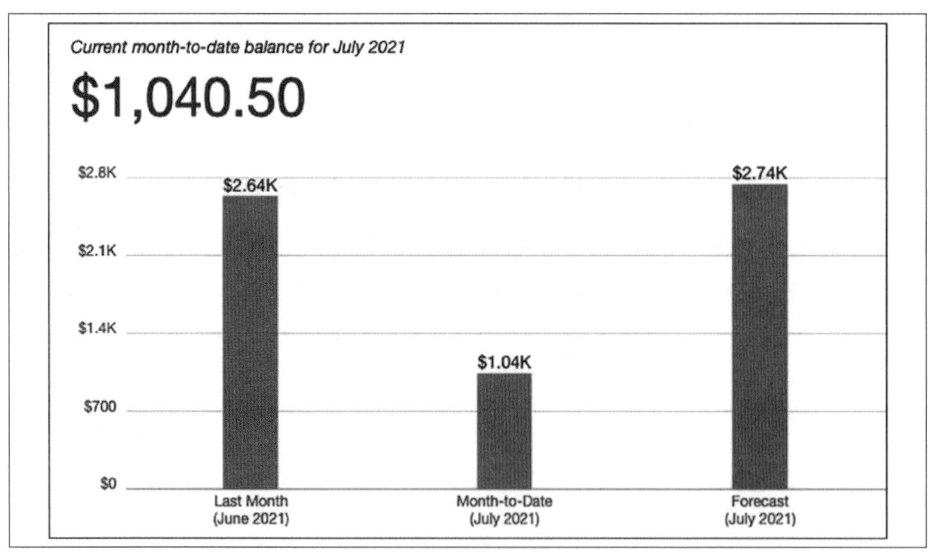

그림 11.2: 청구와 예측 보고서

이전 청구서와 예측 보고서를 통해 월 예산은 2,000달러이고 예측하기로는 월말까지 예산을 초과하게 될 것임을 알 수 있다. 이처럼 예측은 예산 범위 내에서 운영하고 비용을 제어하는 데 도움이 된다. 다음에는 수요와 서비스를 관리해 비용 효율성을 높이는 메커니즘을 알아본다.

수요와 서비스 카탈로그 관리

대부분의 조직에는 애플리케이션 개발 팀과 다양한 사업부의 지원 팀과 같은 내부 비즈니스 파트너와 협력하는 중앙 집중식 IT 팀이 있다. IT 팀은 모든 소프트웨어 및 하드웨어 비용과 애플리케이션 호스팅 관리 지원을 포함해 IT 인프라에 대한 수요를 관리한다. 간혹 비즈니스 파트너는 사용하는 IT 서비스의 비용에 대한 이해가 부족한 경우가 있다. 예를 들어 애플리케이션 개발 팀은 개발이나 테스트 환경을 과도하게 배포해 추가 비용을 발생시키는 경향이 있다.

다양한 조직 구성에서 적정한 규모와 수요를 예측하는 것은 수요와 공급을 최대한 근접하게 일치시키는 데 도움이 될 수 있다. 또한 모든 요구 사항을 한곳에서 통합하면 조직은 규모의 경제 효과를 얻을 수 있다. 대규모 계약으로 더 높은 수준의 규모의 경제를 달성할 수 있고, 이는 곧 더 낮은 변동 비용을 달성하게 한다. 모든 조직 구성에서 적절하게 수요가 집계될 수 있다면 비용을 낮출 수 있다.

조직은 수요와 서비스를 관리하고자 다음과 같은 두 가지 접근 방식 중 하나를 사용할 수 있다.

- **수요 관리:** (과도한 지출이 발생할 수 있는) 기존 IT 환경에서 비용을 절감하고자 수요 주도 demand-led 접근 방식을 취할 수 있다. 새로운 서비스를 많이 도입하지 않기 때문에 단기적으로 비용 효율성을 높이는 데 도움이 된다. 과거 데이터를 분석해 수요를 주도하는 요인을 이해하고 과도하게 배포된 경우를 파악할 수 있다. IT 서비스에 대해 합리적으로 운영 비용을 관리하려면 IT 팀과 비즈니스 파트너

간에 체계를 수립해야 한다.

- **서비스 카탈로그 관리:** 새로운 서비스에 대한 수요가 있고 과거 데이터가 많지 않은 경우 서비스 주도 접근 방식을 사용할 수 있다. 이 접근 방식에서는 가장 자주 사용하는 서비스에 대한 수요를 이해하고 카탈로그를 생성해야 한다. 예를 들어 개발 팀이 개발 환경을 만들고자 MySQL 데이터베이스가 있는 리눅스 서버를 요청한다고 가정해보자. 이 경우 IT 팀은 개발 팀이 소규모 리눅스 및 데이터베이스 서버를 구입하는 데 도움이 되는 서비스 카탈로그를 만들 수 있다. 마찬가지로 IT 팀은 가장 일반적인 서비스 집합을 파악하고 세부적인 비용을 추가할 수 있다.

각 접근 방식은 장단기적으로 상당한 비용 절감 효과를 가질 수 있다. 그러나 이러한 변환은 프로젝트 계획과 승인 프로세스를 변경해야 하므로 어려운 문제다. 비즈니스 및 재무 팀은 비즈니스 성장과 증가된 IT 용량 간의 명확한 관계를 조정하고 이해해야 하고, 비용 모델은 클라우드, 온프레미스 및 솔루션을 결합해 가장 효율적인 접근 방식을 중심으로 구축돼야 한다.

지출 추적

지출을 추적해 시스템이나 사업주와 연결 지어서 개별 시스템의 비용을 파악할 수 있다. 투명한 지출 데이터는 ROI와 소유자를 식별해 자원을 최적화하고 비용을 줄이는 데 도움이 된다. 또한 부서나 프로젝트에 대한 월 비용을 결정하는 데 도움이 될 수 있다.

비용 절감은 공동의 책임이며 모든 사람이 비용 절감에 대해 책임을 지게 하는 메커니즘이 필요하다. 조직들은 조직 단위 간에 비용 책임을 공유하기 위해 **쇼백**show-back 또는 **차지백**charge-back 메커니즘을 도입하기도 한다.

중앙 집중식 빌링 계정은 쇼백 방식의 지출에 대해 각 조직 단위에 알리긴 하지만 실제 금액을 청구하지는 않는다. 조직 내의 각 사업부는 비용청구 메커니즘의 마스터 수취인 계정으로 예산을 관리한다. 마스터 계정은 매월 IT 자원 사용량에 따라 해당 사업부에 금액을 청구하게 된다.

조직의 비용 관리를 시작할 때 쇼백을 기반으로 시작하고 조직 모델이 점차 성숙해짐에 따라 차지백으로 전환하는 것이 좋다. 각 사업부가 팀이 측정된 지출에 근접할 경우 경고를 받을 수 있는 알림을 구성해서 지출에 대해 인식할 수 있어야 한다. 비용을 사업 계획에 따라 적절하게 할당하고, 지출에 대해 모니터링하고 제어하는 메커니즘을 만들어야 한다. 또한 각 팀의 비용 지출에 대한 책임을 질 수 있도록 가시성을 제공해야 한다. 비용을 추적하는 것은 팀의 운영 환경을 이해하는 데 도움이 된다.

각 워크로드는 서로 다르기 때문에 비용을 최소화하려면 워크로드에 적합한 가격 책정 모델을 사용해야 한다. 비용 최적화 모범 사례를 적용해 비즈니스 목표를 달성할 수 있는 메커니즘을 설정한다. 사업부에서 관리하는 지출과 연결하고자 태그 지정 전략을 정의하고, **체크앤 밸런스**check-and-balance 접근 방식을 사용하면 과도한 지출을 방지할 수 있다.

지속적인 비용 최적화

비용 최적화 모범 사례를 따르면 기존 활동과 비용이 얼마나 차이가 나는지 효과적으로 비교할 수 있다. 시간이 지남에 따라 마이그레이션되고 완성돼가는 애플리케이션의 비용을 줄이는 것은 언제든지 가능하다. 비용 최적화는 비용 절감 기회를 식별하는 데 들어가는 비용이 실제 절감할 금액보다 클 때까지 계속 돼야 한다. 그 때까지 지출을 지속적으로 모니터링하고 비용을 절약할 수 있는 새로운 방법을 찾아야 한다. 또한 유휴 자원을 제거해 비용을 절감할 수 있는 영역을 계속해서 찾아야 한다.

비용과 성능 면에서 균형을 이루는 아키텍처라면 지불한 비용만큼 자원을 잘 활용하면서 사용량이 낮은 서버 인스턴스와 같이 충분히 활용되지 않는 IT 자원을 사전에 방지할 수 있어야 한다.

비정상적으로 높거나 낮은 비용을 나타내는 편향된 메트릭은 조직의 비즈니스에 악영향을 줄 수 있다.

비용 최적화를 위한 애플리케이션 수준의 메트릭은 신중하게 고려해야 한다. 예를 들어 데이터 저장 용량을 제어하고자 보관 정책을 도입하는 경우가 될 수 있다. 데이터베이스를 최적화하려면 데이터베이스를 다중 위치로 배포하는 것이 필수적인지 또는 프로비저닝된 IOPS[Input/Output Operations Per Second]가 필요한지와 같은 적절한 데이터베이스 배포 요구 사항을 확인해야 한다. 관리와 운영 오버헤드를 줄이고자 SaaS 모델을 사용해 직원이 애플리케이션과 비즈니스 활동에 집중할 수 있게 할 수도 있다.

격차를 식별하고 비용 절감을 위해 필요한 변경 사항을 적용하려면 프로젝트 수명 주기 동안 자원 관리과 변경 관리 프로세스를 구현해야 한다. 목표는 조직이 최대한 자원을 활용하면서 비용 효율적인 아키텍처를 설계할 수 있도록 지원하는 것이다. 비용을 직접 절감할 수 있는 새로운 서비스와 기능을 계속 찾아봐야 한다.

이제 비용을 최적화하고 ROI를 높이는 데 도움이 되는 몇 가지 기법을 알아보자.

비용 최적화 기법

경쟁 우위를 확보하고 빠른 성장을 따라잡고자 기업들은 기술에 더 많은 투자를 하고 있다. 경제적 불안정으로 인해 비용 최적화는 필수적이지만 어려운 작업이 됐다. 이러한 기업들은 조달 프로세스, 운영 및 공급업체의 비용 절감을 위해 많은 시간을 들여 연구한다. 많은 기업이 비용을 절감하고자 데이터 센터, 콜 센터, 워크스페이스를 공유하기도 한다. 또한 값비싼 새 하드웨어를 구입하지 않으려고 업그레이드를 연기하기도 한다.

기업은 비즈니스 단위 전반에 걸친 정보 기술 아키텍처에서 더 나아가서 광범위하게 검토해보면 더 많은 비용 절감의 기회를 발견할 수 있다. 예산을 조금 조정해 기존 아키텍처를 개선하게 되면 기업에 더 많은 비즈니스와 기회를 가져올 수 있는 문이 열릴 수 있다. 기업이 클라우드로의 이동, 간소화된 아키텍처, 가상화, 공유 자원과 같은 기술을 사용해 비용을 절감하고 더 많은 수익을 낼 수 있는 영역들을 알아보자.

아키텍처 복잡성 감소

기업들은 중앙 집중식의 IT 아키텍처가 부족한 경우가 많고 이 경우 각 사업부에서 자체적으로 도구를 구현하려고 한다. 중앙에서 제어할 수 없으면 여러 중복 시스템이 생겨나고 그로 인해 데이터 불일치가 발생하게 되며, 각 사업부의 IT 이니셔티브는 단기 목표에 따라 추진된다.

이 경우 사업부가 기업 전반의 디지털 혁신과 같은 장기적인 기업 비전과 방향성이 맞지 않게 되며, 이러한 시스템을 유지 관리하고 업그레이드하는 데 복잡성이 추가된다. 이어서 설명하는 간단한 절차를 따르면 표준을 정의하고 중복을 최소화해 비용을 절약하는 데 도움이 될 수 있다.

다음 그림의 왼쪽에는 사업부가 표준화 없이 자체 애플리케이션을 구현하게 되면서 종속성이 많고 중복된 애플리케이션을 유발하는 복잡한 아키텍처를 보여준다. 이러한 종류의 아키텍처는 높은 비용과 위험을 초래하게 된다. 또한 새로운 실험을 시도할 때마다 시장 진출에 오랜 시간이 걸리게 되고, 결과적으로 경쟁력을 잃게 된다. 표준화된 프로세스는 자동화를 적용해 민첩한 환경을 생성할 수 있도록 전체적인 뷰와 높은 유연성을 제공할 수 있고, 이는 전체 비용을 줄이는 데 도움이 되며 결과적으로 더 많은 ROI를 얻을 수 있다.

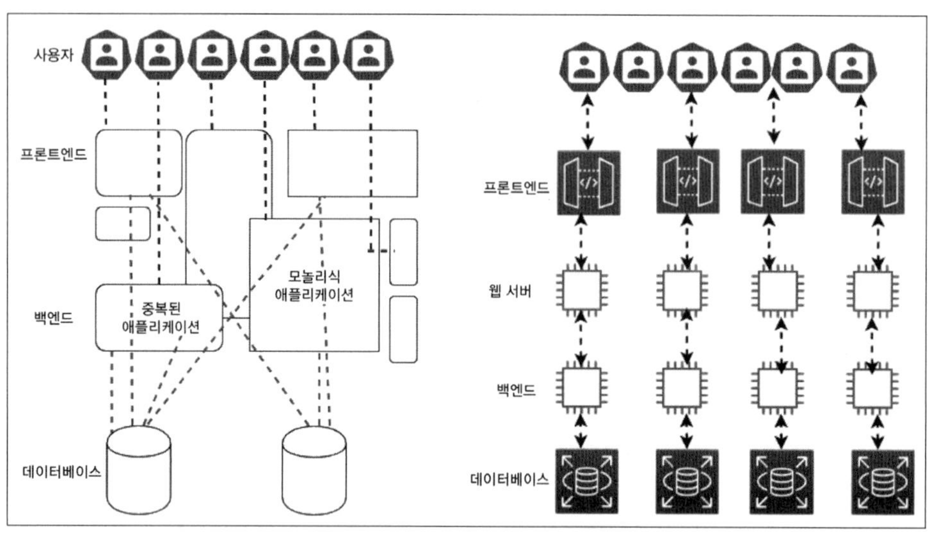

그림 11.3: 아키텍처 표준화

첫 번째는 중복을 제거하고 사업부 전반적으로 재사용할 수 있는 기능을 식별해 아키텍처의 복잡성을 줄이는 것이다. 기존 아키텍처의 차이를 분석하는 과정에서 수많은 코드와 수많은 구성 요소 그리고 비즈니스 요구 사항을 지원하고자 조직 전체에서 재사용할 수 있는 프로젝트를 발견할 수 있을 것이다. IT 아키텍처의 복잡성을 줄이려면 비즈니스 요구 사항을 충족하면서 ROI를 제공하는 즉시 사용할 수 있는 솔루션을 생각해봐야 한다. 다른 옵션을 사용할 수 없는 최후의 방법으로 직접 구현하는 것이 돼야 한다.

대부분의 새로운 애플리케이션들은 서비스 지향 아키텍처(SOA, Service-Oriented Architecture)를 사용해 기존 시스템과 상호작용하고 접근할 수 있는 통합 메커니즘을 갖고 있어야 한다. 애플리케이션 전반적으로 사용자 인터페이스 설계를 조정하더라도 표준 UI 패키지 세트가 제공되기 때문에 새로운 애플리케이션에 재사용할 수 있다.

마찬가지로 다른 모듈도 서비스 지향 아키텍처로 재사용할 수 있다. 6장에서 SOA 패턴을 이미 살펴봤다. 이 패턴은 전체 시스템을 구축하고자 서로 다른 소프트웨어들을 분리해서 실행시키면서도 여전히 서로 간에 통신할 수 있게 하는 데 도움이 된다.

이러한 모듈식 접근 방식에서 각 팀은 각자 개발하는 서비스에 책임을 지며 조직을 구성하는 모든 팀은 협업으로 중복을 방지할 수 있다. 아키텍트는 각 팀이 개별 아키텍처 구성 요소들을 독립적으로 개발할 수 있게 서비스 단위로 처리하는 서비스 지향 아키텍처를 팀이 만들 수 있게 도와야 한다. 마이크로서비스 아키텍처를 도입해 전체 애플리케이션을 모듈 방식으로 배포할 수도 있다. 이 경우 하나의 구성 요소가 정상 동작하지 않더라도 전체 애플리케이션에 영향을 주지 않으면서 재실행 할 수 있다. 예를 들어 전자상거래 웹 사이트를 방문하는 고객을 위해 개발된 결제 서비스는 공급자 관리 시스템에서 공급자에게 대금을 지불하는 데에도 활용할 수 있다.

중앙 집중식 IT 아키텍처를 구축한 후에는 모듈식 접근 방식을 사용하면 비용을 절감할 수 있다. IT 아키텍처 팀의 역량을 강화하면 조직 단위를 회사의 비전에 맞추고 전반적인 전략을 따르게 또 다른 프로젝트들을 병렬적으로 지원하는 데 도움이 될 수 있다. 또한 법률, 회계, 인적 자원과 같이 종종 간과되는 다른 중요한 서비스에서도 일관성을 제공하는 데 도움이 된다.

IT 아키텍처 팀의 도움을 받아 우수한 피드백을 얻고 프로젝트가 비즈니스 요구 사항에 부합하게 보장할 수 있다. 아키텍트는 각 팀들의 전반적인 아키텍처를 감독함으로써 비즈니스 요구와 맞지 않는 중복 작업, 프로젝트, 프로세스 또는 시스템이 있는지 여부를 판단해 조언할 수 있다. 중앙 집중식 아키텍처는 복잡성과 기술 부채를 줄이고 안정성을 높이며 품질을 향상시킨다. 중앙 집중식 아키텍처의 목표는 IT 효율성을 높이는 것이다. 이를 자세히 알아보자.

IT 효율성 향상

오늘날 모든 기업은 IT 자원을 사용하고 소비한다. 많은 서버, 노트북, 스토리지 용량, 소프트웨어 라이선스로 인해 많은 비용이 소비된다. 라이선스는 때때로 제대로 사용되지 않거나, 누락 되거나, 유휴 상태이거나, 잘못 설치돼 불필요하게 많은 비용을 소비하곤 한다. 중앙 집중식 IT 팀은 사용된 소프트웨어 라이선스를 추적하고 과도하게 사용되는 라이선스를 폐기함으로써 라이선스 최적화를 위한 노력을 주도할 수 있고, 공급자와 대량 할인을 협상해 비용을 절감할 수 있다.

IT 효율성을 높이고자 추가적인 예산과 자원이 필요한 규정 미준수 프로젝트의 경우에는 취소할 수 있으며, 사용하지 않는 프로젝트와 제휴를 맺지 않은 프로젝트를 지속적으로 지원할지 종료할지 검토해볼 수 있다. 또한 비용 최적화를 위해 다음 방법들을 고려할 수 있다.

- 비용이 많이 드는 프로젝트는 비즈니스 비전과 잘 맞지 않을 수 있으므로 다시 평가해본다. 가치는 높지만 IT 전략에 직접적인 영향을 미치지 않는 프로젝트의 경우 재구성한다.
- IT 전략과 일치하더라도 비즈니스 가치가 거의 없거나 전혀 없는 프로젝트의 경우 우선순위를 낮춘다.
- 비즈니스 가치가 낮은 규정 미준수 프로젝트를 취소한다.
- 사용하지 않는 애플리케이션은 삭제하거나 폐기한다.
- 오래된 레거시 시스템을 현대화해 유지 보수 비용을 절감한다.
- 기존 애플리케이션을 재사용해 중복 프로젝트를 방지한다.
- 가능한 경우 데이터를 통합하고 통합 데이터 모델을 개발한다. 중앙 집중식 데이터 관리 방법은 13장에서 다룬다.
- 조직 전반에 걸쳐 공급자를 통합해 IT 지원과 유지 보수 지출 비용을 절감한다.
- 결제 및 액세스 관리와 동일한 기능을 수행하는 모든 시스템을 통합한다.
- 비용이 많이 들고, 낭비가 심하며, 과도하게 프로비저닝된 프로젝트와 지출을 줄인다.

클라우드로의 전환은 IT 자원을 효율적으로 늘리고 비용을 절감하는 데 있어 탁월한 고려 사항이 될 수 있다. AWS와 같은 퍼블릭 클라우드 공급자는 사용량에 따라 지불하는 모델을 제공한다. 예를 들어 개발자 데스크탑은 주간의 업무 외 시간이나 주말 동안 종료하도록 설정해 워크스페이스 비용을 최대 70%까지 절감할 수 있다. 배치 처리 시스템의 경우 작업을 처리할 때만 가동하고 사용이 완료되는 즉시 종료할 수 있다. 이는 전기 비용을 절약하고자 사용하지 않는 전기 기구의 전원을 끄는 것과 같다.

자동화를 적용하는 것은 전반적인 IT 효율성을 높이는 데 매우 좋은 방법이다. 자동화는 반복되는 작업을 수행하는 데 드는 시간을 줄여주며 인적 오류도 줄일 수 있기 때문에 결과적으로는 비용이 많이 드는 인력 비용을 줄여준다. 서버 프로비저닝, 모니터링 작업 실행과 데이터 처리를 위해 가능하면 모든 작업을 자동화하는 것이 좋다.

비용 최적화를 결정하는 것과 함께 개선된 결과를 얻고자 올바른 절충이 필요하다. 예를 들어 재미있는 놀이기구를 많이 타고 싶어서 테마파크에 간다면 재미있는 놀이기구일수록 가격이 더 비싸지만 즐거움을 위해 기꺼이 더 높은 가격을 지불할 수 있을 것이다. 하지만 업체에서 더 많은 고객을 유치하고자 가격을 낮추고 비싼 놀이기구 수를 줄이기로 했다면 더 재미있는 놀이기구를 보유하고 있는 다른 테마파크로 갈 가능성이 생긴다. 여기서 경쟁업체는 우위를 점하게 되고 기존 고객을 유치하는 반면 현재의 업체는 비즈니스 기회를 잃게 된다. 이 경우 비용 절감은 비즈니스 리스크를 가중시키기 때문에 올바른 비용 최적화 접근 방식이 아니다.

목표는 측정할 수 있어야 하며, 이러한 측정 방법은 비즈니스 성과와 시스템 비용 모두에 초점을 맞춰야 한다. 정량적 측정은 생산량을 늘리고 비용을 절감하는 과정에서 미칠 수 있는 영향을 이해하는 데 도움이 된다. 조직과 팀 수준의 목표는 애플리케이션의 최종 사용자와 일치해야 한다. 조직 수준에서의 목표는 조직 비즈니스 단위 전반에 걸쳐 있고, 팀 수준에서는 개별 시스템에 맞춰 조정된다. 예를 들어 업무당 비용을 분기마다 10% 또는 6개월마다 15% 줄이는 것처럼 사업부 수준에서 목표를 설정할 수 있다. 이처럼 목표를 정의하면 시스템이 수명 주기 동안 개선될 수 있다.

표준화와 거버넌스 적용

조직에는 적합하지 않거나 과도하게 비용이 발생하는 부분을 분석하고, 복잡성을 줄이며 적절하고 효율적인 시스템을 사용하고, 필요할 때 프로세스를 구현하기 위한 지침을 정의하는 전략이 필요하다. 이러한 지침을 만들고 구현하면 기업들이 표준 인프라를 개발해 중복 프로젝트와 복잡성을 줄일 수 있다.

거버넌스를 구현하려면 전반적인 자원의 제한을 설정해야 한다. 조직, 서비스 카탈로그를 IaC[Infrastructure as Code]와 함께 적용하면 자원을 할당된 용량을 초과하는 자원으로 과도하게 배포되지 않게 하는 데 도움이 된다. 비즈니스 요구 사항을 신속하게 이해하고 조치를 취할 수 있는 메커니즘이 있어야 한다. 자원 제한을 적용하고 이를 변경할 프로세스를 정의할 때는 자원의 생성과 폐기를 모두 고려해야 한다. 기업은 다양한 팀 내에서 여러 애플리케이션을 운영하고, 이러한 팀들은 수익 흐름 내에서 서로 다른 사업부에 속할 수 있다. 애플리케이션과 사업부 또는 팀에 대한 자원 비용을 결정하면 효율적으로 사용하도록 유도해 비용을 줄이는 데 도움이 된다. 비용에 대한 속성과 그룹, 조직 단위 또는 부서의 요구 사항을 기반으로 자원 용량을 정의할 수 있다. 비용 구조를 구성하고자 계정 구조화[account structuring]와 함께 자원 태깅[resource tagging]을 사용할 수 있다.

다음 그림과 같이 HR, 재무처럼 서로 다른 조직 단위와 그 하위의 각 부서에 계정을 구성할 수 있고, 각 구성 단위별로 자체 계정을 가질 수 있다. 예를 들어 여기서 HR은 급여와 마케팅에 대한 별도의 계정을 갖고 있고 재무는 영업과 마케팅에 대한 개별 계정을 갖고 있다.

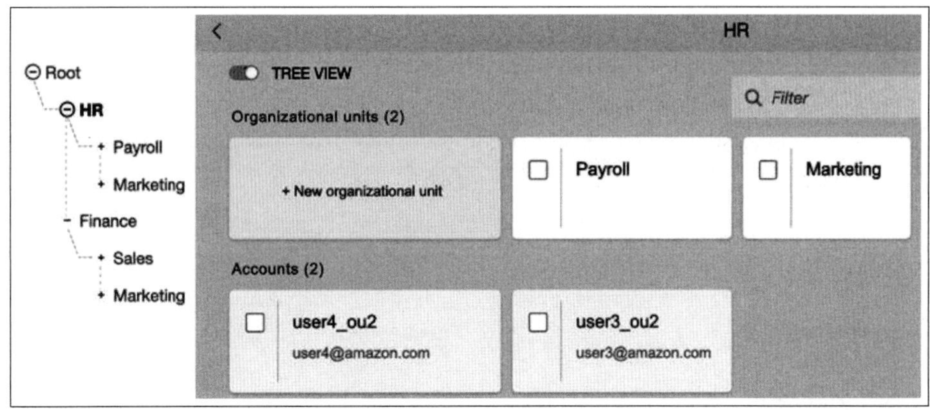

그림 11.4: 조직 단위(OU)에 대한 엔터프라이즈 계정 구조

위 계정 구조 전략에서는 각 사업 단위와 부서 수준에서 비용을 제어할 수 있었다. 각 부서에 대해 차지백 메커니즘을 채택하면 좀 더 세분화된 수준에서 비용에 대한 책임성을 높여 비용을 최적화하는 데 도움이 된다. 계정 구조를 통해 높은 보안과 규정 준수 표준을 조직 전체에 적용할 수 있다. 각 계정은 상위 계정에 연결되기 때문에 조직 전반에 걸쳐 비용을 통합해 공급자의 자원을 대량으로 사용해야 할 때 적절하게 대처할 수 있다.

자원 비용 태그 지정

다음 그림에서 보듯이 자원 전반에 걸쳐 완벽한 비용 가시성과 통합을 얻으려면 팀 수준에서 프로비저닝된 각 자원에 태그를 지정해 좀 더 세밀한 제어를 할 수 있다.

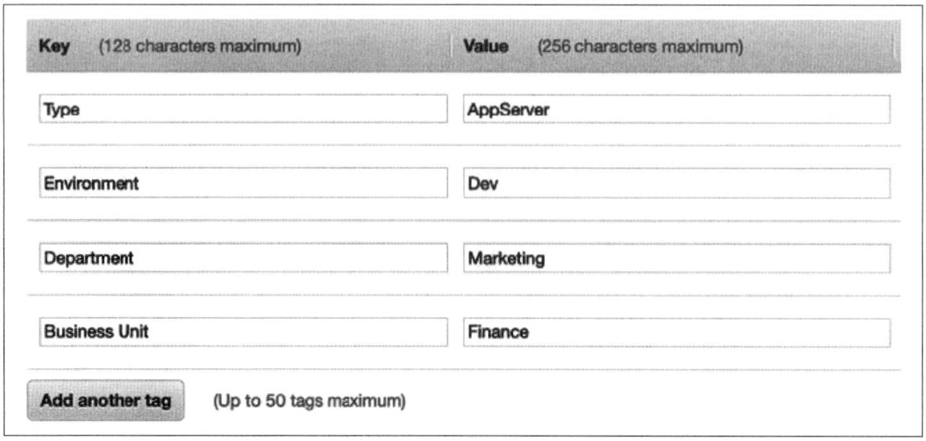

Key (128 characters maximum)	Value (256 characters maximum)
Type	AppServer
Environment	Dev
Department	Marketing
Business Unit	Finance

Add another tag (Up to 50 tags maximum)

그림 11.5: 비용 가시성을 위한 자원 태그 지정

위 그림의 태그 지정 전략으로 해당 서버가 애플리케이션 배포용으로 사용되고, 개발 환경에서 사용되고 있으며 재무 사업부의 마케팅 부서에서 소유하고 있음을 알 수 있다. 이러한 방식으로 조직은 세부적인 수준의 비용 지출 가시성을 확보할 수 있고 팀은 지출을 더욱 줄일 수 있다. 그러나 팀 레벨에서 쇼백 메커니즘을 채택하고 부서와 사업부 수준에서 차지백 메커니즘을 채택할 수도 있다.

이처럼 자원 이름, 소유자 이름과 같이 이름과 값을 자원에 연결할 수 있는 태그 지정 메커니즘을 정의할 수 있고, 거의 모든 퍼블릭 클라우드 공급자는 태깅 기능을 제공하고 있다. 온프레미스의 경우 DNS 이름이나 호스트 이름과 같은 서버의 메타데이터를 포함할 수 있다. 태그를 지정하면 비용을 구성할 뿐만 아니라 용량 제한, 보안과 규정 준수를 정의할 수도 있다. 인벤토리 관리와 조직 전반적으로 증가하는 자원에 대한 요구 사항을 감시하는 데 탁월한 도구가 될 수도 있다. 다음 그림은 AWS에 의해 자동으로 생성되는 각 자원의 비용을 결정하는 데 도움이 되는 aws:createdBy 태그로 정렬된 비용을 보여준다.

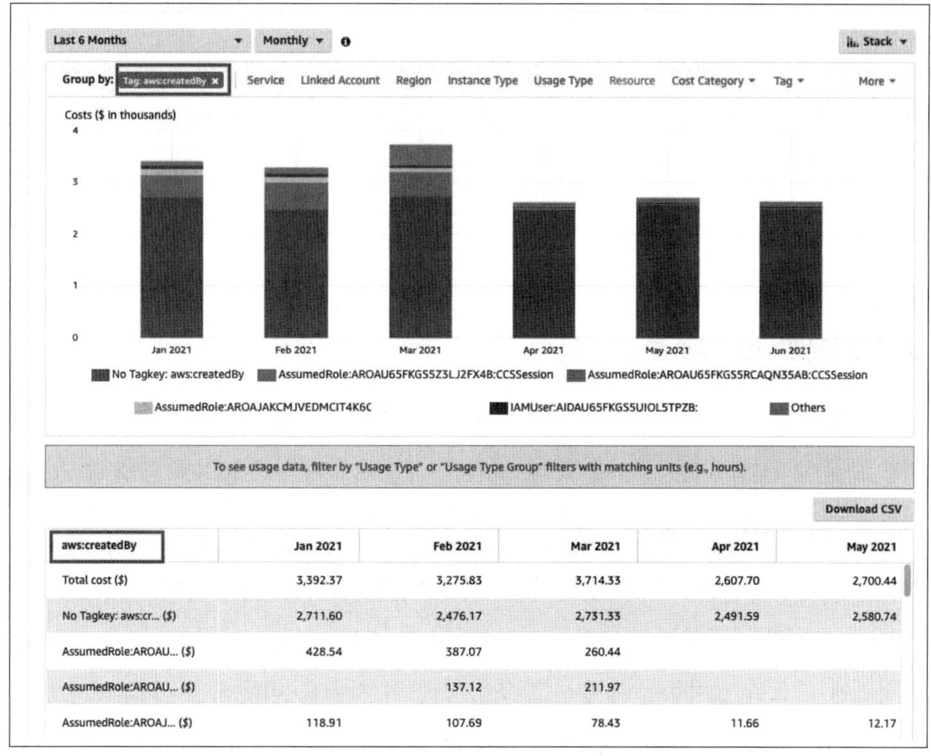

그림 11.6: 비용 태그에 대한 자원 금액 지출 대시보드

비즈니스 리더는 효율적인 IT 아키텍처를 구축하고자 전반적인 요구 사항을 평가해야 한다. 강력한 IT 아키텍처를 개발하고 업무 팀 간의 거버넌스를 정의해 책임을 부여하려면 협업이 필요하다. 또한 아키텍처를 검토하고 새로운 프로젝트 이니셔티브에 대한 기준선을 만들고, 시스템이 올바른 아키텍처를 준수하는지 여부와 개선 방법을 식별할 수 있는 절차 등을 표준화해야 한다.

비즈니스에서 영향을 받는 모든 이해관계자를 사용과 비용 논의에 참여시켜야 한다. CFO와 애플리케이션 담당자는 자원 소비와 구매 옵션을 이해하고 있어야 하고, 부서의 담당자는 전반적인 비즈니스 모델과 월별 청구 프로세스를 이해해야 한다. 이는 사업부와 회사 전체의 방향을 정하는 데 도움이 될 것이다.

서드파티 공급업체가 조직의 재무 목표에 맞게 조정할 수 있는지 계약 모델을 조정할 수 있는지 확인해야 하고, 공급업체는 자신이 소유하고 개발하는 애플리케이션의 비용 분석을 제공해야 한다. 조직 내의 각 팀은 비즈니스, 비용이나 사용 요소에 대한 관리를 시스템이 하도록 전환할 수 있어야 하며, 이는 애플리케이션이 회사의 원하는 목표를 구현하고 달성하는 데 도움이 된다.

비용 사용과 보고서 모니터링

정확하게 비용을 산정하는 것은 사업부에도 도움이 되고 제품의 수익성을 결정하는 데도 도움이 된다. 비용 추적을 통해 자원을 적절하게 배치해 ROI를 높일 수 있다. 이처럼 비용 지출이 발생하는 요인을 잘 이해하면 비즈니스 지출을 제어할 수 있다.

비용을 최적화하려면 조직의 전반적인 지출 패턴을 알아야 한다. 일정 기간 동안의 IT 지출에 대한 가시성을 확보할 수 있다면 비용 절감 기회를 파악할 수 있다. 비용 최적화에 필요한 절차들을 수행하고 조직 전반의 자원을 비롯해 부서별 과거 비용과 예측 비용을 보여줄 수 있는 비용 추세를 시각화하면 영향도를 파악할 수 있다. 팀에서는 모든 데이터 포인트를 로깅하고, 모니터링을 통해 분석하고, 시각화 보고서를 만드는 것으로 데이터를 수집해야 한다.

비용 절감 기회를 식별하려면 워크로드의 자원 사용률을 자세히 파악해야 한다. 비용 최적화는 미래에 발생할 지출을 예측하고 이렇게 예측한 결과를 기반으로 비용과 사용량을 조정할 수 있는 능력에 따라 달라진다. 비용 절감을 위해 데이터 시각화를 수행해야 하는 주요 분야는 다음과 같다.

- 자원에 대한 가장 중요한 투자 결정
- 지출과 사용 데이터에 대한 분석과 이해
- 예산과 예측

- 예산이나 예측 임곗값을 초과할 경우 알림 수신

다음 보고서는 AWS를 6개월 동안 사용하면서 발생한 자원 지출을 보여준다. 차트를 보면 매월 두 번째 막대에 표시되는 그래프 데이터베이스 서비스인 Amazon Neptune이 2021년 3월부터 사용량이 높아지면서 가장 높은 비용을 지출하고 있음을 알 수 있다. 사업부는 차트를 통해 5월과 6월에 비용이 높아진 것을 인지하게 되고 시스템 관리자에게 과도하게 프로비저닝된 자원을 찾아 비용 최적화를 하도록 요청한다. 이후 관리자는 불필요한 서버를 중지함으로써 비용을 절감할 수 있었다.

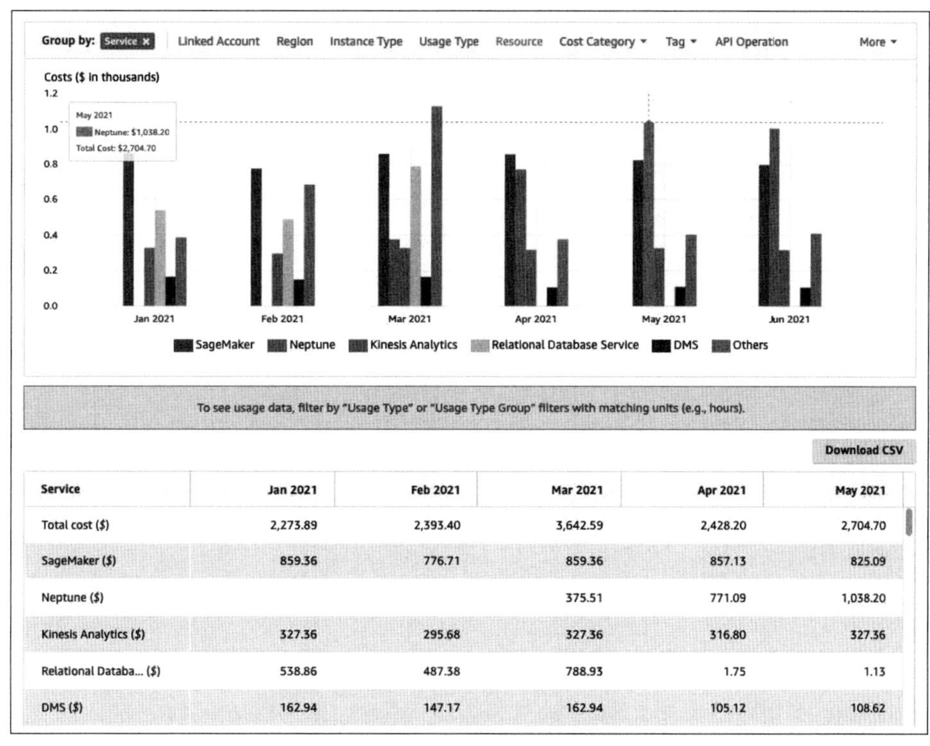

Service	Jan 2021	Feb 2021	Mar 2021	Apr 2021	May 2021
Total cost ($)	2,273.89	2,393.40	3,642.59	2,428.20	2,704.70
SageMaker ($)	859.36	776.71	859.36	857.13	825.09
Neptune ($)			375.51	771.09	1,038.20
Kinesis Analytics ($)	327.36	295.68	327.36	316.80	327.36
Relational Databa... ($)	538.86	487.38	788.93	1.75	1.13
DMS ($)	162.94	147.17	162.94	105.12	108.62

그림 11.7: 자원 비용과 사용량 보고서

위 그림은 비즈니스 소유자가 비용 패턴을 이해하고 비용 관리에 대한 사후 대응적 접근 방식을 취할 수 있게 도움을 준다. 사후 대응적 접근은 결과적으로 숨겨진 비용을 초래했고, 이는 지정된 기간 동안 감지되지 않았다. 사전 예방적 접근 방식을 통해 비즈니스 소유자는 미리 결정을 내릴 수 있다.

다음 그림에서 색이 채워진 막대는 일일 비용 지출을 나타내고 빈 막대는 지출이 예상되는 범위를 나타낸다. 보고서를 보면 향후 몇 개월 내에 비용이 증가할 가능성이 높다는 것을 알 수 있으며, 비용 특성을 파악하고 비용을 제어하기 위한 조치를 취할 수 있다.

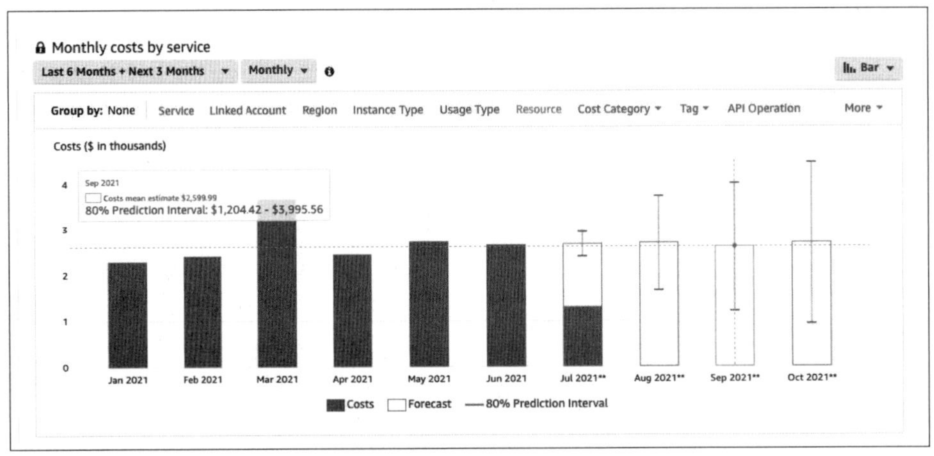

그림 11.8: 비용 동향과 비용 예측 보고서

예산 대비 실제 비용을 모니터링하면 비용을 통제할 수 있는 또 다른 사전 예방적 조치를 취할 수 있다. 지출이 예산의 특정 비율(예, 50% 또는 80%)에 도달할 때 알림을 설정하면 지속적인 비용을 검토하고 조정하는 데 도움이 된다.

다음 그림에서 볼 수 있는 보고서를 통해 예산 2,500달러에 비해 실제 비용으로 7,397달러가 발생해 1년 전에는 예산 비용에 비해 실제 비용이 너무 높았던 것을 시각적으로 확인할 수 있다. 이 보고서를 바탕으로 IT 관리자는 비용을 최적화하고 월 예산 범위 내에서 절감하기 위한 조치를 취할 수 있었다.

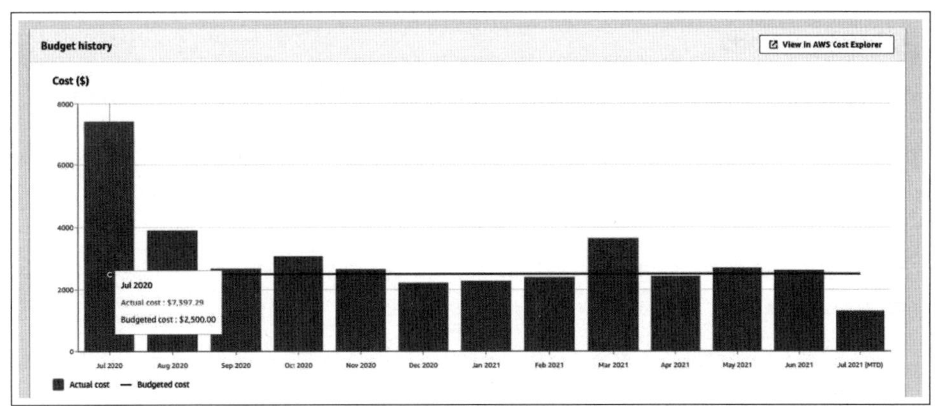

그림 11.9: 비용과 예산 보고서

비용과 예산 보고서는 사전 예방적 조치를 취함으로써 비용을 제어하는 데 도움이 된다. 실제 운영 비용을 예산 및 예측과 결합하면 매일 상당한 비용 절감이 가능하다.

또한 실제 비용이 예산이나 예측의 특정 임곗값에 도달하면 알림을 설정할 수 있다. 이메일이나 모바일 메시지를 통해 사용자에게 비용을 관리하기 위한 사전 조치를 취하라는 사전 경고 메시지를 보낸다.

다음 그림에서 실제 비용이 예산의 80%에 도달하면 경고를 하도록 설정됐음을 확인할 수 있다. 비용(예, 예산 또는 예측의 50% 및 80%)에 도달할 때 정보를 얻을 수 있도록 여러 알림을 설정할 수 있다.

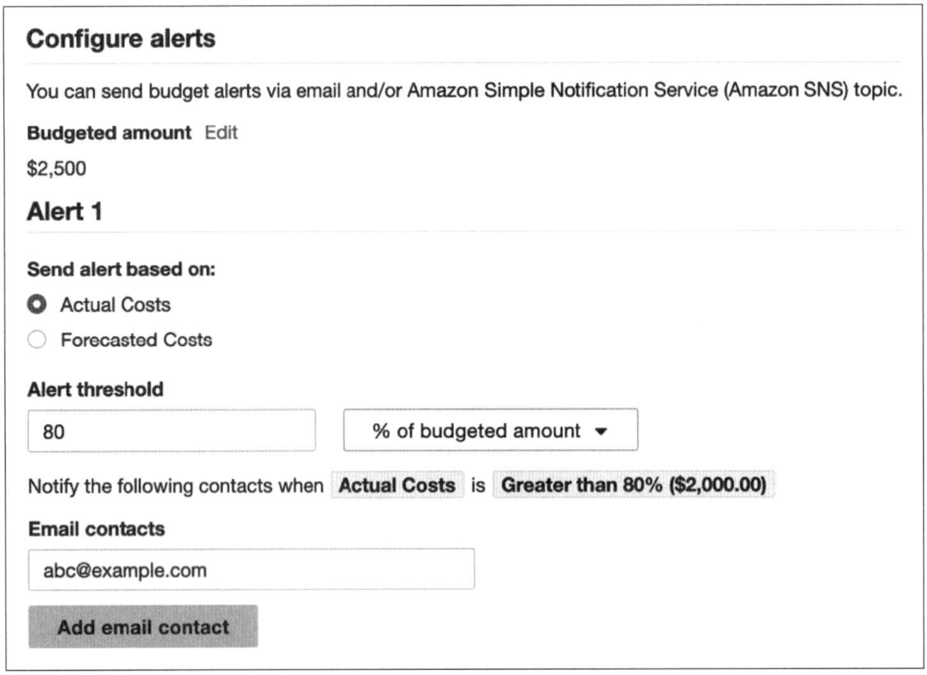

Configure alerts

You can send budget alerts via email and/or Amazon Simple Notification Service (Amazon SNS) topic.

Budgeted amount Edit

$2,500

Alert 1

Send alert based on:

Actual Costs

Forecasted Costs

Alert threshold

80 | % of budgeted amount

Notify the following contacts when **Actual Costs** is **Greater than 80% ($2,000.00)**

Email contacts

abc@example.com

Add email contact

그림 11.10: 실제 비용을 기준으로 한 경고

비용을 제어하는 한 가지 방법은 자원 모니터링을 통해 환경의 크기를 적절하게 조정하고 과도하게 사용되거나 너무 낮게 사용되는 자원들에 대해 경보를 발생하는 것이다. Splunk나 CloudWatch와 같은 모니터링 툴과 사용자 지정 로그를 사용해 자원 분석을 수행할 수 있다. 예를 들어 애플리케이션의 메모리 사용률과 같은 사용자 지정 메트릭을 모니터링해 적절한 크기로 조정할 수 있다. 사용량이 낮은 자원의 경우 비용 최적화의 기회가 될 수 있다. 이를 위해 CPU 사용률, 메모리 사용률, 네트워크 대역폭, 애플리케이션에 대한 연결 수 등을 분석하고 모니터링할 수 있다.

환경의 크기를 조정할 때는 서비스를 사용하는 고객에게 영향을 미치지 않도록 주의해야 한다. 다음은 올바른 크기 조정을 수행할 때 적용할 수 있는 모범 사례다.

- 모니터링이 최종 사용자의 경험을 반영하고 있는지 확인하고 정확한 기간을 선택해야 한다. 예를 들어 성능 메트릭은 평균 응답 시간이 아닌 사용자의 요청/응

답 시간의 99%를 포함해야 한다.

- 매 시간, 매일 또는 매주와 같은 올바른 모니터링 주기를 선택한다. 예를 들어 일일 분석을 수행하는 경우 사용률이 높지만 시스템 용량이 부족한 주간이나 월간 주기를 놓칠 수 있다.
- 비용 절감 대비 변경 비용을 평가한다. 예를 들어 크기 조정을 수행하려면 추가 테스트를 수행하거나 자원을 추가해야 할 수 있다. 이 비용 편익 분석은 자원을 적절하게 할당하는 데 도움이 된다.

비즈니스 요구 사항에 따라 애플리케이션의 사용률을 파악한다. 예를 들어 월말이나 성수기 동안 얼마나 많은 사용자 요청이 들어올지 예상해보자. 사용률에 대한 차이를 파악하고 이를 최적화하면 비용을 절감할 수 있다.

이를 위해서는 비용 절감에서 시스템 사용률, 변경이 고객 경험에 미치는 영향 등 모든 차원을 포괄하는 올바른 툴을 사용하고, 보고서를 활용해 비용 변화에 따른 비즈니스 ROI 영향을 파악해야 한다. 퍼블릭 클라우드는 다른 비용 모델을 따르며, 보통 사용한 만큼 과금되는 온디맨드 비용 구조다. 클라우드 자원을 사용할 때는 매초마다 비용이 과금되기 때문에 매우 부지런해야 한다. 비용 최적화와 모니터링을 간과할 경우 비용이 많이 들 수 있다. 퍼블릭 클라우드의 비용 최적화를 자세히 알아보자.

퍼블릭 클라우드의 비용 최적화

AWS, 마이크로소프트 애저, GCP와 같은 퍼블릭 클라우드는 온디맨드 모델을 통해 많은 비용 최적화 기회를 제공한다. 퍼블릭 클라우드의 비용 모델을 통해 고객은 자본 비용[CapEx]을 변동 비용으로 대체해 IT 자원을 소비하는 만큼만 비용을 지불할 수 있다. 운영 비용[OpEx]는 규모의 경제로 인해 보통 비용이 더 낮다. 클라우드를 사용하면 비용 효율적이며 시간이 지남에 따라 발생하는 지속적인 가격 인하의 이점을 누릴 수 있다. 또 다른 이점은 AWS와 같은 클라우드 공급자를 통해 추가적인 툴과 기능을 바로 사용할 수 있어서 민첩성이 향상된다는 점이다.

클라우드 비용 구조 모델을 정의할 때는 대부분의 기업이 수십 년 동안 추구해 온 기존 비용 모델과는 상당히 다르기 때문에 다른 사고방식이 필요하다. 클라우드에서 모든 인프라를 손쉽게 이용할 수 있으므로 좀 더 강력한 제어와 규제가 필요하다.

클라우드는 비용에 대한 거버넌스와 정규화를 위한 몇 가지 도구를 제공한다. 예를 들어 AWS의 경우 각 계정에 대한 서비스 제한을 설정할 수 있다. 예를 들어 개발팀이 10대 이상의 서버를 사용할 수 없도록 제한하거나 프로덕션에는 여분으로 더 많은 서버와 데이터베이스가 있을 수 있다. 모든 자원은 클라우드의 계정과 연결돼 있기 때문에 IT 자원 인벤토리를 한곳에서 쉽게 추적하고 사용률을 모니터링할 수 있다. 또한 다양한 IT 자원 전반에 걸쳐 데이터를 수집하고 권장 사항을 제안해주는 도구도 제공된다. 다음 그림에 표시된 것처럼 AWS Trusted Advisor는 계정의 모든 자원을 탐색하고 자원 사용률을 기반으로 비용 절감 권장 사항을 제공한다.

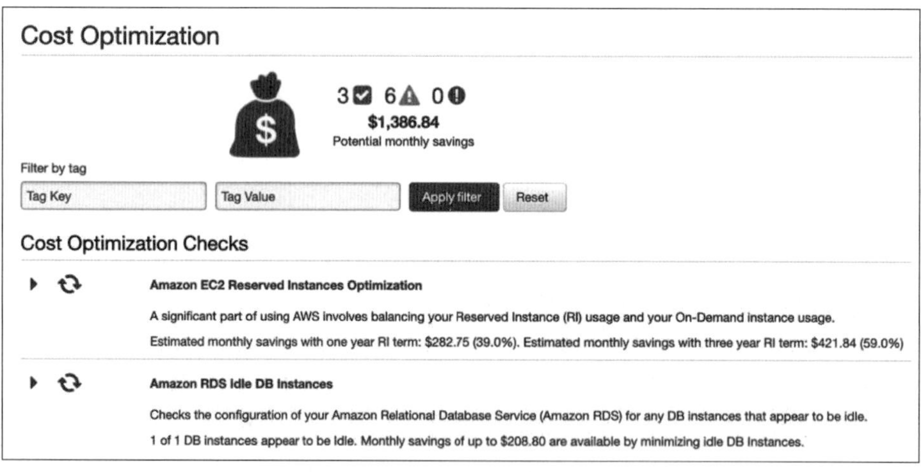

그림 11.11: AWS Trusted Advisor의 비용 절감 제안

그림에서 AWS Trusted Advisor는 애플리케이션 서버(Elastic Compute Cloud^EC2^)의 지속적

인 사용을 감지해 1년 선불로 지급해서 사용할 수 있는 예비 인스턴스reserve instance를 구입한다면 40%의 비용 절감 혜택을 받을 수 있다고 조언한다. 추가 검사 결과로 사용률이 낮은 데이터베이스(Amazon RDS)가 확인됐으며, 이를 종료하면 비용을 절감할 수 있음을 알려준다.

이처럼 클라우드는 비용 절감을 위한 탁월한 가치 제안을 제공할 수 있다. 먼저 사내 데이터 센터와 클라우드 간의 연결을 설정하는 하이브리드 클라우드를 생성하고 나서 다음으로 개발 및 테스트 서버를 이동할 수 있다. 클라우드를 통해 비용 구조와 잠재적 절감 효과를 결정할 수 있다. 클라우드에서 비용 거버넌스를 설정했다면 비용-편익 분석에 따라 더 많은 워크로드를 이동시킨다. 그 전에 워크로드를 파악하고 워크로드를 클라우드로 이동할 수 있는지 여부를 평가한 후 전략을 세워야 한다. 5장에서 클라우드 마이그레이션을 살펴봤다.

점점 더 많은 퍼블릭 클라우드 공급자가 관리형 서비스를 제공해 경보와 모니터링 구성에 필요한 인프라 유지 보수 비용과 오버헤드를 없애고 있다. 관리형 서비스는 서비스 채택이 증가함에 따라 비용을 절감해 총 소유 비용을 절감한다.

요약

비용 최적화는 애플리케이션의 초기(개념 증명부터 구현과 사후 프로덕션까지)부터 시작해 지속적인 노력이 필요하다. 아키텍처와 비용 절감 노력을 지속적으로 검토해야 한다.

11장에서는 비용 최적화를 위한 설계 원리를 살펴봤다. 구매를 결정하기 전에 소프트웨어나 하드웨어의 전체 수명 주기에 대한 총 소유 비용을 고려해야 한다. 예산을 계획하고 예측을 추적하는 것은 비용 최적화 경로를 유지하는 데 도움이 된다. 항상 지출을 추적해 사용자 경험이나 비즈니스 가치에 영향을 주지 않으면서 비용 최적화를 할 수 있는 기회를 찾아야 한다.

엔터프라이즈 아키텍처를 단순화해 아키텍처의 복잡성을 줄이고 모두가 따를 수 있는 표준을 설정하는 등의 비용 최적화를 위한 다양한 기술을 살펴봤다. 대량 구매 비용을 책정하고자 유휴 자원과 반복 자원을 식별하고 통합해 중복을 방지하는 것이 좋다. 조직 전반에 표준화를 적용해 자원 프로비저닝을 제한하고 표준 아키텍처를 개발한다. 예산 및 예측과 비교해 실제 비용에 대한 데이터를 추적하면 사전에 예방 조치를 취할 수 있다. 비용 관리에 도움이 될 수 있는 다양한 보고서와 경고를 살펴봤다. 또한 가치를 최적화하는 데 도움이 될 수 있는 클라우드의 비용 최적화도 알아봤다.

자동화와 민첩성은 자원의 효율성을 높이는 주요 요소이며, 데브옵스를 통해 많은 자동화를 제공할 수 있다. 12장에서는 가장 자동화된 방식으로 워크로드를 효율적으로 구현하기 위한 다양한 데브옵스 구성 요소와 데브옵스 전략을 알아본다.

12

데브옵스와 솔루션 아키텍처 프레임워크

기존 환경에서는 개발 팀과 IT 운영 팀이 사일로에서 작업했었다. 개발 팀은 비즈니스 소유자로부터 요구 사항을 수집하고 애플리케이션을 개발했고, 시스템 관리자는 운영과 가동 시간 요구 사항을 충족시키는 것을 전적으로 책임지게 된다. 이러한 팀은 일반적으로 개발 수명 주기 동안 직접적인 커뮤니케이션을 하지 않으며, 각 팀은 다른 팀의 프로세스와 요구 사항을 거의 이해하지 못한다.

각 팀에는 고유한 도구와 프로세스, 중복된 접근 방식이 있으며, 이로 인해 충돌이 발생할 수 있다. 예를 들어 개발과 **품질 보증**QA, Quality Assurance 팀은 특정 **운영체제**OS 버전에서 빌드를 테스트했지만 운영 팀에서 다른 OS 버전에 해당 빌드를 구축하고 제공해서 문제가 발생하고 이로 인해 지연을 일으키기도 한다.

데브옵스는 제품이나 서비스를 지속적으로 제공하고자 개발자와 운영 팀 간의 협업과 조정을 촉진하는 방법론이다. 이러한 접근 방식은 팀들이 제품이나 서비스를 개발하고 제공하는 과정에서 여러 애플리케이션, 도구, 기술, 플랫폼, 데이터베이스, 디바이스 등에 의존하고 있는 조직의 경우 유용하다.

데브옵스 문화에 대한 접근 방식은 조직마다 다르지만 모두 공통의 목표를 달성하는 것이다. 데브옵스는 공유된 책임을 통해 운영 효율성을 높임으로써 제품이나 서비스를 최대한 빠르게 제공하려는 것이다. 데브옵스는 품질, 신뢰성, 안정성, 복원력 또는 보안에 영향을 미치지 않고 제품이나 서비스를 제공하는 데 도움이 된다.

12장에서는 데브옵스에 대한 다음과 같은 내용을 알아본다.

- 데브옵스 소개
- 데브옵스의 이점 이해
- 데브옵스 구성 요소 이해
- 보안에 데브옵스 도입
- 데브섹옵스와 CI/CD 결합
- CD 전략 구현
- CI/CD 파이프라인에서 지속적인 테스트 구현
- CI/CD에 데브옵스 도구 사용
- 데브옵스 모범 사례 구현
- 클라우드에서 데브옵스와 데브섹옵스 구축

12장을 마치면 애플리케이션 배포, 테스트, 보안에 있어서 데브옵스의 중요성을 알게 될 것이다. 또한 데브옵스 모범 사례와 이를 구현하기 위한 다양한 도구와 기술을 살펴본다.

데브옵스 소개

데브옵스DevOps(development와 operations의 줄임말) 접근 방식에서 개발 팀과 운영 팀은 소프트웨어 개발 수명 주기의 구축과 배포 단계 동안 협업해 책임을 공유하고 지속적인 피드백을 제공한다. 소프트웨어 빌드는 프로덕션과 유사한 환경에서 빌드 단계 전반에 걸쳐 자주 테스트되므로 결함을 조기에 발견할 수 있다.

때로는 소프트웨어 애플리케이션 개발과 운영이 단일팀에 의해 처리되는 경우도 있다. 엔지니어는 개발과 배포에서 운영까지 전체 애플리케이션 수명 주기에 걸쳐 작업을 수행한다. 이런 팀은 단일 기능에 국한되지 않는 다양한 기술을 개발해야 한다. 또한 애플리케이션의 테스트와 보안을 담당하는 팀은 애플리케이션 개발 시작 단계부터 운영과 개발을 함께 담당하는 팀과 더욱 긴밀히 협력할 수 있다.

조직은 속도 향상을 통해 경쟁 우위를 유지하고 고객 요구 사항을 신속하게 해결할 수 있게 된다. 좋은 데브옵스 사례는 소프트웨어 개발 엔지니어와 운영 전문가가 더 잘 협력하도록 장려한다. 따라서 협업과 커뮤니케이션이 더욱 긴밀해지고, 출시 시간이 단축되고, 안정적인 릴리스가 가능하며, 코드 품질이 개선되고, 유지 관리가 개선된다.

개발자는 운영 팀이 제공하는 피드백을 기반으로 테스트와 배포를 위한 전략을 수립하게 된다.

시스템 관리자가 빌드 단계에 참여하기 때문에 결함이 있거나 테스트되지 않은 소프트웨어를 프로덕션 환경으로 배포하지 않도록 한다. 소프트웨어 개발과 배포 수명 주기의 모든 이해관계자가 협업하기 때문에 프로세스의 각 단계에서 사용하고자 하는 도구를 평가하고 디바이스 간의 호환성을 검증하며 팀 간에 공유할 수 있는 도구가 있는지 여부를 결정할 수도 있다.

데브옵스는 문화와 관행의 결합이라고 할 수 있다. 조직들이 제품 개발과 배포 수명 주기에서 모든 팀 간의 장벽을 허물어 문화 자체를 바꾸려고 시도한다. 데브옵스는 개발과 운영에만 해당되는 것이 아니다. 관리, 비즈니스/애플리케이션 소유자, 개발자, QA 엔지니어, 배포 관리자, 운영 팀, 시스템 관리자를 비롯한 전체 조직이 포함된다.

데브옵스는 특히 클라우드나 분산 컴퓨팅을 다루는 조직에서 선호하는 운영 문화로 인기를 얻고 있다. 데브옵스의 다양한 이점과 애플리케이션 워크로드에 중요한 이유를 알아보자.

데브옵스의 이점 이해

데브옵스의 목표는 반복 가능성, 신뢰성, 안정성, 탄력성, 보안을 모두 갖춘 CI/CD 지속적인 통합과 지속적인 배포 모델이다. 이러한 속성은 운영 효율성을 향상시킨다. 이 목표를 달성하고자 팀들은 협력하고 개발과 배포 프로세스에 참여해야 한다. 모든 기술 팀 구성원들은 개발 파이프라인과 관련된 프로세스와 도구에 대한 경험이 있어야 한다. 성숙한 데브옵스 프로세스는 다음 그림과 같은 이점을 제공한다.

그림 12.1: 데브옵스의 이점

데브옵스의 이점들은 다음과 같다.

- **속도:** 제품의 기능을 신속하게 프로덕션에 반영할 수 있다면 변화하는 고객의 비즈니스 요구를 수용하고 시장을 확장하는 데 도움이 된다. 데브옵스 모델을 통해 조직은 더 빠르게 성과를 달성할 수 있다.
- **신속한 배포:** 데브옵스 프로세스는 코드 빌드부터 코드 배포과 프로덕션 런칭에 이르는 엔드 투 엔드 파이프라인을 자동화해 효율성을 향상시킨다. 신속한 배포로 혁신을 가속화할 수 있고 버그 수정과 기능의 빠른 릴리스로 인해 경쟁 우위를 확보할 수 있다.
- **신뢰성:** 데브옵스 프로세스는 배포 품질과 안전한 애플리케이션을 유지하면서 신속하게 업데이트할 수 있도록 테스트를 제공한다. 데브옵스의 한 부분인 CI/CD의 경우 사용자 경험을 개선할 수 있는 자동화 테스트와 보안 테스트를 포함한다.
- **확장성:** 데브옵스는 모든 곳에서 자동화를 적용해 온디맨드 기반으로 인프라와 애플리케이션을 확장할 수 있게 도움을 준다.
- **협업:** 데브옵스는 팀들이 자발적으로 행동하고, 의사결정을 할 수 있는 문화를 만든다. 운영 팀과 개발 팀은 공동 책임 모델에서 함께 작업을 하게 되며, 이러한 협업은 프로세스를 단순화하고 효율성을 높인다.
- **보안:** 애자일 환경에서는 자주 변경하려면 엄격한 보안 검사가 필요하다. 데브옵스는 보안과 규정 준수 모범 사례를 자동화하고 모니터링하며 문제가 감지되면 자동화된 방식으로 조치를 취한다.

데브옵스 개발 팀의 생산성과 시스템 운영의 안정성을 최적화한다. 팀이 긴밀하게 협력하게 되면 효율성을 높이고 품질을 개선하는 데 도움이 된다. 팀은 제공하는 서비스에 대한 완전한 소유권을 가지며, 종종 기존의 역할 범위를 넘어서 모든 문제를 해결하고자 고객의 관점으로까지 생각을 확장한다.

데브옵스 구성 요소 이해

데브옵스의 도구와 자동화는 개발과 시스템 운영을 통합한다. 다음은 데브옵스의 중요한 구성 요소다.

- CI/CD
- 지속적인 모니터링과 개선
- 코드로서의 인프라Infrastructure as Code
- 구성 관리Configuration Management

모든 요소에 대한 모범 사례는 자동화다. 프로세스를 자동화하면 빠르고 안정적이며 반복할 수 있는 방식으로 작업을 효율적으로 수행할 수 있다. 자동화에는 스크립트, 템플릿, 기타 도구가 포함될 수 있다. 잘 운영되고 있는 데브옵스 환경에서 인프라는 코드로 관리된다. 자동화를 통해 데브옵스 팀은 테스트 환경과 프로덕션 환경을 빠르고 효과적으로 제어할 수 있다. 각 구성 요소에 대한 자세한 내용을 살펴보자.

지속적인 통합/지속적인 배포

지속적인 통합CI, Continuous Integration으로 개발자는 코드 저장소에 코드를 자주 커밋하게 된다. 즉, 코드는 자주 빌드되고 각 빌드는 자동화된 단위 테스트과 통합 테스트를 사용해 테스트된다. CI에서는 한 단계 더 나아가 프로덕션 환경에 코드를 자주 배포하게 되는데, 그전에 테스트 환경에 빌드가 배포되고 자동화 및 수동 테스트를 사용해 테스트된다. 성공적인 빌드는 테스트를 통과하고 스테이징이나 프로덕션 환경에 배포된다. 다음 그림은 소프트웨어 개발 수명 주기에서 CI/CD의 영향을 보여준다.

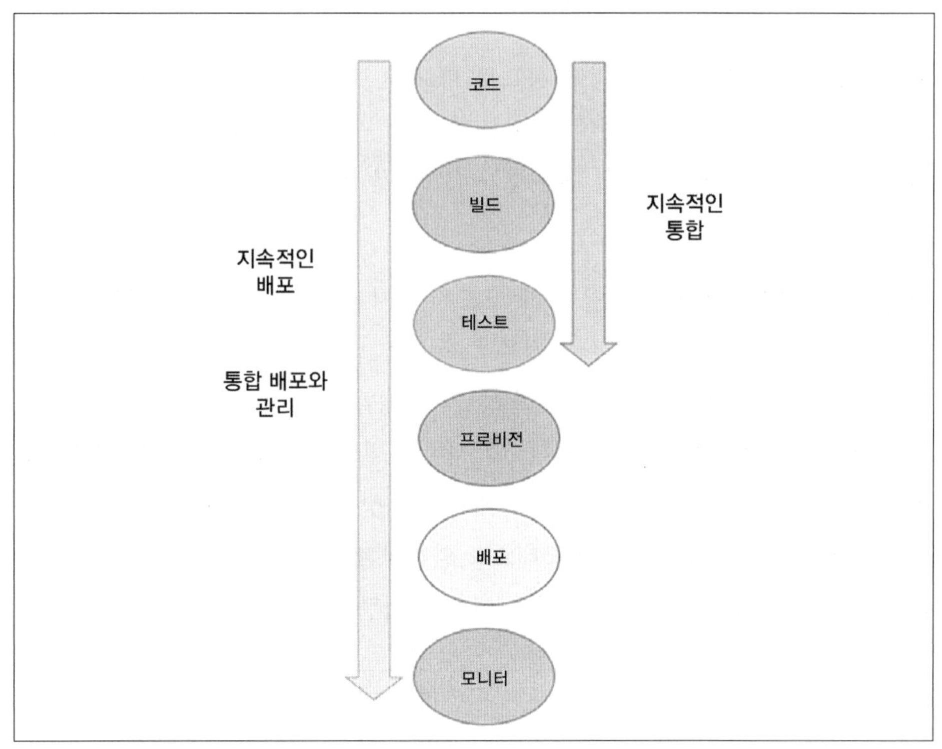

그림 12.2: CI/CD

그림에서 볼 수 있듯이 CI는 소프트웨어 개발 수명 주기의 빌드와 단위 테스트 단계를 나타낸다. 코드 리포지터리에서 커밋된 모든 업데이트는 자동화된 빌드와 테스트를 생성한다. CD는 프로덕션 환경에 빌드를 배포하고자 CI 프로세스를 더욱 확장하는 CI의 필수 요소다. CI/CD 단계에서는 여러 사람이 함께 코드 작업을 하기 때문에 버전이 달라서 생길 수 있는 작업 공수를 줄이고자 최신 작업 빌드를 사용해야 한다. 코드 리포지터리에는 다양한 버전의 코드가 관리되고 팀들은 이 코드에 액세스할 수 있다. 팀에서는 리포지터리에서 코드를 체크아웃해 변경하게 되는데, 보통 로컬 복사본에서 새 코드를 작성하고 코드를 컴파일하고 테스트한 후에 코드를 메인 리포지터리에 커밋하며 이는 빈번하게 수행된다.

CI는 대부분의 소프트웨어 릴리스 프로세스를 자동화한다. 업데이트를 빌드, 테스트, 준비하는 자동화된 절차를 만든다. 한 가지 예외적으로 실제 프로덕션 환경에 최종 배포를 할 때는 개발자가 수동으로 배포를 트리거해야 한다. 빌드 단계 후 테스트 환경과 프로덕션 환경에 모든 코드 변경 사항을 배포해 CD를 확장한다. CD가 올바르게 구현되면 개발자는 항상 테스트를 거쳐 배포할 준비가 된 빌드를 갖게 된다.

다음 그림은 배포 파이프라인을 위해 코드 리포지터리로 코드를 커밋하는 것부터 애플리케이션 자동화에 대한 전 과정을 보여준다. 이는 빌드부터 프로덕션 환경까지 배포하는 종단 간 흐름을 보여준다. 여기서 개발자는 CI 서버에서 가져온 코드 저장소의 코드 변경 사항을 확인한다. CI 서버는 빌드를 트리거해 새 애플리케이션 바이너리와 해당 종속성이 있는 배포 패키지를 생성한다. 이러한 새 바이너리는 이후에 대상이 되는 개발 환경이나 테스트 환경에 배포된다. 또한 바이너리는 안전하게 버전 관리를 하며 보관하고자 아티팩트 저장소에 저장된다.

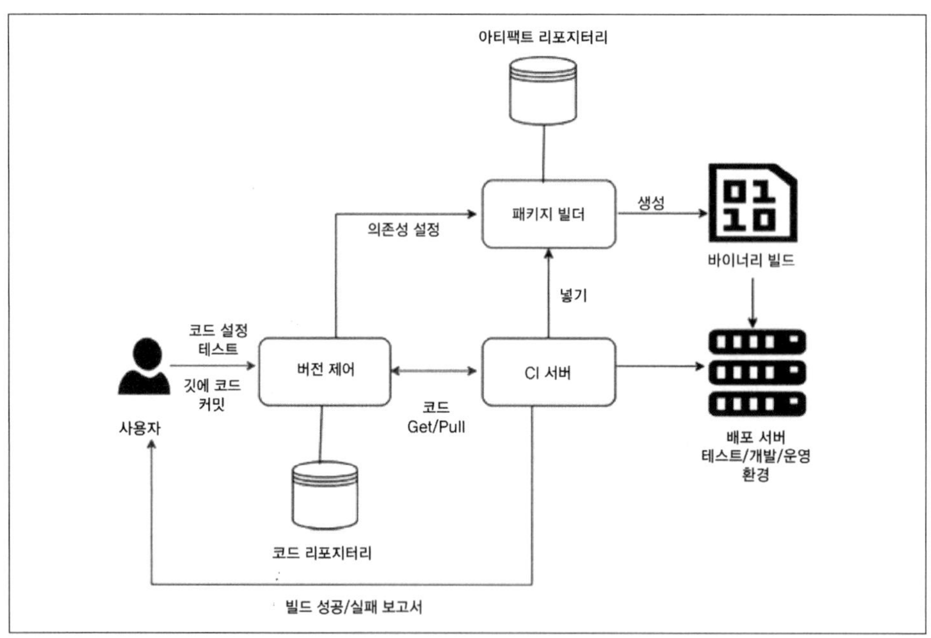

그림 12.3: 데브옵스용 CI/CD

CI/CD에서 코드 빌드, 배포, 테스트와 같은 소프트웨어 개발 수명 주기 단계는 데브옵스 파이프라인을 사용해 자동화된다. IaC 스크립트를 사용해 배포와 프로비저닝 절차를 자동화해야 한다. 다양한 모니터링 도구를 사용해 모니터링을 자동화할 수 있다.

또한 강력한 CD 파이프라인은 테스트와 함께 프로덕션 환경을 위한 인프라 프로비저닝을 자동화하고 프로덕션 환경의 모니터링과 관리를 가능하게 한다. CI/CD는 코드 빌드, 테스트, 배포에 소요되는 시간을 절약해 개발자 생산성을 향상시키는 것과 같이 팀에 다양한 이점을 제공한다. 개발 팀이 버그를 빠르게 감지하고 수정해 프로덕션 환경에서 기능 업데이트를 더 빠르게 할 수 있게 도와준다.

CD는 개발자가 커밋한 모든 변경 사항을 프로덕션에 배포한다는 것을 의미하는 것이 아니라 모든 변경 사항이 프로덕션에 들어갈 준비가 됐음을 의미한다. 변경 사항이 준비되면 스테이지 환경에서 테스트를 수행하고 이후 수동 승인 프로세스를 통해 프로덕션에 배포할 수 있게 된다. 따라서 CD에서는 프로덕션에 배포하는 것이 비즈니스 결정이 되며 이 역시 도구를 사용해 자동화된다.

지속적인 모니터링과 개선

지속적인 모니터링은 애플리케이션과 인프라 성능이 고객에게 미치는 영향을 파악하는 데 도움이 된다. 데이터와 로그를 분석해 코드 변경이 사용자에게 어떤 영향을 미치는지 알 수 있다. 24/7 연중무휴 서비스와 애플리케이션 및 인프라 모두에 대한 지속적인 업데이트가 수행되고 있다면 능동적인 모니터링은 필수적이다. 실시간 분석을 수행하고 경보를 생성하면 서비스 모니터링에 대해 좀 더 능동적으로 대처할 수 있다.

다양한 지표를 추적해 데브옵스의 수행을 모니터링하고 개선할 수 있다. 데브옵스 관련 지표의 예는 다음과 같다.

- **변경량:** 개발이 완료된 사용자의 요구 사항 수, 새로운 코드 줄 수, 수정된 버그 수를 의미한다.
- **배포 빈도:** 팀에서 애플리케이션을 배포하는 빈도를 나타낸다. 이 지표는 일반적으로 안정적으로 유지되거나 상승 추세를 보여야 한다.
- **개발에서 배포까지의 리드 타임:** 개발의 시작부터 배포의 끝까지 걸리는 시간은 릴리스 주기 중간에 비효율적인 부분이 있는지 식별하는 데 사용할 수 있다.
- **실패한 배포 비율:** 중단을 초래한 배포 수를 포함해 실패한 배포의 비율이 낮아야 한다. 이 지표는 변경량과 함께 검토돼야 한다. 변경량은 적지만 실패한 배포 수가 많은 경우 잠재적인 실패 지점을 분석해봐야 한다.
- **가용성:** SLA서비스 수준 계약 위반을 초래할 수 있는 실패를 유발한 릴리스 수를 추적한다. 애플리케이션의 평균적인 가동 중지 시간은 얼마인가?
- **고객 불만 건수:** 고객이 제출한 불만에 대한 티켓 수는 지원 품질을 나타낸다.
- **사용자 수에 대한 백분율 변화:** 애플리케이션을 사용하고자 등록하는 신규 사용자의 수와 그에 따른 트래픽 증가는 워크로드에 맞게 인프라를 확장하는 데 도움이 될 수 있다.

프로덕션 환경에 빌드를 배포한 후에는 애플리케이션의 성능을 지속적으로 모니터링하는 것이 필수적이다. 이제 환경 자동화를 위한 IaC를 자세히 살펴보자.

코드로서의 인프라

인프라를 프로비저닝하는 것과 관리하는 것, 더 이상 사용하지 않는 인프라에 대한 것은 인력에 대한 비용이 많이 드는 활동이다. 또한 환경을 구축하고 수정하는 작업을 반복하는 것은 오류를 유발할 수 있다. 이전 경험을 바탕으로 작업하든 잘 문서화된 설명서에서 작업하든 통계적인 확률로 사람은 실수를 저지를 수 있다.

완성된 환경을 만드는 작업은 자동화할 수 있다. 자동화는 반복적인 작업을 줄이면서도 큰 가치를 쉽게 제공할 수 있도록 도움을 준다. **코드로서의 인프라**IaC를 사용하면 템플릿 형태로 인프라를 정의할 수 있다. 단일 템플릿은 환경의 일부나 전체로 구성될 수 있다. 더 중요한 것은 이 템플릿을 반복적으로 사용해 동일한 환경을 다시 만들 수 있다는 것이다.

IaC에서 인프라는 코드와 CI를 사용해 생성되고 관리된다. IaC 모델은 대규모 프로그래밍 방식으로 인프라와 상호작용하고 자원 구성을 자동화해 인적 오류를 방지하는 데도 도움이 된다. 이렇게 하면 코드 기반 도구를 사용해 코드를 관리하는 것과 동일한 방식으로 인프라 작업을 수행할 수 있다. 코드를 통해 인프라를 관리하기 때문에 표준화된 방식으로 애플리케이션을 배포할 수 있으며, 모든 패치와 버전을 오류 없이 반복적으로 업데이트할 수 있다. 가장 인기 있는 IaC 스크립팅 도구로는 Ansible, Terraform, 애저 자원 관리자Resource Manager, 구글 클라우드 배포 관리자Deployment Manager, Chef, Puppet, AWS CloudFormation이 있다.

다음은 AWS 클라우드 플랫폼의 자동화된 인프라에 코드로서의 인프라 기능을 제공하는 AWS CloudFormation의 코드 샘플이다.

```
{
  "AWSTemplateFormatVersion":"2010-09-09",
  "Description":"Create a S3 Storage with parameter to choose own bucket name",
  "Parameters":{
    "S3NameParam":{
      "Type":"String",
      "Default":"architect-book-storage",
      "Description":"Enter the S3 Bucket Name",
      "MinLength":"5",
      "MaxLength":"30"
    }
  },
```

```
    "Resources":{
        "Bucket":{
            "Type":"AWS::S3::Bucket",
            "DeletionPolicy":"Retain",
            "Properties":{
                "AccessControl":"PublicRead",
                "BucketName":{
                    "Ref":"S3NameParam"
                },
                "Tags":[
                    {
                        "Key":"Name",
                        "Value":"MyBucket"
                    }
                ]
            }
        }
    },
    "Outputs":{
        "BucketName":{
            "Description":"BucketName",
            "Value":{
                "Ref":"S3NameParam"
            }
        }
    }
}
```

위 코드는 다음 그림과 같이 사용자가 선택한 스토리지 이름을 제공할 수 있는 옵션을 사용해 Amazon S3 오브젝트 스토리지를 생성한다.

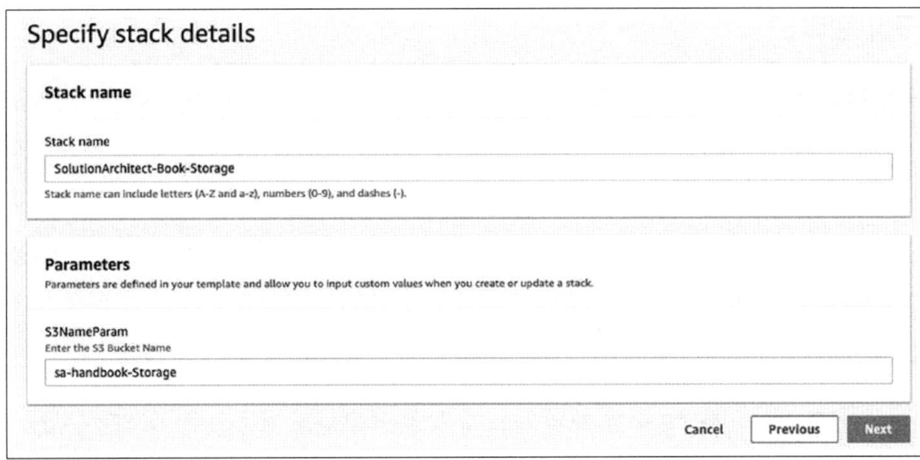

그림 12.4: AWS CloudFormation을 사용하는 코드로서의 인프라

코드 실행 후 출력에서 볼 수 있는 것처럼 Amazon S3 오브젝트 스토리지가 생성된다.

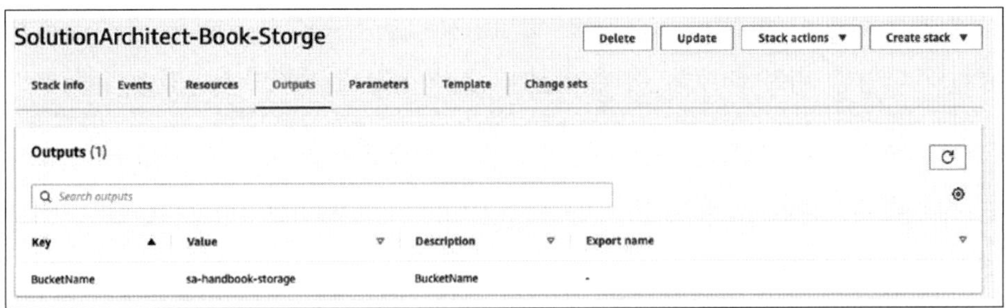

그림 12.5: AWS CloudFormation을 사용한 자동화된 Amazon AWS S3 오브젝트 스토리지 생성

제공된 코드는 여러 팀에서 Amazon S3 스토리지를 원하는 양만큼 생성하는 데 사용할 수 있다. 또한 매우 중요한 데이터이기 때문에 관리자는 `"DeletionPolicy": "Retain"` 설정을 버킷에 추가해 AWS CloudFormation 스택을 제거해서 인프라가 삭제돼도 해당 데이터를 삭제하지 않게 한다. IaC를 사용해 조직 전반에 걸쳐 표준화, 일관성, 규정 준수를 구현하는 방법을 확인할 수 있었다. 구성 관리는 데브옵스 프로세스의 또 다른 중요한 측면이다. 이를 자세히 알아보자.

구성 관리

구성 관리[CM, Configuration Management]는 자동화를 사용해 전체 인프라과 애플리케이션에서 자원 구성을 표준화하는 프로세스다. Chef, Puppet, Ansible과 같은 CM 도구를 사용하면 IaC를 관리하고 IT 자원 프로비저닝, 구성과 관리를 포함한 대부분의 시스템 관리 작업을 자동화할 수 있다. 개발, 빌드, 테스트, 배포 단계에서 자원 구성을 자동화하고 표준화함으로써 일관성을 보장하고 잘못된 구성으로 인한 오류를 제거할 수 있다.

CM은 클릭 한 번만으로 수백 개의 노드에 동일한 구성을 자동으로 배포할 수 있게 해서 작업의 생산성을 높일 수 있고, CM을 활용해 구성 변경 사항을 배포할 수도 있다.

레지스트리 설정이나 데이터베이스를 사용해 시스템 구성 설정을 저장할 수도 있지만 구성 관리 애플리케이션을 사용하면 저장소 외에 버전 관리도 할 수 있다. CM은 구성 변경 사항을 추적하고 감사하는 방법이기도 하기 때문에 필요한 경우 소프트웨어의 다양한 버전에 대해 여러 버전의 구성 설정을 유지할 수 있다.

CM 도구에는 서버 노드를 관리하는 컨트롤러 시스템이 포함된다. 예를 들어 Chef는 관리할 각 서버에 클라이언트 에이전트 애플리케이션을 설치하고 컨트롤러 시스템에 마스터 Chef 애플리케이션을 설치해야 한다. Puppet은 중앙 집중식 서버에서도 동일한 방식으로 작동한다. 그러나 Ansible은 분산 접근 방식을 사용해서 서버 노드에 별도의 에이전트 소프트웨어를 설치할 필요가 없다. 다음 표는 널리 사용되는 구성 관리 도구 간의 차이를 비교해 보여준다.

	Ansible	Puppet	Chef
메커니즘	컨트롤러 시스템은 SSH (Secure Shell)를 사용해 서버에 변경 사항을 적용	마스터가 변경 사항을 Puppet 노드에 동기화	Chef 워크스테이션이 Chef 서버에서 변경 사항을 찾아 Chef 노드로 푸시

(이어짐)

	Ansible	Puppet	Chef
아키텍처	모든 서버가 컨트롤러가 될 수 있음	Puppet 마스터에 의한 중앙 집중식 제어	Chef 서버에 의한 중앙 집중식 제어
스크립트 언어	YAML	Domain-specific on Ruby	Ruby
스크립팅 용어	플레이북과 역할	매니페스트와 모듈	레시피와 쿡북
테스트 실행	순차	비순차	순차

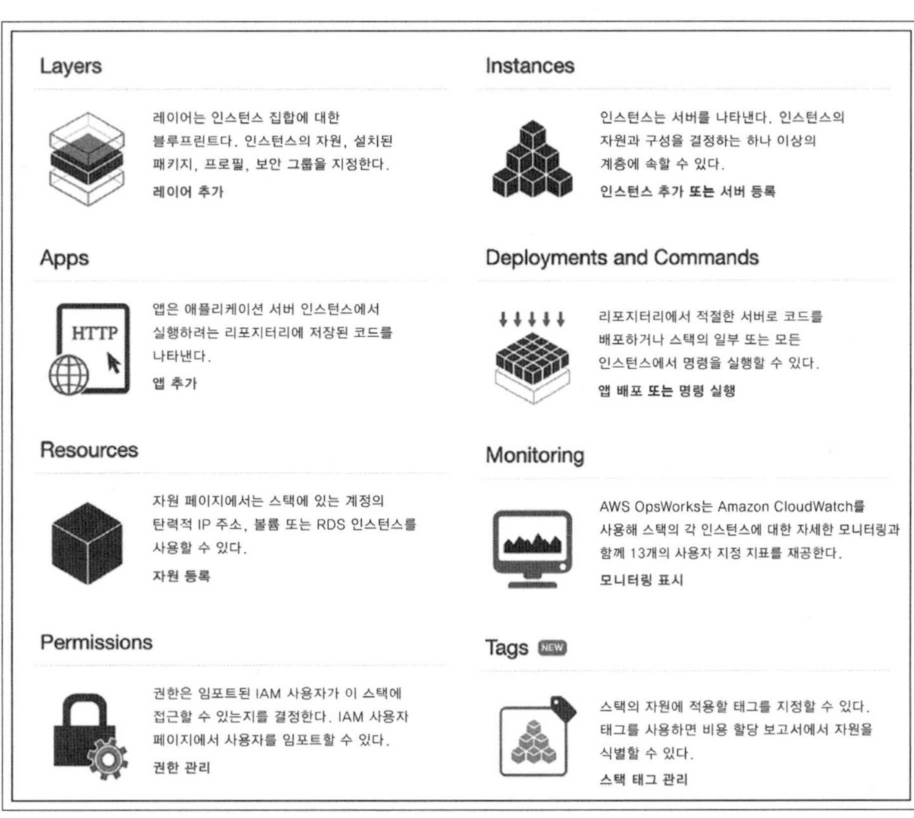

그림 12.6: 관리형 Chef와 Puppet Security를 위한 AWS OpsWorks 서비스

CM 도구는 자동화를 위한 도메인별 언어와 기능 세트를 제공한다. 이러한 도구

중 일부는 팀이 도구를 배워야 하는 학습 필요가 있다. AWS는 클라우드에서 Chef와 Puppet을 관리할 수 있게 OpsWorks라는 관리형 플랫폼을 제공한다. 앞의 그림과 같이 자동화를 통해 IT 인프라를 관리하기 위한 다양한 속성을 제공한다.

보안은 모든 조직에서 우선순위가 됐기 때문에 완벽한 자동화를 위해 보안이 중요하다. 조직은 인적 오류를 피하고자 데브옵스 프로세스를 사용해 엄격한 보안을 구현하고 모니터링하는 데브섹옵스^DevSecOps^를 도입하고 있다. 다음 절에서 데브섹옵스(개발, 보안, 운영의 약자)를 살펴본다.

데브섹옵스 소개

이제는 그 어느 때보다 보안을 신경 쓴다. 많은 상황에서 보안은 고객의 신뢰를 얻기 위한 가장 중요한 요소로 여겨진다. 데브섹옵스는 보안 자동화와 대규모 보안의 구현에 관한 것이다. 개발 팀은 지속적으로 변경 사항을 만들고 데브옵스 팀은 프로덕션 환경에서 이를 배포한다(변경 사항은 일반적으로 고객을 대상으로 함). 데브섹옵스는 전체 프로세스에서 애플리케이션 보안을 보장할 때 필요하다.

데브섹옵스는 코드나 CI/CD 아티팩트를 감사하고자 존재하는 것은 아니다. 조직은 데브섹옵스를 구현해 속도와 민첩성을 달성해야 하지만 보안 검증을 간과해서는 안 된다. 자동화의 힘은 필요한 보안 조치를 구현해 보안을 유지하면서도 제품 기능 출시의 민첩성을 높이는 것이다.

데브섹옵스 접근 방식은 보안을 나중으로 미루지 않고 기본으로 제공하는 것이다. 데브옵스는 효율성을 추가해 제품 출시 수명 주기의 속도를 높이는 반면 데브섹옵스는 수명 주기를 늦추지 않고도 모든 구성 요소를 검증한다.

조직에서 데브섹옵스 접근 방식을 도입하려면 보안이 모든 사람의 책임임을 이해하고 개발 환경 전반에 걸쳐 견고한 데브옵스 체계를 기반으로 시작해야 한다. 개발 팀과 보안 팀이 협업하려면 처음부터 아키텍처 설계에 보안을 포함시켜야 한다.

보안의 허점이 발생하는 것을 피하려면 지속적으로 보안을 테스트하도록 자동화하고 CI/CD 파이프라인에 이를 구축해야 한다. 보안 위반 사항을 추적하려면 설계 상태에서 드리프트를 실시간으로 모니터링해 보안과 규정 준수를 포함하도록 모니터링을 확장한다. 모니터링은 경보, 자동화된 수정, 규정 비준수 자원 제거를 활성화해야 한다.

모든 것을 코드화하는 것은 무한한 가능성을 열어주는 기본 요구 사항이다. 데브섹옵스의 목표는 보안 자동화의 속도를 충족하면서도 혁신의 속도를 유지하는 것이다. 확장할 수 있는 인프라에는 확장할 수 있는 보안이 필요하며 지속적인 규정 준수와 검증을 구현하려면 자동화된 사고 대응 조치가 필요하다.

데브섹옵스와 CI/CD 결합

데브섹옵스 방식은 CI/CD 파이프라인의 모든 단계에 포함돼야 한다. 데브섹옵스는 각 서버에 할당된 올바른 액세스와 역할을 관리하고 젠킨스[Jenkins]와 같은 빌드 서버가 보안 결함으로부터 보호되게 강화해 CI/CD 파이프라인의 보안을 보장한다. 그 외에도 모든 아티팩트가 검증되고 코드 분석이 제대로 동작하고 있는지 확인해야 한다. 지속적인 규정 준수 검증과 사고 대응 조치를 자동화해 사고 대응을 준비하는 것이 좋다.

다음 그림은 보안 경계를 테스트하고 보안 문제와 규정 준수를 가능한 한 빠르게 포착하기 위한 여러 단계를 보여준다.

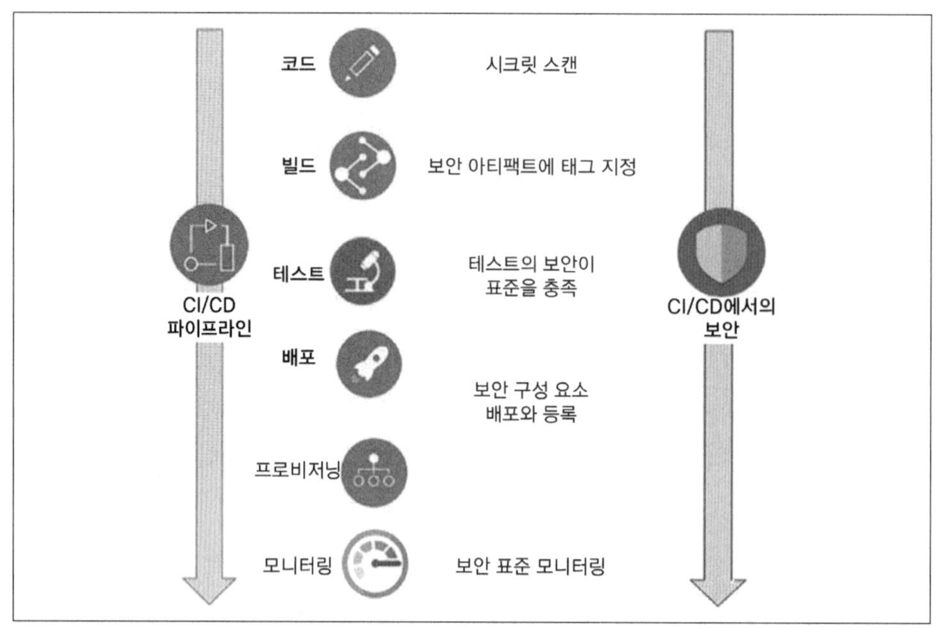

그림 12.7: 데브섹옵스와 CI/CD

위 그림의 각 통합 지점에서 다양한 문제를 식별할 수 있다.

- 코딩 단계에서 모든 코드를 스캔해 코드 라인 사이에 비밀 키나 액세스 키가 하드코딩되지 않았는지 확인한다.
- 빌드 단계에서 암호화 키, 액세스 토큰 관리와 같은 모든 보안 아티팩트를 포함하고 쉽게 식별할 수 있게 태그를 지정한다.
- 테스트 중에 설정을 스캔해 테스트 보안이 모든 보안 표준을 충족하는지 확인한다.
- 배포과 프로비저닝 단계에서 모든 보안 구성 요소가 등록됐는지 확인하고 체크섬을 수행해 빌드 파일에 변경 사항이 없는지 확인한다. 파일의 유효성을 검사하고 파일 전송 중에 변경 사항이 없는지 확인하는 체크섬 명령을 운영체제에서 제공하고, 이는 수신된 파일의 신뢰성을 결정하는 데 사용된다.

- 모니터링 단계에서 모든 보안 표준을 모니터링하고 자동화된 방식으로 지속적인 감사과 검증을 수행한다.

이처럼 다양한 단계에서 보안 취약성을 식별하고자 여러 도구를 데브섹옵스 파이프라인에 통합하고 취약성 결과를 집계할 수 있다. 보안 취약점의 테스트, 분석, 보고를 자동화하는 도구를 사용하는 **애플리케이션 보안 테스트**AST, Application Security Testing는 애플리케이션 개발에 필수적이다. AST는 소프트웨어 애플리케이션의 보안 취약점을 스캔하고자 다음과 같은 네 가지 범주로 나눌 수 있다.

- **소프트웨어 복합 분석**SCA, Software Composite Analysis: SCA는 코드 기반에서 오픈소스 소프트웨어의 보안, 라이선스 준수, 코드 품질을 평가한다. SCA는 프로젝트의 종속성에 포함된 공개적으로 공개된 취약점을 탐색한다. 인기 있는 SCA 도구로는 OWASP Dependency-Check, Synopsys의 Black Duck, WhiteSource, Synk, GitLab이 있다.
- **정적 애플리케이션 보안 테스트**SAST, Static Application Security Testing: SAST는 코드가 컴파일되기 전에 애플리케이션을 스캔한다. SAST 도구는 개발자가 코딩할 때 실시간 피드백을 제공해 코드 빌드 단계를 통과하기 전에 문제를 해결하는 데 도움을 준다. SAST는 애플리케이션을 공격에 취약하게 만드는 보안 취약점을 찾고자 소스코드를 분석하는 화이트박스 테스트 방법론이다. 가장 큰 장점은 별도의 애플리케이션이 필요하지 않고 코드를 실행하지 않고도 사용할 수 있기 때문에 데브옵스 사이클의 초기 단계에 도입할 수 있다는 것이다. 인기 있는 SAST 도구로는 SonarQube, PHPStan, Coverity, Synk, Appknox, Klocwork, CodeScan, Checkmarx가 있다.
- **동적 애플리케이션 보안 테스트**DAST, Dynamic Application Security Testing: DAST는 애플리케이션이 실행되는 동안 외부의 공격을 시뮬레이션해 보안 취약성을 찾는다. 노출된 인터페이스에 취약점과 결함이 있는지 확인해 외부에서 애플리케이션으로 침투를 시도한다. 이러한 유형의 블랙박스 보안 테스트를 웹 애플리케이션 취약

점 스캐너라고도 한다. 인기 있는 DAST 도구로는 OWASP ZAP, Netsparker, Detectify Deep Scan, StackHawk, Appknox, HCL AppScan, GitLab, Checkmarx가 있다.

- **대화형 애플리케이션 보안 테스트**IAST, Interactive Application Security Testing: IAST는 애플리케이션 기능을 검증하는 자동화된 테스트나 활동에 의해 앱이 실행되는 동안 보안 취약점에 대해 코드를 분석한다. IAST 도구는 취약점을 실시간으로 보고하며 CI/CD 파이프라인에서 시간이 추가로 소요되지 않는다. IAST 도구는 자동화된 기능 테스트를 구현하고자 QA 환경에 배포된다. 인기 있는 IAST 도구로는 GitLab, Veracode, CxSAST, Burp Suite, Acunetix, Netsparker, InsightAppSec, HCL AppScan이 있다.

이 장의 뒷부분에서 다룰 데브옵스 파이프라인에서는 앞에서 소개한 도구 중 일부를 통합하는 방법을 다룬다. 데브섹옵스 CI/CD로 인해 코드가 기업 보안 정책에 대해 검증됐다는 확신을 가질 수 있게 된다.

추후 배포를 하더라도 보안 설정이 변경되는 것으로 인해 인프라와 애플리케이션에 오류가 발생하는 것을 방지하는 데 도움이 된다. 데브섹옵스는 데브옵스의 혁신 속도에 영향을 미치지 않으면서 민첩성을 유지하고 대규모 보안을 보장한다. 이제 데브옵스 파이프라인의 CD 전략을 알아보자.

CD 전략 구현

CD는 기존 버전을 새 버전의 애플리케이션으로 손쉽게 전환할 수 있게 한다. CD 전략 중 가장 많이 사용되는 전략은 다음과 같다.

- **인플레이스 배포**In-place deployment: 현재 서버에서 애플리케이션 업데이트
- **롤링 배포**Rolling deployment: 기존 서버 제품군에 새 버전을 점진적으로 배포

- **블루-그린 배포**Blue-green deployment: 기존 서버를 새 서버로 점진적으로 교체
- **레드-블랙 배포**Red-black deployment: 기존 서버에서 새 서버로 즉시 전환
- **불변 배포**Immutable deployment: 완전히 새로운 서버 세트 구축

각 전략을 더 자세히 살펴보자.

인플레이스 배포

인플레이스 배포는 기존 서버 집합에서 새 애플리케이션 버전을 배포하는 방법이다. 업데이트는 한 번의 배포 작업으로 수행되기 때문에 어느 정도의 가동 중지 시간이 필요하다. 반면 이 업데이트에 필요한 인프라 변경 사항은 거의 없다. 기존 DNS 레코드를 업데이트할 필요도 없기 때문에 배포 프로세스 자체는 비교적 빠르다. 배포에 실패하면 재배포가 복원을 위한 유일한 방법이다.

애플리케이션 인프라의 기존 애플리케이션 버전(v1)을 새 버전(v2)으로 교체하는 것이기 때문에 인플레이스 업데이트는 비용이 저렴하고 배포가 빠르다.

롤링 배포

롤링 배포에서는 서버 집합이 그룹으로 분할되기 때문에 동시에 업데이트할 필요가 없다. 배포 절차 중에 이전 버전과 새 버전이 공존한다. 롤링 배포는 가동 중지 시간을 줄이는 데 도움이 된다. 새 버전 배포가 실패하면 전체 집합에서 일부만 영향을 받고 집합의 절반은 계속 실행되고 있기 때문에 위험이 최소화된다. 또한 제로 다운타임을 달성하는 데 도움이 된다. 그러나 배포 시간은 인플레이스 배포보다 약간 더 걸린다.

블루-그린 배포

블루-그린 배포 전략에서 블루는 라이브 트래픽을 전달하는 기존 프로덕션 환경을 의미한다. 블루 환경과 병행해 코드의 새 버전이 적용된 그린 환경을 프로비저닝한다. 배포할 때 블루 환경에서 그린 환경으로 프로덕션 트래픽을 라우팅한다. 그린 환경에 문제가 발생하면 트래픽을 원래의 블루 환경으로 되돌리는 것으로 롤백할 수 있다. DNS 컷오버와 오토스케일링 그룹 정책은 블루-그린 배포에서 트래픽을 다시 라우팅하는 일반적인 방법이다.

오토스케일링 정책을 사용하면 애플리케이션이 확장됨에 따라 기존 인스턴스를 새 버전의 애플리케이션을 호스팅하는 인스턴스로 점진적인 교체를 할 수 있다. 이 옵션은 마이너 릴리스와 작은 규모의 코드 변경에 가장 적합하다. 또 다른 옵션은 DNS 라우팅을 활용해 애플리케이션의 서로 다른 버전 간에 정교한 로드 밸런싱을 수행하는 것이다.

그림 12.8과 같이 애플리케이션의 새 버전을 호스팅하는 프로덕션 환경을 만든 후 DNS 경로를 사용해 트래픽의 일부를 새로운 환경으로 보낼 수 있다.

프로덕션의 일부 트래픽으로 그린 환경을 테스트한다. 이것을 **카나리 분석**canary analysis.이라고 한다. 이로 인해 환경에 기능적 문제가 있는 경우 사용자에게 심각한 영향을 미치기 전에 즉시 알리고 트래픽을 다시 전환할 수 있다. 트래픽을 점진적으로 늘려가며 부하를 처리할 수 있는지 그린 환경을 테스트한다. 그린 환경을 모니터링해 문제를 감지하고 트래픽을 다시 변경할 수 있는 기회를 제공해 폭발 반경을 제한한다. 마지막으로 모든 지표가 정상인 경우 블루 환경을 제거하고 자원을 해제한다.

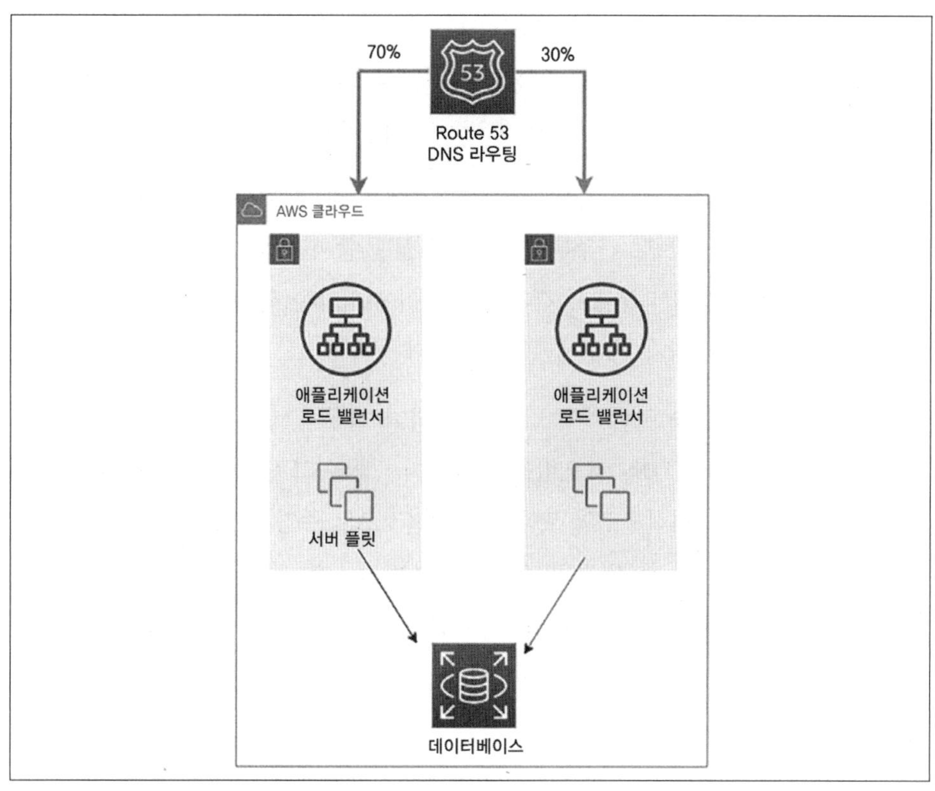

그림 12.8: 블루-그린 배포 DNS 점진적 전환

이처럼 블루-그린 배포는 가동 중지 시간을 0으로 만들고 손쉬운 롤백을 제공한다. 필요에 따라 배포 시간을 사용자 지정할 수도 있다.

레드-블랙 배포

레드-블랙 배포에서 시스템의 새 버전을 설정하기 전에 먼저 카나리 테스트를 수행한다. 카나리는 기존 프로덕션 시스템의 약 1%를 최신 버전의 애플리케이션으로 교체하고 최신 버전의 오류를 모니터링한다. 카나리가 이 초기 테스트를 통과하면 시스템을 배포할 준비가 된 것으로 간주된다.

전환을 준비하고자 시스템의 새 버전이 이전 버전의 시스템과 동시에 유지된다.

현재 프로덕션에서 실행 중인 인스턴스 수를 확인해 새 버전을 위한 오토스케일링 그룹에 원하는 용량 값으로 수동 설정한다. 새 시스템이 구축되면 두 시스템 모두 레드다. 아직까지 트래픽은 현재 버전으로만 허용된다.

이후 시스템은 DNS 서비스를 사용해 기존 버전에서 새 버전으로 전환된다. 이 시점에서 이전 버전은 블랙으로 간주된다. 여전히 실행 중이긴 하지만 트래픽을 수신하지는 않는다. 새 버전에서 문제가 감지되면 DNS 서버가 이전 버전의 로드 밸런서를 다시 가리키게 하면 되기 때문에 롤백이 쉽다.

레드-블랙 배포는 **다크 런치**dark launch라고도 하며 블루-그린 배포와 약간 다르다. 레드-블랙 배포에서는 DNS 컷오버를 수행한다. 블루-그린 배포에서 DNS 설정으로 이전 버전에서 새 버전으로의 트래픽을 점진적으로 증가시켰다. 블루-그린 배포와 다크 런치를 결합해 두 버전의 소프트웨어를 동시에 배포할 수 있다. 두 개의 각기 다른 버전의 애플리케이션이지만 하나의 버전만 활성화된다. 기능 플래그는 다른 버전을 활성화한다. 이 배포 전략은 새 기능을 명시적으로 활성화할 수 있는 베타 테스트로도 사용할 수 있다.

불변 배포

애플리케이션에 알 수 없는 종속성이 있는 경우에는 불변 또는 일회성의 업그레이드가 더 쉬운 방법이다. 시간이 지남에 따라 여러 번 패치된 오래된 애플리케이션 인프라는 업그레이드하기가 점점 더 어려워진다. 이러한 유형의 업그레이드 기술은 불변 인프라에서 더 일반적으로 사용된다.

새롭게 릴리스되는 동안 이전 인스턴스를 종료하고 새로운 서버 인스턴스 세트가 배포된다. 일회성 업그레이드의 경우에는 Chef, Puppet, Ansible, Terraform과 같은 IaC 도구를 이용해 스크립트로 정의된 동일한 구성의 환경을 만들거나 오토스케일링 설정과 결합해 업데이트를 관리할 수 있다.

가동 중지 시간 외에도 배포 전략을 설계하는 동안 비용을 고려해야 한다. 교체해야 하는 인스턴스 수와 배포 빈도를 고려해 비용을 산정하고 예산과 가동 중지 시간을 고려해 가장 적합한 접근 방식을 사용해야 한다.

이 절에서는 애플리케이션 릴리스를 좀 더 효율적이고 번거롭지 않게 만드는 데 도움이 되는 다양한 CD 전략을 살펴봤다. 고품질의 배포를 위해서는 모든 단계에서 애플리케이션 테스트를 수행해야 하는데, 여기에는 상당한 노력이 필요하다. 데브옵스 파이프라인은 테스트 프로세스를 자동화하고 기능 릴리스의 품질과 빈도를 높이는 데 도움이 될 수 있다. CI/CD 파이프라인의 지속적인 테스트를 자세히 알아보자.

CI/CD 파이프라인에서 지속적인 테스트 구현

데브옵스는 고객 피드백, 새로운 기능에 대한 수요 또는 시장 동향의 변화를 기반으로 지속적으로 변화하는 비즈니스 시나리오의 핵심이라고 할 수 있다. 강력한 CI/CD 파이프라인은 추가 기능/피드백이 신속하게 통합될 수 있게 보장하고, 이로 인해 고객은 새로운 기능을 더 빨리 사용할 수 있게 된다.

CI/CD 파이프라인에 훌륭한 테스트 전략을 적용하면 피드백을 받고 코드를 반영하는 루프를 잦은 주기로 반복해 지속적으로 품질을 향상시킨다. 지속적인 테스트는 CI/CD 파이프라인의 균형을 유지하는 데 필수적이다. 소프트웨어 기능을 빠르게 추가하는 것도 좋지만 좋은 품질을 유지하는지 확인하려면 지속적인 테스트를 거쳐야 한다.

단위 테스트는 테스트 전략에서 가장 중요한 부분을 차지한다. 이는 일반적으로 개발자의 컴퓨터에서 실행되며 가장 빠르면서도 저렴하다. 경험적으로 봤을 때 테스트에 들이는 노력의 70%는 단위 테스트다. 이 단계에서 발견된 버그는 비교적 적은 복잡성으로 빠르게 수정할 수 있다.

개발자는 보통 단위 테스트를 수행하며 코드가 준비되면 통합과 시스템 테스트를 위해 배포한다. 이러한 테스트에는 환경이 필요하고 때로는 별도의 테스트 팀이 필요하므로 테스트 프로세스에 비용이 많이 들어갈 수 있다. 팀에서 의도한 모든 기능이 예상대로 작동하는지 확인하고 나면 운영 팀은 성능과 규정 준수 테스트를 실행해야 한다. 이런 테스트에는 프로덕션과 유사한 환경이 필요하고 비용이 많이 들어간다. 또한 UAT(User acceptance testing)에는 프로덕션과 유사한 환경의 복제본이 필요하기 때문에 더 많은 비용이 발생한다.

다음 그림과 같이 개발자는 개발 단계에서 변경된 코드와 새로운 기능을 테스트하고자 단위 테스트를 수행한다. 테스트는 일반적으로 코딩이 완료된 후 개발자의 컴퓨터에서 수행된다.

또한 코드 변경 사항에 대해 정적 코드 분석을 실행하고 코드 범위와 코딩 지침 준수 등을 확인하는 것이 좋다. 더 작고 종속성이 없는 단위 테스트가 더 빠르게 실행될 수 있기 때문에 테스트에 대한 실패 여부를 빠르게 확인할 수 있다.

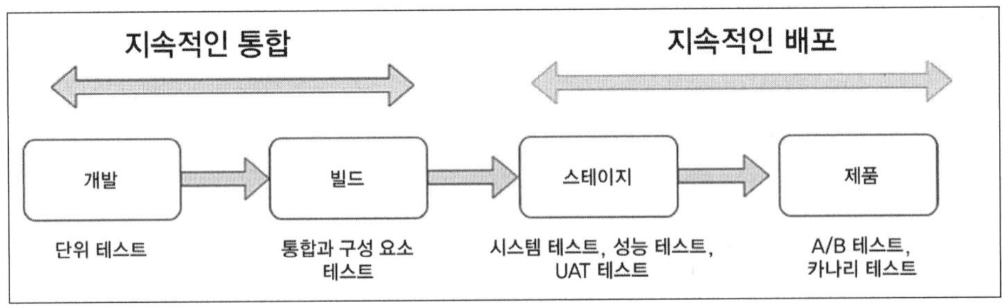

그림 12.9: CI/CD의 지속적인 테스트

빌드 단계는 서로 다른 구성 요소와 개별 구성 요소 간의 통합을 테스트하는 첫 번째 단계다. 또한 빌드 단계는 개발자가 커밋한 코드가 기존 기능에 영향을 주는지 테스트하고 회귀 테스트를 수행하기 좋다.

스테이징 환경은 프로덕션 환경과 매우 유사한 환경이다. 이 단계에서 종단 간 시스템 테스트가 수행된다(UI, 백엔드 로직, API에 대해 광범위하게 테스트됨). 성능 테스트는 특정 워크로드에서 애플리케이션 성능을 테스트한다. 성능 테스트에는 부하 테스트와 스트레스 테스트가 포함된다. UAT는 프로덕션 배포를 위해 준비된 상태에서 수행된다. 규정 준수 테스트는 산업별 규정 준수를 테스트하고자 수행된다.

A/B 테스트나 카나리 분석과 같은 전략은 프로덕션 단계에서 새 애플리케이션 버전을 테스트하는 데 사용된다. A/B 테스트에서 새 애플리케이션 버전은 소수의 프로덕션 서버에 배포되고 사용자 피드백을 위해 테스트된다. 사용자의 새 애플리케이션에 대한 피드백에 따라 배포가 모든 프로덕션 서버에 걸쳐 점차 확장된다.

A/B 테스트

일반적으로 소프트웨어 개발에서는 어떤 기능을 구현해야 실제로 크게 성공할지 알 수 없다. **인간/컴퓨터 상호작용**HCI, Human/Computer Interaction과 같은 컴퓨터 과학 분야 전체가 이 질문에 답하고자 애쓰고 있다. UI 전문가는 적절한 인터페이스를 설계하는 데 도움이 되는 몇 가지 지침을 갖고 있긴 하지만 최상의 설계 선택은 사용자에게 직접 제공하고 나서 긍정적인 피드백을 확인한 후에야 결정되는 경우가 많다.

다음 그림에서 볼 수 있듯이 A/B 테스트는 두 가지 이상의 서로 다른 버전의 기능이 서로 다른 사용자 집합에 제공되는 테스트 방법이다. 각 구현의 사용에 대한 자세한 지표가 수집되고 UI 엔지니어는 이 데이터를 검토해 앞으로 채택해야 하는 구현을 결정한다.

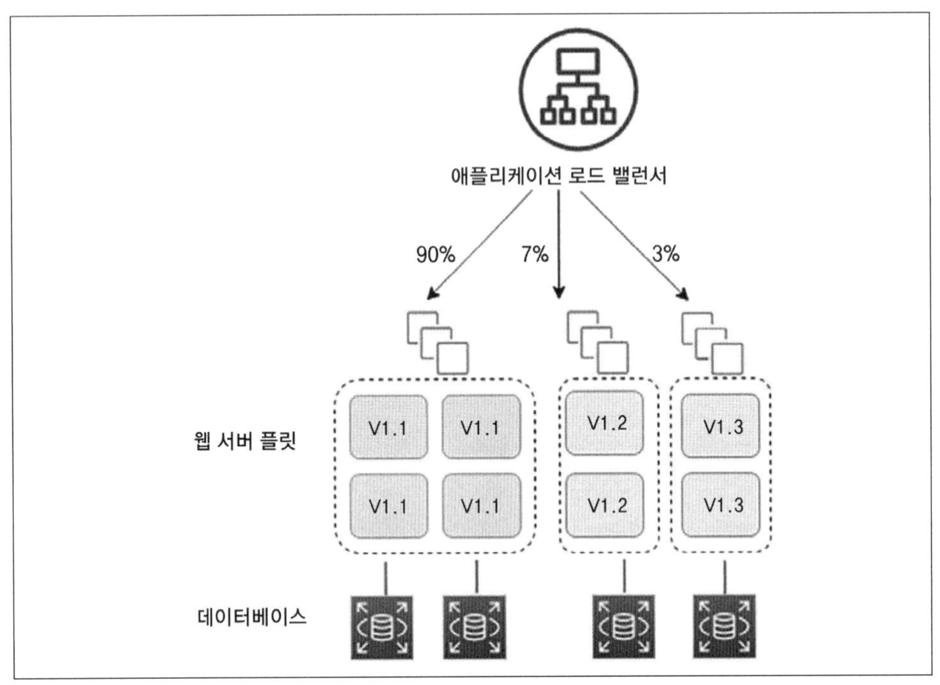

그림 12.10: A/B 테스팅을 사용한 기능 실험에 따른 사용자 분할

새로운 기능의 서로 다른 구현을 포함하는 여러 버전의 애플리케이션을 쉽게 시작할 수 있다. DNS 라우팅은 대부분의 트래픽을 현재 시스템으로 보내는 동시에 기존 트래픽의 일부를 새 기능을 실행하는 시스템 버전으로 보내는 데 사용할 수 있다. DNS 라운드로빈round-robin 확인은 대부분의 DNS 리졸버에서 지원되며 들어오는 트래픽을 분산시키는 효과적인 방법이다.

부하 및 성능 테스트는 또 다른 중요한 요소다. 자바 기반 애플리케이션의 경우 JMeter를 사용해 JDBCJava DataBase Connectivity 명령을 실행해 관계형 데이터베이스에 대해 부하 테스트를 할 수 있다. MongoDB는 데이터베이스에 재현할 수 있는 부하를 생성하고 응답 시간을 기록할 수 있는 Mongo-Perf를 사용할 수 있다. 그런 다음 데이터베이스를 사용하는 구성 요소와 서비스를 조회하고 동시에 데이터베이스를 테스트할 수 있다.

인스턴스의 부하를 측정하는 일반적인 방법 중 하나는 마이크로 벤치마킹을 사용하는 것이다. 마이크로 벤치마킹에서는 시스템의 작은 하위 구성 요소(또는 코드 조각)의 성능을 측정한 다음 이 테스트 결과에서 일반적인 성능 데이터를 측정하게 된다. 서버를 테스트하는 경우 새 인스턴스 유형에서 시스템의 일부를 테스트해 측정한 결과와 다른 서버 유형 및 다른 설정을 사용 중인 시스템에서 측정한 결과와 비교할 수 있다.

CI/CD용 데브옵스 도구 사용

개발자들이 CI/CD 파이프라인을 구축하려면 다양한 도구가 필요하다. 여기에는 코드 편집기, 소스 리포지터리, 빌드 서버, 배포 도구, CI 파이프라인 전반을 관리하는 도구가 포함된다. 클라우드와 온프레미스 모두에서 데브옵스용 개발자 도구의 인기 있는 기술 선택지를 살펴보자.

코드 편집기

데브옵스에서 환경을 자동화하고자 스크립트를 사용하는데, 코드 편집기는 이 스크립트를 작성하는 데 사용한다. ACE 편집기나 클라우드 기반의 AWS Cloud9 IDE를 사용할 수 있다. 로컬 컴퓨터에서 웹 기반의 코드 편집기를 사용하거나 개발, 테스트, 프로덕션과 같은 애플리케이션 환경에 연결해 상호작용하는 로컬 서버에 코드 편집기를 설치할 수도 있다. 각 환경은 프로젝트 파일을 저장하고 도구를 실행해 앱을 개발하는 곳을 의미한다. 이러한 파일을 인스턴스나 서버에 로컬로 저장하거나 원격 코드 리포지터리를 환경에 복제할 수 있다. AWS Cloud9 IDE는 관리형 서비스로 제공되는 클라우드 네이티브 IDE다.

ACE 편집기를 사용하면 코드를 빠르고 쉽게 작성할 수 있다. 웹 기반 코드 편집기지만 이클립스Eclipse, Vim, 비주얼 스튜디오 코드VS Code, Visual Studio Code 등과 같은 인기 있는 데스크탑 기반 코드 편집기와 유사한 성능을 제공한다. 여기에는 라이브 구문과 일치하는 괄호 강조 표시, 자동 들여쓰기와 완성, 탭 간 토글, 버전 제어 도구와의 통합, 다중 커서 선택과 같은 표준 IDE 기능을 지원한다. 타이핑 지연 없이 수십만 줄이 있는 대용량 파일에서도 잘 작동한다. 널리 사용되는 모든 코딩 언어와 디버깅 도구에 대한 지원이 내장돼 있으며 필요한 도구를 설치할 수도 있다. 데스크탑 기반 IDE의 경우 VS Code와 이클립스는 데브옵스 엔지니어가 선택할 수 있는 또 다른 인기 있는 코드 편집기의 선택지다.

소스코드 관리

소스코드 리포지터리에 사용할 수 있는 여러 가지 선택지가 있다. 코드를 관리하기 위한 전반적인 것들을 책임지고 관리하는 깃 서버를 설정, 실행, 관리할 수 있다.

깃허브나 비트버킷Bitbucket과 같은 호스팅 서비스를 사용할 수도 있다. 클라우드의 솔루션 중 AWS CodeCommit은 프라이빗 깃 리포지터리를 호스팅할 수 있는 안전하고 확장성이 뛰어난 관리형 소스 제어 시스템을 제공한다.

코드를 읽거나 쓸 수 있게 팀 구성원에게 액세스 권한을 부여하려면 코드 리포지터리에 대한 인증과 권한을 설정해야 한다. 전송과 저장 데이터 암호화를 적용할 수 있으며 이 경우 코드 리포지터리에 코드를 푸시(git push)하면 데이터를 암호화해서 저장한다. 코드 리포지터리에서 코드를 가져오면(git pull) 데이터를 복호화해 요청한 사용자에게 전달한다. 사용자는 코드 저장소에 대한 적절한 액세스 수준을 가진 인증된 사용자여야 한다. HTTPS나 SSH 프로토콜을 사용해 암호화된 네트워크 연결을 통해 데이터를 암호화해서 전송할 수 있다.

지속적인 통합 서버

CI 서버는 빌드 서버build server라고도 한다. 다수의 브랜치에서 작업하는 팀이 있다면 메인 브랜치로 다시 코드를 병합하는 것이 복잡해진다. 이 경우 CI는 중요한 역할을 한다. CI 서버 후크는 코드가 리포지터리에 커밋될 때 이벤트를 발생시켜 빌드를 트리거할 수 있게 한다. 후크 기능은 대부분의 버전 제어 시스템에 통합돼 있으며 저장소에서 특별히 필요한 작업이 있는 경우 트리거돼 사용자 정의 스크립트를 실행한다. 후크는 클라이언트 측이나 서버 측에서 실행할 수 있다.

Pull 요청은 개발자가 공통 코드 브랜치에 병합하기 전에 서로의 작업을 알리고 검토하고자 일반적으로 사용되는 방법이다. CI 서버는 프로젝트에 변경 사항을 반영하기 전에 변경된 내용을 검토할 수 있게 웹 인터페이스를 제공한다. 제안된 변경 사항에 문제가 있는 경우 조직의 코딩 컨벤션에 따라 수정할 수 있게 소스코드를 개발자에게 다시 전달할 수 있다.

다음 그림과 같이 CI 서버와 함께 서버 측 후크를 사용해 통합 속도를 높인다.

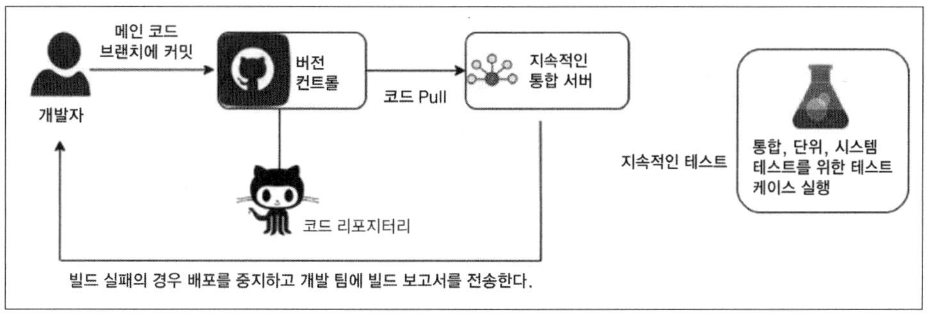

그림 12.11: CI 자동화

그림과 같이 사후 수신을 사용해 새 빌드가 올바르게 통합되고 모든 디바이스가 올바르게 작동하는지 확인하고자 CI 서버에서 생성된 브랜치에 대해 테스트를 트리거할 수 있다. 개발자는 테스트 실패에 대한 알림을 받고 문제를 수정한 후에만 분기를 메인 브랜치와 병합해야 한다. 개발자는 메인 브랜치에 병합할지 여부를 결정하기 전에 작업한 브랜치에서 빌드하고 변경 사항을 테스트하고 변경 사항이 얼마나 잘 작동하는지에 대한 피드백을 얻을 수 있다.

통합과 단위 테스트를 실행하면 해당 브랜치가 메인 브랜치에 병합될 때 발생할 수 있는 문제를 크게 줄일 수 있다. 후크는 메인 브랜치로의 병합을 테스트하고 통과하지 못할 경우 더 이상 진행하지 않게 한다. 통합을 위해서는 CI 서버를 구성하는 것이 가장 좋다.

CI 서버를 구축하는 데는 젠킨스가 가장 많이 사용된다. 이때 서버의 보안과 패치는 스스로 관리해야 한다. 클라우드에서 관리형 서비스를 사용한다면 AWS CodeBuild 서비스를 사용할 수 있다. CodeBuild는 사용한 만큼만 지불하는 모델로, 서버를 직접 관리할 필요가 없고, 비용을 크게 절감할 수 있다. 또한 사용량에 따라 자동으로 확장된다. 이로 인해 팀은 코드를 작성하는 데 집중할 수 있으며 코드 푸시만 하면 해당 서비스에서 모든 아티팩트를 빌드할 수 있다.

다음 그림과 같이 AWS EC2 서버의 플릿에서 젠킨스 클러스터를 호스팅하고 빌드 부하에 따라 자동으로 확장할 수 있다.

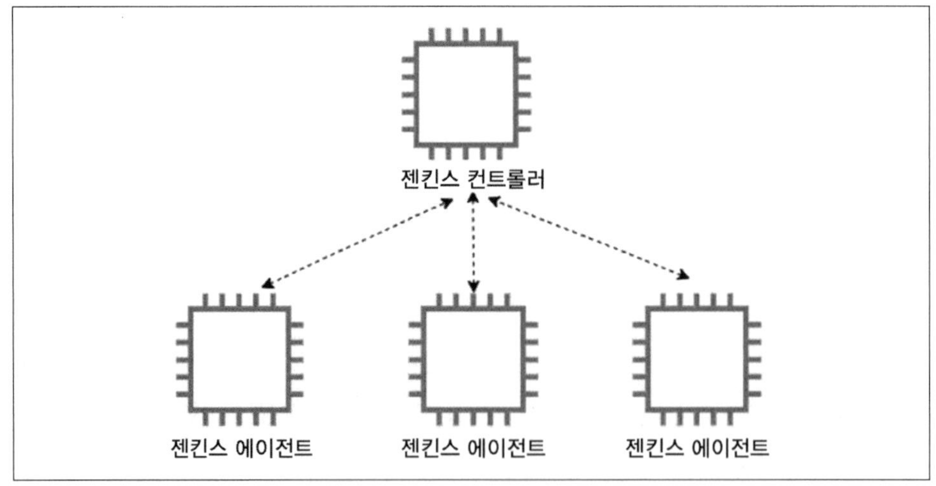

그림 12.12: 젠킨스 CI 서버의 자동 확장

젠킨스 컨트롤러는 부하가 발생하면 에이전트 노드 인스턴스를 확장해서 빌드하고 부하가 줄어들면 젠킨스 컨트롤러가 자동으로 에이전트 인스턴스를 종료한다.

CI 서버가 개발 팀 내 구성원 간에 협업해 소스코드 리포지터리에서 올바른 버전의 코드를 빌드할 수 있게 도움을 준다는 것을 알 수 있었다. 코드 배포는 팀이 테스트를 위한 코드를 준비하는 것과 최종 사용자가 사용할 수 있도록 릴리스하는 것에 도움을 준다. 이제 코드 배포를 자세히 알아보자.

코드 배포

빌드가 준비되면 젠킨스 서버를 배포에 사용하거나 클라우드 네이티브 관리형 서비스인 AWS CodeDeploy를 사용할 수 있다. Chef나 Puppet과 같은 다른 인기 있는 도구를 사용해 배포 스크립트를 생성할 수도 있다. 배포에 대한 설정 옵션은 다음과 같다.

- **OneAtATime**: 배포 대상이 되는 인스턴스 그룹 중 한 번에 하나의 인스턴스에만 배포한다. 해당 인스턴스로 배포가 실패하면 배포 스크립트는 배포를 중지하고 성공한 설치 수와 실패한 설치 수를 자세히 나타내는 오류를 반환한다.
- **HalfAtATime**: 배포 대상이 되는 인스턴스 그룹 중 절반의 인스턴스들에 배포한다. 해당 인스턴스들에 모두 배포됐다면 배포가 완료된다. HalfAtATime은 인스턴스의 절반이 새 버전으로 업데이트되고 나머지 절반은 이전 버전의 운영 환경에서 계속 사용할 수 있는 프로덕션/테스트 환경에 좋은 선택지가 될 수 있다.
- **AllAtOnce**: 모든 인스턴스는 배포 서비스를 폴링해 사용할 수 있는 최신 개정판이 있는 경우 배포를 진행한다. 배포가 정상적이지 않은 경우 배포 그룹 내 모든 인스턴스가 실패할 수 있기 때문에 개발과 테스트 배포에 가장 적합하다.
- **사용자 지정**: 배포 그룹 내 고정적으로 정상 상태를 유지해야 하는 호스트 수를

설정하는 사용자 지정 배포를 생성할 수 있다. 이 옵션은 OneAtATime 옵션보다 유연하지만 한두 개의 인스턴스에서 배포가 실패할 수 있다는 것을 감수한다.

다음 그림은 배포 수명 주기 이벤트를 나타낸다.

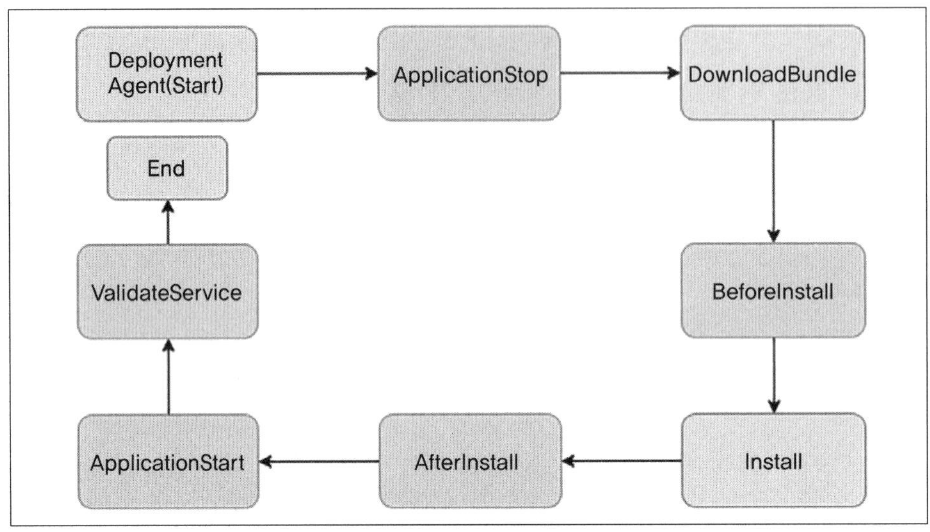

그림 12.13: 배포 수명 주기 이벤트

배포 에이전트는 일련의 단계를 거쳐 배포를 실행한다. 이러한 단계를 수명 주기 이벤트라고 한다. 위 그림에서 밝은 박스로 강조 표시된 단계는 사람의 개입으로 제어할 수 있다. 그러나 어두운 박스로 강조 표시된 단계는 배포 에이전트에 의해 자동화되고 제어된다. 각 단계에 대한 자세한 내용은 다음과 같다.

- **ApplicationStop:** 배포를 진행하려면 먼저 애플리케이션 서버를 중지해 파일이 복사되는 동안 트래픽이 전달되는 것을 방지하는 것이다. 소프트웨어 애플리케이션 서버의 예로는 Tomcat, JBoss, WebSphere가 있다.
- **DownloadBundle:** 애플리케이션 서버를 중지한 후 배포 에이전트는 JFrog Artifactory와 같은 Artifactory에서 미리 빌드된 배포 번들 다운로드를 시작한다. Artifactory에는 애플리케이션 바이너리가 저장되고 새 버전 출시 전에 애플

리케이션에 대한 배포와 테스트를 할 수 있다.

- **BeforeInstall**: 배포 에이전트는 스크립트를 통해 현재 버전과 필요한 설정 업데이트의 백업 생성과 같은 사전 설치 단계를 진행한다.
- **Install**: 이 단계에서 배포 에이전트는 설치를 시작한다. 예를 들어 Ant나 Maven 스크립트를 실행해 자바 애플리케이션을 설치한다.
- **AfterInstall**: 애플리케이션 설치가 완료된 후 배포 에이전트가 이 단계를 트리거한다. 여기에는 로컬 메모리 설정 및 로그 매개변수와 같은 설치 후 설정 업데이트가 포함될 수 있다.
- **ApplicationStart**: 이 단계에서 에이전트는 애플리케이션을 시작하고 성공이나 실패를 운영 팀에 알린다.
- **ValidateService**: 다른 모든 작업이 완료된 후 유효성 검사 단계가 실행되고 애플리케이션이 정상인지 검사할 수 있는 기회를 제공한다. 여기에는 새 버전의 애플리케이션이 제대로 설치됐는지 확인하고자 자동화된 정상 테스트와 통합 테스트를 수행하는 것과 같은 단계가 포함된다. 또한 에이전트는 테스트가 성공하면 팀에 알림을 보낸다.

다양한 코드 배포 전략과 개별 구성 요소로 구성된 단계를 살펴봤다. 자동화된 CI/CD 파이프라인을 구성하려면 모든 데브옵스 단계를 연결해야 한다. 종단 간 CI/CD 파이프라인을 구축하는 데 도움이 될 수 있는 코드 파이프라인을 자세히 알아보자.

코드 파이프라인

코드 파이프라인은 CD를 달성하고자 모든 것을 함께 오케스트레이션하는 것을 의미한다. 전체 소프트웨어 릴리스 프로세스는 프로덕션 릴리스에 대한 빌드와 배포를 포함해 CD로 완전 자동화된다. 경험이 쌓일수록 여러 실험을 통해 성숙한 CI/

CD 파이프라인을 구축할 수 있다. 이로 인해 프로덕션 릴리스에 대한 절차가 자동화돼 업데이트된 기능을 신속하게 배포하고 즉각적인 고객 피드백이 가능해진다. AWS CodePipeline과 같은 클라우드 네이티브 관리형 서비스를 사용해 전체 코드 파이프라인을 조정하거나 젠킨스 서버를 사용할 수도 있다.

코드 파이프라인을 사용하면 CI/CD 파이프라인의 단계에 작업을 추가할 수 있다. 각 작업은 작업을 실행하는 공급자와 연결될 수 있다. 코드 파이프라인 작업의 범주와 공급자의 예는 다음과 같다.

- **소스:** 애플리케이션 코드는 소스코드 리포지터리라는 버전 제어 기능이 있는 중앙 리포지터리에 저장해야 한다. 인기 있는 코드 리포지터리로는 AWS CodeCommit, Bitbucket, GitHub, CVS[Concurrent Versions System], SVN[Subversion] 등이 있다.
- **빌드:** 빌드 도구는 소스코드 리포지터리에서 코드를 가져와 애플리케이션 바이너리 패키지를 생성한다. 인기 있는 빌드 도구로는 AWS CodeBuild, 젠킨스, Solano CI 등이 있다. 빌드가 완료되면 JFrog와 같은 Artifactory에 바이너리를 저장할 수 있다.
- **배포:** 배포 도구는 서버에 애플리케이션 바이너리를 배포하는 데 도움이 된다. 인기 있는 배포 도구로는 AWS Elastic Beanstalk, AWS CodeDeploy, Chef, Puppet, 젠킨스 등이 있다.
- **테스트:** 자동화된 테스트 도구는 배포 후 검증에 도움이 된다. 인기 있는 테스트 검증 도구는 젠킨스, BlazeMeter, 고스트 인스펙터[Ghost Inspector] 등이 있다.
- **호출**[Invoke]**:** 이벤트 기반의 스크립트를 사용해 백업 및 경고와 같은 작업을 호출할 수 있다. 셸 스크립트, PowerShell, 파이썬과 같은 모든 스크립팅 언어를 사용해 다양한 사용자 지정 작업을 호출할 수 있다.
- **승인:** 승인은 CD에서 필수적인 단계다. 이메일 발송을 자동화해 수동으로 승인

을 요청하거나 도구를 통해 승인을 자동화할 수 있다.

이 절에서는 코드 편집기, 리포지터리, 빌드, 테스트, 배포 도구와 같은 **소프트웨어 개발 수명 주기**SDLC, Software Development Life Cycle를 관리하기 위한 다양한 데브옵스 도구를 살펴봤다. 데브옵스 파이프라인에 통합해야 하는 지속적인 로깅, 지속적인 모니터링, 작업 처리는 10장에서 이미 살펴봤다. 지금까지 각 SDLC 단계에 대한 다양한 데브옵스 기술을 살펴봤고, 이제 모범 사례와 안티패턴을 자세히 알아보자.

데브옵스 모범 사례 구현

CI/CD 파이프라인을 구축할 때 프로젝트를 만들고 팀 구성원들 중 누구에게 권한을 부여할지 검토해야 한다. 프로젝트 대시보드는 배포 파이프라인을 통해 코드 흐름에 대한 가시성을 제공하고, 빌드를 모니터링하고, 경고를 트리거하고, 애플리케이션 활동을 추적한다. 다음 그림은 잘 정의된 데브옵스 파이프라인을 보여준다.

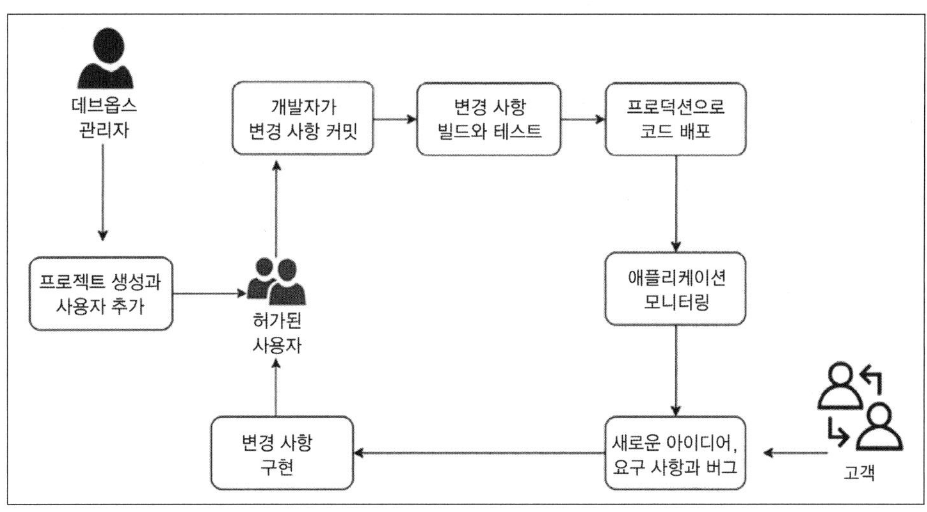

그림 12.14: CI/CD 워크플로 모범 사례

파이프라인을 설계할 때는 다음 사항을 고려해야 한다.

- **단계 수:** CI/CD의 단계들로는 개발, 통합, 시스템, 사용자 수용, 프로덕션이 될 수 있다. 일부 조직에는 개발, 알파, 베타, 릴리스 단계도 포함된다.
- **각 단계의 테스트 유형:** 각 단계는 프로덕션 단계에서 단위 테스트, 통합 테스트, 시스템 테스트, UAT, 스모크 테스트, 부하 테스트, A/B 테스트와 같은 여러 유형의 테스트를 수행할 수 있다.
- **테스트 순서:** 테스트 케이스는 병렬로 실행하거나 순서대로 실행한다.
- **모니터링과 보고:** 시스템 결함과 장애를 모니터링하고 장애가 발생하면 알림을 보낸다.
- **인프라 프로비저닝:** 각 단계에 대해 인프라를 프로비저닝하는 방법을 의미한다.
- **롤백:** 필요한 경우 이전 버전으로 폴백fall back하는 롤백 전략을 정의한다.

수동 개입이 필요한 시스템이 있다면 프로세스가 느려지는데, CD를 사용해 프로세스를 자동화하면 프로세스를 가속화할 수 있다.

또 다른 일반적인 안티패턴은 코드 내에서 빌드에 대한 설정 값을 유지하거나 개발자가 빌드 프로세스에서 다른 도구를 사용하게 해서 개발자 간에 빌드가 일관되지 않게 하는 것이다. 특정 빌드가 어떤 환경에서는 잘 작동하고 다른 환경에서는 작동하지 않는 이유를 해결하려면 많은 시간과 노력이 필요하다. 이를 극복하려면 코드 외부에 빌드 설정을 저장하는 것이 좋다. 이러한 설정을 빌드 간에 일관성을 유지하는 도구로 외부화하면 자동화가 향상되고 프로세스를 훨씬 더 빠르게 확장할 수 있다. CD 프로세스를 사용하지 않으면 한밤중에 빌드를 해야 할 수도 있다. 배포 프로세스의 막바지에 예기치 못한 상황으로 당황하지 않으려면 CD 프로세스가 최대한 빨리 실패할 수 있게 설계해야 한다.

애플리케이션 개발의 각 단계에서 아키텍처 모범 사례를 적용하고자 많은 기업이 적용하고 있는 Twelve-Factor App(https://12factor.net/)의 12가지 방법론을 사용할 수 있다. 이는 프로그래밍 언어에 관계없이 모든 코딩 플랫폼에 적용되는 방법들이다. 오늘날 대부분의 애플리케이션은 클라우드 플랫폼을 활용해 웹 앱으로 구축된다. 클라우드에서 보안 자동화와 함께 종단 간 데브옵스를 구축하는 방법을 알아보자.

클라우드 기반의 데브옵스와 데브섹옵스 구축

앞 절에서 배웠듯이 CI/CD 파이프라인을 구축하려면 여러 도구가 필요하며 그 위에 보안 자동화를 추가하면 복잡성이 증가한다. 다양한 도구를 통합하고 취약점을 수집하는 것을 초기부터 적용하기가 어려울 수 있다. AWS와 같은 퍼블릭 클라우드 제공업체는 클라우드 네이티브와 타사 도구를 쉽게 통합하고 보안 결과를 집계해 데브섹옵스 파이프라인을 구축할 수 있는 유연성을 제공한다.

다음 데브섹옵스 파이프라인 아키텍처는 파이프라인의 보안 자동화 개념을 시각화하는 SCA, SAST, DAST 도구를 포함한 CI/CD 사례를 보여준다.

그림과 같이 CI/CD 파이프라인은 개발자가 깃허브에 코드를 커밋할 때 트리거되고 AWS CloudWatch를 사용해 AWS CodePipeline을 시작하기 위한 이벤트가 생성된다. AWS CodePipeline은 코드 커밋, 빌드, 배포를 포함한 CI/CD 파이프라인을 오케스트레이션한다. AWS CodeBuild는 빌드를 패키징하고 AWS CodeArtifact에 아티팩트를 업로드한다. AWS CodeBuild는 스캔을 시작하고자 AWS Parameter Store에서 스캔 도구 토큰과 같은 인증 정보를 검색한다.

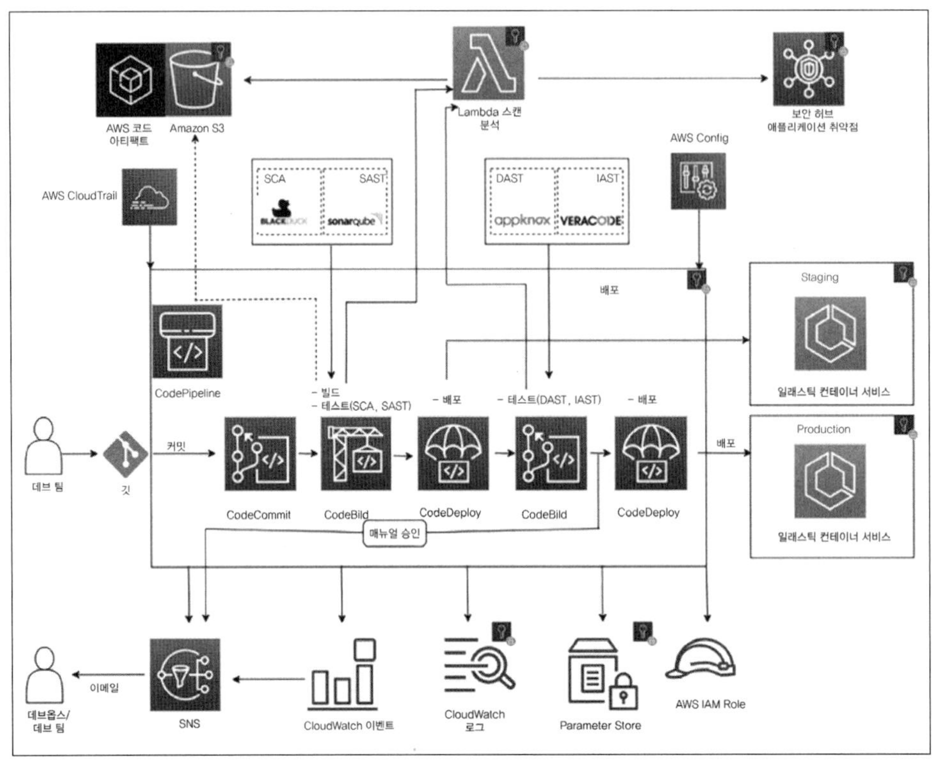

그림 12.15: AWS 클라우드의 데브섹옵스 CI/CD 파이프라인 아키텍처

데브섹옵스를 구현하려면 파이프라인에 AST 도구를 통합해야 하는데, CodeBuild는 시놉시스Synopsys의 Black Duck이나 WhiteSource와 같은 SCA 도구와 SonarQube 또는 Coverity와 같은 SAST 도구를 사용해 코드를 스캔한다. SCA나 SAST 디바이스는 AWS Security Hub에 전달할 취약점을 감지한다. AWS CodeBuild는 Lambda 함수를 호출해 모든 보안 결과를 AWS Security Hub에 게시해 통합한다. 앱이 애플리케이션 기능을 검증하고자 자동화된 테스트를 거치는 동안 Veracode나 CxSAST와 같은 IAST를 추가할 수도 있다. CodeDeploy는 취약점이 없는 경우 스테이징 AWS ECSElastic Container Service 환경에 코드를 배포한다.

배포가 성공하면 CodeBuild가 OWASP ZAP 또는 Appknox 도구를 사용해 DAST 스캔을 트리거한다. 취약점이 있는 경우 CodeBuild는 보안 결과를 AWS Security

Hub에 게시하는 Lambda 함수를 호출한다. DAST가 보안 취약점이 없다고 판단하면 빌드는 승인 절차로 넘어가게 되고 파이프라인은 프로덕션 AWS ECS 환경으로 빌드를 푸시하기 위한 조치를 승인자에게 알리게 된다. CI/CD 파이프라인 실행 중에 AWS CloudWatch는 모든 변경 사항을 모니터링하고 SNS 알림을 통해 데브옵스 팀과 개발 팀에 이메일 알림을 보낸다.

AWS CloudTrail은 파이프라인 업데이트, 삭제, 생성과 같은 중요한 변경 사항을 추적하고 감사 목적으로 데브옵스 팀에 알림을 보낸다. 또한 AWS Config는 모든 구성 변경 사항을 추적한다.

데브섹옵스의 경우 CI/CD 파이프라인 보안은 AWS IAM 역할을 사용해 구현돼 필요한 자원에 대한 액세스만 가능하게 제한한다. 저장과 전송 중인 모든 파이프라인 데이터는 암호화와 SSL을 사용해 보호된다. AWS Parameter Store를 사용해 API 토큰 및 암호와 같은 민감한 정보를 저장할 수 있다.

Security Hub의 한 곳에서 보안 결과를 수집하면 교정을 자동화할 수 있다. 보안 결과를 기반으로 Lambda 함수를 트리거해 필요한 수정 작업을 수행할 수 있다. 예를 들어 누군가 실수로 SSH 포트를 모든 사람에게 열었다면 이를 감지하고 자동으로 수정해 인터넷 트래픽으로부터 서버로 접근하는 것을 자동으로 차단할 수 있다. 자동화로 인해 여러 대시보드에 로그인할 필요 없이 하나의 도구에서 취약점을 해결할 수 있기 때문에 데브옵스와 보안 팀의 부담을 덜어준다.

어떤 팀이든 애플리케이션 개발의 초기 단계에서 보안 위협을 식별할 수 있다면 애플리케이션을 변경해야 하는 데 들어가는 비용을 크게 줄일 수 있다. 이를 자동화된 방식으로 수행하면 이러한 변경 사항의 전달을 가속화할 수 있다. 데브섹옵스 파이프라인은 확장하고 있는 애플리케이션 개발 환경을 구축하는 데 중요한 요소다.

데브옵스는 애플리케이션 개발과 운영을 결합하고자 문화, 관행, 도구를 결합한다. 운영과 함께 개발. 데브옵스 사례를 통해 조직은 새로운 애플리케이션 기능을 빠르게 제공할 수 있다. 데브섹옵스는 보안을 데브옵스에 통합하는 것으로 한 단계 더 나아간다. 데브섹옵스를 사용하면 보안과 규정 준수를 제공할 수 있다. 자동화를 통해 일관되게 작업을 실행하면서 애플리케이션의 변경을 신속하게 반영할 수 있게 된다.

요약

12장에서는 강력한 데브옵스 방식의 핵심 구성 요소인 CI, CD, 지속적인 모니터링, 개선을 살펴봤다. CI/CD의 민첩성은 전반에 걸쳐 자동화를 적용해야만 달성할 수 있다. 12장에서 자동화를 위해 IaC와 구성 관리를 살펴봤다. 또한 구성 관리를 자동화하고자 Chef, Puppet, Ansible과 같은 다양한 자동화 도구도 살펴봤다.

보안이 최우선이기 때문에 보안의 데브옵스인 데브섹옵스도 살펴봤다. CD는 데브옵스의 주요 측면 중 하나다. 롤링, 블루-그린, 레드-블랙 배포 등의 다양한 배포 전략을 살펴봤다.

테스트는 제품 품질을 보장하는 또 다른 측면이다. 데브옵스에서 지속적인 테스트의 개념과 A/B 테스트가 라이브 환경에서 고객으로부터 직접 피드백을 받아 제품을 개선하는 데 어떻게 도움이 되는지 살펴봤다.

CI/CD 파이프라인의 단계도 살펴봤고 강력한 CI/CD 파이프라인을 위해 사용할 수 있는 도구 및 서비스와 모범 사례를 살펴봤다. 개별 서비스가 작동하는 방식을 살펴봤고 정교한 솔루션을 구축하고자 서비스를 통합하는 방법을 알아봤다.

지금까지 솔루션 아키텍처의 다양한 측면을 살펴봤다. 모든 조직은 데이터가 많기 때문에 데이터에 대한 통찰력을 얻고자 많은 노력을 기울인다. 13장에서는 좀 더 심층적인 통찰력을 얻고자 데이터를 수집, 처리, 소비하는 방법을 알아본다.

13

솔루션 아키텍처를 위한 데이터 엔지니어링

인터넷과 디지털화 시대에 데이터는 모든 곳에서 빠른 속도로 대량으로 생성되고 있다. 이러한 엄청난 양의 데이터에서 빠른 속도로 통찰력을 얻는 것은 어려운 일이다. 비즈니스 결과를 도출하고자 이 데이터를 수집, 저장, 처리하려면 지속적으로 혁신해야 한다.

클라우드, 모바일, 소셜 기술의 융합으로 유전체학, 생명과학 등 많은 분야가 나날이 발전하고 있다. 더 많은 통찰력을 얻고자 이 데이터를 마이닝하는 데 엄청난 가치가 있다. 최신 스트림 처리 시스템은 짧은 대기 시간에 높은 입력 속도로 데이터를 기반으로 지속적인 결과를 생성해야 한다.

빅데이터의 개념은 단순히 데이터를 수집하고 분석하는 것 이상을 의미한다. 데이터에 대한 조직의 실제 가치는 통찰력을 얻고 경쟁 우위를 창출하는 데 사용될 수 있다는 것이다. 모든 빅데이터 솔루션이 시각화로 끝나는 것은 아니다. 머신러닝ML, Machine Learning 및 기타 예측 분석과 같은 많은 솔루션은 프로그래밍 방식으로 다른 소프트웨어나 애플리케이션에 제공해 정보를 추출하고 설계된 대로 응답한다.

대부분의 경우와 마찬가지로 더 빠른 결과를 얻으려면 더 많은 비용이 소비되며 빅데이터도 예외는 아니다. 일부는 즉시 응답이 필요하지 않을 수 있으므로 솔루션의 대기 시간과 처리량은 유연할 수 있다. 예측 분석과 같은 다른 응답은 데이터를 사용할 수 있게 되는 즉시 필요할 수도 있다.

13장에서는 빅데이터 요구 사항을 처리하고 관리하기 위한 다음 내용을 알아본다.

- 빅데이터 아키텍처란?
- 빅데이터 처리 파이프라인을 위한 설계
- 데이터 수집, 저장, 처리, 분석
- 데이터 시각화
- 빅데이터 아키텍처 설계
- 빅데이터 아키텍처 모범 사례

13장을 보고 나면 빅데이터와 분석 아키텍처를 설계하는 방법을 알게 될 것이다. 다양한 아키텍처 패턴과 함께 데이터 수집, 저장, 처리, 시각화를 포함한 빅데이터 파이프라인 단계를 알아본다.

빅데이터 아키텍처란?

수집된 데이터의 엄청난 양은 문제를 일으킬 수 있다. 점점 더 많은 데이터가 축적됨에 따라 기본 빅데이터 인프라와 함께 데이터를 관리하고 이동하는 것이 점점 더 어려워지고 있다. 클라우드 서비스의 부상으로 애플리케이션들이 점점 더 빠르게 클라우드로 전환되고 있다. 다양한 데이터 원본으로 인해 볼륨, 속도, 다양성이 증가하고 있다. 다음은 몇 가지 일반적인 컴퓨터 생성computer-generated 데이터 원본들이다.

- **애플리케이션 서버 로그:** 애플리케이션 로그와 게임
- **클릭스트림 로그:** 웹 사이트 클릭과 탐색
- **센서 데이터:** 날씨, 물, 풍력 에너지, 스마트 그리드
- **이미지와 동영상:** 교통과 보안 카메라

컴퓨터 생성 데이터는 반구조화된 로그에서 구조화되지 않은 바이너리까지 다양할 수 있다. 컴퓨터 생성 데이터 원본은 소셜 네트워킹과 온라인 게임에 대한 권장 사항을 생성하는 데이터에서 패턴 일치나 상관관계를 생성할 수 있다. 또한 컴퓨터 생성 데이터를 사용해 블로그, 리뷰, 이메일, 사진, 브랜드 인지도와 같은 애플리케이션이나 서비스의 동작을 추적할 수 있다.

인간이 생성한 데이터에는 이메일 검색, 자연어 처리, 제품, 회사에 대한 감정 분석, 제품 추천이 포함된다. 소셜 그래프 분석은 친구 그룹을 기반으로 제품 추천을 생성할 수 있으며 관심을 가질 만한 직업을 추천하거나 친구의 생일, 기념일 등을 기반으로 알림을 생성할 수도 있다.

분석 팀이 조직에 최대한의 가치를 제공하는 것을 방해하는 일반적인 장애물은 다음과 같다.

- **고객 경험과 운영에 대한 제한된 통찰력:** 새로운 고객 경험을 창출하고자 조직은 비즈니스에 대한 더 나은 가시성을 필요로 한다. 복잡하고 값비싼 데이터 수집 및 처리 시스템과 추가된 규모 비용으로 인해 조직은 수집하고 분석하는 데이터의 유형과 양을 제한해야 한다.
- **더 빠른 의사결정:** 이는 두 부분으로 구성된 문제다.
  1. 기존의 데이터 시스템에 과부하가 걸려 기존 워크로드를 완료하는 데 오랜 시간이 걸린다.
  2. 몇 초 또는 몇 분 안에 더 많은 결정을 내려야 하므로 시스템에서 실시간으

로 데이터를 수집하고 처리해야 한다.

- **머신러닝을 통한 혁신 지원:** 조직에서는 비즈니스를 최적화하고 성장시키는 데 도움이 되도록 데이터 과학자 팀을 추가, 확장하고 있다. 이들은 속도를 늦추는 전통적인 관료주의와 프로세스 없이 원하는 도구를 선택해 데이터에 더 쉽게 액세스할 수 있어야 한다.
- **기술 인력과 자체 관리 인프라 확장 비용:** 온프레미스에서 인프라를 관리하는 고객은 비즈니스 요구를 충족하고자 신속하게 확장하는 데 어려움을 겪고 있다. 인프라, 고가용성, 확장성, 운영 모니터링 관리는 특히 규모에 따라 제대로 하기 어려운 부분이다. AWS의 관리형 서비스를 통해 고객은 도구를 관리하는 데 신경 쓰지 않고 데이터 애플리케이션 구축에 집중할 수 있다.

빅데이터 아키텍처에서 중요한 데이터 파이프라인은 일반적으로 데이터에서 시작해 통찰력을 얻는 것으로 끝난다. 처음부터 끝까지 진행하는 방법은 많은 요인에 따라 달라질 수 있다. 다음 그림은 데이터 아키텍처를 설계하는 데 도움이 되는 데이터 워크플로 파이프라인을 보여준다.

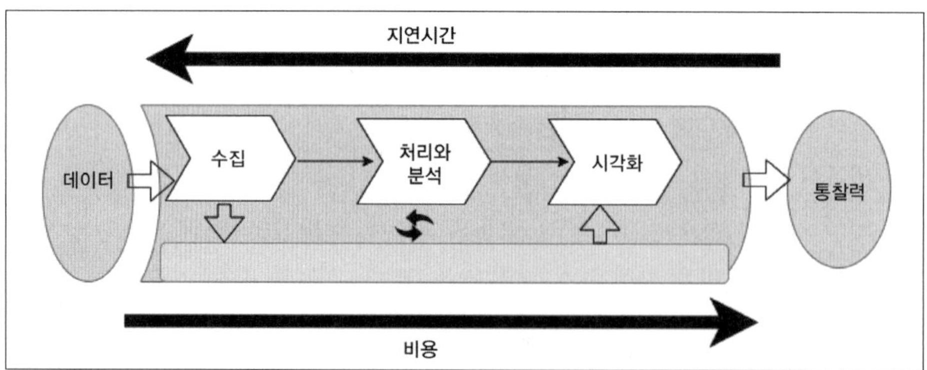

그림 13.1: 데이터 아키텍처 설계를 위한 빅데이터 파이프라인

위 그림에서 볼 수 있듯이 빅데이터 파이프라인의 표준 워크플로에는 다음 단계가 포함된다.

1. 데이터는 적절한 도구에 의해 수집ingested된다.
2. 데이터는 영구적으로 저장된다.
3. 데이터를 처리하거나 분석한다. 데이터 처리/분석 솔루션은 스토리지에서 데이터를 가져와 작업을 수행한 다음 처리된 데이터를 다시 저장한다.
4. 저장된 데이터는 다른 처리/분석 도구나 동일한 도구에서 다시 사용해 데이터에서 추가적인 정보를 얻는다.
5. 비즈니스 사용자에게 유용한 답변을 제공하고자 **비즈니스 인텔리전스**BI, Business Intelligence 도구를 사용해 답변을 시각화하거나 ML 알고리듬에 데이터를 입력해 미래를 예측하기도 한다. 적절한 답변이 사용자에게 제공되면 추가 비즈니스 결정을 내리는 데 사용할 수 있는 데이터에 대한 통찰력을 얻을 수 있다.

파이프라인에서 사용되는 도구들은 데이터가 생성된 시점과 데이터에서 통찰력을 얻을 수 있는 시점 사이의 대기 시간인 응답 시간을 측정해야 한다. 데이터 솔루션을 설계할 때 어느 정도의 지연시간을 허용할지를 결정하는 가장 좋은 방법은 처리량과 비용의 균형을 맞추는 것이다. 일반적으로 성능이 향상되고 지연시간이 줄어들면 가격이 높아지기 때문이다.

빅데이터 처리 파이프라인 설계

수많은 빅데이터 아키텍처가 저지르는 중대한 실수 중 하나는 하나의 도구로 데이터 파이프라인의 여러 단계를 처리하는 것이다. 데이터 저장과 변환에서 시각화에 이르기까지 종단 간 데이터 파이프라인을 관리하는 서버 집합은 가장 간단한 아키텍처일 수 있지만 파이프라인의 장애에 가장 취약하다. 이렇게 긴밀하게 결합된 빅데이터 아키텍처는 일반적으로 요구 사항에 대한 처리량과 비용에 따른 최상의 균형을 이루고 있지 않다. 데이터 아키텍처를 설계할 때 다음 설명처럼 FLAIR 데이터 원칙을 사용할 것을 권장한다.

- F(Findability): 찾기 가능성. 사용할 수 있는 데이터 자산을 확인하고 소유권과 데이터 분류를 포함한 메타데이터에 접근해 데이터 거버넌스와 규정 준수를 위한 기타 필수 속성을 확인하는 기능
- L(Lineage): 계보. 데이터 출처를 찾고, 데이터를 역추적하고, 데이터 원본에서 소비로 이동하는 데이터를 이해하고 시각화하는 기능
- A(Accessibility): 접근성. 데이터 자산에 액세스할 수 있는 권한을 부여하는 보안 자격증명을 요청하는 기능. 또한 효율적인 접근을 용이하게 하는 네트워킹 인프라 필요
- I(Interoperability): 상호 운용성. 데이터 전부는 아니지만 대부분의 내부 처리 시스템에서 액세스할 수 있는 형식으로 저장
- R(Reusability): 재사용성. 데이터는 알려진 스키마로 등록되며 데이터 원본의 속성이 명확함. MDM[Master Data Management] 개념을 포함할 수 있음

빅데이터 아키텍트는 수집, 저장, 처리, 통찰력 확보 사이의 파이프라인을 분리할 것을 권장한다. 향상된 내결함성을 포함해 여러 단계에서 스토리지와 처리를 분리하는 데는 몇 가지 이점이 있다. 예를 들어 두 번째 처리 절차에서 해당 작업을 위한 전용 하드웨어에 장애가 발생하더라도 파이프라인의 처음부터 다시 시작할 필요는 없다. 시스템은 두 번째 저장 단계에서 다시 시작할 수 있다. 다양한 처리 계층에서 스토리지를 분리하면 여러 데이터 스토리지를 읽고 쓸 수 있게 된다.

다음 그림은 빅데이터 아키텍처 파이프라인을 설계할 때 고려해야 할 다양한 도구와 프로세스를 보여준다.

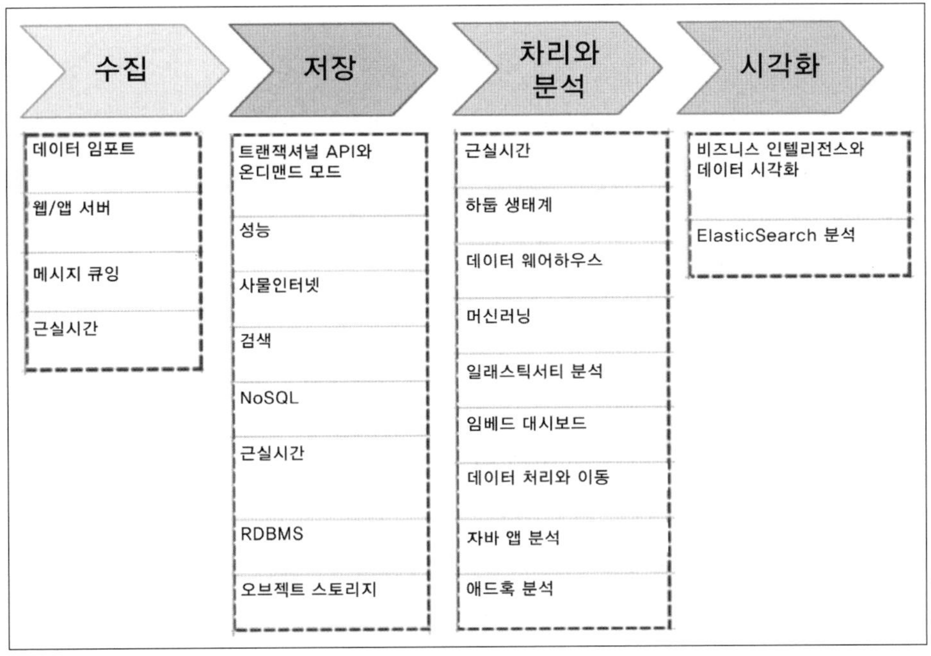

그림 13.2: 빅데이터 아키텍처 설계를 위한 도구와 프로세스

빅데이터 아키텍처에 적합한 도구를 결정할 때 고려해야 할 사항은 다음과 같다.

- 데이터 구조
- 허용할 수 있는 최대 지연시간
- 최소 허용 처리량
- 시스템 최종 사용자의 일반적인 액세스 패턴

데이터 구조는 데이터를 처리하는 데 사용하는 도구와 저장 위치에 모두 영향을 미친다. 데이터의 순서와 저장, 검색할 각 객체의 크기도 필수 고려 사항이다. 응답 시간은 솔루션이 대기 시간/처리량, 비용을 측정하는 방식에 따라 결정된다.

사용자 액세스 패턴은 고려해야 할 또 다른 필수 구성 요소다. 일부 작업에는 관련된 여러 테이블의 정기적인 조인이 필요할 수 있고 또 다른 작업에는 매일 또는 그보다 덜 빈번하게 저장되는 데이터가 필요할 수 있다. 일부 작업은 광범위하게 원본 데이터를 비교해야 할 수 있고 하나의 비정형 테이블에서만 데이터를 가져올 수도 있다. 최종 사용자가 데이터를 가장 자주 사용하는 방법을 알면 빅데이터 아키텍처의 폭과 깊이를 결정하는 데 도움이 된다. 빅데이터 아키텍처와 관련된 각 프로세스와 도구를 자세히 알아보자.

데이터 수집

데이터 수집은 전송과 저장을 위해 데이터를 수집하는 행위를 의미한다. 데이터를 온보딩onboarded할 수 있는 곳은 다양하다. 주로 데이터 수집은 데이터베이스, 스트림, 로그, 파일의 범주 중 하나에 속한다. 그중 데이터베이스가 가장 많이 사용된다. 일반적으로 애플리케이션의 기본 데이터 스토리지인 주요 업스트림 트랜잭션 시스템으로 구성된다. 이는 관계형, 비관계형 모두를 취급하고 이들로부터 데이터를 추출하는 몇 가지 기술이 있다.

스트림은 웹 사이트나 IoT 디바이스의 클릭스트림 데이터와 같은 시계열 데이터의 개방형 시퀀스며 일반적으로 호스팅하는 API에 게시된다. 로그는 애플리케이션, 서비스, 운영체제에서 생성된다. 데이터 레이크는 중앙 집중식 분석을 위해 모든 데이터를 저장하기에 좋은 저장소다. 데이터 레이크는 모든 데이터를 한곳에 저장하고 조직의 다양한 사업부에서 데이터 사일로를 없앨 수 있는 단일 소스를 제공한다. 13장의 뒷부분에서 다룰 빅데이터 아키텍처 설계에서 데이터 레이크를 자세히 알아본다. 파일은 자체적으로 호스팅하는 파일 시스템에서 가져오거나 FTP나 API를 통해 타사의 데이터 피드를 통해 제공된다. 다음 그림과 같이 환경에서 수집하는 데이터 유형과 수집 방법을 사용해 요구 사항에 이상적인 수집 솔루션을 결정한다.

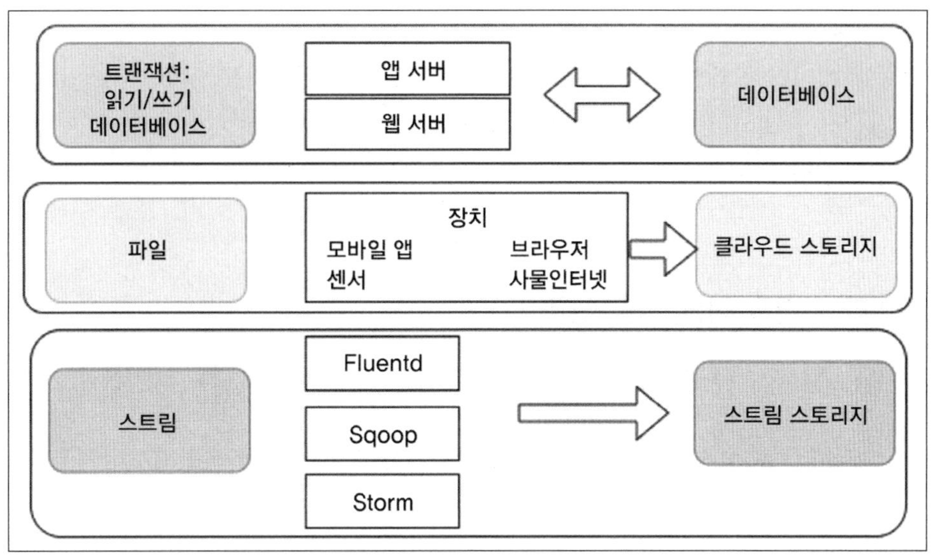

그림 13.3: 데이터 수집 유형

위 그림과 같이 트랜잭션 데이터 스토리지는 데이터를 빠르게 저장하고 검색할 수 있어야 한다. 앱과 웹 서버에서 수집한 데이터에 최종 사용자가 빠르고 쉽게 액세스할 수 있어야 한다. NoSQL과 **관계형 데이터베이스 관리 시스템**[RDBMS, Relational Database Management System] 데이터베이스는 일반적으로 이러한 종류의 프로세스에 가장 적합한 솔루션이다.

개별 파일을 통해 전송되는 데이터는 일반적으로 연결된 디바이스에서 수집된다. 대용량 파일 데이터는 트랜잭션 데이터에 비해 빠른 저장과 검색이 필요하지는 않다. 파일 데이터의 경우 데이터가 여러 자원에 의해 생성되고 나중에 사용하고자 단일 객체나 파일 저장소로 수집되는 단방향 전송이 일반적이다.

클릭스트림 로그와 같은 스트림 데이터는 **아파치 카프카**[Kafka]나 Fluentd와 같은 적절한 솔루션으로 수집해야 한다. 이러한 로그들은 카프카와 같은 스트림 스토리지 솔루션에 저장하기 때문에 실시간 처리와 분석에 사용할 수 있다. 로그들의 장기 저장이 필요한 경우 오브젝트 스토리지와 같은 저비용 솔루션을 사용하는 것이 가장 좋다.

스트리밍 스토리지는 수집 시스템(생산자)을 처리 시스템(소비자)에서 분리한다. 또한 들어오는 데이터에 대한 영구 버퍼를 제공하고 있어서 데이터를 처리할 수 있으며 필요에 따라 데이터를 가져오거나 내보낼 수도data pumping 있다. 몇 가지 인기 있는 데이터 수집 기술을 알아보자.

데이터 수집을 위한 기술 선택

데이터 수집과 전송을 위한 몇 가지 인기 있는 오픈소스 도구를 알아본다.

- **아파치 DistCp**: DistCp는 분산 복사를 의미하며 하둡 생태계의 일부다. DistCp 도구는 클러스터 내에서 또는 클러스터 간에 대용량 데이터를 복사하는 데 사용된다. DistCp는 맵리듀스MapReduce의 병렬 처리 분산 기능을 활용해 데이터를 효율적이고 빠르게 복사한다. 디렉터리와 파일을 맵 작업에 배포해 소스에서 대상으로 파일 파티션을 복사한다. DistCp는 클러스터 전반에서 오류 처리, 복구, 보고도 수행할 수 있다.
- **아파치 스쿱Sqoop**: 스쿱은 하둡 생태계 프로젝트의 일부며 하둡과 RDBMS 같은 관계형 데이터 스토리지 간의 데이터 전송을 지원한다. 스쿱을 사용하면 구조화된 데이터 스토리지에서 HDFSHadoop Distributed File System로 데이터를 가져오고 HDFS에서 구조화된 데이터 스토리지로 데이터를 내보낼 수 있다. 스쿱은 플러그인 커넥터를 사용해 관계형 데이터베이스에 연결한다. 스쿱 확장 API를 사용해 새 커넥터를 구축하거나 하둡과 공용 관계형 데이터베이스 시스템 간의 데이터 교환을 지원하는 커넥터를 사용할 수 있다.
- **아파치 Flume**: Flume은 오픈소스 소프트웨어며 주로 대용량 로그 데이터를 수집하는 데 사용된다. 아파치 Flume은 안정적이고 분산된 방식으로 데이터를 수집하고 하둡에 집계한다. Flume은 스트리밍 데이터를 효과적으로 수집하고 분석할 수 있다.

무제한의 데이터 스트림을 안정적으로 처리할 수 있는 아파치 스톰Storm, 아파치 삼자Samza와 같은 다양한 오픈소스 프로젝트를 사용할 수 있다.

클라우드에 데이터 수집

AWS와 같은 퍼블릭 클라우드 공급자는 대규모 데이터를 저장하고 처리하고자 다양한 빅데이터 서비스를 제공한다. 다음은 데이터를 AWS 클라우드로 이동하고 클라우드 공급자가 제공하는 확장성을 활용하는 몇 가지 옵션이다.

- **AWS Direct Connect**: AWS Direct Connect는 AWS 클라우드와 데이터 센터 간에 최대 100Gbps의 프라이빗 연결을 제공한다. 전용 네트워크 연결은 네트워크 대기 시간을 줄이고 대역폭 처리량을 높인다. 데이터가 여러 라우터를 통해 이동해야 하는 인터넷 연결에 비해 더 안정적인 네트워크 속도를 제공한다. Direct Connect는 사용자가 관리하는 서버들이 AWS Direct Connect 위치 중 가까운 곳에 위치하고 있는지 여부와 AWS가 소유한 해당 위치에 라우터가 있는지 여부에 따라 사용자나 Direct Connect 파트너가 관리하는 라우터 간에 교차 연결을 생성한다. 공용 및 사설 **가상 인터페이스**VIF, Virtual Interface를 위한 회선이 모두 제공된다.

  프라이빗 VIF를 사용해 AWS의 **버추얼 프라이빗 클라우드**VPC, Virtual Private Cloud 내에서 실행되는 자원에 직접 액세스하고 퍼블릭 VIF를 사용해 Amazon S3와 같은 AWS 서비스의 퍼블릭 엔드포인트에 액세스할 수 있다.

- **AWS Snowball**: 수백 테라바이트TB 또는 페타바이트PB와 같은 대용량 데이터를 클라우드로 전송하려는 경우 인터넷을 통해 전송하려면 몇 년이 걸릴 수도 있다. AWS Snowball은 많은 양의 데이터를 전송할 수 있는 변조 방지 80TB 스토리지 어플라이언스를 제공한다. 온프레미스 데이터 스토리지 서버에 연결하고 모든 데이터를 로드해 AWS로 보낼 수 있는 대형 하드 디스크와 같이 사용된다.

AWS는 클라우드 스토리지의 지정된 위치에 데이터를 이전한다. AWS Snowball에는 100TB의 스토리지와 함께 컴퓨팅 성능이 제공되고 유람선이나 석유 굴착기와 같은 원격 위치에서 데이터를 처리하는 사용 사례에도 충족할 수 있는 Snowball Edge와 같은 기능도 제공하고 있다. 이는 내장된 컴퓨팅 기능을 사용해 데이터를 로드하고 일부 분석을 수행할 수 있는 작은 데이터 센터와 같다. 어플라이언스가 온라인 상태가 되는 즉시 데이터를 클라우드에 로드할 수 있다. PB의 데이터가 있는 경우 데이터 센터에서 AWS 클라우드로 한 번에 100PB의 데이터를 전송할 수 있는 물리적인 45피트 운송 컨테이너인 Snowmobile을 사용할 수 있다.

- **AWS DMS**Data Migration Service: AWS DMS를 사용하면 데이터베이스와 데이터 웨어하우스를 AWS로 안전하게 마이그레이션하거나 복제할 수 있다. DMS에서는 소스 엔드포인트를 통해 온프레미스 데이터에 연결되고 RDS 및 Amazon S3와 같이 AWS에서 제공하는 스토리지를 대상 엔드포인트로 해 데이터 마이그레이션 작업을 수행할 수 있다. DMS는 전체 데이터 덤프와 지속적인 **변경 데이터 수집**CDC, Change Data Capture을 지원한다. DMS는 동종(MySQL에서 MySQL로)과 이기종(MySQL에서 Amazon Aurora) 데이터베이스 마이그레이션도 지원한다.

- AWS는 온프레미스에서 AWS로 파일을 지속적으로 전송하기 위한 AWS DataSync와 SFTP 서버에서 데이터를 안전하게 수집하기 위한 SFTP용 AWS Transfer와 같은 더 많은 도구를 제공한다. 데이터를 수집할 때는 비즈니스 요구 사항을 충족하는 적절한 저장소에 적재해야 한다. 마찬가지로 애저와 GCP 같은 다른 퍼블릭 클라우드 공급자도 클라우드에서 데이터를 수집하기 위한 다양한 옵션을 제공한다. 스트리밍 데이터도 수집과 분석을 위해 매우 중요해지고 있다. '스트리밍 데이터 스토리지' 절에서 스트리밍 데이터를 자세히 알아볼 것이다. 올바른 스토리지와 사용할 수 있는 스토리지를 선택하는 기술을 자세히 알아본다.

데이터 저장

빅데이터 환경을 위한 스토리지를 설정할 때 가장 흔히 하는 실수 중 하나는 단일 솔루션(보통 RDBMS)을 사용해 모든 데이터 스토리지 요구 사항을 처리하는 것이다.

많은 도구를 사용할 수 있지만 완벽하게 최적화된 도구는 없다. 하나의 솔루션이 반드시 모든 요구 사항에 가장 적합한 것은 아니다. 고객 환경에 가장 적합한 솔루션은 비용과 대기 시간의 균형을 적절하게 맞출 수 있는 스토리지 솔루션들의 조합이라고 할 수 있다. 이상적인 스토리지 솔루션은 올바른 작업에 적합한 도구를 사용한다. 다음 그림은 데이터 및 이와 관련된 스토리지 선택과 관련된 여러 가지 요소를 결합하고 있다.

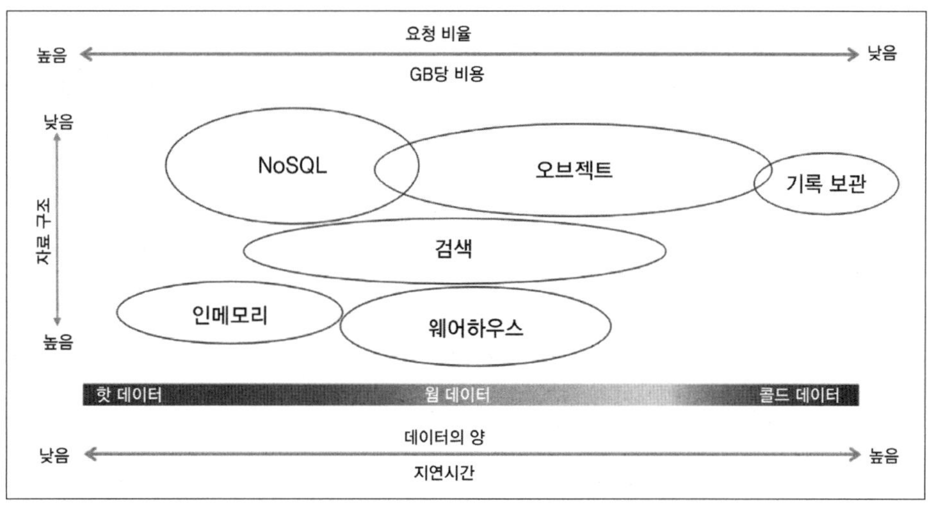

그림 13.4: 데이터 저장에 대한 이해

위 그림과 같이 데이터 스토리지 선택은 다음 요소에 따라 달라진다.

- 데이터가 얼마나 구조화돼 있는가? 아파치 웹로그(로그는 일반적으로 잘 구조화되지 않고 관계형 데이터베이스에 적합하지 않음), 표준화된 데이터 프로토콜, 계약 인터페이스와 같이 잘 알려진 스키마를 준수하는가? 이미지, 오디오, 동영상, PDF 문서와 같이 형식이

없는 바이너리 데이터인가? 아니면 JSON이나 CSV에서와 같이 반정형semi-structured으로 돼 있어 레코드 전반에 걸쳐 변경될 소지가 높은가?

- **쿼리할 때 새 데이터를 얼마나 빨리 사용할 수 있어야 하는가?** 캠페인 관리자가 전환율을 기반으로 조정하거나 웹 사이트에서 사용자 행동을 기반으로 제품 추천을 하는 것과 같이 새로운 데이터 유입이 실시간으로 반영돼야 하는가? 모델에 대한 트레이닝, 재무제표 준비 또는 제품 성능 보고와 같은 일일, 주간, 월간 배치 시나리오인가? 아니면 실시간 작업까지는 필요 없는 사용자의 관심을 끌 수 있는 이메일과 같이 사용자 행위와 터치 포인트 사이에 몇 분이나 몇 시간의 버퍼를 가질 수 있는가?
- **데이터 수집의 크기는 얼마인가?** 몇 KB 정도밖에 되지 않는 REST API의 JSON 페이로드와 같이 데이터가 들어올 때 데이터가 레코드별로 수집되는가? 시스템 통합 및 타사 데이터 피드와 같이 데이터가 한 번에 대량으로 유입되는 배치인가? 아니면 집계된 클릭스트림 데이터를 더 효율적으로 처리하기 위한 마이크로 배치인가?
- **데이터의 총량과 증가율은 얼마인가?** GB와 TB 내에 있는가? 아니면 PB 또는 EB엑사바이트까지 저장될 수 있는가? 특정 분석 사용 사례에 이 데이터가 얼마나 필요한가? 대부분의 쿼리에 특정 롤링 윈도우 기간만 필요한가? 아니면 전체 기록 데이터 세트를 쿼리하는 메커니즘이 필요한가?
- **특정 위치에 데이터를 저장하고 쿼리하는 데 드는 비용은?** 컴퓨팅 환경과 관련해 일반적으로 성능, 복원력, 저렴한 비용 사이에 삼각형의 제약 조건이 있다. 스토리지에 원하는 성능과 복원력이 높을수록 비용이 더 많이 들어간다. 페타바이트 단위의 데이터를 빠르게 쿼리하고 싶지만 비용 요구 사항을 충족하고자 압축된 형식으로 TB 단위의 데이터를 쿼리하기로 결정할 수도 있다.

마지막으로 데이터에 대해 어떤 유형의 분석 쿼리가 실행되는가? 고정된 메트릭과 드릴다운 세트로 대시보드를 구동하는가? 다양한 비즈니스 차원에서 롤업되는 대규모 숫자 집계를 포함하는가? 아니면 풀텍스트 검색과 패턴 분석을 위해 문자열 토큰화가 분석에 사용되는가?

데이터의 모든 특성을 결정하고 데이터 구조를 이해하면 데이터 스토리지에 사용해야 하는 솔루션을 평가할 수 있다. 이제 다양한 데이터 저장 솔루션을 알아보자.

데이터 저장을 위한 기술 선택

지금까지 알아본 것처럼 단일 도구가 모든 작업을 수행할 수는 없다. 올바른 작업에 올바른 도구를 사용해야 하며 데이터 레이크를 사용하면 특정 요구 사항을 충족하고자 고도화된 빅데이터 아키텍처를 구축할 수 있다. 비즈니스 문제는 하나의 도구로 모든 것, 특히 빅데이터와 분석을 해결하기에는 너무 광범위하고 심오하며 복잡하다.

예를 들어 핫 데이터는 메모리에 저장하고 처리해야 하므로 Redis 또는 SAP Hana와 같은 인메모리 데이터베이스나 캐시가 적합하다. AWS는 관리형 Redis 또는 Memcached 환경을 제공하는 ElastiCache 서비스를 제공한다.

NoSQL 데이터베이스는 사용자 세션 정보나 IoT 데이터와 같이 속도는 빠르지만 크기는 작은 레코드에 적합하다. NoSQL 데이터베이스는 데이터 카탈로그를 저장하기 위한 콘텐츠 관리에도 유용하다. 가장 많이 사용되는 구조화된 데이터 스토리지를 알아보자.

구조화된 데이터 스토리지

구조화된 데이터 스토리지는 수십 년 동안 사용돼 왔으며 데이터 저장을 위한 가장 친숙한 기술이다. 오라클, MySQL, SQL 서버, PostgreSQL과 같은 대부분의 트랜잭션 데이터베이스는 소프트웨어 애플리케이션에서 빈번한 데이터 쓰기를 처리하기 때문에 행 기반으로 동작한다. 조직은 보고 목적으로 트랜잭션 데이터베이스의 용도를 변경하는 경우가 많으며, 데이터 읽기는 빈번하지만 데이터 쓰기는 훨씬 적다. 높은 데이터 읽기 요구 사항을 살펴보면 분석 요구 사항에 대한 데이터 읽기 성능을 향상시키는 데 도움이 되는 열 기반의 파일 형식과 같은 구조화된 데이터 스토리지 쿼리에 더 많은 혁신이 일어나고 있다.

행 기반 형식은 데이터를 파일의 행에 저장한다. 행 기반의 쓰기 작업은 디스크에 데이터를 쓰는 가장 빠른 방법이지만 데이터를 읽을 때 관련 없는 많은 데이터를 건너가며 읽어야 하기 때문에 가장 빠른 읽기 옵션이라고 볼 수는 없다. 열 기반 형식은 모든 열값을 파일에 함께 저장한다. 이 경우 동일한 데이터 유형이 그룹화되기 때문에 압축 성능이 더 좋다. 또한 필요하지 않은 열을 건너뛸 수 있으므로 일반적으로 더 나은 읽기 성능을 제공한다.

구조화된 데이터 스토리지에 대한 일반적인 선택 사항을 살펴본다. 50개의 열이 있는 주문 테이블에서 특정 월의 총 판매 수를 쿼리해야 한다고 가정하면 행 기반 아키텍처에서의 쿼리는 50개 열이 모두 포함된 전체 테이블을 스캔하지만 열 기반 아키텍처에서는 쿼리가 주문 판매 열만 스캔하기 때문에 데이터 쿼리 성능이 향상된다. 데이터 분석 요구 사항을 처리하기 위한 트랜잭션 데이터와 데이터 웨어하우스에 중점을 두고 관계형 데이터베이스를 자세히 살펴보자.

관계형 데이터베이스

RDBMS는 온라인 트랜잭션 처리^OLTP, OnLine Transaction Processing^ 애플리케이션에 더 적합하다. 인기 있는 관계형 데이터베이스에는 오라클, MSSQL, MariaDB, PostgreSQL 등이 있다. 이러한 전통적인 데이터베이스 중 일부는 수십 년 동안이나 사용돼 왔다. 전자상거래, 은행 업무, 호텔 예약을 비롯한 많은 애플리케이션이 관계형 데이터베이스를 기반으로 한다. 관계형 데이터베이스는 테이블 간의 복잡한 결합 쿼리가 필요한 트랜잭션 데이터를 매우 잘 처리한다. 트랜잭션 데이터 요구 사항을 살펴보면 관계형 데이터베이스는 다음과 같이 ACID^Atomicity, Consistency, Isolation, Durability^ 원칙을 준수해야 한다.

- **원자성**Atomicity: 원자성은 트랜잭션이 처음부터 끝까지 완전히 실행되고 오류가 발생하는 경우 전체 트랜잭션이 롤백됨을 의미한다.
- **일관성**Consistency: 일관성은 트랜잭션이 완료되면 모든 데이터가 데이터베이스에 커밋돼야 함을 의미한다.
- **격리**Isolation: 격리는 여러 트랜잭션이 서로 간섭하지 않고 격리돼 동시에 실행될 수 있어야 함을 의미한다.
- **내구성**Durability: 내구성은 네트워크 단절이나 정전이 발생해 중단되더라도 트랜잭션은 마지막으로 알려진 상태로 재개될 수 있어야 함을 의미한다.

일반적으로 관계형 데이터베이스의 데이터는 보고와 집계를 위해 데이터 웨어하우스 솔루션으로 오프로드된다. 데이터 웨어하우스를 자세히 알아보자.

데이터 웨어하우스

데이터 웨어하우스 데이터베이스는 **온라인 분석 처리**OLAP, OnLine Analytical Procession 애플리케이션에 더 적합하다. 데이터 웨어하우스는 방대한 양의 구조화된 데이터에 대한 빠른 집계 기능을 제공한다. Amazon Redshift, Netezza, Teradata와 같은 기술은 복잡한 집계 쿼리를 빠르게 실행하도록 설계됐지만 대량의 동시 쓰기에는 최적화돼 있지 않다. 따라서 웨어하우스는 핫 데이터를 통한 통찰력을 제공하고자 실시간으로 데이터를 입력하는 것이 아니라 데이터를 일괄적으로 로드해야 한다.

최신 데이터 웨어하우스는 열 기반을 사용해 쿼리 성능을 향상시킨다. 예를 들어 Amazon Redshift, Snowflake, 구글 BigQuery가 있다. 이러한 데이터 웨어하우스는 열 저장과 향상된 I/O 효율성으로 인해 매우 빠른 쿼리 성능을 제공한다. 그 외에도 Amazon Redshift와 같은 데이터 웨어하우스 시스템은 여러 노드에서 쿼리를 병렬화하고 **대량 병렬 처리**MPP, Massively Parallel Processing를 활용해 쿼리 성능을 높인다.

데이터 웨어하우스는 하나 이상의 소스에서 축적된 데이터를 저장하는 중앙 리포지터리다. 비즈니스 데이터 분석을 위한 분석 보고서를 생성하는 데 사용되는 현재와 과거 데이터를 저장한다. 그러나 데이터 웨어하우스는 다양한 시스템의 데이터를 중앙에 저장하긴 하지만 데이터 레이크로 취급할 수는 없다. 데이터 웨어하우스는 구조화된 관계형 데이터만 처리하는 반면 데이터 레이크는 JSON 로그 및 CSV 데이터와 같은 구조화와 비구조화 데이터를 모두 처리한다.

Amazon Redshift와 같은 데이터 웨어하우스 솔루션은 페타바이트 규모의 데이터를 처리하고 분리된 컴퓨팅과 스토리지 기능을 제공해 비용을 절감할 수 있다. 칼럼 기반 스토리지 외에도 Redshift는 데이터 인코딩, 분산, 존 맵을 사용해 쿼리 성능을 높인다. 좀 더 전통적인 행 기반 데이터 웨어하우스 솔루션에는 Netezza, Teradata, Greenplum이 있다.

한편 데이터 웨어하우스로 인해 다양한 애플리케이션의 데이터가 별도의 물리적 위치에 배치되기 때문에 데이터 아키텍트는 데이터 웨어하우스를 중심으로 완전히 새로운 인프라를 구축해야 한다. 데이터 웨어하우스의 한계는 텍스트, IoT, 이미지, 오디오, 동영상과 같은 엔터프라이즈 데이터의 다양성이 증가함에 따라 명백해졌다. 또한 ML과 AI의 부상으로 SQL 기반이 아닌 직접적인 데이터 액세스가 필요한 반복 알고리듬이 도입됐다. 이번 장의 뒷부분인 '빅데이터 아키텍처 설계' 절에서 이러한 문제를 극복하는 방법을 자세히 알아본다.

NoSQL 데이터베이스

DynamoDB, Cassandra, MongoDB와 같은 NoSQL 데이터베이스는 관계형 데이터베이스에서 자주 경험하는 확장성과 성능 문제를 해결한다. 이름에서 알 수 있듯이 NoSQL은 비관계형 데이터베이스를 의미한다. NoSQL 데이터베이스는 다른 테이블의 데이터를 연결하기 위한 명시적이고 구조화된 메커니즘 없이 데이터를 저장한다 (조인, 외래 키, 정규화가 적용되지 않음).

NoSQL은 칼럼, 키-값, 검색, 도큐먼트, 그래프를 포함한 여러 데이터 모델을 활용한다. NoSQL 데이터베이스는 확장할 수 있는 성능, 고가용성, 탄력성을 제공한다. NoSQL은 일반적으로 엄격한 스키마를 적용하지 않으며 모든 항목에는 임의의 수의 열(attributes)이 있을 수 있다. 즉, 동일한 테이블에서 한 행에는 4개의 열이 있고 다른 행에는 10개의 열이 있을 수 있다. 파티션 키는 관련 속성을 포함하는 값이나 도큐먼트를 검색하는 데 사용된다. NoSQL 데이터베이스는 고도로 분산돼 있으며 복제할 수 있다. 내구성이 뛰어나고 가용성이 높아 성능 문제가 발생하지 않는다.

SQL과 NoSQL 데이터베이스

SQL 데이터베이스는 수십 년 동안 사용돼 왔으며 우리 대부분은 이미 관계형 데이터베이스에 매우 익숙할 것이다. SQL과 NoSQL 데이터베이스 간의 몇 가지 중요한 차이점을 알아본다.

특징	SQL 데이터베이스	NoSQL 데이터베이스
데이터 모델	SQL 데이터베이스에서 관계형 모델은 데이터를 행과 열이 포함된 테이블로 정규화한다. 스키마에는 테이블, 열, 테이블 간의 관계, 인덱스, 기타 데이터베이스 요소가 포함된다.	NoSQL 데이터베이스는 스키마를 적용하지 않는다. 파티션 키는 일반적으로 열 집합에서 값을 검색하는 데 사용된다. JSON, XML과 같은 반구조화된 데이터나 데이터 카탈로그, 파일 인덱스와 같은 도큐먼트를 저장한다.
트랜잭션	SQL 기반의 기존 RDBMS는 ACID의 트랜잭션 데이터 속성을 지원하고 준수한다.	수평적 확장과 데이터 모델 유연성을 달성하고자 NoSQL 데이터베이스는 기존 RDBMS의 일부 ACID 속성을 준수하지 않을 수 있다.
성능	SQL 기반 RDBMS는 스토리지가 고가일 때 스토리지를 최적화하고 디스크 공간을 최소화하는 데 사용됐다. 기존 RDBMS의 경우 성능은 대부분 디스크에 의존했다. 쿼리의 성능 최적화를 달성하려면 인덱스 생성과 테이블 구조의 수정이 필요하다.	NoSQL의 경우 성능은 기본 하드웨어 클러스터 크기, 네트워크 대기 시간 및 애플리케이션이 데이터베이스를 호출하는 방법에 따라 다르다.

(이어짐)

특징	SQL 데이터베이스	NoSQL 데이터베이스
확장	SQL 기반 RDBMS 데이터베이스는 고사양의 하드웨어로 수직 확장을 하는 것이 가장 쉽다. 추가로 데이터 샤딩을 수행할 경우 분산 시스템 전반에 걸쳐 있는 관계형 테이블이 필요하다.	NoSQL 데이터베이스는 대기 시간에 영향을 주지 않고 처리량을 증가시키고자 저비용 하드웨어의 분산 클러스터를 사용해 수평으로 확장하도록 설계됐다.

데이터에 따라 특정 문제를 해결하고자 다양한 범주의 NoSQL 데이터 스토리지가 존재하기 때문에 NoSQL 데이터베이스의 유형에 대한 이해가 필요하다.

NoSQL 데이터 스토리지 유형

다음은 주요 NoSQL 데이터베이스 유형이다.

- **칼럼 기반 데이터베이스:** 아파치 카산드라와 아파치 HBase는 많이 사용되는 칼럼 데이터베이스다. 열 형식 데이터 스토리지를 사용하면 전체 행을 스캔하는 대신 데이터를 쿼리할 때 특정 열을 스캔할 수 있다. 10개의 열로 구성돼 있고 백만 개의 행이 있는 테이블에서 특정 열의 수치를 집계하는 쿼리를 수행한다고 가정해보자. 이 경우 열 데이터베이스는 전체 테이블을 스캔하는 대신 해당 열에 대해서만 쿼리를 적용한다.
- **도큐먼트 데이터베이스:** 가장 많이 사용되는 도큐먼트 데이터베이스는 MongoDB, Couchbase, MarkLogic, DynamoDB, DocumentDB, 카산드라다. 도큐먼트 데이터베이스를 사용해 반구조화된 데이터를 JSON 및 XML 형식으로 저장할 수 있다.
- **그래프 데이터베이스:** 인기 있는 그래프 데이터베이스에는 Amazon Neptune, JanusGraph, TinkerPop, Neo4j, OrientDB, GraphDB, GraphX on Spark가 있다. 그래프 데이터베이스는 vertex라고 하는 엣지들 사이의 링크를 저장한다. 그래프는 관계형 데이터베이스와 비관계형 데이터베이스 모두에 구축할 수 있다.

- **인메모리 키-값 저장소:** 가장 인기 있는 인메모리 키-값 저장소는 Redis와 Memcached다. 읽기 작업이 많은 애플리케이션을 위해 메모리에 데이터를 저장한다. 애플리케이션의 모든 쿼리가 먼저 메모리 데이터베이스에서 수행되고 데이터가 캐시에서 사용할 수 있는 경우 마스터 데이터베이스에 요청하지 않는다. 인메모리 데이터베이스는 복잡한 쿼리이거나 사용자 프로필과 같이 자주 요청하는 사용자 세션 정보를 저장하는 데 적합하다.

NoSQL에는 많은 사용 사례가 있지만 그중 데이터 검색 기능을 제공하려면 모든 데이터를 인덱싱해야 한다. 검색 데이터 스토리지를 자세히 알아보자.

검색 데이터 스토리지

Elasticsearch 서비스는 클릭스트림, 로그 분석과 같은 빅데이터 사용 사례에서 가장 널리 사용되는 검색 엔진 중 하나다. 검색 엔진은 문자열 토큰을 포함해 여러 속성에서 임시로 쿼리할 수 있는 웜 데이터에 적합하다.

Amazon OpenSearch 서비스는 데이터 검색 기능과 오픈소스 Elasticsearch 클러스터를 지원하며 API 액세스를 포함한다. 또한 인덱싱된 데이터 스토리지를 검색하기 위한 시각화 메커니즘으로 키바나를 제공한다. AWS는 클러스터의 용량, 확장, 패치를 관리해 운영 오버헤드를 제거한다. 로그 검색과 분석은 OpenSearch를 사용해 웹 사이트, 서버 집합, IoT 센서 등의 로그 데이터를 분석하는 데 도움이 되는 인기 있는 빅데이터 활용 방법이다. OpenSearch와 ElasticSearch는 은행, 게임, 마케팅, 애플리케이션 모니터링, 광고 기술, 사기 탐지, 추천, IoT 등 산업의 다양한 애플리케이션에서 활용되고 있다. 이제 자연어 처리를 사용해 고급 검색 기능을 제공하는 Amazon Kendra와 같은 ML 기반 검색 서비스도 사용할 수 있다.

비정형 데이터 스토리지

비정형 데이터 스토리지에 대한 요구 사항을 살펴보면 확장할 수 있고 매우 유연한 하둡이 완벽한 선택인 것처럼 보인다. 소비자 하드웨어에서 실행될 수 있고 방대한 도구 생태계를 갖고 있으며 실행하는 데 비용 효율적인 것으로 보인다. 하둡은 데이터가 여러 하위 노드 간에 분산되고 마스터 노드가 데이터에 대한 쿼리를 실행하고자 작업을 조정하는 마스터와 하위 노드 모델을 사용한다. 하둡 시스템은 MPP를 기반으로 하므로 정형, 비정형 상관없이 모든 유형의 데이터에 대한 쿼리를 빠르게 수행할 수 있다.

하둡 클러스터가 생성될 때 서버에서 생성된 각 자식 노드에는 로컬 HDFS 디스크 저장소라고 하는 연결된 디스크 저장소 블록이 함께 제공된다. 하이브Hive, 피그Pig, 스파크Spark와 같은 일반적인 처리 프레임워크를 사용해 저장된 데이터에 대해 쿼리를 실행할 수 있다. 그러나 로컬 디스크의 데이터는 연결된 인스턴스의 수명 동안만 유지된다.

하둡의 스토리지 계층HDFS을 사용해 데이터를 저장하는 경우 스토리지를 컴퓨팅과 결합하는 것을 의미한다. 이는 저장 공간을 늘리려면 더 많은 공간을 추가해야 함을 의미하고, 이는 컴퓨트 용량도 함께 증가한다. 유연성과 비용 효율성을 극대화하려면 컴퓨팅과 스토리지를 분리하고 둘 다 독립적으로 확장할 수 있어야 한다. 오브젝트 스토리지는 모든 종류의 데이터를 높은 성능을 제공하면서도 비용 효율적으로 저장할 수 있는 데이터 레이크에 적합하다. 오브젝트 스토리지가 지원하는 클라우드 기반 데이터 레이크는 컴퓨팅과 스토리지를 분리할 수 있는 유연성을 제공한다. 오브젝트 스토리지를 자세히 알아보자.

오브젝트 스토리지

오브젝트 스토리지는 버킷에 저장된 오브젝트라고 하는 단위로 저장되고 액세스되는 데이터를 말한다. 오브젝트 스토리지에서 파일이나 객체는 데이터 블록으로 분할되지 않고, 데이터와 메타데이터가 함께 유지된다. 버킷에 저장된 객체의 수에는 제한이 없으며 버킷에서 읽고 버킷에서 쓰고자 API 호출(일반적으로 HTTP GET과 PUT을 통해)을 사용해 액세스한다. 일반적으로 API 기반으로 파일을 요청하게 되면 대기 시간과 파일 수준 잠금으로 인해 파일 시스템의 성능이 저하되기 때문에 오브젝트 스토리지는 운영체제에 탑재된 파일 시스템으로 관리되지 않는다.

오브젝트 스토리지는 확장성을 제공하고 관리 오버헤드와 메타데이터 관리를 줄이는 네임스페이스를 갖고 있다. 오브젝트 스토리지는 클라우드에서 확장할 수 있는 데이터 레이크를 구축하고자 퍼블릭 클라우드와 go-to 스토리지로 인해 더욱 대중화됐다. 가장 많이 사용되는 오브젝트 스토리지로는 Amazonl S3, 애저 블롭[Blob] 저장소, GCP의 구글 스토리지가 있다.

블록체인 데이터 스토리지

암호화폐의 등장으로 블록체인에 대해 많이 들어봤을 것이다. 블록체인 기술을 사용하면 단일 기관에 의존하지 않고 여러 당사자가 확인할 수 있는 분산 애플리케이션을 구축할 수 있다. 블록체인은 참여자가 거래를 기록하고자 공유 데이터베이스에 액세스할 수 있는 블록체인 네트워크(P2P 네트워크)를 촉진해 분산 검증을 달성한다. 이러한 트랜잭션은 변경할 수 없으며 설계에 따라 독립적으로 확인할 수 있다.

블록체인은 암호화폐에 관한 것만은 아니다. 블록체인 기술은 두 가지 유형의 고객 요구를 해결하는 데 도움이 된다. 첫째로 여러 당사자가 중앙 집중식 기관과 협력해 검증할 수 있는 거래 기록을 유지 관리해야 하는 경우다. 예를 들어 제조업체는 중앙 집중식 원장에 여러 시스템의 데이터를 저장할 수 있다. 문제가 발생하면 제조업체는 결함의 근본 원인을 신속하게 추적하고 예방 조치를 취할 수 있다. 유사하게 정부의 중요한 기록 보관실을 위해 출생 증명서, 결혼 증명서와 같은 중요한 기록을 위해 시민의 디지털 기록에 대한 신뢰할 수 있고 완전한 기록을 한곳에서 유지 관리하는 중앙 집중식 원장을 구현할 수 있다.

둘째로 중앙 집중식의 신뢰할 수 있는 권한이 필요하지 않은 분산 환경에서 여러 당사자가 함께 작업을 하는 경우다. 예를 들어 금융 컨소시엄은 분산된 방식으로 보험, 거래 업체 및 은행과 같은 여러 당사자와 직접 협력해 국경 간 지불 및 자산 이전의 시간과 복잡성을 줄일 수 있다. 마찬가지로 소매업체는 제3자 로열티 프로그램과 협력해 중앙은행이나 공급업체가 보상을 처리할 필요 없이 고객을 위한 원활한 보상 프로그램을 구축할 수 있다.

기록을 온전하게 유지하고자 고객은 모든 애플리케이션 데이터 변경 사항을 기록하고 이러한 변경 사항을 원장 데이터베이스에 변경할 수 없는 기록으로 유지 관리할 수 있도록 중앙 집중식 원장이 필요하다.

이 데이터베이스는 고성능이고 변경 불가능하며 암호화 검증이 가능하기 때문에 별도로 복잡한 감사 테이블을 구축하거나 블록체인 네트워크를 설정할 필요가 없다. 원장 데이터베이스 중 Amazon QLDB[Quantum Ledger Database]는 중앙 집중식 방식으로 소유하고 관리하는 애플리케이션의 데이터 변경 사항에 대한 완전하고 검증할 수 있는 기록을 유지한다.

고객은 원장에서 제공하는 변경 불가능하고 검증할 수 있는 기능이 필요하며 여러 당사자가 신뢰할 수 있는 중앙 기관 없이 거래할 수 있기를 원한다. 이 경우 확장할 수 있는 블록체인 서비스를 사용할 수 있다. 관리형 블록체인 중 가장 인기 있는 블록체인 네트워크에는 AMB[Amazon Managed Blockchain], R3 Corda, Ethereum, Hyperledger가 있다.

스트리밍 데이터 처리는 틈새 기술이었지만 이제는 모든 조직이 실시간 데이터 처리에서 빠른 통찰력을 얻기를 원하기 때문에 보편화되고 있다. 스트리밍 데이터 스토리지를 자세히 알아보자.

스트리밍 데이터 스토리지

스트리밍 데이터에는 시작과 끝이 없는 연속적인 데이터 흐름이 있다. 이제는 주식 거래, 자율 주행 자동차, 스마트 공간, 소셜 미디어, 전자상거래, 게임, 라이드 앱 등과 같은 다양한 실시간 자원에서 오는 많은 데이터를 빠르게 저장하고 처리해야 한다. 넷플릭스는 보고 있는 콘텐츠를 기반으로 실시간 추천을 제공하고 Lyft 승차 공유는 스트리밍을 사용해 승객을 실시간으로 운전자와 연결한다.

스트리밍 데이터를 저장하고 처리하는 것은 데이터의 연속적인 흐름이 있고 저장 용량을 예측할 수 없기 때문에 어려운 작업이다. 스트리밍 데이터는 대용량과 함께 매우 빠른 속도로 제공되므로 데이터를 저장하고 재생할 수 있는 확장할 수 있는 스토리지 시스템이 필요하다. 데이터 스트림은 시간이 지남에 따라 유지 관리하는 데 비용이 많이 들고 관리가 복잡해질 수 있다. 인기 있는 스트리밍 데이터 스토리지로는 아파치 카프카, 아파치 플링크Flink, 아파치 스파크 스트리밍, 아파치 삼자, Amazon Kinesis가 있다. AWS는 Amazon Managed Streaming for Kafka라는 관리형 카프카도 제공한다. 스트리밍 데이터 수집과 저장 기술을 자세히 알아보자.

- **Amazon Kinesis**: Amazon Kinesis는 세 가지 기능을 제공한다. 첫째로 KDSKinesis Data Streams는 원하는 레코드의 다운스트림 처리를 수행하고자 원시 데이터 스트림을 저장하는 저장소다. 둘째로 Amazon S3, ElasticSearch, Redshift, Splunk와 같은 일반적인 분석 환경으로 레코드를 쉽게 전송할 수 있는 Amazon KDFKinesis Data Firehose다. Firehose는 자동으로 스트림의 모든 레코드를 버퍼링하고 사용자가 구성할 수 있는 시간이나 데이터 크기의 임곗값 중 먼저 도달하는 것을 기반으로 단일 파일이나 레코드 세트 형태로 대상에 플러시한다. 셋째로 SQL 작업을 수행해 스트림의 레코드에 대한 분석을 수행하는 KDAKinesis Data Analytics다. 이후에 서버리스 스트리밍 파이프라인을 구축하고자 생성하는 추가적인 스트림을 출력 대상으로 할 수 있다.
- **Amazon MSK**Managed Streaming for Kafka: MSK는 완전 관리형으로 고가용성과 보안을

제공하는 서비스다. Amazon MSK는 아파치 카프카에 대한 인프라 관리 전문 지식 없이도 AWS 클라우드에서 관리하는 아파치 카프카를 사용해 애플리케이션을 실행할 수 있다. Amazon MSK는 설정을 유지하고 데이터 수집과 처리를 위한 생산자/소비자를 구축하고자 주키퍼ZooKeeper 클러스터를 포함한 관리형 아파치 카프카 클러스터를 제공한다.

- **아파치 플링크:** 플링크는 스트리밍 데이터와 배치 데이터 처리를 위한 또 다른 오픈소스 플랫폼이다. 플링크는 제한된 데이터 스트림과 무제한 데이터 스트림을 처리할 수 있는 스트리밍 데이터 흐름 엔진으로 구성된다. 제한된 데이터 스트림에는 시작과 끝이 정의돼 있는 반면 무제한 데이터 스트림에는 시작이 있지만 끝이 없다. 플링크는 스트리밍 엔진에서도 배치 처리를 수행할 수 있으며 배치 최적화를 지원한다.
- **아파치 스파크 스트리밍:** 스파크 스트리밍은 높은 처리량과 내결함성, 확장할 수 있는 방식으로 라이브 데이터 스트림을 수집하는 데 도움이 된다. 스파크 스트리밍은 들어오는 데이터 스트림을 처리하고자 스파크 엔진으로 보내기 전에 배치 처리로 분할한다. 스파크 스트리밍은 복원력 있는 **분산 데이터 세트**RDD, Resilient Distributed Datasets의 시퀀스인 DStream을 사용한다.
- **아파치 카프카:** 카프카는 데이터 스트림을 발행하고 구독하는 데 도움이 되는 가장 인기 있는 오픈소스 스트리밍 플랫폼 중 하나다. 카프카 클러스터는 카프카 토픽에 기록된 스트림을 저장한다. 생산자는 카프카 토픽에 데이터를 발행할 수 있고 소비자는 카프카 토픽을 구독해 출력 데이터 스트림을 사용할 수 있다.

스트리밍 스토리지는 데이터의 지속적인 스트림을 유지하고 필요한 경우 순서를 유지할 수 있는 기능을 제공해야 한다. 다음의 '스트리밍 데이터 아키텍처' 절에서 스트리밍 아키텍처를 자세히 알아본다. 데이터를 수집하고 저장한 후에는 비즈니스 통찰력을 위해 시각화하고 분석하고자 원하는 구조로 데이터를 처리하는 것이 중요하다. 데이터 처리와 변환을 자세히 알아보자.

데이터 처리와 분석 수행

데이터 분석은 비즈니스 의사 결정을 위한 귀중한 통찰력을 발견하고자 데이터를 수집, 변환, 시각화하는 프로세스다. 지난 10년 동안 더 많은 데이터가 수집됐으며 고객들은 데이터에 대한 더 나은 통찰력을 찾고 있다.

또한 이러한 고객은 최소한의 시간, 때로는 실시간으로 이러한 통찰력을 얻길 원한다. 고객은 더 많은 비즈니스 요구 사항에 대응하고자 더 많은 애드혹 쿼리를 원한다. 이를 위해 고객은 좀 더 강력하고 효율적인 시스템이 필요하다.

배치 처리에는 일반적으로 대량의 콜드 데이터 쿼리가 포함된다. 배치 처리에서 비즈니스적인 질문에 대한 답변을 얻는 데는 몇 시간이 걸릴 수도 있다. 예를 들어 배치 처리를 사용해 월말에 청구 보고서를 생성할 수 있다. 실시간 스트림 처리에는 일반적으로 소량의 핫 데이터 쿼리가 포함되며 빠르게 응답을 받을 수 있다. 하둡과 같은 맵리듀스 기반 시스템은 배치 작업 범주를 지원하는 플랫폼 중 하나다. 데이터 웨어하우스는 쿼리 엔진 범주를 지원하는 플랫폼 중 하나다.

스트리밍 데이터 처리 활동은 데이터 시퀀스를 수집하고 각 데이터 레코드에 대한 응답으로 기능을 점진적으로 업데이트한다. 일반적으로 데이터 측정, 모니터링 데이터, 감사 로그, 디버깅 로그, 웹 사이트 클릭스트림, 디바이스, 사람, 물리적 상품에 대한 위치 추적 이벤트와 같이 지속적으로 생성된 데이터 레코드 스트림을 수집한다.

다음 그림은 AWS 클라우드 기술 스택을 사용해 데이터를 처리, 변환, 시각화하기 위한 데이터 레이크 파이프라인을 보여준다.

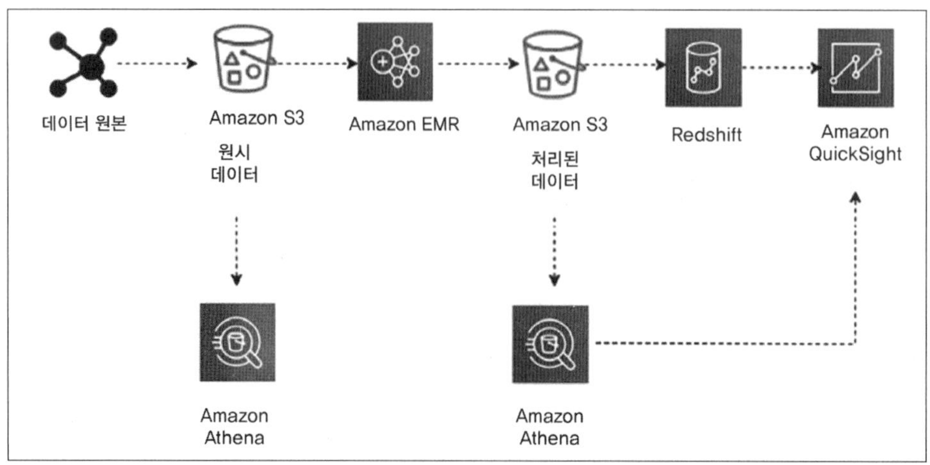

그림 13.5: 빅데이터 처리를 위한 데이터 레이크 ETL 파이프라인

위 그림에서 ETL추출, 변환, 로드 파이프라인은 Amazon S3에 저장된 데이터의 임시 쿼리에 Amazon Athena를 사용한다. 다양한 데이터 원본(예, 웹 애플리케이션 서버)에서 수집된 데이터는 S3에 지속되는 로그 파일을 생성한다. 그런 다음 이러한 파일은 Amazon EMRElastic MapReduce를 사용해 의미 있는 통찰력에 필요한 집합 형식으로 변환 및 정리되고 Amazon S3에 적재된다.

Amazon EMR은 클라우드에서 관리형 하둡 서버를 제공해 하이브, 피그, 스파크 등과 같은 다양한 오픈소스 기술을 사용해 데이터 처리를 수행한다.

이러한 변환된 파일은 `COPY` 명령을 사용해 Amazon Redshift에 로드되고 Amazon QuickSight를 사용해 시각화된다. Amazon Athena를 사용하면 데이터가 저장될 때와 변환 후(집계된 데이터 세트 사용) Amazon S3에서 직접 데이터를 쿼리할 수 있다. Amazon QuickSight에서 Athena의 데이터를 시각화할 수 있다. 기존 데이터 흐름을 변경하지 않고 이러한 파일들을 쉽게 쿼리할 수 있다. 데이터 처리를 위한 몇 가지 인기 있는 도구들을 살펴보자.

데이터 처리와 분석을 위한 기술 선택

다음은 많은 양의 데이터에 대한 변환과 처리를 수행하는 데 도움이 되는 가장 널리 사용되는 데이터 처리 기술 중 일부다.

- **아파치 하둡**은 데이터 처리를 위한 작업을 상용의 서버 클러스터에 매핑되는 분산 처리 아키텍처를 사용한다. 클러스터 서버에 배포된 각 작업은 모든 서버에서 실행하거나 재실행할 수 있다. 클러스터 서버는 보통 HDFS를 사용해 처리하고자 데이터를 로컬에 저장한다. 하둡 프레임워크는 커다란 작업을 개별 작업으로 분할하고 병렬로 처리한다. 이로 인해 다수의 하둡 클러스터에 걸쳐 대규모 확장성을 제공할 수 있다. 또한 각 작업자 노드가 주기적으로 상태를 마스터 노드에 보고하게 되는데, 이는 비정상 노드가 존재할 경우 클러스터에서 작업을 재배포할 수 있도록 내결함성을 위해 설계됐다. 하둡과 함께 사용되는 가장 인기 있는 프레임워크로는 하이브, 프레스토Presto, 피그, 스파크가 있다.
- **아파치 스파크**는 인메모리 처리 프레임워크다. 아파치 스파크는 스파크 작업을 분리하고 병렬로 작업을 실행할 수 있는 다양한 실행기가 있는 대규모 병렬 처리 시스템이다. 작업의 병렬성을 높이려면 클러스터에 노드를 추가하면 된다. 스파크는 일괄 처리, 대화형, 스트리밍 데이터 원본을 지원한다. 스파크는 작업 실행 중 모든 단계에 대해 **방향성 비순환 그래프**DAG, Directed Acyclic Graph를 사용한다. DAG는 작업 중에 데이터 또는 계보lineage의 변환을 추적하고 데이터프레임DataFrame을 메모리에 저장해 I/O를 효율적으로 최소화할 수 있다. 또한 스파크는 네트워크 집약적인 셔플을 피하고자 파티션을 인식한다.
- HUEHadoop User Experience를 사용하면 커맨드라인 대신 브라우저 기반 사용자 인터페이스를 통해 클러스터에서 쿼리와 스크립트를 실행할 수 있다. HUE는 사용자 인터페이스에서 가장 일반적인 하둡 구성 요소를 제공한다. 브라우저 기반으로 하둡 작업을 확인하고 추적할 수 있다. 여러 사용자가 HUE의 로그인 포털을 통해 클러스터에 액세스할 수 있으며 관리자는 수동 또는 LDAP, PAM,

SPNEGO, OpenID, OAuth, SAML2 인증을 사용해 액세스를 관리할 수 있다. HUE를 사용하면 실시간으로 로그를 볼 수 있으며 하이브 메타스토어 콘텐츠를 관리할 수 있는 메타스토어 관리자를 제공한다.

- **피그**는 일반적으로 구조화된 형식(SQL 테이블)으로 저장하기 전에 대량의 원시 데이터를 처리하는 데 사용된다. 피그는 데이터 유효성 검사, 데이터 로드, 데이터 변환, 여러 소스의 데이터를 여러 형식으로 결합하는 것과 같은 ETL 작업에 매우 적합하다. ETL 외에도 피그는 중첩 데이터, 조인, 그룹화와 같은 관계형 작업도 지원한다. 피그 스크립트는 비정형과 반정형 데이터(예, 웹 서버 로그 또는 클릭스트림 로그)를 입력으로 사용할 수 있다. 대조적으로 하이브는 입력 데이터에 대해 스키마를 일관되게 적용한다. 피그 라틴 스크립트Pig Latin script에는 데이터 필터링, 그룹화, 결합에 대한 지침이 포함돼 있지만 피그는 쿼리 언어가 아니다. 하이브는 데이터 쿼리에 더 적합하다. 피그 스크립트는 피그 라틴 스크립트의 지침에 따라 데이터를 변환하고자 컴파일되고 실행된다.
- **하이브**는 하둡 클러스터 위에서 실행되는 오픈소스 데이터 웨어하우스 및 쿼리 패키지다. SQL은 팀이 빅데이터 세계로 쉽게 전환하는 데 도움이 되는 광범위한 기술이다. 하이브는 HQLHive Query Language이라는 SQL과 유사한 언어를 사용하므로 하둡 시스템에서 데이터를 쉽게 쿼리하고 처리할 수 있다. 하이브는 분석 작업을 수행하고자 자바와 같은 코딩 언어로 프로그램을 작성하는 복잡성을 추상화한다.
- **프레스토**는 하이브와 유사한 쿼리 엔진이지만 훨씬 빠르다. 배우기 쉽고 가장 인기 있는 기술인 ANSI SQL 표준을 지원한다. 또한 프레스토는 복잡한 쿼리, 조인, 집계 기능을 지원한다. 하이브나 맵리듀스와 달리 프레스토는 메모리에서 쿼리를 실행하므로 대기 시간이 단축되고 쿼리 성능이 향상된다. 프레스토는 높은 메모리를 필요로 하기 때문에 서버 용량을 선택할 때 주의가 필요하다. 메모리 부족이 발생하면 프레스토 작업이 다시 시작된다.

- HBase는 오픈소스 하둡 프로젝트의 일부로 개발된 NoSQL 데이터베이스다. HBase는 HDFS에서 실행돼 하둡 생태계에 비관계형 데이터베이스 기능을 제공한다. HBase는 압축을 통해 대량의 데이터를 열 기반으로 저장하는 데 도움이 된다. 또한 클러스터 인스턴스 저장소가 사용되는 동안 데이터 캐시의 많은 부분이 메모리에 유지되기 때문에 빠른 조회를 제공한다.

- 아파치 제플린Zeppelin은 제플린 노트북이라고도 하는 하둡 시스템을 기반으로 구축된 데이터 분석용 웹 기반 편집기다. 백엔드 언어에 인터프리터 개념을 사용하며 대부분의 프로그래밍 언어를 제플린에서 사용할 수 있다. 아파치 제플린에는 몇 가지 기본 차트와 피벗 차트가 포함돼 있다. 인식하고 시각화할 수 있는 모든 언어 백엔드의 출력 측면에서 매우 유연하다.

- 갱글리아Ganglia는 하둡 클러스터 모니터링 도구다. 하지만 기본 설치돼 있지 않기 때문에 시작할 때 클러스터에 갱글리아를 설치해야 한다. 갱글리아 UI는 SSH 터널을 사용해 볼 수 있는 마스터 노드에서 실행된다. 갱글리아는 성능에 영향을 주지 않고 클러스터를 모니터링하게 설계된 오픈소스 프로젝트다. 갱글리아는 클러스터에 있는 개별 서버의 성능과 클러스터 전체의 성능을 검사하는 데 도움이 될 수 있다.

- 주피터허브JupyterHub는 다중 사용자 주피터 노트북이다. 주피터 노트북은 데이터 엔지니어링과 ML을 수행하는 데이터 과학자들 사이에서 가장 인기 있는 도구 중 하나다. 주피터허브 노트북 서버는 각 사용자에게 주피터 노트북을 웹 기반 IDE로 제공한다. 여러 사용자가 주피터 노트북을 동시에 사용해 탐색적 데이터 분석을 위한 코드를 작성하고 실행할 수 있다.

- Amazon Athena는 표준 ANSI SQL 구문을 사용해 Amazon S3 오브젝트 스토리지에서 쿼리를 실행하기 위한 대화형 쿼리 서비스다. Amazon Athena는 프레스토를 기반으로 구축됐으며 애드혹 쿼리 기능을 관리형 서비스로 확장한다. Amazon Athena 메타데이터 스토어는 하이브 메타데이터 스토어처럼 작동해

Amazon Athena의 하이브 메타데이터 스토어에서 동일한 DDL 문을 사용한다. Athena는 서버리스 및 관리형 서비스다. 즉, 모든 인프라와 소프트웨어 처리와 유지 관리는 AWS에서 관리하며 Athena 웹 기반 편집기에서 쿼리 실행을 직접 수행할 수 있다.

- Amazon EMR은 기본적으로 클라우드 기반의 하둡이다. EMR을 사용해 AWS 클라우드의 강력한 기능으로 하둡 프레임워크를 활용할 수 있다. EMR은 아파치 스파크, 하이브, 피그, 프레스토, 임팔라[Impala], HBase 등을 포함해 가장 널리 사용되는 모든 오픈소스 프레임워크를 지원한다. EMR은 분리된 컴퓨팅과 스토리지를 제공하므로 대규모 하둡 클러스터를 상시로 실행할 필요는 없다. 데이터 변환을 수행하고 결과를 영구적으로 보관하고자 Amazon S3 스토리지로 로드하고 서버를 종료할 수 있다. EMR은 오토스케일링을 제공하며 다양한 소프트웨어를 서버에 설치하고 업데이트하는 관리 오버헤드를 줄여준다.
- AWS Glue는 관리형 ETL 서비스로, 중복 레코드를 찾기 위한 데이터 처리, 데이터 카탈로그 작성, ML 변환을 지원한다. AWS Glue 데이터 카탈로그는 하이브 데이터 카탈로그와 호환되며 관계형 데이터베이스, NoSQL, 파일을 비롯한 다양한 데이터 원본들을 위한 중앙 집중식 메타데이터 리포지터리를 제공한다. AWS Glue는 웜 스파크 클러스터를 기반으로 구축됐으며 ETL을 관리형 서비스로 제공한다. AWS Glue는 일반적으로 사용되는 파이스파크[PySpark]와 스칼라[Scala]로 코드를 작성하기 때문에 ETL 코드 작성을 처음부터 시작하지 않아도 된다. Glue 작업 저작 기능은 작업의 모든 오류를 처리하고 기본 권한이나 데이터 형식 문제를 이해하기 위한 로그를 제공한다. Glue는 간단히 드래그 앤 드롭 기능으로 자동화된 데이터 파이프라인을 구축할 수 있는 워크플로를 제공한다.

데이터 분석과 처리는 그 자체만으로도 책 한 권을 할애해야 할 정도로 큰 주제다. 이 절에서는 데이터 처리에 많이 사용되는 일반적인 도구들에 대한 높은 수준의 개요를 알아봤다. 이외에도 더 많은 독점 및 오픈소스 도구를 사용할 수 있다. 솔루션 아키텍트는 조직의 사용 사례에 적합한 선택을 하고자 시장에서 사용할 수 있는 다양한 도구를 알고 있어야 한다.

비즈니스 분석가는 보고서와 대시보드를 만들고 애드혹 쿼리와 분석을 수행해 데이터에서 통찰력을 얻어야 한다. 다음 절에서 데이터 시각화를 알아본다.

데이터 시각화

데이터 통찰력은 고객별 수익, 지역별 이익 또는 사이트별 광고 추천과 같은 중요한 비즈니스 질문에 답하는 데 사용된다. 빅데이터 파이프라인에서는 다양한 소스에서 엄청난 양의 데이터가 수집된다. 그러나 기업이 지역별 재고나 수익성, 사기성 계정으로 인한 비용 증가 등에 대한 정보는 찾아내기가 어렵다. 규정 준수를 위해 지속적으로 수집하는 데이터 중 일부는 비즈니스를 위해서도 활용될 수 있다.

BI 도구의 두 가지 중요한 문제는 구현 비용과 솔루션 구현에 걸리는 시간이다. 데이터 시각화를 위한 몇 가지 기술 선택 사항을 살펴보자.

데이터 시각화를 위한 기술 선택

다음은 비즈니스 요구 사항에 따라 데이터 시각화가 포함된 보고서를 준비하는 데 도움이 되는 가장 많이 사용되는 데이터 시각화 플랫폼이다.

- Amazon QuickSight는 엔터프라이즈급 데이터 시각화를 위한 클라우드 기반 BI 도구다. 라인 그래프, 파이 차트, 트리 맵, 히트 맵, 히스토그램 등과 같은 다양한 시각화 그래프에 대한 사전 설정이 함께 제공된다. Amazon QuickSight에는 시각화를 빠르게 렌더링하는 데 도움이 되는 초고속, 병렬, 메모리 계산 엔진(SPICE)이라는 데이터 캐싱 엔진을 지원한다. 필드 이름 변경과 제거, 데이터 유형 변경, 새 계산 필드 생성과 같은 데이터 준비 작업을 수행할 수도 있다.

QuickSight는 ML 기반 시각화 통찰력과 자동 예측 예측 같은 기타 ML 기반 기능도 제공한다.

- **키바나**는 스트림 데이터 시각화와 로그 탐색에 사용되는 오픈소스 데이터 시각화 도구다. 키바나는 ElasticSearch와의 긴밀한 통합을 제공하며 이를 기본 옵션으로 사용해 ElasticSearch 서비스에서 데이터를 검색한다. 다른 BI 도구와 마찬가지로 키바나는 히스토그램, 파이 차트, 히트 맵과 같은 인기 있는 시각화 차트를 제공하고 내장된 지리 공간 지원을 제공한다.
- **태블로**는 데이터 시각화를 위한 가장 많이 사용되는 BI 도구 중 하나다. 기존의 쿼리보다 빠르게 빅데이터를 분석하는 데 사용할 수 있는 특수 제작 엔진인 시각적 쿼리 엔진을 사용한다. 태블로는 드래그 앤 드롭 인터페이스와 여러 자원의 데이터를 혼합하는 기능을 제공한다.
- **스폿파이어**Spotfire는 더 빠른 응답 시간을 제공하고자 인메모리 처리를 사용해 다양한 자원의 광범위한 데이터 세트를 처리할 수 있게 한다. 데이터를 지리적으로 지도에 표시하고 트위터에서 공유할 수 있는 기능을 제공한다. 스폿파이어 권장 사항을 사용하면 데이터를 자동으로 검사하고 데이터를 가장 잘 시각화하는 방법을 제안해준다.
- **Jaspersoft**는 셀프 서비스 보고와 분석을 지원한다. 또한 드래그 앤 드롭 디자이너 기능을 제공한다.
- **파워 BI**는 마이크로소프트에서 제공하는 많이 사용되는 BI 도구다. 다양한 시각화 선택을 통해 셀프 서비스 분석을 제공한다.

데이터 시각화는 솔루션 아키텍트에게 필수적이고 방대한 주제다. 솔루션 아키텍트는 사용할 수 있는 도구를 인식하고 데이터 시각화에 대한 비즈니스 요구 사항에 따라 올바른 선택을 해야 한다.

이제 수집, 저장, 처리부터 시각화에 이르기까지 다양한 데이터 파이프라인 구성 요소를 살펴봤다. 다음 절에서 이들을 함께 모아 빅데이터 아키텍처를 오케스트레이션하는 방법을 알아본다.

빅데이터 아키텍처 설계

빅데이터 솔루션은 일상적인 비즈니스 운영을 위해 데이터 수집, 스토리지 변환, 시각화를 반복적으로 수행한다. 앞 절에서 살펴본 오픈소스 또는 클라우드 기술을 사용해 이러한 워크플로를 구축할 수 있다.

먼저 비즈니스 사용 사례에서 거꾸로 작업해 어떤 아키텍처 스타일이 적합한지 알아야 한다. 요구 사항을 더 잘 이해하려면 빅데이터 아키텍처의 최종 사용자를 이해하고 사용자 페르소나를 만들어야 한다. 빅데이터 아키텍처로 대상으로 하는 주요 페르소나를 식별하려면 다음 사항 중 일부를 이해해야 한다.

- 조직 내에서 어떤 팀, 단위 또는 부서에 속해 있는가?
- 데이터 분석과 데이터 엔지니어링 숙련도는 어느 정도인가?
- 일반적으로 어떤 도구를 사용하는가?
- 조직의 직원이나 고객, 파트너를 수용해야 하는가?

예를 들어 소매점 체인 분석의 경우 다음과 같은 페르소나를 식별할 수 있다.

- 제품 라인/코드를 소유하고 있지만 제품의 회전율만 보는 **제품 관리자**의 페르소나
- 단일 매장(해당 매장만 볼 수 있음)의 매출 회전율과 제품 믹스를 알고 싶어 하는 **매장 관리자**의 페르소나
- 모든 데이터에 액세스할 수 있는 **관리자**의 페르소나
- **데이터 분석가**는 PII 데이터가 수정된 모든 데이터에 액세스한다.

- 고객 유지 관리자는 반복되는 고객 트래픽을 이해하기를 원한다.
- 데이터 과학자는 권장 사항과 예측을 작성하고자 원시 데이터와 처리된 데이터에 액세스해야 한다.

사용자 페르소나를 이해했으면 다음으로 이러한 페르소나가 해결하려는 비즈니스 사용 사례를 식별한다. 예를 들면 다음과 같다.

- 시간이 지남에 따라 얼마나 많은 고객이 더 많은 비용을 지출하고 있는가? 시간이 지남에 따라 줄어드는가? 이러한 고객에 대해 파악한다.
- 시간이 지남에 따라 더 많이 지출하는 고객 중 어떤 범주가 더 빠른 속도로 증가하고 있는가?
- 시간이 지남에 따라 지출이 감소하는 고객 중 참여도가 낮아지는 범주는 무엇인가?
- 고객 지출에 영향을 미치는 것으로 보이는 인구 통계학적 요인(예, 가구 규모, 자녀 유무, 소득)은 무엇인가? 특정 카테고리에 대한 참여에 영향을 미치는 것으로 보이는 인구통계학적 요인은 무엇인가?
- 직접 마케팅이 전반적인 참여를 향상시킨다는 증거가 있는가?
- 특정 범주에 대한 직접 마케팅이 다른 범주에 대한 참여를 향상시키는가?

사용 사례에 대한 세부 정보를 얻는 동안 데이터 아키텍처 구축의 필수적인 측면은 다음 쿼리를 사용해 분석할 수 있는 액세스 패턴과 데이터 보존 기간을 이해하는 것이다.

- 주요 사용자와 페르소나는 보고서, 쿼리 또는 모델을 얼마나 자주 실행하는가?
- 데이터 신선도에 대한 기대치는 무엇인가?
- 데이터 세분화에 대한 기대치는 무엇인가?

- 분석을 위해 가장 자주 액세스하는 데이터 영역은 무엇인가?
- 분석을 위해 데이터를 얼마나 오래 보관할 계획인가?
- 어느 시점에서 데이터 레이크 환경에서 데이터가 노후화될 수 있는가?

데이터를 다룰 때는 항상 어떤 종류로든 민감한 부분이 있다. 각 국가와 지역에는 다음과 같이 솔루션 아키텍트가 이해해야 하는 현지 규정 준수 요구 사항이 있다.

- 여러분의 비즈니스에는 어떤 규정 준수 요구 사항이 있는가?
- 데이터의 지역성이나 데이터 개인 정보 보호, 데이터 수정 요구 사항이 적용되는가?
- 데이터 세트에서 어떤 레코드와 속성을 볼 수 있는 권한이 있는 사람은 누구인가?
- 요청할 때 기록 삭제를 어떻게 강제할 것인가?
- 데이터를 어디에 저장할 수 있는가(예, 현지의 지리적 위치, 특정 국가 또는 글로벌)?

데이터 어카텍트로서 투자 대비 수익률과 이것이 전반적인 비즈니스 결정에 어떻게 도움이 될 것인지도 고려해야 한다. 이를 이해하고자 다음 사항을 확인해본다.

- 데이터 레이크가 지원하는 주요 비즈니스 프로세스와 의사 결정은 무엇인가?
- 이러한 결정에 필요한 세부 수준은 무엇인가?
- 데이터 대기 시간이 비즈니스 의사 결정에 미치는 영향은 무엇인가?
- 성공을 어떻게 측정할 계획인가?
- 투자한 시간과 재료material에 대한 예상 수익은 얼마인가?

궁극적으로 기술을 선택할 수 있는 유연성을 가진 데이터 아키텍처를 구축하고자 한다. 예를 들어 최고의 클라우드 기반 관리 서비스와 오픈소스 기술을 사용해 기존 기술과 투자를 활용한다. 고성능과 확장성을 달성하고자 병렬 처리를 활용하는 빅데이터 솔루션을 구축하려고 한다. 다양한 비즈니스 워크로드에 따라 조정할 수 있도록 빅데이터 파이프라인의 구성 요소를 독립적으로 확장하거나 확장할 수 있는지 확인하는 것이 가장 좋다.

솔루션의 잠재력을 최대한 활용하고자 기존 애플리케이션과의 상호 운용성을 제공해 빅데이터 아키텍처의 구성 요소가 머신러닝 처리과 엔터프라이즈 BI 솔루션에도 사용되게 하려고 한다. 이를 통해 데이터 워크로드 전반에 걸쳐 통합 솔루션을 생성할 수 있다. 몇 가지 빅데이터 아키텍처 패턴을 알아보자.

데이터 레이크 아키텍처

데이터 레이크는 정형 데이터와 비정형 데이터 모두를 위한 중앙 집중식 리포지터리다. 데이터 레이크는 기업에서 발견되는 다양한 종류의 데이터를 조합한 것이다. 데이터 레이크는 모든 엔터프라이즈 데이터를 Amazon S3와 같은 저비용 스토리지 시스템에 저장할 수 있는 곳이 됐다. 아파치 Parquet 및 ORC와 같은 일반 API와 개방형 파일 형식을 사용해 데이터에 액세스할 수 있다. 레이크[Lake]는 직접 분석과 머신러닝 사용을 가능하게 하는 오픈소스 파일 형식을 사용해 데이터를 있는 그대로 저장한다.

데이터 레이크는 중앙 집중식 리포지터리에 대용량 데이터를 저장하고 분석하는 일반적인 방법이 되고 있다. 데이터는 현재 형식 그대로 저장할 수 있으며 데이터를 미리 정의된 스키마로 변환할 필요가 없으므로 데이터 수집 속도가 빨라진다. 다음 그림에 나와 있는 것처럼 데이터 레이크는 조직의 모든 데이터에 대한 단일 정보 소스다.

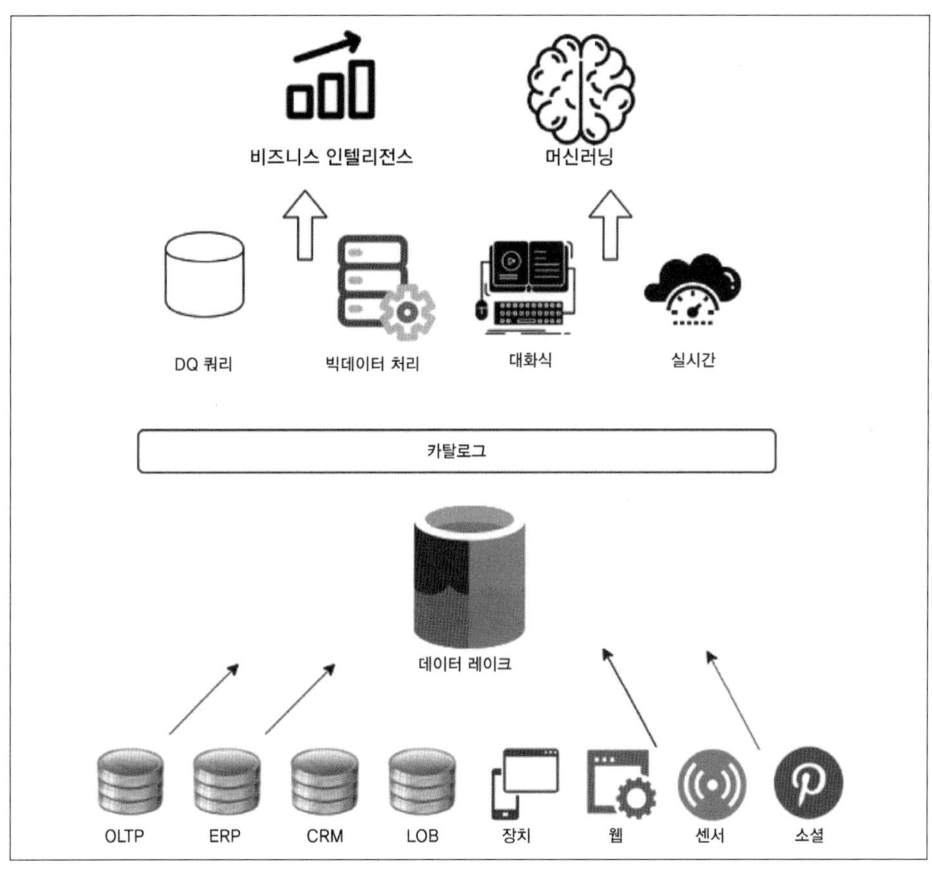

그림 13.6: 데이터 레이크용 오브젝트 스토리지

다음은 데이터 레이크의 이점이다.

- **다양한 소스에서 데이터 수집:** 데이터 레이크를 사용하면 관계형 및 비관계형 데이터베이스 및 스트림과 같은 여러 소스의 데이터를 단일한 중앙 집중식 저장소에 저장하고 분석할 수 있다. 이는 "데이터가 여러 곳에 분산돼 있는 이유와 신뢰할 수 있는 단일 소스는 어디에 있는가?"와 같은 질문에 대한 답변이다.
- **데이터 수집과 효율적 저장:** 데이터 레이크는 스키마가 없는 반정형 및 비정형 데이터를 포함한 모든 종류의 데이터 구조를 수집할 수 있다. 이는 다양한 소스

와 다양한 형식의 데이터를 신속하게 수집하는 방법과 대규모로 효율적으로 저장할 수 있는 방법과 같은 질문에 대한 답변이다.

- **생성된 데이터양에 따라 확장:** 데이터 레이크를 사용하면 스토리지과 컴퓨팅 계층을 분리해 각 구성 요소를 개별적으로 확장할 수 있다. 이는 "생성된 데이터양에 따라 어떻게 확장할 수 있는가?"와 같은 질문에 대한 답변이다.

- **다양한 소스의 데이터에 분석 적용:** 데이터 레이크를 사용하면 읽기에 대한 스키마를 결정하고 다양한 자원에서 수집된 데이터에 대한 중앙 집중식 데이터 카탈로그를 생성할 수 있다. 이를 통해 빠른 애드혹 분석을 수행할 수 있다. 이는 "동일한 데이터에 대해 여러 분석과 처리 프레임워크를 적용할 수 있는가?"와 같은 질문에 대한 답변이다.

데이터 레이크를 위해서는 무제한 확장할 수 있는 데이터 스토리지 솔루션이 필요하다. 처리와 저장을 분리하면 다양한 도구를 사용해 동일한 데이터를 처리하고 분석하는 기능을 포함해 많은 이점이 있다. 데이터를 올바른 도구로 로드하려면 추가 단계가 필요할 수 있지만 중앙 데이터 스토리지인 Amazon S3는 기존 스토리지 옵션보다 훨씬 더 많은 이점을 제공한다. 다음 그림은 AWS 서비스를 사용하는 데이터 레이크의 뷰를 제공한다.

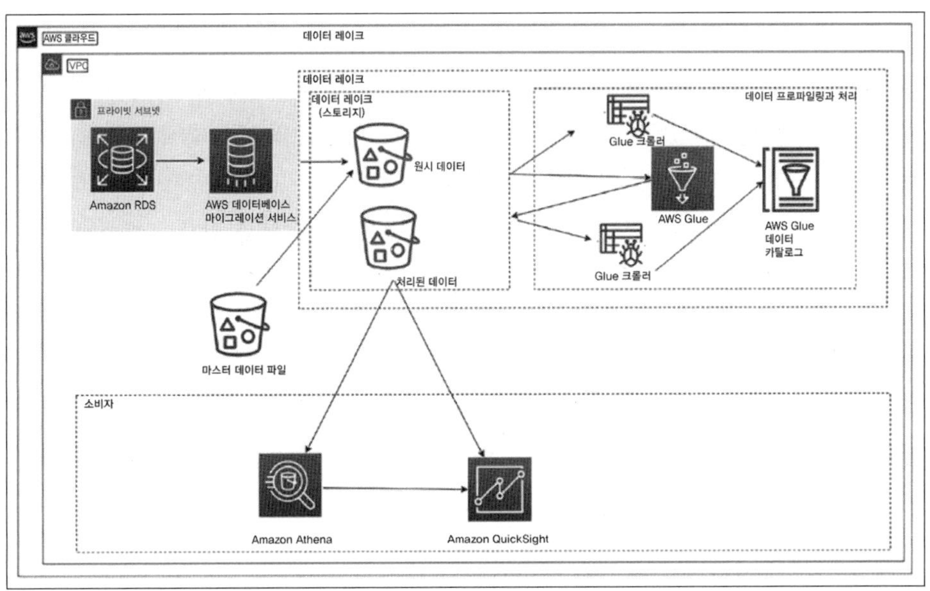

그림 13.7: AWS 플랫폼의 데이터 레이크 아키텍처

위 그림은 Amazon S3 스토리지를 사용하는 데이터 레이크를 보여준다. 관계형 데이터베이스, 마스터 데이터 파일과 같은 다양한 자원으로부터 중앙 저장소로 데이터가 수집된다. 모든 데이터는 데이터 레이크의 원시 계층에 원래의 형식으로 저장된다. 이 데이터는 AWS Glue 서비스를 사용해 카탈로그화되고 변환된다. AWS Glue는 AWS 클라우드 플랫폼의 스파크 프레임워크를 기반으로 하는 서버리스 데이터 카탈로그와 ETL 서비스다. 변환된 데이터는 데이터 레이크의 프로세스 계층에 저장되며 다양한 용도로 사용될 수 있다. 데이터 엔지니어는 관리형 프레스토 인스턴스를 기반으로 구축된 서버리스 쿼리 서비스인 Amazon Athena를 사용해 애드혹 쿼리를 실행할 수 있고, SQL을 사용해 Amazon S3에서 직접 데이터를 쿼리할 수 있다. 비즈니스 분석가는 Amazon QuickSight, 태블로 또는 Power BI를 사용해 비즈니스 사용자를 위한 시각화를 구축하거나 Amazon Redshift에서 선택적 데이터를 로드해 데이터 웨어하우스 마트를 생성할 수 있다. 마지막으로 데이터 과학자는 이 데이터를 사용해 Amazon SageMaker로 머신러닝을 수행할 수 있다.

데이터 레이크의 장점은 아키텍처의 미래에 대비할 수 있다는 것이다. 지금부터 12개월 후에는 사용하고 싶은 새로운 기술이 있을 수 있다. 데이터 레이크에 있는 데이터를 사용해 최소한의 오버헤드로 이 새로운 기술을 워크플로에 추가할 수 있다. Amazon S3와 같은 공유 오브젝트 스토리지를 백본으로 사용해 빅데이터 처리 파이프라인에 모듈식 시스템을 구축하면 특정 모듈이 더 이상 사용되지 않거나 더 나은 도구를 사용할 수 있게 되면 교체할 수 있다.

하나의 도구가 모든 것을 할 수는 없다. 올바른 작업에 올바른 도구를 사용해야 하며, 데이터 레이크를 사용하면 특정 요구 사항을 충족하고자 고도로 구성할 수 있는 빅데이터 아키텍처를 구축할 수 있다. 비즈니스 문제는 하나의 도구로 모든 것, 특히 빅데이터와 분석을 해결하기에는 너무 광범위하고 심오하며 복잡하다.

그러나 시간이 지나면서 조직은 데이터 레이크에 한계가 있음을 깨달았다. 데이터 레이크가 저렴한 스토리지를 사용함에 따라 조직에서는 데이터 레이크에 가능한 한 많은 데이터를 저장해 파일에 대한 개방적이고 직접적인 액세스의 유연성을 제공한다. 데이터 레이크는 데이터 품질과 세분화된 데이터 보안 문제로 인해 빠르게 데이터의 늪이 되기 시작했다. 데이터 레이크의 성능과 품질 문제를 해결하고자 조직은 데이터 레이크에 있는 작은 데이터 하위 집합을 다운스트림 데이터 웨어하우스로 처리해 중요한 결정을 위한 BI 애플리케이션에서 사용한다.

데이터 레이크와 데이터 웨어하우스 간의 이중 시스템 아키텍처에서는 이 두 시스템 간에 데이터를 유지 관리하고 처리하고자 지속적인 데이터 엔지니어링이 필요하다. 각 데이터 처리 단계는 데이터 레이크와 웨어하우스를 일관성 있게 유지하는 것이 어렵고 비용이 많이 드는 동시에 데이터 품질을 저하시키는 오류가 발생할 위험이 있다. 지속적인 데이터 처리 비용을 지불하는 것 외에도 사용자는 웨어하우스에 복사된 데이터에 대해 두 배의 스토리지 비용을 지불하게 된다. 이중 시스템 문제를 해결하고자 데이터 레이크하우스[Lakehouse]라는 새로운 유형의 아키텍처가 등장하고 있다. 레이크하우스 아키텍처를 자세히 알아보자.

레이크하우스 아키텍처

데이터 레이크와 데이터 웨어하우스의 한계를 해결하고자 레이크하우스 아키텍처라는 새로운 아키텍처 패러다임이 등장했다. 레이크하우스 아키텍처는 데이터 레이크의 규모를 활용해 고객이 분석하고자 하는 개방형 형식으로 계속 증가하는 데이터를 수집 및 저장하고 SQL 쿼리의 사용자 친화성과 데이터 웨어하우스를 제공한다. 레이크하우스 아키텍처의 주요 측면은 다음과 같다.

- 개방형 데이터 형식의 데이터 저장
- 분리된 스토리지와 컴퓨팅
- 트랜잭션 보장
- 다양한 소비 요구 사항 지원
- 보안과 관리

데이터 레이크하우스 패턴의 절차는 다음 그림과 같다

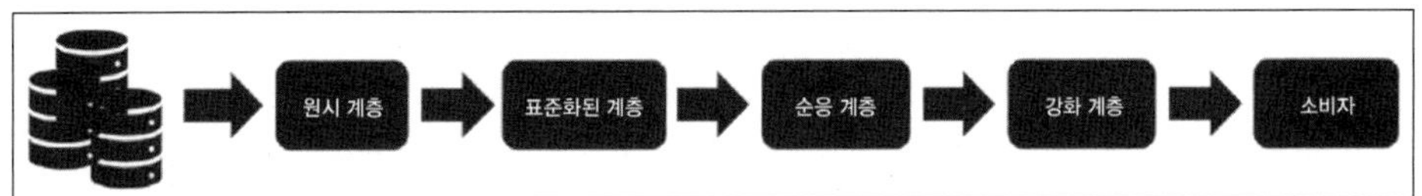

그림 13.8: 레이크하우스 아키텍처 계층

각 계층을 알아보자.

- **원시 계층**Raw Layer: 이 계층은 원본에서 제공하는 형식의 모든 원본 데이터에 대한 랜딩 영역의 역할을 한다. 여기에 있는 데이터는 더 오랜 기간 동안 저장하고 감사와 재현을 위해 보관할 수 있다.
- **표준화된 계층**Standardized Layer: 원시 계층에 도착하는 데이터는 원본에서 전달하는 특정 형식이 될 수 있으므로 표준화된 계층은 스키마 유효성 검사, 스키마 진화

제어, 데이터 품질 규칙, 토큰화 규칙, 데이터 정리 규칙을 적용한다. 정리 규칙의 일반적인 예는 DateTime 형식을 표준 형식(예, ISO 8601)으로 표준화하는 것이다. 여기에 저장된 데이터는 분할돼 열 기반으로 저장되기 때문에 분석 쿼리에 최적화돼 있다. 이 데이터는 일반적으로 검색을 위해 중앙 데이터 카탈로그에도 분류된다. 이 계층은 조직의 표준화된 원시 데이터에 대한 소비 계층 역할을 한다.

- **순응 계층**Conformed Layer: 일반적으로 모든 조직에서 일부 공통 엔티티/주제 영역이 잘 정의되고 조직 전체에서 이를 이해하고 사용한다. 이러한 엔티티는 확인된 엔티티로 처리돼 순응 계층에 포함될 수 있다. 이러한 공통 엔티티의 정의는 일반적으로 조직의 마스터 데이터를 기반으로 구성되므로 중앙에서 관리해야 한다. 이러한 모든 엔티티는 PII/PCI, 보존, 목적 등에 대한 명확한 소유권 및 메타데이터와 함께 중앙 데이터 카탈로그에도 기록된다. 순응 엔티티를 중앙에서 관리하는 이점 중 하나는 명확한 기업 소유권이다. 여러 당사자가 조직 내에서 이 데이터를 사용하기 때문에 소유권이 분산되면 정의가 모호해질 수 있으며 이러한 순응 엔티티의 데이터 관리와 거버넌스, 유지 보수, 기록 보유가 어려울 수 있다.
- **강화 계층**Enriched Layer: 이것은 데이터 엔지니어링 팀을 대상으로 하기 때문에 좀 더 논리적인 계층으로, 일치된 엔티티와 표준화된 원시 데이터를 결합해 데이터 제품을 생성한다. 주로 이러한 비즈니스 도메인 중심 팀에는 특정 비즈니스 도메인에 유용한 많은 제품이 있다. 그러나 어떤 경우에는 이러한 제품이 다른 비즈니스 도메인에도 유용할 수 있다. 이는 적절한 비즈니스 정의가 있는 '황금 데이터 세트'라고 부를 수 있으며 공유를 위해 데이터 레이크에 오프로드할 수 있다. 이 계층의 모든 최종 제품 데이터 세트도 적절한 레이블, 메타데이터 및 데이터 세트의 목적과 함께 중앙 데이터 카탈로그에 추가돼야 한다.

다음 그림은 데이터 공유를 위해 Redshift Spectrum을 사용하는 샘플 레이크하우스 아키텍처를 보여준다. Amazon Redshift Spectrum은 데이터 웨어하우스에 데이터를 저장하지 않고 데이터 레이크에서 데이터를 쿼리할 수 있는 기능을 제공한다. 여기서는 데이터 웨어하우스에 이미 Amazon Redshift를 사용하고 있다고 가정한다. 이 경우 전체 데이터를 Amazon Redshift 클러스터에 로드할 필요가 없다. Redshift Spectrum을 사용해 Amazon S3 데이터 레이크에서 직접 데이터를 쿼리하고 데이터 웨어하우스 데이터와 결합하기만 하면 된다.

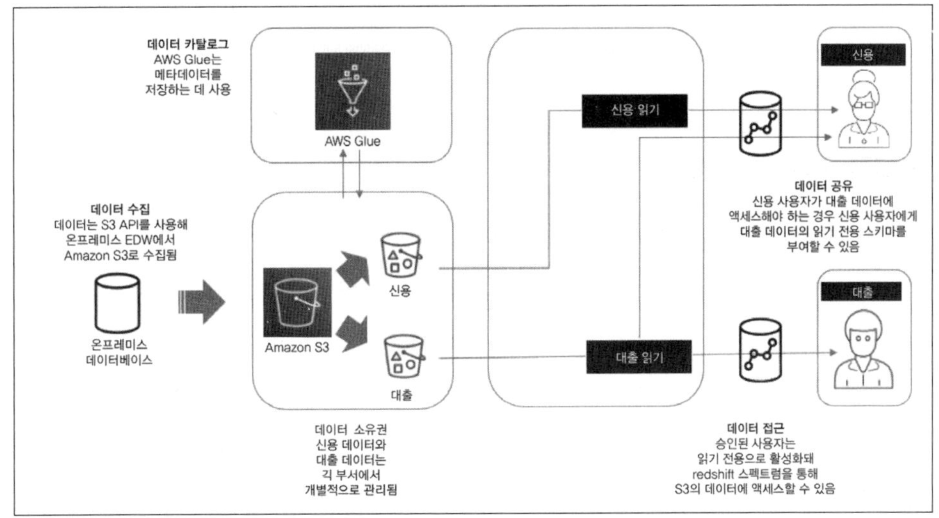

그림 13.9: Redshift 스펙트럼을 사용하는 AWS 클라우드 플랫폼의 레이크하우스 아키텍처

위 그림에서 데이터는 S3 API를 사용해 온프레미스 EDW(Enterprise Data Warehouse)에서 S3로 수집된다. AWS Glue는 메타데이터와 신용 및 대출 데이터를 개별적으로 저장하는 데 사용된다. 대출부서의 데이터 분석가에게는 데이터 액세스를 위해 대출 데이터에 대한 읽기 전용 액세스 권한이 부여된다. 마찬가지로 신용 분석가에게는 신용 데이터에 대한 읽기 전용 액세스 권한이 부여된다. 데이터 공유를 위해 신용 분석가가 대출 데이터에 액세스해야 하는 경우 신용 분석가에게 대출 데이터의 읽기 전용 스키마를 제공할 수 있다.

이처럼 레이크하우스 아키텍처에는 장점이 있지만 지리적으로 분리된 사업부가 주도하는 복잡한 애플리케이션 환경을 가진 대규모 조직의 문제는 해결되지 않는다. 이러한 사업부에서는 분석 원본으로 데이터 레이크와 데이터 웨어하우스를 구축하고 각 사업부는 비즈니스를 지원하고자 여러 내부 애플리케이션 데이터 레이크를 병합할 수 있다. 중앙 집중식 엔터프라이즈 데이터 레이크나 데이터 레이크하우스는 일반적으로 변화 속도가 느리기 때문에 사업부의 다양한 요구 사항을 충족하기 어렵다. 이 문제를 처리하려면 도메인 중심의 분산 데이터 소유권과 아키텍처가 필요하다. 이때 필요한 것이 데이터 메시data mesh다. 데이터 메시 아키텍처를 자세히 알아보자.

데이터 메시 아키텍처

데이터 메시와 데이터 레이크 아키텍처의 주요 차이점은 여러 도메인을 중앙에서 관리되는 데이터 레이크로 결합하는 대신 데이터가 의도적으로 분산된 상태로 남아 있다는 것이다. 데이터 메시는 대규모 조직이 대기업 내의 여러 데이터 레이크/레이크하우스를 연결하고 파트너, 학계 및 경쟁자와의 공유를 용이하게 하는 패턴을 제공한다. 데이터 메시는 대규모 분석 데이터 세트를 관리하는 방식에 있어 환영할 만한 아키텍처와 조직 패러다임 전환을 나타낸다. 패러다임은 다음과 같은 4가지 원칙에 기반을 두고 있다.

1. 소유권과 아키텍처의 도메인 중심 탈중앙화
2. 제품으로 제공되는 데이터
3. 중앙 집중식 감사 제어를 통한 연합 데이터 거버넌스
4. 데이터를 소비할 수 있게 만드는 공통 액세스

데이터 메시는 도메인 지향 분산형 데이터 소유권, 아키텍처, 제품으로서의 데이터, 플랫폼으로서의 셀프 서비스 데이터 인프라, 연합 컴퓨팅 거버넌스 등의 다양한 측면을 처리하는 조직의 아키텍처다. 데이터 기반 민첩성을 장려하고 가벼운 중앙

집중식 정책을 통해 도메인-로컬 거버넌스를 지원한다. 데이터 메시는 명확한 책임으로 데이터 자원을 격리해 더 나은 소유권 체계를 제공한다. 데이터 메시의 핵심 개념은 데이터 레이크 계정에 존재하는 데이터 도메인을 노드로 사용하는 것이다.

데이터 생산자는 연합 데이터 거버넌스가 데이터 제품 공유 방식에 적용돼 검색 가능한 메타데이터와 가청도audibility를 제공하는 데이터 메시 계정의 중앙 카탈로그에 하나 이상의 데이터 제품을 제공한다. 데이터 소비자는 카탈로그를 검색하고 데이터 메시 패턴을 통해 자원 공유를 허용해 데이터 제품에 대한 액세스 권한을 얻는다. 다음은 AWS 클라우드의 데이터 메시 아키텍처다.

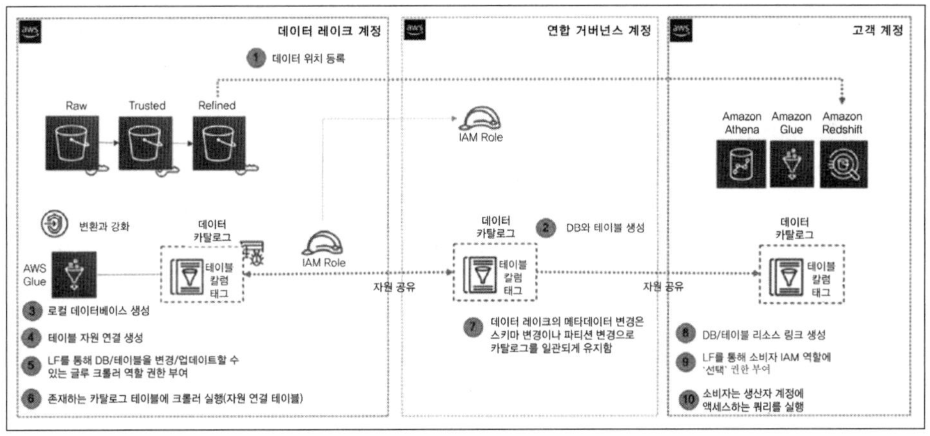

그림 13.10: AWS 클라우드 플랫폼의 데이터 메시 아키텍처

위 그림에서 데이터 메시를 구축하고자 구현된 구성 요소들은 다음과 같다.

- 데이터베이스, 테이블, 열 및 행으로 구성된 데이터 제품이 등록된 중앙 AWS 계정
- 접근 제어 태그와 태그 액세스 정책이 중앙에서 관리된다.
- 소비자와의 공유를 구현하는 저장된 데이터 권한. 권한은 직접적이거나 태그를 기반으로 할 수 있다.

- 생산자, 소비자 계정과 이들이 게시하는 데이터 제품에 보안과 거버넌스 정책을 적용한다.

데이터 메시 아키텍처를 사용하면 비즈니스 도메인 레이크하우스의 독립적 제공을 가속화하는 것을 목표로 할 수 있다. 데이터 메시는 도메인 내에서 데이터 보안과 규정 준수를 강화하고 셀프 서비스 데이터 제품 생성, 검색 및 구독을 가능하게 해 소비자가 데이터 제품에 투명하게 액세스할 수 있도록 한다. 빠른 통찰력을 제공하고 고객 요구에 따라 신속하게 조치를 취해야 할 필요성이 증가하고 있으며, 이는 스트리밍 데이터 분석을 모든 비즈니스의 필수 요소로 만들고 있다. 스트리밍 데이터 분석 아키텍처를 자세히 알아보자.

스트리밍 데이터 아키텍처

스트리밍 데이터는 가장 빠르게 성장하는 데이터 세그먼트 중 하나다. 동영상, 오디오, 애플리케이션 로그, 웹 사이트 클릭스트림, IoT 원격 측정 데이터와 같은 다양한 자원에서 실시간 데이터를 수집하고 빠르게 처리해 빠른 비즈니스 통찰력을 제공해야 한다. 스트리밍 데이터 사용 사례는 유사한 패턴을 따르는데, 일반적으로 데이터 생산자로부터 스트리밍 저장소를 거쳐 데이터 소비자를 거쳐 대상 저장소로 흐른다. 데이터 원본은 수집 단계를 통해 스트림 스토리지 계층으로 전달되는 데이터를 지속적으로 생성하며, 여기서 지속적으로 수집해 스트리밍 처리에 사용할 수 있다. 스트림 처리 계층은 저장 계층의 데이터를 처리하고 처리된 정보를 지정된 대상으로 보낸다.

스트리밍 데이터 아키텍처는 매우 빠른 속도로 대량 데이터의 연속 스트림을 처리해야 하기 때문에 다른 구성이 필요하다. 보통 이 데이터는 반구조적이며 실행할 수 있는 통찰력을 얻고자 상당한 양의 처리가 필요하다. 스트리밍 데이터 아키텍처를 설계하는 동안 시계열 데이터에서 실시간 패턴 식별을 얻으면서 데이터 스토리지를 쉽게 확장할 수 있어야 한다.

IoT 센서와 같은 데이터 스트림을 생성하는 생산자, 실시간 데이터 처리 도구를 사용해 데이터를 저장하고 처리하는 방법, 마지막으로 데이터를 실시간으로 쿼리하는 방법을 생각해야 한다. 다음 그림은 AWS 플랫폼에서 관리형 서비스를 사용하는 스트리밍 데이터 분석 파이프라인을 보여준다.

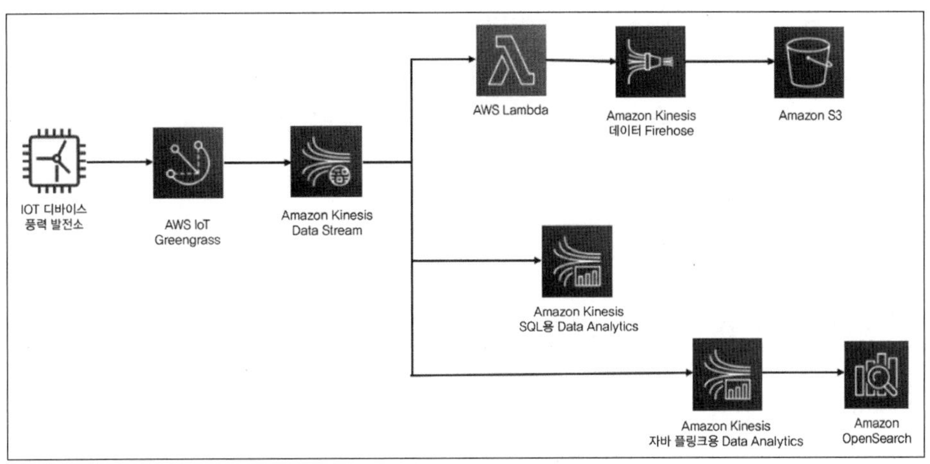

그림 13.11: IoT 데이터에 대한 스트리밍 데이터 분석

위 그림에서 풍력 터빈의 상태와 속도를 이해하고자 풍력 발전 단지에서 데이터를 수집했다. 풍력 터빈이 처리할 수 있는 한계를 초과하는 높은 풍속의 경우 비용이 많이 드는 수리를 피하고자 풍력 터빈을 실시간으로 제어하는 것이 중요하다.

풍력 터빈 데이터는 AWS IoT를 사용해 키네시스 데이터 스트림으로 수집된다. 키네시스 데이터 스트림은 스트리밍 데이터를 최대 1년 동안 보유하고 재생 기능을 제공할 수 있다. 여기에는 데이터를 여러 자원으로 전달하는 팬아웃 기술이 적용되며, Lambda를 사용해 데이터를 가공하고 Amazon Kinesis Firehose를 사용해 추가 분석을 위해 Amazon S3에 저장할 수 있다.

SQL용 Amazon Kinesis Data Analytics에서 간단한 SQL 쿼리를 사용해 스트리밍 데이터에 대한 실시간 쿼리를 수행할 수 있다. 자바 플링크용 Amazon Kinesis Data Analytics를 사용해 스트리밍 데이터를 실시간으로 변환하도록 데이터 파이프라인을 자동화하고 처리된 데이터를 Amazon OpenSearch에 저장해 데이터 통찰력을 얻을 수 있다. OpenSearch 위에 키바나를 추가해 풍력 터빈 데이터를 실시간으로 시각화할 수 있다.

이러한 사용 사례의 문제는 개발자가 자원을 생성하고 스트리밍 데이터 서비스(예, 접근 제어, 로깅 기능, 데이터 통합)에 필요한 모범 사례를 설정하는 데 필요한 설정 시간과 노력이다. 앞의 솔루션은 데이터에 구애받지 않고 쉽게 사용자 지정할 수 있으므로 고객이 미리 구성된 기본값을 기반으로 빠르게 수정하고 특정 비즈니스 로직을 포함하도록 코드 작성을 시작할 수 있다.

빅데이터 아키텍처 모범 사례

앞에서는 다양한 빅데이터 기술과 아키텍처 패턴을 살펴봤다. 모범 사례를 위해 데이터 레이크 아키텍처의 여러 계층이 있는 다음의 참조 아키텍처 그림을 살펴보자.

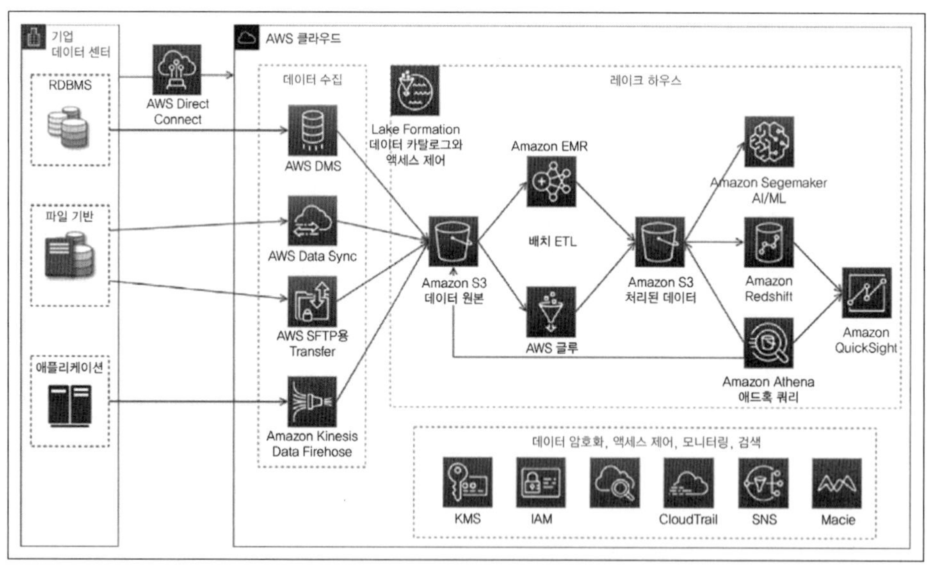

그림 13.12: 데이터 레이크 참조 아키텍처

그림에서는 다음 구성 요소와 함께 AWS 클라우드 플랫폼을 사용하는 데이터 레이크 아키텍처의 종단 간 데이터 파이프라인을 보여준다.

- AWS Direct Connect를 통해 온프레미스 데이터 센터와 AWS 간의 고속 네트워크 연결을 설정하고 데이터를 마이그레이션한다. 대용량 아카이브 데이터가 있는 경우 AWS Snow 제품군을 사용해 데이터를 오프라인으로 이동하는 것이 좋다.
- Amazon Kinesis를 사용해 스트리밍 데이터를 수집하기 위한 다양한 구성 요소가 있는 데이터 수집 계층, AWS DMS[Data Migration Service]를 사용해 관계형 데이터, SFTP용 AWS Transfer를 사용해 안전한 파일 전송, 클라우드와 온프레미스 시스템 간에 데이터 파일을 업데이트하기 위한 AWS DataSync
- Amazon S3를 사용하는 모든 데이터를 위한 중앙 집중식 데이터 스토리지. 데이터 스토리지에는 원시 데이터, 처리된 데이터, 아카이브 데이터를 저장하기 위한 여러 계층이 있다.
- 레이크하우스 아키텍처를 지원하는 Redshift 스펙트럼과 함께 클라우드 네이티브 데이터 웨어하우스 솔루션인 Amazon Redshift
- Amazon Athena를 사용하는 애드혹 쿼리 기능
- AWS Glue를 사용하는 스파크 기반의 빠른 ETL 파이프라인
- Amazon EMR을 통해 기존 하둡 스크립트와 기타 아파치 하둡 프레임워크를 다시 활용한다.
- Amazon Lake Formation은 데이터 레이크 수준에서 포괄적인 데이터 카탈로그 작성과 세분화된 접근 제어를 구축한다.
- Amazon SageMaker를 사용한 AI/ML 확장

기타 구성 요소로는 데이터 암호화를 위한 Amazon KMS[Key Management Service], 접근

제어를 위한 Amazon IAM^Identity and Access Management^, PCI-DSS와 같은 데이터 규정 준수와 PII 데이터 감지를 위한 Amazon Macie, 작업을 모니터링하는 CloudWatch가 있고, CloudTrail은 데이터 레이크 활동을 감사한다.

다음 기준을 사용해 빅데이터 아키텍처를 검증해야 한다.

- 보안
    - 자원 기반 접근 제어를 사용해 데이터를 분류하고 해당 데이터 보호 정책을 정의한다.
    - 사용자 권한과 SSO^Single Sign-On^를 사용해 강력한 ID 기반을 구현한다.
    - 감사 목적으로 환경과 데이터 추적 기능을 활성화한다.
    - 모든 계층에 보안을 적용하고 모든 계층에서 SSL과 미사용 데이터 암호화를 사용해 전송 중 데이터와 미사용 데이터를 보호한다.
    - 프로덕션 데이터 세트에 대한 쓰기 액세스를 잠그는 것과 같이 사람들이 데이터에 접근하지 못하게 한다.
- 신뢰성
    - 데이터 카탈로그를 사용해 자동화된 데이터 프로파일링을 사용하고 데이터 hygiene을 시행한다.
    - 데이터 웨어하우스와 데이터 레이크 간의 데이터 계층화를 사용해 데이터 자산의 수명 주기, 전환, 만료를 관리한다.
    - 데이터 카탈로그를 통해 데이터 이동의 이력을 유지함으로써 데이터 계보를 보존한다.
    - 분석 파이프라인에 대한 복원력을 설계하고 ETL 작업 실패의 자동화된 복구를 통해 시스템 SLA를 모니터링한다.

- 성능 효율성
    - 데이터 프로파일링을 사용해 데이터 검증으로 성능을 개선하고 클리닝 계층을 구축한다.
    - Parquet 형식의 데이터 압축 사용, 데이터 파티션, 파일 크기 최적화 등과 같은 데이터 저장을 지속적으로 최적화한다.
- 비용 최적화
    - 소비 모델을 채택하고 애드혹이나 빠른 쿼리 패턴이 필요한지 결정한다.
    - 사용하지 않는 데이터를 삭제한다. 데이터 보관 규칙을 정의하고 보관 기간이 지난 데이터를 삭제하거나 보관한다.
    - 데이터 레이크 기반 솔루션으로 컴퓨팅과 스토리지를 분리한다.
    - 다양한 데이터 원본과 볼륨에 대해 서로 다른 마이그레이션 전략을 사용해 마이그레이션 효율성을 구현한다.
    - 관리와 애플리케이션 수준 서비스를 사용해 소유 비용을 줄인다.
- 운영 효율성
    - CloudFormation, Terraform, Ansible과 같은 도구를 사용해 코드로 작업을 수행한다.
    - Step Functions이나 아파치 Airflow를 사용해 오케스트레이션 계층 구축과 같은 작업을 자동화한다.
    - ETL 작업 장애 복구를 지속적으로 모니터링하고 자동화해 장애를 사전에 예측한다.
    - 작업 부하의 상태를 측정한다.

앞의 체크리스트들을 가이드로 해서 빅데이터 아키텍처를 검증할 수 있다. 데이터 엔지니어링에 대한 각 주제를 깊이 있게 다루려면 여러 권의 책이 필요한 만큼 매우 방대한 주제다.

이 장에서는 인기 있는 아키텍처 패턴을 사용해 데이터 엔지니어링의 다양한 구성 요소를 살펴봤다. 이는 데이터 엔지니어링을 시작하고 주제를 더 깊이 탐색하는 데 도움이 될 것이다.

요약

13장에서는 빅데이터 파이프라인 설계를 위한 빅데이터 아키텍처와 구성 요소를 살펴봤다. 데이터 수집와 처리를 위해 배치 처리와 스트림 데이터를 수집하는 데 사용할 수 있는 다양한 기술 선택을 살펴봤다. 클라우드는 오늘날 생성되는 방대한 양의 데이터를 저장하는 핵심이기 때문에 AWS 클라우드 생태계에서 데이터를 수집하는 데 사용할 수 있는 다양한 서비스를 살펴봤다.

데이터 스토리지는 빅데이터를 처리할 때 중심점이 되는 것 중 하나다. 정형 및 비정형 데이터, NoSQL, 데이터 웨어하우스를 비롯한 다양한 종류의 데이터 스토리지와 그에 관련된 적절한 기술 선택을 살펴봤고, 데이터 레이크 아키텍처와 이점을 살펴봤다.

데이터를 수집하고 저장한 후에는 데이터를 변환해 해당 데이터에 대한 통찰력을 얻고 비즈니스 요구 사항을 시각화해야 한다. 데이터 요구 사항에 따라 오픈소스와 클라우드 기반 데이터 처리 도구를 선택하기 위한 데이터 처리 아키텍처와 기술 선택을 살펴봤다. 이러한 도구는 데이터의 특성과 조직의 요구 사항에 따라 데이터 통찰력과 시각화를 얻는 데 도움이 된다.

데이터 레이크, 레이크하우스, 데이터 메시, 스트리밍 데이터 아키텍처를 비롯한 다양한 빅데이터 아키텍처 패턴과 참조 아키텍처를 살펴봤다. 마지막으로 모든 학습을 참조 아키텍처에 통합해 빅데이터 아키텍처 모범 사례를 살펴봤다.

더 많은 데이터를 수집함에 따라 미래의 통찰력을 얻는 것이 언제나 도움이 될 수 있고, 이는 비즈니스에 매우 유용할 수 있다. 과거 데이터를 기반으로 미래 결과를 예측하려면 보통 머신러닝이 필요하다. 14장에서는 머신러닝과 데이터 아키텍처를 미래 지향적으로 만드는 방법을 자세히 알아본다.

14

머신러닝 아키텍처

13장에서는 빅데이터를 수집 및 처리하고 비즈니스를 이해하기 위한 통찰력을 얻는 방법을 살펴봤다. 기존의 비즈니스 운영 방식에서는 조직의 의사 결정자가 과거의 데이터를 보고 해당 경험을 바탕으로 회사의 향후 방향을 계획했다. 이는 비즈니스 비전을 설정하는 것뿐만 아니라 고객의 요구를 예측하고 만족시키거나 대출 승인과 같은 일상적인 의사 결정 활동들을 자동화함으로써 최종 사용자의 경험을 개선하는 것도 포함하는 개념이다.

그러나 데이터 가용성이 매우 높아짐에 따라 이제는 사람의 뇌가 모든 데이터를 처리하고 미래를 예측하는 것은 어려워졌다. 여기서 **머신러닝**ML, Machine Learning은 대량의 과거 데이터를 검토함으로써 향후의 행동 방침을 예측하는 데 도움이 된다. 대부분의 기업은 현재 ML에 투자 중이거나 ML에 투자할 계획이다. ML은 새로운 제품, 서비스, 비즈니스 모델을 만들어 혁신을 꾀하고 경쟁력을 확보함으로써 기업의 차별화에 도움이 되는 기술로 빠르게 대두되고 있다.

ML은 기업 전체의 다양한 비즈니스 라인에서 발생할 수 있는 수많은 사용 사례, 그리고 이러한 사용 사례가 가져올 수 있는 높은 영향력 때문에 비즈니스 문제를 해결하는 데 매우 적합하다. 상업 및 정부 산업은 더 짧은 시간에 더 나은 결과를 달성할 수 있게 지원하는 ML 도구들을 배치함으로써 혜택을 누릴 수 있다. AI/ML은 콜센터 지능화로 새로운 수준의 고객 서비스를 구축하거나 ML 기반의 개인 맞춤형 마케팅 캠페인을 통해 마케팅 팀이 개인화 목표를 달성할 수 있게 지원하는 등 다양한 사업 부문의 문제를 해결하는 좋은 방법이다.

14장에서는 ML 관련 요구를 처리하고 관리하기 위한 다음 항목을 살펴본다.

- 머신러닝이란 무엇인가?
- 데이터 과학과 머신러닝
- ML 모델 과적합overfitting과 과소적합underfitting
- 지도와 비지도 ML 모델
- 머신러닝 아키텍처
- MLOps
- 딥러닝
- 자연어 처리
- ML 아키텍처 설계 원칙

14장을 마치면 ML 아키텍처의 설계 방법을 파악할 수 있다. 다양한 ML 모델과 ML 워크플로를 알아본다. 기능 엔지니어링Feature Engineering, 모델 교육, 추론 및 모델 평가를 통해 ML 파이프라인을 만드는 프로세스를 이해할 수 있다.

머신러닝이란 무엇인가?

ML은 더 나은 고객 경험, 더 효율적인 비즈니스 운영과 더 빠르고 정확한 의사 결정을 지원한다. 컴퓨팅 파워의 향상과 데이터의 확산에 따라 ML은 주변부에 위치한 환경에서 업계 전반의 기업과 조직의 핵심 차별화 요소로 변화하고 있다. ML 사용 사례는 맞춤형 제품과 콘텐츠 추천, 컨택 센터[contact center] 지능화, 가상 ID 검증, 문서 처리 지능화 등 대부분의 비즈니스에 적용할 수 있다. 또한 제약 회사의 임상 시험이나 제조 회사의 조립 라인 품질 관리와 같은 특정 산업에 특화된 맞춤형 사용 사례도 있다.

회사에서 새로운 장난감 출시를 위해 잠재 고객에게 마케팅 제안을 보내려고 하는데, 마케팅 캠페인의 대상을 식별할 시스템을 개발해야 한다고 가정한다. 예측 분석을 적용해야 하는 수백만 명의 사용자가 대상 고객일 수 있으며 ML을 통해 이러한 복잡한 문제를 해결할 수 있다.

ML은 기술을 사용해 트렌드와 패턴을 검출하고 과거의 사실 데이터를 바탕으로 수학적 예측 모델을 계산한다. ML은 다음과 같은 복잡한 문제를 해결하는 데 도움이 된다.

- 복잡한 코드 규칙을 만들어 결정을 내리는 방법을 모를 수 있다. 예를 들어 이미지나 음성으로 사람의 감정을 인식하고 싶다면 그것을 달성하기 위한 논리를 코드화하는 쉬운 방법이 없다.
- 의사 결정을 위해 대량의 데이터를 분석해야 하는 경우 데이터양이 너무 커서 사람이 효율적으로 수행할 수 없다. 예를 들어 사람이 스팸 탐지를 통해 일을 수행할 수 있지만 많은 데이터양으로 인해 신속하게 이를 수행하는 것은 힘든 일이다.
- 개별 데이터를 기반으로 사용자 동작을 조정하고 개인화할 필요가 있는 경우에만 관련된 정보를 동적으로 사용할 수 있는 경우, 예를 들어 개별 맞춤화된

제품 추천이나 웹 사이트 개인화 등이 있다.

- 많은 데이터를 사용할 수 있는 많은 작업이 있는 경우 사기 탐지 및 자연어 처리와 같은 규칙 기반 결정을 내릴 수 있을 만큼 개인이 정보를 빠르게 추적할 수는 없다.

사람은 분석 결과와 경험을 바탕으로 데이터 예측을 처리한다. ML을 사용하면 사용 가능한 데이터 기반으로 전문 지식을 제공하고 새로운 데이터를 기반으로 예측을 수행할 수 있도록 컴퓨터를 훈련할 수 있다. 업계 ML의 사용 사례는 다음과 같다.

- **예측 정비**Predictive maintenance: 센서 데이터를 기반으로 고장 전에 부품의 고장 여부를 예측한다. 적용 예로는 자동차 플릿, 제조 장비 및 IoT 센서의 고장과 **잔류 내용 연수**RUL, Remaining Useful Life 예측이 있다. 주요 이점은 차량 및 장비 가동 시간 증가와 비용 절감이다. 활용 사례는 자동차 및 제조 업계에서 널리 사용되고 있다.
- **수요 예측**Demand forecasting: 과거 데이터를 사용해 주요 수요 지표를 신속하게 예측하고 생산, 가격 책정, 재고 관리, 구매/재고에 관한 좀 더 정확한 비즈니스 결정을 내릴 수 있다. 주요 이점은 고객의 수요를 충족시키고, 잉여 재고를 줄임으로써 재고 운반 비용을 절감하며 낭비를 줄이는 것이다. 활용 사례는 주로 금융 서비스, 제조, 소매, **소비자 패키지 상품**CPG, Consumer Packaged Goods 산업에 사용된다.
- **사기 탐지**Fraud detection: 부정행위 가능성이 있는 활동의 검출을 자동화해 검토용으로 플래그를 붙인다. 주요 이점은 부정행위와 관련된 비용을 절감하고 고객의 신뢰를 유지하는 것이다. 활용 사례는 주로 금융 서비스 및 온라인 소매 산업에서 사용된다.
- **신용 리스크 예측**Credit risk prediction: 신용 신청서의 개별 예측을 분석해 신용이 상환될지 말지(종종 신용 불이행이라고 한다)의 여부를 예측한다. 주요 이점은 편견을 식별하고 규제 요구 사항을 충족하는 것이다. 활용 사례는 주로 금융 서비스 및 온라인

소매 산업에서 사용된다.

- **문서에서 데이터 추출과 분석:** 문서, 디지털 문서, 양식의 내용을 이해하고 정보를 추출해 항목을 분류하고 결정을 내리는 작업을 수행하는 데 사용한다. 사용 사례는 의료, 금융 서비스, 법률, 기계, 전기, 교육산업에서 일반적으로 사용된다.
- **개인 맞춤화 추천**Personalized recommendations**:** 과거 데이터의 트렌드에 따라 맞춤형 추천을 제시한다. 기계, 전기, 소매 교육(아마 대부분은 추천 수업) 업계에서 공통적으로 사용된다.
- **이탈 예측**Churn prediction**:** 고객이 이탈할 가능성을 예측한다. 소매, 교육, SaaS Software as a Service에서 자주 사용된다.

ML 이면에 주요 아이디어는 트레이닝 데이터 세트를 ML 알고리듬에 제공하고 새로운 데이터 세트에서 무엇인가를 예측하게 하는 것이다. 예를 들어 과거 주식시장 동향 데이터를 ML 모델에 공급하고 향후 6개월에서 1년 사이에 시장이 어떻게 변동할지를 예측하게 하는 것이다.

ML 솔루션을 개발하는 동안 데이터와 코드는 신중하게 결합해야 하며 견고하고 확장 가능한 ML 시스템의 공통 목표를 위해 제어된 방식으로 진화해야 한다. 트레이닝, 테스트, 추론을 위한 데이터는 시간이 지남에 따라 서로 다른 원본에 걸쳐 변화하며 코드를 변화시키는 작업과 일치해야 한다. 체계적인 접근법이 없으면 코드와 데이터가 어떻게 진화하는지에 차이가 있을 수 있으며, 이로 인해 프로덕션에서 문제가 발생하고 원활한 배포가 방해되며 추적이나 재현이 어려운 결과를 초래할 수 있다. 다음 절에서 데이터 과학이 ML과 어떻게 연계되는지 알아본다.

데이터 과학과 ML 관련 작업

ML은 데이터 관련 작업을 말한다. 훈련 데이터와 레이블의 품질은 ML 모델의 성공에 매우 중요하다. 고품질 데이터는 좀 더 정확한 ML 모델과 올바른 예측으로 이어진다. 실제 환경에서는 결측값, 노이즈, 편향, 이상치 등과 같은 여러 가지 문제가 데이터에 있는 경우가 많다. 데이터 과학은 데이터를 클렌징하고 준비해 ML에 대비하는 것이다.

데이터 준비의 첫 번째 사항은 비즈니스 문제를 이해하는 것이다. 데이터 과학자는 종종 데이터에 직접 접근해 코딩 작업을 시작하고 통찰력을 창출하고자 한다. 그러나 비즈니스 문제에 대한 명확한 이해가 없으면 개발되는 통찰력은 당면한 문제를 해결할 수 없는 솔루션이 될 가능성이 높다. 데이터에서 길을 잃기 전에 간단한 사용자 스토리와 비즈니스 목표부터 시작하는 것이 훨씬 더 합리적이다. 비즈니스 문제를 확실히 이해한 후 ML 문제의 범주를 좁혀 특정 비즈니스 문제를 해결하는 데 ML이 적합한지 여부를 판단할 수 있다.

데이터 과학에는 데이터 수집, 분석, 전처리, 피처 엔지니어링이 포함된다. 데이터 탐색은 데이터 품질, 정제도, 데이터 내의 흥미로운 패턴, 모델링을 시작할 때 앞으로 나아갈 방향 등 필요한 정보를 제공한다.

데이터 준비는 ML 모델을 구축하는 첫 번째 단계다. ML 개발에 있어 데이터 준비는 시간이 많이 걸리고 개발에 소요되는 시간의 최대 80%를 차지한다. 데이터 준비는 데이터가 '오염'되고 가공되지 않은 형태 때문에 ML에 대한 준비가 되지 않은 고유한 특성 때문에 항상 지루하고 자원 집약적인 일로 여겨져 왔다. '오염된' 데이터에는 결측값이나 잘못된 값, 이상치 등이 포함될 수 있다. 좀 더 정확하고 효율적인 ML 모델을 제공하고자 입력값을 변환하는 피처 엔지니어링이 종종 필요하다.

데이터 준비에는 여러 단계가 필요한 경우가 많다. 대부분의 '독립형 데이터 준비 도구'는 데이터 변환과 피처 엔지니어링 및 시각화를 제공하지만 빌트인 모델 검증을 제공하는 도구는 거의 없다. 이러한 데이터 준비 단계는 모두 ML과는 별개의 것으로 간주된다. 필요한 것은 이러한 모든 기능을 한곳에서 제공하고 ML 파이프라인에서 나머지 부분과 긴밀하게 통합되는 프레임워크다. 따라서 데이터 준비 모듈은 실제 프로덕션 환경에 배포하기 전 큐레이션과 통합이 필요하다.

다음 그림에서 볼 수 있듯이 데이터 전처리와 ML 모델 생성을 위한 학습은 상호 연결돼 있다(데이터 준비는 모델에 큰 영향을 미치지만 선택된 모델은 데이터 준비 타입에 큰 영향을 미친다). 올바른 균형을 찾는 것은 매우 반복적이며, 매우 예술(또는 시행착오)적인 일이다.

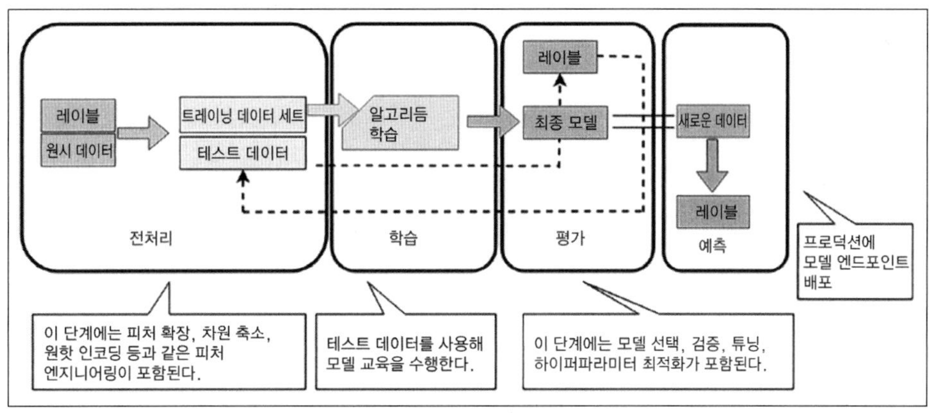

그림 14.1: ML 워크플로

그림에서 보듯이 ML 워크플로에는 다음과 같은 단계가 있다.

- **전처리**Preprocessing: 이 단계에서는 데이터 과학자가 데이터를 사전 처리해 트레이닝, 검증, 테스트 데이터 세트로 나눈다. ML 모델은 모델에 맞는 트레이닝 데이터 세트를 사용해 트레이닝되고 검증 데이터 세트를 사용해 평가된다. 모델이 준비되면 테스트 데이터 세트를 사용해 테스트를 진행할 수 있다. 데이터양과 비즈니스 케이스를 고려해 데이터를 트레이닝, 테스트, 검증 세트로 분할해야 한다. 데이터의 70%는 트레이닝용으로, 10%는 검증용으로, 20%는 테스트용으로 설정할 수 있다. 피처Feature는 결과에 영향을 미칠 수도 있고 영향을 미치지 않을 수도 있는 데이터 세트의 독립적인 속성이다. 피처 엔지니어링에는 모델 정확도를 달성하는 데 도움이 되는 적절한 속성을 찾는 작업이 포함된다. 레이

블은 피처 선택에 따라 결정되는 타깃 결과다. 차원 축소dimensionality reduction를 적용해 데이터에 가장 강력한 피처를 필터링하고 추출하는 올바른 피처를 선택할 수 있다.

- **학습**Learning: 비즈니스 사용 사례와 학습 단계의 데이터에 따라 적절한 ML 알고리듬을 선택한다. 학습 단계는 ML 워크플로의 핵심으로, 트레이닝 데이터 세트에 대한 ML 모델을 훈련한다. 모델 정확도를 얻으려면 다양한 하이퍼파라미터로 실험하고 모델을 선택해야 한다.
- **평가**Evaluation: 학습 단계에서 훈련된 ML 모델을 확보하면 알려진 데이터 세트를 사용해 정확성을 평가할 것이다. 모델을 평가하려면 전처리 단계에서 따로 보관된 검증 데이터 세트를 사용한다. 검증 데이터에 의해 결정되는 모델 예측 정확도가 기대를 충족시키지 못한다면 평가 결과에 따라 필요한 모델 튜닝을 수행해야 한다.
- **예측**Prediction: 예측은 추론이라고도 한다. 이 단계에서는 모델을 배포하고 예측을 시작한다. 이러한 예측은 실시간 혹은 배치성으로 수행할 수 있다.

입력한 데이터에 따라 ML 모델에는 종종 과적합이나 과소적합 문제가 있으므로 올바른 결과를 얻고자 고려해야 한다.

ML 모델의 평가: 과적합과 과소적합

과적합에서는 모형이 일반화되지 않는다. 트레이닝 세트에서는 잘 수행되지만 테스트 세트에서는 잘 수행되지 않는 모델을 과적합 모델overfitting model이라고 한다.

이는 일반적으로 모델이 트레이닝 데이터양에 비해 너무 유연하며, 이러한 유연성으로 인해 노이즈를 포함한 데이터를 반영할 수 있음을 나타낸다. 과적합은 높은 변동량을 가지며, 트레이닝 데이터의 작은 변경으로 인해 결과가 상당히 달라질 수 있다.

과소적합underfitting의 경우 모델이 트레이닝 데이터 세트에 필수 규칙을 탐지하지 못한다. 일반적으로 과소적합은 모형이 너무 단순하거나 설명 변수explanatory variables가 너무 적음을 나타낸다. 과소적합 모델은 실제 패턴을 모형화할 수 있을 만큼 유연하지 않고 높은 편향을 나타내므로 결과가 특정 영역에서 체계적으로 적합하지 않음을 나타낸다.

다음 그래프는 적합도가 좋은 모델에 해당하므로 과적합과 과소적합의 명확한 차이를 보여준다.

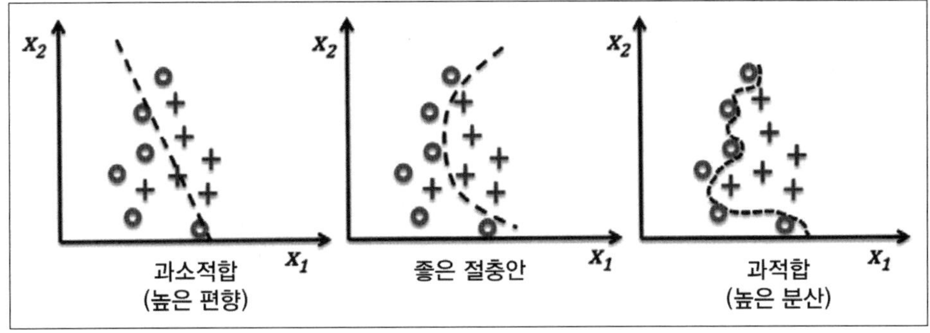

그림 14.2: 과적합과 과소적합 ML 모델

ML 모델은 이전 그래프의 빨간색 점과 녹색 십자가로 표시된 두 개의 데이터 요소 범주를 분류한다. ML 모델은 고객이 특정 제품을 구매할지 여부를 결정하려고 한다. 차트는 세 가지 다른 ML 모델의 예측을 보여준다. 트레이닝 과정에서 모든 빨간색 데이터 포인트를 통과하고 실제 트레이닝 데이터 세트 외부의 실제 데이터에 대한 알고리듬을 일반화하지 못하는 과적합 모델(오른쪽)을 볼 수 있다. 반면에 과소적합된 모델(왼쪽)의 경우 여러 데이터 요소를 생략하고 부정확한 결과를 생성한다. 좋은 모델(중간에 표시)은 대부분의 경우 명확한 데이터 포인트 예측을 제공한다. 좋은 ML 모델을 만드는 것은 예술품을 만드는 것과 같으며 튜닝을 통해 적절한 설계를 할 수 있다.

ML 알고리듬은 전체 ML 워크플로의 핵심에서 지도학습과 비지도학습으로 분류된다.

지도 및 비지도 머신러닝 알고리듬

지도학습supervised learning에서 알고리듬에는 알고 있는 데이터와 대상이 일련의 트레이닝 예제로 제공된다. 그런 다음 동일한 속성을 포함하는 새로운 데이터 세트의 타깃 값을 예측할 수 있다. 지도 알고리듬의 경우 사진 분류 및 태깅과 같은 사람의 개입과 검증이 필요하다.

비지도학습unsupervised learning에서 알고리듬은 방대한 데이터를 제공받으며 데이터 간의 패턴과 관계를 찾아야 한다. 그런 다음 데이터 세트에서 추론을 도출할 수 있다.

예를 들어 컨텍스트 기반 문서 자동 분류와 같은 비지도학습에서는 사람의 개입이 필요 없다. 트레이닝 예제에 대해 올바른 결과를 사용할 수 없는 문제를 다루고 알고리듬은 클러스터링을 사용해 데이터 내에서 패턴을 찾아야 한다.

강화학습reinforcement learning은 다른 범주로 알고리듬에 어떤 작업이 올바른지 다루지 않지만 순서대로 작업 후에 보상이나 페널티를 주는 방식으로 작동한다.

다음은 ML에서 사용하는 유명한 ML 알고리듬 유형이다.

- **선형 회귀**Linear regression: 선형 회귀를 설명하고자 주택 가격을 간단한 예로 사용하겠다. 시장에서 주택 가격과 크기를 나타내는 많은 데이터 요소를 수집하고 2차원 그래프에 표시한다고 가정해본다. 이러한 데이터 요소에 가장 잘 맞는 선을 찾고 이를 사용해 새로운 크기의 주택 가격을 예측하려고 한다.
- **로지스틱 회귀**Logistic regression: 양수와 음수 두 범주에 속하는 입력의 확률을 추정한다.
- **신경망**Neural networks: ML 모델은 신경망에서 연결된 노드들의 계층이 인간의 두뇌처럼 작동한다. 각 노드는 일변량 비선형 변환이 있는 하나의 다변량 선형 함수다. 신경망은 모든 비선형 함수를 나타낼 수 있으며 이미지 인식과 같이 일반적으로 해석하기 어려운 문제를 해결할 수 있다. 신경망은 트레이닝을 진행하는 데 비용이 많이 들지만 예측하는 것은 빠르다.

- **k-최근접 이웃**K-nearest neighbors: k개의 이웃을 선택한다. 분류하려는 새 관측치의 k-최근접 이웃을 찾고 과반수 투표로 범주 레이블을 할당한다. 예를 들어 데이터를 5개의 클러스터로 분류하려고 한다면 k 값은 5가 된다.
- **서포트 벡터 머신**SVM, Support Vector Machines: 서포트 벡터는 연구에서 널리 사용되는 접근 방식이지만 업계에서는 그다지 많지 않다. SVM은 결정 경계(하이퍼플레인)와 서포트 벡터(경계에 가장 가까운 트레이닝 예제) 사이의 거리 범위를 최대화한다.

제플린Zeppelin, 알스튜디오RStudio, 주피터Jupyter 노트북은 ML 모델 훈련을 위한 데이터 검색, 클렌징, 레이블 지정, 준비를 수행하는 데이터 엔지니어에게 가장 일반적인 환경이다. 스파크는 회귀, 페이지랭크, k-평균 등과 같은 많은 표준 고급 평가 알고리듬을 구현하는 스파크 ML 라이브러리를 제공한다.

신경망을 활용하는 알고리듬의 경우 데이터 과학자는 텐서플로TensorFlow 및 MXNet과 같은 프레임워크 또는 케라스Keras, 글루온Gluon 또는 파이토치PyTorch와 같은 상위 수준의 추상화 기법을 사용한다. 이러한 프레임워크와 공통 알고리듬은 ML 모델 개발, 트레이닝, 호스팅의 전체 환경을 제공하는 Amazon SageMaker 서비스에서 찾을 수 있다. 클라우드가 ML 모델 트레이닝을 위한 필수 플랫폼이 됨에 따라 사용할 수 있는 몇 가지 ML 클라우드 플랫폼을 알아보자.

클라우드 환경에서의 머신러닝

ML 개발은 복잡하고 비용이 많이 드는 프로세스다. 시간이 많이 걸리고 차별화되지 않은 데이터 수집과 준비부터 높은 비용을 야기하는 오랜 트레이닝이 발생하는 시행착오를 통해 올바른 ML 알고리듬 선택까지 ML 워크플로의 각 단계에는 많은 장벽이 있다. 그런 다음 매우 긴 주기가 될 수 있고 수천 가지의 다른 조합을 조정해야 하는 모델 튜닝이 있다. 모델을 배포한 후에는 이를 모니터링한 다음 프로덕션을 확장하고 관리해야 한다.

이러한 문제를 해결하고자 모든 주요 퍼블릭 클라우드 공급업체는 저렴한 비용으로 ML 모델을 쉽게 트레이닝, 조정, 배포할 수 있는 ML 플랫폼을 제공한다. 예를 들어 Amazon SageMaker는 종단 간 ML 서비스를 제공하는 가장 인기 있는 플랫폼 중 하나다. SageMaker는 사용자에게 SageMaker 스튜디오를 통해 여러 도구를 한곳에 모은 통합 공간을 제공한다. 사용자는 SageMaker 스튜디오를 통해 주피터 노트북과 주피터랩JupyterLab 환경을 즉시 실행할 수 있다. 또한 SageMaker는 완전한 실험 관리, 데이터 준비, 파이프라인 자동화, 오케스트레이션을 제공해 데이터 과학자의 생산성을 높일 수 있다. SageMaker는 ML과 데이터 과학 프로젝트를 위해 R 개발자들 사이에서 가장 인기 있는 IDE 중 하나인 완전 관리형 RStudio 플랫폼을 제공한다.

SageMaker는 데이터 과학자와 개발자가 쉽게 수행할 수 있도록 클라우드 환경에서 완전 관리형 서버를 제공한다. 그러나 노트북 외에도 SageMaker는 다른 관리형 인프라 기능도 제공한다. 분산 트레이닝 작업, 데이터 처리 작업, 모델 호스팅에서 SageMaker는 모델 구축, 트레이닝, 호스팅과 관련된 모든 크기 조정, 패치 적용, 고가용성 등을 처리한다. 마찬가지로 GCP는 구글 클라우드 AI 플랫폼에 ML 실험을 수행할 수 있는 다양한 서비스를 제공하고 마이크로소프트 애저는 애저 머신러닝 스튜디오Azure Machine Learning Studio를 제공한다.

관리형 ML 플랫폼 외에도 클라우드 공급업체는 바로 사용할 수 있는 인공지능AI, Artificial Intelligence 서비스도 제공한다. AI 서비스를 통해 개발자는 ML 기술 없이도 모든 애플리케이션에 지능을 쉽게 추가할 수 있다. 사전 트레이닝된 모델은 고객 경험 관련 개인화, 비즈니스 메트릭 예측, 대화 번역, 문서에서 의미 추출 등과 같은 작업을 수행하는 데 도움이 되도록 애플리케이션과 워크플로에 대해 미리 만들어진 기술을 제공한다. 예를 들어 AWS는 여러 언어로 개체 감지, 핵심 구문 감지, 감정 분석을 지원하는 사전 훈련된 모델이 있는 Amazon Comprehend AI 서비스를 제공한다.

데이터 과학자는 관리형 클라우드 환경을 활용해 데이터 준비를 수행하고 모델 트레이닝 클러스터를 설정해 트레이닝 작업을 시작한다. 해당 과정이 완료되고 ML 파이프라인을 구축하기 위한 알고리듬과 ML 워크플로를 배운다면 클릭 한 번으로 모델을 배포하고 HTTP를 통해 추론을 제공할 수 있다. ML 아키텍처를 설계할 때 고려해야 할 몇 가지 중요한 사항을 자세히 알아보자.

머신러닝 아키텍처 설계

ML 파이프라인 생성은 여러 단계로 구성되며 반복적인 개선이 필요하다. 느슨한 코드 모음에서 강력하고 확장할 수 있는 워크플로를 구축하는 것은 복잡하고 시간이 많이 소요되는 프로세스며 많은 데이터 과학자는 워크플로 경험이 없다. ML 워크플로는 여러 단계를 포함하는 오케스트레이션된 순서로 정의할 수 있다. 데이터 과학자와 ML 개발자는 먼저 수많은 코드 레시피를 패키징한 다음 각 단계 간의 코드, 데이터, 모델 매개변수 종속성을 추적하면서 실행 순서를 지정해야 한다,

ML 워크플로에 복잡성이 추가되면 데이터 변경이 편향을 가져와 부정확한 예측으로 이어질 수 있기 때문에 트레이닝과 예측에 사용되는 데이터 변경을 모니터링해야 한다. 데이터를 모니터링하는 것 외에도 데이터 과학자와 ML 개발자는 모델 예측을 모니터링해 정확하고 시간이 지남에 따라 특정 결과에 치우치지 않게 해야 한다. 결과적으로 개별 코드 레시피가 올바른 순서로 예상대로 실행되게 하려면 몇 개월의 맞춤형 코딩이 필요할 수 있다.

ML 아키텍처는 모델 아티팩트를 보호하고 모델 개발과 트레이닝을 위한 셀프 서비스 기능이 필요하다. ML 아키텍처는 개발, 트레이닝, 배포 전반에 걸쳐 전체 모델 개발 수명 주기에 대한 자동화된 종단 간 흐름이 필요하다. ML 애플리케이션은 모델 관리와 배포를 위해 변경 제어 시스템과 통합된 지속적인 통합과 지속적인 배포[CI/CD] 파이프라인을 사용해야 한다. 해당 환경에는 사전 정의된 보안 구성이 필

요하다. 다음은 이해를 돕고자 AWS ML 플랫폼 예제가 있는 ML 아키텍처 구성 요소를 살펴본다.

준비와 레이블링

ML용 데이터를 준비하려면 피처 엔지니어링, 데이터 유효성 검사, 모델 평가, 모델 해석과 같은 데이터 처리 워크플로를 실행해야 한다. 피처는 데이터 세트를 사전 처리해 사용 중인 ML 알고리듬에서 예상되는 형식으로 입력 데이터 세트를 변환한다. 데이터 처리과 분석 수행에 대해 앞 절에서 언급한 다양한 도구와 기술을 사용해 ML 요구 사항에 따라 데이터를 랭글링[wrangle]할 수 있다. Amazon SageMaker와 같은 관리형 ML 플랫폼은 데이터 랭글러과 피처 저장 기능을 제공해 데이터 처리 작업을 더 쉽게 만든다. Amazon SageMaker는 ML 모델을 빠르게 구축, 트레이닝, 배포할 수 있는 기능을 제공하는 완전 관리형 서비스다. 다른 ML 플랫폼에는 애저 ML 스튜디오, H2O.ai, SAS, Databricks, 구글 AI 플랫폼이 있다.

데이터를 처리하는 동안 데이터에 레이블을 지정해야 하는 경우가 많으며 이미지 처리의 경우 이는 힘든 일이다. 데이터 레이블 지정은 매우 정확한 트레이닝 데이터 세트를 빠르게 구축하고 관리하는 데 도움이 된다. Labelbox, CrowdAI, Docugami, Scale처럼 이미지에 레이블을 지정하는 데 도움을 주는 타사 공급업체를 사용할 수 있다. 또한 사람이 제공한 레이블을 통해 지속적으로 학습해 주석 품질을 개선하는 SageMaker Ground Truth와 같은 AI 서비스를 사용해 레이블 지정 프로세스를 자동화할 수도 있다.

선택과 빌드

ML 모델을 생성하는 동안 먼저 비즈니스 문제를 명확하게 이해하는 것은 올바른 알고리듬을 선택하는 데 도움이 된다. 앞 절에서 설명했듯이 지도 및 비지도 머신러닝 알고리듬의 알고리듬과 ML 프레임워크 목록에서 선택할 수 있다. 사용 사례에 적합한 알고리듬을 선택해 ML 모델을 구축하고 나면 모델을 트레이닝하고 개발할 플랫폼이 필요하다.

주피터 노트북과 알스튜디오는 ML 모델을 구축하고자 데이터 과학자들 사이에서 가장 인기 있는 플랫폼이다. Amazon SageMaker와 같은 클라우드 플랫폼을 사용해 주피터 노트북이나 알스튜디오 워크벤치[Workbench]를 가동할 수 있다. AWS는 SageMaker 스튜디오와 알스튜디오에 모든 ML 개발 단계를 수행할 수 있는 웹 기반 시각적 인터페이스를 제공한다.

모델을 선택하려면 다양한 문제 유형에 적용할 수 있는 몇 가지 기본 제공 ML 알고리듬을 선택하거나 클라우드 마켓플레이스에서 사용할 수 있는 수백 가지 알고리듬과 사전 학습된 모델을 가져와 쉽고 빠르게 시작할 수 있다. 다음 단계는 모델을 트레이닝하고 튜닝하는 것이다. 이를 자세히 살펴보자.

트레이닝과 튜닝

분산 컴퓨팅 클러스터를 가져와 트레이닝을 수행하고 애플리케이션이 트레이닝에 사용할 수 있는 결과를 낼 수 있는 것이 가장 좋다. 모델 튜닝은 하이퍼파라미터 튜닝이라고도 하며, 이는 결과 정확도를 달성하는 데 중요한 측면이다. 알고리듬과 하이퍼파라미터 범위를 사용해 데이터 세트에서 여러 트레이닝 작업을 실행해 최상의 모델 버전을 찾아야 한다. 그런 다음 선호하는 메트릭으로 측정했을 때 최상의 성능을 발휘하는 모델을 생성하는 올바른 하이퍼파라미터 값을 선택하는 것이 좋다.

모델을 튜닝하는 동안 모델을 디버깅할 수 있는 기능이 있어야 한다. 이 기능은 모델 정확도를 개선하는 데 도움이 되도록 트레이닝, 검증, 혼동 행렬[confusion matrices], 학습 기울기[learning gradients]와 같은 트레이닝 중 실시간 메트릭을 수집하는 데 도움이 된다. 이전 실험을 특성별로 검색하고, 이전 실험을 결과로 검토하고, 실험 결과를 시각적으로 비교할 수 있게 입력 매개변수, 구성과 결과를 수집해 실험으로 저장해야 한다. Amazon SageMaker와 같은 대부분의 관리형 ML 플랫폼은 모델 자동 조정, 실험, 디버거와 같은 모든 기능을 제공한다.

Amazon SageMaker는 자동으로 원시 데이터를 확인하고 피처 프로세스를 적용하는 Autopilot도 제공한다. 최고의 알고리듬 세트를 선택하고, 여러 모델을 트레이닝하고, 조정하고, 성능을 추적하고, 성능을 기반으로 모델의 순위를 지정한다. 모델이 준비되면 도움이 되는 통찰력을 얻고자 모델을 배포하고 프로덕션에서 관리해야 한다.

배포와 관리

실시간 또는 배치 데이터에 대한 예측 생성을 시작하려면 훈련된 모델을 프로덕션에 배포해야 한다. 높은 중복성을 위해 여러 위치에 걸쳐 ML 인스턴스에 대한 자동 크기 조정을 적용하고 애플리케이션에 대한 안정적인 HTTPS 엔드포인트를 설정해야 한다. 짧은 대기 시간과 높은 처리량을 달성하려면 애플리케이션에 ML 엔드포인트에 대한 API 호출이 있어야 한다. 이러한 유형의 아키텍처를 사용하면 모델 변경이 더 이상 애플리케이션 코드 변경을 필요로 하지 않기 때문에 새 모델을 애플리케이션에 신속하게 통합할 수 있다.

데이터는 계절성 또는 예측하지 못한 이벤트에 따라 빠르게 변경될 수 있으므로 모델의 정확성과 비즈니스 관련성을 모니터링하고 개념 드리프트concept drift를 수정하는 것이 필수적이다. 오늘날 배포된 모델의 정확도에 영향을 줄 수 있는 중요한 요소 중 하나는 예측을 생성하는 데 사용되는 데이터가 모델을 훈련하는 데 사용되는 데이터와 다른 경우다. 예를 들어 변화하는 경제 상황은 주택 구매 예측에 영향을 미치는 새로운 이자율을 유발할 수 있다. 이를 개념 드리프트라고 하며 모델이 예측을 수행하는 데 사용하는 패턴이 더 이상 적용되지 않는다. 배포된 모델에서 개념 드리프트를 자동으로 감지하고 문제의 원인을 식별하는 데 도움이 되는 자세한 알람을 제공해야 한다.

대부분의 딥러닝 애플리케이션에서 트레이닝된 모델(추론이라고 하는 프로세스)을 사용해 예측하는 것은 애플리케이션의 컴퓨팅 비용에 중요한 요소가 될 수 있다. 전체 GPU 인스턴스는 모델 추론을 위해 너무 오버사이징된 걸 수 있다. 또한 딥러닝 애플리케이션의 GPU, CPU, 메모리 요구 사항을 최적화하는 것이 어려울 수 있다. 코드 변경 없이 프로덕션 인스턴스에 올바른 GPU 기반 추론 가속을 추가해 이러한 문제를 해결해야 한다.

모델 호환성은 배포 중 또 다른 중요한 요소다. MXNet, 텐서플로, 파이토치 또는 XGBoost를 사용해 모델을 구축하고 교육한 후에는 인텔, 엔비디아NVIDIA 또는 ARM에서 대상 하드웨어 플랫폼을 선택할 수 있다. 최적의 실행을 위해 훈련된 ML 모델을 컴파일하고 컴파일된 모델을 엣지 디바이스에 효율적으로 배포하고 고성능 및 저비용 추론을 제공해야 한다. ML 모델을 구축하고 배포하는 다양한 단계를 배우면서 이미지 인식, 음성 인식, 자연어 처리, 개인화, 사기 탐지와 같은 대규모 ML 추론 애플리케이션을 실행할 수 있는 능력이 있어야 한다. 모든 구성 요소를 연결하는 참조 아키텍처를 살펴보자.

머신러닝 추론 아키텍처

다음 아키텍처는 AWS 클라우드 플랫폼에 구축된 고객 데이터를 기반으로 하는 은행 대출 승인 워크플로를 보여준다.

여기에서 클라우드와 ML 프레임워크로 수집된 고객 데이터가 고객 대출 신청을 결정한다.

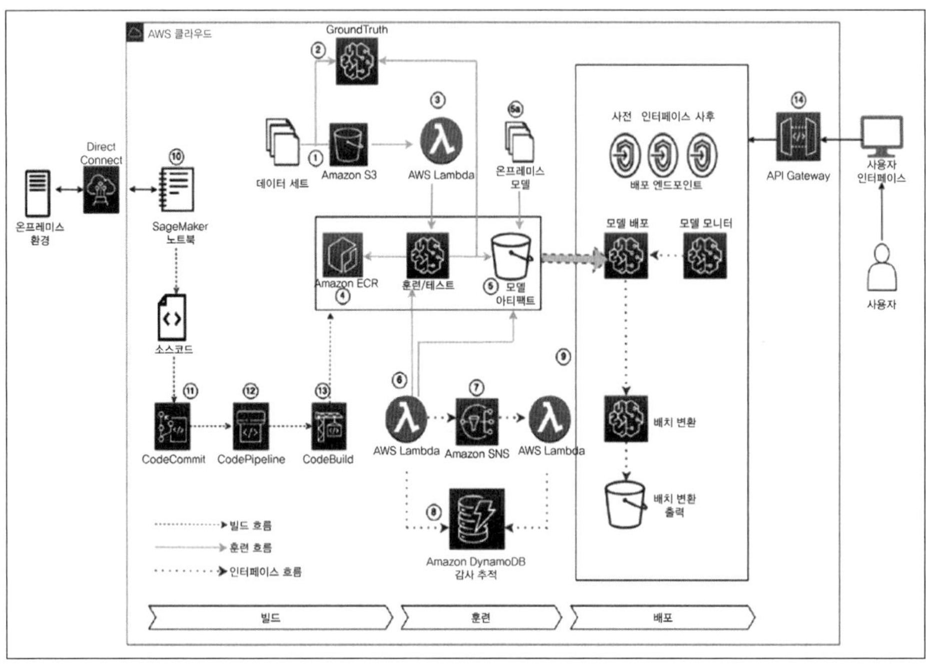

그림 14.3: AWS 클라우드 ML 아키텍처

위의 아키텍처를 설계할 때 가이드로 고려해야 할 몇 가지 기본 설계 원칙은 다음과 같다.

- **트레이닝 워크플로:**
    1. 데이터 세트는 S3를 사용해 프로세스 흐름에 들어간다. 이 데이터는 원시 데이터이거나 온프레미스 데이터 세트에서 사전 처리될 수 있다.
    2. Ground Truth는 ML 모델에 대해 레이블이 지정된 고품질 트레이닝 데이터 세트를 구축하는 데 사용된다. 필요한 경우 데이터는 Ground Truth 서비스를 사용해 데이터에 레이블을 지정할 수 있다.
    3. AWS Lambda는 데이터 세트가 SageMaker로 유입되기 이전 데이터 통합, 준비, 클렌징에 사용된다.

4. 데이터 과학자는 SageMaker에 접속해 모델을 트레이닝하고 테스트한다. SageMaker에서 사용하는 도커 이미지는 ECR에 저장되며 다음의 빌드 흐름 단계를 통해 생성된 사용자 지정 도구 집합이 있는 사용자 지정 이미지이거나 사전 빌드된 Amazon 이미지 중 하나를 사용할 수 있다.
5. 배포 단계의 일부로 사용할 모델 아티팩트가 S3에 저장된다. SageMaker 모델의 결과는 Ground Truth를 사용해 데이터 레이블을 지정하는 데 사용할 수 있다. 온프레미스나 기타 플랫폼에서 사전 구축 및 트레이닝된 모델을 모델 아티팩트 S3 버킷에 저장하고 SageMaker를 사용해 배포할 수 있다.
6. AWS Lambda는 S3 버킷에 저장되는 새 모델 아티팩트를 기반으로 승인 워크플로를 트리거할 수 있다.
7. Amazon SNS를 사용해 최종 모델을 배포하기 위한 사람의 개입을 기반으로 하는 자동 또는 수동 승인 워크플로를 제공할 수 있다. 지원하는 Lambda 함수는 SNS의 결과를 가져와 모델을 배포한다.
8. DynamoDB는 감사 추적을 위해 모든 모델의 메타데이터, 작업, 기타 관련 데이터를 저장하는 데 사용된다.
9. 최종 모델을 호스팅하고자 워크플로의 마지막 단계의 일부로 연결된 구성과 함께 엔드포인트를 배포한다.

- **빌드 흐름:**

1. SageMaker 노트북 인스턴스는 데이터를 준비 및 처리하고 ML 모델을 트레이닝하고 배포하는 데 사용된다. 이러한 노트북은 SageMaker 서비스용 VPC 엔드포인트를 통해 접근할 수 있다.
2. CodeCommit은 SageMaker에서 사용하는 사용자 지정 도커 이미지에 필요한 빌드 작업을 트리거하는 소스코드용 리포지터리를 제공한다.
3. CodePipeline 서비스는 사용자 지정 도커 이미지에 대한 종단 간 빌드 파이

프라인을 관리하고 빌드/테스트 단계에서 CodeBuild 서비스를 사용한다.

4. CodeBuild는 사용자 지정 도커 이미지의 단위 테스트를 빌드 및 수행하고 이를 Amazon ECR에 푸시한다(이 프로세스는 중앙에서 관리하거나 도구가 필요한 비즈니스 기능에서 관리할 수 있다).

- **추론 흐름:**

1. SageMaker 엔드포인트는 비공개이므로 Amazon API Gateway는 추론을 위해 모델 엔드포인트를 최종 사용자에게 노출한다.

2. 배치 변환 작업은 일반적으로 전체 데이터 세트에 대한 추론을 가져오는 데 사용된다. 훈련된 모델과 데이터 세트를 사용해 배치 작업의 출력이 S3에 저장된다.

3. SageMaker 모델 모니터는 생산 모델을 모니터링해 품질 문제에 대해 알람을 발생시키는 데 사용된다.

이 절에서는 ML 아키텍처 설계 원칙에 따라 CI/CD 파이프라인으로 ML 아키텍처를 구축하는 방법을 살펴봤다. 이 책의 앞부분에서 개발 워크로드를 자동화하고 운영하기 위한 데브옵스를 살펴봤다. ML이 주류가 됨에 따라 MLOps는 프로덕션에서 대규모로 ML을 관리하는 데 중요해지고 있다. MLOps를 사용해 ML 워크로드를 운영하는 방법의 자세한 내용을 살펴보자.

머신러닝 작업

ML 워크플로는 수학적 모델을 생성하고자 개발 및 실행된 일련의 작업으로, 결국 실제 문제를 해결하도록 설계된다. 그러나 개념 증명[PoC, Proofs of Concept] 외에는 프로덕션에 배포될 때까지 이러한 모델의 가치는 없다. ML 모델은 비즈니스 가치를 제공하고자 대부분 프로덕션 환경에 배포해야 한다.

코어 단에서 머신러닝 작업MLOps은 실험적 ML 모델을 프로덕션 시스템으로 가져온다. MLOps는 ML 개발 수명 주기와 ML 아티팩트가 다르기 때문에 기존 데브옵스와는 다른 새로운 방식이다. ML 수명 주기에는 트레이닝 데이터의 패턴을 사용해 MLOps 워크플로를 데이터 변경, 볼륨, 품질에 민감하게 만드는 작업이 포함된다. 또한 성숙한 MLOps는 ML 수명 주기 활동 모니터링과 프로덕션 모델 모니터링을 모두 지원해야 한다.

MLOps 프레임워크 구현을 통해 조직은 광범위한 코드를 제거하고 성숙한 MLOps 프레임워크를 구축하는 데 자신감을 가질 수 있다. 다른 워크로드와 마찬가지로 ML 수명 주기의 배포 단계에서 보안, 안정성, 고가용성, 성능, 비용과 같은 모범 사례를 적용해 MLOps를 개발해야 한다. MLOps의 몇 가지 원칙을 살펴보자.

MLOps 원칙

변경된 코드, 데이터, 모델은 ML 개발 파이프라인에서 빌드 프로세스를 트리거해야 한다. ML 파이프라인은 ML 시스템을 개발하는 동안 다음과 같은 MLOps 원칙을 따라야 한다.

1. **자동화**Automation**:** 프로덕션 환경에서 ML 모델 배포는 자동화돼야 한다. MLOps 팀은 수동 개입 없이 데이터 엔지니어링에서 모델 간섭에 이르기까지 종단 간 ML 워크플로를 자동화해야 한다. MLOps 파이프라인은 일정 예약, 메시징, 모니터링, 데이터 변경, 모델 트레이닝 코드 변경, 애플리케이션 코드 변경과 같은 이벤트를 기반으로 모델 트레이닝과 배포를 트리거할 수 있다.
2. **버저닝**Versioning**:** 버전 관리는 데브옵스와 마찬가지로 MLOps의 필수 항목이다. 모든 ML 모델과 관련 스크립트 버전은 깃허브와 같은 버전 제어 시스템에서 유지 관리해 모델을 재현하고 감사할 수 있게 해야 한다.
3. **테스팅**Testing**:** ML 시스템은 광범위한 테스트와 모니터링이 필요하다. 각 ML 시

스템에는 최소한 다음과 같은 세 가지 테스트 범위가 있어야 한다.

- 피처와 데이터 테스트에는 데이터 품질 검증과 ML 모델에 적합한 피처 선택이 포함된다.
- 모델 개발 테스트에는 비즈니스 메트릭 테스트, 모델 비활성 테스트, 모델 성능 검증 테스트가 포함된다.
- ML 인프라 테스트에는 ML API 사용 테스트, 전체 ML 파이프라인 통합 테스트, 트레이닝, 프로덕션 서버 가용성 테스트가 포함된다.

4. **재현성**Reproducibility: ML 워크플로의 모든 단계는 재현할 수 있어야 한다. 이는 데이터 처리, ML 모델 트레이닝, ML 모델 배포는 동일한 입력이 주어졌을 때 동일한 결과를 생성해야 한다. 이러한 메커니즘은 강력한 ML 시스템을 보장한다.
5. **배포**Deployment: MLOps는 CI/CD, 지속적인 트레이닝 및 지속적인 모니터링CT/CM을 포함하는 ML 엔지니어링 문화다. 자동화된 배포/테스트는 문제를 초기 단계에서 신속하게 발견하는 데 도움이 된다. 이를 통해 오류를 빠르게 수정하고 실수에서 학습을 할 수 있다.
6. **모니터링**Monitoring: 데이터 드리프트와 같은 이유로 프로덕션에서 모델 성능이 저하될 수 있다. 이는 성능 저하를 해결하거나 모델 공정성을 개선하고자 새 모델을 지속적으로 생산에 투입해야 함을 의미한다. ML 모델이 배포되면 ML 모델이 예상대로 작동하는지 확인하고자 모니터링해야 한다.

이 절에서 MLOps 설계 원칙을 살펴봤으므로 머신러닝 워크로드에 MLOps를 적용하기 위한 몇 가지 모범 사례를 살펴보자.

MLOps 모범 사례

ML을 사용해 비즈니스 문제를 해결하는 데 있어 많은 유동적인 부분(데이터, 모델 또는 코드)과 과제로 인해 MLOps는 어려운 작업이 될 수 있다.

앞 절에서 설명한 원칙에 따라 ML 엔지니어/전체 스택 데이터 과학자가 프로덕션 환경에 ML 솔루션을 배포하는 동안 연습해야 하는 모범 사례는 다음과 같다. 이는 ML 프로젝트에서 '기술적 부채'와 '유지 관리 오버헤드'를 줄이고 대부분의 비즈니스 가치를 이끌어내는 데 도움이 된다.

1. **설계 고려 사항**Design consideration: 유지 관리할 수 있는 ML 시스템을 개발하려면 아키텍처/시스템 설계가 모듈식이어야 하며 가능한 한 느슨하게 결합돼야 한다.

   느슨하게 결합된 아키텍처를 사용하면 팀이 지원 및 서비스에 대해 다른 팀에 의존하지 않고 독립적으로 작업할 수 있으므로 신속하게 작업하고 조직에 가치를 제공할 수 있다.

2. **데이터 검증**Data validation: 데이터 검증은 ML 시스템에서 매우 중요하다. 프로덕션에서 데이터는 다양한 문제를 야기할 수 있다. 데이터의 통계적 속성이 트레이닝 데이터의 속성과 다르다면 트레이닝 데이터나 샘플링 과정이 잘못된 것이다. 데이터 드리프트로 인해 데이터의 연속 배치에 대한 통계 속성이 변경될 수 있다. 데이터 드리프트로 인해 ML 모델 트레이닝 중에 사용된 데이터와 비교해 입력 데이터 속성이 변경됨에 따라 시간이 지나면 모델 성능이 저하될 수 있다.

3. **모델 검증**Model validation: 모델 재사용은 소프트웨어 재사용과 다르다. 각각의 새로운 시나리오에 맞게 모델을 조정해야 한다. 모델을 프로덕션으로 승격하기 전에 검증하는 것은 매우 중요하다. 라이브 데이터에 대한 모델의 적절한 성능을 설정하려면 온라인 및 오프라인 데이터 유효성 검사를 수행해야 한다.

4. **모델 실험 추적**Model experiment tracking: 항상 ML 모델 실험을 추적한다. 실험에는

다양한 코드 조합(전처리, 트레이닝, 평가 방법), 데이터, 하이퍼파라미터를 시도하는 것이 포함될 수 있다. 각각의 고유한 조합은 다른 실험과 비교해야 하는 측정 항목을 생성한다.

5. **코드 품질 검사**Code quality check: 모든 ML 모델 사양(ML 모델을 생성하는 ML 트레이닝 코드)은 코드 검토 단계를 거쳐야 한다. Pull 요청에 의해 트리거되는 파이프라인의 첫 번째 단계로 코드 품질 검사를 포함하는 것이 좋다.

6. **명명 규칙**Naming conventions: ML 코드에서 표준 명명 규칙(예, 파이썬 프로그래밍용 PEP8)을 따르면 모든 것을 변경하는 변경(CACE) 원칙의 문제를 완화하는 데 도움이 된다. 또한 팀 구성원이 프로젝트에 빠르게 익숙해지도록 도와준다.

7. **모델 예측 서비스 성능 모니터링**Model predictive service performance monitoring: 비즈니스 목표와 관련해 모델의 성능을 평가하는 프로젝트 메트릭(예, RMSE, AUC-ROC) 외에 대기 시간, 확장성, 서비스 업데이트와 같은 운영 메트릭도 비즈니스 손실을 방지하고자 모니터링하는 데 중요하다.

8. **연속 교육 및 연속 모니터링 프로세스**Continuous Training(CT) and Continuous Monitoring(CM) process: 데이터 드리프트와 같은 이유로 프로덕션에서 모델 성능이 저하될 수 있다. 이는 모델 공정성을 개선하고자 새로운 모델을 지속적으로 프로덕션에 배포해야 함을 의미한다. 이를 CT/CM이라고 한다.

9. **자원 활용**Resource utilization: 트레이닝 및 배포 단계에서 시스템 요구 사항을 이해하면 팀에서 실험 비용을 최적화하는 데 도움이 된다.

MLOps는 AI의 산업화에 중요한 역할을 한다. MLOps는 ML, 데브옵스, 데이터 엔지니어링을 프로덕션 환경에서 ML 시스템을 안정적이고 효율적으로 구축, 배포, 유지 관리하다는 목표와 결합한다. 딥러닝은 이제 복잡한 ML 문제를 해결하는 데 필요한 메커니즘이다. 딥러닝을 좀 더 자세히 알아보자.

딥러닝

ML은 숫자를 예측하는 것뿐만 아니라 신경 언어 처리를 사용해 복잡한 문제를 해결하는 것이기도 하다. 이러한 사용 사례에는 인간을 가장하는 자동화된 챗봇 구축, 손으로 쓴 텍스트 읽기, 이미지 인식, 동영상/오디오 전사, 텍스트를 오디오로 또는 그 반대로 변환하는 것과 같이 인간의 두뇌에서 처리하는 복잡한 시나리오가 포함된다. 딥러닝은 인간의 두뇌를 모방해 이러한 사용 사례를 해결할 수 있는 능력이 있다.

ML은 지도학습을 사용해 미리 정의된 레이블이 지정된 데이터 세트가 필요하지만 딥러닝은 비지도학습을 위해 신경망을 사용해 기계의 학습 기능을 개발하고자 많은 양의 데이터를 사용해 인간의 두뇌 행동을 시뮬레이션한다. 딥러닝은 데이터 레이블링을 미리 수행할 필요가 없는 여러 계층의 신경망이다. 그러나 사용 사례에 따라 레이블이 지정된 데이터와 레이블이 지정되지 않은 데이터를 모두 딥러닝과 함께 사용할 수 있다. 다음 그림은 간단한 딥러닝 모델을 보여준다.

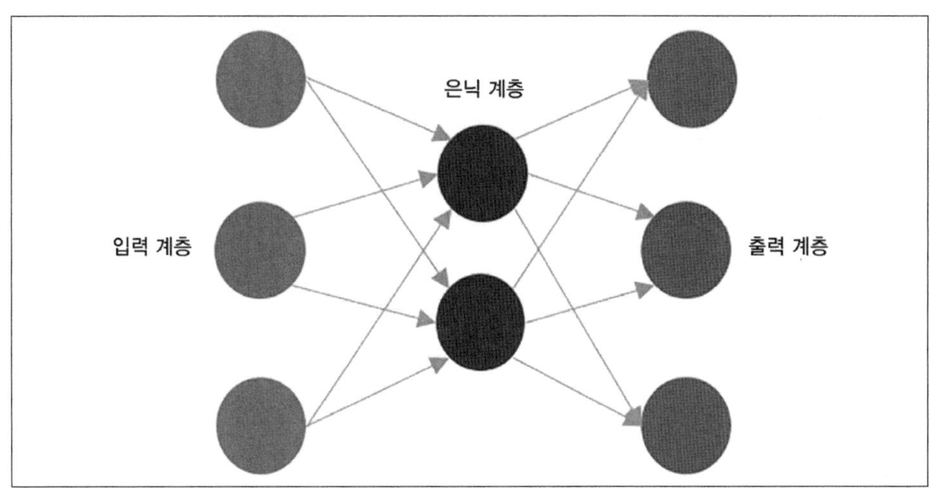

그림 14.4: 딥러닝 계층 개요

그림에서 딥러닝 모델에는 입력 계층이 다양한 노드를 통해 데이터 입력을 제공하는 상호 연결된 노드가 있다. 이 데이터는 여러 은닉 계층을 거쳐 출력을 계산하고 출력 노드 계층을 통해 최종 모델 추론을 전달한다. 입력 계층과 출력 계층은 가시적인 계층이며, 학습은 다음 그림과 같이 가중치와 편향을 통해 중간 계층에서 발생한다.

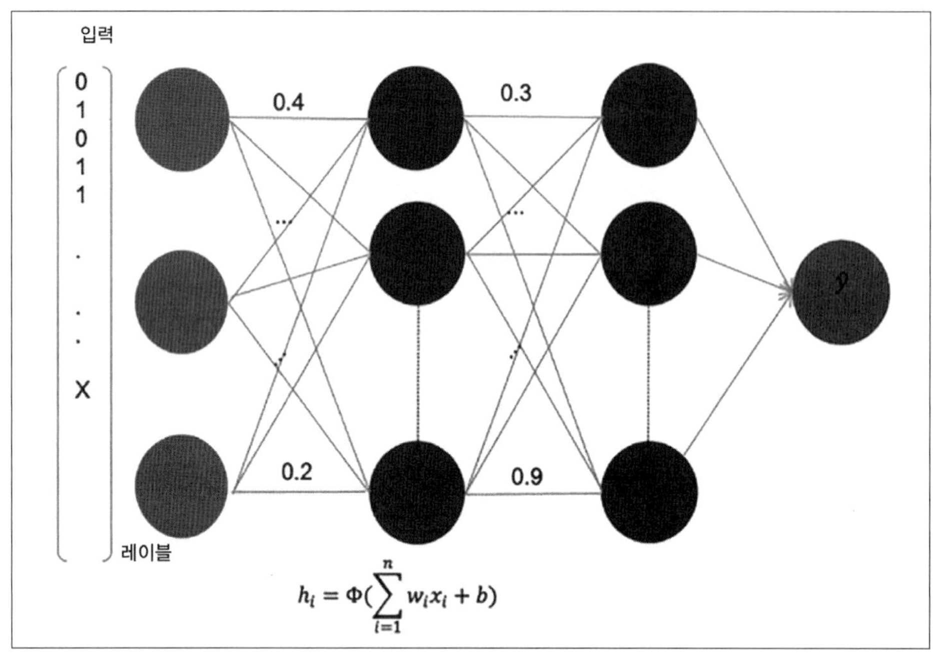

그림 14.5: 딥러닝 신경망 네트워크 모델

그림에서 볼 수 있듯이 각 계층이 이러한 상호 연결된 노드에 일부 가중치 함수를 적용해 인간의 두뇌와 동일한 패턴을 학습해 원하는 결과를 제공하는 사이에 일련의 숨겨진 계층을 볼 수 있다. 레이블 데이터가 입력으로 들어오고 정점 사이에 표시된 가중치(0.2, 0.4, 0.3, 0.9)로 신경망 노드를 통과하는 것을 볼 수 있다.

가중치는 은닉 계층 내에서 입력 데이터를 변환하는 신경망 매개변수다. 가중치는 입력이 출력에 미치는 영향을 결정한다. 즉, 노드 간의 연결 강도를 나타낸다. 노드 A에서 노드 B까지의 가중치가 더 크다면 뉴런 A가 뉴런 B에 대해 더 큰 영향을 미친다는 것을 의미한다. 가중치가 0에 가깝다는 것은 이 입력을 변경해도 출력에 영향을 미치지 않는다는 것을 의미한다. 가중치가 음수일 경우 입력을 늘리면 출력이 감소하고 그 반대의 경우도 마찬가지다.

이런 학습 방법을 **순전파**forward propagation라고 하며, 여기서 데이터는 입력에서 출력 계층으로 흐른다. **역전파**backward propagation라고 하는 또 다른 기술은 알고리듬을 사용해 예측의 오류를 계산한 다음 모델을 훈련하고자 계층을 뒤로 이동해 함수의 가중치와 편향을 조정한다. 순전파 및 역전파의 도움으로 신경망을 구축해 예측하고 오류를 수정하고 트레이닝 알고리듬을 통해 점차적으로 더 정확해질 수 있다.

딥러닝에는 다양한 유형의 신경망이 있다. 가장 일반적인 두 가지는 컴퓨터 비전과 이미지에 사용되는 **합성곱 신경망**CNN, Convolution Neural Networks과 자연어 처리 및 음성 인식에 사용되는 **순환 신경망**RNN, Recurrent Neural Networks이다. 신경망 모델을 구축하는 데 가장 널리 사용되는 프레임워크는 다음과 같다.

- **텐서플로:** ML용 오픈소스 소프트웨어 라이브러리다. 텐서플로의 주요 API는 파이썬으로 작성됐으며 다른 언어를 실험적으로 지원한다. 많은 신경망 아키텍처를 지원한다.
- **MXNet:** MXNet은 기본적으로 C++로 구현된 딥러닝을 위한 오픈소스 소프트웨어 라이브러리며 많은 네트워크 아키텍처를 지원한다. API는 파이썬, 스칼라, Clojure, R, 줄리아Julia, 펄Perl, 자바(추론 전용)와 같은 여러 언어로 제공된다.

이외에도 파이토치, Chainer, Caffe2, ONNX, 케라스, Gluon 등이 인기 있는 다른 딥러닝 프레임워크다. 이 절의 아이디어는 딥러닝에 대한 추상적인 내용을 제공하는 것이다. 딥러닝은 복잡한 주제이며 기본 사항을 다루고자 책 한 권을 요구한다. 각 프레임워크에서 사용할 수 있는 여러 책을 찾을 수 있다. 딥러닝 모델 트레이닝에는 많은 양의 처리 능력이 필요하고 비용이 많이 들 수 있다. 그러나 AWS, GCP 및 애저와 같은 퍼블릭 클라우드 제공업체는 사용한 만큼만 지불하는 방식으로 이러한 모델을 트레이닝하고자 사용할 수 있는 고성능 GPU 기반 인스턴스를 쉽게 사용할 수 있다.

이제 ML은 예지 정비predictive maintenance와 같은 고객 문제 해결, 비즈니스에 대한 정확한 예측 제공 또는 최종 사용자를 위한 개인 추천을 포함해 모든 곳에서 적용할 수 있다. ML 사용 사례는 고객 문제에 국한되지 않고 예측 확장으로 워크로드를 최적화하고, 로그 패턴을 식별하고, 프로덕션에서 문제를 일으키기 전에 오류를 수정하거나 IT 인프라에 대한 예산 예측을 통해 IT 애플리케이션을 처리하는 데 도움이 된다. 따라서 솔루션 아키텍트는 ML 사용 사례와 관련 기술을 인식하는 것이 중요하다.

전반적으로 ML과 AI는 매우 방대한 주제이며 더 자세히 이해하려면 여러 권의 책이 필요하다. 14장에서는 ML 모델, 유형, ML 워크플로의 개요를 살펴봤다.

요약

14장에서는 ML 워크플로의 ML 아키텍처와 구성 요소를 살펴봤다. 데이터와 ML이 함께 사용되는 방식을 살펴봤다. 올바른 ML 모델을 구축하려면 피처 엔지니어링을 통해 고품질 데이터를 얻는 것이 필수적이다.

모델 과적합과 과소적합 상황을 인식해 ML 모델 검증을 살펴봤다. 또한 다양한 지도 및 비지도 ML 알고리듬도 살펴봤다. 클라우드가 ML 모델 교육과 배포를 위한 필수 플랫폼이 되면서 인기 있는 퍼블릭 클라우드 제공업체의 ML 플랫폼을 살펴봤다.

또한 데이터 전처리, 모델링, 평가, 예측을 포함한 ML 워크플로를 살펴봤다. 또한 AWS 클라우드 플랫폼에 구축된 자세한 참조 아키텍처를 사용해 ML 아키텍처를 구축하는 방법을 살펴봤다. MLOps는 ML 모델을 프로덕션에 배치하는 데 필수적이다. MLOps 원칙과 모범 사례도 살펴봤다. 또한 인간의 두뇌를 모방해 복잡한 문제를 해결하는 데 도움이 되는 딥러닝의 개요를 습득했다.

인터넷에 연결된 수백만 개의 소형 디바이스를 IoT라고 통칭한다. IoT 데이터를 수집, 처리, 분석해 의미 있는 통찰력을 얻으려면 클라우드에서 사용할 수 있는 다양한 구성 요소를 이해해야 한다. 15장에서는 IoT 사용 사례를 자세히 알아보고 해결한다. IoT 시스템의 문제와 이를 확장하는 데 사용되는 기술도 살펴본다.

15

사물인터넷 아키텍처

인터넷 연결이 증가함에 따라 작은 메모리와 컴퓨팅 용량을 가진 작은 디바이스들이 모든 곳에서 증가하고 있다. 이러한 센서는 가정용 경보, 열 센서, 자동차와 같은 다양한 물리적 디바이스를 연결하며, 이렇게 연결된 수백만 개의 디바이스에서 데이터를 수집하고 분석해야 한다. 예를 들어 여러 센서에서 수집된 날씨 데이터를 사용해 풍력 에너지와 농업 날씨를 예측할 수 있다. 가정, 공장, 병원, 자동차, 기타 수많은 곳에 연결된 수십억 개의 디바이스들이 디지털 전환을 촉진하고 엄청난 양의 데이터를 생성하며 기하급수적으로 증가하고 있다.

사물인터넷IoT, Internet of Things은 센서와 디바이스의 데이터 모음 그 이상을 의미한다. 포괄적인 IoT 솔루션에는 디바이스, 로컬 데이터 수집과 분석, 데이터 수집, 저장과 분석을 위한 클라우드 서비스가 포함된다. 인터넷 연결 없이도 작동하려면 디바이스와의 통합이 필요하며 연결이 가능할 때 연결해 데이터와 상태를 보고할 수 있다.

IoT 솔루션에는 디바이스 연결 및 메시징 서비스, 차량 관리 및 디바이스 업데이트 서비스가 필요하다. 감사 및 이상 탐지를 포함해 디바이스 및 차량 보안을 보장해야 한다. 게다가 불량 혹은 간헐적인 IoT 데이터에 대한 분석 기능을 수행해야 한다.

실시간으로 완전한 비즈니스 가치를 얻으려면 머신러닝 모델을 구축한 다음 이를 디바이스에 배포해 프로세스와 결과를 최적화해야 한다.

15장에서는 연결된 IoT 디바이스를 처리하고 관리하는 데 관련된 다음과 같은 내용을 살펴본다.

- 사물인터넷이란 무엇인가?
- IoT 아키텍처 구성 요소
- IoT 디바이스 관리
- IoT 디바이스 연결과 제어
- IoT 데이터 분석
- 클라우드 환경에서의 IoT
- 산업용 IoT 솔루션 구축
- 디지털 트윈 구현

15장이 끝나면 IoT 솔루션 아키텍처를 설계하는 방법을 알게 될 것이다. 디바이스 관리, 디바이스 연결, 디바이스 보안을 비롯한 IoT 솔루션의 다양한 구성 요소를 살펴보고 분석과 머신러닝을 통해 IoT 데이터에서 통찰력을 얻는다.

사물인터넷이란?

모든 상태를 알고 있고 해당 데이터를 기반으로 추론할 수 있다고 상상해보자. 어떤 문제를 해결하겠는가? IoT는 모든 곳에서 모든 것의 상태를 알려주는 것이다. IoT는 IP 주소가 있고 인터넷에 연결된 물리적 디바이스의 네트워크 생태계를 의미한다. IoT 디바이스의 수가 증가하는 동안 IoT 디바이스를 활용하는 복잡성도 함께 증가하고 있다.

IoT 센서에서 데이터를 수집하고, 분석을 위해 스트리밍을 통해 저장하고, 신속하게 결과를 제공해야 한다. 가정, 의료 시설, 공장, 자동차, 기타 여러 장소에 수많은 디바이스가 있다. 이러한 디바이스와 연결하고 디바이스 데이터를 수집, 저장, 분석해 운영 효율성을 개선하기 위한 솔루션이 점점 더 필요하다.

IoT 솔루션은 이러한 모든 디바이스에서 데이터를 수집하고 통찰력을 얻을 수 있는 기능을 제공한다. IoT는 AIML, 로봇 공학, 동영상 분석, 모바일, 음성과 같은 신기술을 위한 중요한 신흥 기술이다. IoT는 기기 데이터에 대한 액세스가 머신러닝 모델을 훈련하고 인텔리전스를 제공하며 비즈니스 효율성을 높이는 데 중요하기 때문에 이러한 신흥 기술의 핵심이다. 다음과 같이 기업이 IoT를 사용해 해결하는 여러 산업 사용 사례가 있다.

- **제조 최적화:** 기계 성능 데이터를 수집해 산업 프로세스의 성능과 생산성을 향상시킬 수 있다. 예지 정비를 통해 기계 성능에 대한 통찰력을 얻고 파손되기 전에 부품을 교체할 수 있다.
- **의료:** IoT를 사용하면 언제 어디서나 환자에게 의료 서비스를 제공할 수 있다. 의사는 원격으로 환자의 건강을 모니터링하고 건강 경고가 발생할 경우 조치를 취할 수 있다. 이제 모든 사람이 애플 워치Apple Watch 및 피트비트Fitbit와 같은 웨어러블 기기에 내장된 웰빙 애플리케이션을 사용해 자신의 건강을 더 잘 인식하고 1차 의료 기관과 직접 건강 데이터를 공유하고 있다.
- **재고 추적:** IoT는 적시 재고를 유지하고 창고 운영 비용을 최적화하는 데 도움이 된다. 재고 수준을 추적하고 보충 주문을 자동 배치할 수 있다. IoT 센서를 사용하면 입고에서 보충, 포장, 배송에 이르기까지 전체 창고 운영을 거의 자동화할 수 있다.
- **커넥티드 홈:** 스마트 스위치, 스마트 온도 조절기, 스마트 카메라와 같은 IoT 지원 디바이스를 사용해 가정, 건물, 도시에서 사용자 경험을 향상시킬 수 있다. 지능형 디바이스를 사용해 전체 시설을 운영하고 용량을 최적화하거나 가정에

스마트 보안 디바이스를 장착해 언제 어디서나 집을 모니터링할 수 있다.

- **농업:** 농업은 인간의 생존에 중요한 영역이며 습도, 날씨, 온도에 대한 IoT 센서는 좀 더 효율적으로 더 건강한 작물을 재배하는 데 도움이 된다. 습도 센서와 일기 예보의 데이터를 결합해 작물에 물을 줄 시기를 결정할 수 있다.
- **에너지 효율성:** IoT를 통해 풍력 발전소와 태양광 발전소 에너지 생산을 실시간으로 모니터링하는 등 에너지 자원을 효율적으로 관리하고 유지 관리를 계획할 수 있다.
- **교통의 변화:** IoT는 커넥티드 및 자율 주행 차량으로 운송의 미래를 형성하는 데 도움이 된다. 가장 인기 있는 사용 사례는 IoT 센서를 탑재하고 수천 개의 데이터 포인트를 실시간으로 수집해 완전한 자율 주행 기능을 지원하는 테슬라 자동차다.
- **안전성 강화:** IoT 기기는 장비 오작동이나 보안 사고가 발생하기 전에 지속적으로 모니터링하고 알람을 제공해 즉각적인 조치를 취함으로써 가정, 사무실, 공장 현장의 안전성을 향상시킨다.

IoT 전략은 기업이 새로운 서비스를 구축하고 시간이 지남에 따라 제품과 서비스를 개선하는 데 필요한 인텔리전스를 제공해 고객과 더 나은 관계를 누릴 수 있게 한다. 데이터 기반 규율을 통해 더 빠르고 지능적인 의사 결정을 내리고 수익 성장과 운영 효율성을 높일 수 있다. IoT를 통해 조직은 효율성을 높이고 비용을 낮추거나 완전히 새로운 서비스와 제품을 구축해 새로운 비즈니스를 추진할 수 있다. 이는 모든 IT 디바이스 아키텍처에서 가장 중요한 문제 중 일부다. 데이터 수집과 이에 대한 통찰력 수행 외에도 디바이스의 보안과 관리를 보장해야 한다. IoT 아키텍처의 다양한 속성을 자세히 알아보자.

IoT 아키텍처 구성 요소

앞 절에서 언급한 사용 사례에서 조직에는 여러 제품 라인에 걸쳐 많은 디바이스가 있다. 그들은 사용자와 서비스 애플리케이션의 실시간 소비를 지원하고자 다양한 원격 측정과 속성을 수집할 아키텍처가 필요했다. 상위 수준에서 IoT 아키텍처는 다음 그림과 같이 세 가지 구성 요소로 이뤄진다.

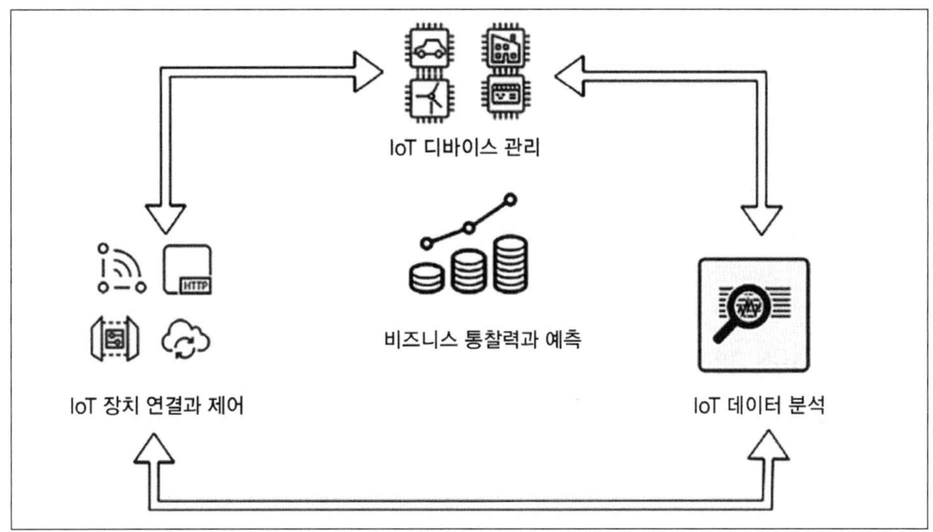

그림 15.1: IoT 아키텍처 주기

그림에서 볼 수 있듯이 IoT 아키텍처 주기에는 세 가지 요소가 있다.

1. **IoT 디바이스 소프트웨어 관리:** IoT 솔루션을 구축하려면 수천에서 수백만에 이르는 많은 수의 디바이스를 배포해야 한다. 이러한 디바이스는 사용 사례에 필요한 데이터를 생성하고 필요에 따라 엣지에서 작업을 수행할 수 있어야 한다. 가장 먼저 알아야 할 것은 엣지에서 작동하는 디바이스를 어떻게 구축할 수 있느냐는 것이다.

2. **IoT 디바이스 연결과 제어 처리:** 수백만 개의 디바이스를 관리하고 보호하는 것은 지루한 작업이다. 그리고 최신 소프트웨어/펌웨어로 업데이트하거나 다른 버전

으로 유지 관리해야 할 수도 있다. 또한 관리를 쉽게 하고자 그룹화하고 안전하게 연결돼 있는지 확인해야 한다. 두 번째로 이해해야 할 사항은 대규모로 디바이스를 제어, 관리, 보호하는 방법이다.

3. **IoT 분석 서비스 수행:** 디바이스가 배포 및 연결되면 고속으로 도달하는 대용량 데이터를 수집하고 비즈니스 가치를 도출하기 위한 통찰력을 얻어야 한다.

마지막으로 IoT 데이터를 이해하고 적절한 작업을 수행하는 방법을 설계해야 한다.

이제 IoT 아키텍처를 구축하려면 앞에서 언급한 아키텍처 계층에서 세 가지 질문에 답해야 한다. 아키텍처를 자세히 살펴보는 동안 각 요소에 사용할 수 있는 기술 선택의 예를 포함하려고 한다. IoT 디바이스 소프트웨어 관리를 더 깊이 배우려면 IoT 아키텍처의 첫 번째 요소를 더 자세히 살펴보자.

IoT 디바이스 관리

IoT 디바이스의 경우 엣지에 지능형 디바이스 소프트웨어를 구축하고 운영하는 방법을 이해하고 싶을 것이다. 인터넷의 가용성이 높아짐에 따라 마이크로컨트롤러나 마이크로프로세서를 지원하는 거의 모든 디바이스를 찾을 수 있다. **마이크로컨트롤러 유닛**MCU, MicroController Unit은 메모리가 있는 간단한 프로세서를 포함하는 단일 칩이다. 산업용 센서, 온도 조절 장치, 스마트 스위치, 전구와 같은 디바이스에 사용된다. 마이크로컨트롤러는 연결되고, 연결할 수 있는 모든 디바이스의 80% 이상을 차지한다. **마이크로프로세서 유닛**MPU, MicroProcessor Unit은 엣지 디바이스의 컴퓨팅 및 처리 능력을 확장한다. 외부에 연결된 메모리와 I/O 구성 요소를 갖고 있고, 이것은 노트북, 컴퓨터, 카메라, 라우터와 같은 더 강력한 디바이스다. 마이크로컨트롤러 디바이스 관리와 연결을 알아보자.

마이크로컨트롤러 디바이스 관리

마이크로컨트롤러 기반 디바이스와 관련해 FreeRTOS는 가장 인기 있는 실시간 운영체제(RTOSes) 중 하나다. FreeRTOS에는 모든 산업 분야에서 사용하기에 적합한 IoT 라이브러리 세트와 커널이 포함돼 있어 소형 저전력 디바이스를 좀 더 강력한 엣지 디바이스와 게이트웨이에 쉽고 안전하게 연결할 수 있다. FreeRTOS는 연결된 마이크로컨트롤러 기반 디바이스를 쉽게 프로그래밍하고 분석을 위해 보낼 데이터를 수집하고 수백만 디바이스에서 IoT 애플리케이션을 확장하는 데 도움이 된다. 보안 자격증명과 키 관리를 통해 엣지 디바이스를 안전하게 보호하고 전송 계층 암호화로 데이터를 안전하게 유지한다.

MCU 디바이스는 MQTT 발행/구독[Pub/Sub] 메시징 또는 HTTPS 기반 파일 다운로드를 사용해 AWS IoT Core에 연결하거나 클라우드 연결을 위해 클라우드 스토리지에 업로드해 데이터를 수집하고 분석할 수 있다. MQTT는 IoT용 OASIS 표준 메시징 프로토콜이다. 적은 코드 공간과 최소 대역폭으로 원격 디바이스를 연결하는 데 이상적인 경량 발행/구독 메시징 전송이다. FreeRTOS는 셀룰러 LTE와 와이파이[Wi-Fi] 추상화 계층을 확장해 클라우드 연결 없이 통신을 계속하고, 데이터를 수집하고, 조치를 취하는 데 도움이 된다.

FreeRTOS는 디바이스 보안을 위한 AWS IoT Device Defender 라이브러리를 제공하므로 디바이스 측 메트릭을 쉽게 보고해 이러한 메트릭이 예상 동작에서 벗어날 때 이상을 감지할 수 있다. 또한 Device Defender는 FreeRTOS 디바이스와 관련된 IoT 구성을 지속적으로 감사해 디바이스 감사와 모니터링, TCP 연결 보고, 이상 감지와 같은 보안 모범 사례를 준수하는지 확인한다.

FreeRTOS는 AWS 클라우드와 완벽하게 지원하고 통합된다. AWS는 AWS IoT Device Management를 사용하는 통합 코드 서명을 통해 FreeRTOS에 대해 완전히 통합된 펌웨어 업데이트 서비스를 지원하고 무선[OTA, Over-The-Air] 소프트웨어 업데이트를 지원한다. OTA는 IoT 가치 제안의 중요한 부분이며 종단 간 보안 솔루션의 중요한 부분이다.

MCU 디바이스가 더 강력하고 데이터 분석 기능을 엣지로 확장하는 기능을 제공함에 따라 AWS는 이러한 디바이스를 AWS 클라우드에 연결하고자 IoT Greengrass를 제공한다. 또한 FreeRTOS는 AWS Greengrass 디바이스에 쉽게 연결할 수 있는 편리한 API를 제공한다. Greengrass 코어 디바이스가 클라우드에 대한 연결이 끊어졌다고 가정해보자. 이 경우 Greengrass 그룹의 FreeRTOS 디바이스는 로컬 네트워크를 통해 계속 서로 통신할 수 있으므로 간헐적인 연결에도 애플리케이션이 계속 실행된다. MPU 디바이스 관리와 데이터 원본 근처의 데이터 수집 기능 구축을 알아보자.

마이크로프로세서 디바이스 관리

IoT 데이터를 중앙에서 수집하고 분석을 수행해 통찰력을 얻는 것이 항상 적용할 수 있는 것은 아니다. 비행기, 유람선 또는 외딴 지역과 같이 인터넷 연결이 불가능한 시나리오에선 엣지에서 데이터를 수집하고 로컬에서 분석을 수행해야 한다. 규정 준수로 인해 다른 위치에 데이터를 저장할 수 없거나 공장 현장에서 로봇 플릿을 관리하는 것과 같이 초고속 대기 시간이 필요한 경우도 해당된다. 이러한 경우 디바이스는 대기 시간을 줄이고 비용을 줄이며 엣지 로케이션에서 규정 준수를 개선해야 한다. 종종 MPU 디바이스는 MCU 디바이스보다 훨씬 강력하기 때문에 이러한 사용 사례에 선호된다. 또한 게이트웨이로 작동하고 엣지에서 여러 MCU 디바이스를 관리하는 역할도 할 수 있다.

AWS는 즉각적인 데이터 통찰력을 얻고 조치를 취하고자 생성된 데이터에 대해 로컬에서 작동하도록 AWS 서비스를 디바이스로 확장하는 데 도움이 되는 IoT Greengrass를 제공한다. Greengrass를 사용하면 디바이스에서 데이터를 멀리 떨어진 클라우드로 보낼 필요가 없다. 데이터는 로컬에 저장되므로 밀리초가 중요한 경우 시간을 절약할 수 있다. 또한 필요한 데이터만 클라우드로 보낼 수 있는 선택권을 제공하므로 비용이 절감된다. Greengrass 지원 디바이스는 데이터 주권법에 따라 데이터가 로컬에 있어야 할 때 로컬 메시지를 계속 라우팅해 데이터가 안전하고 로컬에 유지되게 한다.

AWS IoT Greengrass는 IoT 엣지 런타임과 클라우드 서비스의 두 부분으로 구성된다. 디바이스에서 Greengrass 엣지 런타임을 사용하면 고객이 로컬 처리, 데이터 관리, ML 추론을 통해 디바이스 인텔리전스를 추가하고 이를 AWS 클라우드 서비스에 원활하게 연결할 수 있다.

Greengrass 클라우드 서비스를 통해 고객은 원격으로 디바이스 플릿 전체에 IoT 애플리케이션을 배포하고 관리할 수 있다. 다음은 AWS 클라우드에서 IoT Greengrass를 사용해 사전 통합된 분석과 ML 서비스에 대한 개괄적인 개요다.

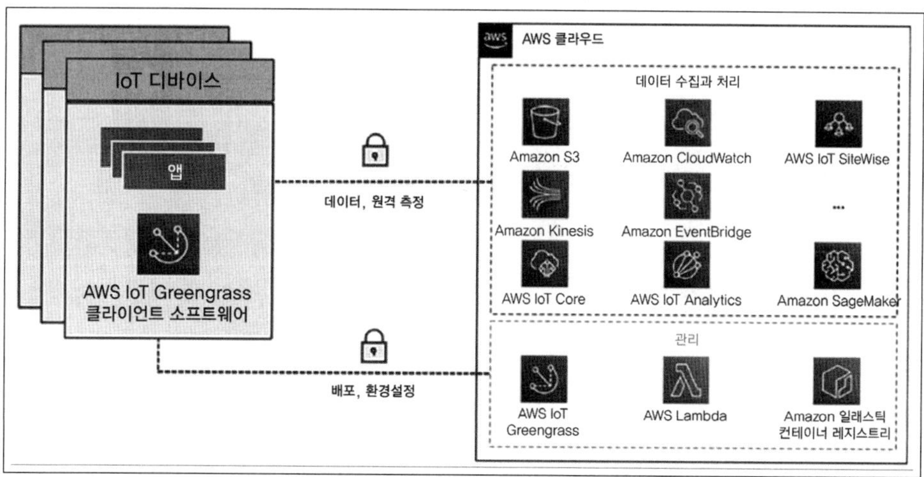

그림 15.2: AWS 클라우드 서비스로 사전 통합된 AWS IoT Greengrass

때론 IoT 디바이스가 클라우드에 직접 연결되지 않는다. 허브 또는 게이트웨이와 로컬로 통신한 다음 클라우드에 연결된다. 이러한 사용 사례의 경우 허브 또는 게이트웨이에 Greengrass 엣지 런타임을 설치할 수 있으며 디바이스 개발자가 게이트웨이에서 IoT 엣지 애플리케이션을 구축, 배포, 관리할 수 있다. 또한 게이트웨이는 게이트웨이에 로컬로 연결된 모든 디바이스에 대한 인텔리전스 기능 제공을 가능하게 한다.

AWS Greengrass는 로컬 람다 컴퓨팅, 로컬 메시징, 데이터와 상태 동기화를 위한 로컬 디바이스 섀도우, 연결된 디바이스의 통신 보안을 포함한다. OTA를 사용하면

AWS IoT 디바이스 매니지먼트를 사용해 업데이트된 버전의 Greengrass 코어를 설치해 새로운 기능, 버그 수정, 보안 강화에 더 쉽게 접근할 수 있다.

마지막으로 디바이스가 연결돼 있고 클라우드 IoT 서비스와 함께 동작하는지 확인하려고 한다. AWS는 선택한 디바이스에서 FreeRTOS 또는 AWS IoT Greengrass를 테스트할 수 있는 테스트 자동화 애플리케이션인 IoT Device Tester를 제공한다. FreeRTOS 클라우드 연결, OTA, 보안 라이브러리가 MCU 디바이스용 마이크로컨트롤러 보드 디바이스 드라이버 위에서 올바르게 작동하는지 테스트할 수 있다. MPU 디바이스의 경우 디바이스의 CPU 아키텍처, 리눅스 커널 구성, 드라이버의 조합이 AWS Greengrass에서 작동하는지 테스트할 수 있다.

이제 디바이스를 연결, 관리, 보호하기 위한 아키텍처 디바이스 연결과 제어의 두 번째 구성 요소를 자세히 알아보자.

IoT 디바이스 연결과 제어

오늘날에는 초당 기가바이트와 테라바이트의 데이터를 생성하는 수백만 개의 디바이스가 있다. 따라서 다음 질문은 "어떻게 나의 데이터를 안전하게 연결하고 대규모로 생성된 데이터를 처리할 수 있는가?"이다. 이것은 데이터 수집에 관한 것만은 아니다. 다음과 같은 다른 요소를 고려해야 한다.

- **ID 서비스:** 디바이스 인증을 관리하고 고유한 ID를 대규모로 프로비저닝하려면 서비스를 식별해야 한다. IoT Core는 루트 CA와 클라이언트 인증서를 가져오거나 IoT 플랫폼에서 인증서를 생성하는 기능을 제공한다. IoT 플랫폼은 SigV4, X.509, 사용자 지정 인증을 지원하는 동시에 IoT 정책을 이용해 MQTT 토픽 수준까지 세분화된 접근 제어를 제공해야 한다.
- **디바이스 게이트웨이:** 디바이스를 데이터 센터나 클라우드에 안전하게 연결하는 것을 의미한다. 데이터 게이트웨이는 플릿 프로비저닝을 사용해 첫 연결에서

고유 ID를 가진 대규모 디바이스 집합을 자동으로 프로비저닝하고 적시 등록을 통해 자동 디바이스 등록을 가능하게 해야 한다. 데이터 게이트웨이는 디바이스를 클라우드 또는 데이터 센터 및 기타 디바이스에 대규모로 안전하게 연결해야 한다. 연결 안정성을 위해 데이터 게이트웨이는 MQTT, WebSocket 또는 HTTP를 통한 양방향 통신, TLS 1.2 상호 인증을 통한 보안 통신을 위한 장기 연결을 설정해야 한다.

- **메시지 브로커:** 데이터 메시지를 처리하고 데이터 센터나 클라우드로 라우팅하는 것을 의미한다. 메시지 브로커는 확장할 수 있고 대기 시간이 짧고 안정적인 메시지 라우팅을 통해 IoT 디바이스의 데이터를 라우팅해야 한다. 분리된 디바이스와 애플리케이션에 대한 발행/구독을 제공하고 양방향 메시지 스트리밍을 용이하게 해야 한다. IoT 메시지 브로커는 언제든지 디바이스의 상태를 이해하고 제어하는 데 도움이 되며 오프라인 디바이스에 대한 메시지를 유지하고 MQTT에 대한 서비스 품질[QoS] 메시징에 대한 지원을 확장한다.
    - QoS 수준 0은 최대 1회 메시지 전달을 의미한다. 수령인이 수령을 확인하지 않아 배송이 보장되지 않는 경우를 fire and forget이라고도 한다.
    - QoS 레벨 1은 메시지가 수신자에게 한 번 이상 전달되도록 보장하지만 동일한 메시지의 재전송으로 인해 메시지가 중복될 수도 있다.
    - QoS 레벨 2는 MQTT에서 가장 높은 서비스 레벨이다. 각 메시지가 한 번만 수신되도록 보장한다. 그러나 가장 느린 방법이며 보낸 사람과 받는 사람 사이에 4개 부분의 핸드셰이크가 필요하다.
- **룰 엔진:** 비즈니스 요구 사항에 따라 디바이스에서 작업을 트리거한다. 룰 엔진은 많은 양의 데이터를 수집하고 사전 처리해 다른 분석, 보고, 시각화 서비스에서 사용할 수 있게 한다. 룰 엔진에는 데이터 변환을 위한 수학, 문자열 조작, 날짜 등에 대한 내장 기능이 있어야 하며 ML과 분석을 위해 다른 서비스로 라우팅하기 전에 데이터를 필터링하는 기능을 제공해야 한다.

- **디바이스 섀도우**: 이를 통해 애플리케이션은 오프라인 상태에서도 디바이스와 상호작용할 수 있으며 언제든지 디바이스 상태를 이해하고 제어할 수 있다. 디바이스 섀도우는 전구의 마지막으로 알려진 색상이 빨간색인 것과 같이 오프라인 디바이스에 대해 마지막으로 알려진 상태를 유지해 디바이스 상태를 나타내야 한다. 디바이스 섀도우는 상태 변경(예, 전구 색상을 파란색으로 변경)을 통해 애플리케이션과 제어 디바이스의 작업에 따라 실시간 상태 변경을 수행해야 한다. 디바이스의 연결이 설정되면 자동으로 동기화된다.
- **디바이스 레지스트리**: 이것은 자동 디바이스 등록을 활성화하고 관리하는 데 도움이 된다. 디바이스 레지스트리는 "2016년에 어떤 디바이스가 만들어졌는가?"와 같이 간단한 검색을 수행하거나 사물의 유형을 정의해 쉽게 사용할 수 있도록 디바이스를 정의하고 분류한다. 예를 들어 BMW와 Audi는 디바이스 전반에 걸쳐 속성과 정책의 표준화를 가능하게 하는 자동차 사물 유형이다. 더 단순화하고자 풍력 터빈의 센서와 같은 그룹을 정의해 작업 실행과 정책 설정을 간단하게 관리할 수 있다. 위의 모든 서비스를 제공하는 AWS IoT Core와 같은 관리형 IoT 플랫폼을 사용하는 것이 좋다. AWS IoT Core를 사용하면 서버를 프로비저닝할 필요 없이 원하는 수의 디바이스를 클라우드와 기타 디바이스에 안전하게 연결할 수 있다. 연결된 디바이스의 데이터를 라우팅, 처리, 규칙에 따라 처리할 수 있으며 오프라인 상태에서도 애플리케이션이 디바이스와 상호작용할 수 있다. IoT Core는 클라우드 생태계의 일부로 분석, AI, ML을 통해 데이터 기반으로 추론할 수 있는 AWS 서비스를 제공한다.
- **AWS IoT Device Management**: 증가하는 연결된 디바이스를 등록, 구성, 모니터링, 원격으로 관리하는 데 도움이 된다. 대량 등록을 사용해 많은 디바이스를 등록하고, 디바이스를 그룹으로 구성하고, OTA 펌웨어 업데이트를 수행하고, 완전 관리형 웹 애플리케이션으로 모든 IoT 디바이스의 종단 간 관리를 용이하게 한다.

- **AWS IoT Device Defender**: 지속적으로 연결된 디바이스 플릿의 보안을 용이하게 만들어주는 완전 관리형 IoT 보안 서비스다. 잠재적인 보안 문제를 나타낼 수 있는 비정상적인 동작에 대해 어플라이언스 및 전체 디바이스 플릿과 연결된 IoT 자원을 모니터링한다. 디바이스 디펜더는 디바이스에서 승인되지 않은 IP 주소로의 트래픽이나 디바이스가 DDoS 공격에 참여하고 있음을 나타낼 수 있는 아웃바운드 트래픽 급증과 같이 올바르지 않은 것으로 보이는 경우 경고를 보낸다. 마지막으로 IoT 디바이스 매니지먼트와의 통합을 통해 IoT 디바이스 디펜더를 사용하면 디바이스를 보호하기 위한 수정 조치를 취할 수 있다.

AWS는 IoT 연결과 제어 서비스로 통칭하는 IoT Core, 디바이스 매니지먼트, 디바이스 디펜더를 제공해 디바이스를 연결, 관리, 보호할 수 있는 기능을 제공한다. 수백만 개의 IoT 디바이스에서 데이터를 수집함에 따라 데이터에서 통찰력을 얻는 것이 매우 중요해진다. IoT 데이터에 대한 분석을 수행하는 기술을 자세히 알아본다.

IoT 데이터 분석

IoT 데이터는 일반적으로 비즈니스 인텔리전스와 웹 분석용으로 설계된 분석 도구로 처리되는 고도로 구조화된 데이터가 아니기 때문에 분석하기 어렵다. 대신 IoT 데이터는 간헐적으로 연결되는 움직이는 기계, 와이파이 또는 무선 범위가 열악한 컨트롤러 또는 신호가 손실되거나 약해지는 기타 많은 장소에 부착된 센서에서 가져온다. 이러한 디바이스의 데이터는 종종 상당한 간격과 잘못된 판독 값이 있을 수 있다. 또한 IoT 데이터는 종종 외부 소스의 다른 데이터 컨텍스트에만 의미가 있다. 예를 들어 농부들은 농작물에 물을 줘야 할 시기를 결정하고자 예상되는 강우량으로 습도 센서 데이터를 보강해야 한다.

들어오는 실제 IoT 데이터는 시간, 위치, 추가 정보와 같은 다른 데이터와 결합해 보강해야 하므로 비즈니스 문제가 발생할 수 있다. 애플리케이션이 제대로 작동하게 하려면 잘못된 판독을 정리하고 데이터의 공백을 채우며 컨텍스트 정보로 데이터를 보강하는 맞춤형 로직을 설계해야 하는 경우가 많다. 또한 애플리케이션을 위한 데이터를 크런칭하기 전에 프로세스 데이터를 적절하게 저장해야 한다. 이를 위해서는 빌드, 테스트, 유지 관리에 시간이 걸리고 IoT 애플리케이션에 처리 비용이 추가되는 맞춤형 코드가 필요하다.

데이터 처리, 강화, 데이터베이스 프로비저닝, 파티셔닝, 복잡한 쿼리 작성을 포함해 IoT 애플리케이션 전반에 걸쳐 많은 공통 데이터 관리와 분석 작업이 있음을 알 수 있다. 모든 데이터 처리는 디바이스가 진화하고 플릿 규모가 변경되며 새로운 분석 요구 사항이 등장함에 따라 지속적으로 개발돼야 한다. C3 IoT와 같은 회사는 정교한 분석을 제공하고 AWS와 같은 클라우드 공급업체는 대규모 IoT 데이터 분석을 수행하고자 AWS IoT Analytics와 같은 서비스를 만들었다.

AWS IoT Analytics는 IoT 디바이스 데이터를 대규모로 수집, 사전 처리, 강화, 저장, 분석, 시각화하는 관리형 서비스다. 저장하고 싶은 데이터만 모아 원시 데이터를 의미 있는 정보로 변환할 수 있다.

대부분의 IoT 데이터는 타임스탬프에 묶여 있으므로 AWS IoT Analytics는 분석을 위해 디바이스 데이터를 시계열 데이터 스토리지에 저장해 자산의 상태와 성능에 대한 심층적인 통찰력을 얻고 IoT 데이터 세트를 시각화한다.

전반적으로 IoT 아키텍처를 설계하려면 하드웨어 선택, 소프트웨어 환경, 사용 사례를 기반으로 IoT 프로젝트에 적합한 디바이스 소프트웨어를 선택해야 한다. 매우 제한된 디바이스를 사용하는 경우 일반적으로 마이크로컨트롤러는 FreeRTOS와 IoT 디바이스 SDK를 사용하는 것이 좋다. 마이크로프로세서 기반 IoT 디바이스가 있는 경우 AWS IoT Greengrass를 사용할 수 있다. Greengrass는 사전 구축된 처리와 연결 기능을 사용해 디바이스 애플리케이션 개발을 가속화하고 엣지에서 디바이스 소프트웨어를 원격으로 배포하고 관리한다.

디바이스를 사용할 준비가 되면 AWS IoT Core, 디바이스 매니지먼트, 디바이스 디펜더를 사용해 디바이스를 연결 및 제어하고 AWS IoT 데이터 분석 기능을 사용해 수집된 데이터에 대한 데이터 통찰력을 수행할 수 있다. 클라우드가 대규모 데이터 수집과 분석을 위한 장소가 됨에 따라 최고의 클라우드 제공업체 중 하나인 AWS에서 제공하는 IoT 서비스의 예를 들어 클라우드에서의 IoT에 대해 자세히 알아보자.

클라우드 환경에서의 IoT

IoT 솔루션은 복잡하고 다차원적일 수 있으므로 비즈니스에서 IoT를 구현하는 복잡성을 제거하고 고객이 원하는 수의 디바이스를 중앙 서버에 안전하게 연결할 수 있게 해야 한다. IoT와 관련해 클라우드 공급자는 수백만 대의 디바이스로 확장할 수 있는 관리 서비스를 제공한다. 가장 인기 있는 클라우드 IoT 플랫폼은 구글 클라우드 IoT, AWS IoT Core, 애저 IoT 허브, IBM 왓슨[Watson] IoT, 오라클 IoT다. IoT 시스템의 작동 방식을 이해하고자 AWS IoT 제품을 살펴보고 동일한 라인에 IoT 제품을 제공하는 GCP 및 애저와 같은 다른 클라우드 제공업체를 살펴보자.

AWS 클라우드는 디바이스 데이터를 처리하고 이에 따라 조치를 취하고 언제든지 디바이스 상태를 읽고 설정하는 데 도움이 된다. AWS는 필요에 따라 확장할 수 있는 인프라를 제공하므로 조직은 IoT 데이터에 대한 통찰력을 얻고 고객에게 더 나은 서비스를 제공하는 IoT 애플리케이션과 서비스를 구축하고, 비즈니스를 완전한 IoT 활용으로 전환할 수 있다.

다음 그림은 AWS IoT의 구성 요소를 보여준다.

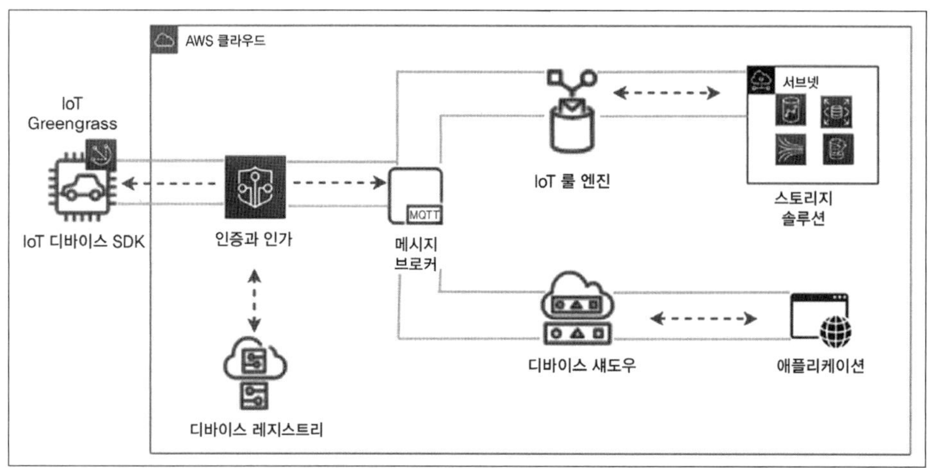

그림 15.3: AWS 플랫폼에서 IoT 아키텍처

다음은 각 IoT 구성 요소에 대한 세부 정보와 그림에서 각각이 연결되는 방식이다.

- **IoT Greengrass:** AWS IoT Greengrass는 엣지 디바이스에 설치돼 AWS 클라우드에 IoT 메시지를 보내는 데 도움이 된다.
- **IoT 디바이스 SDK:** AWS IoT 디바이스 SDK는 IoT 디바이스를 애플리케이션에 연결하는 데 도움이 된다. IoT 디바이스 SDK는 애플리케이션에 디바이스를 연결하고 인증하기 위한 API를 제공한다. MQTT나 HTTP 프로토콜을 사용해 디바이스와 AWS IoT 클라우드 서비스 간에 메시지를 교환하는 데 도움이 된다. IoT 디바이스 SDK는 C, 아두이노, 자바스크립트를 지원한다.
- **인증과 권한 부여:** AWS IoT는 승인된 디바이스만 데이터를 교환하고자 상호 인증과 암호화를 촉진한다. AWS IoT는 SigV4 및 X.509 인증서와 같은 인증 메커니즘을 사용한다. 인증서를 첨부하고 인증을 원격으로 처리해 연결된 모든 디바이스에 인증을 첨부할 수 있다.
- **IoT 메시지 브로커:** 메시지 브로커는 MQTT와 HTTP 프로토콜을 지원하고 IoT 디바이스와 AWS IoT 룰 엔진rules engine, 디바이스 섀도우Device Shadow, 기타 AWS와

같은 클라우드 서비스 간의 보안 통신을 설정한다.

- **IoT 룰 엔진:** IoT 룰 엔진은 IoT 데이터 처리와 분석을 위한 데이터 파이프라인을 관리하는 데 도움이 된다. 룰 엔진은 IoT 데이터를 확인해 스트리밍 분석을 수행하고 Amazon S3, DynamoDB, ElasticSearch와 같은 다른 AWS 스토리지 서비스에 연결한다.
- **디바이스 섀도우 서비스:** 디바이스 섀도우 서비스는 원격 지역에서 네트워크 연결이 끊어져 오프라인 상태일 때 디바이스의 상태를 유지하는 데 도움이 된다. 디바이스가 온라인 상태가 되자마자 디바이스 섀도우에서 상태를 재개할 수 있다. 디바이스에 연결된 모든 애플리케이션은 RESTful API를 사용해 섀도우에서 데이터를 읽어서 계속 작동할 수 있다.
- **디바이스 레지스트리:** 디바이스 레지스트리는 IoT 디바이스를 식별하고 수백만 대의 디바이스를 대규모로 관리하는 데 도움이 된다. 레지스트리는 버전, 제조업체, 판독 방법(예, 화씨 대 섭씨)과 같은 디바이스 메타데이터를 저장한다.

이제 여러분은 클라우드에서 제공하는 IoT 서비스에 대해 익숙할 것이다. IoT가 기계 데이터를 처리하고 생산을 최적화하고자 제조 산업에서 매우 보편화됨에 따라 산업용 IoT[IIoT]의 개념이 개발됐다. 이제 이를 자세히 알아보자.

산업용 IoT 솔루션 구축

산업 고객은 산업 데이터에 대한 통찰력을 얻고 에너지 비용 절감, 장비 문제 감지와 수정, 제조 라인의 비효율성 발견, 제품 품질 개선, 생산 산출 개선과 같은 결과를 얻으려고 한다. 이러한 고객은 생산 라인이나 기계가 다운될 때 근본 원인 분석[RCA]을 수행하고자 기계 및 제품 수명 주기[PCLs] 시스템의 운영 기술[OT] 데이터에 대한 가시성을 찾고 있다. 또한 IoT는 기계의 미세 정지를 실시간으로 파악해 제품 품질을 저하시키지 않으면서 생산 처리량을 향상시킨다.

여러 소스, 사이트 또는 공장에 걸친 데이터 수집과 구성은 구축 및 유지 관리가 어렵다. 조직은 사용자와 쉽게 공유할 수 있고, 공장에서 그리고 공장 전체와 회사 수준에서 애플리케이션을 구축하는 데 사용할 수 있는 모든 자산의 일관된 표현이 필요하다. 온프레미스 서버를 사용해 수집 및 정제된 데이터는 하나의 공장에서 격리된다. 온프레미스에서 수집된 대부분의 데이터는 공개되거나 접근할 수 있는 데이터가 없기 때문에 분석되지 않고 폐기된다.

모범 사례는 산업 시설에서 흔히 볼 수 있는 데이터베이스에서 데이터를 추출해 데이터 센터나 클라우드의 중앙 집중식 저장소로 전송하고 사용자와 애플리케이션이 쉽게 검색할 수 있게 구조화하는 것이다. 이 데이터 외에도 전체 장비 효율성[OEE]과 같은 일반적인 산업 성능 지표를 도출하고, 여러 산업 시설의 운영을 모니터링하고, 산업 장비 데이터를 분석하는 애플리케이션을 구축하고, 값비싼 장비의 문제를 방지하고, 생산 격차를 줄일 수 있다. 산업용 IoT 아키텍처를 설계하려면 다음 단계를 수행해야 한다.

- 산업 장비, 데이터 서버, 히스토리언 데이터베이스에서 데이터 수집
- 대규모 산업 데이터 수집, 구성과 분석
- OPC-UA, Modbus, 이더넷/IP와 같은 산업 프로토콜과 표준을 사용해 현장 장비에서 데이터 읽기
- 물리적 자산의 시각화, 장비 데이터 스트림 처리, 산업 성능 지표 계산
- 일시적으로 인터넷 연결이 끊긴 경우에도 로컬 대시보드에서 접근해 실시간 및 과거 장비 데이터 관찰
- 자산 데이터를 사용해 공장 생산 품질을 최적화하고 자산 활용도를 극대화하며, 디바이스 유지 관리 문제를 식별하는 로컬 또는 클라우드 애플리케이션 생성

IoT에 대해 증가하는 요구를 해결하고자 AWS와 같은 선도적인 클라우드 제공업체는 관리형 서비스인 AWS IoT SiteWise를 제공한다. 이 서비스는 공장 현장에서 로컬 게이트웨이로 데이터를 수집하고 해당 데이터를 구조화하고 레이블을 지정하며 실시간 KPI 및 더 나은 데이터 기반 의사 결정을 내리기 위한 지표를 만든다.

모든 사이트의 장비에서 데이터가 수집되고 AWS IoT Core에서 AWS IoT SiteWise로 전송된다. 그런 다음 물리적 자산의 가상 표현인 모델 자산을 생성한다. SiteWise는 고객이 인프라를 유지 관리할 필요 없이 전체 프로덕션 환경을 디지털화, 컨텍스트화, 모델링하는 데 도움이 된다. 고객은 풍부한 정보 모델링을 사용해 복잡한 장비 계층을 나타낼 수 있다.

이벤트 관리는 복잡한 산업 시스템 전반의 변화를 감지하는 데 중요하다. 장비의 데이터를 지속적으로 모니터링해 상태를 식별하고 변경 사항을 감지하며 변경 사항이 발생할 때 적절한 응답을 트리거해야 한다. AWS는 들어오는 원격 측정 데이터를 평가해 장비나 프로세스의 상태 기반 변경을 감지하는 간단한 로직을 구축하는 AWS IoT 이벤트[Events]를 제공한다. 수천 개의 센서에 걸친 데이터에서 이벤트를 감지하고 응답을 트리거해 운영을 최적화한다. 부품, 기계 또는 제품의 수동 검사에 의존하는 대신 유지 관리 팀에서 문제를 더 빨리 알리거나 디바이스를 종료하도록 지시할 수 있다. 예를 들어 장비가 비정상적으로 실행될 때 기술 지원 담당자에게 알람을 주거나 수정 사항을 적용할 수 있다.

복잡한 코드가 아닌 논리 표현식을 사용해 AWS IoT 이벤트를 구성하기 때문에 새 장비 추가와 같은 변경 사항에 쉽게 적용할 수 있다. 플릿에 있는 수천 대의 디바이스로 확장할 수 있다. AWS IoT 이벤트는 AWS IoT Core 및 AWS IoT 애널리틱스와 같이 IoT 데이터를 처리하고 분석하는 다른 AWS 서비스와 통합된다. 고객은 AWS IoT 이벤트 콘솔에서 즉각적으로 평가하는 데 필요한 데이터를 식별하고 수집할 수 있다. IoT 이벤트는 AWS Lambda, SQS, SNS, Kinesis Firehose, IoT Core 등에서 작업을 트리거할 수 있다. 모든 요소를 하나로 통합하는 IIoT 참조 아키텍처를 살펴보자.

커넥티드 팩토리 IoT 아키텍처

커넥티드 팩토리[CF, Connected Factory] 솔루션은 제조 운영을 혁신할 수 있는 기능을 통합하도록 설계됐다. CF를 사용하면 고객이 레거시 시스템에서 데이터 차단을 해제하고, 거의 실시간으로 데이터를 시각화하고, 심층 분석을 수행해 운영을 최적화하고, 생산성과 자산 가용성을 개선할 수 있다. CF 제품의 주요 초점은 산업 데이터 수집을 상품화하고 반복적인 프로세스를 개발하는 것이다. AWS 클라우드 플랫폼에서 커넥티드 팩토리 솔루션을 구현하기 위한 IoT 아키텍처를 보여주는 그림 15.4를 살펴보자.

그림에서 볼 수 있듯이 AWS IoT Greengrass는 공장 현장의 가장 자리에 배포돼 시설의 서버에서 수집된 장비 데이터와 기타 데이터를 수집한다. 데이터는 IoT Core를 통해 AWS 클라우드에 저장되고 IoT SiteWise는 물리적 디바이스 모델을 구축하는 데 도움이 된다. 다양한 시설의 데이터는 Amazon S3에 저장돼 데이터 웨어하우스를 위해 Redshift에 추가로 로드하고 AWS Glue를 사용하는 ETL 파이프라인과 Amazon Athena를 사용해 수행되는 단발성 쿼리를 통해 처리할 수 있는 제조 데이터 레이크를 구축한다. 마지막으로 QuickSight를 사용해 비즈니스 사용자를 위한 데이터를 시각화할 수 있다.

스트리밍 데이터는 Amazon Kinesis를 통해 변환 및 처리되며 제품 장비에 대한 입력이나 차량에 대한 배송 정보를 제공한다. 또한 ML 구성 요소가 생산 예측을 수행하고 해당 데이터를 ERP와 PLM 시스템에 게시해 생산 효율성을 최적화하는 것을 볼 수 있다. Amazon SageMaker는 엣지에서 ML을 수행해 장비 상태를 이해하고 알람을 발송해 가동 중지 시간을 줄인다.

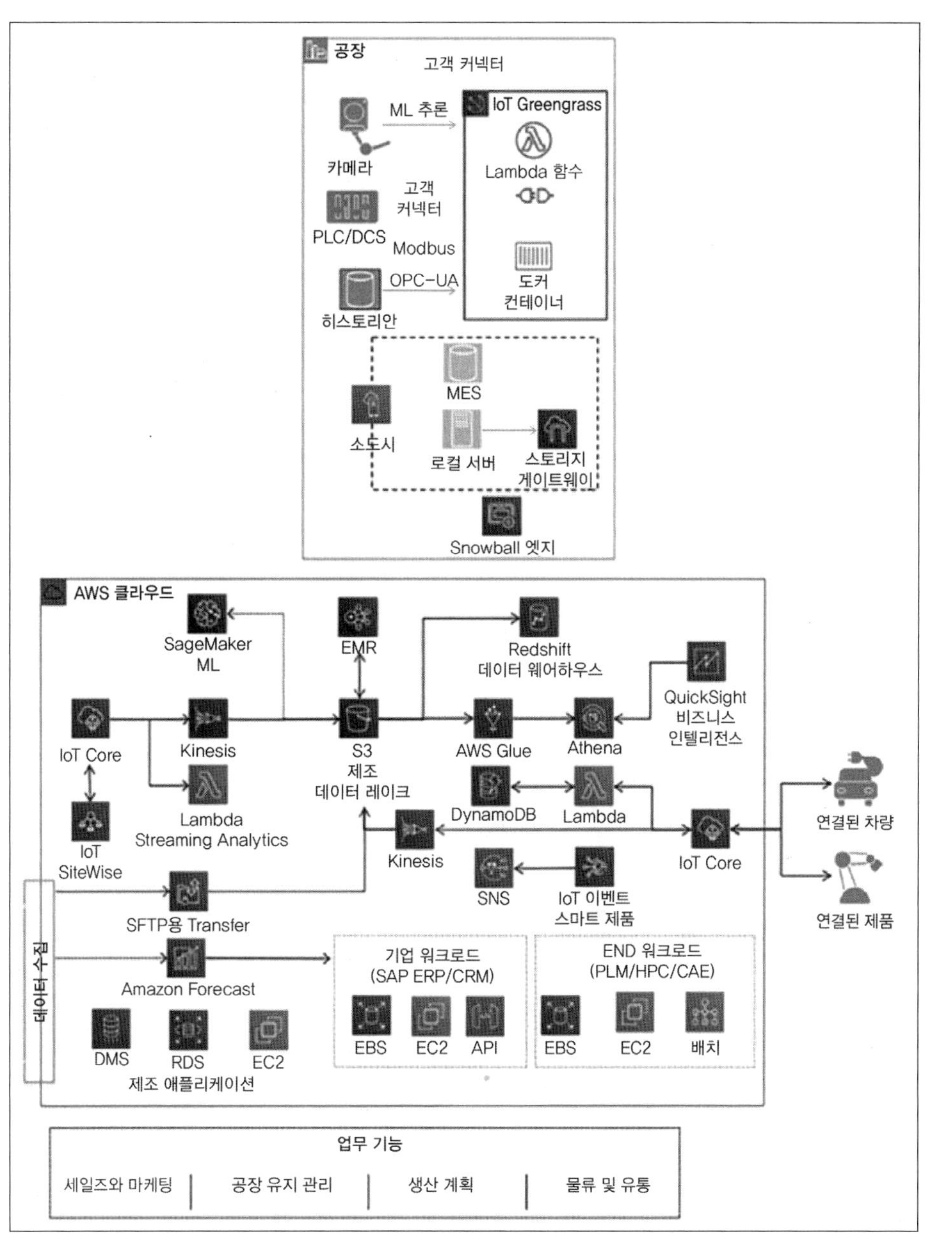

그림 15.4: AWS 클라우드에서의 커넥티드 팩토리 아키텍처

장비에 대한 직원 교육 및 시뮬레이션 생성과 관련해 시각화 계층을 추가하는 것이

합리적이다. 이는 AR/VR증강 현실/가상 현실의 가용성으로 가능하다. 바로 여기에서 디지털 트윈digital twin이라는 개념이 등장한다. 디지털 트윈을 자세히 알아보자.

디지털 트윈 구현

디지털 트윈은 물리적 기계의 디지털 복제품을 의미한다. 디지털 트윈에서는 AR/VR을 사용해 기계의 가상화를 구축해 실시간 데이터 오버레이를 시각화한다. 머신러닝과 결합된 실시간 운영과 상태 데이터를 보는 데 도움이 된다. 사전 예방적 유지 관리 모델 수행과 같은 실제 행동에서 통찰력을 얻을 수 있다. 디지털 트윈은 가상 시나리오를 시뮬레이션해 기계에 대한 최적의 KPI를 결정하고 장비를 다루기 위한 몰입형 교육과 훈련을 구축하는 데 유용할 수 있다.

디지털 트윈은 IoT를 사용해 실시간 데이터를 지속적으로 수집하고 디지털 복제본에서 기계의 작동을 제어할 수 있다. 기계의 라이브 모델에 대한 몰입형 경험을 제공하고 조기 경고, 예측, 최적화를 돕는다. 디지털 트윈은 다음 그림처럼 작업을 수행한다.

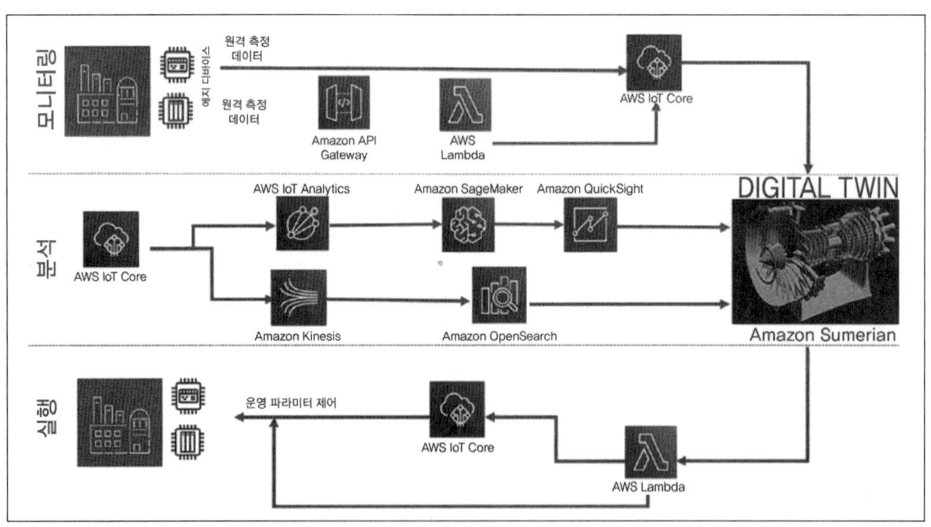

그림 15.5: 디지털 트윈을 통한 기계 상태 모델링

그림에서 볼 수 있듯이 디지털 트윈은 다음을 통해 시스템을 관리한다.

- **모니터링:** 디지털 트윈은 가상 세계에서 디지털 사본을 복제해 데이터를 수집하고 분석한다. 기계 원격 측정 데이터는 AWS IoT Core를 사용해 AWS와 같은 클라우드에서 수집한 센서에서 가져올 수 있다. 공장 현장 데이터는 온프레미스 애플리케이션에 API를 구축해 수집할 수 있다.
- **분석:** 디지털 복제본을 구축하고자 마이크로소프트 HoloLens, Amazon Sumerian 또는 Oculus와 같은 범용적인 AR/VR 기술을 사용할 수 있다. 디지털 복제본 위에 데이터 오버레이를 만들어 다양한 센서에서 데이터가 흐르는 방식을 표시할 수 있다. AWS IoT 에널리틱스를 사용해 추가 분석을 수행할 수 있다. 데이터 시각화와 검색 기능을 구축하고자 Amazon OpenSearch와 QuickSight를 사용할 수 있다. 디지털 트윈은 Amazon Alexa와 같은 AI 기반 서비스를 사용해 음성으로 제어할 수 있다. Amazon SageMaker를 사용해 ML 기능을 구현해 ML 모델을 트레이닝, 조정, 배포할 수 있다.
- **조치:** 데이터 통찰력과 예측을 얻으면 운영 팀에 메시지를 다시 보내 필요한 조치를 취할 수 있다. AWS IoT 이벤트와 AWS Lambda를 사용해 현장 직원을 위한 자동 유지 관리 티켓을 생성해 운영 애플리케이션에 알릴 수 있다. AWS IoT Core는 메시지를 받아 기계에 직접 작업을 적용할 수 있다. 냉각 팬이 비정상적으로 작동하거나 예상보다 뜨거워지면 디지털 트윈에서 직접 기계를 멈출 수 있다.

다음 그림과 같이 항공기 제트 엔진용 디지털 트윈의 참조 아키텍처를 살펴보자. 여기에서 IoT 센서를 사용해 실시간으로 엔진 온도과 속도 데이터를 수집하고 디지털 엔진 복제본에 데이터 오버레이를 표시해 통찰력을 얻고 조치를 취한다.

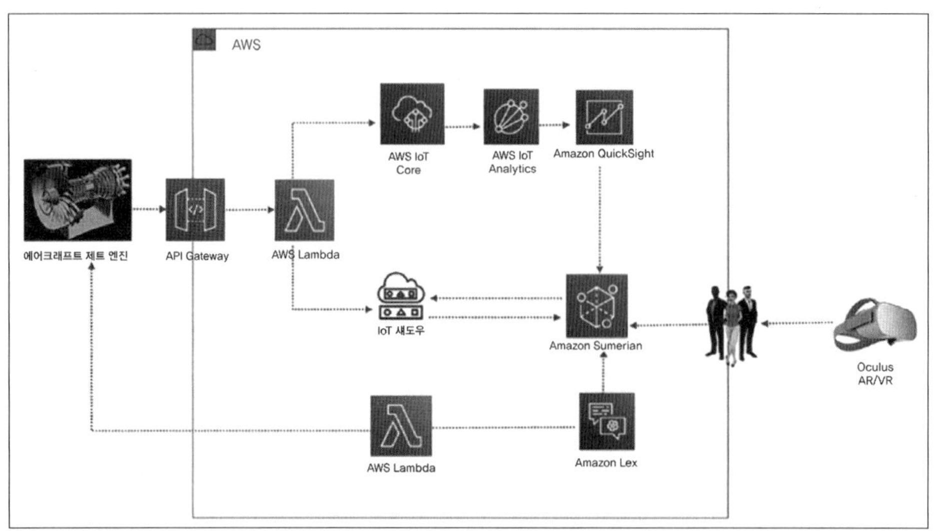

그림 15.6: 항공기 제트 엔진 디지털 트윈 아키텍처

그림과 같이 온도 및 엔진 속도 데이터는 IoT Core를 통해 제트 엔진에서 AWS 클라우드로 전송된다. AWS IoT Analytics는 Amazon QuickSight 대시보드에서 수집되고 시각화된 정보에 대한 통찰력을 수집하고자 데이터 처리를 수행한다. 제트 엔진의 현재 상태는 디바이스 섀도우를 사용해 유지되므로 센서가 오프라인 상태가 돼도 시뮬레이션을 계속 수행할 수 있다. 여기에서 Amazon Sumerian 가상 현실 플랫폼을 사용해 제트 엔진 디지털 복제본을 생성하고 Oculus에 배포한다. Amazon Lex AI 서비스를 사용하면 음성이나 메시지로 실제 엔진을 시작/중지할 수 있다.

IoT는 책 전체를 할당할 만큼 매우 방대한 주제다. 이 장에서는 산업용 IoT 아키텍처의 다양한 구성 요소를 살펴봤다.

요약

인터넷에 연결된 수백만 개의 소형 디바이스를 IoT라고 통칭한다. 15장에서는 IoT와 IoT 아키텍처의 구성 요소를 살펴봤다. IoT는 센서와 기계의 비정형 원격 측정 데이터를 대량으로 빠르게 처리하는 것이다. 이러한 데이터를 처리하려면 확장할 수 있는 시스템이 필요하고 AWS IoT 서비스의 예를 통해 클라우드의 IoT를 살펴봤다.

디바이스는 IoT 솔루션을 구축할 때 중심점 중 하나다. MCU와 MPU를 포함한 두 가지 주요 유형의 디바이스 소프트웨어와 이러한 디바이스의 데이터를 수집하는 방법을 살펴봤다. 디바이스 인증, 디바이스 레지스트리, 대규모 디바이스 관리를 포함해 IoT 디바이스를 제어하기 위한 다양한 기술과 AWS IoT 디바이스 매니지먼트 서비스를 살펴봤다. 보안은 가장 중요한 작업이며 IoT 디바이스에도 적용된다. AWS IoT 디바이스 디펜더를 사용해 IoT 디바이스를 관리하고 보호하기 위한 다양한 메커니즘을 살펴봤다.

데이터를 수집하고 저장한 후에는 데이터를 변환해 해당 데이터에 대한 통찰력을 얻고 비즈니스 요구 사항을 시각화해야 한다. 의미 있는 통찰력을 생성하고자 IoT 데이터 수집, 처리, 분석하고자 클라우드에서 사용할 수 있는 다양한 구성 요소를 살펴봤다. 산업용 IoT는 생산을 최적화하고 운영 중단 시간을 줄이고자 매우 대중화되고 있다. IIoT를 살펴봤고 AWS IoT SiteWise가 IIoT 작업을 대규모로 처리하는 데 어떻게 도움이 되는지 살펴봤다. 또한 커넥티드 팩토리 IoT 아키텍처와 그 기능도 자세히 살펴봤다.

AR/VR 기술과 IoT를 결합하면 몰입형 경험을 제공한다. 실제 기계의 가상 복제본이 실시간 데이터 오버레이로 생성되는 디지털 트윈 개념을 살펴봤다. 디지털 트윈 모델을 사용해 모니터링, 분석과 조치를 위한 다양한 구성 요소가 있는 제트 엔진 디지털 트윈 아키텍처를 살펴봤다.

지금까지는 대부분의 문제를 해결하고자 상당한 수의 GPU와 CPU를 갖춘 슈퍼컴퓨터에 의존해 왔다. 그러나 기술 사용이 증가함에 따라 분자 분석 및 재무 위험 모델 구축과 같은 복잡한 사용 사례에서 문제를 해결하고자 수백만, 수십억 개의 조합이 필요한 경우 슈퍼컴퓨터는 느려지고 있다. 이러한 사용 사례의 경우 양자 컴퓨팅이 이상적인 기술일 수 있다. 우리는 여전히 양자 진화의 초기 단계에 있지만 조직에서 이를 실험하기 시작했다. 16장에서는 양자 컴퓨팅, 해당 사용 사례, 사용할 수 있는 옵션을 살펴본다.

16

양자 컴퓨팅

양자 기술은 빠르게 성장하는 과학 및 공학의 학제 간 분야다. 지금까지는 대부분의 문제를 해결하고자 슈퍼컴퓨터에 의존했지만 **양자 컴퓨팅**QC, Quantum Computing은 복잡한 계산을 기하급수적으로 가속화해 매우 강력한 슈퍼컴퓨터를 탄생시켰다. 양자 물리학에 따르면 양자는 모든 물리적 특성의 가장 작은 단위이며 전자, 중성미자, 광자와 같은 원자 입자의 특성을 나타낸다. 양자 컴퓨팅은 새로운 방식으로 정보를 처리하고자 양자 역학의 법칙을 활용함으로써 기준 컴퓨터의 범위를 넘어서는 계산 문제를 해결할 수 있다.

양자 컴퓨팅은 10배 성능 향상이 아니라 10^x의 성능 향상을 제공해 복잡한 문제에 대한 솔루션의 속도를 높이는 컴퓨팅의 새로운 패러다임이다. 컴퓨팅에 대한 이러한 접근 방식은 화학 공학, 재료 공학, 약물 발견, 금융 포트폴리오 최적화, 머신러닝을 혁신할 수 있다.

양자 컴퓨팅은 아직 연구 단계에 있으며 상용화되기까지 몇 년이 걸릴 수 있다. 퀀텀 기술은 복잡하지만 16장에서는 다음의 주제들을 탐색해 양자 컴퓨팅 개념을 단순화해 학습한다.

- 양자 컴퓨터의 빌딩 블록
- 양자 컴퓨터의 작동 메커니즘
- 양자 게이트
- 양자 회로
- 양자 컴퓨터의 종류
- 클라우드에서의 양자 컴퓨팅

16장을 마치면 양자 컴퓨팅의 기초를 이해하게 될 것이다. 빌딩 블록, 유형, 다양한 사용 사례를 포함해 양자 컴퓨터의 작동을 알아본다. 또한 양자 게이트 및 회로와 같은 양자 알고리듬 이면의 논리와 양자 컴퓨터가 뒷단에서 어떻게 작동하는지도 알아본다.

양자 컴퓨터의 빌딩 블록

양자 컴퓨터의 기본 구성 요소는 큐비트^qubit^다. 양자 컴퓨팅의 큐비트는 고전 컴퓨팅의 비트와 유사하지만 매우 다르게 동작한다. 큐비트를 자세히 알아보자.

큐비트

클래식 비트는 0이나 1의 위치만 보유할 수 있지만 큐비트는 0과 1 사이의 위치와 한 번에 여러 위치를 보유할 수 있다. 큐비트는 과학자와 엔지니어가 제어할 수 있는 양자 시스템이다. 큐비트의 몇 가지 예는 원자, 분자, 광자다.

양자 상태는 **디락 표기법**^Dirac notation^이라고 하는 작은 플래그인 '⟩'로 표시된다. 단일 고전 비트는 0이나 1로 표시되는 반면 단일 양자 비트(큐비트)는 |0⟩과 |1⟩의 복잡한 선형 조합으로 표시된다. 다음과 같이 복소수 계수가 있는 2차원 벡터다.

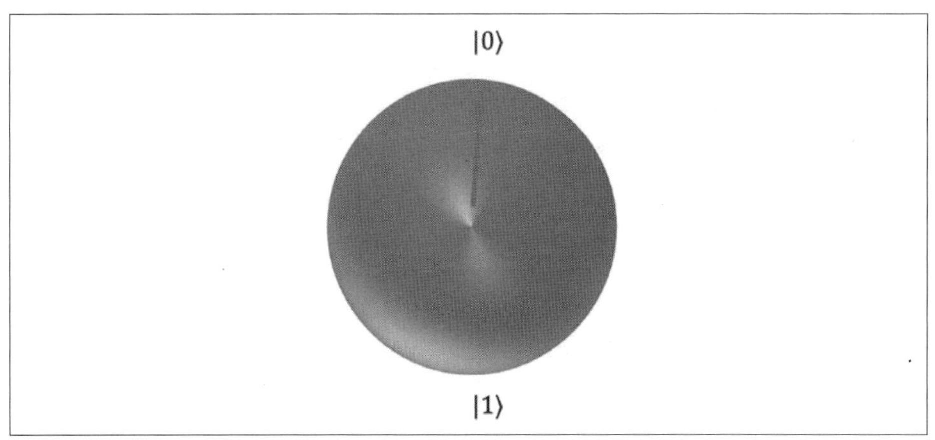

그림 16.1: 블로흐 구(Bloch sphere): 큐비트의 추상 표현

위의 그림에서 큐비트는 **블로흐 구**Bloch sphere를 사용해 표현된다. 블로흐 구는 물리학자 펠릭스 블로흐Felix Bloch의 이름을 따서 명명된 큐비트의 순수한 상태 공간을 나타낸다. 파란색 화살표는 주어진 시간에 큐비트의 상태를 나타낸다. 그림에서 |0⟩과 |1⟩로 표시된 두 상태를 볼 수 있다. 2차원 벡터로 나타낼 때 |0⟩과 |1⟩의 값은 다음과 같다.

$$|0\rangle = \begin{pmatrix} 1 \\ 0 \end{pmatrix} \qquad |1\rangle = \begin{pmatrix} 0 \\ 1 \end{pmatrix}$$

수식 16.1: |0⟩과 |1⟩의 2차원 표현

2개의 큐비트의 가능한 상태로는 00 또는 01 또는 10 또는 11인 2개의 클래식 비트의 가능한 상태와 반대로 중첩Superposition 외에 기본 벡터 |00⟩, |01⟩, |10⟩, |11⟩이 될 수 있다. 양자 컴퓨터는 중첩 및 얽힘entanglement과 같은 양자 물리학의 고유한 동작을 활용한다. 이러한 개념을 이해해보자.

중첩

단순화해서 양자 컴퓨팅의 다양한 개념을 이해하고자 고전적인 동전 던지기의 예를 들어 보자. 동전을 던지면 고전 컴퓨터와 마찬가지로 50:50의 확률로 앞면이나 뒷면이 나온다. 1비트는 두 가지 값을 가질 수 있다. 앞면은 1이고 뒷면은 0이라고 가정할 수 있다. 양자 컴퓨터는 큐비트를 사용해 정보를 처리하고, 1 큐비트는 하나의 양자 상태를 나타내며, 이는 동전을 던지는 동안 모든 상태가 될 수 있다. 동전을 보고 앞면과 뒷면 그리고 그 사이의 모든 상태를 동시에 볼 수 있다고 상상해보면 동전은 중첩돼 있을 것이다.

큐비트 자체는 그다지 유용하지 않다. 그러나 우리는 많은 공간을 생성하고 중첩이라는 상태로 연결함으로써 방대한 연산 공간을 생성할 수 있다. 중첩에서 양자 입자는 가능한 모든 상태의 조합을 나타낸다. 이것은 관찰되고 측정될 때까지 변동한다. 이 경우 50개의 동전을 동시에 던지면 큐비트는 앞면과 뒷면이 중첩될 수 있고 50개 큐비트는 2^{50}개 상태의 중첩이 있을 수 있다. 이제 50 큐비트의 작은 양자 컴퓨터가 2^{50}~1,000,000,000,000,000에서 파생된 100억 개의 복소수를 저장할 수 있음을 알 수 있다.

큐비트를 살펴봤으므로 이제 두 큐비트가 양자 얽힘을 통해 작동하는 방법을 살펴보자.

얽힘

얽힘은 양자 입자가 서로 상관하는 능력을 의미한다.

양자 컴퓨터는 기하급수적으로 더 많은 정보를 계산하고 시스템에 더 많은 큐비트를 얽히게 해서 더 복잡한 문제를 해결할 수 있다. 얽힌 큐비트는 단일 시스템을 형성하고 서로 관련돼 상관관계를 그려 결과를 얻는다.

한 큐비트의 측정값을 사용해 다른 큐비트에 대한 결론을 도출할 수 있다.

양자 얽힘은 무작위로 동작하는 큐비트가 서로 완벽하게 상관되게 한다. 기존 비트의 속성을 큐비트와 비교해 다음 표의 프로그래밍 관점에서 얽힘을 이해하자.

	클래식 컴퓨터: X 비트를 Y 비트로 복사	양자 컴퓨터: X 큐비트와 Y 큐비트의 얽힘
상관관계	X 비트와 Y 비트는 복사 후 상관관계가 없다.	X 큐비트와 Y 큐비트는 상관관계가 있다. X를 측정하면 Y에 즉시 영향을 미친다.
참조	X 비트와 Y 비트가 동일한 데이터를 가리킬 수 있게 동일한 데이터에 대한 참조로 할당할 수 있다.	얽힌 큐비트는 개별적으로 존재하지만 상관관계가 있다.
가역성	되돌릴 수 없다. X를 Y로 다시 복사하는 것과 같은 작업의 역순으로 Y가 파괴된다.	되돌릴 수 있다. 얽힌 큐비트 X와 Y는 얽힘을 풀 수 있다.
보정	오류 수정을 위해 이전 사본에서 비트를 복원할 수 있다.	양자 오류 수정은 많은 얽힌 큐비트를 사용한다.

표에서 볼 수 있듯이 얽힘은 복사가 아니다. 양자 알고리듬과 양자 얽힘을 사용하면 여러 큐비트를 연결해 결론을 도출하고 큰 값을 저장하는 데 활용할 수 있으므로 복잡한 특정 문제를 기존 컴퓨터보다 더 효율적으로 해결할 수 있다. 큐비트 배열은 중첩을 사용하면 한꺼번에 2^{64}개의 가능한 값을 나타낼 수 있으므로 양자 컴퓨터는 표준 컴퓨터에서는 불가능한 복잡한 문제를 해결할 수 있다.

이제 양자 컴퓨팅의 구성 요소를 이해했다. 작동 메커니즘과 무엇이 양자 컴퓨팅을 그렇게 빠르게 만드는지 더 살펴보자.

양자 컴퓨터의 작동 메커니즘

앞 절에서 큐비트를 살펴봤다. 이제 양자 컴퓨터를 만들고자 물리적 큐비트가 실험실에 구축되고 양자 컴퓨터에는 큐비트를 수용하는 영역이 있다.

큐비트를 수용하는 디바이스는 큐비트의 일관성을 최대화하고 간섭을 줄이고자 절대 영도 바로 위의 온도로 유지된다. 낮은 온도는 큐비트를 안정화하고 제어하는 데 도움이 된다. 진공 챔버를 사용해 진동을 최소화하고 큐비트를 안정화할 수도 있다. 신호는 마이크로파, 레이저, 전압 등의 다양한 방법을 사용해 큐비트로 보낼 수 있다.

양자 컴퓨터가 어떻게 그렇게 빨리 실행되는지 궁금할 것이다. 양자 컴퓨터는 문제에 대한 모든 답을 병렬로 시도하기 때문에 매우 빠르게 실행된다. 사실일까?

여러 계산이 평행 우주에서 모두 일어난다는 의미는 아니다. 즉, 큐비트는 중첩을 사용해 0과 1 값을 동시에 보유할 수 있으며 얽힘으로 서로 영향을 미치게 한다. 이는 계산 속도를 높이고자 영리한 양자 알고리듬을 구축할 수 있는 새로운 가능성을 열어준다.

양자 컴퓨터를 더 빠르게 만들고자 사용되는 유명한 양자 알고리듬 중 하나가 Grover's search다. *N*개의 항목 목록에서 하나의 항목을 찾아야 한다고 가정한다.

기존 컴퓨터에서는 평균적으로 *N*/2개의 항목을 확인해야 했고 최악의 경우 *N*개의 항목을 모두 확인해야 했다. Grover의 양자 컴퓨터 검색을 이용하면 대략 $\sqrt{N}$ 개 정도 확인 후 찾을 수 있다. 이는 처리 효율성과 시간 절약의 현저한 증가를 나타낸다. 예를 들어 1조 개의 목록에서 하나의 항목을 찾고자 하고 각 항목을 확인하는 데 1 마이크로초가 걸렸다면 고전적인 슈퍼컴퓨터에서는 검색에 일주일 이상이 걸릴 수 있지만 양자 컴퓨터는 동일한 작업을 단 몇 분 만에 수행한다.

음악을 만드는 비유를 사용해보자. 음악가가 아름다운 음악을 연주할 때 화음의 소리를 스타일링해 음악을 만드는 것은 양자 컴퓨터가 상태 벡터의 진폭을 조작해 작동하는 것과 같은 방식이다. 노래를 쓰려면 어떤 음표가 필요한지 파악하고 이를 음악적 편곡으로 합친다. 같은 방식으로 양자 컴퓨터를 프로그래밍하려면 큐비트를 양자 회로에 배열하고 회로를 실행한다. 마지막으로 음악을 제작할 때 밴드가 함께 모여 좋은 소리를 내는 방식으로 악기를 연주한다. 같은 방식으로 주어진 답이 가장 가능성 있는 답이 되도록 양자 회로를 설정한다.

고전 컴퓨터와 비교할 때 양자 컴퓨터는 매우 큰 문제를 나타내고자 광대한 다차원 공간을 생성할 수 있다. 그런 다음 양자 알고리듬은 이 공간에서 솔루션을 찾아 우리가 사용하고 이해할 수 있는 형식으로 다시 변환한다. 중첩으로 인해 큐비트의 고유 동작에서 양자 간섭이 붕괴 확률에 영향을 미칠 수 있다. 양자 컴퓨터는 소음을 최대한 줄이고 가장 정확한 결과를 보장하도록 설계하고 제작됐다.

양자 논리는 다양한 유형의 논리 게이트로 구성된다. 양자 논리 구축을 자세히 알아보자.

양자 게이트

고전적이든 양자적이든 논리 게이트는 일련의 이진 입력(1과 0 또는 스핀업/스핀다운 전자)을 취하고 단일 이진 출력을 제공하는 물리적 구조나 시스템이다. a 1(즉, 스핀업 전자) 또는 중첩의 두 가지 상태 중 하나다. 결과를 지배하는 것은 불리언 함수Boolean function다. 예/아니요 질문에 응답하기 위한 규칙으로 불리언 함수를 생각할 수 있다. 게이트는 회로로 결합되고 회로는 CPU나 기타 계산 구성 요소로 결합된다.

게이트를 더 잘 이해하고자 해당 축을 따라 전자의 스핀과 같은 양자 입자의 방향을 나타내는 3D 공간에서 블로흐 구를 살펴보자. 이전 주제인 양자 컴퓨터의 구성 요소에서 블로흐 구를 살펴봤다.

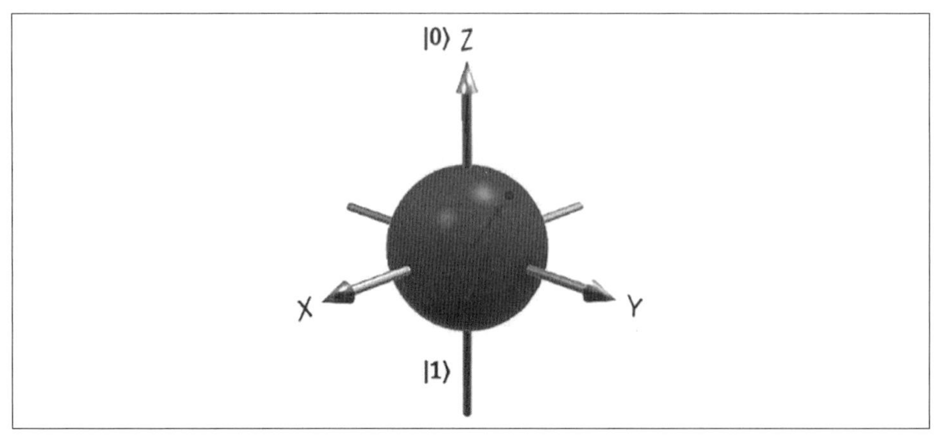

그림 16.2: 축과 함께 전자 스핀의 3D 표현

앞의 그림은 3D 공간의 큐비트를 나타낸다. 큐비트는 양자 게이트를 사용해 X, Y, Z축을 따라 스핀업 상태로 배치할 수 있다. 양자 게이트는 0이나 1 비트에서 작동하는 기존 게이트와 달리 큐비트에서 작동하므로 양자 게이트가 중첩(0과 1 사이의 다른 상태) 및 얽힘(결과를 유도하고자 두 큐비트 관련)을 사용할 수 있다.

많은 종류의 게이트가 양자 회로를 구성하는 데 사용되며 가장 간단한 것은 단일 큐비트 파울리Pauli 게이트다. 파울리 게이트를 자세히 알아보자.

파울리 게이트

파울리 게이트는 볼프강 파울리Wolfgang Pauli의 이름을 따서 명명됐으며 더 잘 알려진 파울리 행렬을 기반으로 한다.

파울리 게이트는 단일 전자의 스핀 변화를 계산하는 데 매우 유용하다. 오늘날의 양자 게이트는 큐비트의 선호 속성으로 전자 스핀을 사용한다. 파울리 게이트는 한 번에 하나의 큐비트에서만 작동한다. 이것은 각각 4개의 요소만 있는 간단한 2 × 2 행렬로 변환된다. 파울리 게이트는 파울리-X, 파울리-Y, 파울리-Z의 세 가지 유형이 있다.

파울리-X 게이트: 파울리-X 게이트는 고전적인 NOT 게이트와 관련될 수 있으며 종종 양자 NOT 게이트라고 한다. 다음은 파울리-X 게이트를 나타낸다.

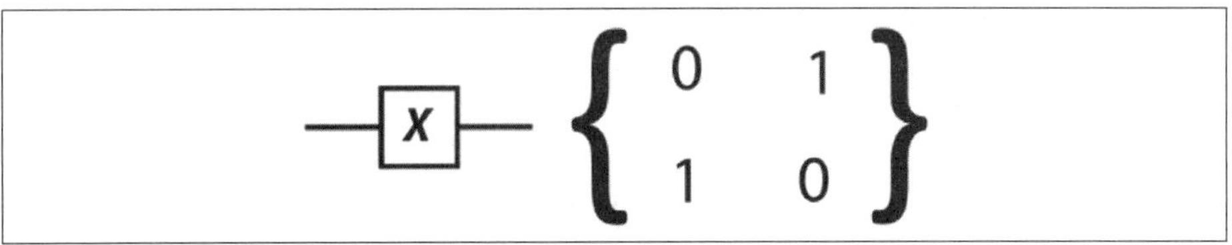

그림 16.3: Pauli-X 게이트

이제 단일 큐비트 벡터의 선형 상태를 취해 파울리-X 게이트를 통해 전달하면 예를 들어 |0⟩에서 |1⟩로 또는 그 반대로 뒤집힐 것이다.

파울리-Y 게이트: 이것은 X-게이트와 매우 유사하지만 왼쪽 하단 1 대신 i(-1의 제곱근)가 있고 오른쪽 상단 모서리에 음수 i가 있다. 다음은 파울리-Y 게이트를 나타낸다.

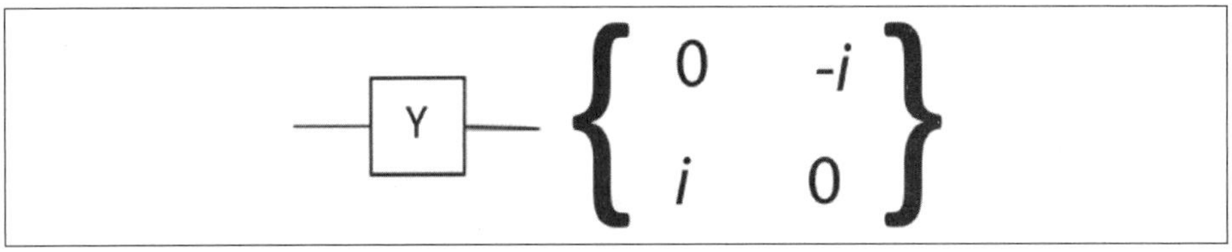

$$\text{Y} \quad \begin{Bmatrix} 0 & -i \\ i & 0 \end{Bmatrix}$$

그림 16.4: Pauli-Y 게이트

전자 형태의 큐비트가 Y 게이트를 통과하면 3D 공간에서 Y축으로 회전한다.

파울리-Z 게이트: 이것은 X-게이트와 똑같이 보이지만 오른쪽 하단에 음수 기호가 있다. 다음은 파울리-Z 게이트를 나타낸다.

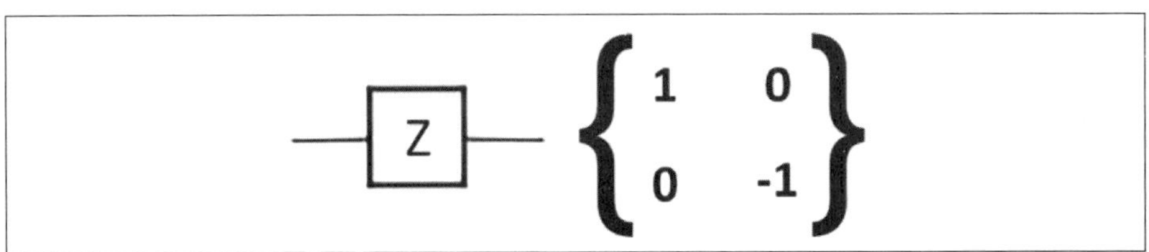

그림 16.5: Pauli-Z 게이트

전자 형태의 큐비트가 Z 게이트를 통과하면 3D 공간에서 Z축으로 반전된다.

Y 게이트와 Z 게이트도 큐비트 전자의 스핀을 변경한다. 다른 양자 회로에서 볼 수 있는 또 다른 매우 중요한 게이트인 아다마르Hadamard를 살펴보자.

아다마르 게이트

아다마르는 H-게이트라고도 하며 양자 컴퓨팅의 모든 곳에서 볼 수 있다. 아다마르 게이트는 스핀업과 스핀다운이 동시에 중첩되는 것과 같이 큐비트의 명확한 양자 상태를 변환하는 양자 용량을 갖고 있다. 다음은 아다마르 게이트를 나타낸다.

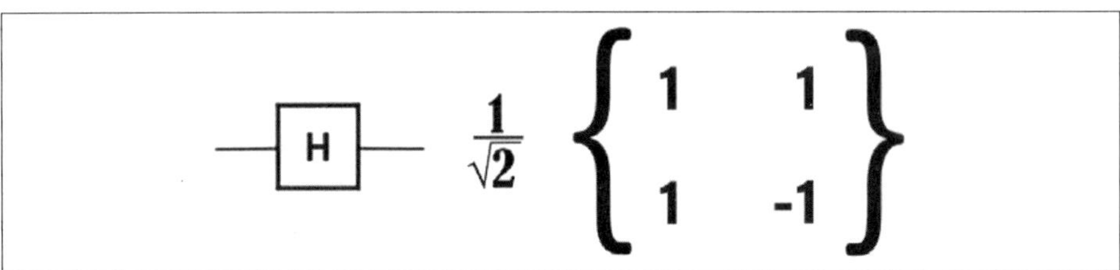

그림 16.6: 아다마르 게이트

H-게이트를 통해 전자를 보내면 공중에 있는 동전처럼 된다. 50:50의 확률로 착지할 때 앞면이나 뒷면이 된다. H-게이트는 초기화된 큐비트를 전체 양자 전력을 활용하고자 자연 유체 상태로 다시 변환하므로 양자 프로그램에서 초기 계산을 수행하는 데 매우 유용하다. H-게이트는 두 상태 사이에서 동시에 작동하므로 X→Z와 Z→X를 매핑하므로 중첩을 만들려면 H-게이트가 필요하다.

더 많은 양자 게이트 종류가 있다. 인기 있는 게이트를 살펴보자.

기타 양자 게이트

당신이 사용해야 할 다른 많은 양자 게이트가 있다. 일부 게이트는 단일 큐비트에서 작동하지만 다른 게이트는 한 번에 여러 큐비트에서 작동한다. 블로흐 구 주위의 변환으로 시각화할 수 있는 단일 큐비트에서 작동하는 몇 가지 게이트를 더 살펴보자.

- **X-게이트:** 플립 비트flip-bit라고도 하며 X축을 π 회전을 수행해 Z → -Z를 변경하고 두 번 수행하면 다시 원상태로 되돌린다.
- **Z-게이트:** 위상 플립phase-flip이라고도 하며 Z축을 중심으로 π 회전을 수행해 X → -X를 변경하고 두 번 수행하면 다시 원상태로 되돌린다.
- **S-게이트:** Z축을 중심으로 $\pi/2$ 회전을 수행하고 X → Y를 매핑한다. 이 게이트는 복잡한 중첩을 만들고자 H-게이트를 추가로 확장한다.
- **S'-게이트:** 이것은 S-게이트의 역으로 X → -Y를 매핑한다. 이것은 Z축을 중심으로 $-\pi/2$ 회전을 한다.
- **T-게이트:** 이것은 Z축을 중심으로 $\pi/4$ 회전을 수행한다.
- **T'-게이트:** 이것은 T-게이트의 역으로 Z축을 중심으로 $-\pi/4$ 회전을 수행한다.

다른 인기 있는 게이트로는 토폴리Toffoli 게이트, 프레드킨Fredkin 게이트, NOT 게이트 제곱근, 도이치Deutsch 게이트, 스왑 게이트(및 스왑 게이트 제곱근), 제어된Controlled-NOT 게이트(C-NOT) 및 기타 제어 게이트가 있다. 그러나 모든 게이트를 알아보진 않겠다. 주요 게이트는 앞에서 다뤘다. 모든 기본 게이트를 살펴봤으므로 함께 결합하고 양자 회로를 구축하는 방법을 살펴보자.

양자 회로

이제 몇 가지 기본적인 양자 게이트를 살펴봤으므로 다음 질문은 양자 로직을 수행하는 방법이다. 양자 알고리듬을 구축하려면 컴퓨팅에 잘 제어된 큐비트를 사용해야 한다. 이러한 큐비트는 상호작용하고 원하는 대로 상태를 변경할 수 있다. 알고리듬은 양자 게이트(행렬)를 사용해 양자 상태(벡터)를 조작해 구축된다. 3개의 입력으로 구성된 고전적인 컴퓨터의 불리언 회로를 살펴본다.

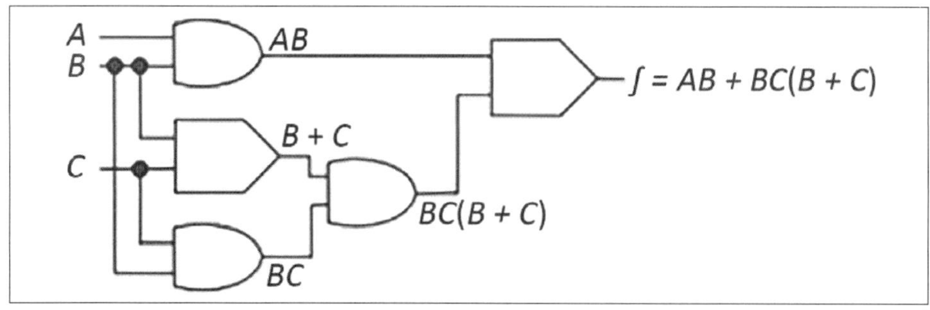

그림 16.7: 불리언 회로에서의 연산

그림에서는 AND 게이트가 두 입력을 곱해 A & B → AB와 B & C → BC가 되는 여러 불리언 게이트의 조합이 있다.

또한 OR 게이트는 두 개의 입력을 추가해 B & C → B + C가 된다. 회로에서 이러한 게이트를 연결해 알고리듬이 구축됐음을 알 수 있다.

이것이 고전적인 컴퓨터가 작동하는 방식이다. 이제 위의 불리언 회로와 비교할 수 있는 다음 그림의 양자 회로를 살펴보자.

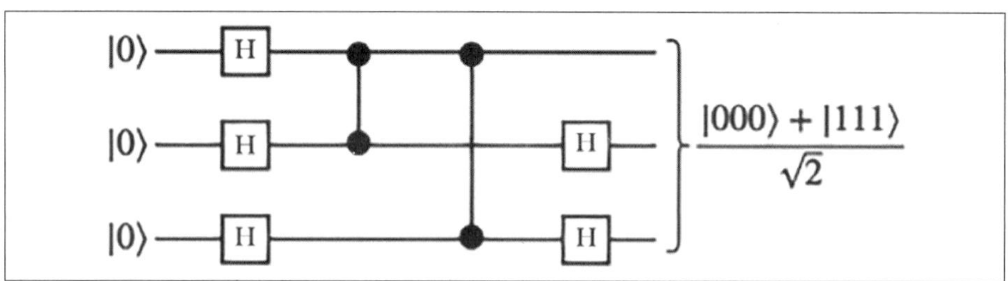

그림 16.8: 양자 회로의 연산

위의 그림에서는 벡터 상태가 0인 큐비트 3개를 전달한다. 해당 큐비트들은 H-게이트를 통과하고 상태를 변경해 몇 가지 추가 단계의 과정에서 중첩을 생성한다(양자 알고리듬의 전체 복잡성을 설명하는 것은 이 장의 범위를 벗어나므로 여기에서 세부 사항을 언급하지 않는다). 그 결과로 그림 16.6과 같이 각각 2의 제곱근에 대해 동일한 가능성이 있는 두 가지 최종 측정 결과 [000]과 [111] 중 하나를 생성한다.

기본 양자 회로는 세 가지 기본 모듈로 구성된다.

1. **초기화**: 초기 상태 준비
2. **실행**: 큐비트에서 단일 게이트 실행
3. **측정**: 일부 참조 기준으로 큐비트를 측정

양자 회로에서 디지털 불리언 회로 문제는 몇 가지 기본 빌딩 블록의 시퀀스로 나뉜다. 앞 절에서 언급한 일련의 범용 게이트 세트와 내결함성을 달성하기 위한 오류 수정 프로세스가 그 예다. 다음과 같이 점점 더 많은 수의 양자 알고리듬이 있다.

- **Number theory**: 인수분해, 이산 로그, 부분합, 암호 해독
- **Optimization**: 제약 조건 만족, 선형 시스템 풀기, ODE 풀기, PDE
- **Oracular**: 검색, 숨겨진 하위 그룹, 숨겨진 시프트, 주문 찾기
- **Simulation/approximation**: 매듭 불변량Knot invariants, QAOA, SDP, 직접적인 시뮬레이션

이는 매우 방대한 주제이기 때문에 알고리듬의 세부 사항으로 들어가지 않을 것이다. 이러한 알고리듬은 일반적으로 사용 사례에 구애받지 않으며 양자 컴퓨팅은 핵심에 많은 문제 중 하나가 있는 모든 애플리케이션에서 사용할 수 있다. 이러한 알고리듬은 보편적인 내결함성 양자 컴퓨터가 있을 때 도움이 된다. 이 절에서는 향후 10년의 미래 동향을 이해하고자 양자 컴퓨터의 기본 빌딩 블록을 설명했다.

양자 컴퓨터는 매우 초기 단계에 있으며 탐색할 것이 많다. 조직의 문제로 인해 높은 수준의 계산이 필요하고 한 번에 수조 개의 숫자를 계산하는 것과 같이 기존 컴퓨터의 한계를 넘어서는 큰 값의 저장이 필요한 경우에 양자 컴퓨터를 사용하고 싶을 것이다.

게이트 기반 양자 컴퓨팅을 살펴봤다. **양자 어닐링**Quantum annealing이라고 하는 다른

유형의 양자 컴퓨팅을 사용할 수 있다. 양자 어닐링에서 양자 연산은 게이트 기반 디지털 연산이 아니라 아날로그다. 이들은 더 복잡하고 특수 목적의 최적화 기계다. 양자 어닐링은 문제의 기저 상태나 시스템의 영점 에너지를 찾아 최적화 문제에 대한 솔루션을 인코딩하는 데 사용된다.

실제 세계로 들어가 사용할 수 있는 양자 컴퓨터 하드웨어의 유형을 살펴보자.

양자 컴퓨터의 종류

앞 절에서 살펴봤듯이 두 가지 양자 컴퓨팅 패러다임이 있다. 첫 번째는 양자 컴퓨터를 사용하는 게이트 기반으로 이는 범용 디바이스용으로 더 적은 수의 고품질 큐비트를 사용한다. 대부분의 양자 컴퓨터는 Rigetti 및 IonQ와 같은 게이트 기반이다.

두 번째 양자 컴퓨팅 패러다임에는 특수 목적을 위해 구축된 많은 큐비트가 있는 양자 어닐러가 포함된다. D-Wave가 구축한 양자 컴퓨터는 양자 어닐링을 기반으로 한다. D-Wave는 최대 2,000 큐비트의 양자 컴퓨터를 제공한다. 사용된 다양한 유형의 입자를 기반으로 하는 일부 양자 컴퓨터를 살펴보자.

- **포획 이온**Trapped Ions: 최초의 양자 논리 게이트는 갇힌 원자 이온을 사용해 1995년에 시연됐다. 기본 양자 요소인 '이온 트랩'의 전기장으로 위치가 제어되는 두 가지 내부 이온 상태를 사용한다. 제어된 마이크로파 방사를 사용해 각 이온의 상태를 변경할 수 있다. 이러한 펄스pulse는 두 개 이상의 이온 상태를 결합해 이온 사이에 얽힘을 생성하도록 배열할 수 있다.
- **뤼드베리 원자**Rydberg Atoms: 이것은 포획 이온 양자 컴퓨팅과 유사하지만 큐비트에 대해 하전된 이온 대신 중성 원자가 사용된다. 레이저 핀셋은 전기장 대신 입자를 제자리에 유지하는 데 사용된다. 포획 이온 큐비트와 마찬가지로 광학 및 마이크로파 펄스는 큐비트 조작에 사용된다. 이것이 포획 이온과 다른 점은

다차원 배열을 구축할 수 있는 가능성이다.

- **초전도 큐비트**Superconducting Qubits: 이것은 디지털 양자 계산과 양자 어닐링을 위한 큐비트 양식의 최전선으로 간주된다. 마이크로파 방사선은 상태를 조작하는 데 사용된다. 인접한 양자 입자는 얽힌 상태를 생성하고자 함께 전자적으로 결합될 수 있다. 예를 들어 전자 전하나 자속의 양자화된 상태로 인해 양자화된 에너지 준위를 나타낸다.

양자 컴퓨팅이 더 주목을 받으면서 AWS, 구글, 마이크로소프트 애저, IBM과 같은 퍼블릭 클라우드 제공업체는 클라우드 플랫폼을 통해 양자 컴퓨터에 쉽게 접근할 수 있는 기능을 제공하기 시작했다. 양자 컴퓨팅이 유용할 실제 사례를 알아보자.

실생활에서의 양자 컴퓨팅

양자 컴퓨터는 원하는 작업을 수행하고자 일정 기간 동안 체계적으로 제어할 수 있는 특수 양자 시스템의 모음이다. 양자 컴퓨팅은 현재 컴퓨터를 대체하지 않으며 복잡한 계산이 필요하지 않은 문제를 해결하지 못할 수도 있다. 비유하자면 전구 대 촛불을 양자 컴퓨팅 대 현재 컴퓨터와 동일하게 볼 수 있다. 양초에 얼마나 많은 발전을 투자했는지는 중요하지 않다. 양초를 전구로 바꿀 수 없기에 그 둘은 완전히 다른 기술이다.

15명을 위한 좌석 배치를 선택하는 예를 들어보자. 얼핏 보면 간단해 보이지만 계산하면 단지 15명을 앉히기 위한 방법이 1조 3000억(15의 계승)이 넘는다. 100명을 위해 이 문제를 해결해야 한다고 상상해보면 메모리와 컴퓨팅 자원이 부족할 것이다. 고전적인 슈퍼컴퓨터는 실제 문제의 수많은 조합을 저장할 수 있는 작업 메모리가 없다. 슈퍼컴퓨터가 설계된 방식은 각 조합을 차례대로 분석하는 데 오랜 시간이 걸린다는 것을 뜻한다.

같은 맥락에서 Amazon이 빠른 배송을 위한 최적의 경로를 찾고자 100개 도시에서 운전자의 경로를 최적화하려는 경우와 같은 현실 문제도 생각해보자. 또 다른 사용 사례는 제약 회사가 약물 상호작용을 더 잘 이해하고자 분자를 시뮬레이션해 약물 용도 변경 플랫폼을 구축하려는 경우가 될 수 있다. 이러한 문제는 많은 계산이 필요하기 때문에 고전적인 컴퓨터 기술을 사용해 해결하기 어렵다.

양자 컴퓨팅으로 해결할 수 있는 다른 사용 사례는 다음과 같다.

- **최적화:** 최적화는 수백만에서 수십억 개의 조합 중에서 올바른 솔루션을 찾는 것과 관련된 매우 복잡한 프로세스일 수 있다. 제품 품질, 비용, 효율성을 최적화할 수 있다. 양자 알고리듬을 통해 복잡한 최적화를 해결하면 비행기 게이트 할당, 패키지 배송, 교통 통제, 에너지 저장과 같은 복잡한 문제를 더 잘 관리하는 데 도움이 된다.
- **머신러닝:** 머신러닝은 기존 컴퓨터에서도 이미 비즈니스와 과학을 돕고 있다. 그러나 머신러닝 모델을 훈련하는 것은 상대적으로 비용이 많이 들기 때문에 해당 분야의 개발 범위와 역량을 저해했다. 양자 컴퓨터는 더 빠른 훈련과 더 많은 양의 데이터로 이 분야의 진행 속도를 높이는 데 도움이 될 수 있다.
- **인터넷 검색:** 인터넷 검색은 수조 개의 정보를 최적화하고 색인화해야 하는 또 다른 영역이다. 양자 컴퓨팅은 많거나 심지어 무제한의 데이터를 더 빠르게 검색하는 데 도움이 될 수 있다.
- **시뮬레이션:** 양자 컴퓨터는 계산에서 다른 시스템을 모델링하는 데 매우 잘 작동한다. 양자 컴퓨터는 고전적인 컴퓨터를 압도하는 복잡한 시스템을 처리할 수 있다. 모델링할 수 있는 양자 시스템의 예에는 약물 시뮬레이션, 광합성, 초전도, 복잡한 분자 형성이 포함된다.
- **암호화:** RSA를 사용하는 기존 암호화는 정수 인수분해나 이산 로그의 난해성에 의존한다. 양자 컴퓨팅을 사용해 암호화와 암호 해독 문제를 좀 더 효율적으로 해결할 수 있다.

양자 컴퓨팅은 기존 컴퓨터와 매우 다르게 작동한다. 이제 몇 가지 양자 컴퓨팅 사용 사례를 이해했으므로 양자 컴퓨터의 구성 요소를 자세히 알아보자.

클라우드에서의 양자 컴퓨팅

다른 기술과 마찬가지로 퍼블릭 클라우드 공급자는 양자 컴퓨팅에 쉽게 접근할 수 있다. 양자 컴퓨터를 조달하는 것은 비용이 많이 들고 단기간에 투자 수익을 얻지 못할 수도 있는 초기 단계에 있다. 하지만 타이밍을 놓치고 싶지 않은 경우가 있을 수 있다. 오늘날 우리가 보는 세상을 변화시킬 잠재력이 있는 이 다가오는 기술로 여러분의 발을 들어 놓기를 원할 수 있다. 퍼블릭 클라우드는 양자 컴퓨터에 접근하고 사용 사례를 시험해 볼 수 있는 완벽한 장소다.

AWS는 Amazon Braket이라는 양자 컴퓨팅 서비스를 제공한다. AWS에는 양자 컴퓨터가 없지만 플랫폼을 통해 다른 게이트 기반 및 어닐링 기반 양자 컴퓨터에 대한 접근을 제공한다. AWS는 Braket 플랫폼을 통해 D-Wave의 이점과 2,000 큐비트 컴퓨터, IonQ와 Rigetti 양자 컴퓨터에 대한 접근을 제공한다. Amazon Braket은 AWS 클라우드에서 확장할 수 있는 회로 시뮬레이터와 AWS 클라우드 서비스와의 종단 간 통합을 통해 하드웨어에 구애받지 않는 양자 플랫폼을 제공한다. 마찬가지로 애저 퀀텀^Quantum^은 파트너 네트워크로 작동한다.

구글 퀀텀 AI는 54 큐비트의 Sycamore 프로세서를 기반으로 하는 초전도체 기반 양자 컴퓨터에 대한 접근을 제공한다. 단일 큐비트 및 이중 큐비트 기반 회로가 있다. 구글은 Cirq라는 파이썬 프레임워크를 제공해 양자 회로를 구축하고 최적화한다. 그들의 Weber 양자 컴퓨터는 53 큐비트다.

IBM의 양자 컴퓨터는 초전도체를 기반으로 한다. IBM은 초유체를 사용해 절대 영도보다 섭씨 100분의 1도까지 초전도체를 냉각시킨다. 전자가 초전도체를 통과하면 쌍을 이뤄 쿠퍼 쌍^Cooper pairs^이라는 쌍이 되는데, 이 쌍은 **조셉슨 접합**^Josephson junction^이라고 불리는 것을 통해 양자 터널링된다. 이들은 초전도 큐비트다. 큐비트에서 광자를 발사함으로써 그 행동을 제어하고 정보를 유지, 변경, 읽게 할 수 있다. IBM은 프로그래밍할 수 있는 게이트를 사용해 많은 큐비트를 생성하고 중첩 상태로 연결함으로써 광대한 계산 공간을 생성한다. 마지막으로 양자 얽힘은 무작위로 동작하는 큐비트가 서로 완벽하게 상관되도록 한다. 양자 얽힘을 이용하는 양자 알고리듬을 사용하면 복잡한 특정 문제를 기존 컴퓨터보다 더 효율적으로 해결할 수 있다.

양자 컴퓨팅은 매우 복잡하고 방대한 주제다. 양자 컴퓨팅에 대해 아직 표면을 긁고 있는 상태며 앞으로 더 많은 일이 있다. 양자 컴퓨터의 완전한 잠재력을 깨닫고 견고하고 내결함성이 있는 양자 컴퓨터를 구축하는 데는 또 10년이 걸릴 수 있다. 그러나 16장에서는 이러한 잠재적인 차세대 기술 혁명과 우주여행 및 인간 게놈 해독과 같이 지금까지 불가능해 보였던 복잡한 미래 문제를 해결할 가능성에 대한 아이디어를 제공했다.

요약

양자 컴퓨팅은 가장 강력한 슈퍼컴퓨터도 해결할 수 없는 복잡한 문제를 해결할 수 있는 많은 잠재력을 갖고 있다. 이제 세계는 양자 컴퓨터와 알고리듬을 구축하기 시작했지만 단지 그 표면을 긁고 있을 뿐이다. 상업적 가치를 실현하기 시작하려면 앞으로 5년에서 10년은 더 걸릴 것이다.

16장에서는 양자 컴퓨팅과 양자 컴퓨팅이 유리할 수 있는 실제 사용 사례를 살펴봤다. 양자 컴퓨팅이 모든 문제에 대한 답은 아니며 기존 컴퓨터가 작동하지 않는 복잡한 계산에만 적용할 수 있다.

양자 컴퓨터의 핵심 구성 요소인 큐비트와 중첩 및 얽힘 상태에서 여러 큐비트가 함께 작동해 복잡한 문제를 해결하는 방법을 살펴봤다. 양자 컴퓨터의 작동 메커니즘을 살펴봤고 양자 컴퓨터가 고전 컴퓨터보다 빠른 이유를 이해했다.

큐비트에 대한 작업을 수행하고자 단일 큐비트에 적용되는 파울리 및 아다마르 게이트와 같은 양자 컴퓨팅 게이트 및 기타 게이트를 살펴봤다. 또한 디지털 게이트가 아닌 아날로그를 기반으로 하는 다른 패러다임인 양자 어닐링도 살펴봤다. 이러한 게이트를 결합하고 양자 컴퓨팅 회로가 기존 불리언 회로와 비교해 어떻게 작동하는지 이해했다.

마지막으로 다양한 유형의 양자 컴퓨터와 그 이면의 기술을 살펴봤다.

또한 D-Wave, Rigetti, IonQ와 같은 양자 컴퓨터 제공업체도 살펴봤다. 온디맨드 모델에서 여러 양자 컴퓨터에 쉽게 접근할 수 있는 Amazon Braket 플랫폼을 살펴봤다. IBM 양자 컴퓨터와 구글 양자 프로세서 작업을 살펴봤다.

16장에서는 먼 미래를 내다봤지만, 많은 레거시 워크로드를 가진 기업이 현대화를 위해 노력하고 있다. 시간이 지남에 따라 조직은 기술 부채를 축적하는 경향이 있으며 많은 레거시 애플리케이션이 데이터 센터에 남아 있어 비용이 발생하고 자원이 소모된다. 17장에서는 레거시 애플리케이션 변환과 현대화를 살펴본다. 레거시 시스템의 문제점과 이를 현대화하는 데 사용되는 기술도 살펴본다.

17

레거시 시스템 재설계

오늘날의 조직은 어려운 환경에서 운영되고 있다. 변화의 속도는 전례 없이 빠른 속도로 진행되고 있다. 규제 기관과 일반 기관은 새로운 보고와 보안 요구 사항을 부과하고, 신기술은 소비자의 기대와 인식을 혼란스럽게 하고, 새로운 플레이어가 시장에 진입함에 따라 생태계는 끊임없이 진화하고 있다. 결과적으로 조직은 인재를 유치하고 경쟁력을 갖추며 성장하는 데 필요한 고객 중심, 민첩성, 기술을 제공하고자 비즈니스 모델을 재정의하고 있다.

애플리케이션 현대화는 개발/테스트 환경을 신속하게 구축하고 새로운 아이디어를 실험한 다음 새로운 제품과 서비스를 개발하기 위한 새로운 비즈니스 모델의 중요한 구성 요소가 됐다. 새로운 시스템은 값비싸고 다루기 힘든 인프라에 투자할 필요가 없을 뿐만 아니라 사용할 수 있는 광범위한 기술을 통해 혁신을 가능하게 한다.

레거시 시스템은 많은 변경 없이 수십 년 동안 데이터 센터에 배포된 애플리케이션을 의미한다. 빠르게 변화하는 기술 환경에서 이러한 시스템은 오래 됐으며 유지하고 관리하기가 어렵다. 레거시 시스템은 수명과 기본 아키텍처 및 기술로 인해 증가하는 비즈니스 요구 사항을 충족할 수 없다.

종종 대기업은 중요한 일상적인 비즈니스 작업을 실행하고자 레거시 애플리케이션을 다룬다. 이러한 레거시 시스템은 의료, 금융, 운송, 제조, 공급망 산업과 같은 산업 전반에 걸쳐 있다. 기업은 이러한 시스템의 유지 관리와 지원에 막대한 비용을 지출해야 하므로 레거시 시스템을 설계해야 할 필요가 있다.

레거시 애플리케이션을 재설계하고 현대화하면 조직이 좀 더 민첩하고 혁신적이며 비용과 성능을 최적화할 수 있다.

17장에서는 레거시 애플리케이션과 이를 재설계하는 기술 과제와 문제점을 살펴본다. 복잡한 레거시 애플리케이션을 다시 작성하면 비즈니스 중단의 추가 위험이 발생할 수 있으므로 애플리케이션을 리팩터링하거나 좀 더 유연한 인프라로 마이그레이션하는 옵션을 고려하는 방법을 알아본다.

17장에서 다루는 내용은 다음과 같다.

- 레거시 시스템의 과제
- 시스템 현대화 전략 정의
- 레거시 시스템 현대화 기술 살펴보기
- 레거시 시스템에 대한 클라우드 마이그레이션 전략 정의
- 퍼블릭 클라우드를 통한 메인프레임 마이그레이션

17장을 마치면 레거시 시스템의 다양한 과제와 현대화 동인을 알게 될 것이다. 레거시 시스템의 현대화를 위한 다양한 전략과 기술을 알아본다. 퍼블릭 클라우드가 많은 조직의 필수 전략이 되면서 레거시 시스템의 클라우드 마이그레이션도 알아본다.

레거시 시스템의 과제

레거시 애플리케이션의 조직에 중대한 과제를 안겨준다. 이는 조직에서 수십 년 동안 사용해 온 중요한 애플리케이션을 의미한다. 또 다른 한편으로는 이러한 레거시 애플리케이션은 조직의 혁신 속도를 지연시키고 있다.

경쟁이 치열한 환경에서 최종 사용자는 가장 현대적이고 기술적으로 발전된 애플리케이션을 찾고 있다. 모든 새로운 기능은 일반적으로 최신 소프트웨어와 함께 제공되며 레거시 애플리케이션은 이러한 기능을 추가하고 최종 사용자에게 혜택을 줄 수 있는 기능을 제한한다. 다음 그림은 조직이 레거시 시스템과 관련해 직면하고 있는 몇 가지 중요한 문제를 보여준다.

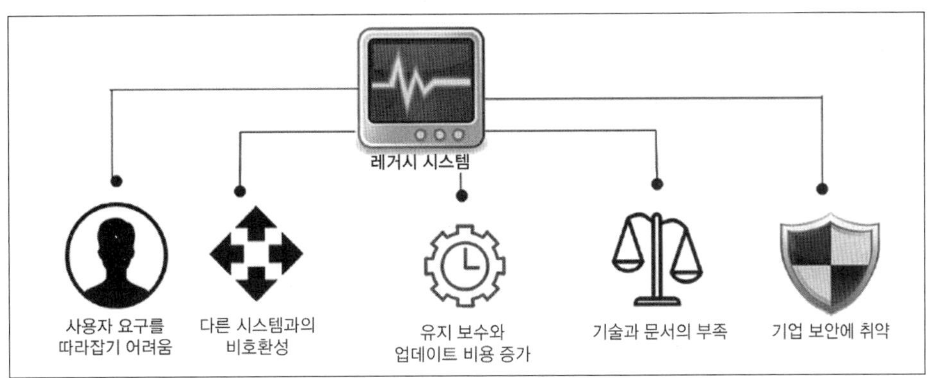

그림 17.1: 레거시 시스템의 과제

최고위 CIO는 조직의 비즈니스 프로세스를 나타내는 애플리케이션 포트폴리오를 소유한다. 애플리케이션 포트폴리오는 조직의 규모에 따라 수백에서 수천까지 다양하다. 대기업에는 4가지 식별 가능한 의사 결정 패턴이 있다.

- **최고 정보 책임자**[CIO]: CIO는 비즈니스 애플리케이션 결정을 담당한다. 여기에서 결정은 오래된 앱을 현대화하거나 SaaS 사용의 우선순위를 지정하고자 사내에서 개발된다. 공통 우선순위는 소비자 경험/사용자 경험과 공급망이다.

- **최고 보안 책임자**CSO: CIO가 애플리케이션 우선순위 결정을 내릴 때 해당 앱의 변환이나 현대화가 보안 모델의 현대화를 주도한다. 이는 보안에 대한 기존의 온프레미스 접근 방식을 완전히 재검토하고 하드웨어 기기에서 벗어나 클라우드로 이전하고, 클라우드 환경을 위한 보안 접근 방식을 보유한 타사 소프트웨어 공급업체와 협력해야 함을 의미한다.
- **빅데이터 부사장**VP of Big Data: 그들은 전례 없는 데이터 스트림을 받는다. 훨씬 더 유연하고 확장할 수 있는 가능성 때문에 많은 기업에서 개발자 생산성 다음으로 빅데이터를 퍼블릭 클라우드 사용을 위한 두 번째 동인으로 삼고 있다.
- **인프라 및 운영 부사장**VP of Infrastructure and Operations: 이 팀은 새로운 도구를 채택하고, 기존 도구를 버리고, ITSM과 데브섹옵스가 혼합된 세계로 이동해 서버리스, 컨테이너 그리고 SaaS를 걸친 새로운 도구를 사용해 현대화된 새로운 앱을 구현해야 하므로 상당한 프로세스와 인력 기술 변화를 거쳐야 한다. 이 팀은 빠른 속도로 소프트웨어 도구를 현대화하고 있지만 동시에 비용을 절감하면서 더 민첩하게 대응해야 하는 압박을 받고 있다.

솔루션을 알아보기 전에 문제를 명확하게 이해하는 것이 중요하다. 레거시 시스템의 문제를 더 잘 이해하고자 더 깊이 탐구해보자.

사용자 요구를 따라가기 어려움

고객 중심은 비즈니스 성공의 열쇠이며 최신 기술 트렌드를 따라가지 못하는 것은 비즈니스에 큰 피해를 줄 수 있다. 글로벌 휴대폰 시장을 주도했던 노키아Nokia를 예로 들 수 있다. 거의 10년 전에 스마트폰이 등장했을 때 노키아는 여전히 레거시 시스템을 고수했고 그 결과 거의 파산 상태에 이르렀다. 카메라 업계에서 가장 큰 기업 중 하나인 코닥Kodak의 경우도 마찬가지였다. 코닥은 디지털 혁신을 따라가지 못하고 이를 시스템에 적용하지 못해 2012년에 파산했다. 대기업이 레거시 현대화와 혁신의 부재로 인해 생존하지 못하는 사례가 많다.

빠르게 변화하는 기술과 치열한 경쟁의 현재 상황에서 사용자는 매우 까다롭다. 이제 조직은 여러 선택권이 있으므로 사용자의 조건에 따라 변경해야 한다. 기술이 이동함에 따라 사용자는 기술과 함께 이동하고 가장 최근에 인기 있는 애플리케이션을 사용하기 시작한다. 경쟁자는 사용자가 필요로 하는 새로운 기능을 제공하는 경우 앞서 나갈 수 있다.

레거시 시스템은 내부 사용자를 기반으로 하는 엔터프라이즈 애플리케이션에 문제를 제기한다. 메인프레임에 구축된 오래된 시스템은 디지털 시대에 사용자 친화적이지 않은 커맨드라인을 주로 사용한다. 대조적으로 신세대 근로자들은 일상적인 작업을 수행하고자 좀 더 사용자 친화적인 접근 방식을 요구한다. 그러나 이는 수십 년 동안 레거시 시스템으로 작업해 왔으며 기존 시스템에 익숙해져 있는 경영진의 상당한 저항에 직면할 수 있다.

대기업의 핵심 기술은 종종 시대에 뒤떨어져 있으며 수십 년 전의 시스템으로 구성돼 있다. 레거시 온프레미스 기술을 기반으로 핵심 시스템을 운영하는 조직은 고객에게 최신 환경을 제공하는 데 있어 심각한 문제에 직면해 있다. 많은 시스템이 여러 인수 합병의 산물이므로 데이터 사일로가 파괴되고 인프라 비용이 과다하게 발생하며 개발 시간이 느려진다. 이로 인해 비효율적인 처리와 의사 결정, 비즈니스 민첩성 부족, 고객 응답성 저하, 높은 유지 관리 비용이 발생한다. 이러한 조건에서 IT는 내부 이해관계자와 고객의 최신 요구 사항을 충족하기 어렵다.

유지 보수과 업데이트 비용 증가

레거시 시스템이 모두 설정돼 있고 수십 년 동안 작동했기 때문에 비용이 덜 들어 보일 수 있다. 그러나 시간이 지남에 따라 기존 시스템에 대한 지원과 업데이트 비용이 일반적으로 더 많이 들기 때문에 총 소유 비용은 더 높아진다.

종종 이러한 업데이트는 바로 사용할 수 없는 경우가 많으며 시스템을 유지 관리하려면 많은 수동 해결 방법이 필요할 수 있다. 대부분의 레거시 시스템은 자동화에 그다지 적합하지 않기 때문에 더 많은 인력을 투입해야 할 수 있다.

레거시 시스템은 대부분 독점 소프트웨어가 많기 때문에 라이선스 비용이 훨씬 더 많이 든다. 그 외에도 오래된 소프트웨어는 더 이상 공급자로부터 지원을 받지 못할 수 있으며 수명 주기 동안 추가 지원을 구입하는 것은 매우 많은 비용이 들 수 있다. 반면에 현대 시스템은 주로 오픈소스 기술을 채택해 비용을 절감한다. 레거시 시스템의 운영 중단은 더 많은 시간이 소요되고 운영 비용을 증가시킬 수 있다. 레거시 시스템(예로 DB2, COBOL, 포트란, 델파이, 펄)을 유지 관리하는 기술을 가진 사람을 찾기가 어려우므로 채용 비용과 시스템 위험이 크게 증가한다.

레거시 시스템은 코드 측면에서도 상당히 중요하다. 사용되지 않는 코드는 시스템에 불필요한 유지 보수와 복잡성을 더한다. 레거시 애플리케이션은 수십 년 동안 운영돼 왔으며, 시간이 지남에 따라 코드를 정리하지 않고도 많은 변경 사항이 수용될 것이고, 이는 많은 기술적 부채에 해당한다. 기술 부채를 줄이기 위한 모든 계획은 알려지지 않은 영향과 종속성으로 인해 위험할 수 있다. 결과적으로 조직은 중대한 변경으로 인해 시스템이 손상될까 두려워 불필요한 코드와 시스템 유지 관리에 투자해야 한다.

그러나 레거시 시스템을 현대화하는 데는 알 수 없는 종속성과 운영 중단으로 인해 비용이 많이 들 수 있다. 현대화를 진행할 때 신중한 **비용 편익 분석**[CBA, Cost-Benefit Analysis]을 고려해야 하고 **투자 대비 수익률**[ROI, Return On Investment]을 결정해야 한다. 이해관계자들은 현대화의 즉각적인 이익을 보지 못하기 때문에 레거시 현대화를 위한 재원 조달이 어려울 수 있다.

기술과 문서의 부족

레거시 기술(예, 메인프레임)에는 서로 의존하는 여러 복잡한 구성 요소가 있다. 이 서버는 소유권이 광범위하고 비용이 많이 드는 서버로, 누군가 스스로 기술을 개발하고자 한다면 쉽게 사용할 수 없다. 애플리케이션 개발 자원을 유지하는 것은 어렵고, 이전 기술과 운영체제에 대한 실무 경험이 있는 직원을 고용하는 것은 훨씬 더 어렵다.

레거시 시스템은 20년 이상된 경우가 많고 레거시 시스템을 관리하는 데 필요한 기술을 가진 인력 대부분이 은퇴했다. 또한 이러한 시스템에는 작업 연도를 기록한 기술 문서가 없을 수 있다. 오래된 인력이 새로운 인력으로 교체됨에 따라 상당한 지식 손실이 발생할 가능성이 있다. 지식이 부족하면 알 수 없는 종속성으로 인해 시스템을 변경하는 것이 위험하다. 시스템 복잡성과 기술 부족으로 인해 작은 기능 요청을 수용하기가 어려워진다.

빅데이터, 머신러닝, 사물인터넷IoT 등 첨단 신기술은 신기술 플랫폼을 기반으로 구축된다. 새로운 기술이 레거시 시스템에 잘 통합되지 않기 때문에 조직은 새로운 기술의 모든 기능을 사용할 수 없는 경우 경쟁 업체에 밀릴 수 있다. 현대적인 시스템은 대부분의 신세대 인력이 일하고 싶어 하는 혁신적인 회사로서 조직의 브랜드를 구축하는 데 도움이 된다. 개발과 교육은 레거시 기술에 있어 상당한 비용의 지출처다.

종종 자동화는 사람의 노력을 줄여 비용을 줄이는 데 도움이 된다. 데브옵스 파이프라인, 코드 검토, 자동화 테스트와 같은 많은 툴이 현대 시스템에서 사용할 수 있으며 레거시 시스템이 활용하지 못할 수 있으므로 추가 비용이 발생한다.

기업 보안 문제에 취약

보안은 모든 조직과 시스템의 최우선순위다. 이전 운영체제(예, 윈도우 XP 또는 윈도우 2008)에서 실행되는 레거시 애플리케이션은 벤더 지원 부족으로 인한 보안 문제에 취약하다. 소프트웨어 공급업체는 새로운 보안 위협을 확인하고 패치를 릴리스해 이를 최신 소프트웨어 버전으로 수용해 보안을 유지한다. 공급업체에서 EOL^End of Life^로 공지한 레거시 소프트웨어는 새 보안 패치가 적용되지 않으므로 애플리케이션이 이전 소프트웨어 버전에서 실행되고 여러 보안 위협에 노출된다.

레거시 애플리케이션의 경우 시스템 상태 검사가 무시되는 경우가 많아 보안 공격에 더 취약하다. 기술 격차로 인해 지속적인 지원과 도움을 제공하기 어려우며 이는 시스템이 안전하지 않은 방식으로 운영된다는 것을 의미한다. 단일 취약점으로 인해 애플리케이션, 데이터베이스과 중요한 정보가 공격자에게 노출될 수 있는 높은 위험이 발생할 수 있다.

보안 취약점 외에도 레거시 애플리케이션은 규정 준수로 인해 유지 관리가 어렵다. 규정 준수는 데이터 처리와 사용에 대한 좀 더 엄격한 보안을 적용하고자 시간이 지남에 따라 계속 변경되므로 레거시 시스템은 로컬 거버넌스와 규정 준수 요구 사항을 준수하고자 변경할 필요가 있다.

예를 들어 유럽 연합의 새로운 일반 데이터 보호 규정^GDPR, General Data Protection Regulation^ 준수를 위해서는 각 시스템에서 사용자가 데이터 삭제를 요청할 수 있게 해야 한다. 최신 시스템은 자동 및 셀프 서비스 방식으로 이러한 기능을 즉시 제공할 수 있지만 레거시 시스템에서는 이를 수동으로 수행해야 하며 더욱 복잡해질 수 있다.

규정 준수 요구 사항을 준수하려면 더 많은 운영 비용과 시간 소모적인 유지 관리가 필요할 수 있다.

다른 시스템과의 비호환성

최종 사용자 외에도 모든 시스템은 다른 IT 시스템과 통합돼야 한다. 이러한 시스템은 서로 다른 부서, 고객, 파트너 또는 공급업체와 연결될 수 있다. 다양한 시스템은 진화하는 표준 형식으로 데이터를 교환해야 한다. 거의 몇 년에 한 번씩 데이터 교환 효율성을 높이고자 파일 및 데이터 형식 표준이 변경되며, 대부분의 시스템은 이를 채택하고자 변경해야 한다. 변경하기 어려운 레거시 시스템이 기준 형식을 계속 사용하면 시스템 비호환성을 초래하고 공급업체와 파트너가 사용하지 않을 수 있다. 표준 요구 사항을 수용하지 못하면 복잡한 해결 방법과 생산성 손실로 인해 비즈니스에 심각한 위험이 따를 수 있다.

간단한 비즈니스 요구 사항에 대한 해결 방법을 추가하면 시스템이 더 복잡해질 수 있다. 최신 시스템은 서비스 지향 아키텍처를 기반으로 하므로 새로운 서비스를 독립적으로 추가해 새로운 요구 사항을 더 쉽게 수용할 수 있다. 오래된 시스템은 종종 모놀리식 아키텍처로 구축되며 새로운 기능을 추가하면 전체 시스템을 재구성하고 테스트해야 한다.

최신 아키텍처는 API 지향적이며 다른 시스템과 쉽게 통합돼 부담을 덜 수 있다. 예를 들어 택시 예약 앱은 GPS^Global Positioning System^ 탐색을 위해 구글 맵을 사용하거나 사용자 인증을 위해 페이스북과 트위터를 사용한다. API가 부족하면 레거시 시스템에서 이러한 통합이 어려워져 복잡한 사용자 지정 코드가 작성된다.

다른 종속 업스트림 시스템에서 로드가 증가하면 레거시 애플리케이션이 확장성 문제에 직면할 수 있다. 레거시 애플리케이션은 종종 모놀리식 아키텍처로 구축되며 하드웨어에 의존하는 경우가 많다. 하드웨어 종속성으로 인해 수평 확장이 불가능하고 수직 확장의 경우 시스템의 최대 용량으로 제한되기 때문에 확장성은 모놀리식 시스템의 경우 큰 문제다. 모놀리식 애플리케이션을 마이크로서비스로 분할하면 확장 문제를 해결하고 부하를 따라잡는 데 도움이 될 수 있다.

소프트웨어 유지 관리 외에도 레거시 애플리케이션은 특정 버전에서 실행되기 때문에 하드웨어 인프라에 많은 비용이 든다. 레거시 애플리케이션들은 중복 데이터와 유사한 기능을 가진 여러 데이터베이스로 분산된다. 모놀리식 특성으로 인해 클라우드 기반 인프라의 유연성을 통합하고 사용해 비용을 절감하는 것은 어렵다. 시스템 현대와의 몇 가지 중요한 이점들을 살펴보자.

시스템 현대화의 이점

다음 그림에서 볼 수 있듯이 레거시 시스템 현대화에 대해 증가하는 요구 사항을 해결해 미래의 디지털 전략을 수립하는 것은 많은 이점이 있을 수 있다.

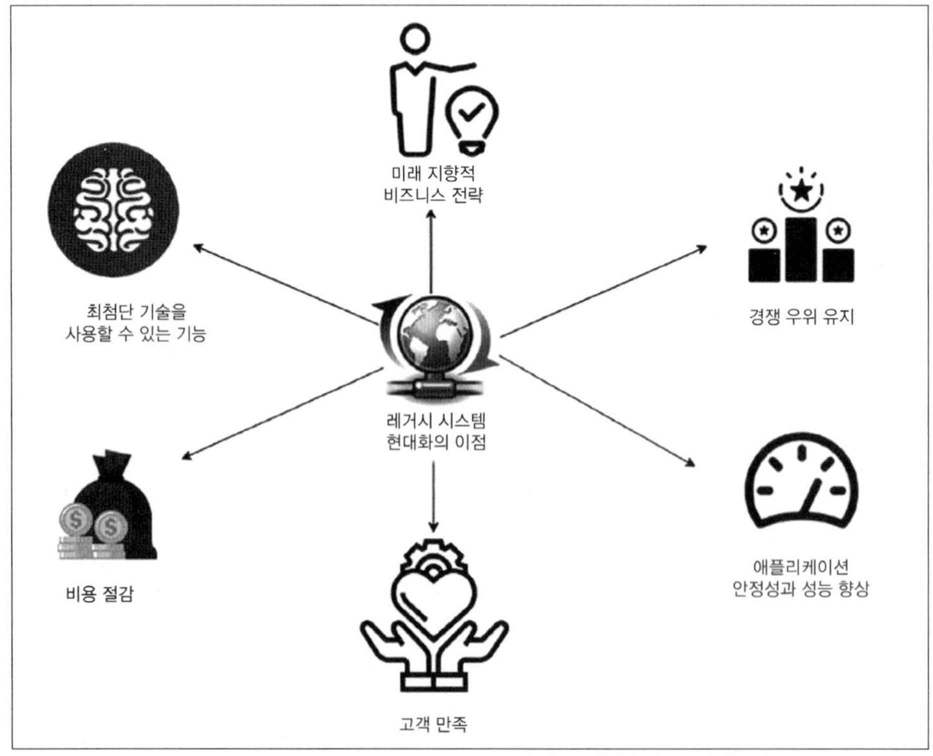

그림 17.2: 레거시 시스템의 현대화에 따른 이점

다음은 애플리케이션 현대화의 중요한 이점이다.

- **고객 만족도**: 최신 기술을 사용하면 더 나은 사용자 인터페이스UI, 사용자 경험UX, 옴니채널 경험을 제공할 수 있다. 소비자는 개인 경험을 통해 언제 어디서나 모든 기기에서 정보에 실시간으로 접근하는 데 익숙해졌다. 이는 다양한 UI를 구축할 필요가 없다. 한번 구축하고 노트북, 태블릿, 스마트폰과 같은 디바이스에 배포할 수 있다. 빠르고 매끄러운 UI는 더 나은 고객 경험과 비즈니스 성장으로 이어진다.
- **미래 지향적 비즈니스 전략**: 애플리케이션을 현대화하면 좀 더 민첩하고 혁신적일 수 있다. 팀은 변화하는 비즈니스 요구를 편안하게 수용하고 새로운 기술로 발전시킬 수 있다.
- **경쟁 우위 유지**: 사용자는 항상 최신의 정보를 찾고 있으며 더 나은 경험을 제공하는 새로운 애플리케이션으로 이동하는 경향이 있다. 애플리케이션의 현대화를 통해 최신 트렌드를 따라 경쟁에서 앞서 나갈 수 있다. 예를 들어 음성 통합이 앱에서 광범위하게 제공되고 있으며 얼굴 감지를 통해 보안을 강화할 수 있다. 이 작업은 애플리케이션이 최신 기술을 채택하고 있는 경우에만 가능하다.
- **애플리케이션 안정성과 성능**: 모든 새로운 버전의 소프트웨어 API와 운영체제는 성능 문제를 해결하고 개선하려고 노력한다. 최신 소프트웨어와 하드웨어를 사용하면 더 나은 성능, 확장성, 고가용성을 달성하는 데 도움이 된다. 애플리케이션 현대화를 통해 운영 중단을 줄이고 보안을 강화할 수 있다.
- **최첨단 기술을 사용할 수 있는 기능**: 레거시 시스템을 사용하면 비즈니스 성장에 도움이 될 수 있는 데이터에서 통찰력을 얻을 수 없다. 데이터베이스를 현대화하고 데이터 레이크를 생성하면 빅데이터와 머신러닝을 사용해 모든 종류의 통찰력을 얻을 수 있다. 또한 사람들이 새로운 기술로 일할 기회를 얻었을 때 직원을 유지하는 데 도움이 된다.

- **비용 절감:** 전반적으로 모든 현대화는 운영 유지 보수를 줄이고 좀 더 자연스러운 업그레이드를 제공함으로써 비용 절감으로 이어진다. 오픈소스 소프트웨어를 활용하면 라이선스 비용이 절감되고, 하드웨어 유연성은 클라우드 온디맨드 모델을 채택하는 데 도움이 되며, 자동화는 일상적인 작업에 필요한 인력을 줄이고 전반적인 효율성을 향상시킨다.

레거시 코어 시스템을 마이그레이션함으로써 조직은 핵심 시스템을 현대화해 소유 비용을 줄이고, 수동 백오피스 프로세스를 자동화하며, 데이터 사일로를 제거하고, 고객 경험을 개선하고, 새로운 시장 지향 애플리케이션을 좀 더 빠르게 출시할 수 있다.

그러나 레거시 시스템 현대화에는 여러 가지 이점이 있지만 매우 복잡하고 많은 노력이 필요할 수 있다. 올바른 접근 방식을 취하려면 신중한 평가가 필요하다. 레거시 애플리케이션 평가 기술을 살펴보자.

시스템 현대화 전략 정의

종종 레거시 시스템은 기업의 전반적인 디지털 전략에서 제외되고 필요한 경우에만 문제가 해결되는 경우가 많다. 이러한 사후 대응적인 접근 방식을 취하면 조직은 전반적인 시스템 현대화와 이점을 실현할 수 없다.

레거시 시스템에 보안과 규정 준수 문제와 같은 심각한 비즈니스 문제가 있거나 비즈니스 요구 사항을 해결할 수 없는 경우 빅뱅 접근 방식을 취할 수 있다. 빅뱅 방식에서는 처음부터 새로운 시스템을 구축하고 기존 시스템을 종료한다. 이 접근 방식은 위험하지만 기존 레거시 시스템에서 완화할 수 있는 비즈니스 요구 사항을 해결한다.

취할 수 있는 다른 접근 방식은 한 번에 하나의 모듈을 업그레이드하고 이전 시스템과 새 시스템을 모두 계속 실행하는 단계적 접근 방식이다. 단계적 접근 방식은 위험성은 낮지만 시간이 오래 걸리고 두 환경을 모두 유지해야 하며 그에 따라 증가하는 네트워크와 인프라 대역폭이 필요하기 때문에 비용이 더 많이 들 수 있다.

애플리케이션 포트폴리오에 접근하고 특정 애플리케이션의 우선순위를 정하고, 전반적인 계획을 세우는 것이 첫 번째 단계다. 클라우드를 사용할 때 새로운 운영 모델을 설계하면 여러 도구의 조합이 완성된다. 타사 도구를 사용해 요구 사항과 도구 기본 설정을 구성할 수 있다. 마지막으로 컨설팅 파트너를 통해 마이그레이션과 현대화 프로젝트를 좀 더 성공적이고 신속하게 완료할 수 있다.

이러한 접근 방식 중 하나를 취해 애플리케이션의 현대화가 완료되면 다양한 이점을 제공할 수 있다.

레거시 애플리케이션 평가

조직에는 수만에서 수백만 개의 코드 라인이 있는 여러 레거시 시스템이 있을 수 있다. 현대화 상황에서 레거시 시스템은 비즈니스 전략과 투자 비용에 맞춰져야 한다. 또한 일부분을 재사용하거나 처음부터 완전히 새로 작성하는 것도 가능하지만 첫 번째 단계는 평가를 수행하고 전체 시스템을 더 잘 이해하는 것이다. 평가 단계에서 솔루션 아키텍트는 좀 더 쉽고 빠르게 평가하고 정보에 입각한 결정을 내릴 수 있어야 한다. 평가는 며칠 또는 몇 주 내에 수행할 수 있다. 다음 사항은 솔루션 아키텍트가 평가를 수행할 때 집중해야 하는 주요 영역이다.

- **기술 평가:** 솔루션 아키텍트는 기존 시스템에서 사용하는 기술 스택을 이해해야 한다. 현재 기술이 완전히 구식이고 공급업체의 지원이 부족한 경우 완전히 교체해야 할 수 있다. 더 나은 버전의 기술을 사용할 수 있는 경우 업그레이드를 고려할 수 있다. 종종 최신 버전은 하위 호환되며 최소한의 변경 사항만 필요로 한다.

- **아키텍처 평가:** 미래에 대비할 수 있게 전체 아키텍처를 이해해야 한다. 기술을 약간 업그레이드해야 하는 경우가 있을 수 있지만 전체 아키텍처는 모놀리식이며 확장 불가능하다. 확장성, 가용성, 성능, 보안 측면에서 아키텍처를 감사해야 한다. 애플리케이션을 비즈니스 요구 사항에 맞게 조정하려면 상당한 아키텍처 변경이 필요할 수 있다.
- **코드와 종속성 평가:** 레거시 시스템에는 종종 모놀리식 설정에 수십만 줄의 코드가 있다. 다양한 모듈이 서로 연결돼 있어 시스템이 매우 복잡해진다. 한 모듈에서 사용되지 않는 것으로 보이는 코드가 실사 없이 제거될 경우 다른 모듈에 영향을 미칠 수 있다. 이러한 코드 라인은 수십 년 전에 작성됐을 수 있으며 정기적인 리팩터링과 검토를 놓쳤을 수 있다. 기술과 아키텍처가 괜찮아 보이더라도 코드를 업그레이드하고 유지 관리할 수 있는지 확인해야 한다. 또한 사용자 경험을 개선하고자 UI 관련 업그레이드가 필요한지 이해해야 한다.

솔루션 아키텍트는 다양한 모듈과 코드 파일 간의 종속성을 확인하려고 한다. 모듈은 긴밀하게 결합될 수 있으며 전체 아키텍처를 현대화할 때 동시 업그레이드를 수행하는 접근 방식을 정의해야 한다. 평가하는 동안 다음과 같은 패턴을 찾을 수 있다.

- 첫째, 많은 고객은 미래의 비즈니스 모델과 관련이 없는 오래된 앱을 보유하고 있으며 이를 폐기할 수 있다는 사실을 인식하고 있다. 예를 들어 앱 포트폴리오의 약 10-20%가 폐기될 수 있다.
- 둘째, 5~7년 전에는 수천 개의 SaaS 벤더가 존재하지 않았다. 이러한 SaaS 벤더는 많은 온프레미스 앱을 대체할 수 있다. 예를 들어 대부분의 대규모 고객은 CRM 플랫폼으로 Salesforce를 사용한다. SaaS로의 이러한 전환은 IT 운영에서 관리하는 운영 포트폴리오를 축소한다. 즉, 보안과 ID 작업은 여전히 제공되지만 운영 비용은 더 낮다.

그런 다음 고객이 윈도우 서버에서 리눅스로, 데이터베이스 라이선스 비용을 줄이고자 오라클에서 Postgres로 다시 플랫폼을 선택하는 등 비용을 줄이고자 운영체제, 데이터베이스 또는 언어를 다시 플랫폼화하기로 결정할 수 있다. 현대화를 선택하는 경우 비즈니스의 진정한 차별화 요소인 애플리케이션을 현대화하는 데 중점을 둬야 한다. 현대화 접근법을 살펴보자.

현대화 접근 방식 정의

이해관계자의 경우, 애플리케이션 현대화에 대한 즉각적인 인센티브가 없을 수 있다. 가장 비용 효율적인 방법을 선택하고 더 빨리 결과를 제공해야 한다. 다음 그림은 현대화 접근 방식을 보여준다.

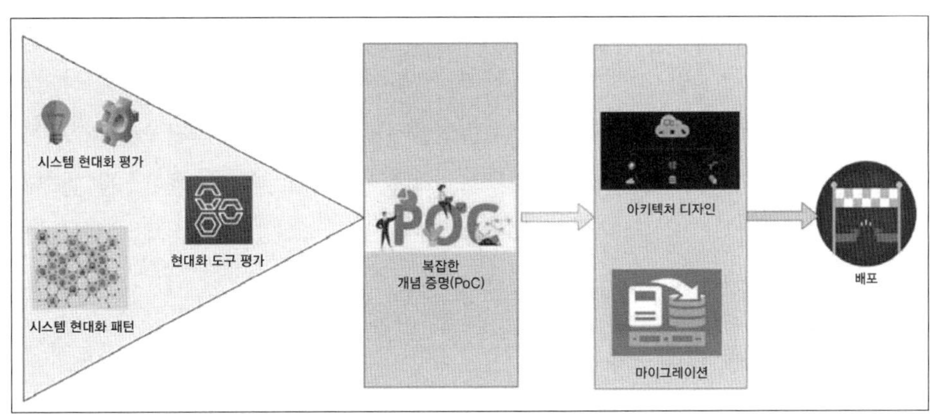

그림 17.3: 레거시 시스템 현대화 접근 방식

시스템 평가가 끝나면 기존 아키텍처 패턴과 그 한계를 이해해야 한다. 기술 스택에 따라 마이그레이션 도구를 평가해야 한다. 예를 들어 애플리케이션을 VMware에 다시 호스팅하는 경우 메인프레임 마이그레이션에 에뮬레이터를 사용하거나 vCenter를 사용하게 선택할 수 있다. 다양한 현대화 접근 방식을 선택하고 개념 증명PoC, Proof of Concept을 생성해 격차를 식별할 수 있다. 일부 접근 방식은 다음에 나열돼 있다.

- **아키텍처 기반 현대화**Architecture-driven modernization: 최고의 민첩성을 달성하려면 아키텍처 기반 접근 방식이 필요하다. 종종 아키텍처 접근법은 서비스 지향 패턴을 적용해 언어와 플랫폼에 독립적이므로 개빌 팀이 좀 더 혁신적일 수 있는 유연성을 제공한다. 평가 결과 아키텍처를 크게 변경해야 할 경우 이 방법을 선택할 수 있다. 가장 중요한 기능을 먼저 구현하기 시작한 다음 PoC를 구축해 필요한 노력과 격차를 강조한다. 레거시 애플리케이션에 따라 확장성을 달성하고 다른 시스템과의 통합을 좀 더 효과적으로 보장하려면 마이크로서비스 접근 방식을 취한다.
- **시스템 리엔지니어링**System re-engineering: 리엔지니어링 접근 방식에서 솔루션 아키텍트는 레거시 시스템을 깊이 이해하고 리버스 엔지니어링을 수행해 새로운 현대화된 애플리케이션을 구축해야 한다. 미래 지향적인 시스템을 만드는 데 도움이 되는 기술을 선택해야 한다. 레거시 시스템이 지나치게 복잡해 장기적인 프로젝트로 진행해야 될 경우 이 방법을 사용할 수 있다. 먼저 애플리케이션 현대화를 시작하고 단계적 접근 방식의 최종 전환으로 데이터베이스를 업그레이드한다. 레거시 모듈과 업그레이드된 모듈이 공존하고 하이브리드 방식으로 통신할 수 있는 메커니즘을 구축해야 한다.
- **마이그레이션과 개선 사항**Migration and enhancements: 기존 시스템 기술이 비교적 잘 작동하지만 하드웨어 제한 및 비용으로 인해 제한되는 경우 마이그레이션과 마이너한 개선 방법을 사용할 수 있다. 예를 들어 전체 워크로드를 클라우드로 전환해 인프라 가용성과 비용 최적화를 개선할 수 있다. 그 외에도 클라우드 공급자는 몇 가지 기본 도구를 확장해 더 자주 변경하고 더 나은 자동화를 적용하는 데 도움이 된다. 마이그레이션 접근 방식을 사용하면 적은 노력으로 애플리케이션을 현대화하고 미래에 대비할 수 있으므로 장기적으로 관련성을 유지할 수 있다. 그러나 리프트 앤 시프트는 제한적이며 모든 종류의 워크로드에 적합하진 않을 수 있다.

마이그레이션과 현대화를 목표로 할 때 상당한 재설계와 현대화가 필요한 특정 IT 도메인을 고려해야 한다. 이러한 현대화에는 패치 관리에 영향을 미치기 때문에 개발자 운영체제 환경이 포함된다. 보안, 네트워크, ID는 그다음이며 확장성, 탄력성, 비용 절감을 위한 훌륭한 기회를 제공한다. 이후 더 많은 애플리케이션이 클라우드로 이동함에 따라 스토리지, 백업, 데이터베이스 툴이 제공된다. 또한 모니터링과 관리 도구를 현대화해야 하며 이러한 모든 작업에는 교육과 재숙련이 필요하다. 레거시 시스템의 현대화를 위한 다양한 전략을 살펴보자.

레거시 시스템 현대화 기술 살펴보기

기존 애플리케이션 분석에 따라 레거시 시스템을 업그레이드하고자 다양한 접근 방식을 취할 수 있다. 가장 간단한 접근 방식은 기존 시스템을 변경할 필요가 없는 마이그레이션과 리호스팅이다. 그러나 단순한 마이그레이션은 장기적인 문제를 해결하거나 이점을 제공하지 못할 수 있다.

시스템이 더 이상 비즈니스 요구 사항을 충족하지 않는 경우 전체 애플리케이션을 다시 아키텍팅하거나 다시 설계하는 등 좀 더 복잡한 접근 방식을 취할 수 있다. 다음 그림은 다양한 방법에서의 영향도를 보여준다.

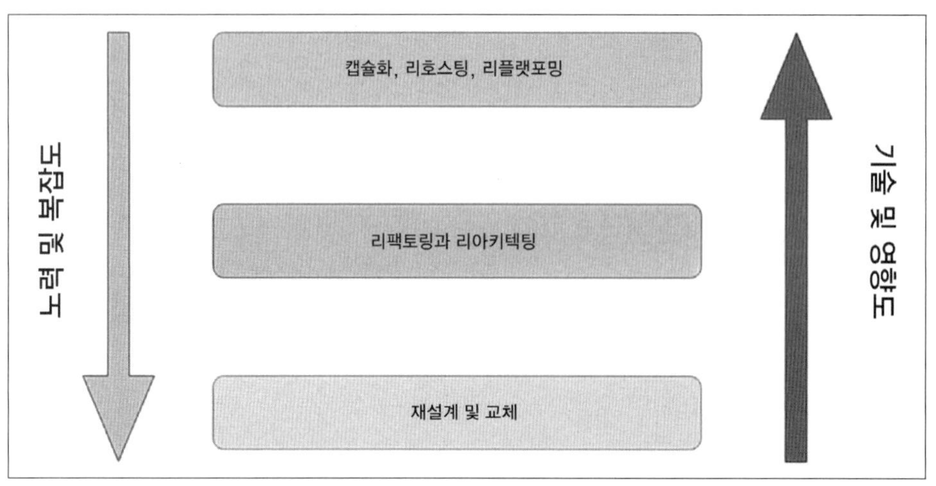

그림 17.4: 레거시 시스템 현대화 기술

위의 그림에 표시된 다양한 현대화 기술을 좀 더 자세히 살펴보자.

캡슐화, 리호스팅, 플랫폼 재편성

캡슐화Encapsulation는 가장 간단한 접근 방식이다. 시스템이 비즈니스 크리티컬하고 최신 기술에서 실행 중인 다른 애플리케이션과 통신해야 하는 경우 이 방법을 사용할 수 있다. 캡슐화를 사용하면 다른 비즈니스 애플리케이션이 레거시 애플리케이션과 통신할 수 있도록 레거시 시스템을 중심으로 API 래퍼wrapper를 구축해야 한다. API 래퍼는 애플리케이션을 클라우드로 마이그레이션하기 시작하지만 이후 단계에서 현대화를 할 수 있도록 레거시 애플리케이션을 온프레미스 데이터 센터에 유지하는 일반적인 접근 방법이다. 레거시 코드가 잘 작성되고 유지 관리되는 경우 캡슐화 옵션을 선택할 수 있지만 기술 발전과 하드웨어 유연성의 이점은 누릴 수 없다.

리호스팅rehosting 접근 방식은 코드 변경 없이 애플리케이션을 AWS 클라우드와 같은 다른 하드웨어 공급자로 마이그레이션하는 가장 간단한 전략 중 하나다. 다시 말하지만 캡슐화와 마찬가지로 리호스팅 옵션은 벤더 계약으로 인한 비용을 줄일 수는 있지만 기술 향상과 하드웨어 유연성의 이점을 얻지 못할 수 있다.

조직은 기존 계약에서 신속하게 벗어나야 할 때 종종 이러한 접근 방식을 취한다. 예를 들어 1단계에서 클라우드로의 첫 단계를 수행하고 2단계에서 현대화를 적용할 수 있다.

플랫폼 재편성replatforming 접근 방식은 리호스팅 접근 방식보다 다소 복잡해질 수 있지만 즉각적인 이점을 제공한다. 조직은 서버가 지원이 없는 EOLEnd of Life에 도달하고 보안 문제를 처리하고자 업그레이드가 필요한 경우 이 방식을 선택하는 경우가 많다. 예를 들어 윈도우 서버 2008이 EOL에 도달하면 운영체제를 윈도우 서버 2019 또는 2022 버전으로 업그레이드할 수 있다. 새 운영체제로 바이너리를 다시 빌드하고 모든 것이 제대로 작동하는지 테스트를 수행해야 하지만 중요한 코드 변경 사항은 없을 수 있다. 다시 말하지만 리호스팅과 마찬가지로 플랫폼을 다시 포맷해도 기술 발전의 혜택을 받지 못할 수 있다. 그러나 공급업체로부터 지속적인 지원을 받을 수 있다.

앞의 세 가지 접근 방식이 가장 간단한 방법이지만 애플리케이션 업그레이드의 모든 이점을 제공할 수는 없다. 애플리케이션 현대화를 최대한 활용하는 데 도움이 되는 접근 방식을 살펴보자.

리팩터링과 리아키텍팅

리팩터링refactoring 접근 방식에서는 새 시스템을 수용하도록 코드를 리팩터링할 수 있다. 리팩터링에서 전체 아키텍처는 동일하지만 최신 프로그래밍 언어와 운영체제 버전에 맞게 코드를 업그레이드한다. 코드 부분을 리팩터링해 자동화를 적용하고 기능 향상을 수행할 수 있다. 기술이 여전히 관련성이 있고 코드 변경으로 비즈니스 요구 사항을 수용할 수 있는 경우 이 접근 방식을 사용할 수 있다.

리아키텍팅rearchitecting 접근 방식에서는 기존 코드를 최대한 활용해 시스템 아키텍처를 변경하기로 결정한다. 예를 들어 기존 모놀리식 아키텍처에서 마이크로서비스 아키텍처를 생성할 수 있다. 한 번에 하나의 모듈을 가져와서 각 모듈에 RESTful 엔드포인트를 제공해 서비스 지향 아키텍처로 변환할 수 있다. 리아키텍팅 옵션은 원하는 확장성과 안정성을 달성하는 데 도움이 된다. 그러나 기존 코드를 활용하기 때문에 전체 성능 결과는 평균일 수 있다.

재설계와 교체

재설계redesigning 접근 방식은 가장 복잡하지만 최대의 이점을 제공한다. 레거시 시스템이 완전히 구식이고 비즈니스 요구 사항을 전혀 수용할 수 없는 경우 이 접근 방식을 채택할 수 있다. 재설계를 통해 전체 범위를 그대로 유지하면서 전체 시스템을 처음부터 구축해야 한다.

다음 그림은 AWS 클라우드로의 레거시 메인프레임 시스템 마이그레이션을 보여준다.

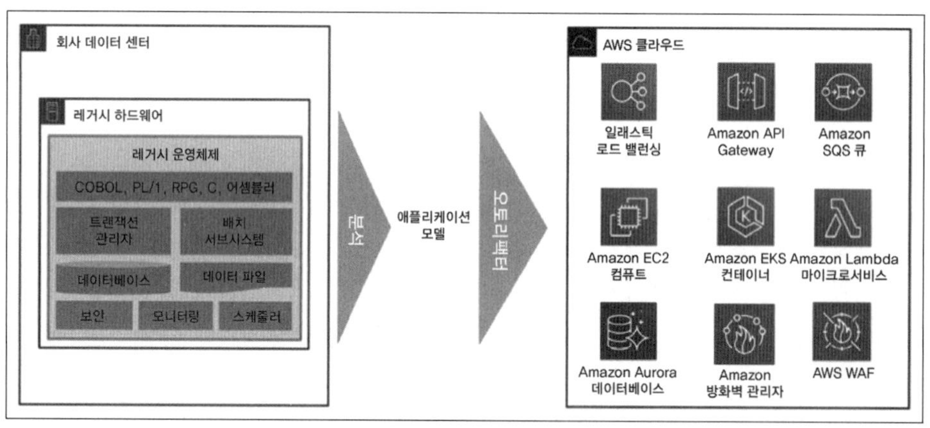

그림 17.5: 클라우드로의 레거시 메인프레임 시스템 현대화

여기서 레거시 메인프레임 시스템은 현대화 접근 방식으로 유사한 클라우드 서비스로 재설계되고 리팩터링된다. 클라우드 네이티브 애플리케이션을 구축하면 확장성,

성능, 안정성, 비용 측면에서 클라우드 서비스를 활용하고 최대한 이점을 얻는 데 도움이 된다. 이는 시스템에서 빠르게 변화하는 기술을 수용해 팀이 좀 더 민첩하고 혁신적일 수 있게 도와준다.

레거시 시스템을 재설계하려면 많은 노력과 비용이 들기에 장기 프로젝트로 설정하는 것이 필요하다. 현대화를 시작하기 전에 솔루션 아키텍트로서 SaaS 제품이나 상용 기성[COTS] 제품이 더 낮은 비용으로 비즈니스 요구를 처리할 수 있는지 면밀하게 분석해야 한다. 재설계 옵션을 진행하기 전에 재설계와 구매 사이에 비용 편익 분석[CBA]을 수행하는 것이 필수적이다.

때로는 기존 레거시 시스템을 새로운 타사 소프트웨어로 교체하는 것이 더 유리할 수 있다. 예를 들어 현재 조직에 원하는 기능을 확장하고 제공할 수 없는 10년 된 CRM[Customer Relationship Management] 시스템이 있을 수 있다. Salesforce CRM과 같은 SaaS 제품에 가입해 레거시 시스템을 대체하는 옵션을 찾을 수 있다. SaaS 제품은 구독 기반이며 사용자 단위 라이선스를 제공하므로 사용자가 많지 않은 경우 적합한 선택일 수 있다. 수천 명의 사용자가 있는 대규모 기업의 경우 애플리케이션을 구축하는 것이 더 비용 효율적일 수 있다. SaaS 제품에 투자할 때 ROI를 파악하고자 CBA를 실시해야 한다.

레거시 시스템에 대한 클라우드 마이그레이션 전략 정의

클라우드가 점점 더 대중화됨에 따라 더 많은 조직이 레거시 애플리케이션 현대화 요구 사항을 위해 클라우드로 마이그레이션할 방법을 찾고 있다. 5장에서 다양한 클라우드 마이그레이션 기술을 살펴봤다. 클라우드는 낮은 비용을 유지하면서 애플리케이션을 확장할 수 있는 유연성을 제공하며, 애플리케이션 보안을 유지하면서 바람직한 성능, 고가용성, 안정성을 달성할 수 있도록 지원한다.

AWS, 마이크로소프트 애저, GCP와 같은 클라우드 공급자는 시스템 현대화를 지원하는 다양한 옵션을 즉시 제공한다. 예를 들어 서버리스 방식으로 AWS Lambda와 Amazon API Gateway를 사용하고 Amazon DynamoDB를 백엔드로 사용해 마이크로서비스를 구축할 수 있다. 앞 절에서 클라우드로 전환하는 과정에서 다양한 레거시 시스템 현대화 기술과 그 적용을 살펴봤다. 다음 그림에 나와 있는 흐름은 클라우드 마이그레이션을 사용해 레거시 애플리케이션을 현대화할지 여부를 결정하는 데 도움이 된다.

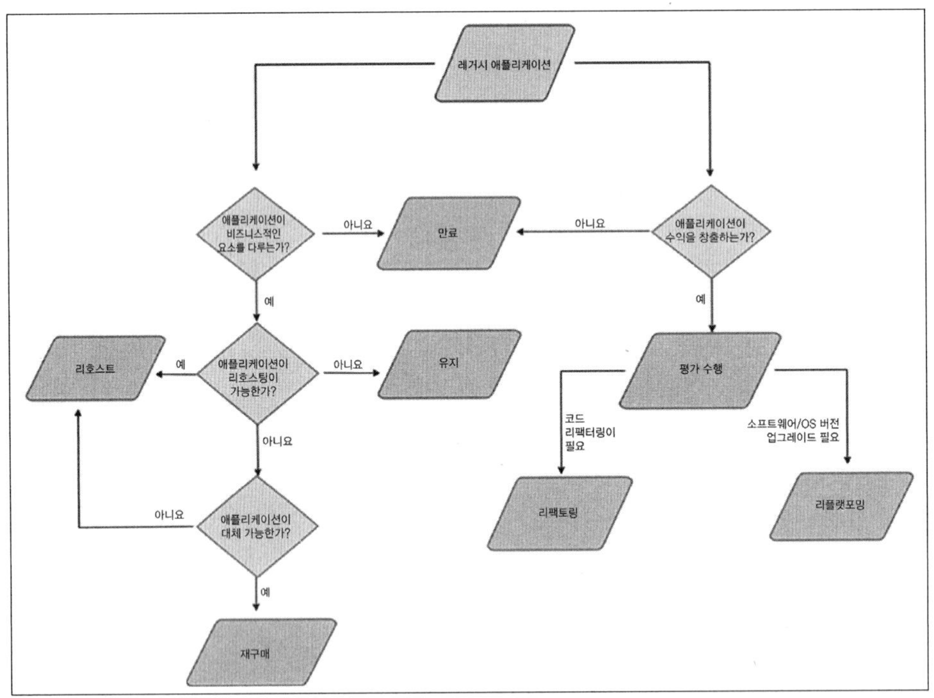

그림 17.6: 레거시 시스템의 현대화를 위한 클라우드 마이그레이션 의사 결정 경로

그림에서 보듯이 애플리케이션이 여전히 기업에서 많이 사용되고 수익을 창출하는 경우 최소한의 변경으로 계속 진행할 수 있다. 이 경우 서버가 EOL에 도달하는 경우 애플리케이션을 클라우드로 리팩터링하거나 애플리케이션을 클라우드로 플랫폼 재편성할 수 있다.

비즈니스를 유지하고자 기존 애플리케이션을 변경하고 싶지 않으면서 비용을 절감하고 최적화하고자 완전히 클라우드로 이동하려는 경우 리프트 앤 시프트 방식을 사용해 클라우드에서 레거시 애플리케이션을 다시 호스팅하는 방법도 있다. 레거시 애플리케이션을 교체할 수 있는 경우 제품의 클라우드 네이티브 SaaS 버전을 구입하고 레거시 애플리케이션을 폐기할 수 있다. 때때로 비즈니스 종속성이 너무 많고 비호환성으로 인해 클라우드로 이동할 수 없는 경우 온프레미스 데이터 센터에 레거시 시스템을 유지해야 될 수도 있다.

클라우드로 이전할 때의 이점을 이해하려면 총 소유 비용[TCO] 분석을 수행해야 한다. 전체 프로젝트를 시작하기 전에 전체 시스템이 클라우드와 호환될 수 있게 레거시 애플리케이션의 가장 복잡한 모듈을 PoC로 구축하는 것이 좋다. 중요한 비즈니스 사례를 다루는 세부적인 PoC를 통해 격차를 파악하고 마이그레이션 위험을 크게 줄일 수 있다.

문서화와 지원

새로운 시스템의 장기적인 지속 가능성과 원활한 마이그레이션을 위해 적절한 문서화와 지원을 준비해야 한다. 모든 사람이 따를 수 있고 새 시스템을 최신 상태로 유지하는 데 도움이 되는 코딩 표준에 대한 문서를 제공해야 한다. 아키텍처 문서를 작업 아티팩트로 유지하고 기술 동향 변화에 따라 최신 상태로 유지한다. 시스템을 최신 상태로 유지하면 레거시 시스템 현대화 상황에 다시 빠지지 않는다.

신규 및 기존 시스템을 지원하는 포괄적인 설명서를 준비하는 것이 좋다. 새 시스템이 모든 비즈니스 요구 사항을 충족하고 만족스럽게 실행할 수 있을 때까지 일정 시간 동안 이전 시스템을 유지하려 할 수 있기 때문이다. 지원 설명서를 업데이트하고 직원 감소로 인한 지식 손실을 방지하고 전체 기술 자료가 사람에 종속된 방식으로 처리되지 않게 한다.

시스템 종속성을 추적하면 향후 변경 사항의 영향을 파악하는 데 도움이 된다. 18장에서 문서화를 더 살펴볼 것이다. 직원에게 새 시스템에 대해 교육하고 운영 중단이 발생할 경우 지원할 수 있도록 교육 콘텐츠를 준비한다.

퍼블릭 클라우드를 통한 메인프레임 마이그레이션

많은 기업이 비용 절감, 민첩성 향상, 기술 부채 감소, 디지털 전략 지원, 레거시 메인프레임 기술 격차, 데이터 분석과 같은 요소를 활용하고자 메인프레임 워크로드를 클라우드로 이동하고 있다. 레거시 메인프레임 애플리케이션은 종종 긴밀하게 결합된 방식으로 개발하고 구축되기 때문에 메인프레임 워크로드는 x86 기반 워크로드보다 마이그레이션하기가 더 어렵다. 예를 들어 메인프레임 애플리케이션은 다수의 하위 시스템에서 사용되거나 다른 애플리케이션에서 직접 호출되는 프로그램을 포함할 수 있다. 이러한 경우 기본 프로그램에 대한 변경 사항은 연결된 하위 시스템과 애플리케이션에도 영향을 미친다.

레거시 애플리케이션의 경우 마이그레이션을 단계적으로 계획하는 것이 가장 좋다. 이 접근 방식은 함께 마이그레이션할 밀접하게 관련된 애플리케이션을 선택하고 우선순위를 지정하기 때문에 위험을 줄이는 데 도움이 된다. 그러나 메인프레임 애플리케이션 코드가 시간적 결합(동기적으로 호출됨) 또는 배포 결합(연결된 모듈 사용)을 사용할 수 있기 때문에 메인프레임 마이그레이션에 이러한 접근 방식은 간단하지 않을 수 있다. 연결된 애플리케이션 코드를 마이그레이션하면 종속 애플리케이션에 영향을 미치므로 몇 가지 위험이 따른다. 이러한 위험을 줄이고자 종속 애플리케이션에 영향을 주지 않고 메인프레임 애플리케이션 코드를 분리할 수 있다. 코드 마이그레이션 관점에서 레거시 메인프레임 애플리케이션의 두 가지 주요 유형은 독립 실행형 애플리케이션과 공유 코드가 있는 애플리케이션이다. 각각의 마이그레이션 패턴을 자세히 살펴보자.

독립 실행형 애플리케이션 마이그레이션

독립 실행형 메인프레임 애플리케이션인 A와 B라는 두 애플리케이션이 있다고 가정해보자. 각 애플리케이션은 독점적으로 사용하는 프로그램과 하위 프로그램으로 구성된다.

애플리케이션은 자체적으로 포함돼 있으므로 다음 그림과 같이 코드 리팩터링을 위해 애플리케이션별로 COBOL 프로그램과 하위 프로그램을 그룹화할 수 있다.

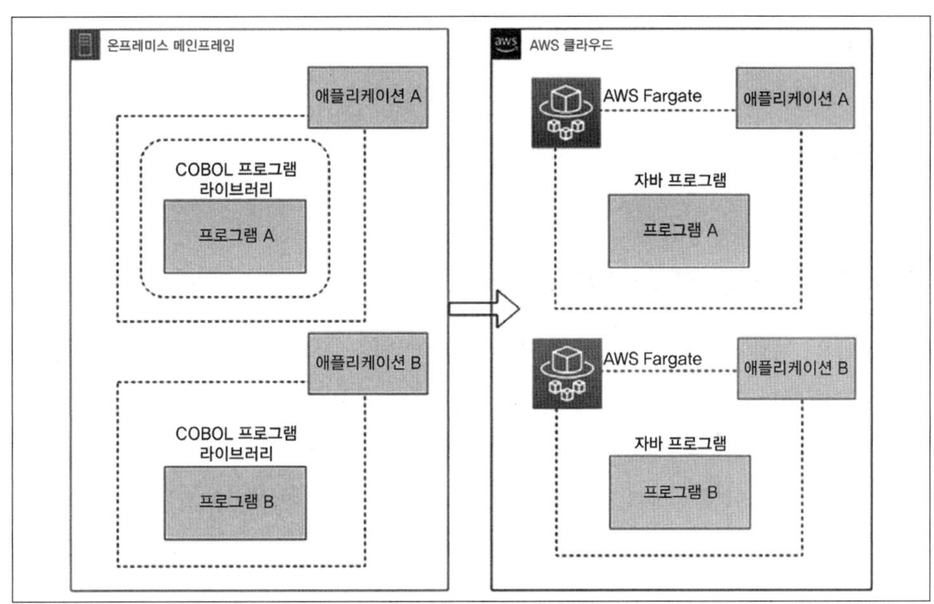

그림 17.7: 독립 실행형 애플리케이션을 위한 메인프레임 현대화

위의 그림에서 메인프레임 프로그램과 하위 프로그램은 COBOL로 작성됐으며 코드는 AWS에서 JAVA로 마이그레이션된다. 그러나 이러한 디커플링 패턴을 선택한 프로그래밍 언어와 함께 사용할 수 있다. 마이그레이션 패턴은 레거시 자동 리팩터링으로 코드, 데이터, 종속성이 자동으로 최신 언어, 데이터 스토리지, 프레임워크로 변환되는 동시에 동일한 비즈니스 기능으로 기능적 동등성을 보장한다. 리팩터링에

는 자동화된 도구를 사용해 메인프레임 프로그래밍 언어(예, COBOL)를 최신 프로그래밍 언어(예, 자바 또는 .NET)로 변환하는 작업이 포함된다.

리팩터링된 애플리케이션은 AWS Fargate에서 프로비저닝 및 관리하는 컨테이너에 배포된다. Fargate는 Amazon ECS 및 Amazon EKS와 함께 작동하는 컨테이너용 서버리스 컴퓨팅 엔진이다. 여기서 메인프레임 데이터베이스 테이블과 메인프레임 파일은 애플리케이션과 함께 마이그레이션된다.

그룹화된 후에는 애플리케이션 A와 B를 동일한 방식 또는 다른 방식으로 마이그레이션할 수 있다. 두 경우 모두 각 애플리케이션에 대해 리팩터링된 최신 구성 요소를 패키징해 런타임 환경에 함께 배포한다. 마이그레이션 후에는 온프레미스 메인프레임 애플리케이션과 해당 구성 요소를 폐기한다. 이제 여러 애플리케이션에서 코드가 공유되는 좀 더 복잡한 시나리오를 살펴보자.

공유 코드가 있는 애플리케이션 마이그레이션

메인프레임 애플리케이션 A와 B가 프로그램 AB라고 불리는 공유 코드를 실행한다고 가정해보자. 애플리케이션 A 및 B와 프로그램 AB를 함께 마이그레이션하려면 공유 프로그램 AB의 영향 분석을 수행해야 한다. 영향 분석을 기반으로 프로그램 AB와 같은 공유 프로그램을 사용하는 종속 애플리케이션 수를 식별한다. 공유 프로그램을 애플리케이션이 있는 도메인으로 집계하고 도메인 서비스 중 하나의 API로 노출할 수 있는지 여부를 결정하려면 비즈니스 도메인 분석을 완료해야 한다. 마이그레이션을 준비하고자 애플리케이션을 분리할 수 있는 몇 가지 접근 방식을 살펴보자.

독립 실행형 API를 사용한 애플리케이션 디커플링

이 방법을 사용하면 공유 COBOL 프로그램 AB를 자바 프로그램으로 변환해 독립 실행형 API를 인스턴스화할 수 있다. 제공되는 자동화된 리팩터링 도구를 사용해 프로그램에 대한 네트워크 API를 생성해서 리팩터링 노력을 최소화할 수 있다. 공유 프로그램을 독립 실행형 서비스로 인스턴스화할 수 있는 경우 이 방법을 사용할 수 있다. 애플리케이션 A와 B의 나머지 구성 요소는 전체적으로 자바로 리팩터링되고 클라우드로 마이그레이션된다. 다음 그림에 표시된 대로 애플리케이션을 동일한 방식으로 마이그레이션할 수 있다.

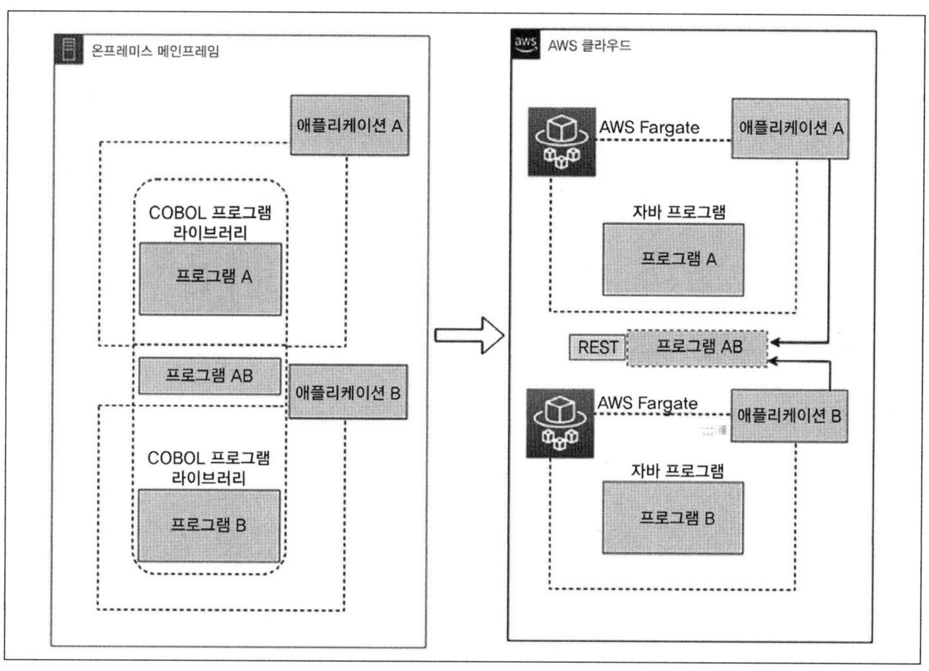

그림 17.8: 독립 실행형 API를 사용한 공유 프로그램 애플리케이션 마이그레이션

이 접근 방식에서는 두 애플리케이션을 각각의 프로그램으로 리팩터링하고 클라우드로 마이그레이션해야 한다. 개발자와 팀이 공유 프로그램 AB를 호출하는 리팩터링된 애플리케이션을 식별할 수 있도록 분석 단계의 영향 분석 보고서를 사용해야 한다. 공유 프로그램 AB에 대한 내부 프로그램 호출을 네트워크 API 호출로 대체한다. 마이그레이션 후에는 온프레미스 메인프레임 애플리케이션과 해당 구성 요소를 폐기한다.

공유 라이브러리를 사용한 애플리케이션 디커플링

이 접근 방식에서 공유 프로그램 AB는 자바 공통 라이브러리로 변환되고 마이그레이션 애플리케이션과 함께 패키지화된다. 공유 프로그램이 독립 실행형 서비스 대신 지원 라이브러리인 경우 이 접근 방식을 취해야 한다. 애플리케이션 A와 B의 나머지 구성 요소는 자바 프로그램으로 리팩터링돼 클라우드로 마이그레이션된다.

이 접근 방식은 애플리케이션 A와 B를 관련 프로그램과 함께 자바로 리팩터링하고 클라우드로 마이그레이션한다. AWS CodeCommit과 같은 완전 관리형 소스 제어 서비스에서 애플리케이션의 소스코드를 유지 관리해야 한다. 공유 프로그램을 사용하는 팀은 풀 요청, 분기, 병합을 사용해 코드 변경에 대해 공동 작업을 수행할 수 있으며 공유 프로그램 코드에 대한 변경 사항을 제어할 수 있다. 마이그레이션 후 온프레미스 메인프레임 애플리케이션과 해당 구성 요소를 폐기한다.

애플리케이션이 너무 커서 동일한 마이그레이션 방법으로 그룹화할 수 없는 경우 여러 단계로 마이그레이션하고 마이그레이션 중에 서비스 연속성을 유지할 수 있다. 이 접근 방식을 사용하면 애플리케이션을 번들링하지 않고 단계적으로 현대화할 수 있다. 애플리케이션을 별도의 방식으로 마이그레이션하면 메인프레임에서 코드를 크게 변경하지 않고도 애플리케이션을 분리할 수 있다.

메시지 큐를 사용한 애플리케이션 디커플링

이 접근 방식에서 공유 프로그램 AB는 자바 프로그램으로 변환되고 애플리케이션 A의 일부를 클라우드로 마이그레이션한다. 메시지 큐는 클라우드의 리팩터링된 애플리케이션과 온프레미스 레거시 애플리케이션 간의 인터페이스로 사용된다. 이 접근 방식을 사용하면 긴밀하게 결합된 메인프레임 애플리케이션을 생산자와 소비자로 나누고 독립적으로 작동하도록 모듈화할 수 있다. 추가적인 장점은 애플리케이션을 서로 다른 방식으로 마이그레이션할 수 있다는 것이다.

메인프레임의 애플리케이션이 메시지 큐를 통해 클라우드로 마이그레이션된 애플리케이션과 통신할 수 있는 경우 이 접근 방식을 사용할 수 있다. 큐잉 아키텍처 패턴은 기존 애플리케이션을 다시 설계해야 하므로 메인프레임에 상주하는 애플리케이션의 비즈니스 요구 사항을 충족하는지 확인하는 것이 가장 좋다.

첫 번째 방식에 속하지 않는 애플리케이션을 클라우드로 마이그레이션하는 데 더 오랜 시간(6개월 이상)이 필요한 경우 메시지 큐 접근 방식을 취해야 한다. 애플리케이션이 너무 커서 동일한 마이그레이션 방식으로 그룹화할 수 없는 경우 다음 그림처럼 여러 단계로 마이그레이션하고, 마이그레이션 중에 서비스 연속성을 유지할 수 있다.

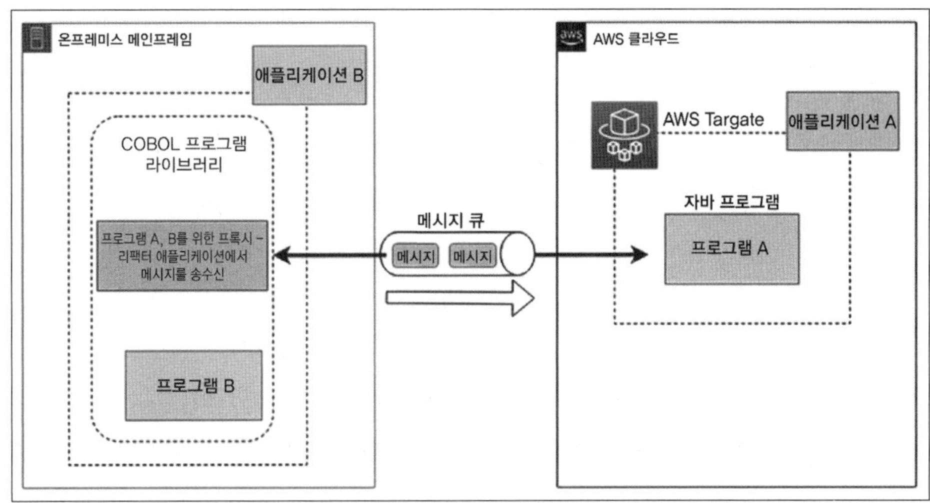

그림 17.9: 메시지 큐를 사용한 공유 프로그램 애플리케이션 마이그레이션

위의 그림에 표시된 대로 마이그레이션을 진행하려면 다음과 같은 단계를 따라야 한다.

1. 애플리케이션 B가 온프레미스에 유지되는 동안 애플리케이션 A와 관련 프로그램을 클라우드로 마이그레이션(리팩터링)한다.
2. 애플리케이션 A(클라우드 내)를 메시지 큐를 통해 애플리케이션 B(온프레미스)와 통신하게 리팩터링한다.

3. 애플리케이션 B를 리팩터링해 공유 프로그램을 메시지 큐를 통해 애플리케이션 A로 메시지를 보내고 받는 프록시 프로그램으로 바꾼다.

4. 애플리케이션 A가 마이그레이션되면 온프레미스 애플리케이션 A와 해당 구성 요소(공유 프로그램 포함)를 폐기한다. 애플리케이션 B와 해당 구성 요소는 온프레미스에 계속 유지된다.

5. 다음 마이그레이션 단계에서 애플리케이션 B와 해당 구성 요소를 마이그레이션한다. 느슨하게 결합된 큐잉 아키텍처는 클라우드에서 애플리케이션 A와 B 사이의 인터페이스 역할을 계속한다. 이렇게 하면 애플리케이션 A에 영향을 주지 않고 애플리케이션 B의 리팩터링 작업을 줄일 수 있다.

모범 사례로 코드 분석을 수행해 메인프레임 애플리케이션에 대한 종속성 맵을 생성하고 애플리케이션에서 공유하는 프로그램 목록을 식별하는 것이 좋다. 그런 다음 온프레미스 환경과 클라우드 간의 프로그램 호출을 줄이고자 동일한 마이그레이션 방식에 대해 동일한 프로그램을 공유하는 애플리케이션을 그룹화한다. 계획 단계에서 영향 분석을 실행해 마이그레이션하려는 애플리케이션과 프로그램을 공유하는 애플리케이션을 식별하고 애플리케이션 마이그레이션에 적합한 디커플링 패턴을 선택한다. 가능하면 메인프레임 마이그레이션을 점진적으로 수행해 복잡성과 위험을 줄인다. 증분 마이그레이션을 수행함으로써 마이그레이션 팀은 마이그레이션 진행률에 대한 피드백을 더 빠르게 제공할 수 있으며, 기업은 이 피드백을 사용해 내부 프로세스를 최적화해 마이그레이션 속도를 높일 수 있다.

요약

17장에서는 레거시 애플리케이션의 다양한 문제와 이를 현대화해야 하는 이유를 살펴봤다. 애플리케이션을 최신 기술로 업그레이드해 조직이 얻을 수 있는 다양한 이점도 살펴봤다. 애플리케이션 현대화는 복잡하고 위험한 작업일 수 있지만 종종 노력할 가치가 있다.

업그레이드를 통해 얻을 수 있는 결과는 투자와 에너지양에 대한 트레이드오프다. 현대화 접근 방식을 정의하기 전에 레거시 시스템을 완전히 이해하는 것이 중요하다. 기술, 아키텍처, 코드 측면에서 애플리케이션의 다양한 평가 속성을 살펴봤다.

평가 후 다음 단계는 현대화 접근 방식을 정의하는 것이다. 아키텍처 중심, 시스템 리엔지니어링과 마이그레이션 접근 방식을 비롯한 다양한 현대화 접근 방식을 살펴봤다. 또한 간단한 접근 방식(캡슐화와 리호스팅)과 복잡한 접근 방식(리아키텍팅과 재설계)을 비롯한 여러 시스템 현대화 기술도 살펴봤다. 클라우드는 중요한 가치 제안을 제공할 수 있으며 클라우드의 현대화에 필요한 의사 결정 접근 방식을 살펴봤다.

솔루션 아키텍처의 다양한 기술적 측면에 초점을 맞췄지만 장기적으로 시스템을 유지 관리할 수 있게 하려는 아키텍처 설계의 중요한 요소 중 하나가 문서화다. 18장에서는 솔루션 아키텍트가 최대 비즈니스 가치를 준비, 기여, 유지하는 데 필요한 문서를 살펴본다.

18

솔루션 아키텍처 문서

17장에서 솔루션 아키텍처 설계와 최적화의 다양한 측면을 살펴봤다. 솔루션 아키텍트가 설계 작업을 할 때 성공적인 애플리케이션을 제공하고자 다른 이해관계자와 일관된 의사소통을 하는 것이 필수다. 솔루션 아키텍트는 모든 기술적 및 비기술적 이해관계자에게 솔루션 설계를 전달해야 한다.

솔루션 아키텍처 문서SAD, Solution Architecture Document는 애플리케이션에 대한 종단 간 보기를 제공하고 모든 사람이 같은 관점에 있게 돕는다. 18장에서는 애플리케이션 개발과 관련된 모든 이해관계자의 요구 사항을 해결하는 SAD의 다양한 측면을 살펴본다.

SAD의 구조와 솔루션 아키텍트가 전략적 결정을 내리고자 입력을 제공해야 하는 제안 요청과 같이 솔루션 아키텍트가 알아야 하는 기타 유형의 문서를 살펴본다. 18장에서는 솔루션 아키텍처와 관련된 설명서를 좀 더 깊이 이해하고자 다음과 같은 내용을 다룬다.

- SAD의 목적
- SAD의 관점

- SAD의 구조
- 솔루션 아키텍처에 대한 IT 조달 문서

18장을 마치면 SAD, 해당 구조, 문서에 포함돼야 하는 다양한 세부 사항을 알게 될 것이다.

솔루션 아키텍트가 참여해 피드백을 제공하는 제안 요청, 정보 요청, 견적 요청과 같은 다양한 IT 조달 문서를 살펴본다.

SAD의 목적

아키텍처 문서화의 필요성은 종종 무시되고, 그러면 팀은 전체 아키텍처를 이해하지 못한 채 구현 작업을 시작하게 된다. SAD는 전체 솔루션 설계에 대한 넓은 시야를 제공해 모든 이해관계자에게 지속적으로 정보를 제공한다.

SAD는 다음 목표를 달성하는 데 도움이 된다.

- 모든 이해관계자에게 종단 간 애플리케이션 솔루션 전달
- 안정성, 보안, 성능, 확장성과 같은 애플리케이션의 서비스 품질 요구 사항을 해결하고자 애플리케이션 설계에 대한 높은 수준의 아키텍처와 다양한 보기를 제공
- 비즈니스 요구 사항에 대한 솔루션의 추적 가능성을 제공하고 애플리케이션이 모든 기능적 및 **비기능적 요구 사항**NFR, Non-Functional Requirements을 충족하는 방법을 탐색
- 설계, 구축, 테스트, 구현에 필요한 솔루션에 대한 모든 관점 제공
- 평가, 계획, 제공 목적에 대한 솔루션의 영향 정의

- 솔루션이 프로덕션 출시 후에도 중단 없이 작동하는 데 필요한 비즈니스 프로세스, 연속성과 운영을 정의

SAD는 솔루션의 목적과 목표를 정의하고 구현 팀에서 종종 간과하는 솔루션 제약, 가정, 위험과 같은 중요한 구성 요소를 해결한다. 솔루션 아키텍트는 비즈니스 사용자가 이해할 수 있는 쉬운 언어로 문서를 작성하고 비즈니스 컨텍스트를 기술 설계와 연관시킬 수 있게 해야 한다. 문서화는 자원 소모로 인한 지식을 유지하는 데 도움이 되며 전체 설계 프로세스를 사람과 독립적으로 만든다.

현대화 노력이 필요한 기존 애플리케이션의 경우 SAD는 전환 계획과 함께 현재 및 미래 아키텍처에 대한 개괄적인 관점을 제시한다. 솔루션 아키텍트는 기존 시스템 종속을 이해하고 문서화해 잠재적인 위험을 사전에 파악한다. 마이그레이션 계획은 기업이 새로운 시스템을 처리하고 그에 따라 자원을 계획하는 데 필요한 도구와 기술을 이해하는 데 도움이 된다.

솔루션 아키텍트는 솔루션 평가 중에 **개념 증명**PoC, Proof of Concept을 구축하거나 시장 조사를 통해 다양한 평가를 수행한다. SAD는 기술 선택과 함께 모든 아키텍처 평가와 그 영향을 나열해야 한다. SAD는 솔루션 설계의 현재 상태와 목표 상태에 대한 개념적 관점을 제시하고 변경 기록을 유지 관리한다. 다음 절에서 SAD의 다양한 측면을 알아본다.

SAD의 관점

솔루션 아키텍트는 비즈니스 사용자와 기술 사용자 모두가 이해할 수 있는 SAD를 만들어야 한다. SAD는 비즈니스 사용자와 개발 팀 간의 커뮤니케이션 격차를 해소해 전체 애플리케이션의 기능을 이해한다. 모든 이해관계자의 의견을 파악하는 가장 좋은 방법은 자신의 상황을 파악하고 이해관계자의 관점에서 문제를 보는 것이다. 솔루션 아키텍트는 아키텍처 설계의 비즈니스 및 기술적 측면을 모두 평가해

모든 기술적 및 비기술적 사용자의 요구 사항을 파악한다.

다음 그림에서 볼 수 있듯이 SAD의 전체론적 관점은 다양한 측면을 포괄하는 비즈니스 요구 사항에서 파생된 다양한 관점으로 구성된다.

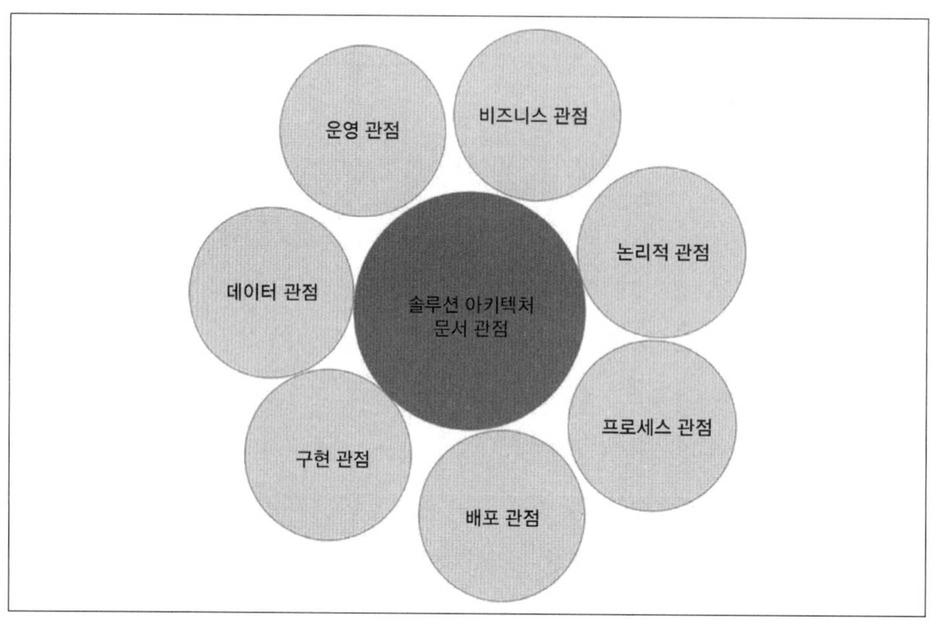

그림 18.1: SAD 관점

솔루션 아키텍트는 UML[Unified Modeling Language] 다이어그램이나 마이크로소프트 비지오의 블록 다이어그램과 같은 표준 다이어그램을 선택해 다양한 관점을 나타낼 수 있다. 전반적으로 다이어그램은 모든 비즈니스 및 기술 이해관계자가 읽기 쉽고 이해할 수 있어야 한다. SAD에는 가능한 한 모든 사람의 요구 사항을 해결하고자 다음과 같은 관점이 포함돼야 한다.

- **비즈니스 관점:** 아키텍처 설계는 비즈니스 문제와 목적을 해결하는 것이다. 비즈니스 관점은 전체 솔루션과 제품의 가치 제안을 보여준다. 단순화하고자 솔루션 아키텍트는 비즈니스와 관련된 상위 수준 시나리오를 감지하고 이를 사용 사례 다이어그램으로 표시하도록 선택할 수 있다. 비즈니스 관점에서는 이해관

계자와 프로젝트를 실행하는 데 필요한 자원을 설명한다. 비즈니스 관점을 사용 사례 관점으로 정의할 수도 있다.

- **논리적 관점:** 비즈니스 사용자와 아키텍트가 시스템의 다양한 논리적 구성 요소를 이해할 수 있도록 시스템의 다양한 패키지를 표시한다. 논리적 관점은 구축해야 하는 시스템의 순서를 연대순으로 제공한다. 시스템의 여러 패키지가 연결되는 방법 및 사용자가 패키지와 상호작용하는 방법을 보여준다. 예를 들어 은행 애플리케이션에서 사용자는 먼저 보안 패키지를 사용해 인증과 권한을 부여하고, 계정 패키지를 사용해 계정에 로그인하고, 대출 패키지를 사용해 대출을 신청하는 등의 작업을 수행해야 한다. 여기에서 각 패키지는 서로 다른 모듈을 나타내며 마이크로서비스로 구축할 수 있다.
- **프로세스 관점:** 시스템의 주요 프로세스가 함께 작동하는 방식을 보여주는 좀 더 자세한 정보를 제공한다. 이는 상태 다이어그램을 사용해 반영할 수 있다. 솔루션 아키텍트는 더 자세한 정보를 표시하려는 경우 시퀀스 다이어그램을 생성할 수 있다. 은행 애플리케이션에서 프로세스 관점은 대출이나 계정의 승인을 표시할 수 있다.
- **배포 관점:** 프로덕션 환경에서 애플리케이션이 작동하는 방식을 보여준다. 다양한 시스템 구성 요소(예, 네트워크 방화벽, 로드 밸런서, 애플리케이션 서버, 데이터베이스)가 연결되는 방식을 보여준다. 솔루션 아키텍트는 비즈니스 사용자가 이해할 수 있는 간단한 블록 다이어그램을 만들어야 한다. UML 배포 다이어그램에 세부 정보를 추가해 개발 팀과 데브옵스 팀과 같은 기술 사용자에 대한 다양한 노드 구성 요소와 해당 종속성을 표시할 수 있다. 배포 관점은 시스템의 실제 레이아웃을 나타낸다.
- **구현 관점:** SAD의 핵심이며 아키텍처와 기술 선택을 나타낸다. 솔루션 아키텍트는 아키텍처 다이어그램(예, 3계층, N계층 혹은 이벤트 중심 아키텍처인 경우)을 그 뒤에 있는 이유와 함께 여기에 배치해야 한다.

또한 기술 선택에 대해 자세히 설명해야 한다. 예를 들어 자바 대 Node.js와 같은 기술 선택 사항을 장단점과 함께 자세히 설명해야 한다. 구현 관점에서 프로젝트를 실행하는 데 필요한 자원과 기술을 정당화시켜야 한다. 개발 팀은 구현 관점을 사용해 클래스 다이어그램과 같은 세부 설계를 생성하지만 SAD의 일부일 필요는 없다.

- **데이터 관점:** 대부분의 애플리케이션이 데이터 기반이므로 데이터 관점이 중요하다. 데이터 관점은 여러 구성 요소 간에 데이터가 어떻게 흐르는지와 데이터가 어떻게 저장되는지를 나타낸다. 또한 데이터 보안과 데이터 무결성을 설명하는 데 사용할 수 있다. 솔루션 아키텍트는 엔티티 관계 다이어그램을 사용해 데이터베이스의 여러 테이블과 스키마 간의 관계를 표시할 수 있다. '데이터 아키텍처' 절에서 엔티티-관계 다이어그램을 자세히 알아봤다. 데이터 관점에서는 필요한 보고서와 분석도 포함된다.
- **운영 관점:** 출시 후 시스템이 어떻게 유지되는지 설명한다. 서비스 수준 계약[SLAs, Service-Level Agreements], 경보 및 모니터링 기능, 재해 복구 계획 및 시스템에 대한 지원 계획을 정의하는 경우가 많다. 운영 관점에서는 버그 수정 배포, 패치 적용, 백업과 복구, 보안 사고 처리와 같은 시스템 유지 관리가 수행되는 방법에 대한 세부 정보를 제공한다.

나열된 모든 관점은 SAD가 시스템과 이해관계자의 모든 측면을 포괄하는지 확인한다. 이해관계자의 요구 사항에 따라 물리적 아키텍처 관점, 네트워크 아키텍처 관점 또는 보안(제어) 아키텍처 관점과 같은 추가 관점을 포함하도록 선택할 수 있다. 솔루션 아키텍트는 시스템 기능과 이해에 대한 포괄적인 관점을 제공해야 한다. 다음 절에서는 SAD의 구조를 자세히 살펴본다.

SAD의 구조

SAD의 구조는 이해관계자 요구 사항과 프로젝트의 특성에 따라 프로젝트마다 다를 수 있다. 프로젝트는 처음부터 새로운 제품을 생성하거나 레거시 애플리케이션을 현대화하거나 전체 시스템을 클라우드로 전환하는 것일 수 있다.

프로젝트마다 SAD 문서가 다를 수 있지만 전반적으로 다음과 같은 다양한 이해관계자의 관점을 고려하고 필요한 섹션을 고려해야 한다.

콘텐츠

1. 솔루션 개요
   - 1.1 솔루션 목적
   - 1.2 솔루션 범위
     - 1.2.1 범위 내
     - 1.2.2 범위 밖
   - 1.3 솔루션 가정
   - 1.4 솔루션 제약 조건
   - 1.5 솔루션 종속성
   - 1.6 주요 아키텍처 결정
2. 사업적 맥락
   - 2.1 사업 역량
   - 2.2 주요 사업 요구 사항
     - 2.2.1 주요 사업 프로세스
     - 2.2.2 사업 이해관계자
   - 2.3 비기능적 요구 사항
     - 2.3.1 확장성
     - 2.3.2 가용성 및 안정성
     - 2.3.3 성능
     - 2.3.4 이식성
     - 2.3.5 보안
3. 개념적 솔루션 개요
   - 3.1 개념적 및 논리적 아키텍처
4. 솔루션 아키텍처
   - 4.1 정보 아키텍처
     - 4.1.1 정보 구성 요소
   - 4.2 애플리케이션 아키텍처
     - 4.2.1 애플리케이션 구성 요소
   - 4.3 데이터 아키텍처
     - 4.3.1 데이터 흐름 및 컨텍스트
   - 4.4 통합 아키텍처
     - 4.4.1 인터페이스 구성 요소
   - 4.5 인프라 아키텍처
     - 4.5.1 인프라 구성 요소
   - 4.6 보안 아키텍처
     - 4.6.1 ID 및 액세스 관리
     - 4.6.2 애플리케이션 위협 모델
5. 솔루션 구현
   - 5.1 개발
   - 5.2 배포
   - 5.3 데이터 마이그레이션
   - 5.4 애플리케이션 해체
6. 솔루션 관리
   - 6.1 운영 관리
     - 6.1.1 모니터링과 경보
     - 6.1.2 지원 및 사고 관리
     - 6.1.3 재해 복구
   - 6.2 사용자 온보딩
     - 6.2.1 사용자 시스템 요구 사항
7. 부록
   - 7.1 열린 항목
   - 7.2 PoC 결과

그림 18.2: SAD의 구조

위의 SAD 구조에서 여러 솔루션 아키텍처와 설계 측면을 다루는 다양한 섹션을 볼 수 있다. 솔루션 아키텍트는 프로젝트 요구 사항에 따라 추가 하위 섹션을 추가하거나 일부 섹션을 제거하도록 선택할 수 있다. 예를 들어 요약과 함께 문서의 목적에 대해 설명하는 다른 소개 섹션을 추가할 수 있다. 전환 프로젝트의 경우 하위 섹션을 추가해 기존 아키텍처를 제시하고 대상 아키텍처와 비교하는 등의 작업을 수행할 수 있다. 각 섹션의 세부 사항을 살펴보자.

솔루션 개요

솔루션 개요 섹션에서는 솔루션의 기능과 솔루션의 다양한 구성 요소를 상위 수준에서 설명하는 몇 가지 단락으로 솔루션을 간단하게 소개해야 한다. 다양한 구성 요소를 한곳에 보여주는 상위 수준의 블록 다이어그램을 추가하는 것이 좋다. 다음 그림은 전자상거래 플랫폼의 솔루션 개요를 보여준다.

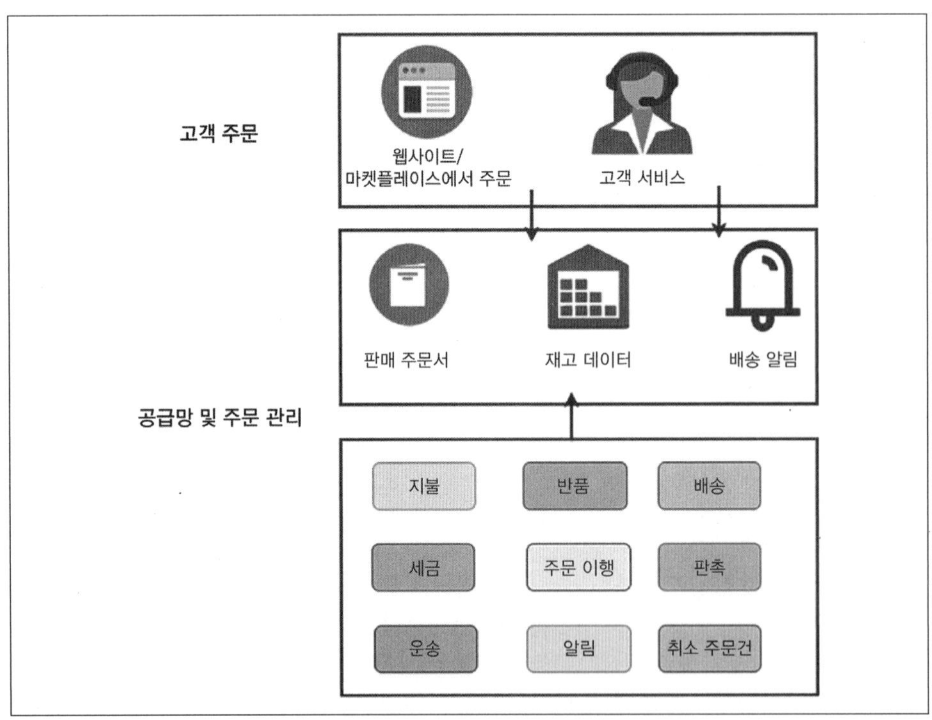

그림 18.3: 전자상거래 플랫폼의 솔루션 개요

비즈니스 사용자가 솔루션의 전반적인 작업을 이해할 수 있게 각 구성 요소에 대한 간략한 설명을 단순화된 언어로 제공해야 한다. 주요 하위 섹션은 다음과 같다.

- **솔루션 목적:** 솔루션이 해결하고 있는 비즈니스 문제와 주어진 솔루션을 구축해야 하는 정당성을 간략하게 설명한다.
- **솔루션 범위:** 제안된 솔루션이 다룰 비즈니스 범위를 나타낸다. 솔루션이 수용할 수 없는 범위를 벗어난 항목을 명확하게 설명한다.
- **솔루션 가정:** 솔루션 아키텍트가 제안한 솔루션을 기반으로 하는 모든 가정(예, 최소 네트워크 대역폭 가용성)을 나열한다.
- **솔루션 제약 조건:** 모든 기술, 비즈니스, 자원 제약을 나열한다. 제약 조건은 종종 산업 및 정부 규정 준수에서 발생하며 이 섹션에 나열돼야 한다. 위험과 완화 계획을 강조 표시할 수도 있다.
- **솔루션 종속성:** 모든 업스트림과 다운스트림 종속성을 나열한다. 예를 들어 전자상거래 웹 사이트는 고객에게 패키지를 배송하고자 UPS나 페덱스FedEx 같은 배송 시스템과 통신해야 한다.
- **주요 아키텍처 결정:** 주요 문제 설명과 해당 제안 솔루션 옵션을 나열한다. 각 옵션의 장점과 단점, 특정 결정이 내려진 이유 및 그 근거를 설명한다.

솔루션 개요를 제공한 후 이를 비즈니스 컨텍스트와 연결해야 한다. 다음 절에서 비즈니스 컨텍스트 관점을 더 자세히 살펴보자.

비즈니스 컨텍스트

비즈니스 컨텍스트 섹션에서 솔루션 아키텍트는 솔루션이 다룰 비즈니스 기능과 요구 사항에 대한 개괄적인 개요를 제공해야 한다. 이 섹션에는 요구 사항에 대한 추상적인 내용만 포함돼 있다. 세부 요구 사항은 별도의 요구 사항 문서에 포함돼야 한다. 그러나 요구 사항 문서의 외부 링크는 여기에서 제공될 수 있다. 다음과 같은 기본 하위 섹션을 포함해야 한다.

- **비즈니스 기능:** 솔루션이 설계되는 비즈니스 기능에 대한 간략한 설명을 제공한다. 기능의 이점과 해당 기능이 고객 요구 사항을 해결하는 방법을 포함해야 한다.
- **주요 비즈니스 요구 사항:** 솔루션이 해결하려는 모든 주요 비즈니스 문제를 나열한다. 주요 요구 사항에 대한 상위 수준 보기를 제공하고 세부 요구 사항 문서에 대한 참조를 추가한다.
- **핵심 비즈니스 프로세스:** 솔루션 아키텍트는 비즈니스 프로세스 문서를 통해 핵심 프로세스를 보여줘야 한다. 그림 18.4는 전자상거래 애플리케이션 비즈니스 프로세스 모델의 단순화된 보기를 보여준다.
- **비즈니스 이해관계자:** 프로젝트에 직간접적으로 영향을 받는 이해관계자를 나열한다. 여기에는 스폰서, 개발자, 최종 사용자, 공급업체, 파트너가 포함된다.
- **비기능적 요구 사항**NFR, Non-Functional Retirements**:** 솔루션 아키텍트는 비즈니스 사용자와 개발 팀이 종종 놓치는 비기능적 요구 사항에 더 집중해야 한다. 높은 수준에서 비기능적 요구 사항은 다음을 포함해야 한다.
  - **확장성:** 워크로드 변동에 따라 애플리케이션을 어떻게 확장할 수 있는가? (예를 들어 지정된 날짜 또는 월에 초당 1,000개의 트랜잭션에서 초당 10,000개의 트랜잭션으로 확장할 수 있다)
  - **가용성과 안정성:** 시스템 가용성을 위해 허용되는 가동 중지 시간은 얼마인가?(예를 들어 99.99% 가용성 또는 매월 45분의 다운타임)
  - **성능:** 성능 요구 사항은 무엇인가? 최종 사용자 경험에 영향을 미치지 않으면서 시스템이 로드 증가를 처리할 수 있는 곳은 어디인가?(예를 들어 카탈로그 페이지는 3초 이내에 로드돼야 한다)

- **이식성:** 추가 작업 없이 애플리케이션을 여러 플랫폼에서 실행할 수 있는가? (예를 들어 모바일 앱은 iOS 및 안드로이드 운영체제에서 실행돼야 한다)

- **용량:** 애플리케이션이 처리할 수 있는 최대 워크로드는 얼마인가? (예를 들어 최대 사용자 수, 요청 수, 예상 응답 시간, 예상 애플리케이션 로드)

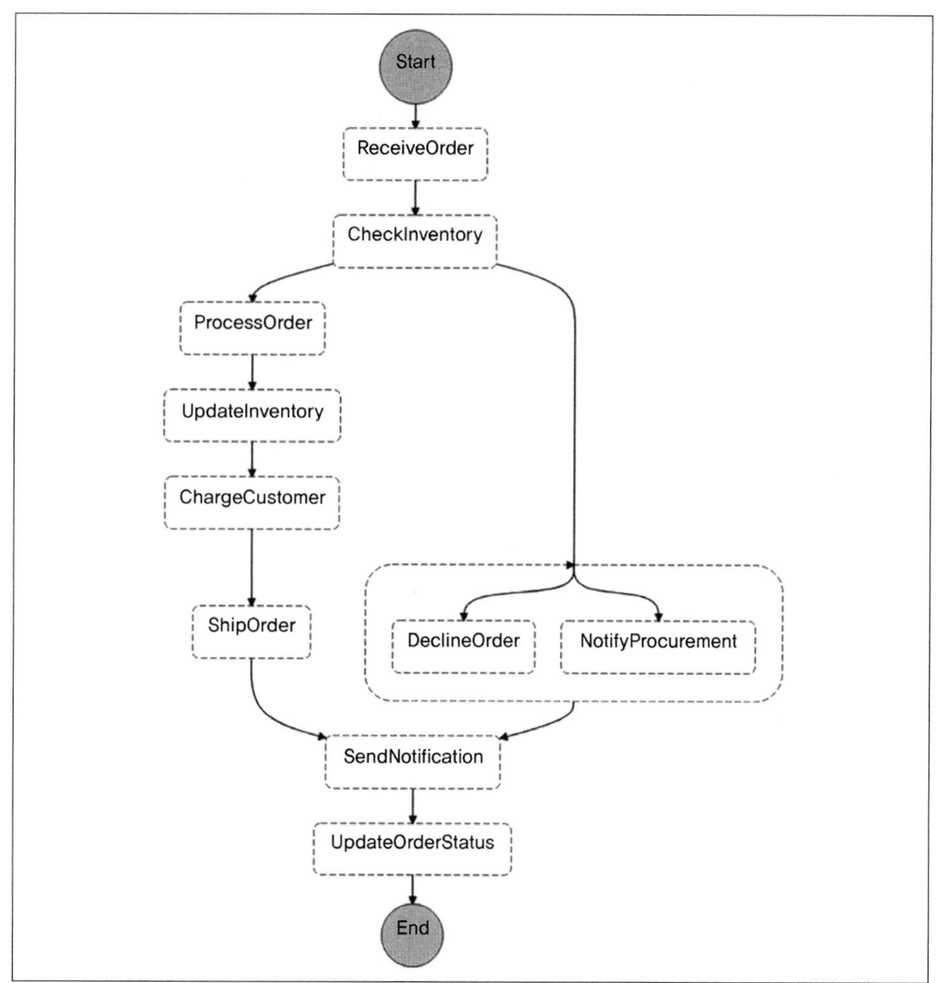

그림 18.4: 전자상거래 플랫폼의 비즈니스 프로세스 다이어그램

아키텍처의 개념적 관점은 비즈니스 및 기술 이해관계자 모두에게 좋은 시스템 개요를 제공하는 최적의 지점이다. 개념적 관점을 더 자세히 알아보자.

개념적 솔루션 개요

개념적 솔루션 개요 섹션에서는 비즈니스 및 기술 측면을 포함한 전체 솔루션을 전체적으로 파악하는 추상적 수준의 다이어그램을 제공한다. 솔루션 아키텍처를 충분히 세부적으로 다듬고 최적화해 솔루션 설계와 구현을 지원할 수 있게 분석과 절충 연구의 근거를 제공한다. 다음 그림은 전자상거래 플랫폼의 개념적 아키텍처 다이어그램을 보여준다.

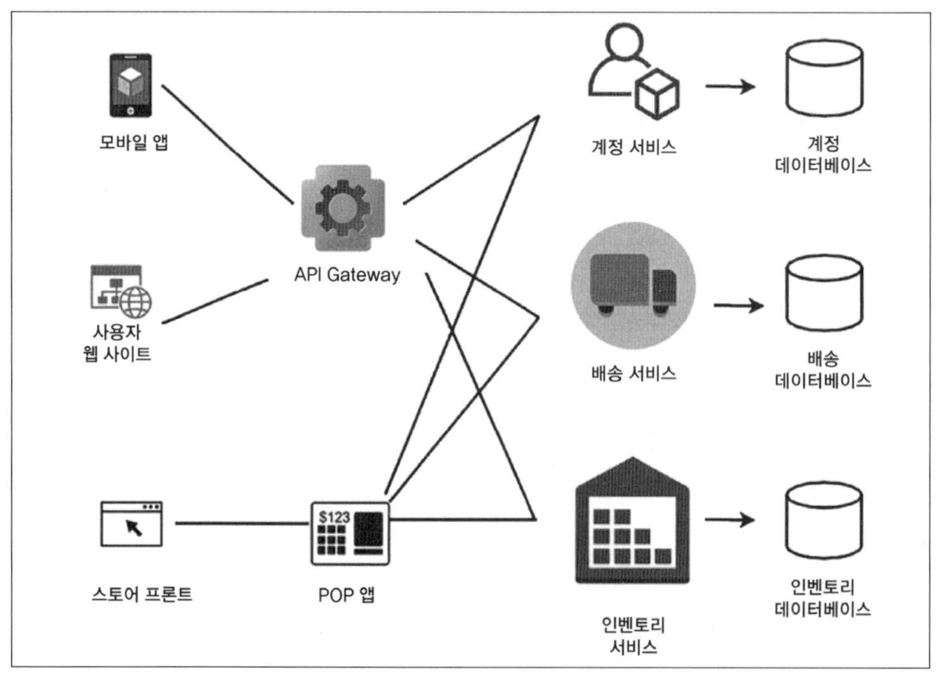

그림 18.5: 전자상거래 플랫폼의 개념적 아키텍처 다이어그램

위의 그림은 중요한 모듈과 그 사이에 흐르는 정보의 추상적인 관점을 보여준다.

개념적 아키텍처는 비즈니스 및 기술 사용자 모두에게 전체 아키텍처를 잘 이해할 수 있게 한다. 그러나 기술 사용자는 추가적인 아키텍처 깊이가 필요하다. 다음 절에서는 솔루션 아키텍처를 자세히 살펴본다.

솔루션 아키텍처

솔루션 아키텍처 섹션은 아키텍처의 각 부분을 자세히 설명한다. 기술 팀이 세부 설계를 하고 구현 작업을 수행하는 데 사용할 수 있는 다양한 관점을 제공한다. 이러한 관점은 개발자, 인프라 엔지니어, 데브옵스 엔지니어, 보안 엔지니어, 사용자 경험UX 설계와 같은 다른 사용자 그룹을 대상으로 할 수 있다.

다음은 주요 하위 섹션의 자세한 내용을 알아본다.

정보 아키텍처

이 섹션에서는 애플리케이션에 대한 사용자 탐색 흐름을 제공한다. 높은 수준에서 솔루션 아키텍트는 애플리케이션 탐색 구조를 넣어야 한다. 다음 그림에서 볼 수 있듯이 전자상거래 웹 사이트의 경우 사용자가 원하는 페이지로 이동하려면 세 번의 클릭이 필요하다.

솔루션 아키텍트는 UX 디자이너가 상세한 와이어프레임을 생성하는 데 사용할 수 있는 웹 사이트 탐색, 분류 또는 상위 수준 와이어프레임과 같은 세부 정보를 추가할 수 있다.

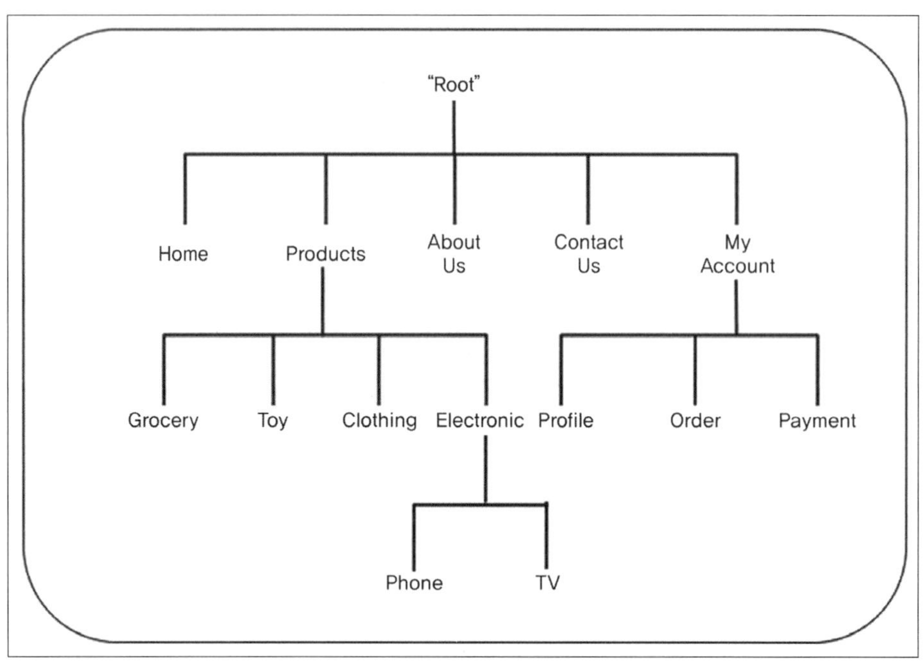

그림 18.6: 전자상거래 플랫폼의 정보 아키텍처 다이어그램

애플리케이션 아키텍처

이 섹션은 개발 팀을 대상으로 한다. 소프트웨어 아키텍트나 개발 팀이 세부 설계를 구축할 수 있는 더 많은 구현 세부 정보를 제공한다. 다음 그림은 캐싱, 네트워킹, 콘텐츠 배포, 데이터 스토리지와 같은 기술 구성 요소를 포함하는 전자상거래 웹사이트의 애플리케이션 아키텍처를 보여준다.

이 섹션에서는 애플리케이션 현대화 아키텍처를 위해 폐기, 유지, 리플랫폼, 변환해야 하는 모든 애플리케이션 모듈이 나열돼 있다.

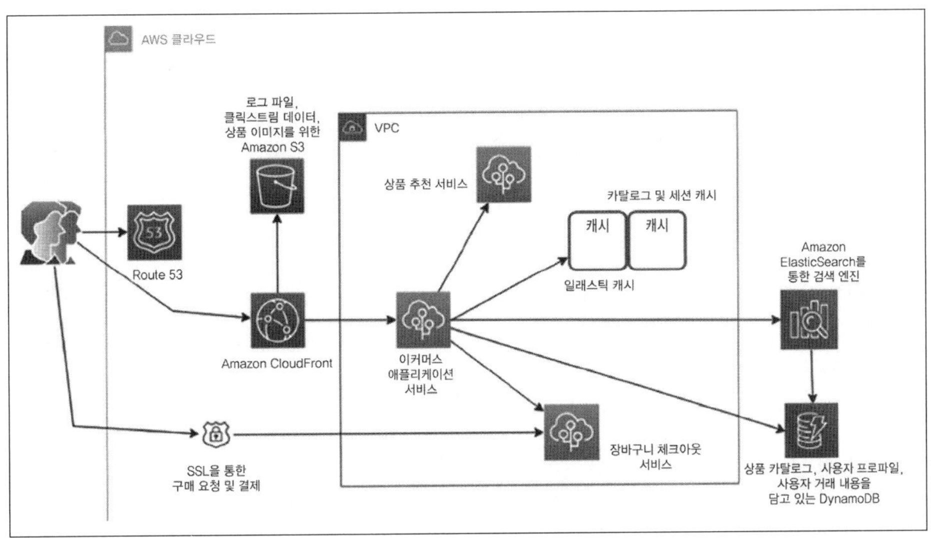

그림 18.7: 전자상거래 플랫폼의 애플리케이션 아키텍처 다이어그램

데이터 아키텍처

이 섹션은 데이터베이스 관리 및 개발 팀이 데이터베이스 스키마와 테이블 간의 관계를 이해하는 데 주로 사용된다. 이 섹션에는 종종 다음 스크린샷과 같이 데이터베이스에 저장된 엔티티 집합의 관계를 보여주는 **엔티티 관계 다이어그램**ERD, Entity-Relationship Diagram이 포함된다.

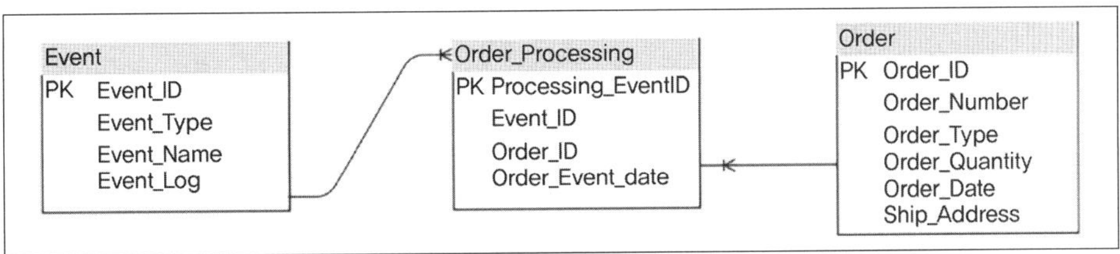

그림 18.8: 전자상거래 플랫폼의 ERD

데이터 아키텍처 섹션에서는 애플리케이션 개발 중에 고려해야 하는 모든 데이터 객체가 나열돼 있다.

통합 아키텍처

이 섹션은 주로 공급업체, 파트너, 기타 팀을 대상으로 한다. 예를 들어 다음 그림은 전자상거래 애플리케이션을 위한 다른 시스템과의 모든 통합 지점을 보여준다.

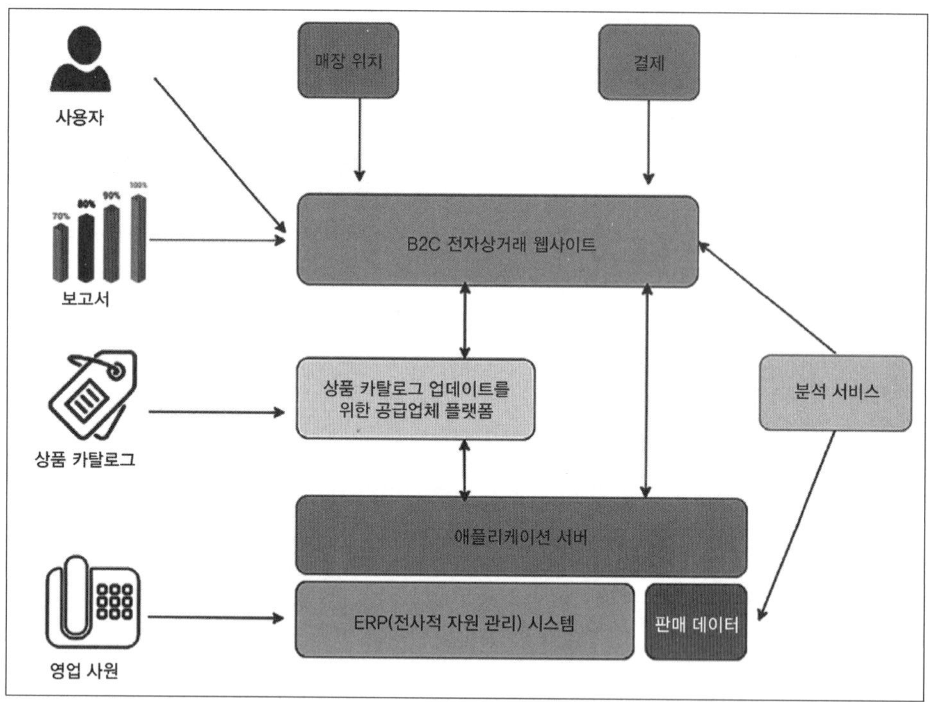

그림 18.9: 전자상거래 플랫폼의 통합 아키텍처 다이어그램

통합 아키텍처 섹션에는 애플리케이션과 관련된 모든 업스트림 및 다운스트림 시스템과 해당 종속성이 나열된다.

인프라 아키텍처

이 섹션은 주로 인프라 팀과 시스템 엔지니어를 대상으로 한다. 솔루션 아키텍트는 논리적 서버 위치와 해당 종속성을 보고자 배포 다이어그램을 포함해야 한다.

예를 들어 다음 그림은 전자상거래 애플리케이션의 프로덕션 배포 다이어그램을 보여준다. 개발 **품질 보증**QA, Quality Assurance 및 **사용자 수락 테스트**UAT, User Acceptance Testing 환경과 같은 다른 환경에 대해 별도의 다이어그램을 생성할 수 있다.

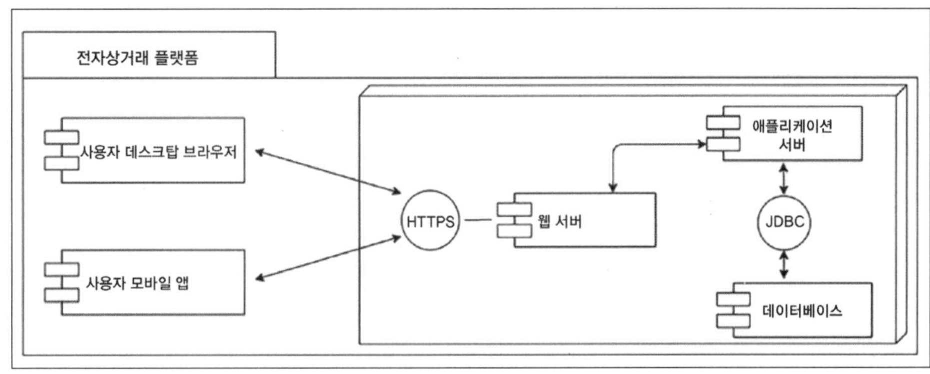

그림 18.10: 전자상거래 플랫폼의 배포 다이어그램

이 섹션에는 애플리케이션을 배포하기 위한 모든 서버 구성, 데이터베이스, 네트워크, 스위치가 나열된다.

보안 아키텍처

이 섹션에는 다음을 포함해 애플리케이션의 모든 보안과 규정 준수 측면을 다룬다.

- 액티브 디렉터리AD, 사용자 인증, 권한 관리 등의 ID **및 액세스 관리**IAM, Identity and Access Management
- 방화벽 구성, 침입 방지 시스템IPS/침입 탐지 시스템IDS 및 바이러스 백신 소프트웨어와 같은 인프라 보안
- 웹 방화벽 및 분산 서비스 거부DDoS 보호와 같은 애플리케이션 보안
- **보안 소켓 계층**SSL, Secure Sockets Layer, 암호화 알고리듬, 키 관리 등을 사용해 저장 및 전송 중인 데이터 보안

전반적으로 솔루션 아키텍트는 크로스사이트 스크립팅[XSS] 및 SQL 인젝션[SQLi]과 같은 잠재적인 취약점을 식별하고 모든 보안 위협으로부터 애플리케이션을 보호하기 위한 애플리케이션 보안 위협 모델을 포함할 수 있다.

솔루션 구현

솔루션 제공 섹션에는 솔루션을 개발하고 배포하기 위한 필수 고려 사항이 포함돼 있다. 다음과 같은 주요 하위 섹션으로 구성될 수 있다.

- **개발:** 이 섹션은 개발 팀에 필수적이다. 개발 도구, 프로그래밍 언어, 코드 리포지터리, 코드 버전 관리, 분기를 선택의 근거와 함께 설명한다.
- **배포:** 이 섹션에서는 주로 데브옵스 엔지니어에 중점을 두고 선택의 근거와 함께 배포 접근 방식, 배포 도구, 다양한 배포 구성 요소, 배포 체크리스트를 설명한다.
- **데이터 마이그레이션:** 이 섹션은 팀이 데이터 마이그레이션과 수집 접근 방식, 데이터 마이그레이션 범위, 다양한 데이터 객체, 사용된 데이터 수집 도구, 데이터 원본, 데이터 형식 등을 이해하는 데 도움이 된다.
- **애플리케이션 폐기:** 이 섹션에서는 폐기해야 하는 기존 시스템과 투자 수익[ROI]이 실현되지 않는 경우 현재 시스템에 대한 출구 전략[exit strategy]이 나열돼 있다. 솔루션 아키텍트는 기존 시스템을 폐기하기 위한 접근 방식과 일정을 제공하고 전반적인 영향 평가를 수행해야 한다.

SAD에는 개발 접근 방식과 도구가 포함된다. 그러나 클래스 다이어그램이나 유사 코드 추가와 같은 애플리케이션 수준의 세부 설계가 없다. 이러한 세부 사항은 해당 소프트웨어 애플리케이션 세부 사항 설계 문서에 따라 소프트웨어 아키텍트나 선임 개발자가 처리해야 한다. 솔루션이 배포되면 프로덕션에서 관리해야 한다. 다음 절에서 자세한 내용을 알아본다.

솔루션 관리

솔루션 관리 섹션은 제품이 아닌 다른 환경에서 프로덕션 지원과 지속적인 시스템 유지 관리에 대한 것을 중점으로 둔다. 솔루션 관리 섹션은 주로 운영 관리 팀을 대상으로 한다. 이 섹션에서는 다음 영역을 다룬다.

- 개발, 테스트, 스테이징, 프로덕션 환경의 시스템 패치 및 업그레이드와 같은 운영 관리
- 애플리케이션 업그레이드와 새 릴리스를 관리하는 도구
- 시스템 인프라 관리 도구
- 시스템 모니터링과 경고, 운영 대시보드
- 프로덕션 지원, SLA와 문제 관리
- 재해 복구와 비즈니스 프로세스 연속성BPC, Business Process Continuation

솔루션 아키텍트는 솔루션 설계 중에 올바른 솔루션을 검증하고자 조사 및 데이터 수집을 수행해야 한다. 이러한 종류의 추가 세부 정보는 부록 섹션에 수록될 수 있다. SAD의 부록 섹션을 자세히 알아보자.

부록

모든 비즈니스 제안 문서와 마찬가지로 SAD에도 전체 아키텍처 및 솔루션 선택을 지원하는 모든 데이터를 포함하는 상당히 개방적인 부록 섹션이 있다. 부록 섹션에서 솔루션 아키텍트는 미해결 문제와 PoC 결과, 도구 비교 데이터, 공급업체 및 파트너 데이터와 같은 연구 데이터를 포함할 수 있다.

이 항목에서는 다양한 섹션이 있는 SAD 구조에 대한 개요를 살펴봤다. SAD에는 앞서 언급한 주요 섹션이 포함돼야 하지만 솔루션 아키텍트는 조직 및 프로젝트

요구 사항에 따라 일부 섹션을 제외하거나 추가 섹션을 포함할 수 있다. 다른 문서와 마찬가지로 SAD를 계속 반복하고 계산할 수 있는 기회를 찾는 것이 중요하다. 좀 더 강력한 SAD는 구현 지침을 잘 정의하고 장애 위험을 줄인다.

SAD는 초기 단계에서 작성된 실행 문서이며 애플리케이션 수명 주기 전반에 걸쳐 다양한 변경 사항을 기반으로 수년에 걸쳐 최신 상태로 유지된다. SAD 외에도 솔루션 아키텍처는 종종 x 요청(RFx) 문서라는 특정 요구 사항을 가진 중요한 조달 제안서에 관여한다. RFx 문서를 자세히 알아보자.

솔루션 아키텍처에 대한 IT 조달 문서

IT 조달 문서는 일반적으로 RFx 문서로 알려져 있다. 이는 조달 프로세스의 여러 단계를 포함하는 용어다. RFx를 참조하면 공식적인 요청 프로세스를 참고한다. RFx 문서는 제안 요청서(RFP), 정보 요청서(RFI), 견적 요청서(RFQ)로 분류된다.

솔루션 아키텍트는 종종 조달 프로세스에 참여해 의견을 제공하거나 이를 주도한다. 이러한 조달은 데이터베이스나 개발 도구와 같은 소프트웨어를 아웃소싱, 계약, 조달하거나 SaaS 솔루션을 구입하는 것과 관련이 있을 수 있다.

이러한 문서는 매우 기술적이고 광범위하고 장기적인 영향을 미칠 수 있으므로 솔루션 아키텍트는 의견을 제공하거나 조달 요구 사항에 응답하고 미팅을 준비해야 한다. 다음과 같이 서로 다른 RFx 문서의 차이점을 이해해보자.

- **RFI**: RFI는 구매 초기에 제공되며 구매자가 다른 공급업체의 정보를 요청해 나중 단계를 위한 구매 선택에 관한 정보에 입각한 결정을 내린다. RFI 문서는 다양한 공급업체의 기능에 대한 정보를 수집한다. 여기서 구매자는 유사한 매개변수의 모든 공급업체를 비교하고 선정된 공급업체와 함께 다음 제안 단계를 진행할 수 있다.

- **RFP**: 이 프로세스에서 RFI 프로세스에서 선정된 공급업체는 프로젝트 결과에 대해 더 많은 정보를 얻는다. RFP 문서는 RFI 문서보다 더 개방적이며 공급자가 구매자를 위한 솔루션을 얻는 가장 좋은 방법을 제공할 수 있다. 공급업체는 각 접근 방식의 장단점과 함께 여러 선택 사항을 포함할 수 있다.
- **RFQ**: 이 과정에서 구매자는 RFP와 비교해 요구 사항을 좁히고 작업, 장비, 공급품의 정확한 요구 사항을 나열한다. 공급업체는 나열된 요구 사항에 대한 비용을 제공해야 하며 구매자는 그중 가장 좋은 견적을 선택해 계약을 체결할 수 있다.

RFP는 종종 프로세스의 속도를 높이고자 가장 널리 사용되는 선택이며 구매자 조직은 잠재적 공급업체로부터만 RFP 문서를 요청하는 경우가 많다. 이러한 상황에서 RFP 문서는 구매자가 역량, 솔루션 접근 방식, 비용 측면에서 선호하는 공급업체 간의 명확한 비교를 통해 신속한 결정을 내릴 수 있도록 구조를 갖춰야 한다.

IT 조직의 조달 기술 때문에 솔루션 아키텍트는 공급업체의 능력과 접근 방식을 구매자 측에서 평가하고 공급업체 측의 RFP 문서에 응답하는 데 필수적인 역할을 한다.

요약

SAD는 모든 이해관계자를 동일한 상태로 유지하고 솔루션 설계와 요구 사항에 대한 공식적인 합의를 얻는 것을 목표로 한다. 이해관계자가 비즈니스 및 기술 사용자로 구성됨에 따라 솔루션 아키텍트가 고려해야 할 다양한 SAD 관점을 살펴봤다. 비즈니스, 프로세스, 논리적 관점과 같은 비기술적 사용자에 대한 관점도 포함해야 한다. 기술 사용자의 경우 애플리케이션, 개발, 배포, 운영과 같은 관점을 포함한다.

18장에서는 SAD의 주요 섹션과 하위 섹션 등 세부 구조를 살펴봤다.

SAD의 다양한 섹션에는 솔루션, 비즈니스, 개념 아키텍처의 개요와 같은 세부 정보가 포함된다. 아키텍처 다이어그램에서는 애플리케이션, 데이터, 인프라, 통합, 보안과 같은 다양한 아키텍처 관점도 살펴봤다. 솔루션 제공 고려 사항과 운영 관리에 대한 내용도 살펴봤다.

배움의 긴 여정이었다. 이제 책의 거의 마지막 단계에 있지만 마무리하기 전에 솔루션 아키텍트가 되고 계속해서 지식을 향상시키기 위한 몇 가지 팁을 배울 필요가 있다.

19장이자 마지막 장에는 더 나은 솔루션 아키텍트가 되기 위한 커뮤니케이션 스타일, 주인의식, 비판적 사고, 지속적인 학습 기법 등 다양한 소프트 스킬을 살펴본다.

19

더 나은 솔루션 아키텍트가 되기 위한 소프트 스킬

18장에서는 솔루션 아키텍트가 모든 이해관계자의 요구를 수용하는 방법을 살펴봤다. 솔루션 아키텍트의 역할이 기술적인 경우에도 고위 경영진에서 개발 팀에 이르기까지 조직 전반에 걸쳐 작업해야 한다. 성공적인 솔루션 아키텍트에게 소프트 스킬은 필수적이고 중요한 요소다.

솔루션 아키텍트는 최신 기술 동향을 파악하고 지식을 계속 발전시키며 항상 새로운 것을 배우는 데 호기심을 가져야 한다. 지속적인 학습을 적용하면 더 나은 솔루션 아키텍트가 될 수 있다. 19장에서는 새로운 기술을 배우는 방법과 기술 커뮤니티에 이를 공유하고 기여하는 방법을 알아본다.

솔루션 아키텍트는 비즈니스 문제를 해결하고자 전반적인 기술 전략을 정의하고 제시해야 한다. 이들은 최고의 솔루션을 협상하고자 비즈니스 및 기술 팀 전체와 협력해야 하며 이를 위해서는 탁월한 커뮤니케이션 기술이 필요하다. 19장에서는 솔루션 아키텍트가 갖춰야 하는 다음과 같은 소프트 스킬을 알아본다.

- 프리세일즈 스킬 습득

- 최고 경영진에게 프레젠테이션
- 소유권과 책임
- 전략 실행, 목표, 주요 결과 정의
- 크게 생각하기
- 유연성과 적응력
- 설계 씽킹
- 코딩 실습에 참여해 빌더되기
- 지속적인 학습으로 더 나아지기
- 다른 사람의 멘토가 되기
- 기술 에반젤리스트와 사고 리더되기

19장을 마치면 솔루션 아키텍트가 역할을 성공적으로 수행하는 데 필요한 다양한 소프트 스킬을 알게 된다. 전략적 기술(예, 사전 판매와 경영진 커뮤니케이션)을 습득하고 설계 사고와 개인 리더십 기술(예, 크게 생각하고 소유권)을 개발하는 방법을 알아본다. 리더로서 자신을 확립하고 기술을 지속적으로 향상시키는 기술을 살펴본다.

프리세일즈 스킬 습득

프리세일즈는 고객이 세부 정보를 수집해 구매 결정을 내리는 복잡한 기술 조달의 중요한 단계다. 고객 조직에서 솔루션 아키텍트가 프리세일즈 사이클에 참여해 다양한 벤더의 기술과 인프라 자원을 검증한다. 공급업체 조직에서 솔루션 아키텍트는 고객의 제안서(RFP) 요청에 응답하고 조직의 새로운 비즈니스를 확보하기 위한 잠재적인 솔루션을 제시해야 한다. 프리세일즈에는 다음과 같은 강력한 기술 지식과 소프트 스킬이 결합된 고유한 스킬 세트가 필요하다.

- **커뮤니케이션과 협상 기술:** 솔루션 아키텍트는 고객에게 정확하고 최신 세부 정보를 제공하고자 뛰어난 커뮤니케이션 기술을 갖춰야 한다. 솔루션과 업계 관련성에 대한 정확한 세부 정보를 제공하면 귀사의 솔루션이 비즈니스 문제를 어떻게 해결할 수 있는지 고객이 이해할 수 있다. 솔루션 아키텍트는 세일즈 팀과 기술 팀 간의 가교 역할을 하므로 커뮤니케이션과 조정이 중요한 기술이다. 또한 솔루션 아키텍트는 고객 및 내부 팀과의 협업을 통해 계약을 체결해야 하므로 탁월한 협상 기술이 필요하다. 특히 전략적 수준의 결정은 여러 그룹에 상당한 영향을 미친다. 솔루션 아키텍트는 팀 간에 협상을 하고 절충안을 마련해 최적화된 솔루션을 개발해야 한다.

- **경청과 문제 해결 기술:** 솔루션 아키텍트는 고객의 요구에 맞는 올바른 솔루션을 식별할 수 있는 강력한 분석 기술을 보유해야 한다. 첫 번째는 좋은 솔루션을 만들고자 올바른 질문을 함으로써 고객의 사용 사례를 듣고 이해하는 것이다. 격차를 이해하고 장기적인 **투자 대비 수익**ROI, Return On Investment으로 즉각적인 비즈니스 영향을 미칠 수 있는 솔루션을 개발해야 한다. 일부 고객에게는 성능이 더 중요한 반면 다른 고객에게는 애플리케이션의 사용자 기반에 따라 비용에 더 집중될 수 있다. 솔루션 아키텍트는 고객의 주요 **핵심 성과 지표**KPI, Key Performance Indicator 목표에 따라 올바른 솔루션을 제공해야 한다.

- **고객 대면 기술:** 솔루션 아키텍트는 종종 내부 팀 및 외부 고객 팀과 함께 작업해야 한다. 이들은 경영진에서 개발 엔지니어에 이르기까지 모든 수준이 이해관계자에게 영향을 미친다. 이들은 귀사의 제안을 비즈니스 관점에서 더 많이 보는 고위 경영진에게 솔루션과 데모를 제시한다. 고위 경영진의 지원과 이니셔티브에 대한 헌신은 항상 채택된 솔루션의 성공으로 이어지며, 이는 고객 대면 기술을 매우 중요하게 만든다. C-레벨 경영진은 정해진 시간이 제한된 회의에서 솔루션에 대한 세부 정보를 필요로 하며, 솔루션 아키텍트는 할당된 시간

을 최대한 활용해야 한다. 다음 절인 'C-레벨 경영진에게 프레젠테이션하기' 절에서 경영진 대화에 대한 자세한 정보를 알아본다.

- **팀 작업:** 솔루션 아키텍트는 비즈니스 팀 및 제품 팀과의 관계를 설정한다. 최적의 애플리케이션을 준비하려면 솔루션 아키텍트가 모든 수준의 비즈니스 팀 및 기술 팀과 협력해야 한다. 솔루션 아키텍트는 좋은 팀 플레이어가 돼 여러 팀과 협력하고 아이디어를 공유하며 작업 방법을 찾아야 한다.

앞에서 언급한 기술은 프리세일즈에 필요할 뿐만 아니라 솔루션 아키텍트의 일상적인 직무에도 적용된다. 솔루션 아키텍트는 기술적인 배경을 갖고 있으며 이러한 역할을 수행하는 동안 경영진 수준에서 의사소통하는 데 중요한 기술을 습득해야 한다. 다음 절에서 경영진의 대화를 자세히 알아본다.

C-레벨 경영진에게 프레젠테이션하기

솔루션 아키텍트는 기술 및 비즈니스 관점에서 다양한 문제를 처리해야 한다. 그러나 가장 어려운 작업 중 하나는 경영진의 참여를 얻는 것일 수 있다. 최고경영자[CEO], 최고기술책임자[CTO], 최고재무책임자[CFO], 최고정보책임자[CIO] 등 고위 임원은 일정이 빡빡하고 영향력이 큰 의사 결정을 많이 해야 하기 때문에 C-레벨로 분류된다. 솔루션 아키텍트로서 여러분은 많은 세부 사항을 제시할 수 있지만 최고 경영자 회의는 매우 제한적인 시간을 가진다. 여기서 솔루션 아키텍트는 할당된 시간 내에 미팅에서 최대의 가치를 창출해야 한다.

주요 질문은 다음과 같다. 제한된 시간 내에 고위 경영진의 관심과 지원을 받으려면 어떻게 해야 하는가? 프레젠테이션을 하는 동안 사람들은 요약 슬라이드를 마지막에 넣는 경향이 있는 반면 임원 회의의 경우, 우선순위와 의제에 따라 시간이 더 단축될 수 있다. 경영진 프레젠테이션의 핵심은 처음 5분 안에 주요 요점을 요약하는 것이다. 30분 슬롯이 5분으로 줄어들더라도 여전히 핵심을 전달할 수 있고 다음 단계에 대한 승인을 얻을 수 있게 준비해야 한다.

요약 전에도 의제와 회의 구조를 설명하는 것이 좋다. 경영진은 시간을 적절하게 활용하고자 많은 질문을 하고, 여러분의 안건은 그들이 명확한 질문을 할 기회를 얻게 될 것이라는 것을 전달해야 한다. 해당 산업 및 조직과 일치하는 사실과 데이터로 요약을 뒷받침하라. 그들이 특정 영역에 대해 깊숙이 파고들고 싶어 하는 경우를 대비해 세부 사항을 보관하라. 모든 데이터를 가져와 표시할 수 있어야 한다.

귀하의 관점에서 관련성이 있어 보일 수 있지만 경영진 청중에게는 그다지 이해가 되지 않을 수 있는 정보를 기술해 모든 것을 자세히 설명하려고 하지 말라. 예를 들어 솔루션 아키텍트는 기술 구현의 이점에 더 집중할 수 있다. 그러나 고위 경영진은 운영 오버헤드를 줄이고 생산성을 높임으로써 ROI에 더 중점을 둔다. 경영진과 관련된 다음 질문에 답할 준비가 돼 있어야 한다.

- **제안된 솔루션이 고객에게 어떤 이점이 있는가?** 비즈니스는 고객을 중심으로 진행된다. 경영진은 회사의 성장을 바라보지만 고객이 만족해야 가능한 일이다. 고객 기반과 요구 사항에 대해 조사한다. 신뢰할 수 있는 데이터가 뒷받침하는 이점을 제시할 준비를 한다.

- **솔루션의 기준을 설정하고자 어떤 가정을 했는가?** 종종 이러한 회의는 세부 정보가 충분하지 않은 초기 단계에 있다. 솔루션 아키텍트는 솔루션의 기준을 설정하고자 항상 몇 가지 가정을 해야 한다. 가정한 대로 되지 않을 경우를 대비해 가설을 글머리 기호로 나열하고 완화 계획을 세운다.

- **ROI는 어떻게 되는가?** 경영진은 항상 총 소유 비용[TCO, Total Cost of Ownership]을 파악해 ROI를 모색한다. 예상된 소유 비용, 솔루션 유지 관리 비용, 교육 비용, 전반적인 비용 절감 등을 제공할 수 있는 데이터를 준비한다.

- **오늘처럼 진행하고 아무것도 하지 않으면 어떻게 되는가?** 고위 경영진은 ROI를 식별하고자 극단적인 검증 모드로 전환될 수 있다. 그들은 투자 가치가 있는지

알고 싶어 한다. 기술 동향, 고객 동향, 경쟁 상황과 같은 시장 조사를 준비해야 한다.

- **귀사의 솔루션에 대한 경쟁 업체의 반응은 어떤가?** 경쟁은 어디에나 있으며 종종 경영진은 경쟁에 대해 더 걱정한다. 고객은 귀사의 솔루션이 혁신적이어서 경쟁 우위를 확보할 수 있는지 파악하려고 한다. 일부 선행 연구를 수행하고 업계 및 고객 기반과 관련된 경쟁력 데이터를 추가하는 것이 좋다.
- **당신의 제안은 무엇이며 어떻게 도울 수 있는가?** 제안을 제공하는 동안 항상 다음 단계로 명확한 작업 항목 목록이 있어야 한다. 당신은 경영진의 동의를 얻어 도움을 요청함으로써 그들이 관여하고 있다고 느끼게 해야 한다. 예를 들어 CIO에게 엔지니어링 팀 또는 제품 팀과 연결해 다음 단계로 나아가기 위한 전반적인 솔루션을 제안할 수 있다.

지금까지는 의사소통, 발표, 듣기와 같은 다양한 소프트 스킬을 이야기했다. 이제 솔루션 아키텍트가 조직의 기술 리더로서 갖춰야 할 리더십 기술을 자세히 살펴보자.

소유권과 책임

주인의식을 갖고 자신을 리더로 포지셔닝하면 책임감을 갖고 신뢰를 얻는 데 도움이 된다. 소유권은 일을 혼자 실행해야 한다는 의미가 아니다. 그것은 새로운 이니셔티브를 취하고 여러분의 조직인 것처럼 그것들을 유지하는 것이다. 생산성, 민첩성, 비용 절감, 고객 기반 향상 측면에서 조직에 도움이 될 수 있는 아이디어를 가질 수 있다. 때로는 아이디어를 실행할 시간이나 자원이 없을 수도 있지만 항상 새로운 이니셔티브로 제시하고 실행에 다른 사람들을 참여시키도록 노력해야 한다.

책임Accountability은 결과를 이끌어내고자 책임을 지는 것을 의미한다. 주도권을 만들고 결과를 얻고자 노력하는 곳에서 소유권과 책임은 함께 가야 한다. 이에 사람들은 모든 작업을 실행하고 결과를 이끌어낼 수 있다고 믿을 수 있다. 책임감은 고객 및 팀과의 신뢰를 구축하는 데 도움이 되며, 이는 궁극적으로 더 나은 작업 환경과 목표 달성으로 이어진다.

솔루션 아키텍트로서 소유권을 갖게 되면 고객과 후원자의 관점에서 사물을 보는 데 도움이 된다. 여러분은 동기가 부여되고 자신이 하는 것을 즐기는 의미 있는 일의 일부라고 느끼게 된다. 핵심 성공과 객관적인 핵심 결과를 정의하고 생성해야 한다. 목적/목표는 특정 주요 결과를 사용해 측정할 수 있어야 하며 시간제한이 있어야 한다. **목표 및 핵심 결과**OKRs, Objectives and Key Results를 자세히 알아보자.

목표 및 주요 결과로 전략 실행 정의

전략 실행은 복잡하고 어렵다. 조직의 비전, 사명, 목표를 실현하려면 전략 실행 능력이 탁월해야 한다. 팀을 정렬하고 모든 사람이 같은 방향으로 움직이게 하려면 아이디어를 실행할 수 있는 요소로 변환해야 한다. 목표를 설정하고 관리하는 것은 일을 완수하는 가장 좋은 방법 중 하나다.

목표 및 핵심 결과OKRs는 목표 설정의 원칙과 실천(비전과 실행)이다. OKR은 전략 실행에 초점을 둔 전략 관리 시스템이다. 조직의 기본 전략과 우선순위를 정의할 수 있는 간단한 프레임워크다. 목표는 원칙이고 핵심 결과는 실천이다. 즉, 조직 비전의 내용과 방법을 의미한다. OKR은 다음 그림과 같이 4가지 슈퍼파워를 기반으로 한다.

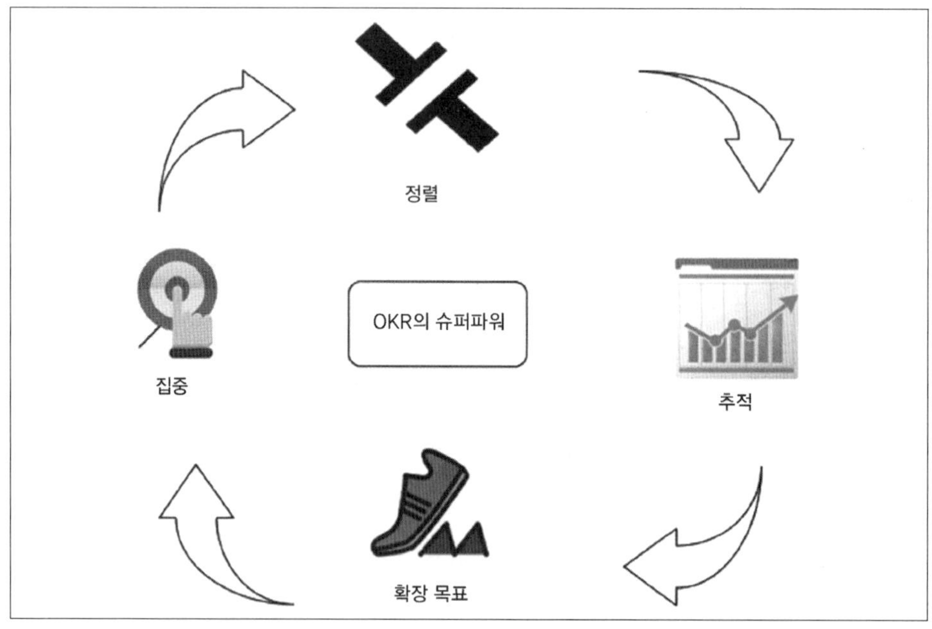

그림 19.1: OKR의 슈퍼파워

OKR의 슈퍼파워는 다음과 같다.

- **집중:** 질문으로 시작한다. 주요 우선순위는 무엇이며 사람들은 어디에 노력을 집중해야 할까? 진정으로 중요한 것에 전념하고 무엇이 필수적인지 명확하게 제공한다.
- **정렬:** 목표를 공개적이고 투명하게 만든다. 팀과 연결해 팀 간, 상향식 및 측면 정렬을 수행한다.
- **추적:** 각 목표의 주요 결과를 백분율 포인트까지 시각적으로 추적한다.
- **확장 목표:** 놀라운 것을 달성하고자 야심찬 목표를 세운다. 목표를 늘리면 사람들이 다시 상상하고 다시 생각할 수 있게 해준다.

OKR은 경영진 후원자에서 팀에 이르기까지 다양한 수준의 모든 이해관계자에게 가시성과 의미 있는 결과를 제공한다. OKR은 조직의 비전과 사명을 명확하게 한다. 일상적인 활동을 하는 팀원들은 임무에 대한 가시성과 명확성이 필요하다. 일상 업무가 조직의 사명에 어떤 영향을 미치는지 확인해야 한다. OKR 프레임워크를 사용하면 이 링크를 정의하고 팀의 모든 사람에게 가시성과 의미를 제공할 수 있다.

크게 생각하기

솔루션 아키텍트는 큰 그림을 보고 미리 생각할 수 있는 능력이 있어야 한다. 솔루션 아키텍트는 팀이 빌딩 블록을 쌓고 제품을 출시할 수 있는 기반을 만든다. 크게 생각하는 것은 솔루션 아키텍트가 애플리케이션의 장기적인 지속 가능성을 생각해야 하는 중요한 기술 중 하나다. 크게 생각한다고 해서 매우 비현실적인 목표를 세울 필요는 없다. 당신의 목표는 당신에게 도전하고 당신을 안전지대에서 이끌어 낼 수 있을 만큼 충분히 커야 한다. 크게 생각하는 것은 개인적, 조직적 차원 모두에서 성공하는 데 매우 중요하다.

크게 생각하면서 자신의 능력을 의심해서는 안 된다. 처음에는 달성하기가 어려울 수 있지만 목표를 향해 일을 시작하면 방법을 찾을 수 있다. 자신을 믿으면 다른 사람들이 당신을 지지하고 믿기 시작한다는 것을 알게 될 것이다. 크게 생각하는 것은 주변 사람들이 성공의 일부가 되도록 영감을 주는 데 도움이 된다. 향후 10년 동안 자신과 조직이 보고 싶은 위치와 같은 장기 목표를 설정한다. 단기 목표를 장기 목표로 맞추고자 한 번에 한 걸음씩 내딛는 것이 좋다.

크게 생각해 확장 목표를 설정하면 주도권을 잡고 새로운 도전을 모색하는 데 도움이 된다. 그러나 결과를 제공하려면 동료와 팀의 지원이 필요하다. 동료와 팀은 적절한 피드백을 제공하고 필요에 따라 도움을 줄 수 있다. 사람들이 돕고 싶은 사람이 되라. 물론 이것은 양방향 문이다. 도움을 받으려면 다른 사람을 돕는 데 마음을 열어야 한다. 적응성은 솔루션 아키텍트가 다른 사람들과 협력하는 또 다른 중요한 기술이다. 적응성에 대해 자세히 알아보자.

유연성과 적응력

적응력과 유연성은 함께 가야 하며 새로운 환경, 근무 문화, 기술에 적응하려면 유연해야 한다. 적응성은 항상 새로운 아이디어와 팀과의 협력에 열려 있음을 의미한다. 팀은 가장 적합한 프로세스와 기술을 채택할 수 있다. 솔루션 아키텍트는 솔루션 설계 중에 팀 요구 사항을 유연하게 수용해야 한다.

예를 들어 마이크로서비스 아키텍처에서 각 서비스는 HTTP 프로토콜을 통해 표준 RESTful API를 통해 통신한다. 다른 팀은 파이썬, 자바, Node.js 또는 C#과 같은 다른 언어 또는 선택한 도구로 코드를 작성하도록 선택할 수 있다. 유일한 요구 사항은 전체 시스템이 API를 안전하게 노출해 전체 시스템이 API를 활용해 구축할 수 있게 하는 것이다.

좀 더 혁신적인 솔루션을 얻으려면 문제를 바라보는 다른 사고방식과 관점이 필요하다. 팀이 빠르게 실패하고 혁신하게 격려하면 조직이 경쟁력을 갖추는 데 도움이 된다. 유연성의 개인적인 특성은 다음과 같이 나타난다.

- 팀과 함께 문제를 해결하고 최선의 접근 방식을 취하고자 다양한 솔루션에 대해 고민 필요
- 팀원들의 업무 분담 지원
- 팀원이 개인 업무상의 이유로 몇 주 동안 휴식을 취해야 할 경우 자리를 메우는 지원 봉사
- 서로 다른 위치와 시간대에 있는 팀과 효과적으로 협업할 수 있음

기술과 프로세스의 변화에 개방적이고 적응력이 있어야 한다. 팀이나 조직에 변화를 가져올 때 저항에 부딪힐 수 있다. 다른 사람들이 유연하게 변화하고 변화의 중요성을 전달하게 격려해야 한다. 예를 들어 조직에서 워크로드를 온프레미스에서 클라우드로 이동하려는 경우 사람들이 새로운 플랫폼을 배워야 하기 때문에 종종

저항에 직면하게 된다. 클라우드의 가치 제안과 클라우드가 더 민첩하고 더 빠르게 혁신하는 데 어떻게 도움이 되는지 설명해야 한다.

솔루션 아키텍트는 여러 할당을 수행하고 올바른 실행 우선순위를 설정하는 데 적응해야 한다. 상황에 적응하고 압박감 속에서 일할 수 있는 능력이 있어야 한다. 솔루션 아키텍트는 혁신적인 솔루션을 만들고자 비판적인 설계 사고를 해야 한다. 다음 절에서 설계 씽킹을 자세히 알아본다.

설계 씽킹

솔루션 아키텍트는 설계 씽킹을 필수 기술로 만드는 시스템 설계의 주요 역할을 한다. 설계 씽킹은 어렵고 불분명한 문제를 해결하고자 산업 전반에 걸쳐 채택된 가장 성공적인 접근 방식 중 하나다. 설계 씽킹은 처음에는 고려하지 않았을 수 있는 다른 관점에서 문제와 솔루션을 바라보는 데 도움이 된다. 설계 씽킹은 문제를 해결하기 위한 솔루션 기반 접근 방식을 제공함으로써 결과를 제공하는 데 더 중점을 둔다. 문제, 솔루션, 관련 위험에 대한 질문을 통해 가장 최적화된 전략을 찾는 데 도움이 된다.

설계 씽킹은 최종 사용자와 고객의 입장이 돼 좀 더 인간 중심적인 방식으로 문제를 재정의하는 데 도움이 된다. 다음 그림은 설계 사고의 기본 원칙을 보여준다.

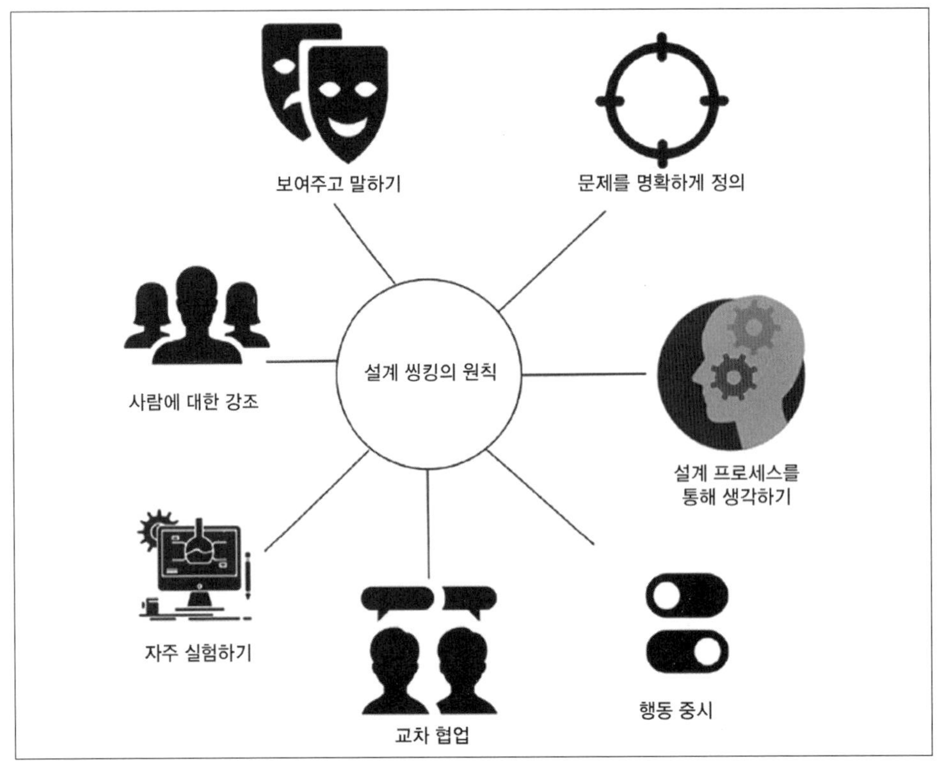

그림 19.2: 설계 씽킹의 원칙

다음은 몇 가지 설계 씽킹 원칙이다.

- **사람에 대한 강조:** 다양한 사용자에게서 피드백을 수집하고 다른 관점에서 문제를 이해할 수 있는 위치에 자신을 둔다.
- **교차 협업:** 다양한 배경을 가진 사람들을 불러들여 다양한 방식으로 문제를 찾고 솔루션이 모든 사람의 요구 사항을 충족하는지 확인한다.
- **설계 프로세스를 통해 생각하기:** 명확한 목표와 방법을 통해 전반적인 설계 프로세스를 이해한다.
- **보여주고 말하기:** 방에 있는 모든 사람이 쉽게 이해할 수 있게 생각을 시각적으로 표현한다.

- **문제를 명확하게 정의:** 주어진 도전에 대해 잘 정의되고 명확한 비전을 만든다. 이는 다른 사람들이 명확하게 이해하고 더 많은 기여를 하게 격려할 수 있다.
- **자주 실험하기:** 실제 상황에서 아이디어를 구현하는 방법을 이해하고자 프로토타입을 만든다. 빠른 실패 전략을 채택하고 더 자주 실험한다.
- **행동 중시:** 단순히 생각만 하는 것이 아니라 솔루션을 제공하는 궁극적인 설계를 의미한다. 실행할 수 있는 솔루션으로 이어질 수 있는 활동을 추진하고 제안하는 데 적극적으로 행동한다.

설계 씽킹은 공감을 적용하고 주어진 문제에 대한 전체적인 관점을 만들기 위한 견고한 기반을 갖고 있다. 설계 씽킹을 채택하고자 d.school(https://dschool.stanford.edu/resources/getting-startedwithdesign-thinking)에서 제안한 5단계 모델이 있다. 그들은 설계 씽킹을 가르치고 적용하는 선구자다. 다음 그림은 설계 씽킹의 5단계를 보여준다.

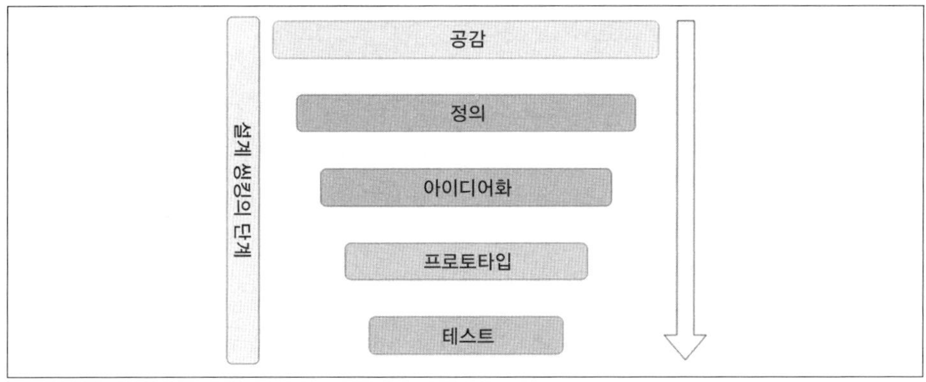

그림 19.3: 설계 씽킹의 5단계

설계 씽킹은 지속적으로 발전해야 하는 반복적인 접근 방식이다. 한 단계의 결과는 솔루션이 응고될 때까지 다른 단계에 재귀적으로 입력될 수 있다. 각 단계에 대한 간략한 개요는 다음과 같다.

- **공감**: 공감은 인간의 맥락에서 설계의 구성 요소다. 공감하려면 사용자의 행동을 관찰하고 실제 문제를 이해하고자 그들과 소통해야 한다. 상황에 자신을 놓음으로써 문제에 몰입하고 경험하도록 노력한다.
- **정의**: 공감하는 것은 사용자의 요구와 그들이 직면한 문제를 경험하면서 문제를 정의하는 데 도움이 된다. 정의 모드에서는 통찰력을 적용하고 문제를 명확하게 정의해 혁신적이면서도 간단한 솔루션을 찾기 위한 브레인스토밍을 촉진할 수 있다.
- **아이디어화**: 아이디어화 단계는 문제에서 솔루션으로 이동하는 것이다. 팀과 협력해 가정에 도전함으로써 다양한 대안 솔루션을 찾는다. 머리에서 분명한 솔루션을 꺼내고 혁신을 가능하게 하는 모든 솔루션을 찾고자 협력해야 한다.
- **프로토타입**: 프로토타입 단계는 아이디어를 구체적인 솔루션으로 전환하는 데 도움이 된다. 프로토타이핑은 많은 학습을 제공하고 개념 증명PoC을 보여줌으로써 불일치를 해결하는 데 도움이 될 수 있다. 많은 투자 없이 빠른 프로토타입을 구축해야 실패를 처리하고 배움을 늘릴 수 있다.
- **테스트**: 테스트 단계는 솔루션에 대한 피드백을 받고 그에 따라 반복하는 것이다. 테스트 단계는 솔루션을 재정의하고 사용자에 대해 자세히 알아보는 데 도움이 된다.

설계 씽킹은 논리적이고 실용적인 솔루션을 찾는 데 필요한 모든 단계를 수용한다. 애플리케이션 아키텍처를 설계할 때 설계 씽킹의 단계와 원칙을 실생활과 연관시킬 수 있다. 프로토타이핑은 제안서와 기존 솔루션을 데이터와 사실로 확고히 할 수 있는 유일한 방법이기 때문에 특별히 강조해야 한다. 솔루션 아키텍트의 주요 업무는 비즈니스 문제를 이해하고 팀이 구현할 수 있는 프로토타입으로 기술 솔루션 설계를 만드는 것이다. 프로토타입을 제작하려면 솔루션 아키텍트가 손을 더럽히고 코딩 작업을 직접 수행해야 한다. 이를 자세히 알아본다.

코딩 실습에 참여해 빌더되기

솔루션 아키텍트는 행동으로 배우는 빌더다. 프로토타입은 사진 천 장의 가치가 있다. 잘못된 의사소통을 줄이고 솔루션을 아이디어화하는 데 도움이 된다. PoC와 프로토타이핑은 솔루션 아키텍트의 역할에서 필수적인 부분이다.

프로토타이핑은 사전 솔루션 단계로 애플리케이션 설계와 사용자에 대한 이해를 심화하는 데 도움이 된다. 여러 솔루션 방법을 생각하고 구축하는 데 도움이 된다. 프로토타입 테스트를 통해 솔루션을 개선하고 팀, 고객, 투자자와 같은 다른 사람들에게 비전을 제시해 영감을 줄 수 있다.

솔루션 아키텍트는 개발 팀과 긴밀하게 협력하는 기술 리더다. 권한이 부여된 애자일 개발자 팀에서 솔루션 아키텍트는 파워포인트 프레젠테이션 외에도 코드를 PoC 형태로 보여줄 수 있어야 한다. 솔루션 아키텍트는 개발 팀의 일원일 필요는 없지만 공동 작업을 통해 개발 팀에 해당 언어로 솔루션을 전달한다. 솔루션 아키텍트가 지속적인 코딩과 함께 제공되는 솔루션의 심층적인 기술적 측면을 직접 이해할 수 있는 경우에만 성공적인 전달이 가능하다.

솔루션 아키텍트는 종종 멘토이자 플레이어의 코치로 간주된다. 몇 가지 코딩을 직접 하는 것은 신뢰를 구축하는 데 도움이 된다. 솔루션 아키텍트는 팀이 사용해야 하는 프로그래밍 언어와 도구를 결정해야 한다. 실습 접근 방식은 팀이나 솔루션 요구 사항에 맞지 않을 수 있는 격차를 식별하는 데 도움이 된다. 항상 새로운 기술을 학습할 경우 솔루션 아키텍트가 조직을 대신해 더 나은 결정을 내릴 수 있다. 지속적인 학습 기술을 자세히 알아보자.

지속적인 학습으로 더 나아지기

솔루션 아키텍트는 조직이 더 나은 결정을 내릴 수 있게 지속적으로 새로운 지식을 흡수하고 기술을 향상시켜야 한다. 지속적인 학습을 통해 스킬 세트를 적절하게 유지하고 자신감을 키울 수 있다. 그것은 여러분의 마음을 열고 전망을 바꾼다. 배움은 풀타임 직업과 바쁜 가정생활을 하다 보면 어려울 수 있다. 지속적인 학습은 항상 새로운 것을 배우는 습관을 개발하는 것이므로 동기를 부여하고 훈련을 받아야 한다. 먼저 학습 목표를 설정하고 이를 달성하고자 효과적인 시간 관리를 적용해야 한다. 이는 규칙적인 일상 업무로 바쁠 때 종종 지켜지지 않을 수 있다.

모든 사람은 자신만의 학습 스타일을 갖고 있다. 어떤 사람들은 정규 교육을 좋아할 수도 있고, 어떤 사람들은 책을 읽을 수도 있고, 다른 사람들은 튜토리얼을 듣고 보고 싶어 할 수도 있다. 자신에게 가장 효과적이고 자신의 라이프스타일에 맞는 학습 스타일을 찾아야 한다. 예를 들어 출퇴근할 때 오디오북과 튜토리얼을 듣도록 선택할 수 있다. 출장 비행 중에 책을 읽거나 체육관에서 운동 시간 동안 동영상 튜토리얼을 볼 수 있다. 전반적으로 지속적인 학습을 위해 바쁜 직장 생활에서 벗어나 시간을 내려면 약간의 조정이 필요하다. 다음은 지속적인 학습에 참여할 수 있는 몇 가지 방법이다.

- **새로운 기술, 프레임워크, 언어를 사용해보고 학습:** 솔루션 아키텍트는 빌더이며 직접 실험할 준비가 돼 있다. 성공적인 솔루션 아키텍트로서 소규모 PoC를 구축해 새로운 기술을 지속적으로 학습해야 한다. 최신 프로그래밍 언어와 프레임워크를 이해하면 조직과 팀을 위한 기술 채택에 대한 최상의 조언을 제공하는 데 도움이 된다.

- **책과 튜토리얼을 읽고 새로운 기술 익히기:** 온라인 학습은 혁명을 가져왔고 어떤 분야든 쉽게 이해하고 깊이 파고들 수 있게 만들었다. 이제 여러분은 무엇이든 배울 수 있는 방대한 지식 기반에 있다. Udemy 또는 Coursera와 같은 온라인 플랫폼은 온라인으로 시청하거나 오프라인 학습을 위해 단말기로 다운로드할

수 있는 모든 영역에서 수천 개의 동영상 튜토리얼 과정을 제공한다.

마찬가지로 킨들Kindle에는 언제 어디서나 읽을 수 있는 수백만 권의 책이 있다. Audible 및 구글 플레이의 오디오북과 같은 오디오북 플랫폼을 사용하면 출퇴근 중에 책을 들을 수 있다. 사용할 수 있는 편리한 자원이 너무 많아서 지속적인 학습을 적용하지 않을 변명의 여지가 없다.

- **웹 사이트 및 블로그의 기사를 읽음으로써 기술 뉴스와 개발에 대한 최신 정보 학습:** 기술 동향을 최신 상태로 유지하는 가장 좋은 방법은 기술 뉴스 및 블로그를 구독하는 것이다. TechCrunch.com, Wired.com, Cnet.com은 최신 기술 동향을 얻을 수 있는 인기 있는 웹 사이트다. CNBC 또는 뉴욕 타임즈와 같은 주요 신문과 BBC 뉴스, CNN 채널에는 업계 동향에 대한 좋은 통찰력을 제공하는 기술 기사가 있다. 해당 기술 영역에서 새로운 학습을 위해 블로그를 구독할 수 있다. 예를 들어 클라우드 플랫폼 학습의 경우 AWS 클라우드 영역에서 수천 개의 기사와 사용 사례가 있는 AWS 블로그를 구독할 수 있으며 애저, GCP와 같은 다른 퍼블릭 클라우드에서도 유사한 블로그를 이용할 수 있다.
- **블로그, 백서 또는 책 작성:** 지식을 공유하는 것은 다른 사람에게 발표하려고 할 때 사용 사례를 통해 생각하면서 배우는 가장 좋은 방법이다. Medium, Blogger, LinkedIn과 같은 인기 있는 블로그 게시 플랫폼에 블로그와 기사를 게시하면 학습 내용을 공유하고 다른 사람들로부터 배울 수 있다. 질의응답 플랫폼에 적극적으로 참여하면 주어진 문제에 대한 대안을 찾을 수 있다. 몇 가지 인기 있는 질문/답변 플랫폼은 Quora, Reddit, Stack Over flow, Stack Exchange다.
- **다른 사람을 가르쳐 지식 굳히기:** 다른 사람들을 가르치는 것은 여러분이 협력하고 여러분의 지식에 대한 다른 관점을 얻는 것을 돕는다. 종종 참가자가 제안한 사용 사례는 솔루션을 찾는 다양한 방법을 제공한다. 실습 랩 및 개념 구축으로 종일 워크숍을 진행하면 학습을 강화하고 다른 사람들과 함께 학습할 수 있다.

- **온라인 수업 수강:** 때로 더 규율을 준수하고자 정규 학습을 하고 싶고, 이를 융통성 있게 하고 싶어 한다. 온라인 과정은 유연성을 제공하고 다른 우선순위에 적응하고 시간을 절약하는 데 도움이 된다. 온라인 과정은 새로운 기술을 배우고 지식을 향상시키는 데 도움이 되는 체계적인 방법을 제공할 수 있다.
- **팀원들로부터 배우기:** 팀원들은 동일한 작업 환경을 공유하며 하루의 대부분을 함께 보낸다. 팀원들과 함께 학습하면 학습 속도를 높이는 데 도움이 될 수 있다. 팀은 각 팀 구성원이 주제를 공유하고 심층적인 점심 식사 및 학습 세션을 제공할 수 있는 분할 정복 전략을 채택할 수 있다. 이러한 세션은 많은 조직에서 팀 구성원 간의 정기적인 학습 세션을 수행하는 데 사용하는 표준 방법이다. 각 팀 구성원은 매주 학습 세션에서 새로운 학습 내용을 공유함으로써 모두가 새로운 주제를 빠르게 배울 수 있다.
- **사용자 그룹 및 콘퍼런스 참석, 참여:** 모든 대규모 수직 산업 및 기술 조직은 회의를 실시해 새로운 기술 동향과 실습 세션에 대한 통찰력을 제공한다. 산업 회의와 사용자 그룹 회의에 참여하면 네트워킹을 개발하고 기술 동향을 이해하는 데 도움이 된다. 업계 선두 업체들의 대규모 기술 콘퍼런스에는 AWS re:Invent, Google Cloud Next, Microsoft Ignite, SAP SAPPHIRE, Strata Data Conference가 있다. 지역 사용자 그룹을 만들고 해당 지역에서 모임을 진행하면 산업 및 조직 전반의 전문가와 협업하는 데 도움이 된다.

솔루션 아키텍트는 기술적인 리더십 역할을 하고 좋은 리더십은 멘토링을 통해 가능한 한 더 많은 리더를 준비하는 것을 보장한다. 솔루션 아키텍트는 선수-코치 역할을 하고 다른 사람들을 멘토링해야 한다. 이를 더 자세히 살펴보자.

다른 사람의 멘토가 되기

멘토링은 다른 사람들을 돕고 당신의 학습과 경험을 바탕으로 성공하도록 설정하는 것이다. 그것은 1:1 멘토/멘티 관계를 통해 리더를 개발하는 효과적인 방법이다. 좋은 멘토가 되려면 멘티가 편안함을 느낄 수 있는 비공식적인 커뮤니케이션 스타일을 구축해야 한다. 멘티는 경력 개발과 같은 여러 분야 또는 일과 삶의 균형과 같은 개인적인 측면에서 조언을 구할 수 있다. 비공식적 니즈 평가를 수행하고 상호 목표와 기대치를 설정해야 한다.

멘토링은 경청에 관한 것이다. 때때로 사람들은 자신의 말을 듣고 필요에 따라 조언할 사람이 필요하다. 먼저 주의 깊게 듣고 그들의 관점을 이해해야 한다.

이렇게 하면 더 성취감을 느낄 수 있기 때문에 스스로 결정을 내릴 수 있게 돕는 방법이다. 좋은 멘토는 직업에 대해 조언할 때 그것이 반드시 회사에 가장 적합하지는 않을지라도, 멘티에게 가장 적합한 것이 무엇인지 조언할 수 있는 열린 자세가 필요하다. 항상 정직하고 건설적인 피드백을 제공해 격차를 식별하고 극복할 수 있도록 지원한다.

멘토의 중요한 특성은 사람들에게 영감을 주는 능력이다. 종종 사람들은 당신에게서 롤 모델을 본다면 당신을 멘토로 선택할 수 있다. 당신의 견해를 내세우지 않고 멘티들이 잠재력을 최대한 발휘하게 돕고 그들이 전에는 생각하지 못했던 것을 성취하게 돕는 것이 중요하다. 멘토가 되는 것에는 항상 상호 이익이 있다. 당신은 멘티로부터 사람들의 행동과 성장에 대해 배운다. 다른 사람들의 멘토가 되는 것은 궁극적으로 당신이 더 나은 리더와 사람이 되는 데 도움이 될 것이다.

기술 에반젤리스트 및 사고 리더 되기

기술 전도란 기술과 제품을 옹호하는 전문가가 되는 것이다. 광범위한 제품 기반을 가진 일부 조직은 별도의 기술 에반젤리스트 역할을 수행한다. 그러나 솔루션 아키텍트는 종종 에반젤리스트의 역할을 직업의 일부로 수행해야 한다. 기술 에반젤리스트로서 실제 문제를 이해하고 비즈니스 문제를 해결하고자 기술을 옹호하려면 현재의 기술 동향을 알고 있어야 한다.

기술 전도에는 업계 콘퍼런스에 공개 연설자로 참여하고 플랫폼을 홍보하는 것이 포함된다. 이를 통해 조직이 플랫폼 및 채택을 늘리는 데 도움이 될 수 있는 아이디어 리더이자 인플루언서가 될 수 있다. 공개 연설은 솔루션 아키텍트가 다양한 공개 플랫폼에서 상호작용하고 많은 청중 앞에서 발표하는 데 필요한 중요 기술 중 하나다.

또한 전도자는 블로그 게시물, 백서, 마이크로블로그와 같은 콘텐츠를 만들고 게시해 그들의 제품을 옹호한다. 이들은 콘텐츠를 소셜화해 채택률을 높이고 사용자와 상호작용해 피드백을 파악한다. 에반젤리스트는 고객으로부터 거꾸로 작업하고 피드백을 내부 팀에 전달해 제품을 개선하는 데 도움을 준다. 시간이 지남에 따라 전도자로서 당신은 조직의 이익에 맞는 메시지를 다듬을 것이다.

전반적으로 솔루션 아키텍트는 여러 책임이 있는 역할이며 더 많은 소유권을 가져오면 더 잘 성공하는 데 도움이 된다.

요약

19장에서는 솔루션 아키텍트가 성공하는 데 필요한 다양한 소프트 스킬을 살펴봤다. 솔루션 아키텍트는 협상, 의사소통, 문제 해결, 경청과 같은 프리세일즈 기술이 있어야 하며, 이는 RFP와 같은 조직의 프리세일즈 주기를 지원하는 데 도움이 된다.

경영진 대화, 승인에 필요한 프레젠테이션 기술도 살펴봤다.

솔루션 아키텍트가 조직의 주요 목표와 결과를 정의해야 한다는 전략적 이해를 살펴봤다. 다양한 수준에서 실행하려면 솔루션 아키텍트가 크게 생각하며 유연하고 적응할 수 있는 능력이 있어야 한다. 솔루션 아키텍트가 자신의 행동에 대한 소유권을 확보하고 책임을 지는 방법을 자세히 살펴봤다.

솔루션 아키텍트의 역할은 아키텍처 설계에 대한 주요 책임이 있다. 설계 씽킹의 원리와 단계를 살펴봤다. 또한 지속적인 학습의 중요성과 학습을 계속하고 시장 동향에 대한 최신 정보를 유지하기 위한 다양한 기술도 살펴봤다. 또한 멘토 및 에반젤리스트로 일하는 솔루션 아키텍트의 추가 책임도 살펴봤다.

이 책을 통해 솔루션 아키텍트의 역할과 책임에서부터 솔루션 설계 및 아키텍처 최적화의 다양한 측면에 이르기까지 솔루션 아키텍트에 대한 모든 것을 배우는 것은 긴 여정이었다. 많은 것을 배웠고 솔루션 아키텍트로서의 경력을 개발하거나 현재 역할에서 성공하는 데 도움이 되기를 바란다.

즐겁게 배우시길!

| 찾아보기 |

ㄱ

ㄴ

ㄷ

ㄹ

ㅁ

ㅂ

ㅅ

ㅇ

ㅈ

ㅊ

ㅋ

B

C

D

E

F

G

H

I

J

K

L

M

N

O

P

Q

R

S

T

U

V

W

X

솔루션 아키텍트 핸드북 2/e

발　행 | 2023년 1월 3일

옮긴이 | 김 상 필 · 김 상 현 · 최 용 호 · 김 주 영
지은이 | 사우랍 쉬리바스타바 · 닐란잘리 스리바스타브

펴낸이 | 권 성 준
편집장 | 황 영 주
편　집 | 김 다 예
디자인 | 윤 서 빈

에이콘출판주식회사
서울특별시 양천구 국회대로 287 (목동)
전화 02-2653-7600, 팩스 02-2653-0433
www.acornpub.co.kr / editor@acornpub.co.kr

ISBN 979-11-6175-701-8
http://www.acornpub.co.kr/book/solution-handbook-2e

책값은 뒤표지에 있습니다.